9·7급 공무원 행정학 시험대비

박문각 공무원
기 본 서

합격까지 함께 행정학 **만점기본서**

예습·복습에 최적화된 이론 정리

확인 문제로 배운 내용 완벽 복습

최윤경 편저

동영상 강의 www.pmg.co.kr

최윤경
행정학

**최윤경
행정학**

PREFACE 이 책의 머리말

수험과목으로서 행정학은 절대적인 학습 분량이 많다는 점에서 상당히 부담스러운 과목입니다. 본 교재는 수험생들의 부담을 줄이면서 객관식 시험에 좀 더 효율적으로 대비하기 위해서 지금까지 출제되었던 기출 문제의 분석을 토대로 가급적 불필요한 내용은 줄이고 시험 대비에 필수적인 내용만을 수록하려고 노력했습니다. 기본서인 만큼 요약서와는 달리 기본적인 내용을 이해하는 데 필요한 설명은 생략하지 않아서 예습이나 복습을 하는 경우에도 큰 어려움이 없도록 하는 데 초점을 두었습니다.

행정학이 선택과목에서 전문과목으로 변경되면서 난이도가 상향 조정되고 있으며, 단순 암기로 해결할 수 있는 문제보다는 정확한 이해를 바탕으로 응용력을 요구하는 문제와 새로운 영역에서의 출제 비중이 점차 증가하고 있습니다. 앞으로는 이러한 출제경향에 대비하는 학습 전략을 세우실 필요가 있으며, 이와 관련해서 몇 가지 행정학 학습 전략을 제시하고자 합니다.

1) 선(先)이해 후(後)암기

행정학 과목은 절대적인 학습 분량이 많기 때문에 처음부터 단순 암기로 접근하기보다는 전반적인 흐름을 이해하고 맥락을 이해하는 것이 중요합니다. 중요한 이론의 경우 기본적인 개념과 특성을 정확하게 이해하게 되면 구체적이고 지엽적인 내용과 장·단점 등은 논리적인 추론으로 해결이 가능한 경우가 많습니다. 따라서 단순 암기를 해야 할 분량은 그만큼 줄어들 수 있습니다.

2) 기출문제 풀이 중심 학습

객관식 문제는 결국 문제풀이가 핵심입니다. 따라서 기출문제 풀이를 중심으로 출제 경향과 유형을 파악하는 것이 무엇보다 중요합니다. 암기 역시 기출문제 풀이를 통해 자주 출제되는 쟁점들을 파악해서 집중적인 암기를 하는 것이 학습시간과 노력을 줄이는 최선의 방법입니다. 기본이론 강의 단계에서도 진도별로 기본적인 기출문제 풀이를 통해 출제경향 파악과 문제풀이 요령을 습득하는 학습방법을 추천드립니다.

3) 반복 학습의 중요성: 기본 강의 – 문제풀이 – 기본서 확인(반복)

행정학은 총론의 내용과 각론의 내용이 유기적으로 연결되어 있기 때문에 총론부터 각론의 전반적인 내용을 학습해야 전체 내용에 대한 이해도가 높아질 수 있습니다. 따라서 기본강의를 통해 전체 내용과 흐름을 파악하고, 문제풀이를 통해 주요 쟁점을 확인한 후 기본서를 통해 정리된 내용을 암기하는 방식으로 반복해서 학습을 하는 것이 바람직합니다.

4) 한국의 제도 및 정책에 대한 관심

행정학은 결국 현실의 정부 운영과 정부 정책과 관련된 학문이기 때문에 시사적인 쟁점들과 관련된 이론이나 제도 등이 문제에 출제될 가능성이 높습니다. 따라서 교과서의 이론을 공부할 때 현실의 정부 정책이나 사례를 연결해서 사고하는 연습이 도움이 될 수 있습니다.

2025. 7
최윤경

CONTENTS 이 책의 차례

PART 01 행정학 총론

Chapter 01 행정학의 기본적 이해 10
제1절 행정의 개념과 행정학 10
제2절 공공서비스(Public Service) 13
제3절 정부를 이해하는 관점 15
제4절 공공재의 적정 공급규모에 관한 논쟁 20
제5절 행정학의 학문적 성격과 접근방법 22

Chapter 02 행정가치 24
제1절 행정가치의 개념 및 유형 24
제2절 본질적 행정가치 24
제3절 수단적 가치 29
제4절 행정가치 간 관계 34

Chapter 03 행정학의 유래와 발달 과정 35
제1절 행정학의 태동 35
제2절 정통 행정학의 정립 37
제3절 정통 행정학에 대한 반발 38
제4절 행정학의 분화 및 다원화기 39
제5절 정부 역할의 재정립 42

Chapter 04 행정학의 접근방법과 이론 44
제1절 행정학의 주요 접근방법 44
제2절 행정환경적 접근방법: 체제론적 접근방법 48
제3절 가치주의(주관주의) 접근방법: 현상학적 접근방법, 포스트모더니티 행정이론 50
제4절 공공선택론(Public Choice Theory) 52
제5절 신제도주의 접근방법 56
제6절 특정 행정현상에 관한 이론 62
제7절 논변적 접근방법: 툴민(Toulmin) 66

Chapter 05 행정학의 패러다임의 변화 69
제1절 신공공관리론(New Public Management) 69
제2절 뉴거버넌스론(New Governance) 75
제3절 신공공서비스론(New Public Service) 79
제4절 탈신공공관리론(Post-NPM) 81
제5절 공공가치관리론(Public Value Management) 84
제6절 넛지이론(Nudge Theory) 87

Chapter 06 공공서비스 공급 혁신 90
제1절 공공서비스 공급 혁신 90
제2절 민간위탁의 주요 방식 93

Chapter 07 정부와 시민사회 98

PART 02 정책학

Chapter 01 정책과 정책학 104
제1절 정책학의 기초 104
제2절 정책유형: 정책의 성격에 의한 분류 106
제3절 규제정책(Regulatory Policy) 109

Chapter 02 정책참여자 간 관계 119
제1절 정책과정의 참여자 119
제2절 정책참여자 간 관계: 권력모형 121
제3절 정책네트워크 모형(Policy Network Model) 126

Chapter 03 정책의제 설정론 129

Chapter 04 정책결정론 133
제1절 정책결정의 의의 및 과정 133
제2절 정책문제의 정의 134
제3절 정책대안의 탐색·개발 136
제4절 정책대안의 결과예측 137
제5절 정책대안의 결과예측: 추측(Conjecture) 139
제6절 정책대안의 비교 평가 및 최적대안의 선택 142
제7절 비용편익분석(Cost-Benefit Analysis) 144
제8절 정책결정 모형 147

Chapter 05 정책집행 158

제1절 정책집행 연구의 전개 158
제2절 정책집행 연구의 접근방법 159
제3절 정책결정자와 집행자의 관계 유형 구분:
　　　　나카무라와 스몰우드의 유형 164

Chapter 06 정책변동 165

제1절 정책변동의 의의와 유형 165
제2절 정책변동 모형 166

Chapter 07 정책평가 170

제1절 정책평가의 의의 170
제2절 정책평가의 구성논리와 방법 171
제3절 정책평가(연구설계)의 방법 175
제4절 우리나라의 정책평가제도: 정부업무평가 181

PART 03 조직이론

Chapter 01 조직의 기초이론 186

제1절 조직이론의 발달 186
제2절 과학적 관리론과 인간관계론 188
제3절 거시조직이론 분류 190
제4절 베버(M. Weber)의 관료제 이론 194
제5절 탈관료제(후기관료제) 이론 198

Chapter 02 조직구조의 형성 200

제1절 조직구조의 기본변수 200
제2절 조직의 상황에 따른 조직구조 설계 201
제3절 조직구조의 설계원리 205
제4절 조직구조의 형태에 관한 이론 208
제5절 조직유형론 216

Chapter 03 한국의 행정조직 218

제1절 우리나라 행정조직 218
제2절 우리나라 정부조직 구조 221

Chapter 04 동기부여 이론 230

제1절 동기부여의 의의 및 동기부여 이론 230
제2절 동기부여 이론: 내용이론 231
제3절 과정이론(Process Theory) 235
제4절 공공봉사동기(PSM: Public Service Motivation) 241

Chapter 05 리더십 이론 243

제1절 리더십의 의의 243
제2절 리더십 이론의 발전 과정 244

Chapter 06 조직관리론 250

제1절 갈등관리 250
제2절 조직발전(Organization Development) 254
제3절 조직의 의사전달(Communication) 255

Chapter 07 조직목표와 성과관리 259

제1절 조직목표 259
제2절 효과성 평가 모형 261
제3절 목표에 의한 관리(MBO: Management By Objectives) 262
제4절 성과관리 265
제5절 균형성과관리(BSC : Balanced Scored Card) 267

Chapter 08 행정개혁 269

PART 04 전자정부와 정보공개

Chapter 01 전자정부의 의의와 전개과정 274

Chapter 02 우리나라 전자정부 284

Chapter 03 우리나라 정보공개 제도
(공공기관의 정보공개에 관한 법률) 287

PART 05 인사행정

Chapter 01 인사행정제도의 발달
- 제1절 직업공무원제(Career Civil Service System) … 292
- 제2절 엽관주의(Spoils System) … 293
- 제3절 실적제(Merit System) … 296
- 제4절 대표관료제와 균형인사정책 … 298

Chapter 02 공직의 분류체계 … 301
- 제1절 계급제(Rank-in-person System) … 301
- 제2절 직위분류제(Position Classification) … 303
- 제3절 우리나라 공무원의 구분 체계 … 308
- 제4절 우리나라 공무원 제도 … 310

Chapter 03 인사행정 기관 … 316
- 제1절 중앙인사기관 … 316
- 제2절 우리나라 중앙인사기관 … 318

Chapter 04 공무원의 임용 및 능력발전 … 320
- 제1절 임용 … 320
- 제2절 채용시험의 효용성 … 323
- 제3절 교육훈련(Education and Training) … 325
- 제4절 근무성적평정(Performance Appraisal or Evaluation) … 328

Chapter 05 사기관리 … 336
- 제1절 고충처리 및 제안제도 … 336
- 제2절 공무원의 보수 … 337
- 제3절 공무원 연금제도 … 342
- 제4절 다양성 관리와 유연근무제도 … 344

Chapter 06 공무원 신분보장 … 347
- 제1절 공무원의 신분보장 … 347
- 제2절 공무원의 징계 … 347
- 제3절 공무원의 퇴직 … 348
- 제4절 기타 공무원 신분제한 제도 … 350

Chapter 07 공무원의 권리와 의무 … 352
- 제1절 공무원의 정치적 중립 … 352
- 제2절 공무원단체(공무원 노동조합) … 354

PART 06 행정환류

Chapter 01 행정책임 … 360

Chapter 02 행정통제 … 363

Chapter 03 행정윤리와 행정부패 … 368
- 제1절 행정윤리(공직윤리) … 368
- 제2절 공직(행정)부패 … 376

PART 07 재무행정

Chapter 01 정부예산과 재무행정의 기초 … 382
- 제1절 예산의 성격과 기능 … 382
- 제2절 재무행정 조직 … 384
- 제3절 예산원칙 … 385

Chapter 02 재정의 구조 … 390
- 제1절 정부 재정의 기본 구조 … 390
- 제2절 통합재정 … 393
- 제3절 예산분류와 예산과목 체계 … 396
- 제4절 예산의 종류 … 399

Chapter 03 예산과정의 주요 쟁점 … 405
- 제1절 예산과정의 개요 … 405
- 제2절 예산편성 과정 … 406
- 제3절 예산심의 … 409
- 제4절 예산집행 … 410
- 제5절 결산과정 … 415

Chapter 04 정부회계 417

제1절 정부회계의 개념 및 기능 417
제2절 결산보고서와 재무제표 421
제3절 회계검사 422

Chapter 05 예산결정 이론 425

제1절 총체주의(합리모형) 425
제2절 점증주의(점증모형) 426
제3절 기타 예산결정 이론 428

Chapter 06 예산제도와 재정개혁 432

제1절 예산기능과 예산제도 432
제2절 예산제도 개혁 440
제3절 재정건전화 제도 443

Chapter 07 재정민주주의 449

PART 08 지방행정

Chapter 01 지방자치의 의의 452

제1절 지방행정과 지방자치 452
제2절 지방자치의 계보: 주민자치와 단체자치 453
제3절 지방자치의 효용과 폐해 454
제4절 중앙집권과 지방분권 454
제5절 지방자치 이론 456

Chapter 02 지방자치의 운영체계 458

제1절 지방자치단체의 종류 458
제2절 지방행정체제: 계층과 구역 460
제3절 지방자치단체의 자치권 463

Chapter 03 지방자치단체 사무 465

제1절 사무배분의 의의 및 사무배분 방식 465
제2절 사무배분의 원칙 467
제3절 우리나라 지방정부의 사무배분 468
제4절 지방자치단체 사무의 종류 470

Chapter 04 정부 간 관계 472

제1절 중앙정부와 지방정부 간 관계 모형 472
제2절 우리나라 중앙정부와 지방자치단체 간의 관계 474
제3절 지방자치단체 상호 간 관계 477

Chapter 05 지방자치단체 기관구성 482

제1절 지방자치단체 기관구성 형태 482
제2절 의결기관: 지방의회 484
제3절 집행기관: 지방자치단체장 489
제4절 자치경찰제도 494
제5절 교육자치 495

Chapter 06 주민참여제도 497

제1절 주민과 주민참여 497
제2절 우리나라 주민참여제도 498

Chapter 07 지방재정 505

제1절 지방재정의 본질과 체계 505
제2절 자주재원 507
제3절 의존재원 509
제4절 지방채 513
제5절 지방정부 재정력 측정 지표 515
제6절 지방재정관리제도 516

최윤경
행정학

Chapter 01	행정학의 기본적 이해
Chapter 02	행정가치
Chapter 03	행정학의 유래와 발달 과정
Chapter 04	행정학의 접근방법과 이론
Chapter 05	행정학의 패러다임의 변화
Chapter 06	공공서비스 공급 혁신
Chapter 07	정부와 시민사회

PART 01

행정학 총론

CHAPTER 01 행정학의 기본적 이해

제1절 행정의 개념과 행정학

1 행정의 개념

(1) 광의(廣義)의 행정: '고도의 합리성을 수반한 협동적 인간노력의 한 형태'로서 조직 일반에 적용할 수 있는 인간 협동의 측면에 초점을 맞추는 개념으로, 공공단체, 기업체, 민간단체를 포함한 모든 조직 활동에서 발견 가능 예 학교행정, 목회행정 등

(2) 협의(狹義)의 행정
① 정부가 사회의 공공가치를 실현하기 위하여 인적·물적 자원을 확보하고 관리해서 국민에게 재화와 서비스를 제공하는 활동
② 공공문제의 해결 및 공공서비스의 생산·분배와 관련된 정부의 구조와 활동 및 상호작용

(3) 행정 개념의 특성
① 행정의 목적은 공익을 지향해 공공문제 해결이라는 공공 목적을 달성하는 것. 국방, 치안, 교육, 교통, 환경 보호 등 공공 욕구를 충족시켜 국민의 삶의 질을 증대하는 것을 목적으로 함
② 행정은 민주주의 정치제도를 전제로 공공문제 해결 및 공공서비스 생산·분배 과정에서 국민의 의견을 존중하고 국민에 대해 책임을 져야 하는 활동으로 정치 과정과 밀접하게 연결되어 있음
③ 행정은 공공서비스의 생산·공급·분배와 관련된 모든 활동을 의미. 정책의 형성 및 집행, 행정기관의 내부관리, 참여자 간 네트워크의 구축 및 관리를 포함
④ 최근의 행정의 범주는 정부(government) 영역에 국한하지 않고 공공문제를 해결하기 위해 다양하게 연결된 개방된 네트워크의 거버넌스(governance)로 확장되었음. 행정활동은 정치 권력을 배경으로 하면서도 공공서비스의 생산 및 공급은 정부가 독점하지 않으며, 공공기관 또는 민간부문과 상호작용 및 협력적 관계를 통해 공공서비스를 생산·공급·분배함

확인문제

행정에 대한 설명으로 가장 옳지 않은 것은? 2018. 서울 7급
① 행정은 최협의적으로는 행정부의 조직과 공무원의 활동에 대한 것이다.
② 행정은 공공서비스의 생산, 공급, 분배를 통해 공공 욕구를 충족시켜 국민 삶의 질을 증대하고자 한다.
③ 행정의 활동은 환경과의 상호작용을 통해 역동적으로 변화한다.
④ 행정의 활동은 정치권력을 배경으로 공공서비스의 생산 및 공급을 정부가 독점한다.

▶ ④ [×] 행정은 정치권력을 배경으로 행정을 수행하되, 공공서비스의 생산 및 공급을 정부가 독점하는 것은 아니며, 최근 행정의 개념에는 공공문제의 해결을 위해 정부와 민간부문 또는 시민사회와의 상호작용 및 협력적 관계를 통해 공공서비스를 생산·공급·분배하는 뉴거버넌스 개념이 강조된다.

② 행정과 경영의 관계

(1) 행정과 경영의 유사성

① **관리기술적 측면**: 행정과 경영은 모두 목표 달성을 위해 인적·물적 자원을 동원하고 이를 조직화하며, 목표 달성을 위한 최적의 행동 대안의 선택을 추구하는 관리 활동임. 즉, 동일한 목표를 최소의 비용으로 달성하기 위해 또는 동일한 비용으로 최대의 목표를 달성하기 위해서 능률주의를 지향하는 관리 활동이라는 점에서 유사함

② **관료제적 성격**
  ㉠ 조직의 관료제적 성격은 계층제, 분업, 비정의성(非情誼性) 등의 순기능적 특징과 형식주의, 할거주의 등의 역기능적 특징을 가지며, 정부와 기업 모두 이러한 관료제적 성격을 갖는 대규모 조직이라는 점에서 서로 유사함
  ㉡ 시장 기능에 노출된 기업보다는 정부조직이 관료조직의 역기능적 성격이 더 강함. 따라서 '행정의 경영화'는 정부 관료제의 역기능적 성격을 완화하려는 노력으로 볼 수 있음

③ **협동행위적 성격**: 행정과 경영은 모두 조직의 공동 목표를 달성하기 위한 합리적이고 집단적인 협동행위라는 점에서 유사함. 이러한 관점에서 사이먼(H. Simon)은 행정의 본질을 의사결정이라고 보고 있음. 즉, 행정과 경영 모두 가능한 대안 중에서 최선의 대안을 선택·결정한다는 점에서 유사함

(2) 행정과 경영의 차이점

① **목적**: 행정은 규범적으로 공익을 최고의 가치로 삼으며, 하위 목표로 공공 봉사, 공공복지 등을 추구함. 반면, 경영은 이윤을 극대화하고자 함

② **정치·권력적 성격**: 행정은 본질적으로 정치적 성격을 가지며 공권력을 배경으로 기능을 수행하고 정당, 의회, 이익단체, 국민 등에 의해 영향 및 통제를 받음. 반면에 경영은 특별한 경우를 제외하고 정치로부터 분리되며 정부가 가지는 강제력과 권력 수단을 소유하지 못함

③ **독점성**: 기업은 시장에서 경쟁 상태에 있기 때문에 서비스의 질 향상을 위한 노력을 하고 능률성에 대한 관심이 높은 반면, 정부가 제공하는 행정서비스는 독점적인 활동인 경우가 많기 때문에 고객 또는 국민에게 선택권이 보장되지 않으며, 경쟁의 결여에서 오는 비효율성(X-비효율성)이 야기되기 쉬움

④ **법적 규제**: 행정은 경영보다 엄격한 법적 규제를 받으며, 조직변동이나 인력 충원에서 법령의 제약을 받기 때문에 급격한 환경 변화에 탄력적 대응이 곤란함. 경영은 법적 테두리 안에서 활동이 이루어지기는 하지만 행정과 같은 직접적인 법적 규제는 받지 않음

⑤ **평등성**: 행정에는 모든 국민에 대해 법 앞에 평등이라는 규범이 강하게 적용되는 반면에 기업의 경우는 이윤 추구 목적을 실현하는 과정에서 고객들 간 차별대우가 용인됨

⑥ **관할 및 영향의 범위**: 행정은 경영에 비해 관할 범위와 영향력의 범위가 큼. 행정은 모든 국민을 대상으로 하지만, 경영은 고객관계가 형성된 특정 범위에 한정됨

확인문제

경영과 구분되는 행정의 속성이라고 보기 어려운 것은? 2014, 국가 9급
① 행정은 사익이 아닌 공익을 우선적으로 추구한다.
② 행정은 모든 시민을 평등하게 대우하여야 한다.
③ 행정조직 구성원은 원칙상 법령에 의해 신분이 보장된다.
④ 행정은 효과적인 업무수행을 위해 관리성이 강조된다.

▶ ④ [×] 관리성은 행정과 경영의 공통점(유사성)에 해당한다.

행정과 경영의 차이

구분		행정	경영
공통점		• 관료제적 성격 • 관리기술적 성격 • 협동행위	
차이점	목적	• 공익 추구 • 국가의 생존과 경제·사회 발전 책임 • 정의와 형평 등의 사회가치 비중 높음	• 이윤극대화
	법적 규제	• 엄격한 법적 규제에 따른 경직성	• 직접적인 법적 규제 미적용
	정치·권력적 성격	• 본질적으로 정치적 성격 • 공권력을 배경으로 행정 기능 수행 • 정당, 의회, 이익단체, 국민의 통제	• 정치로부터 분리 • 강제력과 권력 수단 없음
	평등성	• 모든 국민은 법 앞에 평등	• 고객 간 차별 대우 용인
	독점성	• 경쟁자 없는 독점성 • 행정서비스의 질 저하 우려	• 시장에서의 경쟁원리 적용 • 고객지향적 재화 및 서비스
	관할 및 영향 범위	• 모든 국민이 대상	• 고객 관계 범위 내에 한정

3 행정과 정치의 관계

(1) 행정과 정치

정치	행정
• 민주적 국가목표의 설정(결정) • 정책결정(사회적 가치의 권위적 배분) • 국민의 의사를 반영하는 '민주성' 확보 과정 • 가치배분을 결정하는 '가치개입적 행위'	• 국가목표의 효율적 실행(집행) • 정책집행(수단으로서의 관리활동) • 결정 집행 시 '능률성, 효율성' 확보 과정 • 결정을 집행에 옮기는 '가치중립적 행위'

(2) **정치·행정 이원론**(政治·行政 二元論)

① 의의: 행정을 개념 정의함에 있어서 규범적 관점에서 정치와 행정을 명백히 구분하는 입장

② 성립배경

　㉠ 19세기 후반 정치적 임용을 강조하는 엽관주의의 폐해를 극복하고 행정의 능률성을 확보하고자 하는 실적주의 도입과 관련됨

　㉡ 윌슨(W. Wilson)의 『행정연구(The Study of Administration)』: 윌슨은 행정기관이 능률적으로 운영되기 위해서는 행정을 정치적 영향력으로부터 분리할 필요가 있다고 보았으며, 이러한 견해는 행정학이 정치학으로부터 독립된 학문으로 발전할 수 있는 계기가 되었음

③ 특징
  ㉠ 행정의 관리(집행)기능 중시: 행정을 정책의 효율적 집행을 위한 전문적인 관리기술로 파악
  ㉡ 행정의 가치중립성 강조: 정치로부터 분리된 행정의 독자성 강조
  ㉢ 행정과 경영과의 유사성 강조: 공사·행정 일원론(公私行政 一元論)

(3) **정치·행정 일원론**(政治·行政 一元論)
  ① 의의: 정치와 행정의 현실적 불가분의 관계를 강조하고 행정의 '정책형성' 기능을 강조하는 입장
  ② 성립배경: 1930년대 경제 대공황의 극복을 위한 미국 루스벨트 대통령의 뉴딜(New Deal) 정책에서 행정부의 기능 및 역할이 확대되면서 행정부가 정책결정에서 큰 역할을 하는 행정국가화 현상과 함께 정치·행정 일원론이 대두되었음
  ③ 특징
    ㉠ 행정의 결정(정책형성) 기능 중시, 행정의 정치적 성격 강조
    ㉡ 공공성 등의 가치지향성 중시

> **확인문제**
>
> 정치·행정 일원론에 대한 설명으로 옳은 것은? 2021. 지방 9급
> ① 행정국가의 등장과 연관성이 깊다.
> ② 윌슨(Wilson)의 「행정연구」가 공헌하였다.
> ③ 정치는 의사결정의 영역이고, 행정은 결정된 내용을 집행한다고 보았다.
> ④ 행정은 경영과 비슷해야 하며, 행정이 지향하는 가치로 절약과 능률을 강조하였다.
>
> ▶ ① [○]
> ② [×] 윌슨(Wilson)의 「행정연구」는 정치·행정 이원론의 등장에 공헌하였다.
> ③, ④ [×] 정치·행정 이원론에 대한 설명이다.

제2절 공공서비스(Public Service)

1 공공서비스의 개념
공공서비스는 정부가 국민들에게 공급하는 유·무형의 생산물을 의미

2 공공서비스 유형(E. C. Savas, 1982): 경합성과 배제성을 기준으로

(1) **구분 기준**
  ① 경합성: 한 사람의 소비가 다른 사람의 소비를 감소시키는 특성
  ② 배제성: 비용을 부담하지 않은 사람의 재화 이용을 배제시키는 특성

공공서비스 유형

구분		경합성	
		경합적	비경합적
배제성	배제 가능	시장재(사적재)	요금재(유료재)
	배제 불가능	공유재	공공재(집합재)

확인문제

경합성과 배제성을 고려할 때 공공재(public goods)에 가장 가까운 것은?
2014, 국가 9급
① 국립도서관
② 고속도로
③ 등대
④ 올림픽 주경기장

▶ ③ 등대는 국방, 외교, 치안 등과 함께 대표적인 공공재에 해당한다.
① 국립도서관(국립공원)은 공유재,
② 고속도로와 ④ 올림픽 주경기장은 요금재에 해당된다.

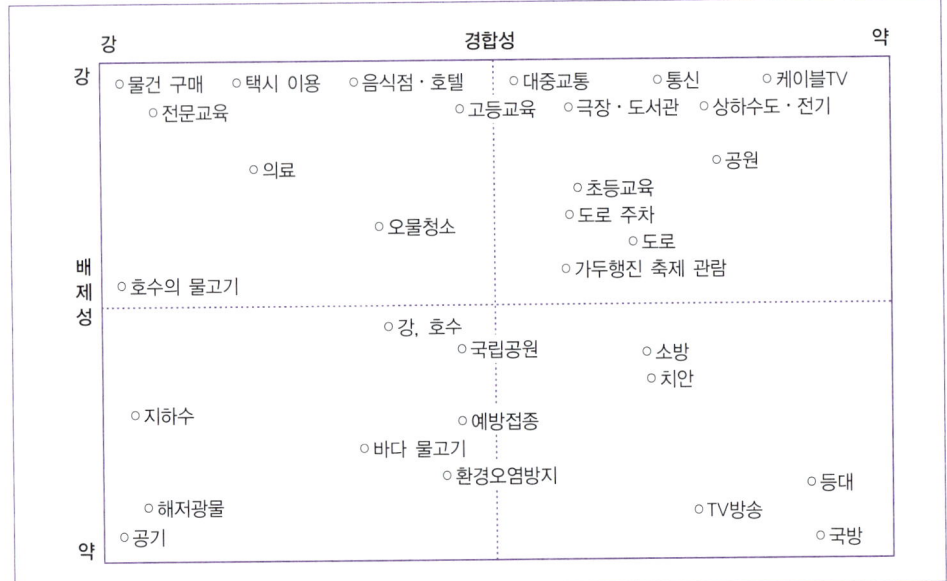

(2) **공공서비스 유형 분류**

① **시장재**: 배제성 & 경합성
  ㉠ 경합성과 배제성을 동시에 가진 서비스로 주로 시장에서 제공돼 공공부문의 개입이 최소화되는 재화
  ㉡ 소비자 보호 측면에서(한국소비자보호원 등), 서비스의 안전과 규격 등을 규제하기 위해 집단적 대응이 요청되고 있음. 또한 기본적 수요를 스스로 충족하기 어려운 저소득층이나 영세민들을 위해 시장재에 대해 일정 정도의 정부개입이 요구됨
    예 보육지원 서비스, 노인돌봄 서비스 등

② **공유재**: 비배제성 & 경합성
  ㉠ 경합성은 있지만 배제는 불가능한 서비스로 과다 소비와 비용회피로 인한 공유재 파괴 문제(공유지의 비극)가 초래될 수 있음. 따라서 공공부문에서는 공급비용 부담과 무분별한 사용에 대한 규칙을 설정해야 할 필요가 있음 예 천연자원, 목초지, 녹지, 하천 등
  ㉡ 공유지의 비극

③ **요금재**: 배제성 & 비경합성
  ㉠ 비경합성은 있지만 배제가 가능한 공공서비스로 배제성으로 인해 시장기구를 통한 공급 가능
  ㉡ 요금재는 자연독점으로 인한 시장실패에 대응해야 하기 때문에 정부가 직접 또는 공기업을 통해 공급. 그러나 현실적으로 공공기관의 비효율성이 정부실패로 지적되고 있어 민간기업의 참여가 활성화되고 있음 예 전기, 가스, 상하수도, 도로 등 사회기반시설

④ **공공재·집합재**: 비배제성 & 비경합성
  ㉠ 비배제성과 비경합성으로 인해 무임승차 현상이 발생하기 때문에 원칙적으로 공공부문에서 공급해야 할 서비스. 국방, 외교와 같은 순수공공재와 복지, 지역개발, 공중의료 등의 준공공재가 포함됨

확인문제

사바스(Savas)가 구분한 네 가지 공공서비스 유형과 내용의 연결이 옳지 않은 것은? 2015, 국가 7급
① 요금재(tool goods) - 대가를 지불하지 않는 소비자를 배제할 수 없다.
② 집합재(collective goods) - '무임승차'의 문제가 생길 수 있다.
③ 시장재(private goods) - 경합성과 배제성을 동시에 갖는 서비스이다.
④ 공유재(common pool goods) - 과잉소비의 문제가 발생할 수 있다.

▶ ① [×] 요금재는 비경합성과 배제성을 갖는 서비스이다.

제3절 정부를 이해하는 관점

1 이념에 따른 정부관

(1) 진보주의 정부관

① 자유시장의 잠재력은 인정하되 시장실패에 주목하며, 배분적 정의·결과의 평등 중시
② 자유와 평등이 양립할 수 있는 것으로 보는 입장으로, 자유를 옹호하지만 평등을 증진시키기 위해 실질적인 정부의 개입을 허용
③ 효율성과 공정성, 번영 및 진보에 대한 자유시장의 잠재력을 인정하지만, 자유시장은 결함이 있으며 시장실패는 정부개입으로 해결할 수 있다고 봄
④ 정부의 적극적인 사회·경제적 역할을 지지하고, 더 많은 정부 지출과 규제를 선호함
⑤ 선호 정책(정책 성향)
  ㉠ 소외집단을 돕기 위한 정책, 소득재분배 정책 선호
  ㉡ 의료보장, 소비자 보호, 환경보호 등의 목적 달성을 위해 경제에 대한 더 많은 정부규제 선호
  ㉢ 경제문제에 대한 적극적이고 활동적인 정부개입을 선호하기 때문에 복지국가, 혼합자본주의, 진보주의, 규제된 자본주의 등의 입장을 견지함

(2) 보수주의 정부관

① 보수주의자가 강조하는 자유는 개인의 자유로운 선택을 제한하는 모든 제도와 관행으로부터의 해방을 의미(소극적 자유). 따라서 정부의 간섭에 반대하고 개인의 자유 의지를 왜곡시킬 수 있는 '결과의 평등'보다 '기회의 평등'을 선호함. 자유와 평등은 양립하기 힘든 상충성이 있기 때문에 현실에서는 사회적 합의를 통한 적정 수준에서 균형이 중요하다는 입장
② 보수주의자의 이상적인 정의(正義)는 배분적 정의가 아니라 교환적 정의임. 따라서 평등이나 공정과 같은 가치판단과 갈등 관계에 있을 때에는 자유를 선호함
③ 보수주의자는 기본적으로 자유시장을 신봉하고, 정부는 개인의 자유를 위태롭게 할 뿐만 아니라 경제 조건을 악화시키는 개입을 하는 존재라고 믿기 때문에 정부가 필요한 경우는 외부의 적으로부터 방어, 재산권과 법적 계약의 집행, 특정 공공재의 공급, 최소한의 사회보장 확보 등에서만 정부개입을 인정
④ 선호 정책(정책 성향)
  ㉠ 선별적 복지정책 선호
  ㉡ 높은 자본 투자율을 확립하기 위해 기업 성장을 저해하는 조세제도를 선호하지 않음
  ㉢ 경제문제에 대한 정부개입 반대(경제 규제 완화), 자유방임적 자본주의 옹호

확인문제

진보주의 정부관을 설명하고 있는 내용 중 가장 적절하지 않은 것은?
2011, 서울 9급
① 소극적 자유 선호
② 공익목적의 정부 규제 강화 강조
③ 조세를 통한 소득재분배 강조
④ 효율과 공정에 대한 자유시장의 잠재력 인정
⑤ 소외집단을 위한 정부정책 선호

▶ ① [×] 진보주의 정부관은 적극적 자유를 선호한다. 국가로부터의 간섭과 개입에 반대하는 소극적인 자유선호는 보수주의 정부관에 대한 설명이다.

■ 진보주의와 보수주의 정부관 비교

구분	진보주의	보수주의
인간관	• 욕구, 협동, 오류 가능성 여지가 있는 인간관 • 합리적 경제인 인간관 부정	• 합리적 경제인
가치판단	• 자유를 매우 옹호(적극적 자유) • 자유와 평등은 양립 가능한 것 • 평등을 증진시키기 위해 실질적인 정부 개입 허용	• 자유 강조, 자유는 정부로부터 자유(소극적 자유)를 의미 • 기회 평등과 경제적 자유 강조 • 소득, 부(富) 또는 기타 경제적 결과의 평등은 상대적으로 덜 중요
시장과 정부 관점	• 효율과 공정, 번영과 진보에 대한 자유시장의 잠재력 인정 • 시장 결함과 윤리적 결여 인지 • 시장실패는 정부에 의해 수정 가능	• 자유시장에 대한 강한 신념 • 정부실패를 우려함 • 정부는 개인 자유를 보호하고 재산권 집행, 외부의 적 방어 등을 수행
선호 정책	• 소외집단을 위한 정책 • 공익 목적의 정부규제 • 조세제도를 통한 소득재분배 • 복지국가, 혼합자본주의, 진보주의, 규제된 자본주의, 개혁주의	• 선별적 복지정책 선호 • 경제적 규제 완화, 시장 지향적 정책 • 조세 감면과 완화 • 자유방임적 자본주의, 제한된 최소한의 정부

2 시대별 정부관의 변천

(1) **최소의 행정이 최선의 정부**: 19세기 근대 입법국가, 자유주의 국가, 야경(夜警)국가

① '작고 값싼 정부', 최소의 행정이 최선의 행정: 정부는 소극적으로 질서유지만 담당, 나머지 국민생활 부문에서는 최대한으로 개인의 자유를 인정해야 한다고 보았음

② 정부역할보다 시장의 자율적 기능을 중시하고, 자원의 효율적 배분은 시장의 '보이지 않는 손(invisible hand)'에 의해 달성 가능하다고 믿음

(2) **최대의 봉사가 최선의 정부**: 20세기 복지국가(행정국가)

① 1930년대 대공황과 제2차 세계 대전을 겪으면서 정부 기능이 점차 강화되었음. 대공황 시기에 미국의 루스벨트(F. D. Roosevelt) 대통령의 뉴딜정책과 영국의 경제학자인 케인스(J. M. Keynes)의 역할로 국가의 경제관리 역량이 국가의 성장과 침체를 좌우한다는 새로운 이념이 사회과학에 자리잡았으며, 국가의 적극적인 재정지출에 기초한 복지국가의 실현

② '크고 강한 정부', 최대의 봉사가 최선의 정부

(3) **최소의 정부가 최선의 정부**: 1980년대 이후 정부실패에 대한 인식 확산
   ① 신보수주의, 신자유주의 사상: 1980년대 이후 정부 실패에 대한 인식이 확산되면서 신보수주의 또는 신자유주의 사상의 흐름을 타고 정부 기능 축소, 민영화, 규제 완화 등 '작은 정부'에 대한 시대적 요청 등장
   ② 영국 대처리즘: 하이에크(F. A. Hayek)의 신자유주의 철학을 정책으로 실천
   ③ 미국 레이거노믹스(작은 정부 정책)에서 1990년대 클린턴 행정부의 신공공관리주의 국가 운영
      ㉠ 레이거노믹스(Reaganomics): 1970년대 두 차례의 석유 파동과 스태그플레이션(경기침체 속의 물가 상승) 상황에서 1980년 대통령으로 당선된 레이건 대통령은 복지국가 재정 정책 기조를 전면 전환해서 소득세와 법인세의 대폭 감면, 기업 규제 대폭 완화, 정부지출 삭감 등을 통해 경제활성화 정책을 추진
      ㉡ 클린턴(B. Clinton) 행정부: 신공공관리론적 정책

(4) **더 나은 정부가 최선의 정부**: 21세기 정부관
   ① 좋은 정부와 굿 거버넌스(good governance) 개념: 작은 정부와 신자유주의에 대한 비판 속에서 등장. 신자유주의 혁신 과정에서 민주적 가치 훼손을 비판하면서 정립된 관점
   ② 적정 수준에서의 국가역할의 필요성 인식, 민주주의와 시장경제의 균형
   ③ 단순히 큰 정부냐 작은 정부냐의 관점이 아니라, '더 나은 정부(better government)'

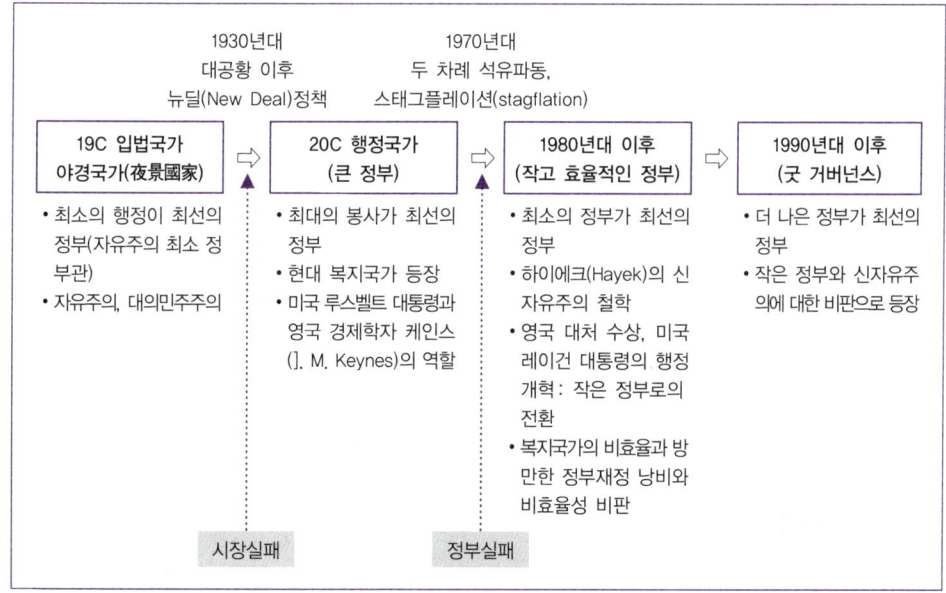

시대별 정부관의 변천

확인문제

정부관의 변천에 대한 설명으로 옳지 않은 것은? **2022. 국가 9급**
① 19세기 근대 자유주의 국가는 '야경국가'를 지향하였다.
② 대공황 이후 케인스주의, 루스벨트 대통령의 뉴딜정책은 큰 정부관을 강조하였다.
③ 영국의 대처리즘, 미국의 레이거노믹스는 작은 정부를 지향하였다.
④ 하이에크(Hayek)는 「노예의 길」에서 시장실패를 비판하고 큰 정부를 강조하였다.

▶ ④ [×] 하이에크(Hayek)는 대표적인 신자유주의 학자로, 영국 대처 정부의 행정개혁을 사상적으로 뒷받침한 학자이다.

③ 정부개입의 논거로서 시장실패와 정부의 대응방식

(1) **시장실패의 의의**: 시장기구를 통해 자원배분의 효율성을 달성할 수 없는 경우를 의미

(2) **시장실패 유형**

유형	내용	대응방안
공공재의 존재	• 공공재의 '비경합성'과 '비배제성'의 특징으로 '무임승차' 문제 발생. 시장형성 × → 과소공급	• 공적공급
자연독점의 발생	• 시장에는 자연독점 산업이 존재하며, 이로 인해 불완전경쟁 시장이 형성되어 시장실패를 초래함(비용체감산업, 규모의 경제, 수익체증산업) • 독점으로 인한 공정경쟁의 저해와 과소생산의 문제 발생 → 정부의 직접공급 또는 독점기업에 대한 규제	• 공적공급 • 정부규제
정보의 비대칭성	• 시장에서는 소비자(주인)가 공급자(대리인)보다 적은 정보를 지니고 있어(정보의 불균형), 역선택과 도덕적 해이가 야기되어 시장실패를 초래함 → 정보 비대칭 완화를 위한 보조금 지급이나 규제	• 공적유도 • 정부규제
외부효과	• 외부효과: 경제주체의 행동이 비의도적으로 대가 없이 다른 주체에게 손해나 이득을 가져다주는 효과 ① 외부경제: 긍정적 효과 → 과소공급 → 정부 보조금 지원 ② 외부불경제: 부정적 효과(대기오염, 소음) → 과다공급 → 정부규제	• 공적유도 • 정부규제
불완전경쟁	• 시장에서는 기술적 우위 등의 이유로 독과점이 형성되며, 독점기업들은 이윤극대화를 위해 서비스를 과소 생산함으로써 시장실패를 초래함	• 정부규제
분배의 불공평	• 시장에서는 능률성을 중시. 공평한 소득분배는 보장 × → 빈익빈·부익부의 문제를 야기	• 공적부조
공유지의 비극 (Hardin)	• 공유재(공유자원)는 소비는 경합적이지만(경합성) 정당한 대가를 지불하지 않아도 배제시킬 수 없기 때문에(비배제성) 비용회피와 과잉소비로 인해 공유재 파괴(고갈)를 초래함 • 자기 이익의 추구가 집합적 차원의 이익의 극대화로 연결되지 않는 현상을 의미(집합적 행동의 딜레마)	• 정부규제 • 소유권의 명확화 (재산권 설정) • 자율관리(시민사회 주의적 시각)

보충자료

코즈의 정리(Coase theorem)

시장에서 외부효과가 발생하더라도 소유권이 명확하고, 거래비용이 없을 경우 정부의 개입 없이 당사자 간의 자발적인 협상(내부화)을 통해 해결이 가능하다고 보는 이론. 소유권이 적절하게 확립되어 있고 협상비용(거래비용)이 크지 않다면, 이해당사자들 간의 거래를 통해 경제적으로 효율적인 해결책을 찾을 수 있으므로, 환경오염 등 외부성이 야기하는 문제나 공유자원 관리 실패 등을 바로잡기 위해 정부가 개입할 필요가 없다는 이론

확인문제

정부개입의 근거가 되는 시장실패의 원인으로 옳지 않은 것은?
2021, 국가 9급
① 외부효과 발생
② 시장의 독점 상태
③ X-비효율성 발생
④ 시장이 담당하기 어려운 공공재의 존재

▶ ③ [×] X-비효율성은 정부실패의 원인에 해당한다.

확인문제

시장실패 원인에 대응하는 정부의 방식에 대한 설명으로 가장 옳지 않은 것은? 2016, 서울 9급
① 외부효과 발생에 대해서는 보조금 혹은 정부규제로 대응할 수 있다.
② 자연독점에 대해서는 공적공급 혹은 정부규제로 대응할 수 있다.
③ 정보의 비대칭성에 대해서는 보조금으로 대응할 수 있다.
④ 불완전경쟁에 대해서는 보조금 혹은 공적공급으로 대응할 수 있다.

▶ ④ [×] 불완전경쟁에 대해서는 정부규제로 대응할 수 있다.

(3) **시장실패와 정부의 대응방식**: 시장실패를 교정하기 위한 정부의 역할은 공적공급 또는 정부의 직접공급, 보조금 등 금전적 수단을 통해 유인 구조를 바꾸는 공적유도, 그리고 법적 권위에 기초한 정부규제 등으로 구분할 수 있음

▣ 시장실패와 정부의 대응방식

구분	공적공급 (정부조직 통해 직접공급)	공적유도 (보조금 등 경제적 유인)	정부규제 (법적 권위·규제)
공공재의 존재	○		
외부효과의 발생		○(외부경제)	○(외부불경제)
자연독점	○		○
불완전경쟁			○
정보의 비대칭성		○	○

4. 정부실패(government failure)에 대한 대응

(1) **정부실패의 의의**

① 정부실패란 시장실패에 대응하는 개념으로 정부관료제의 특성으로 인해 조직의 생산성이 낮고 자원배분의 효율성을 달성하지 못하는 현상을 의미. 미국 경제학자인 울프(C. Wolf, Jr.)가 '비시장실패'라고 하면서 일반화되었음. 정부실패는 정부 행정의 비효율성과 자원배분의 왜곡 등의 합리성의 측면뿐만 아니라, 질 낮은 행정서비스나 관료주의 행태의 만연과 같은 행정 및 정책수행 능력 등도 포함하는 개념임

② 정부실패는 관료나 정치인들 때문에 발생하는 것이 아니라 정부라는 공공조직에 내재하는 구조적 요인 때문이고, 시장의 실패보다 더 보편적이고 구조적인 현상임

(2) **정부실패의 유형**

① 편익향유와 비용 부담 주체의 분리: 공공서비스에서는 편익과 비용의 주체가 분리돼 있어 정부가 공공지출에 따른 순편익의 극대화 방향으로 지출 활동을 한다는 보장이 없음. 즉 정부 정책으로 인한 이익은 특수 소수 집단에 귀속되는 반면, 그에 대한 비용은 불특정 다수의 국민이 부담하게 되는 경우가 많기 때문에 재정지출 활동을 수행하는 사업부서들은 관련 이해관계집단들의 정치적 지지에 바탕을 두고 지출 극대화를 과도하게 추구하는 경향이 있고 이로 인해 비효율성이 야기됨

② X-비효율성: 정부가 재화나 서비스를 직접 제공하기 때문에 발생하는 비효율. 정부와 같이 독점적 성격을 가진 기관은 경쟁적 압박을 받지 않기 때문에 예산이나 인력의 과다 등 조직 내부 자원 관리가 느슨해질 수 있고, 그만큼 과다한 비용(비효율)이 발생할 수 있음

확인문제

다음 중 정부실패의 원인으로 옳지 않은 것은? 2018. 국회 8급
① 권력으로 인한 분배적 불공정성
② 정부조직의 내부성
③ 파생적 외부효과
④ 점증적 정책결정의 불확실성
⑤ 비용과 편익의 괴리

▶ ④ [×] 정부실패의 원인으로는 내부성(사적목표), X-비효율성, 파생적 외부효과, 권력의 편재, 비용과 편익의 괴리 등이 있다.

확인문제

정부실패를 야기하는 요인과 정부의 대응방식이 올바르게 연결된 것은?
2013. 국회 9급
① 사적 목표의 설정 – 정부보조 삭감
② X-비효율, 비용체증 – 민영화
③ 파생적 외부효과 – 민영화
④ 권력의 편재 – 정부보조 삭감
⑤ 정보의 비대칭성 – 규제완화

▶ ② [○]
① [×] 사적 목표 설정 – 민영화
③ [×] 파생적 외부효과 – 보조 삭감, 규제완화
④ [×] 권력의 편재 – 민영화, 규제완화
⑤ [×] 정보의 비대칭성 – 정부실패가 아니라 시장실패 원인

확인문제

정부실패의 요인 중, 관료들이 자기 부서의 이익 혹은 자신의 사적 이익에 집착함으로써 공익을 훼손하게 되는 경우를 설명하는 개념은?
2020. 국회 8급
① 비용과 수입의 분리
② 내부성
③ X-비효율
④ 파생적 외부효과
⑤ 분배적 불공평

▶ ② [○] 내부성(사적 목표의 설정)에 대한 설명이다.
① [×] 비용과 수입의 분리(절연)는 수혜자와 비용부담자의 분리(절연)로 인해 비용에 대해 둔감해지고 자원이 효율적으로 활용되지 못하는 현상이다.
③ [×] X-비효율은 경제주체가 독점적 지위를 가지는 경우 관리효율성을 극대화하려는 유인이 부족해 생산의 평균비용이 증가하는 현상으로 관리상의 비효율(기술적 비효율)을 의미한다.
④ [×] 파생적 외부효과는 정부의 개입으로 발생하는 잠재적·비의도적 확산효과나 부작용을 말한다.
⑤ [×] 분배적 불공평이란 정부의 권력의 특혜나 남용 등 정부에 의해서 발생되는 현상을 말하며, 특혜적 기업면허, 진입장벽의 유지 등이 있다.

③ **공공조직의 내부성(사적 목표의 설정)**: 내부성이란 조직에서 비공식적 목표가 공식적 목표를 대체하는 현상을 의미. 즉 정부 관료조직이 공익을 추구하는 것이 공식 목표이지만, 관료들이 자기 부서의 예산, 조직, 권한 등을 극대화하는 등 조직 내부 목표를 우선시하는 현상

예 정부조직이 더 많은 예산을 확보하기 위한 행태(니스카넨의 예산극대화 모형), 보다 많은 인력을 확보하려는 행태(파킨슨 법칙: 조직의 관리자들이 업무와 관계없이 자신의 부하 숫자를 증가시키려는 성향) 등

④ **파생적 외부효과**: 시장실패를 해결하기 위해 정부가 개입하지만 의도하지 않은 파급효과와 부작용을 의미

예 주택경기를 활성화하기 위해 정부가 부동산 규제를 대폭 완화하면 부동산 투기와 거품이 발생해서 서민 주거 생활 안정에 많은 피해를 발생시킬 수 있음

⑤ **권력의 편재로 인한 분배적 불공평**: 정부개입은 강제력을 동원한 '권력'을 통해 자원을 배분하기 때문에 권력의 특혜나 남용 등 정부 권력의 행사로 인해 분배의 불공평 문제가 발생할 수 있음

(3) **정부실패에 대한 대응**: 정부실패가 발생할 경우, 이를 교정하기 위한 방법으로 시장기구를 활용한 민간화·민간위탁·아웃소싱, 보조금 등 정부지원의 삭감 또는 폐지, 규제완화 등이 있음. 이러한 대응방식의 공통점은 공공문제를 해결할 때 다양한 형태로 민간부문과 협력하는 방식을 활용한다는 것임

📂 **정부실패와 대응방식**

구분	민영화	정부보조 삭감	규제완화
사적 목표의 설정	○		
X 비효율	○	○	○
파생적 외부 효과		○	○
권력의 편재	○		○

제4절 공공재의 적정 공급규모에 관한 논쟁

1 공공재의 과소공급설

(1) **길브레이드(Galbraith)의 의존효과(선전효과)**: 사적재는 각종 선전을 통해 소비자의 욕구를 자극해서 소비촉진에 의한 생산촉진이 나타나는 반면, 공공재는 광고나 선전이 이루어지지 않아 소비자의 욕구를 자극하지 못해 과소소비로 인해 공공서비스의 투자가 미흡하게 되어 과소생산(공급)이 야기됨

(2) **듀젠베리(Duesenberry)의 과시(전시)효과**: 개별 소비성을 지닌 사적재는 소비자들의 주위를 의식한 체면유지 때문에 실제 필요보다 과다소비가 나타나지만, 집합소비성과 등량소비성을 지닌 공공재는 체면유지의 필요성이 없어 과소소비(생산)가 야기됨

(3) **머스그레이브(Musgrave)의 조세저항**: 공공재는 수익자부담원칙이 적용되지 않기 때문에 사람들은 자신이 부담한 것에 비해 편익을 적게 누린다는 재정착각(fiscal illusion)을 하게 되고, 이로 인해 국민들의 조세저항이 발생하게 되어 공공재의 과소공급이 야기됨

(4) **다운스(Downs)의 합리적 무지**: 합리적 개인은 공공재 공급에 대한 결정권이 미미하기 때문에 공공재 공급의 결정에 대한 정보수집 비용이 정보수집 편익에 비해 크다고 인식하여 적극적으로 정보를 수집하지 않음. 이로 인해 투표자는 합리적 무지 상태에 처하게 되고 공공재 공급에 대해 정확하게 평가하지 못하고 이의 확대에 무조건적인 저항을 함으로써 과소생산을 야기함

2 공공재의 과다공급설

(1) **와그너(Wagner)의 경비팽창의 법칙**: 소득수준이나 도시화에 의한 행정수요 및 국가 경비 팽창 현상을 설명. 1인당 국민소득이 증가할 때 국민경제에서 차지하는 공공부문의 상대적 규모가 팽창하는 현상

(2) **피콕과 와이즈만(Peacock & Wiseman)의 전위효과(대체효과)**: 전쟁 등 국가 위기(대규모 사회변동) 시에 국민들의 조세부담 증대의 허용수준이 높아져 공공지출이 민간지출을 대체하게 되며(문지방 효과), 한번 늘어난 재정수준은 위기가 극복되어 지출원인이 사라져도 계속 유지됨

(3) **보몰병(Baumol's Disease)**: 자본집약적 성격을 지닌 민간서비스는 생산성 증가가 임금(생산비용)보다 더 빠르게 증가하지만, 공공서비스는 노동집약적 성격으로 인해 생산성 증가보다 임금(생산비용)이 더 빨리 증가함. 이로 인해 공공부문은 비용절감이 곤란하고(민간부문에 비해 생산성이 낮고), 정부지출 규모는 점차 증대

(4) **뷰캐넌(Buchanan)의 리바이어던 가설**: 공공지출에 대한 통제 권한이 집중되어 있는 경우 정치인, 관료, 로비를 통한 이익집단들의 선호가 재정정책에 반영되어 정부 재정지출이 증가[투표의 거래나 담합(log-rolling)에 의한 사업 팽창]. 즉 정부부문의 총체적 규모는 중앙정부의 조세 및 지출권한의 분권화와 반비례한다는 것을 설명

(5) **파킨슨 법칙(Parkinson's Law)**: 파킨슨은 영국 해군에서 근무한 자신의 경험과 영국 식민성 행정 직원의 수와 같은 실제 통계를 바탕으로 공무원의 수가 실제 업무량 증가와 관계없이 증가하는 현상을 부하배증의 법칙과 업무배증의 법칙을 통하여 설명했음(상승하는 피라미드의 법칙 the law of rising pyramid)

① **부하배증(部下倍增)의 법칙**: 경쟁자인 동료보다는 부하의 충원을 원함

② **업무배증(業務倍增)의 법칙**: 늘어난 부하직원으로 인해 지시, 보고 등 부수적인 업무량이 증가하게 되는 것을 의미. 즉, 실제 업무의 증가로 고용이 늘어난 것이 아니라, 고용인이 많아짐에 따라 일자리가 더 필요해지는 상황이 발생함

(6) **기타**: 던리비 관청형성모형(조직 팽창), 니스카넨(Niskanen)의 예산극대화모형 등

확인문제

다음 중 공공재의 공급 규모에 대한 설명으로 가장 적절하지 않은 것은?
2024, 군무원 9급

① 니스카넨(Niskanen)의 예산극대화모형에 따르면 공공재는 과다 공급된다.
② 파킨슨(Parkinson)의 법칙이 적용되면 공공재는 과다 공급된다.
③ 보몰(Baumol)의 효과로 인하여 정부의 지출규모가 감소하여 공공재는 과소 공급된다.
④ 다운스(Downs)에 의하면, 국민의 합리적 무지 내지 무관심은 공공재의 과소 공급을 가져온다.

▶ ③ [×] 보몰병(Baumol's Disease)에 의하면, 공공서비스는 노동집약적 성격이 강해 임금상승으로 생산비용이 크게 증가하여도 서비스의 공급을 줄일 수 없어 과다지출 된다고 본다(과다공급설).

제5절 행정학의 학문적 성격과 접근방법

1 행정학의 학문적 성격

(1) 기술성과 과학성

① 과학성
  ㉠ 행정학의 과학성 문제는 행정현상과 관련하여 어느 정도 타당한 이론적 체계를 구축할 수 있는가에 관한 것으로, 행정현상을 어느 정도 정확히 기술하고 설명하고 예측할 수 있느냐에 관한 것
  ㉡ 과학으로서의 행정학 연구는 과학적 방법을 적용하여 행정현상에 존재하는 인과관계의 일반 법칙성을 찾아내 지식화하는 작업을 가장 강조함
  ㉢ 과학성을 강조하는 행정이론: 정치·행정 이원론, 행정행태론(새이원론) 등

② 기술성
  ㉠ Waldo는 기술성을 'art' 또는 'professional'이라는 용어로 지칭
  ㉡ 행정학의 기술성은 정해진 행정목표를 어떻게(how) 하면 효율적으로 성취하는가의 방법을 의미하는 것으로 실용성, 처방성을 강조
  ㉢ 기술성을 강조하는 행정이론: 정치·행정 일원론, 발전행정론, 신행정론 등

(2) 보편성과 특수성

① 보편성
  ㉠ 행정현상은 보편적 인과법칙 내지 일반적으로 통용되는 일반적 경향성을 가짐
  ㉡ 정책문제 해결을 위한 대안을 탐색할 때 외국의 제도를 고찰하는 것은 행정의 보편성 때문임

② 특수성
  ㉠ 행정현상은 그 국가의 개별적이고 특수한 정치·사회·문화적 맥락 속에서 발생하는 현상임
  ㉡ 외국제도 도입 시 상황의 유사성 여부를 고려할 필요가 있음

(3) 전문직업적 성격: 행정학은 지식의 창출에 관심을 갖는 순수학문이라기보다는 현실에 유익하게 지식을 활용하는 데 관심을 갖는 실용학문으로서 현실 문제 해결을 위한 처방적 지식의 성격을 가짐. 행정문제가 복잡해짐에 따라 영역별(환경, 보건, 재정 등) 문제해결에 필요한 고유한 전문지식이 요구됨

(4) 종합학문적 성격: 행정학은 행정학 고유의 접근방법과 지식으로만 이루어진 것이 아니라 정치학(권력, 정치적 대응성, 참여 등), 사회학(문화, 사회자본, 네트워크 등), 경영학(조직행태, 의사결정, 인적자원관리 등), 철학(정의론, 윤리론) 등에 이르기까지 다양한 학문의 개념이나 이론을 받아들여 종합학문으로서의 학문체계를 구성함

② 행정학의 접근방법

(1) **방법론적 개체주의 vs 방법론적 전체주의**

① 방법론적 개체주의: 전체를 부분으로 분해해서 이해하려는 접근방법으로 개별 개체를 분석의 기초로 사회현상을 이해하려는 접근방법(환원주의) 예 행태론, 공공선택론, 현상학 등

② 방법론적 전체주의: 사회현상의 이해를 위해 전체를 분석의 대상으로 삼는 접근방법. 사회는 개인들의 단순한 집합이 아니라 전체로서의 고유한 특성을 지닌다는 관점
예 체제론, 조직군생태론, 공동체생태론 등

(2) **미시적 이론 vs 거시적 이론**

① 미시적 이론: 개개의 단위나 개별 행위자를 중심으로 분석하고 설명하는 이론

② 거시적 이론: 개개의 단위보다 사회적 구조 또는 전체를 중심으로 분석하고 설명하는 이론

③ 중범위 이론: 미시와 거시의 중간규모인 개별 조직이나 특정 제도 등 비교적 특정한 문제 영역에 연구의 초점을 맞추고 각 영역에서의 연구결과들을 전체적인 이론 형태로 나타내는 이론 예 신제도주의, 상황론 등

(3) **규범적 접근 vs 경험적 접근**

① 규범적 접근: 목표나 가치를 다루며, 당위적 가치와 규범적 차원에서 무엇이 바람직한가를 연구하는 접근법 예 합리모형

② 경험적 접근: 객관적 사실 그대로의 현상을 실증적 방법을 통해 규명하는 데 초점을 두는 과학적 접근법 예 점증모형

(4) **연역적 접근 vs 귀납적 접근**

① 연역적 접근법: 일반적 원리(이론)나 개념을 전제로 하여 특수한 다른 사실을 이끌어내는 접근법 예 공공선택이론, 합리적 선택 신제도주의 등

② 귀납적 접근법: 개개의 구체적 사실(사례)을 관찰·종합하여 일반적인 개념이나 법칙을 도출해내는 접근법 예 사례 비교 분석(사회학적 신제도주의, 역사적 신제도주의 등)

CHAPTER 02 행정가치

제1절 행정가치의 개념 및 유형

1 행정가치의 개념
행정이 추구해야 할 기본적인 가치인 동시에 관료들이 행정과정에 있어서 준수해야 할 규범을 의미

2 행정가치의 유형
(1) **본질적 행정가치**(intrinsic value): 행정을 통해 이루고자 하는 궁극적 가치로서 가치 자체가 목적이 되는 가치를 의미 예 정의, 공익, 복지, 형평, 자유, 평등 등

(2) **수단적·도구적 행정가치**(instrumental or extrinsic value): 본질적 가치의 실현을 위한 방법적인 측면에서의 가치 예 능률성, 효과성, 민주성, 책임성, 합법성, 투명성, 가외성 등

> **확인문제**
> 다음 행정의 가치 중 성격이 다른 하나는? 2022, 국회 9급
> ① 정의 ② 평등
> ③ 공익 ④ 자유
> ⑤ 합법성
>
> ▶ ⑤ 합법성은 수단적 가치이고, 나머지는 본질적 가치이다.

제2절 본질적 행정가치

1 공익(public interest)
(1) **공익의 의의**
  ① 사회의 전체 혹은 일반적 이익 또는 공공의 이익, 사회후생, 공공의 복리 등을 의미
  ② 공익은 행정이 추구해야 할 근본적 가치로서 행정활동 및 결과의 주요 평가기준
  ③ 공익은 사회성이나 윤리성을 지닌다는 점을 제외하고는 그 개념은 추상적이고 모호하기 때문에 현실에 적용하거나 검증하는 것이 매우 어려움

(2) **공익에 대한 관심 대두 요인**
  ① 정치·행정 일원론의 대두
  ② 행정인의 재량권·자원배분권의 확대
  ③ 신행정론의 대두와 행정 철학의 중시
  ④ 변화담당자로서의 행정인의 적극적 역할

(3) **공익의 기능**
　① 공익은 다원적 사회에서 여러 이익 갈등을 조정하는 역할을 함
　② 공익은 정부가 특정한 사적부문(지역, 계층, 개인)에 개입할 때 정당성의 근거가 됨. 즉, 국가는 개인에게 일정한 규제 및 간섭행위를 요구하는 정당화의 근거로 공익을 제시
　③ 공익은 행정활동에 대한 사후 평가기준이 됨. 즉, 정책결정, 집행 및 평가의 기준으로 활용됨
　④ 공익은 집단 간 경쟁에서 불리한 소수 이익을 보호하는 중요한 근거가 됨

(4) **공익의 본질에 관한 학설**: 실체설
　① **공익의 본질**: 공익은 사익 및 특수이익을 초월하여 객관적으로 실존하는 사회 전체의 공동선이나 국가이익이라고 보는 입장으로, 이러한 의미의 공익은 최대다수의 최대행복, 정의, 형평성, 자연법 등을 포함. 실체설의 입장은 결과의 보편성(공리주의)이나 동기의 보편성(절대가치)을 강조하는 입장
　② **공익과 사익의 관계**: 공익을 사익을 초월하는 규범적·도덕적 개념으로 파악하면서, 사익의 단순한 총합이 아니라 그것과는 구별되는 독자성을 인정하는 입장(공익과 사익의 차별성 강조). 공익과 사익과의 갈등이란 있을 수 없다고 주장하며, 공익과 사익이 상충되는 경우에는 당연히 공익이 우선한다고 봄. 전체주의적, 집단주의적 공익관
　③ **행정 및 관료의 역할**: 공익의 실체 개념을 정의하는 과정에 엘리트와 관료의 중심적 역할을 강조. 따라서 공익의 형성자이자 결정자인 행정 관료가 강력한 이익집단의 압력에 의해 무시되기 쉬운 소수 이익을 보호하고, 전문기술성을 통해 공익을 증진시키는 역할을 담당해야 한다고 보는 관점 → 투입 기능이 활발하지 못한 후진국, 개발도상국에 적용가능성 높음
　④ **주요 학자**: 플라톤(Platon), 아리스토텔레스(Aaristoteles), 루소(Rousseau), 헤겔(Hegel), 롤스(Rawls) 등
　⑤ **실체설의 한계**: ⊙ 공익 개념이 추상적이고 이념적 경직성을 띰, ⓒ 소수 엘리트에 의한 공익 규정으로 공익 결정 과정이 비민주적이며, ⓒ 공익이라는 미명하에 개인의 이익이 침해될 수 있는 위험 요소를 내포하고 있음

(5) **공익의 본질에 관한 학설**: 과정설
　① **공익의 본질**: 공익은 사익의 총합이거나 다양한 사익들 간의 타협 및 조정의 산물로 이해함. 과정설은 절차적 합리성을 강조하는 것으로, 적법절차(due process)의 준수에 의해서 공익이 보장된다는 입장이므로 공익 극대화를 위해 정책결정과정의 합리화를 강조함
　② **공익과 사익의 관계**: 공익은 사익과 구별되는 별도의 존재가 아니라 사익의 합계이며, 사익의 극대화가 곧 공익의 극대화라고 보는 입장. 정책결정과정에서 사익의 조정 및 통합의 결과 공익으로 전환된다고 봄
　③ 투입 기능이 활발한 다원화된 선진사회에 적용가능성이 높음. 개인주의(개체주의), 자유주의, 다원주의적, 현실주의적, 민주적 공익관

확인문제

공익(public interest) 개념의 실체설과 과정설에 대한 설명으로 옳은 것은? 2017. 국가 9급
① 실체설은 집단 간 상호작용의 산물이 공익이라고 본다.
② 과정설의 대표적인 학자에는 플라톤(Plato)과 루소(Rousseau)가 있다.
③ 실체설은 공익이라는 미명하에 개인의 이익이 침해될 수 있는 위험요소를 내포하고 있다.
④ 과정설은 공익과 사익이 명확히 구분된다는 입장이다.

▶ ③ [○]
① [×] 공익을 집단 간 상호작용의 산물이라고 보는 것은 과정설이다.
② [×] 플라톤, 루소, 헤겔, 아리스토텔레스 등은 실체설의 대표적인 학자이다.
④ [×] 공익과 사익이 명확히 구분된다는 입장은 공익의 실체설이다.

④ 행정 및 관료의 역할: 공무원의 역할은 서로 경쟁관계에 있는 모든 이해당사자들의 이익을 조정하고 타협하여 만족스러운 결과를 이끌어내는 촉매자 또는 조정자 역할. 공무원은 모든 당사자들에게 그들의 이익을 대변할 수 있도록 공정한 기회를 부여하는 것이 중요함

⑤ 과정설의 한계: ⑦ 토론·협상이 발달되지 못한 개도국에 적용 곤란, ⓒ 공익 형성 과정에서 집단이기주의의 발생과 소수 몇몇 집단에 의해 주도될 가능성(조직화되지 못한 사회적 약자의 이익이 보호받지 못할 가능성)이 있음, ⓒ 대립적 이익(사익)들을 평가·조정할 수 있는 기준을 사전에 제시하기 곤란함

▶ 공익의 실체설과 과정설 비교

구분	실체설	과정설
공익의 본질	• 사익 및 특수이익을 초월하여 객관적으로 실존하는 사회 전체의 공동선이나 국가이익 • 공익과 사익 간 갈등은 있을 수 없음 • 공동체적 관점, 집단주의적 성격	• 공익은 사익들 간 조정과 타협의 산물 (상호작용의 산물) • 자유주의적 관점, 개인주의적 시각
사익과의 관계	• 공익과 사익이 명확히 구분 • 공익은 사익을 초월한 실체로 존재 • 공익우선주의	• 사익과 본질적으로 구별되는 공익의 실체는 없음 • 사익의 극대화가 곧 공익의 극대화 (공익 = 사익의 총합)
정부(관료)역할	• 공익의 형성자, 결정자 • 공익의 규정과 목민적 역할	• 사익 간 갈등의 조정자적 역할
적용	• 투입기능이 활성화되지 못한 개도국	• 투입기능이 활발하고 민주화·다원화된 선진사회에 적용
한계	• 공익 개념이 추상적 • 공익이 소수의 엘리트에 의해 규정됨으로써 권위주의로 변질될 가능성(비민주적 공익관)	• 공익형성과정에서 집단이기주의 폐해 발생과 소수 몇몇 집단에 의해 주도될 가능성 • 개도국에 적용 곤란
관련 행정이론	• 전통 행정학 • 엘리트주의, 합리모형	• 신공공관리론, 신공공서비스론 • 다원주의, 점증모형
주요 학자	• 플라톤(Platon), 헤겔(Hegel), 아리스토텔레스(Aaristoteles), 루소(Rousseau), 롤스(Rawls) 등	• 슈버트(Schubert), 벤틀리(Bentley), 트루먼(Truman) 등

2 정의(justice) : 롤스(Rawls)의 정의론

(1) 정의론의 의의

① 롤스는 원초 상태에서 합의되는 일련의 법칙이 곧 사회 정의의 원칙으로서 계약 당사자들의 사회협동체를 규제하게 된다고 함. 그는 사회의 모든 가치, 즉 자유와 기회, 소득과 부, 인간적 존엄성 등은 평등하게 배분돼야 하며, 이와 같은 가치의 일부나 전부의 불평등한 배분은 그것이 사회의 최소 수혜자에게 유리한 경우에만 정당하다고 보았음

② 정부가 사회적 형평성 실현을 위해 적극적으로 나서야 한다는 이론적 토대를 제공. 롤스의 정의론이 시사하는 것은 사회적 약자 계층에 대한 적극적 행정이 필요하다는 것을 의미

(2) 정의론의 주요 내용 및 특징

① 가정 및 전제 : 구성원들은 무지(無知)의 장막(veil of ignorance)에 가려진 원초적 상태(original position)에서 규칙에 합의한다고 가정. 무지의 장막은 개인은 자신의 사회적 신분, 재산, 지적 능력, 건강, 그가 속한 사회의 상태에 대해 전혀 알지 못하는 상태를 의미함

② 최소극대화 원리(maxmin) : 롤스는 원초적 상태, 즉 특정한 규칙 또는 정책이 자신에게 유리할지 불리할지를 모르는 상태에서 합리적 인간은 최소극대화 원리에 입각해 합리적 규칙을 선택한다고 가정. 최소극대화 원리는 불확실한 상황에서 개인의 의사결정은 최악의 상황을 염두에 두고 최선의 대안을 결정하는 것을 의미함

③ 롤스의 정의관은 전통적 자유주의와 사회주의의 양극단을 지양하고 자유와 평등의 조화를 추구하는 중도적 입장을 취하고 있음

(3) 정의의 원리

① 정의의 제1원리(기본적 자유의 평등 원리) : 개인의 기본적 자유는 타인의 자유와 양립 가능한 범위 내에서 평등하게 주어져야 함

② 정의의 제2원리(차등 조정의 원리) : 불평등의 분배 원칙
사회적(권력)·경제적(부) 불평등은 다음과 같은 두 가지 조건하에서만 허용되어야 함

　㉠ 기회균등의 원리(equal opportunity) : 사회·경제적 불평등의 원인이 되는 모든 직책 및 직위에 접근할 기회가 균등하게 보장되어야 함

　㉡ 차등의 원리 : 불평등한 상황의 조정은 저축의 원리와 양립하는 범위 내에서 가장 불리한 사람들의 편익을 최대화해야 함(최소극대화의 원리). 즉, 불평등이 사회에서 가장 혜택을 받지 못하는 최소수혜자에게 최대의 이익이 되어야 한다. 차등의 원리가 형평성 이념의 이론적 근거가 됨

> **보충자료**
>
> **저축의 원리**
> 저축의 원리는 사회협동의 모든 산물 중 어느 정도 비율의 것을 분배나 재분배에 충당하지 않고, 설비나 기타 생산 수단 및 교육에의 재투자 등의 형태로 장래 세대의 복지를 위해 유보 내지 저축하는 것이 적절한 것인가를 규정하는 원리를 의미

확인문제

롤스(Rawls)가 주장한 사회 정의의 원리에 대한 설명으로 옳지 않은 것은?
2015, 사복직 9급

① 정의의 제1원리는 '기본적 자유의 평등 원리'로서, 개개인에 대해 다른 사람의 유사한 자유와 상충되지 않는 범위 내에서 최대한의 기본적 자유에의 평등한 권리가 인정되어야 한다는 원리이다.

② 정의의 제2원리의 하나인 '차등 원리'는 저축 원리와 양립하는 범위 내에서 가장 불우한 사람들의 편익을 최대화해야 한다는 원리이다.

③ 정의의 제2원리의 하나인 '기회 균등의 원리'는, 사회·경제적 불평등은 그 모체가 되는 모든 직무와 지위에 대한 기회 균등이 공정하게 이루어진 조건하에서 직무나 지위에 부수해 존재해야 한다는 원리이다.

④ 정의의 제1원리가 제2원리에 우선하고, 제2원리 중에서는 '차등 원리'가 '기회 균등의 원리'에 우선되어야 한다.

▶ ④ [×] 정의의 제1원리가 제2원리에 우선하고, 제2원리 내에서 충돌할 때에는 '기회균등의 원리'가 '차등의 원리'에 우선한다.

③ 원리 간의 우선순위
  ㉠ 정의의 제1원리(평등한 자유의 원리) → 정의의 제2원리(기회균등의 원리 → 차등의 원리)
  ㉡ 롤스는 제1원리가 제2원리에 우선하고, 제2원리 내에서 충돌이 생길 때에는 기회균등의 원리가 차등원리에 우선되어야 한다고 주장

3 형평성(equity)

(1) 형평성의 의의

① 사회적 형평은 일반적으로 공정성 혹은 사회 정의와 거의 동일한 의미로 쓰임
② 동일한 것은 동일하게 취급하고, 서로 다른 것은 서로 다르게 취급하는 것을 의미
③ 사회적 형평의 개념 속에는 정당한 불평등의 개념이 내포되어 있음
④ 형평성 이념은 사회적 약자에게 정부가 정책적으로 특별한 배려를 함으로써 사회적 정의를 실현하려는 규범적 가치를 내포하고 있음
⑤ 공리주의와 자본주의에서 나타나기 쉬운 제도적 모순을 극복하기 위해 등장(전체 효용의 극대화라는 공리주의 원칙을 강조하면 소수의 의사는 반복적으로 경시되고 이들의 불만은 증폭될 수 있음)

(2) 형평성의 등장배경(1960년대 신행정학 이후) : 1960년대 이후 사회에 실업, 빈곤, 무지 등의 악순환이 계속된 것으로 관료제가 비민주적이고 공리주의적 총체적 효용에 사로잡혀 정치·경제적으로 소외된 소수 집단에 대한 무관심 때문이었으며, 따라서 이를 극복하기 위해서는 행정가가 적극적으로 사회적 형평을 실현해야 한다고 주장했음

(3) 형평성 개념의 유형

① 수평적 형평 : 동일한 것은 동일하게 취급하는 것. 기회의 평등을 강조. 소극적·보수주의의 공평 개념 예 비례세, 공개경쟁채용 시험, 1인 1표
② 수직적 형평 : 서로 다른 것은 서로 다르게 취급하는 것. 약자에게 더 많은 기회를 제공하는 것을 용인. 적극적·진보주의의 공평 개념
    예 대표관료제, 누진세 제도, 재분배 정책(저소득층 지원제도) 등

(4) 형평성 원리의 적용

① 인사행정 영역(균형인사정책) : 미국과 같이 인종차별이 문제가 되는 국가에서는 소수 민족에 대한 차별문제 해결을 위해 강조되었음. 단일민족 국가인 우리나라의 경우에는 수도권과 지방 간의 불균형 문제, 장애인이나 비정규직 또는 여성에 대한 불평등 문제, 공직에서의 이공계 차별 등이 형평성 차원에서 다루어야 할 문제임
② 고소득층에 대한 과세, 누진세 제도 도입 등 소득재분배 정책 채택과 복지 확대

확인문제

행정가치 중 사회적 형평에 관한 설명으로 옳지 않은 것은?
2015, 지방교행 9급
① 행정이 중립적이어야 한다는 신념에 바탕을 두고 있다.
② 능률 중심의 전통적 행정에 대한 비판과 함께 강조되었다.
③ 사회적·경제적 약자에게 더 많은 혜택을 제공해야 한다고 주장한다.
④ 현재 차별을 하지 않을 뿐만 아니라 과거의 차별로 인한 결과의 시정까지 요구한다.

▶ ① [X] 형평성은 행정이 사회적 약자들을 적극적으로 배려해야 한다는 가치판단을 지향하는 행정가치이다. 행태주의의 가치중립적 연구를 비판하면서 행정연구가 가치지향적이고 가치평가적인 연구가 되어야 함을 강조하면서 등장한 신행정학에서 강조하는 행정가치이다.

4 자유와 평등

(1) **자유**: 제약과 간섭이 없는 상태
   ① **소극적 자유**: 간섭과 제약이 없는 상태
   ② **적극적 자유**: 무엇을 할 수 있는 자유, 자유를 행사할 수 있는 여건 보장을 위해 정부의 적극적 개입 요구 예 의무 교육, 기초생활보장 등

(2) **평등**: 부당한 불평등의 시정을 요청하는 개념
   ① **형식적 평등**: 사회적 가치를 취득할 수 있는 기회, 자격, 권리 등을 동등하게 부여하는 평등
   ② **결과적 평등**: 형식적 평등이 주어진 개인들 사이에서 결과적으로 나타나는 부당한 불평등을 시정하려는 원리

제3절 수단적 가치

1 민주성

(1) **민주성의 의의**: 행정의 민주성이란 민주주의 원리를 행정의 영역에 적용하는 것으로 국민과의 관계와 관료조직 내부의 의사결정 과정의 두 가지 측면에서 논의됨

(2) **민주성의 유형**
   ① **대외적 민주성**: 행정조직 외부(국민)와의 관계 측면에서의 민주성
      ㉠ 행정이 국민의 의사를 존중해 국민의 요구를 수렴하고 이를 행정에 반영시킴으로써 대응성 있는 행정을 실현하고, 국민에게 책임을 지는 책임행정을 구현하며, 국민 전체를 위한 행정을 의미
      ㉡ 대외적 민주성 확보 방안: 행정윤리 확보, 효과적 행정통제, 부당 행위에 대한 구제장치 확보, 관료제 대표성(대표관료제), 시민참여 확대 등
   ② **대내적 민주성**: 행정조직 내부에서의 민주화
      ㉠ 관료조직 내에서 인간의 비합리적·감정적·사회심리적 요인 중시
      ㉡ 대내적 민주성 확보 방안: 행정의 분권화, 민주적 리더십 강조, 하위직 조직구성원의 인간적 발전과 자율성 강조 등

확인문제

행정의 대외적 민주성을 확보하기 위한 것과 가장 거리가 먼 것은?
2010, 서울 9급
① 행정인의 행정윤리 확립
② 책임행정의 확보
③ 일반국민의 행정참여
④ 과도한 침해에 대한 제도적 구제장치
⑤ 파레토 최적

▶ ⑤ [×] 파레토 최적은 다른 사람의 효용을 감소시키지 않고서는 다른 사람의 효용을 증가시킬 수 없는 상태로, 효율적 자원배분 상태를 의미하는 개념이며 효율성을 평가하는 기준이다.

2 합법성

(1) 합법성의 의의
① 소극적 의미 : 합법성은 전통적으로 법치행정의 원리(법률에 의한 행정)를 의미함. 법치행정이란 국민의 대표자들로서 구성이 되는 의회의 뜻(≒ 국민의 의사)에 따라 행정을 하는 것을 말함
② 적극적 의미 : 국민을 위해 봉사하는 행정

(2) 합법성의 한계
① 목표대치(전환) 현상 : 목표(공익 달성)보다 수단(법규정 준수)에 집착. 법률 규정이 사회 변화를 적극적으로 수용하기 힘든 현대 행정에서 합법성 이념을 지나치게 강조하면 행정의 본래 목표가 왜곡될 수 있음
② 법규중심주의(legalism) : '법대로 하는 행정'의 문제점. 행정의 경직성과 보수성(무사안일, 소극행정) 초래. 엄격한 법 적용과 감사원의 적발위주 감사 등은 상황에 따른 신축적인 법적용을 저해하고 법 규정의 자구(字句)만을 기계적으로 적용함으로써 소극행정을 야기할 수 있음

3 능률성(효율성)

(1) 능률성의 의의
① 능률성 $= \dfrac{\text{산출(output)}}{\text{투입(input)}} = \dfrac{\text{효과}}{\text{비용}}$: 투입(비용) 대비 산출(효과) 비율(조직 내의 조건)
② 능률성은 주어진 비용으로 최대의 성과를 달성하는 것이며, 최소의 비용으로 정해진 성과를 달성하는 것. 능률성은 행정이 이루어지는 과정이 경제성(economy)을 가질 것을 요구하는 것
③ 행정의 능률성에 대한 관심은 19세기 말 테일러(Taylor)의 과학적 관리론의 영향으로 시작되었으며, 1980년대 신공공관리론의 등장에 따라 행정의 능률성에 대한 관심이 다시 부각되고 있음

(2) 능률성의 유형
① 기계적 능률(mechanical efficiency)
   ㉠ 정치·행정 이원론 시대에 과학적 관리론이 도입되면서 중요시된 물리적 능률관
   ㉡ 효율을 금전적 측면 중심(대차대조표적 능률, 계량화 객관화 가능)에서 파악
   ㉢ 대차대조표적 능률(H. Simon)
② 사회적 능률(social efficiency)
   ㉠ 1930년대 중반 이후 인간관계론의 등장으로 강조된 개념(Dimock, Mayo 등)
   ㉡ 기계적 효율관을 비판하고 행정의 사회목적 실현과 다원적 이익들 간의 통합·조정 및 행정조직 내부에서 구성원의 인간적 가치의 실현 등을 내용으로 하는 효율관

(3) **능률성의 이론적 기준**: 파레토 최적상태(Pareto optimality)
  ① 다른 사람의 후생을 감소시키지 않고는 누구의 후생도 증대시키는 것이 불가능하도록 자원이 효율적으로 배분되어 있는 상태
  ② Pareto 최적상태는 자원배분의 효율성을 의미하지만 분배의 형평성을 확보해 주는 것은 아님
  ③ 정책분석에서 정책대안의 효율성을 판단하는 기준: 편익/비용비율(B/C ratio), 순현재가치(net present value), 내부수익률(IRR) 등

4 효과성(effectiveness)

(1) **효과성의 의의**
  ① 효과성은 목표달성의 정도를 의미. 즉 목표가 주어진 상태에서 그 목표를 얼마나 달성했는가를 의미
  ② 효과성은 행정성과를 목표와 대비시켜 볼 때 파악할 수 있으므로 효과성을 측정하기 위해서는 먼저 행정목표가 명확하게 설정되어야 함. 효과성은 산출(output)과는 구분되는 개념으로, 효과(effect)는 산출이 사회에 대하여 제공하는 바람직한 결과(outcome)를 의미하기 때문에 산출보다 측정이 더 어려움
  ③ 효과성은 1960년대 발전행정의 사고가 지배적일 때 행정의 발전목표를 사전적·계획적·의도적으로 계획해 주어진 목표를 달성하려는 데 최대 관심을 두면서 중요시된 개념임

(2) **능률성과 효과성의 관계**
  ① 능률성이 높아도 효과성은 낮을 수 있으며, 효과성이 높더라도 능률성은 낮을 수 있음. 따라서 행정에서 궁극적으로 중요한 것은 능률성과 효과성을 모두 충족시키는 것임
  ② 효과성은 비용 내지 투입의 문제를 고려하지 않음

5 합리성

(1) **합리성의 개념**: 어떤 행위가 궁극적 목표 달성의 최적수단이 되느냐의 여부를 가리키는 개념

(2) **사이먼(H. Simon)의 합리성 유형**

실질적 합리성 (substantive rationality) = 내용적 합리성 = 객관적 합리성	• 목표달성을 위해 최적수단의 선택 정도를 의미 • 합리적 행위는 행위자의 효용(이윤)의 극대화를 가져오는 능률적인 행위를 의미
절차적 합리성 (procedural rationality) = 제한된 합리성 = 주관적 합리성	• 행동 대안을 선택하기 위해 사용된 절차가 인간의 인지능력과 한계를 고려할 때 얼마만큼 효과적이었는가를 의미 • 결정과정이 이성적인 사유(reasoning)에 따라 이루어졌을 때 가능 • 결과보다 인지적·지적 과정에 관심을 갖는 주관적 합리성

확인문제

행정이 추구하는 가치에 대한 설명으로 옳지 않은 것은?
2019. 지방 9급
① 합리성은 어떤 행위가 궁극적인 목표달성을 위한 최적의 수단이 되느냐를 가리키는 개념이다.
② 효과성은 투입 대비 산출의 비율을, 능률성은 목표의 달성도를 나타내는 개념이다.
③ 행정의 민주성은 대외적으로 국민 의사의 존중·수렴과 대내적으로 행정조직의 민주적 운영이라는 두 가지 측면이 있다.
④ 수평적 형평성이란 동등한 것을 동등하게 취급하는 것, 수직적 형평성이란 동등하지 않은 것을 서로 다르게 취급하는 것을 의미한다.

▶ ② [×] 효과성은 목표 달성도를, 투입 대비 산출 비율은 능률성을 나타내는 개념이다.

(3) 디징(Diesing)의 합리성 유형

경제적 합리성 (economic rationality)	• 두 개 이상의 목표들이 경쟁상태에 있을 때 비용(cost)·편익(benefit)의 측정과 비교를 통해 평가하는 과정에서 나타나는 합리성 **예** B/C분석 • 보다 적은 비용으로 보다 많은 결과(효과/편익)를 얻는 것과 관계되는 합리성
기술적 합리성 (technical rationality)	• 주어진 목표를 가장 잘 달성할 수 있는 수단을 찾는 합리성. 즉, 목표와 수단 사이에 존재하는 인과관계의 적절성 • 목표와 수단의 계층제적 구조를 갖고, 목표달성에 가장 적합한 수단을 찾는 것을 의미함
정치적 합리성 (political rationality)	• 사회 내의 여러 세력들의 정책결정 과정·구조를 개선하는 합리성 • 정책결정에 있어 가장 비중이 높고 영향력이 큼
법적 합리성 (legal rationality)	• 대안의 합법성 정도를 의미하는 것으로 보편성과 공식적 질서를 통해 예측가능성을 높이는 합리성
사회적 합리성 (social rationality)	• 사회체제의 구성요소들 간의 조정과 조화된 통합성(integration)을 의미 • 사회 내에 있는 여러 가지 힘과 세력들이 질서 있는 방향으로 처리되고, 갈등이 해결될 수 있는 장치

6 가외성(redundancy)

(1) 가외성의 의의

① 가외성은 행정체제가 기본 구성요소 이외에 잉여요소(중첩, 초과분 등)를 갖는 것을 의미. 란다우(M. Landau)는 가외적인 장치의 산술적인 증가가 실패 확률을 기하급수적(지수적)으로 감소시킨다고 주장하면서 가외적인 장치의 필요성을 역설하였음

② 1960년대 정보과학, 컴퓨터 기술, 사이버네틱스 이론의 발달과 함께 논의되고, 행정학에서 본격적 논의는 M. Landau(1969)가 불확실성의 시대에 행정의 신뢰성 확보차원에서 강조하면서 대두됨

③ 불확실성에 대한 소극적 대처방안임

(2) 가외성의 주요 내용

① 중첩성(overlapping) : 동일 기능을 여러 기관이 상호의존적으로 수행하는 것을 의미
   예 재난 발생 시 여러 기관들이 협력하여 처리하는 경우

② 중복성(duplication) : 동일 기능을 여러 기관이 독자적으로 수행하는 것을 의미
   예 다수의 정보기관을 두는 경우

③ 동등잠재력(equi-potentiality) : 주된 조직 단위의 기능이 작동하지 않을 때 보조적 단위기관이 이를 대신 수행하도록 하는 것을 의미 **예** 대통령 유고 시 국무총리 권한대행

확인문제

가외성(redundancy)에 대한 설명으로 가장 옳지 않은 것은?
　　　　　　　　　2020, 서울 9급
① 동등잠재성(equi potentiality)은 동일한 기능을 여러 기관이 독자적 상태에서 수행하는 것을 의미한다.
② 란다우(Martin Landau)는 권력분립, 계선과 참모, 양원제와 위원회제도를 가외성 현상이 반영된 제도로 본다.
③ 창조성 제고, 적응성 증진 등에 효용이 있다.
④ 한계로는 비용상의 문제와 조직 내 갈등 유발 등이 지적된다.

▶ ① [×] 가외성이란 불확실성이나 위기에 대비한 중복, 중첩, 여유분(등잠재력)을 개념적 특징으로 하는데 동일한 기능을 여러 기관들이 독자적 상태에서 수행하는 것은 동등잠재성이 아니라 중복 또는 반복(duplication)에 해당한다.

(3) 가외성의 장점
　① 행정의 안정성과 신뢰성 확보: 가외적 장치는 불확실한 상황에서 예측하지 못한 실수와 실패를 줄이고 최악의 상황에 대비할 수 있게 함으로써 조직에 대한 신뢰성을 제고시킴
　② 정보의 정확성 증진: 가외적 장치는 정보원의 다원화, 정보경로의 다양화를 통해 정보의 정확성을 높여 정책결정의 오류를 최소화할 수 있음
　③ 중복적 조직들의 상호작용에 의한 창의성 및 다양성 증진
　④ 환경에 대한 적응성과 대응성 유지

(4) 가외성의 한계
　① 능률성(감축관리)와 충돌 가능성: 가외성은 능률성의 관점에서 볼 때 조직의 비용을 증가시키는 원인이 될 수 있음
　② 갈등의 증폭 및 책임한계의 모호성: 하나의 기능을 여러 기관이 중복적으로 수행할 경우 갈등이 발생할 수 있으며, 책임한계가 모호해질 수 있음

보충자료

행정이론과 행정가치

시기	행정이론	행정이념
19세기 초	관료제 이론	합법성: 법치행정의 원리
19세기 말	고전파 행정학(행정관리설)	능률성: 산출/투입 비율
1930년대	정치·행정 일원론(통치기능설)	민주성: 국민을 위한 행정
1940년대	행태론	합리성: 목표에 대한 수단의 적합성
1960년대	발전행정론	효과성: 목표달성도
1970년대	신행정론	형평성: 소외계층(사회적 약자)에 대한 배려
1980년대	신공공관리론(NPM)	생산성: 능률성 + 효과성
1990년대	뉴거버넌스	신뢰성: 네트워크 참여자들 간 상호 신뢰

제4절 행정가치 간 관계

1 행정가치 분류: 민주성 vs 효율성

(1) **민주성을 위한 가치**: 합법성, 대응성, 책임성, 투명성, 형평성, 신뢰성, 공익 등

(2) **효율성(= 생산성)을 위한 가치**: 능률성, 효과성, 경제성, 합리성 등

2 행정가치 간 조화 및 상충 관계

(1) **조화관계**
  ① 일반적으로 민주성을 위한 가치들 상호 간에는 조화관계가 성립,
    but 갈등이 발생하는 경우도 있음 예 대응성과 합법성 간 상충
  ② 일반적으로 효율성을 위한 가치들 상호 간에는 조화관계가 성립,
    but 갈등이 발생하는 경우도 있음 예 능률성과 효과성 간 상충

(2) **상충관계**: 일반적으로 민주성과 능률성(생산성)의 가치는 상충(갈등) 가능성이 높음. 능률적인 행정은 형평성이나 민주성, 합법성과 충돌가능성이 높음

> 예 능률성 차원에서 적자 철도 노선을 폐지하고, 쓰레기 수거를 민간에 위탁하는 경우 행정의 공공 책임성을 저해하는 결과를 초래할 수 있음

CHAPTER 03 행정학의 유래와 발달 과정

제1절 행정학의 태동

1 건국 이후 작은 정부와 엽관주의(spoils system)

(1) 건국 이후 미국 정치체제는 자유주의와 민주주의 이념을 상징하는 제퍼슨-잭슨 철학과 '최소의 행정이 최선의 정부'라는 작은 정부 철학이 지배했음

> **보충자료**
>
> **미국관료제의 규범적 모형**
> 1. **제퍼슨주의**(Jeffersonianism) : 개인의 자유를 극대화하기 위한 행정책임을 강조하고 소박하고 단순한 정부와 분권적 참여 과정을 중시(자유주의)
> 2. **해밀턴주의**(Hamiltonism) : 정부의 적극적 역할과 중앙집권에 의한 능률적 행정 주장(연방주의)
> 3. **매디슨주의**(Madisonianism) : 이익집단의 요구에 대한 조정을 위해 견제와 균형을 중시(다원주의)

(2) **엽관주의**(獵官主義, spoils system) **도입** : 1829년 잭슨 대통령이 당선하면서 선거전에서 승리한 정당이 정당 충성도를 기준으로 관료를 임명하는 엽관주의가 도입됨. 당시 엽관주의는 건국 이후 미국 행정부 내에 누적됐던 특정 지역 및 계층 중심의 파벌을 해체하기 위한 유용한 혁신 수단으로 인식되었음

(3) 19세기 이후 급속한 산업화와 함께 정부의 역할이 확대되고 업무가 복잡해지면서 엽관제로 인한 부패와 비효율성이 심각해짐에 따라 공직개혁을 위한 진보주의 운동(progressive movement)이 전개되었음

2 진보주의 개혁과 윌슨의 「행정연구」

(1) **진보주의 운동**(progressive movement) : 진보주의 개혁운동가들은 정치와 행정을 분리해 정치적으로는 시민참여 기회를 더 많이 보장하고, 행정은 능률성 위주의 업무 전문화 방향으로 개혁해야 한다고 주장함

(2) **펜들턴법**(Pendlton Act) **제정** : 진보주의 운동의 결과로 1883년 펜들턴법이 공무원법으로 제정되어 행정의 전문성을 확보하기 위한 실적주의 인사제도가 도입됨

확인문제

행정사상가와 주장하는 내용을 가장 옳게 짝지은 것은? 2019, 서울 9급
① 해밀턴(A. Hamilton) - 분권주의를 강조하며 대중에 뿌리를 둔 풀뿌리 민주주의를 강조하였다.
② 매디슨(J. Madison) - 이익집단을 중요시하였으며 정치활동의 원천으로 인식하였다.
③ 제퍼슨(T. Jefferson) - 연방정부에 힘이 집중되어 있는 중앙집권주의를 주장하였다.
④ 윌슨(W. Wilson) - 정치와 행정이 분리될 수 없는 정치·행정 일원론을 주장하였다.

▶ ② [○] 매디슨(J. Madison)은 이익집단의 요구에 대한 조정을 위해 견제와 균형을 중시했다.
① [×] 해밀턴(A. Hamilton)은 연방주의자로 강력한 중앙집권주의를 주장, 정부의 적극적 역할을 강조했다.
③ [×] 제퍼슨(T. Jefferson)은 개인적인 자유를 극대화하기 위해 분권주의를 강조했다.
④ [×] 윌슨(W. Wilson)은 정치·행정 이원론을 주장했다.

(3) **윌슨(Woodrow Wilson)의 「행정연구(The Study of Administration, 1887)」**
   ① 진보주의 개혁운동에 참여했던 윌슨은 행정의 탈정치화를 통해 정당정치로부터 자유로운 행정영역을 확립하려는 정치·행정 이원론을 주창함
   ② 윌슨은 행정을 관리와 경영의 영역, 그리고 전문적·기술적 영역으로 규정하고, 행정학 연구의 목적은 정부가 무엇을 성공적으로 할 수 있으며, 그 일을 어떻게 최소의 비용으로 가장 효율적으로 할 수 있는가를 탐색하는 것이라고 규정했음
   ③ 정치와 행정의 분리 필요성을 제시함으로써 행정학을 정치학으로부터 분리해 분과학문으로 발전할 수 있는 기초를 다지는 데 공헌했음

3 미국 근대 행정학의 태동

(1) **굿노(Goodnow)의 정치·행정 이원론**
   ① 미국 행정학의 초석을 다진 굿노는 「정치와 행정(Politics and Administration, 1900)」에서 정치와 행정의 차이를 분명히 했음. 정치는 국가의 의지를 표명하고 정책을 구현하는 것이며, 행정은 이를 실천하는 것으로 양자를 구별했음. 행정에 대한 지나친 정당정치의 개입이 정책의 능률적 집행을 저해한다고 지적하고, 행정이 정치다툼에서 분리되어야 할 뿐만 아니라 정책결정 과정으로부터도 분리되어야 한다는 정치·행정 이원론을 체계화했음
   ② **시정개혁 운동(municipal reform movement)에 기여**: 1906년 설립된 뉴욕시정조사연구소는 좋은 정부를 구현하기 위한 능률과 절약의 실천 방안과 시정에 관한 과학적 연구를 수행했으며, 테일러의 과학적 관리법을 정부에 적용함으로써 시정개혁에 과학적인 근거를 제공했고, 이를 통해 행정학이 학문적으로 성장하게 되는 계기가 마련되었음

(2) **정치·행정 이원론의 전개와 근대 행정학의 태동**: 정치·행정 이원론은 행정을 정당정치의 오염으로부터 탈출시켜 비효율과 낭비, 부패를 청산함으로써 좋은 정부 구현의 이론적 토대가 되었고, 행정을 하나의 독립된 분과 학문으로 정립하는 토대를 마련했으며, 현대적인 공무원제도와 관료제의 발전에 필요한 기초 이론을 제공함

제2절 정통 행정학의 정립

1 '관리과학'으로서의 정통 행정학의 성립: 행정관리론

① 미국 행정학은 엽관제를 극복하고 효율적 행정을 구축하기 위한 실천적인 정치개혁에서 출발해, 과학적 관리법과 고전적 조직이론을 접목하여 독자적 학문영역 구축

② '절약과 능률(economy & efficiency)'이 좋은 정부의 구현을 지향하는 새로운 가치 개념으로 등장

③ '관리과학' 중심의 정통 행정학 성립: 1920년대에서 1930년대에 걸쳐 미국 행정학은 능률에 기초한 관리를 주장하는 '관리과학' 중심의 정통 행정학으로 모습을 갖추었음

2 행정관리론의 두 가지 계보: 사무관리론과 조직관리론

(1) 사무관리론

① 과학적 관리법의 직접적 영향으로 각종 사무표준화와 관련 제도 설계를 통해 절약과 능률(economy and efficiency) 중시

② 태프트 대통령의 '절약과 능률에 관한 대통령위원회'(1912년)에서 행정관리의 성과를 평가하는 가치기준으로 '절약과 능률' 강조

(2) 조직관리론: 공·사 조직 공통으로 적용되는 일반 조직 원리 탐구

① 조직설계 원리 생성: 분업의 원리, 명령통일의 원리, 통솔범위의 원리, 조정의 원리, 부성화의 원리 등

② 귤릭(Gulick)의 POSDCoRB: 루스벨트 대통령이 1937년 설치한 '행정관리에 관한 대통령위원회'(일명 브라운로위원회)에 참여한 귤릭은 이 위원회에서 집필한 논문에서 조직의 최고 관리층이 담당해야 할 관리 기능으로 기획(Planning), 조직(Organizing), 인사(Staffing), 지휘(Directing), 조정(Coordinating), 보고(Reporting), 예산(Budgeting)의 7대 기능을 제시함

3 정통 행정학의 정립

① 정통 행정학의 토대: '정치·행정 이원론'과 '행정의 원리'

② 관리과학으로서의 정통 행정학은 대공황과 뉴딜(New Deal) 정책 이전까지 미국 행정학에서 지배적인 자기정체성을 유지했음

제3절 정통 행정학에 대한 반발

1 대공황과 정치·행정 일원론 등장

(1) **정통 행정학과 정치·행정 이원론에 대한 비판**: 1930년대 경제 공황 이후 정부의 적극적 역할이 필요한 행정국가가 등장하면서 정통 행정학에 대한 비판 등장. 어떤 형태로든 정치와 행정은 분리될 수 없으며, 공공의 문제해결 수단으로서 정통 행정학의 '행정원리'가 과학적이지 못했기 때문

(2) **정치·행정 일원론 등장**: 뉴딜 정책을 추진하는 과정에서 행정부의 기능과 대통령의 리더십이 강화되었으며, 행정부가 정책 입안 기능을 담당하면서 입법부보다 우월한 지위에 있게 됨

(3) **대표 학자**: 애플비(P. H. Appleby)는 현실 정부에서 정치와 행정의 관계는 정합적·연속적·순환적이기 때문에 양자를 구별하는 것은 적절치 않다고 주장했음

정치·행정 이원론과 정치·행정 일원론 비교

구분	정치·행정 이원론	정치·행정 일원론
행정의 역할 (기능)	• 행정의 관리(집행) 기능 중시, 결정 기능 배제 • 행정의 가치중립성, 능률성 강조 • 행정과 경영과의 유사성 강조	• 행정의 결정(정책형성) 기능 중시 • 공공성 등의 가치 중시 • 행정의 정치적 성격 강조
주요 학자 (저서)	• 윌슨(Wilson)의 「행정의 연구(1887)」: 정치와 행정의 분리 주장 • 굿노(Goodnow)의 「정치와 행정」(1900) • 화이트(L. D. White)의 「행정연구입문」: 최초의 행정학 교과서 • 귤릭(Gulick)과 어윅(Urwick)의 「행정과학에 관한 논문집」: 정통 행정학의 집대성 • 윌로비(W. F. Willoughby)의 「행정의 원리」	• 디목(Dimock): 사회적 능률성 강조 • 애플비(Appleby): 행정과 정치는 연속적·순환적 관계이기 때문에 양자를 구별하는 것은 적절하지 않음
관련 이론	• 행정행태론(H. Simon), 신공공관리론	• 통치기능론(기능적 행정학), 발전행정론, 신행정론, 뉴거버넌스 이론

확인문제

정치·행정 이원론에 대한 설명으로 적절하지 않은 것은?
2012, 국회 9급
① 행정의 전문성과 중립성 확보의 필요성을 강조한다.
② 과학적 관리론의 영향을 받아 행정을 비정치적인 관리현상으로 이해한다.
③ 독자적인 학문으로서의 행정학의 발전에 기여하였다.
④ 공사·행정 일원론의 성립에 기여하였다.
⑤ 행정에 내포되어 있는 정치적인 기능을 강조한다.

▶ ⑤ [×] 행정에 내포되어 있는 정치적인 기능을 강조하는 것은 정치·행정 일원론에 대한 설명이다.

2 정통 행정학의 보편적 원리에 대한 비판

(1) **행정관리론에 대한 비판**: 정치·행정 이원론에 기초해 가치중립적인 원리를 탐구했던 행정관리론에 대한 비판이 제기됨. 왈도(D. Waldo), 사이먼(H. Simon) 등은 행정원리의 보편성과 과학성에 대한 의문을 제기함

① 왈도(D. Waldo): 행정원리에 대해 처음으로 비판한 왈도는 정통 행정학에 근본적인 결함이 있다고 논증하면서 정부 고유의 현상에 대해 민간 기업에서 개발된 경영의 원리를 공공부문에 과도하게 적용하는 것을 비판함

② 사이먼(H. Simon): 행정관리론의 핵심인 전문화의 원리, 명령 통일의 원리, 통솔범위의 원리, 부성화의 원리들이 서로 모순된다고 지적하면서, 이들 이론은 과학적인 실험을 거치지 않은 격언(proverb)에 불과하다고 비판함

(2) **사이먼(H. Simon)의 행태주의(behavioralism)**

① 『행정행태론(Administrative Behavior)』을 출판하면서 행정학에 행태주의 접근방법을 도입

② 사이먼은 행태론적 접근방법의 시각에서 행정학의 과학화를 위한 이론적 토대를 제공하였음. 논리실증주의에 입각해서 행정학 연구에 자연과학의 연구방법을 도입하는 것을 강조하고, 이를 위해서는 사실과 가치를 구분해서 과학으로서의 행정학은 사실만을 다루어야 한다고 주장함

제4절 행정학의 분화 및 다원화기(1950~1960년대)

1 생태론적 접근방법

(1) **생태론적 접근방법의 의의**: 행정현상을 행정체제를 둘러싸고 있는 자연·사회·문화적 환경과의 상호작용 관계에 초점을 두는 접근방법

(2) **생태론적 접근방법의 특징**

① 개방체제적 관점: 행정을 개방체제로 인식, 환경과 행정 간의 상호관계 분석에 초점

② 거시적 접근: 분석 수준을 행위자 개인보다는 집합적 행위나 제도에 맞추는 거시적 분석

③ 행정의 보편적 이론보다는 중범위 이론의 구축에 자극을 주어 행정의 과학화에 기여했음

(3) **생태론적 접근방법의 주요 내용**

① 가우스(John M. Gaus, 1947)의 생태론: 정치학과 문화인류학에서 발전된 생태론적 접근법을 행정학에 도입. 행정에 영향을 미치는 7가지 환경적 요인으로 국민(people), 장소(place), 과학적 기술(physical technology), 사회적 기술(social technology), 욕구와 사조(wishes & ideas), 재난(catastrophe), 개성(personality)을 제시함

② 리그스(Riggs)의 프리즘적 사랑방 모형(prismatic sala model): '농업사회(agraria)와 산업사회(industria)' 비교 연구를 통해 후진국 행정체제로 '프리즘적 사랑방 모형(prismatic sala model)'을 제시

확인문제

리그스(Riggs)의 프리즘적 모형(Prismatic Model)에서 설명하는 프리즘적 사회의 특성으로 옳지 않은 것은? 2015. 국가 7급
① 고도의 이질혼합성
② 형식주의
③ 고도의 분화성
④ 다규범성

▶ ③ [×] 프리즘적 사회는 공식적으로는 기능이 분화되어 있으나 실제로는 기능이 중복되는 기능의 중복성(기능의 미분화)을 특징으로 한다.

보충자료

프리즘적 사회의 특징

1. **이질혼합성**: 전통적 미분화 사회와 현대적 분화 사회의 특징이 동시에 존재하는 불균형 현상
2. **가치규범의 이중화**(다규범성, 무규범성): 전통적 규범과 현대적 규범이 공존하여 상황에 따라 다른 규범이 적용되어 일관된 규범이 결여
3. **기능의 중복**(중첩성): 공식적으로는 기능이 분화되어 있으나 실제로는 기능이 중복되는 현상이 발생
4. **형식주의**: 형식적인 법규와 실제상 법규의 적용 및 집행이 불일치
5. **다분파성**: 혈연적·지연적 유대관계에 기초한 여러 적대적 공동체가 존재하여 상호 간의 대립투쟁이 발생
6. **가격의 불확정성**(bazaar-canteen model): 재화의 가격이 정해져 있으나 실제 거래 가격은 판매자와 구매자의 유대관계나 협상력 또는 권력 등 환경적 요인에 따라 달라지는 사회. 거래 시마다 개별가격이 부여되며(bazaar), 개인이 아닌 집단에 불확정 가격이 적용되는 집단거래형태(canteen)가 나타남
7. **상향적·하향적 누수체제**: 부정으로 인해 국가의 세입과정(상향적 누수)과 국가의 세출과정에서 예산의 누수(하향적 누수)가 발생

(4) **생태론적 접근방법의 한계**

① 생태론적 결정론: 행정을 환경적 요소에 의해 영향을 받는 것으로만 파악하여 행정환경에 대한 행정의 적극적이고 주체적 역할을 경시했음

② 설명적 연구로서의 한계: 행정현상을 환경과 관련시켜 진단과 설명에는 성공했지만, 행정이 추구해야 할 목표나 방향을 전혀 제시하지 못했다는 비판을 받음

2 비교행정론

(1) **비교행정론의 의의**: 각국의 행정에 대한 비교 연구를 통해 행정학의 과학성을 높이고 일반화된 행정이론을 개발하기 위한 노력으로 대두됨

(2) **비교행정론의 주요 내용 및 특징**

① 2차 세계대전 이후 미국이 후진국에 대한 기술원조의 일환으로 후진국의 행정문제를 연구하면서 발달

② 후진국의 행정현상 설명에 기여함. 서구제도가 후진국에서 작동되지 않는 이유는 사회 문화적 환경이 다르기 때문이라고 설명

3 발전행정론

(1) **발전행정론의 의의**

① 개발도상국의 발전에서 행정의 역할을 연구. 개발도상국가에서 국가 발전을 촉진하기 위한 수단으로서 행정의 역할에 초점을 두고, 어떻게 발전 사업을 선정·관리할 것인가에 관한 전략과 처방을 제시하는 연구

② 행정을 국가발전 목표를 달성하기 위하여 발전목표, 정책의 형성과 집행 및 관리 기능을 주도하는 것으로 파악

③ 와이드너(E. Weidner): 발전행정을 "국가의 정치·경제·사회적 목표달성을 위해 정부조직을 이끌어가는 과정"으로 정의

(2) **발전행정론의 주요 내용 및 특징**

① 행정 우위의 새정치·행정 일원론

② 환경에 대한 행정과 행정인의 독립변수적 측면을 강조

③ 국가발전을 촉진하기 위해 행정의 적극적 역할에 초점

④ 효과성을 주요한 행정가치로 강조

⑤ 불균형적 접근방법: 경제 등 특정한 한 부문의 발전을 통해 전체의 발전을 도모

(3) **발전행정론의 한계**: 행정권력의 비대화, 정치발전(민주화)의 저해 및 행정책임의 약화

4 신행정학

(1) **신행정학의 등장배경**

① 민권운동과 빈곤퇴치 사업 등으로 행정이 개인에게 미치는 영향이 커지면서 '신행정학' 운동이 등장함

② 신행정학의 전통은 1980년대를 전후해 등장한 비판행정학이나 행위이론으로 이어졌음

(2) **신행정학의 특징**

① 신행정학은 적실성, 참여, 변화, 가치, 사회적 형평성 등에 기초한 행정학의 독자적 주체성을 강조했음

② 행정학의 실천적 성격과 적실성을 회복하기 위해 정책지향적인 행정학을 요구했으며, 가치중립적인 관리론에 대한 집착을 비판하면서 민주적 가치규범에 입각해 분권화, 고객에 의한 통제, 가치에 대한 합의 등을 강조했음

제5절 정부 역할의 재정립

1 1970년대: 정부실패론, 감축관리론, 공공선택론

(1) **정부실패론**: 1970년대 미국은 민권운동, 베트남 전쟁, 워터게이트 사건, 에너지 위기와 같은 국내·외 변화 속에서 정부가 복잡한 공공문제를 해결하지 못하면서 정부의 한계에 대한 인식과 정부 능력에 대한 불신으로 '정부실패' 개념 등장

(2) **감축관리론**: 두 차례 석유파동을 거치면서 인플레이션과 경제침체가 가속화되고, 재정 압박과 재정적자가 발생했음. 이러한 자원난과 재정위기를 배경으로 신자유주의의 '작은 정부' 이념에 기초해서 자원소비를 낮추고 조직 활동을 줄이는 방향으로 조직혁신을 유도해야 한다는 '감축관리론'이 제기되었음

(3) **공공선택론**: 오스트롬(V. Ostrom)은 미국 행정학의 '지적 위기'를 지적하면서, 이를 극복하기 위한 대안으로 공공선택론을 행정학에 도입할 것을 제안했음

2 1980년대: 신공공관리론(New Public Management)

(1) 정부불신의 여파가 1980년대로 이어지면서 정보자유법, 사생활보호법, 일몰법, 소득세 인상 제한 등 정부활동을 통제하고 제약하는 조치들이 계속 만들어졌으며, 이러한 배경에서 1980년대에는 작은 정부를 강조하는 신보수주의 기조 속에서 공무원 인력 감축, 정부 지출 삭감, 규제완화, 민영화 등에 대한 논의가 활발히 전개되었음. 또한 행정 성과에 대한 관심이 높아지면서 민간부문의 관리기법을 공공부문에 적용하는 것이 주요 과제로 다시 부활되었음

(2) 1980년대 초반에는 레이건(R. W. Reagan) 대통령의 신연방주의 노선에 따라 연방정부의 역할을 축소하고 주·지방정부의 역할과 책임을 증대시키는 신재정연방주의가 추진되었으며, 이에 대응해 주정부와 지방정부에서는 '전략적 기획'에 관심을 갖게 되었음

(3) 정부와 직업공무원을 불신하기 시작하면서 행정윤리와 책임성에 대한 관심도 증가했고, 미국행정학회에서는 1985년에 공무원 윤리장전을 제정했음. 이러한 분위기 속에서 카터 행정부와 레이건 행정부는 직업공무원의 재량권을 점차 축소했으며, 직업공무원에 비해 정치적으로 임명하는 공무원의 수를 상대적으로 증가시켰음

(4) 일련의 개혁 조치 이후 신보수주의 정부에서 행정의 관리적 측면이 강조되고, 정치·행정 이원론이 재등장. 행정학의 새로운 접근방법으로 신공공관리론이 개발되어 글로벌 표준으로 확산되어 주요 국가들의 행정혁신에 많은 영향을 미쳤음

③ 1990년대 : 행정재정립론과 정부재창조론

(1) 행정재정립운동(refounding movement)

① 행정과 직업공무원제에 대한 불신이 높아지면서 엽관주의가 새롭게 확대되었는데, 이에 대한 반작용으로서 1980년대 후반부터 1990년대 초반까지 직업공무원제를 옹호하는 '행정재정립 운동'이 등장

② 대표적인 학자인 스바라(J. H. Svara)는 기존의 정치·행정 이원론을 재해석해 정책과정에서 공무원의 적극적인 역할을 옹호했음

③ 웜슬리(G. Wamsley)는 「행정재정립론(1990)」을 발간했고, 테리(L. D Terry)와 굿셀(C. T. Goodsell)은 직업공무원제를 옹호했으며, 정부를 '재창조'하기보다는 '재발견'해야 한다고 주장 했음

(2) 정부재창조론

① 행정재정립운동의 기조와는 달리 오스본과 게블러는 「정부재창조론(1992)」을 통해 정부는 재창조되어야 한다고 주장함. 이들은 정부를 재구축하고 민간부문이 공공서비스 공급에 참여할 필요가 있다고 강조했으며, 이러한 주장은 클린턴 행정부의 '정부재창조운동'의 이론적 기초가 되었음

② 정부재창조운동은 신공공관리론을 행정개혁에 적용한 것이라고 볼 수 있음

④ 2000년대 이후 : 신공공관리론의 한계 보완과 새로운 경향

(1) 신공공관리론 행정개혁으로 규제완화와 민영화가 확산되면서 점차 정부부문의 독점성이 약화 되었으며 정부도 공공서비스 공급의 하나의 경쟁 주체로서 민간부문 또는 사회부문과 동등한 입장에서 경쟁해야 하는 상황이 전개되었음

(2) 이러한 정부 위상과 역할 변화에 대응하는 신공공서비스론(New Public Service), 뉴거버넌스론 (New Governance), 탈신공공관리론(post-NPM) 등이 등장

CHAPTER 04 행정학의 접근방법과 이론

제1절 행정학의 주요 접근방법

1 구조·제도적 접근방법

(1) 역사적 접근방법
① 역사적 접근방법은 사건·기관·제도·정책의 기원과 발전과정을 파악·설명하는 데 많이 사용되는 접근방법으로, 각종 정치·행정 제도의 진정한 성격과 제도가 형성된 특수한 방법을 인식하는 수단을 제공함
② 역사적 접근방법의 연구는 정치·행정적 사건들을 자세하게 묘사하는 일종의 사례연구 형식을 주로 활용함

(2) 법률·제도적 접근방법
① 법률·제도적 접근방법은 행정학의 초기 접근방법의 하나이며 행정 과정의 합법성과 법률에 기반을 둔 제도를 강조. 제도적 접근방법에서 주목하는 각종 제도는 법률에 기반을 두기 때문에 두 가지를 통합해 법률·제도적 접근방법이라 함
② **법률적 접근방법**: 정치·행정학자들은 법률 체계의 연구와 각종 정치·행정 제도에 관한 헌법 혹은 법률적 측면의 연구를 수행함. 이 접근법은 조직 구조와 (미국) 정부에 대한 헌법상 권한과 책임 위임에 대한 공식적 분석에 특히 주목했음
③ **제도적 접근법**: 역사적 접근법과 법률적 접근법에 대한 반발로서 등장한 것으로 단순히 정치의 역사나 법률이 아니라 '정치의 실제(정치 제도)'에 대한 연구를 강조함. 행정부, 입법부, 그리고 사법부에 대한 연구에 많은 관심을 가지고 기관이나 직제에 대한 자세한 기술에 관심을 가짐

❷ 행태론적 접근방법

(1) 행태론적 접근방법의 의의

① 사회현상 연구에 있어서 거시적인 제도나 구조가 아닌 개인, 집단, 조직 차원에서 이루어지는 관찰가능한 인간의 외면적 행태의 인과관계를 경험적·실증적으로 밝힘으로써 인간행태를 설명, 예측, 통제하려는 데 목적을 두는 연구방법

② 행정학에의 도입 및 발달 : 1947년 사이먼(H. Simon)이 『행정행태론』을 발표한 후 미국 행정학에 도입되고 체계화되었으며, 1960~1970년대 행정에서의 가치 배분 역할이 중시될 때까지 행정학의 주류를 형성함

③ 원리접근법에 대한 비판 : 사이먼(Simon)은 행정관리론(원리주의)에서 개발된 원리들은 한번도 과학적 검증을 거치지 않은 격언에 불과하다고 비판했음

④ 분석의 초점 : 행정인의 행태(behavior)에 초점. 조직 내 개인 간 행태를 경험적 조사방법으로 분석. 행정인의 사회적·심리적 동기에 대한 연구로 확대

(2) 행태론적 접근방법의 특징

① **인간행태의 강조** : 행정에 참여하고 행정에 영향을 미치는 사람들의 동기, 역할, 행동을 중심으로 행정현상을 이해하려는 입장으로, 개인의 표출된 행태를 분석 대상으로 삼았음. 특정 질문에 따른 반응을 통해 파악해 볼 수 있는 외면화되고 표면화된 태도, 의견, 개성 등이 연구대상에 포함됨

② **논리실증주의** : 사회현상을 관찰 가능한 객관적 대상으로 보고, 검증이 불가능한 인간의 주관이나 의식 등 '가치'를 연구 대상에서 배제하고, '사실'에 대한 과학적 연구에 초점을 두었음 (가치중립적 연구)

③ **행정연구의 과학화를 주장** : 사회현상도 자연과학과 마찬가지로 엄밀한 과학적 연구가 가능하다고 보고, 과학적 방법의 적용을 강조했음
  ㉠ 인간행태의 규칙성 가정 : 인간행태의 규칙성을 '경험적 관찰'을 통해 가설을 검증
  ㉡ 변수 간 정확한 인과관계 규명 추구 : 다양한 실험설계 방법 적용
  ㉢ 검증된 이론의 일반 법칙성(연구결과가 연구대상 이외의 개인이나 집단에게도 보편적으로 타당하게 적용됨을 의미) 추구

④ **개념의 조작화와 계량화** : 개념의 조작적 정의를 통해 객관적인 측정방법을 사용하며, 자료를 계량적 방법에 의해 분석

⑤ **방법론적 개체주의 입장**

⑥ **종합학문적 성격** : 인간행태는 모든 사회과학의 공통된 연구대상. 행태론적 접근방법은 어느 한 학문영역에 고유한 접근방법이라기보다 여러 학문에 다양하게 이용되어 거기에서 얻은 지식이 서로 교류되고 활용되는 데 기여할 수 있음

확인문제

행태주의 이론의 특징에 대한 설명으로 옳지 않은 것은?
2019, 국회 9급
① 논리실증주의를 인식론적 근거로 삼는다.
② 인간의 주관이나 의식을 배제하고자 한다.
③ 가치와 사실을 명확히 구분해 가치지향적인 연구를 추구한다.
④ 행태의 규칙성과 인과성을 경험적으로 입증할 수 있다고 본다.
⑤ 사회현상도 자연현상처럼 과학적인 연구가 가능한 것으로 본다.

▶ ③ [×] 행태주의는 논리실증주의를 특징으로 한다. 가치와 사실을 명확히 구분해 가치중립적(가치지향적 ×) 연구를 추구한다.

(3) 행태론의 평가
　① 기여
　　㉠ 행정연구의 과학화에 기여 : 행정공무원의 가치관, 태도 등의 분석을 통해 행태의 예측과 일반화에 기여
　　㉡ 보편적 이론 구축에 기여 : 검증 가능한 인간행태의 규칙성을 파악함으로써 보편적이고 일반법칙적인 이론 구축에 기여
　② 한계
　　㉠ 가치와 사실의 분리 : 사회현상은 자연현상과는 달리 사람의 의지, 감정, 가치 등이 행동에 반영되기 때문에 행정 연구에서 행위자의 가치 문제를 배제시키기 곤란함. 가치와 사실을 분리시키고 가치판단을 배제하는 행태주의 연구는 급박한 사회문제를 소홀히 다루고 사회문제 해결의 적실성·실천성 결여를 초래했다는 비판을 받음
　　㉡ 이론의 보수성 : 객관적으로 존재하는 사실의 세계만을 다루기 때문에 경험적 보수주의에 빠지기 쉬움. 인간행태의 규칙성 가정은 인간행태의 통제나 예측이 지금까지의 변화과정에서 나타난 질서 내에서 이루어질 것을 가정함. 따라서 과거의 규칙성을 벗어난 변화를 추구하기보다는 규칙성을 그대로 받아들임으로써 현상을 유지하는 데 기여하는 이론의 보수성을 가짐
　　㉢ 수동적 인간관 : 인간의 가치 측면을 부정하기 때문에 자유 의지를 가진 자율적 인간으로서 연구되는 것이 아니라 환경이나 구조에 의해 영향을 받는 수동적 인간으로 연구됨. 이는 인간이 적극적으로 자신 또는 환경의 변화를 유도하는 이론이 필요한 상황에서는 적합하지 않은 가정임

3 후기행태주의(post-behavioralism)

(1) 후기행태주의의 등장배경
　① 1960년대 전반까지 정치·행정학계를 지배한 행태주의에 대한 비판에서 출발. 즉, 행태주의 연구가 1960년대 말 당시 미국 사회가 당면한 여러 가지 사회문제[행정에 대한 불신(월남전 패전, 워터게이트 사건 등), 사회적 갈등 심화(흑인 폭동, 소수민족 차별 문제 등), 만성적 재정적자 등으로 인한 소득불균형 등]를 해결하는 데 도움이 되지 못한다는 문제의식에서 출발했음
　② 행태주의가 현실의 정치와 행정에 대한 도움을 제공하지 못하는 데 대한 반성과 함께 1960년대 말 이스턴(David Easton)이 이론혁명으로서 후기행태주의 선언

(2) 후기행태주의의 주요 내용 및 특징
　① '적실성(relevance)'과 '실천(action)' 강조 : 사회과학자는 과학적 방법을 적용할 수 있는 것만 연구대상으로 설정해서는 안 되며, 사회의 급박한 문제를 연구대상으로 설정하고 연구결과가 사회의 개선에 기여할 수 있는 '적실성' 있는 연구가 필요함. 사회과학자의 역할은 단순히 연구결과를 발표하면서 끝나는 것이 아니라 그것이 정책을 통해 구현되도록 해야 함을 강조

② **가치평가적 정책연구 지향**: 후기행태주의 접근방법은 가치평가적인 정책연구를 지향했고, 이후 정책학의 기초가 되었음. 행정학에서도 1960년대 말부터 신행정론자들이 후기행태주의를 도입해서 정책지향적인 연구가 활성화되었고, 가치판단의 문제와 바람직한 사회를 위한 정책 목표에 관한 문제 등에 관심을 갖게 되었음

③ 신행정학 운동

4 신행정론(New Public Administration)

(1) **신행정론의 의의**: 전통적 행정이론이 사회문제 해결 능력이 없음을 비판하고 행정의 사회적 적실성과 실천, 행정학의 정체성 등을 강조하면서 등장한 이론

(2) **신행정론의 등장배경**

① **이론적 배경**: 기존 이론(행태주의)의 한계, 행정학의 정체성 위기 등

② **현실적 배경**

㉠ 정치적으로 행정에 대한 불신(월남전 패전, 워터게이트 사건 등), 사회적 갈등 심화(흑인폭동, 소수민족 차별 문제 등), 만성적 재정적자 등으로 인한 소득불균형 등 사회적 격동기의 급박한 사회문제 해결에 대한 필요성으로 등장

㉡ 1968년 Syracuse 대학에서 왈도(Waldo)가 주도하여 개최하였던 미노브룩(Minnowbrook) 회의에서 프레드릭슨(Fredrickson), 마리니(Marini) 등 소장학자들을 중심으로 기존 행정학의 문제점을 지적하고 행정학의 문제해결 지향성 및 정체성 확립을 주장하면서 대두됨. 마리니가 미노부룩 회의 내용을 정리하여 「신행정학을 지향하며」 저서 발표

(3) **신행정론의 특징**

① **기존의 행정연구 비판과 현실적합성 추구**: 행태주의·실증주의에 대한 비판, 처방적·실천적인 행정연구의 방향을 모색

② **정책학 발전**: 사회문제 해결 능력을 지닌 적실성 있는 행정을 위해 정책학 연구를 강조

③ **행정이념(가치)으로 사회적 형평성과 고객에 대한 대응성 강조**

㉠ **사회적 형평성**: 행정은 취약 계층을 위해 복지서비스를 제공해 사회적 형평성을 실현해야 한다는 적극적 역할을 강조했음

㉡ **행정의 대응성(고객중심 행정)**: 일반시민들에 대한 행정의 대응성을 높이기 위해서 시민에게 정보 공개, 의사결정과정에 시민참여 장치를 마련하고 시민에 의한 민주통제 및 행정책임을 강조

④ **조직에 대한 反전통적 처방**: 계층제의 비민주적 성격을 타파하기 위해 계층제적 위계질서를 완화하고, 시민참여가 가능한 민주적 조직설계 및 분권화를 지향

⑤ **규범주의(가치주의)**: 가치중립적이고 보수적인 행태론을 비판하면서 현상학적 또는 비판론적 철학에 기반을 둔 규범주의를 지향

⑥ 행정학의 정체성 위기 극복

확인문제

신행정학(New Public Administration)에 대한 설명으로 옳지 않은 것은?
2011, 국가 9급
① 왈도(Waldo), 마리니(Marini), 프레드릭슨(Frederickson) 등이 주도하였다.
② 기업식 정부운영을 주장하면서 신자유주의적 행정개혁에 앞장섰다.
③ 행태주의의 한계를 지적하면서 가치문제와 처방적 연구를 강조하였다.
④ 고객인 국민의 요구를 중시하는 행정을 강조하고 시민참여의 확대를 주장하였다.

▶ ② [×] 신공공관리론에 대한 설명이다.

제2절 행정환경적 접근방법: 체제론적 접근방법

1 체제론적 접근방법의 의의
① 체제론적 접근방법은 현상을 체제의 관점에서 분석하고 이론화하려는 접근법을 의미
② 행정 현상을 분석하기 위해 다양한 관련 변수 중 환경을 포함해 거시적으로 접근
③ 체제적 접근방법은 사회현상을 전체의 한 부분으로 간주함. 모든 체제가 상호작용하는 여러 구성요소로 이루어져 있고, 체제는 환경과 구별되는 경계가 있으며, 이것이 체제와 외부를 구분함

2 체제의 개념 및 특성

(1) 체제의 개념
① 체제는 일정한 경계 안에서 복수의 구성요소가 상호의존적 관련성을 띠면서 질서와 통일성을 유지하고 환경과 끊임없이 상호작용을 주고받는 전체로서의 실체를 의미
② 행정체제에서 체제 개념: '목표달성을 위하여 어느 정도의 독립성을 가지면서 상호 긴밀한 관계를 유지하는 부분들 모두나 부분 간의 관계 전체'(목적론적 관점)

(2) (개방)체제의 특성
① 환경의 영향 중시: 체제는 환경과의 전체적 맥락 속에서 주어진 역할을 얼마나 잘 수행하느냐에 따라 체제의 생존력이 결정됨
② 전체성: 전체성이란 부분이 체제 전체의 목표 달성과 어떠한 관계를 가지고 있는가의 관계적 측면에서 부분을 바라보는 것을 의미. 체제의 전체 현상을 이해하기 위해서는 하위체제 간의 개별적 분석보다 이들 간의 전체적인 연관성을 분석해야 함(전체는 부분의 총합 이상)
③ 경계의 존재: 체제는 환경과 구별되는 경계가 있으며, 이것이 체제와 외부와의 구분을 밝혀줌
④ 항상성(homeostasis): 체제는 유기체로서 자기 고유의 속성을 유지하려는 성향을 갖고 있으며, 이러한 자기유지에 혼란을 주는 요소가 들어오면, 이것을 균형화시킴으로써 본래의 자기 상태로 돌아가려고 하는 속성을 지님
⑤ 동태적 균형: 개방체제는 환경, 투입, 전환, 산출, 환류 등이 상호작용을 반복하면서 균형을 이룸
⑥ 등종국성(동일종국성, equifinality): 개방체제는 특정 목표 달성을 위해 다양한 방법을 통해 최종상태에 도달할 수 있음(신축적인 전환과정)
⑦ 부(−)의 엔트로피: 체제는 환경으로부터 에너지를 받고, 체제 스스로 가치와 규범을 재생산함으로써 엔트로피의 증가를 막는 작용을 함
⑧ 구조와 기능의 다양성: 개방체제는 다양한 환경에 적응할 수 있도록 내부의 구조나 기능 또는 환경에 적합하게 다양성을 유지할 것이 요구됨
⑨ 체제의 진화: 환경에 대응하기 위해 다양성을 갖추고, 특수한 기능을 수행하기 위해 구조와 기능이 끊임없이 진화함

(3) **투입-산출 모형**(input-output model) : D. Easton은 체제적 접근방법을 적용하여 정치(행정)체제를 설명

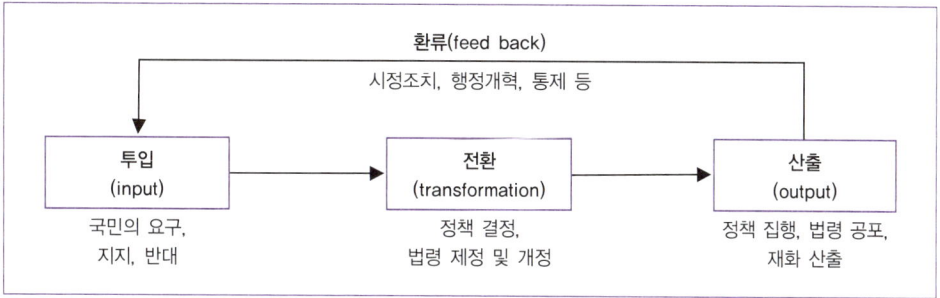

① 투입(input) : 환경으로부터 체제에 전달되는 것 예 국민의 요구, 지지
② 전환(conversion) : 투입물을 산출물로 변형시키는 행정의 내부과정(정책 결정 과정)
③ 산출(output) : 행정활동의 결과인 정책을 집행함으로써 다른 체제나 국민들에게 영향을 주는 과정
④ 환류(feedback) : 산출결과를 반영하여 다시 정치(행정)체제에 대한 새로운 투입이 발생하도록 하는 과정

(4) **파슨스**(T. Parsons)**의 AGIL 모형** : 사회체제가 생존하기 위해 필수적인 네 가지 기능 제시

적응기능 (Adaptation)	환경의 변화에 적응하기 위하여 외부로부터 자원을 동원하고 체제의 정당성을 확보하는 기능 예 기업의 재화 및 용역 생산
목표달성 기능 (Goal attainment)	체제가 추구할 목표를 정하고, 목표달성을 위하여 구체적인 활동을 수행 예 행정기관
통합기능 (Integration)	하위체제들 간 또는 개인들 간의 활동을 통제하고 조정하여 협동적 행위를 유도하고 연대성을 유지하기 위한 기능 예 정당, 법원, 경찰서 등
유지기능 (Latency)	체제에 정당성을 제공하는 가치, 신념, 규범 등의 문화양식을 만들어 내고, 보존하며, 전수해 가는 기능 예 종교단체, 교육기관

(5) **체제론적 접근방법의 한계**(비판)

① 정태성과 현상유지적(보수적) 성격 : 목적성을 띤 변화나 정치·사회의 변화 또는 발전에 대한 설명 곤란
② 개발도상국이나 후진국에서의 행정의 환경에 대한 독립변수적 성격을 설명하지 못함. 안정적인 선진국의 행정 현상 연구에 국한됨
③ 거시적 접근방법으로 체제의 전체는 잘 다루지만, 체제의 구체적인 운영이나 행태 측면을 다루기 어려움
④ 정치·행정 현상에서 특수인물의 성격, 개성, 리더십 등이 큰 비중을 차지하는 경우 이를 과소평가하기 쉬우며, 행정에서 중요한 권력, 의사전달, 정책결정의 문제나 행정의 가치문제를 고려하지 못함

제3절 가치주의(주관주의) 접근방법
: 현상학적 접근방법, 포스트모더니티 행정이론

1 현상학적 접근방법

(1) 현상학적 접근방법의 의의

① 현상학(phenomenology)은 후설(Edmund Husserl)이 발전시킨 주관주의 철학으로 인간의 외부에 표출된 행태보다는 그 이면의 의미·동기·가치를 더 중요시하는 접근방법

② 사회현상의 본질, 인간 인식의 특성, 이론의 성격 등 사회과학 연구의 본질적 문제를 둘러싸고 실증주의와 행태주의를 비판하며 주관주의에 입각하여 행정현상을 연구하는 접근방법

사회과학의 성격에 관한 제 가정들

구분		객관주의 전통 행정이론(행태주의)	주관주의 포스트모더니즘 행정이론, 현상학
철학적 가정	존재론적 성격	• 실재론 • 사회현상 = 객관적 실체	• 유명론 • 사회현상 = 상호작용에 따라 상이하게 규정
	인식론적 성격	• 실증주의 • 일반화된 법칙, 규칙성	• 반실증주의 • 상대주의, 다원주의, 맥락 의존적 해석
	인간의 성격	• 결정론적, 소극적 존재	• 자원론, 적극적 존재
	방법론적 성격	• 법칙정립적, 계량 분석 • 객관주의: 보편성, 인과성	• 개별기술적, 질적 분석 • 주관주의: 간주관성, 담론
이론적 의의/한계		• 행정의 과학화에 기여	• 행정현상에 대한 다양한 해석 • 행정현상의 상황적 맥락 강조 • 진정한 민주주의와 인본주의 달성

(2) 현상학적 접근방법의 특징

① **인본주의**: 인간을 자유의지를 지닌 자발적·능동적 주체로 인식

② **사회과학과 자연과학의 구별**: 사회현상 또는 사회적 실재는 자연현상처럼 사람과 동떨어진 객체로 존재하는 것이 아니라, 그 속에 참여하는 사람들의 의식·생각·언어·개념으로 구성되며, 상호 주관적(inter-subjective)인 경험으로 이루어지므로, 사회과학의 사유대상은 자연과학과는 본질적으로 차이가 있음을 강조

③ **상호 주관성과 감정이입**: 현상학적 접근의 분석단위는 주관적 개인들의 대면적 만남(face to face encounter)이며, 행정조직은 객관적으로 존재하는 실체라기보다는 구성원들 간의 대면적 상호작용을 통해 서로를 공유하는 상호 주관적 생활세계로 전제함. 따라서 사회현상은 참여자들의 상호 주관적(inter-subjective)인 경험에 의해 이루어지는 것으로 보고, 행정에서의 감정이입을 중시함

확인문제

행정학의 접근방법 중 현상학적 접근방법에 관한 설명으로 옳지 않은 것은? 2009, 국가 9급
① 행정현실을 이해하는 데 과학적 방법보다 해석학적 방법을 선호한다.
② 조직을 인간의 의도적인 행위에 의해 구성되는 가치함축적인 행위의 집합물로 이해한다.
③ 인간행위의 가치는 행위 자체보다 그 행위가 산출한 결과에 있다.
④ 조직 내외의 인간들은 자신 또는 다른 사람의 행위에 의미를 부여함으로써 조직을 설계한다.

▶ ③ [×] 인간행위의 가치를 행위 그 자체가 아닌 행위가 산출한 결과인 외면적 행태에 초점을 두는 것은 행태주의적 접근방법이다. 현상학적 접근방법은 외면으로 드러난 행태보다는 그 이면의 의도와 의미에 초점을 두는 주관주의를 특징으로 한다.

④ **반실증주의와 철학적 연구방법론**: 사회과학 연구의 본질적 문제를 둘러싸고 실증주의와 행태주의 비판

⑤ 행정학 연구에 현상학적 접근방법을 적용하면 과학적 연구방법을 통해서는 파악하지 못하는 인간의 주관적 관념, 의식 및 동기의 의미를 적절하게 다룰 수 있으며, 가치비판적이고 가치평가적인 연구를 할 수 있게 해서 정책연구를 풍부하게 활성화시키는 데 기여할 수 있음

(3) **현상학적 접근방법의 주요 연구**: 하몬(Michael Harmon)의 행동이론(action theory)

행정학의 패러다임은 행정현실을 개선하는 데에 적합한 인식론과 가치를 제공하는 것이어야 한다고 주장하면서 행동이론을 제안. 행태주의는 인간이 외부 자극과 인과관계에 의해서만 행동을 하는 것(소극적 자아)으로 가정함으로써 인간이 지닌 내재적·자발적 동기 요소를 무시하거나 극소화했다고 비판하면서, 주관적이고 자발적인 인간의 모습을 감안하면 행태가 아니라 목적과 의도를 포함하는 행동(action)을 중시해야 한다고 주장함

2 포스트모더니티 행정이론

(1) **포스트모더니티의 의의**

① 모더니즘(현대주의)의 핵심 가정인 '인간 이성'과 '합리성'에 대한 신뢰, 객관주의·경험주의적 접근방법을 거부하고 해체하려는 새로운 철학적 관점을 의미

② 포스트모더니티 행정이론은 행정이론의 한계와 모순을 잘 인식하게 하고, 담론을 통한 발전 가능성을 모색하는 촉매역할을 할 수 있다는 장점을 가짐

(2) **포스트모더니티의 특징 및 주요 내용**

① 포스트모더니즘 사회과학의 철학적 가정: 주관주의, 반(反)실증주의

② **상대주의적 특성**: 포스트모더니즘은 유일하고 '거대한' 지배적 패러다임을 거부. "진리의 기준은 맥락 의존적(context dependent)"이며, 이성의 성격과 역할, 거시이론(meta-theory), 거대설화(meta narrative), 거시 정치 등을 부인함

③ **인간의 주관적 해석 및 사회적 맥락 강조**: 포스트모더니티는 합리성을 가정하는 모더니티의 사회이론이 현실을 올바르게 반영하지 못하는 문제를 지적하고, 객관적인 사실을 바탕으로 사회현실을 설명할 수 있는 법칙을 발견하려고 하기보다는 인간의 주관적인 해석 및 의미부여와 사회적 맥락을 중시함

확인문제

포스트모더니즘에 기초한 행정이론의 특징으로 가장 옳지 않은 것은?
2018. 서울 9급
① 맥락 의존적인 진리를 거부한다.
② 타자에 대한 대상화를 거부한다.
③ 고유한 이론의 영역을 거부한다.
④ 지배를 야기하는 권력을 거부한다.

▶ ① [×] 포스트모더니즘 이론은 진리의 기준을 맥락 의존적(context dependent)이고 상대적인 것으로 파악한다.

(3) 포스트모더니티 행정이론의 주요 내용

① Farmer의 포스트모더니티 행정이론

㉠ 상상(imagination): 규칙·관행에 얽매이지 않는 행정의 운영이나 특수성의 인정

㉡ 해체(탈구성, deconstruction): 언어, 몸짓, 이야기, 설화, 이론 등의 근거를 파헤쳐 보는 것을 의미. 행정학에서는 행정이론을 구성하는 설화(예 "행정학은 객관적으로 연구될 수 있다.", "능률성이 행정실무의 목표이어야 한다.")를 해체의 대상으로 볼 수 있음

㉢ 탈영역화(deterritorialization) 또는 영역 해체: 모든 지식이 그 성격과 조직에서 가지는 '고유' 영역이 해체된다는 의미. 행정학에서의 탈영역화는 지금까지 행정학의 고유영역이라고 생각되던 지식의 성격이 변화하고 행정조직도 비계층적이고 탈관료제화된 모습을 나타내게 될 것으로 보는 것을 의미

㉣ 타자성(alterity): 타자성은 나 아닌 다른 사람을 인식적 객체가 아닌 도덕적인 타자로 인정하는 것. 행정학에서 '타자'를 인정하는 것은 '반행정(反行政)'의 성격으로, 타인에 대한 개방성, 다양성에 대한 수용, 기존 질서에 대한 반대 등을 의미함

② Fox & Miller 담론이론: Fox & Miller는 행정이란 정책과정에서 시민의 의견을 적극 파악하고, 그에 따라 업무를 처리하는 담론(discourse)이어야 한다고 주장하고, 행정학의 초점이 생산적 담론의 실현에 있어야 한다고 강조하였음

제4절 공공선택론(Public Choice Theory)

1 공공선택론의 개념 및 의의

(1) 비시장적 의사결정(non-market decision making), 즉 정치적 문제에 대한 경제학적 연구. 연구대상은 정부 현상(정치, 행정, 공공문제를 포함)이며, 연구방법은 경제학적 방법론을 적용. 즉, 공공선택론은 경제학적 분석도구를 국가이론, 투표규칙, 투표자 행태, 정당정치, 관료행태, 이익집단 등의 연구에 적용

(2) 공공선택론은 정부를 공공재의 생산자, 시민을 공공재의 소비자로 규정하고, 공공재의 공급에서 시민의 선택을 중시. 시민 편익을 극대화하는 서비스의 공급과 생산은 공공부문의 시장경제화를 통해 가능하다고 보는 접근방법

(3) 공공선택론은 Buchanan을 비롯한 경제학자들과 수학자들에 의해 발전되었으며, 특히 오스트롬(V. Ostrom)은 「미국 행정학의 지적 위기(1973)」의 출간을 통해 공공선택론을 행정학에 접목을 시도하였음

확인문제

포스트모더니티이론에서 규칙에 얽매이지 않는 행정의 운영이나 특수성을 인정하는 것에 해당하는 것은?
2021. 군무원 7급

① 상상(imagination)
② 해체(deconstruction)
③ 영역 해체(deterritorialization)
④ 타자성(alterity)

▶ ① [○]
- 상상: 새로운 사고와 판단, 규칙에 얽매이지 않는 행정의 운영, 문제의 특수성에 대한 인정 등
- 해체: 언어, 몸짓, 이야기, 설화 등의 근거를 파헤쳐 보는 것
- 영역 해체: 지식, 조직 등 고유 영역의 타파
- 타자성: 나 아닌 다른 사람을 인식의 객체가 아닌 도덕적 타자로 인정하는 것

2 공공선택론의 특징

(1) **방법론적 특징**: 공공선택론은 분석의 기본 단위를 개인으로 하는 방법론적 개체주의(methodological individualism)를 특징으로 함

(2) **합리적 경제인 가정**
   ① 공공선택론은 인간을 경제적 합리적 존재로서 자기이익 극대화 전략을 추구하는 효용극대자로 가정하고 정치현상을 설명
   ② 정치(행정)에서의 인간 역시 시장에서와 마찬가지로 합리적이며 자신의 이익을 극대화하고자 한다고 가정하기 때문에 공직자 역시 공익을 추구하는 공정하고 중립적인 존재로 보지 않으며, 이기적으로 사적 이익의 극대화를 지향하는 존재로 가정함

(3) **행정서비스 공급체계의 개편 주장**
   ① 공공선택론은 사적 재화에 적용되는 수요와 공급 간의 균형 개념을 공공재에까지 적용함으로써 시민의 다양한 선호를 존중하고 반영할 수 있는 정부구조 내지 제도의 설계에 관심을 가짐
   ② 오스트롬(Vincent Ostrom)은 관료제적 의사결정구조의 비효율성을 지적하며 공공재를 공급하는 정부 조직구조를 다층식으로 배열할 것을 주장함. 다층식 조직 내지 관할권의 중첩은 권한의 분산(분권)을 통한 경쟁을 의미하며, 이를 통해 시민에게 다양한 선택권을 부여하고 이들 간의 경쟁을 통해 서비스의 질적 수준을 제고할 수 있다고 주장함

(4) **교환으로서의 정치**: 경제가 본질적으로 개인 간의 교환행위이듯, 정치도 자기이익 극대화를 추구하는 개인들(정치인, 관료 등) 간의 교환작용으로 보기 때문에 정치(행정)현상 역시 공익의 실현 과정이 아니라 사익 추구를 위한 자발적 교환 작용이라고 봄

3 공공선택론의 주요 내용

(1) **니스카넨(Niskanen)의 예산극대화 가설**
   ① 공공선택론에 입각해서 관료의 예산극대화 행동을 분석
   ② 관료는 사익 추구자이며 자신의 효용(승진, 권력, 명성)을 극대화하기 위해 예산극대화를 추구하는 과정에서 공공서비스의 과대생산을 야기함으로써 정부실패를 초래함
   ③ 정치인들은 사회후생의 극대화를 위해 총편익과 총비용의 차이인 순편익이 최대가 되는 수준, 즉 한계편익과 한계비용이 일치하는 수준(최적 생산점)에서 생산하려 하지만, 관료들은 자기이익 극대화를 위해 총편익과 총비용이 일치하는 수준에서 생산하여 최적생산보다 2배의 과잉생산을 야기함

확인문제

공공선택론(public choice theory)의 접근방법에 관한 설명으로 옳지 않은 것은? 2008, 지방 9급
① 방법론적 개인주의에 입각하고 있으며, 인간은 철저하게 자기이익을 추구한다고 가정한다.
② 인간은 모든 대안들에 대하여 등급을 매길 수 있는 합리적인 존재라고 가정한다.
③ 정당 및 관료는 공공재의 소비자이고, 시민 및 이익집단은 공공재의 생산자로 가정한다.
④ 뷰캐넌(J. Buchanan)과 털럭(G. Tullock)이 대표적인 학자이다.

▶ ③ [×] 관료는 공공재의 생산자(소비자 ×)이고, 시민 및 이익집단은 공공재의 소비자(생산자 ×)로 가정한다.

(2) 던리비(Dunleavy, 1991)의 관청형성모형(bureau-shaping model)

① 던리비는 니스카넨의 모형에서 관료들이 사적 이익을 극대화한다는 가정은 받아들이지만, 예산극대화를 추구한다는 결론을 비판하고, 합리적 고위관료들은 오히려 관청형성 동기를 가지게 됨을 설명함. 관료 개인의 효용의 증감은 소속기관의 유형에 따라 상이하며, 관료들의 예산에 대한 효용은 대개 소속 기관이 통제하는 전체 예산액 중 단지 일부분에만 관련되기 때문에 관료들이 일률적으로 예산극대화 동기를 갖는다는 니스카넨의 모형을 비판함

② 던리비는 기관(관청)의 성격과 예산 유형에 따라 관료의 효용과 예산극대화 동기가 달라진다고 주장하였음. 전달기관(전형적인 고전적 계선 관료제 조직)의 관료는 예산극대화 동기를 갖지만, 다른 국가조직들의 자금 사용 및 정책 집행 방식을 감독하는 통제기관(예 기획재정부, 행정안전부 등)의 관료는 예산극대화 동기가 약하다고 보았음

③ 합리적인 고위관료들은 금전적 효용(예산극대화 동기)보다는 업무에 대한 효용을 더 추구하며, 그 결과 책임과 통제가 수반되는 일상적 기능은 준정부 조직이나 외부계약으로 떼어내고(관청형성), 가능한 권력 중심에 있는 부서에서 참모적 기능 수행을 선호함

(3) 정부규제 및 지대추구 활동 연구: 털럭(Gordon Tullock)

① 독점으로 인한 특권이나 특혜로 인한 이익을 '지대(rent)'라고 하며, 지대추구 행위는 정부개입에 의해 발생하는 인위적 지대를 획득하기 위해 자원을 낭비하는 활동을 의미함. 즉, 개인이나 이익집단은 자신에게 유리한 정부규제나 특혜를 얻기 위해 각종 지대추구(rent seeking) 활동을 전개

② 지대추구 연구는 정부규제와 관련된 특혜의 설정과 해제 등을 둘러싸고 일어나는 각종 로비 활동이 어떻게 사회적 낭비를 초래하는지를 설명함으로써, 최근의 정부개혁에서 정부규제 완화에 대한 이론적 근거를 제공함

(4) 뷰캐넌(Bucahanan) & 털럭(Tullock): '적정참여자 수' 모형 또는 '비용극소화 모형'

① 의의: 정책결정의 최적 참여 수준을 찾으려는 규범적 모형

② 주요 내용
   ㉠ 공공재 생산을 위해서 조직을 구성할 때는 두 가지 유형의 비용[외부비용(external costs)과 의사결정비용(decision making costs)]을 고려해야 함
   ㉡ 외부비용은 자신의 선호를 벗어난 의사결정으로 인해 개인이 부담해야 하는 비용을 의미하며, 의사결정비용은 의사결정을 하는 데 드는 자원, 시간, 노력, 기회비용의 지출을 의미함
   ㉢ 총비용(= 의사결정비용 + 외부비용)을 극소화할 수 있는 수준에서 참여가 이루어질 때 사회적으로 최적선택이 될 수 있음
   ㉣ 의사결정과정에서 참여자 수와 정책결정비용의 관계: 참여자 수가 많으면 정책을 결정하는 데 시간과 비용이 많이 소요되므로 의사결정비용은 증가하는 반면, 다수가 결정한 사항은 정책집행의 순응이 확보되기 쉽고 다수가 선호하는 정책이 집행될 수 있으므로 외부비용은 감소하게 됨
   ㉤ 관료제적 의사결정 구조의 비효율성: 관료제 구조에서처럼 한 사람이 의사결정을 주도하면 의사결정비용은 낮지만, 외부비용이 매우 높다는 문제가 발생함

(5) 애로우(Arrow)의 불가능성 정리(Impossibility theorem)

① 의의
  ㉠ 「Social Choice & Individual Values(1951)」에서 바람직한 집단적 의사결정 제도가 갖추어야 할 조건을 제시
  ㉡ "어떠한 사회적 의사결정도 민주적(비독재적)인 동시에 효율적이기는 불가능하다."는 것을 입증. 즉, 민주적인 집단적 의사결정 방식은 비합리적일 수밖에 없음을 입증

② 바람직한 집단적 의사결정 제도가 갖추어야 할 조건
  ㉠ 선호의 완비성: 모든 대안을 완전하게 비교할 수 있으며, 우열 여부를 판단할 수 있어야 함
  ㉡ 선호의 이행성: 이행성은 A, B, C에서 A > B, B > C이면 A > C이어야 한다는 것
  ㉢ 파레토 원칙: A와 B라는 두 대안 중 구성원 전부가 A를 더 선호한다면, 채택된 결과도 A를 B보다 선호하는 결과를 보여야 함
  ㉣ 무관한(제3의) 대안으로부터의 독립성: A, B라는 두 가지 대안 사이의 선호를 결정하는데 X나 Y와 같은 다른 대안들은 모두 이 둘과는 무관한 것으로, 이 둘 간의 선호의 결정에 영향을 주어서는 안 된다는 것
  ㉤ 비독재성: 어느 한 개인의 선호가 집단 전체의 선호가 되어서는 안 된다는 것
  ㉥ 영역의 비제약성: 누구도 자신이 속한 집단의 의사결정 과정에 참여하는 데 제약을 받아서는 안 된다는 것

4 공공선택론의 유용성

(1) **행정연구의 과학성 제고**: 공공선택론은 방법론적 개체주의에 입각한 연역적 논리에 의해 정치학과 행정학의 과학성을 제고하는 데 공헌하였음

(2) **신자유주의 및 신공공관리적 행정개혁의 이론적 배경 제공**
  ① 시장실패에 대응한 정부실패 현상(government failure)을 분석함으로써 공공부문에 경제학의 시장원리를 도입하여 효율성을 높일 수 있는 제도적 장치에 관심을 가짐
  ② 공공부문에의 경제학의 시장원리 도입은 경쟁과 협상을 통한 공공서비스 공급과, 시민에의 대응성을 높이기 위한 분권적 조직구조를 대안으로 제시

(3) **민주행정 구현에 기여**: 기존 행정질서와 행정이론의 문제점들을 극복하려는 새로운 접근방법으로, 시민들의 다양한 요구와 선호에 민감하게 부응할 수 있는 제도적 장치를 마련하는 데 관심을 가짐

확인문제

애로우(K. J. Arrow)가 제시한 바람직한 집합적 의사결정방법의 기본조건이 아닌 것은? 2016, 사복직 9급
① 집단의 선택과정은 합리적이어야 한다.
② 개개인의 선택의 자유가 제한되어서는 안 된다.
③ 어느 누구도 집합적인 선택의 과정에 대해서 결정적인 영향력을 행사해서는 안 된다.
④ 두 대안에 대한 개개인의 선호 순위는 두 대안뿐 아니라 다른 제3의 대안도 고려하여 결정되어야 한다.

▶ ④ [×] 무관한 제3의 대안으로부터의 독립성 원리(두 대안에 대한 개개인의 선호 순위는 다른 대안의 영향을 받지 않아야 한다)에 반하는 지문이다.

5 공공선택론의 한계

① 공공선택론의 경제학적 가정의 비현실성: 이론의 설명력과 예측력의 한계
　㉠ 공공선택론의 인간의 심리와 행태를 과도하게 단순화시킨 비현실적인 가정은 이론의 설명력과 예측력에 한계를 가짐
　㉡ 인간의 행태들을 단순히 효용극대화를 지향하는 목표지향적 행태로 가정하는 것은 인간 행태의 복잡성을 과소평가한다는 비판을 받음

② 경제학적(시장 중심) 접근방법의 한계: 신보수주의 또는 신자유주의 이념 편향
　㉠ 공공선택론은 정부실패를 비판하고 자유시장의 논리를 공공부문에 도입하였지만, 다른 한편으로 시장실패에 대한 고려가 부족하다는 비판을 받음
　㉡ 공공선택이론은 사실상 신보수주의 또는 신자유주의와 같은 특정한 이념을 선호함으로써 효율성을 지나치게 강조한 결과 공공성, 형평성과 같은 다른 중요한 가치를 경시하는 결과를 초래

③ 현상유지와 균형이론에 집착. 공공선택론은 역사적으로 누적·형성된 개인의 기득권을 유지하기 위한 보수주의적 접근이라는 비판을 받음

확인문제

공공선택론에 대한 설명으로 옳지 않은 것은? 2016, 지방 9급
① 공공선택론은 역사적으로 누적 및 형성된 개인의 기득권을 타파하기 위한 접근이다.
② 공공선택론은 공공재의 공급에서 경제학적인 분석도구를 적용한다.
③ 공공선택론에서는 공공서비스를 독점 공급하는 전통적인 정부관료제가 시민의 요구에 민감하게 대응할 수 없는 장치라고 본다.
④ 공공선택론은 공공서비스의 효율적 공급을 위해서 분권화된 조직 장치가 필요하다는 입장이다.

▶ ① [×] 공공선택론은 자유시장의 논리를 공공부문에 도입하는 이론이다. 자유 시장의 논리는 그 자체가 현상 유지를 강조하는 균형이론이라는 비판을 받아왔다. 따라서 공공선택론은 역사적으로 누적 형성된 개인의 기득권을 계속 유지하기 위한 보수주의 접근이라는 비판이 있다.

제5절 신제도주의 접근방법

1 신제도주의의 의의

① 신제도주의는 "제도가 중요하다"는 기본 전제에 입각하여 제도가 수행하는 기능이나 제도와 개인의 행태 사이의 관계, 그리고 제도의 성립과 변화를 설명하는 연구방식을 의미
② 신제도주의는 행태론에 반발하여 사회현상(정치, 경제, 사회, 행정)을 설명하는 데 있어 제도를 사람과 동등한 위치의 독립변수 내지는 사람의 행태에 영향을 미치는 상위의 독립변수로 고려하는 입장을 포괄하는 이론

2 신제도주의의 등장배경

(1) 행태주의에 대한 반발로 등장

① 신제도주의는 행태주의가 행위자 개인에만 치중하는 것(원자적), 사회적 맥락을 무시하는 설명방식을 비판하면서, '제도'가 인간의 행태 못지않게 중요하다는 인식에서 출발
② 행태론적 접근은 일반 법칙성을 강조하기 때문에 국가 간의 공통점을 강조하고 제도적 차이를 간과함. 즉 동일한 공공문제에 대한 대응(정책)이 다르고 동일한 정책이라도 집행과정이나 정책효과가 다르게 나타나는 현상에 주목하지 못함. 신제도주의는 이러한 행태론적 접근의 한계를 인식하고 국가별 다양한 행정(정책)의 특성을 국가 간의 제도적 차이로 설명

(2) **전통적 법적·제도적 접근방법과의 비교**

① **전통적 제도주의와 신제도주의의 공통점**: 제도를 중시하고, 사회과학 연구 대상으로 제도에 초점을 둔다는 점에서 공통적

② **전통적 제도주의와 신제도주의의 차이점**: 구제도주의는 헌법이나 법률과 같은 제도의 공식적인 측면에만 치중한 나머지 비공식적 측면을 간과하고 제도의 정태적 기술에 그쳤으며, 이로 인해 제도와 제도, 제도와 개인, 제도와 정책 간의 인과관계 등을 설명하지 못했음. 반면에 신제도주의는 제도에 대한 이해의 폭을 비공식적인 제도나 규범으로 확대. 또한, 단순히 제도의 기술에 그치는 것이 아니라 제도와 제도, 제도와 개인, 제도와 정책 등의 인과관계를 역동적으로 설명하려는 접근방법으로, 구제도주의에 비해 과학적 엄밀성을 갖춘 분석적 접근임

구제도론과 신제도론 비교

구분	구제도론	신제도론
제도 개념 및 범위	공식적 제도에 초점: 공식적인 법령, 행정조직에 한정	공식적·비공식적 제도: 비공식적 규범, 정책구조 등을 포함
제도의 형성	외생적·일방적으로 결정	제도와 환경적 요인과의 상호작용
제도의 특성	공식적·정태적·구체적	비공식적·동태적·무형적
연구의 초점	공식적·법적 제도의 정태적 기술에 초점	• 제도를 동태적으로 연구 • 제도와 행위자 간 상호관계를 통해 사회현상, 정책 등을 설명 → 거시(제도)와 미시(인간)의 연계

3 신제도주의에서 제도의 의의와 특징

(1) 제도는 사회의 구조화된 측면을 의미하며, 사회현상을 설명하는 데 있어서 이러한 구조화된 측면(제도)에 초점을 맞추는 것이 중요

(2) 제도는 개인행위를 제약하며, 제도적 맥락하에서 이루어지는 개인행위는 규칙성을 띠게 됨. 따라서 신제도주의는 원자화된 개인이 아니라 제도라는 맥락 속에서 이루어지는 개인 행위에 초점을 맞춤

(3) 제도는 독립변수인 동시에 종속변수로서의 의미를 지님. 따라서 제도가 개인행위를 제약하지만, 개인 간 상호작용의 결과 제도가 변화할 수도 있음

(4) 제도는 공식적 규칙과 법률 등 공식적인 측면을 지닐 수도 있고 규범과 관습 등의 비공식적 측면을 지닐 수도 있음

(5) 제도는 안정성을 지니기 때문에 일단 형성된 제도는 그때 그때의 상황이나 목적에 따라 쉽게 변화하지 않음

확인문제

다음 중 신제도주의(new institutionalism)에 대한 설명으로 가장 옳지 않은 것은?
2008, 국가 9급

① 신제도주의에서는 제도를 중심으로 정책현상 등 다른 변수들과의 관계분석도 추구한다.
② 신제도주의에서는 제도를 균형을 이루고 있는 상태로 간주한다.
③ 신제도주의에서는 제도의 개념을 법률로 규정된 공식적 정부로 한정한다.
④ 신제도주의에서는 규범과 규칙 등도 제도로 보고 있다.

▶ ③ [×] 구제도주의에 대한 설명이다. 신제도주의는 제도의 개념을 공식적·비공식적 제도까지 포함한다.

4 역사적 신제도주의

(1) 역사적 신제도주의의 의의

① 정치학에 배경을 두고 각국에서 채택된 정책의 상이성과 효과를 역사적으로 형성된 각국의 제도에서 찾으려는 접근방법

② 제도를 역사적 산물로 파악하며, 거시적 맥락에 초점을 두고 역사적 과정을 분석

(2) 역사적 신제도주의의 방법론적 특징

① **방법론적 전체주의**: 역사적 제도주의는 개인이나 집단의 행위에 영향을 미치는 구조적 조건을 해명하는 데는 크게 공헌했지만, 지나치게 거시적 차원의 변수에만 초점을 맞춤으로써 행위의 미시적 기초를 설명하는 데 한계가 있음

② **사례 중심의 귀납적 연구**: 역사적 제도주의는 동일한 상황에서 국가 간에 서로 다른 정책을 채택하고 정책효과도 다르게 나타나는지에 대한 설명변수로서 역사적으로 형성된 각국의 제도에 주목하고, 이를 설명하기 위해서 주로 국가 간 비교 사례연구를 통한 귀납적 방법을 활용

(3) 제도형성과 제도변화

① **제도의 경로의존성(path dependence) 강조**: 역사적 제도주의는 제도변화에 있어서 기존 제도가 새로운 제도가 취할 모습을 제약한다는 경로의존을 강조. 즉, 현시점에 존재하는 제도는 역사적 과정의 산물이며, 특정시점에서 형성된 제도는 그것을 둘러싼 사회경제적 환경이 바뀌었다고 할지라도 지속되는 경향을 가짐. 경로의존성은 특정시점에서의 선택이 미래의 선택을 지속적으로 제약한다는 것으로, 사건의 발생시점과 순서가 사회적 결과에 중대한 영향을 미친다는 역사적 과정 또는 역사적 인과관계에 대한 강조를 의미함

② **제도변화의 요인으로 외적인 충격 강조**
  ㉠ 역사적 제도주의는 제도 변화의 근본적 요인이 외적인 충격에 의한 위기상황이라고 보았음
  ㉡ 크래스너(Krasner)의 단절균형(punctuated equilibrium) 모형: 크래스너에 의하면 제도변화는 전쟁이나 공황 등 외부적 충격에 의해서만 이루어질 수 있다고 보았음. 단절균형 이론은 제도의 모습이 결정적 근본적으로 변화하게 되는 중대한 전환점과 이렇게 형성된 제도에 의해 역사적 발전과정이 새로운 경로를 밟게 되고 또 그것이 지속되는 시기로 구분할 수 있다고 보았음

③ **제도의 의도하지 않은 결과(unintended consequence)와 비효율성 중시**: 역사적 제도주의자들은 제도가 목적지향적이고 효율적이라고 보기보다는 기존 제도에 의해 야기되는 의도하지 않은 결과와 비효율성을 강조함

④ **'권력의 불평등성(asymmetries of power)' 강조**: 역사적 제도주의는 제도의 운영과 발전과 관련하여 사회 내에 존재하는 권력의 불평등성에 초점을 두고, 이러한 권력관계가 제도에 의해 구조화되어 있음을 강조하며, 이렇게 불평등한 권력관계 속에서 만들어진 제도는 일단 형성되면 기존의 불평등한 권력관계를 고착화시키는 경향을 지닌다고 보았음. 따라서 역사적 제도주의자들은 권력자원을 둘러싼 사회구성원들 간의 역학관계가 변화했을 경우에나 제도변화를 기대할 수 있다고 봄

확인문제

역사적 신제도주의의 특징으로 옳지 않은 것은? 2015, 지방 9급
① 행정기관, 의회, 대통령, 법원 등 유형적인 개별 정치제도가 주된 연구대상이다.
② 제도를 이해하는 데 있어 역사적·사회적 맥락의 중요성을 강조한다.
③ 제도가 형성되면 안정성과 경로 의존성을 갖는다고 본다.
④ 제도란 공식적 법규범뿐만 아니라 비공식적 절차, 관례, 관습 등을 포함한다.

▶ ① [×] 행정기관, 의회, 대통령, 법원 등 유형적인 개별 정치제도를 주된 연구대상으로 하는 것은 구제도주의의 특징이다.

5 사회학적 신제도주의(sociological institutionalism)

(1) 사회학적 신제도주의의 의의

① 사회학에 이론적 바탕을 두고, 제도의 범위를 관습과 문화를 포함하는 폭넓은 개념으로 이해하는 접근방법으로, 신제도주의에서 제도의 개념을 가장 넓게 해석하는 입장

② 제도란 공식적·비공식적 규칙이나 절차뿐만 아니라 인간행위에 의미를 부여하는 상징과 인지, 전통과 관습 그리고 문화 등을 포함하는 개념으로, 문화와 제도를 구별하기 어려움. 사회학적 제도주의에서는 문화 그 자체를 하나의 제도로 파악

③ 독립변수로서의 제도에 대해 관심: 제도가 인간행동에 영향을 미치는 중요한 요인이며, 인간의 사회적 행동은 제도적 요인과 사회적 과정에 의하여 설명될 수 있다고 보는 입장(제도 결정론, 문화결정론)

(2) 사회학적 신제도주의의 방법론적 특징: 방법론적 전체주의, 해석학적 접근방법, 귀납적 접근

(3) 제도형성 및 제도변화 설명

① **배태성(embeddedness)**: 사회학적 신제도주의자들은 개인의 행위가 고립된 상태에서 선택되는 것이 아니라 사회적 관계에 의하여 영향을 받으며, 사회적 관계 속에서 지속적으로 맥락 지어진다고 보고 있다. 즉, 사회학적 신제도주의자들은 개인의 선택과 선호가 그것이 배태된 문화적·역사적 틀 밖에서는 제대로 이해될 수 없다고 본다.

② **동형화(isomorphism)**: 사회학적 제도주의는 유사한 환경에 직면한 조직들 간의 유사성과 그러한 유사성을 가능하게 하는 제도적 기제를 주로 연구하며, 이러한 조직 간 유사성을 '제도적 동형화(isomorphism)'라는 이론적 개념으로 설명함. 이는 제도변화의 원천을 효율성의 추구에서 찾는 것이 아니라 사회적으로 적절하고 정당하다고 인정받는 구조와 기능을 닮아 가는 과정으로서 파악함

　㉠ 모방적 동형화: 불확실성에 대한 표준적인 대응에서 나타나는 동형화. 조직의 행동과 환경의 반응 간의 인과관계가 불명확하거나 조직의 목표가 모호할 때, 또는 환경이 불확실성을 야기할 때 다른 성공적인 조직을 본받으려는 동기에서 일어남

　㉡ 강압적 동형화: 어떤 조직이 의존하고 있는 다른 조직과 그 조직이 소속된 사회의 문화적 기대에 의한 공식적이고 비공식적인 압력의 결과로 나타남

　㉢ 규범적(normative) 동형화: 표준적인 전문교육 과정을 거친 전문직 종사자들에게 나타나는 전문화와 연관되는 동형화 현상. 전문직 종사자들은 문제를 보는 시각이 비슷하고 주어진 정책, 절차, 그리고 구조를 규범적으로 정당화된 것으로 보며, 동일한 방식으로 행동하게 됨

③ **사회적 정당성(legitimacy)**: 사회학적 제도주의는 제도변화에 있어서 결과성의 논리(logic of consequentiality)보다는 적절성의 논리(logic of appropriateness)를 강조함(DiMaggio & Powell). 조직이 새로운 제도적 관행을 채택하는 이유는 그 조직의 목표-수단의 효율성을 증진하기 때문이 아니라, 그 조직이나 참여자들의 사회적 정통성을 제고하기 때문임. 다시 말해서 조직은 특정한 제도적 형태나 관행이 다른 것들에 비하여 보다 더 적절하다고 많은 사람들에 의하여 지지를 받는다고 믿으므로 그것들을 채택하게 됨

확인문제

신제도주의에 대한 설명 중 가장 옳은 것은? 2017, 사복직 9급
① 합리적 선택 제도주의는 방법론적 전체주의 입장에서 제도를 개인으로 환원시키지 않고 제도 그 자체를 전체로서 이해함을 강조한다.
② 역사적 제도주의는 선진 제도 학습에 따른 제도의 동형화를 강조한다.
③ 사회학적 제도주의는 기존 경로를 유지하려는 제도의 속성을 강조한다.
④ 사회학적 제도주의는 조직구성원이 제도를 넘어선 효용극대화의 합리성에 따라 행동하기보다 주어진 제도 안에서 적합한 방식을 찾아 행동할 가능성이 높음을 강조한다.

▶ ④ [○]
① [×] 합리적 선택 제도주의는 분석 단위를 개인으로 하는 방법론적 개체주의 입장이다.
② [×] 제도의 동형화를 강조하는 것은 사회학적 신제도주의이다.
③ [×] 기존 경로를 유지하려는 제도의 경로의존성을 강조하는 것은 역사적 신제도주의의 특징이다.

6 합리적 선택 신제도주의

(1) 합리적 선택 신제도주의의 의의

① 합리적 선택 제도주의는 경제학에 이론적 배경을 두고 합리적 선택이론을 제도 연구에 접목시킴. 특히, 재산권, 지대추구, 거래비용 등을 다루는 신조직경제학(new economics of organization)의 분석 도구를 차용하여 제도의 형성을 설명

② 합리적 선택 제도주의에서의 제도는 자신의 효용을 극대화하고자 하는 개인들의 의식적인 설계의 산물로 보고 있으며, 제도는 합리적 행위자의 이기적 행태를 구조화하고 제약한다고 봄

(2) 합리적 선택 신제도주의의 방법론적 특징: 방법론적 개인주의, 연역적 접근법

합리적 선택 제도주의는 개인에 대한 가정(假定)을 통해 제도를 설명하는 미시적 이론이자 가정적 이론이며, 그 가정으로부터 결론에 도달하는 연역적 방법을 주로 사용함

(3) 합리적 선택 신제도주의의 주요 내용 및 특징

① 행태적 가정(behavioral assumptions): 합리적 선택 제도주의는 개인은 합리적이며 자기이익을 추구한다고 가정

② 선호의 내재성 가정: 합리적 선택 제도주의에서는 선호가 어떻게 형성되는가에 대한 설명이 존재하지 않음. 개인의 선호는 선험적으로 그리고 제도와는 무관하게 외부적으로 주어진 고정된 것으로 가정. 제도가 변화하면 행위자들의 전략은 변화하지만, 선호는 변화하지 않는 것으로 가정함. 즉, 합리적 선택 제도주의에서는 개인의 선호는 안정적이며 선험적으로 주어진 것으로 가정함으로써 제도적 맥락에 따른 인간행위의 변화 가능성을 상대적으로 무시하고 있다는 한계를 지님

③ 제도는 '집단행동의 딜레마'를 해결해주는 역할을 한다고 보는 입장

④ 제도의 발생을 거래비용 개념으로 설명하며, 거래비용을 줄여주는 제도적 장치 설계에 관심

(4) 제도형성 및 제도변화 설명: 전략적 계산 및 전략적 상호작용

① 합리적 선택 제도주의는 제도 또는 제도변화를 설명하는 데 있어서도 각 개인의 전략적 선택에 초점을 맞추고 있음. 제도변화와 관련하여 각 개인이 경험하는 편익이 비용(특히, 거래비용)보다 커야 제도가 변화할 수 있다고 설명

② 합리적 선택 신제도주의자들은 행위자의 행위는 전략적 계산(strategic calculation)에 의하여 이루어지고 정치적 결과들을 결정하는 데 있어서 행위자의 전략적 상호작용(strategic interaction)을 강조함

확인문제

신제도주의에 대한 설명으로 옳지 않은 것은? 2021, 지방 9급
① 제도는 법률, 규범, 관습 등을 포함한다.
② 역사적 제도주의는 제도가 경로 의존성을 따른다고 본다.
③ 사회학적 제도주의는 적절성의 논리보다 결과성의 논리를 중시한다.
④ 합리적 선택 제도주의는 제도가 합리적 행위자의 이기적 행태를 제약한다고 본다.

▶ ③ [×] 사회학적 제도주의는 결과성의 논리보다 적절성의 논리를 중시한다.

세 가지 신제도주의 접근방법 비교

구분	역사적 신제도주의 사회학적 신제도주의	합리적 선택 제도주의
분석수준	방법론적 전체주의(거시적 접근)	방법론적 개체주의(미시적 접근)
접근법	귀납적 접근(사례연구)	연역적 접근
선호에 대한 설명	내생성	외생성

구분	역사적 신제도주의	합리적 선택 신제도주의	사회학적 신제도주의
이론적 배경	• 정치학에서 발전	• 경제학(합리적 선택이론)	• 사회학, 조직이론에서 발전
제도의 의미	• 제도 = 역사적 산물 • 공식적 제도, 정치제도에 초점	• 제도 = 게임의 규칙(rules of games) • 효용극대화를 추구하는 개인들의 의식적 설계의 산물 • 공식적 제도에 초점	• 제도의 개념을 가장 넓게 해석(제도 ≒ 문화) • 제도의 비공식적 측면(규범, 문화, 상징체계 등)에 초점
방법론	• 방법론적 전체주의 • 거시적·구조적 접근 • (국가간) 비교 사례연구, 귀납적 방법론	• 방법론적 개체주의 • 연역적 접근 • 일반화된 이론 추구	• 방법론적 전체주의 • 제도 결정론적 입장 • 경험적 연구, 해석학
선호 형성	• 선호 = 제도적 맥락에 의해 형성(내생적)	• 선호 형성: 외생적 • 선호 = 선험적으로 주어진 것으로 가정	• 선호 = 사회적으로 형성(내생적)
특징 (강조점)	• 역사적 과정, 우연성 • 제도의 비효율성 • 권력관계의 불균형성 강조	• 전략적 행위 균형 • 제도의 의도적 설계 강조 • 개인의 전략적 계산·선택	• 문화 인지적 접근 • 제도 결정론·문화 결정론적 시각
제도 변화 (원인, 메커니즘)	• 제도의 안정성·지속성 강조 • 경로의존성(path dependancy) • 단절적 균형모형(Krasner): 외부적 충격(정치적·경제적 위기)	• 도구성(합리성)의 논리 • 행위자간 상호작용 초점 • 전략적 선택 • 제도변화: 편익 > 비용 비교	• 적절성의 논리(사회적 정당성) • 동형화(isomorphism) • 강제적 동형화, 모방적 동형화, 규범적 동형화
이론적 시사점	• 국가 간 정책 차이 설명	• 정책과정에서 행위자들의 행태 및 상호작용 분석에 유용	• 국가 간 정책, 제도(변화)의 동질성 설명
한계 (문제점)	• 제도변화 설명 미흡 • 제도결정론: 개인의 의도성, 의도적 행위 설명 곤란	• 선호 형성에 대한 이론 부재 • 권력관계의 불균형 간과 • 제도의 효율성에 대한 과대평가	• 결정론적 시각: 환경에 대한 개인과 조직의 영향력 무시

제6절 특정 행정현상에 관한 이론

1 사회자본이론

(1) 사회자본(social capital)의 개념 및 의의

① 사회적 자본은 종전의 인적, 물적 자원에 대응되는 개념으로 공동의 목적, 또는 공동의 문제 해결을 위해서 협력을 가능케 하는 사회구성원 간의 사회적 구조(조건)를 의미. 구체적으로 신뢰, 사회적 연결망(network), 호혜적 규범 등을 들 수 있음

② 푸트남(Putnam, 1993): 사회적 자본을 '사회적 신뢰, 규범, 네트워크와 같은 사회 조직의 특성으로 구성원의 상호 이익을 위해 조정과 협력을 가능하게 하는 것'으로 정의. 푸트남은 사회적 신뢰, 상호성의 규범, 시민참여의 네트워크와 같은 사회적 자본의 축적 정도가 지역의 집합적 행위의 수준과 발전에 중요한 영향을 미친다고 보았음. 즉, 사회적 자본이 축적되어 이것이 증가한 선순환 지역(이탈리아 북부)에서는 사람들 사이의 협력을 위한 보다 왕성한 기반이 제공됨으로써 발전한 반면, 사회적 자본이 축적되지 않아 이것이 감소하는 악순환 지역(이탈리아 남부)에서는 협력이 제대로 이루어지지 않아 낙후되었다고 설명

③ 후쿠야마(Fukuyama, 1995): 후쿠야마는 사회적 자본을 '사회구성원들이 서로 신뢰하고 새로운 집단과 연대를 형성하게 하는 인적 자본의 구성요소'로 정의('신뢰'와 유사한 개념으로 보고 있음)

④ 부르디외(Bourdieu): 사회적 자본이란 서로 알고 지내는 사이에 지속적으로 존재하는 관계의 네트워크를 통해 얻을 수 있는 실제적이고 잠재적인 자원의 합계

(2) 사회자본의 특징

① 시민의 자발적 참여에 의해 생산되는 무형의 자본: 사회자본은 개인과 집단, 사회 내 인간들 사이의 상호관계로부터 발생하여 자본화가 가능한 무형자산임

② 공공재(public goods)의 성격: 사회적 자본은 사회구성원들이 공동으로 소유하는 자산이며, 한 행위자만이 배타적으로 소유권을 행사할 수 없으며(비배제성), 한 사람의 이용이 다른 사람의 이용가능성을 줄이는 것도 아님(비경합성)

③ 자기강화적 성격: 사회자본은 사용할수록 증가, 사용하지 않을수록 감소(사회 내에 선순환 또는 악순환 관계 형성). 사회적 신뢰, 상호성의 규범, 시민참여의 네트워크와 같은 사회적 자본은 자기강화적이고 축적되는 성질을 가지고 있음. 즉, 사회적 자본을 축적하여 이를 사용함으로써 사회적 자본이 늘어나는 선순환에서는 높은 수준의 협력, 사회적 신뢰, 상호성의 규범, 시민참여 등을 가져오는 사회적 균형을 이룰 수 있으나, 사회적 자본이 축적되지 않아 이를 사용하지 않음으로써 사회적 자본이 감소하는 악순환에서는 패배감, 불신, 소외감, 무질서, 정체가 나타남

확인문제

사회자본이론(social capital theory)에 대한 설명으로 옳지 않은 것은?
2017. 국가 9급

① 사회자본은 참여자들이 협력하도록 함으로써 공유한 목적을 보다 효과적으로 성취하게 만드는 신뢰, 규범, 네트워크와 같은 사회조직의 특징으로 정의할 수 있다.
② 푸트남(R. D. Putnam) 등은 이탈리아에서 사회자본(시민공동체의식)이 지방정부의 제도적 성과 차이를 잘 설명한다고 주장했다.
③ 정밀한 사회적 연결망은 신뢰를 강화하고, 거래비용을 낮추며, 혁신을 가속화함으로써 경제 발전을 촉진할 수 있다.
④ 신뢰와 네트워크를 통한 과도한 대외적 개방성에 대하여 많은 비판을 받고 있다.

▶ ④ [×] 사회자본이론은 사회(집단) 구성원들 간의 신뢰와 호혜규범, 네트워크를 통해 폐쇄적인 연고 네트워크를 형성함으로써 다른 집단에 대해 대외적으로 폐쇄적이고 배타적인 성향(개방성 ×)을 초래하는 역기능을 야기할 수 있다.

(3) 사회자본의 순기능

① **정보제공 및 정보공유 역할**: 사회적 자본은 사회관계를 통해 정보통로(information channel)에 접근하게 해주며, 조직 사이의 연계망은 조직이 새로운 기술과 지식을 획득을 용이하게 해줌. 즉, 사회적 자본은 적은 비용으로 필요한 정보를 획득하게 해줌

② **사회통제**: 사회자본은 상호 호혜 규범 및 결속력을 통해 구성원들에 대한 효과적인 제재와 통제를 가능하게 함(집단행동의 딜레마 극복 가능). 네트워크에 의해 형성된 사회적 자본은 사회구성원들에게 공유된 행동 규범 및 공통적인 문화적 정체성을 부여함으로써 사회의 규율을 유지하고 구성원의 협력 및 복종을 유도함으로써 공식적 통제비용을 줄일 수 있음

③ **연대(solidarity) 강화, 협동을 통한 상호 이익추구에 기여**: 사회적 자본이 높은 사회는 구성원들 간의 가치관, 규범, 목적의 공유를 통해서 높은 연대를 형성함

④ **거래비용의 감소 및 협력 촉진을 통한 생산성 제고**: 사회적 신뢰와 같은 사회자본은 거래비용을 낮추고 많은 형태의 호혜적 협력을 증대시킴으로써 생산성과 효율성을 제고할 수 있음

⑤ **사회적 딜레마(집단행동의 딜레마)의 해결**: 사회자본은 '신뢰'와 '상호성'과 같은 문화적 가치를 통해 집합적 행위의 딜레마나 죄수의 딜레마의 해결과 같은 사회적 딜레마를 해결할 수 있음. 공공재 공급에서 합리적 행위자들은 공공재의 비배제성으로 인해 무임승차자가 되기 때문에 집단 전체에 불합리한 결과를 초래하는데 이러한 결과는 행위자들 간의 '신뢰'가 없기 때문임. 사회적 자본의 형성을 통해 타인에 대한 신뢰를 증진할 수 있다면 공공재 공급을 위해 개인은 협력할 가능성이 높아지며 집단 전체에 바람직한 결과를 얻을 가능성이 높아짐

⑥ **작은 정부 구현**: 정부의 시장개입에 대한 중요한 근거인 사회적 딜레마의 경우에도 정부가 직접 개입하는 것보다는 이해당사자들 사이의 자발적인 협력을 강조한다는 점에서 정부의 역할과 기능을 줄일 수 있음

⑦ **시민참여의 네트워크를 통한 지역사회 발전 촉진**: 시민들 간 신뢰, 협력, 호혜적 규범, 네트워크와 같은 사회적 자본은 시민사회 내 결사체의 결성을 촉진하고, 결사체를 통한 참여와 영향력 행사는 궁극적으로 참여민주주의를 발전시킬 수 있으며, 공동체에 대한 결속감의 형성 및 협력적 행태를 촉진함으로써 지역사회의 발전을 가능하게 함

(4) 사회자본의 한계 및 역기능

① **개인의 자유와 선택권 제한**: 사회자본은 집단 내 개인들의 행동이나 선택을 제한할 수 있음. 공동규범에의 순응(동조성, conformity)은 집단에서 개인의 자발성을 약화시키고 개인적 자유의 제한을 초래하는 한편, 집단에 의해 이루어지는 강제력을 정당화할 가능성이 있음

② **부정·부패 연결망 형성**: 조직 또는 집단 내 신뢰가 너무 높은 경우 상호 견제가 부재하여 잘못을 발견하거나 교정할 수 없음. 사회적 자본과 관련하여 우리나라의 귀속집단, 즉 가족 및 친인척망, 학교동창 조직, 지역연고 조직, 공식조직 내 비공식조직(동창 및 지역연고 조직)의 활동, 직장 조직의 역기능을 초래할 수 있음. 감사·감독의 부실 및 무력화 그리고 지연, 학연, 혈연 등에 의한 부정·부패 연결망 형성, 부패의 집단화·제도화 현상 등을 야기할 수 있음

③ 폐쇄적·배타적인 연고 네트워크 조성으로 인한 사회통합 저해: 높은 결속적 사회자본과 낮은 교량적 사회자본의 결합은 집단 내부에 제한된 신뢰로 인해 폐쇄적인 연고 네트워크(집단 결속력)를 조성할 수 있고, 이런 경우 다른 집단과의 관계에 있어 부정적 효과를 나타낼 수 있음. 집단에 대한 제한된 결속이 집단 간의 배타성, 분열 및 갈등을 조장할 수 있음. 이처럼 사회적 자본의 축적이 폐쇄적인 집합체의 이익을 추구하는 네트워크로 연결되는 경우, 갈등 해결에 부정적으로 작용할 수 있으며 사회통합을 저해하는 요인이 될 수 있음

④ 사회자본 축적 과정의 불확실성: 사회적 자본은 경제자본에 비해 형성과정이 불투명하고 불확실한 특징을 지님. 또한 사회적 자본은 단기간에 걸쳐 이루어지기 어려우며, 상당한 학습비용을 수반함. 개인주의가 만연된 문화 또는 사회에서는 신뢰를 바탕으로 하는 자발적 참여와 네트워크의 형성이 현실적으로 쉽지 않다는 점에서 사회자본의 축적을 통해 집단행동의 딜레마를 해결하는 데에는 한계가 있음. 특히 선진국과 달리 시민사회가 성숙되지 않은 개발도상국가에서는 시민의 자발적 참여 및 협력을 통한 사회적 자본의 축적이 현실적으로 곤란함

> **보충자료**
>
> **사회자본의 유형**
>
> 1. 푸트남(Putnam)은 사회자본을 교량적(bridging) 속성과 결속적(bonding) 속성에 따라 분류하였음
> 2. 교량적 사회자본은 다양한 사회적 배경과 인구사회학적 혹은 가치적 특성을 가진 사람들 간의 네트워크라는 점에서 포괄적 네트워크를 말함. 교량적 사회자본은 개인들로 하여금 사회적 지평이나 세계관을 확대시키고 새로운 자원이나 정보를 얻을 수 있는 열린 기회를 제공하지만, 정서적 지지를 제공하는 데는 한계가 있음
> 3. 결속적 사회자본은 유사한 배경과 특성을 가진 사람들의 네트워크라는 점에서 배타적 네트워크를 의미. 결속적 사회자본은 강한 유대를 반영하며, 가족이나 절친한 친구처럼 정서적으로 밀접하고 끈끈하게 묶여있는 개인들 사이에서 흔히 발견됨. 결속적 사회자본은 구성원 간의 유대감을 강화시켜 지속적인 상호 교환성과 강한 정서적 지지를 제공하지만, 지나치게 강한 유대감은 외부그룹에 대한 적대감이나 편협성으로 왜곡될 수 있음

2 딜레마 이론

(1) 딜레마의 개념

① 딜레마 상황이란 관련 참여자, 선택기회, 문제 등의 모호성 여부와는 상관없이 대안들의 표면화된 가치를 비교할 수 없기 때문에 선택이 어려운 상황에 처해있는 상태를 의미

② 딜레마란 의사결정을 해야 할 정책결정자가 선택을 하지 못하고 있는 곤란한 상황, 이럴 수도 저럴 수도 없는 상황, 거의 동등한 가치를 갖고 있거나 하나의 가치를 포기하는 비용이 너무 큰 두 개의 대안 중 하나를 선택해야만 하는 상황을 의미

③ 상호갈등적인 정책대안들이 구체적이고 명료하지만, 대안들이 상충적이어서 상호 절충이 불가능하며 대안들의 기회손실이 비슷한 상황

(2) **딜레마의 논리적 구성 요건**: 다음 요건을 모두 충족해야 딜레마가 초래됨

① 분절성(discreteness): 대안 간 절충이 불가능

② 상충성(trade-off): 대안의 상충으로 인해 하나의 대안만 선택해야 함

③ 균등성(equality): 대안이 가져올 결과가치가 균등해야 함

④ 선택 불가피성(unavoidability): 최소한 하나의 대안을 반드시 선택해야 한다는 것을 의미

⑤ 시간의 제약: 제한된 시간 내에 결정해야 함

(3) **딜레마의 유형**

① 일치된 딜레마: 주어진 딜레마를 주관적으로도 딜레마로 설정

② 무시된 딜레마: 주어진 딜레마를 주관적으로 딜레마로 파악하지 않음. 의사결정자가 개인적인 판단으로 딜레마 상황을 딜레마가 아닌 것으로 인지·해석하는 경우로, 무모한 선택행위로 문제해결에 실패하는 악순환에 빠지거나 정책결정의 오류를 초래함

③ 의사(疑似) 딜레마: 현재의 상태가 딜레마 상황이 아님에도 불구하고 딜레마 상황으로 인식하는 경우

(4) **딜레마에 대한 대응 형태**

① 소극적 대응: 대안을 선택하지 않는 반응 양식
  ㉠ 결정시점의 지연(시간 벌기 혹은 시간 끌기)과 결정책임의 포기(회피)
  ㉡ 결정책임의 전가 등
  ㉢ 상황의 호도(다른 정책에 의해 문제가 해결된 것처럼 보이게 하는 것)

② 적극적 대응: 딜레마 상황의 변화를 유도하거나 현재 당면한 딜레마 상황을 벗어나기 위해 새로운 딜레마 상황을 조성하거나 일단 결정을 내린 후 이를 번복·수정·왜곡·집행하는 순환적 결정
  ㉠ 딜레마 상황의 변화를 유도
  ㉡ 하나의 딜레마 상황에서 관심을 돌리기 위해 새로운 딜레마 상황을 조성
  ㉢ 정책문제의 재규정을 시도
  ㉣ 상충되는 정책대안들을 동시에 선택
  ㉤ 선택된 대안의 정당성을 높이기 위한 상징적 행동
  ㉥ 정책결정의 결과를 집행할 때 형식적으로 집행
  ㉦ 내려진 결정에 대한 재검토와 철회
  ㉧ 정책대안을 선택한 후 이를 번복하거나 수정함으로써 상충되는 정책들을 바꾸거나 선택된 정책대안의 집행을 왜곡하는 대응 방안(stop-go-policy, 스톱-고 정책)

(5) **딜레마 이론의 의의**

① 기존의 행정이론으로 설명하기 어려운 상황에서의 대안 선택 방법을 규명하고자 한다는 측면에서 이론적 가치가 있음

② 행정 및 정책연구에 도입하는 경우 정책결정 또는 의사결정 상황에 대한 이론적 기여와 현실 정책상황에 대한 적절한 처방을 제공할 수 있을 것으로 기대

확인문제

딜레마 이론에 대한 설명으로 옳은 것은? 2017, 지방 9급
① 부정확한 정보와 의사결정자의 결정 능력 한계로 인해 발생하는 딜레마 상황에 주목한다.
② 대안을 선택하지 않는 비결정도 딜레마에 대한 하나의 대응형태로 볼 수 있다.
③ 두 대안이 추구하는 가치 간 충돌이 있는 경우 결국 절충안을 선택하게 된다.
④ 딜레마의 구성 요건으로서 단절성(discreteness)이란 시간의 제약이 존재하므로 어떤 식의 결정이든 해야 함을 의미한다.

▶ ② [○]
① [×] 딜레마 상황은 부정확한 정보와 의사결정자의 결정 능력 한계로 인해 발생하는 것이 아니라 상충하는 이해관계의 가치 간 갈등이나 가치 간 비교의 어려움으로 인해 정책결정 자체가 어려워지는 경우를 말한다.
③ [×] 딜레마 상황이 발생하려면 대안 간 절충이 불가능한 상황이어야 한다(분절성, 단절성).
④ [×] 단절성(분절성)은 대안 간 절충이 불가능한 상황을 말한다. 최소한 하나의 대안을 반드시 선택해야 하는 것은 선택 불가피성(unavoidability)이다.

확인문제

다음 행정이론에 대한 설명으로 옳지 않은 것은? 2019, 국가 7급

> 변화 시작의 시간적 전후관계나 동반관계, 변화과정의 시간적 장단(長短)관계를 사회현상 연구에 적용하는 접근방법이다. 정책이 실제로 실행되는 타이밍, 정책대상자들의 학습시간, 정책의 관련요인들 간 발생순서 등이 정책효과를 다르게 할 수 있다고 주장한다.

① 원인변수와 결과변수 간 인과관계가 원인변수들이 작용하는 순서에 따라 달라지지는 않는다고 본다.
② 정책이나 제도의 도입 이후 어느 시점에서 변경을 시도해야 바람직한 결과를 낳을 것인지에 주목한다.
③ 정책이나 제도의 효과는 어느 정도 숙성기간이 지난 후에 평가하는 것이 보다 합리적이라고 본다.
④ 시차적 요소에 대해 적절하게 고려하지 않아 정부개혁의 실패가 나타난다고 본다.

▶ ① [×] 시차이론은 정책과정에서 시차적 요소의 중요성을 강조한 이론으로, 시차적 요소에는 원인변수와 결과변수들이 작용하는 순서(제도 도입의 순서 혹은 선후관계), 제도 간의 정합성, 정책의 성숙기가 정책결정자의 시간 리더십 등을 포함한다.

3 시차이론(시차적 접근)

(1) 시차이론의 개념 및 의의

① 행정 및 정책현상의 인과관계에 있어서 시간 또는 시차라는 요소를 고려하여 접근할 것을 강조하는 이론
② 사회현상을 발생시키는 주체들(개인, 집단, 조직, 사회 또는 국가)의 속성이나 행태가 주체에 따라 시간적 차이를 두고 변화되는 사실을 사회현상에 적용하는 연구방법
③ 현실적으로 한국의 정책집행 과정, 특히 정부개혁이 효과를 거두지 못한 이유를 파악하려는 데서 시작한 접근방법

(2) 시차이론의 주요 내용

① 행정학이나 정책학에서 '시간' 변수를 중요한 분석 요소로 도입
② 정책이나 제도의 개혁은 제도 도입 과정에서 발생하는 시차적 요소에 의해 결과가 달라진다고 보았음
③ 시차적 요소란 제도 도입의 순서 혹은 선후관계의 변화, 원인 변수의 수나 작동 순서의 변화, 변화 주체의 개입 등을 의미
④ 행정개혁의 실패 원인을 시차적 요소에 대한 적절한 고려가 배제됐기 때문에 나타나는 것으로 보았음
⑤ 행정개혁의 실천적 처방으로 ⊙ 개혁정책 추진 시 구성요소들 간의 내적 정합성 확보 필요, ⓒ 새로운 제도나 정책이 기대하는 효과를 얻기 위해서는 충분한 성숙기간을 둘 필요가 있으며, ⓒ 시간적 차이에서 오는 정책실패를 줄이기 위한 방안으로 변화를 추진하는 변화담당자 혹은 조직책임자들의 지적·정치적 능력과 시간적 리더십을 강조

제7절 논변적 접근방법 : 툴민(Toulmin)

1 논변적 접근방법의 의의

① 논변적 접근방법은 자연현상의 법칙성을 연구하는 과학과는 달리 행정현상과 같은 가치 측면의 규범성을 연구할 때는 결정에 대한 주장의 정당성을 갖추는 것이 중요하다고 보고, 정책결정 상황에서 국민이나 이해당사자들을 얼마나 설득시킬 수 있고 지지를 얻어낼 수 있는가와 관련해서 결정에 대한 주장을 정당화할 수 있도록 논거를 체계적으로 전개할 수 있는 모형(틀)을 제공함
② 논변모형의 중요한 특성은 주장에 대한 이유, 즉 논거가 얼마나 좋으냐에 의해 그 주장의 건전성 내지 정당성이 결정된다는 점임. 한편 논거의 좋고 나쁨은 과학적 방법에서 주장하듯이 경험적 검증자료에 의해서 뿐만이 아니라, 사회적 가치나 이념에 의해서도 제시될 수 있음

2 **논변모형의 기본 구성요소** : 자료 → 본증 → 보증 → 반증 → 한정접속사 → 주장

① 자료(data) : 논변의 출발점으로 주장의 기초적인 토대. 정부가 해결책을 찾아야 했던 공공문제
② 주장(claim) : 공공문제 해결방안으로 정부나 일반국민이 어떻게 하여야 한다는 식의 당위적 처방적 대안
③ 본증(Warrant) : 문제해결에 대한 주장이 있을 때에는 그 주장을 뒷받침할 수 있는 이유(증거)
④ 보증(Backing) : 본증 자체로서 정책주장의 정당성이 자명하지 않을 때 이를 추가적으로 보완해 주는 것
⑤ 반증(Rebuttal) : 본증이나 보증이나 보증으로 제시된 증거의 적합성이나 신뢰성을 저해시킬 수 있는 예외적인 상황이나 조건을 의미. 정책 주장의 정당성을 약화시키는 역할
⑥ 한정접속사 : 공공문제에 대한 자료, 정보 및 증거를 문제해결의 주장과 연결시켜 주고 그 주장의 확신 정도를 제한시키는 역할을 하는 것. '확실히', '아마도' 등과 같은 용어를 사용하여 정책주장의 확신 정도를 0에서 100%까지의 연속선상에서 상대적으로 보여주게 됨

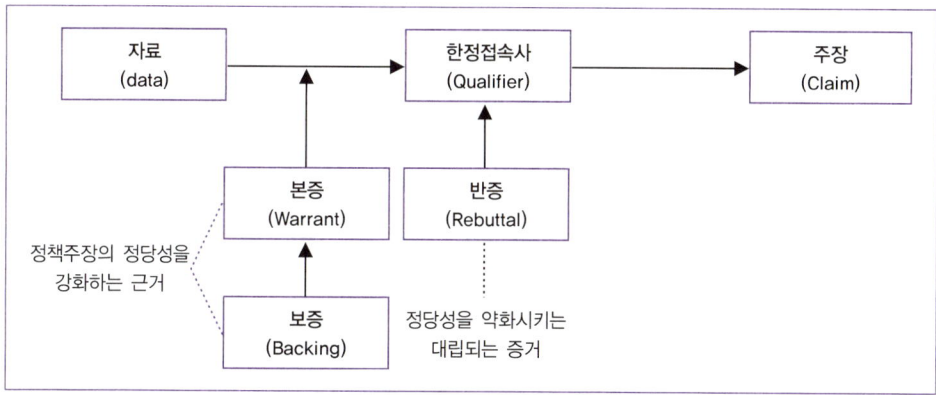

3 **논변모형의 주요 내용 및 특징**

① 툴민(Toulmin)은 법정에서 검사와 변호사가 각자에게 유리한 증거를 제시하면서 그들 주장에 대한 정당성을 판사에게 호소하는 법정 변론 절차에 착안하여 주장의 정당화에 필요한 기본 요소 여섯 가지[자료, 본증, 보증, 반증, 한정접속사, 주장]를 논리적으로 상호 연계시켜 논변모형을 구성하였음. 즉 툴민의 논변모형은 어떠한 자료를 기초로 주장에 도달하게 되는 일련의 과정을 증거[본증, 보증, 반증]의 힘에 따라 정당성의 정도가 한정적임을 보여주는 것임
② 본증, 보증, 반증이 암시하는 것은 주장의 정당성이 사실에서 가치에 이르기까지 다차원의 다양한 견해를 종합적으로 평가하여 결정에 도달해야 한다는 것임. 일반적으로 어떠한 주장을 하는 경우 그 주장을 강화하는 증거는 과장하고 취약한 증거는 은폐하는 경향이 있다면, 논변모형은 상대 주장에 대한 비판은 물론이고 자기 주장에 대한 기회주의적 자세를 버리고 자기 비판적 입장에서 반증의 제시에 성실할 것을 요구하는 것임

[확인문제]

행정학의 접근방법에 대한 설명으로 가장 옳지 않은 것은?
2020, 서울 9급
① 행태론적 접근방법은 과학적 방법의 적용을 강조한다.
② 체제론적 접근방법은 환경의 영향을 중시한다.
③ 사회학적 제도주의는 신제도주의에서 제도의 개념을 가장 좁게 해석한다.
④ 논변적 접근방법은 결정에 대한 주장을 정당화할 수 있도록 논거를 전개할 수 있는 모형을 제공한다.

▶ ③ [×] 신제도주의의 유파 중 사회학적 신제도주의가 제도의 범위를 사회문화 등으로 가장 넓게 해석한다. 제도의 범위를 가장 좁게 해석하는 것은 개인의 전략적 선택의 결과를 제도로 보는 합리적 선택 신제도주의이다.

4. 정책논변모형

(1) 정책논변모형의 의의

① 논변모형의 원리를 정책분석에 응용한 것으로 정책주장을 체계적으로 분석할 수 있는 틀
② 정책논변모형은 모형의 요소에 따라 정태적으로 논리를 전개하는 정도에 그치는 것이 아니라 서로의 주장이나 증거에 대한 사실적·규범적 가정들을 비판하고 설득하는 실제 담론을 진행하여 문제해결의 가장 정당한 대안(주장)을 찾는 것이라 할 수 있음

(2) 정책논변모형의 사례 적용
신고리 원전 5·6호기 건설 중단과 재개에 관한 공론화위원의 토론은 논변적 접근방법이 적용될 수 있는 대표적 사례 중 하나임

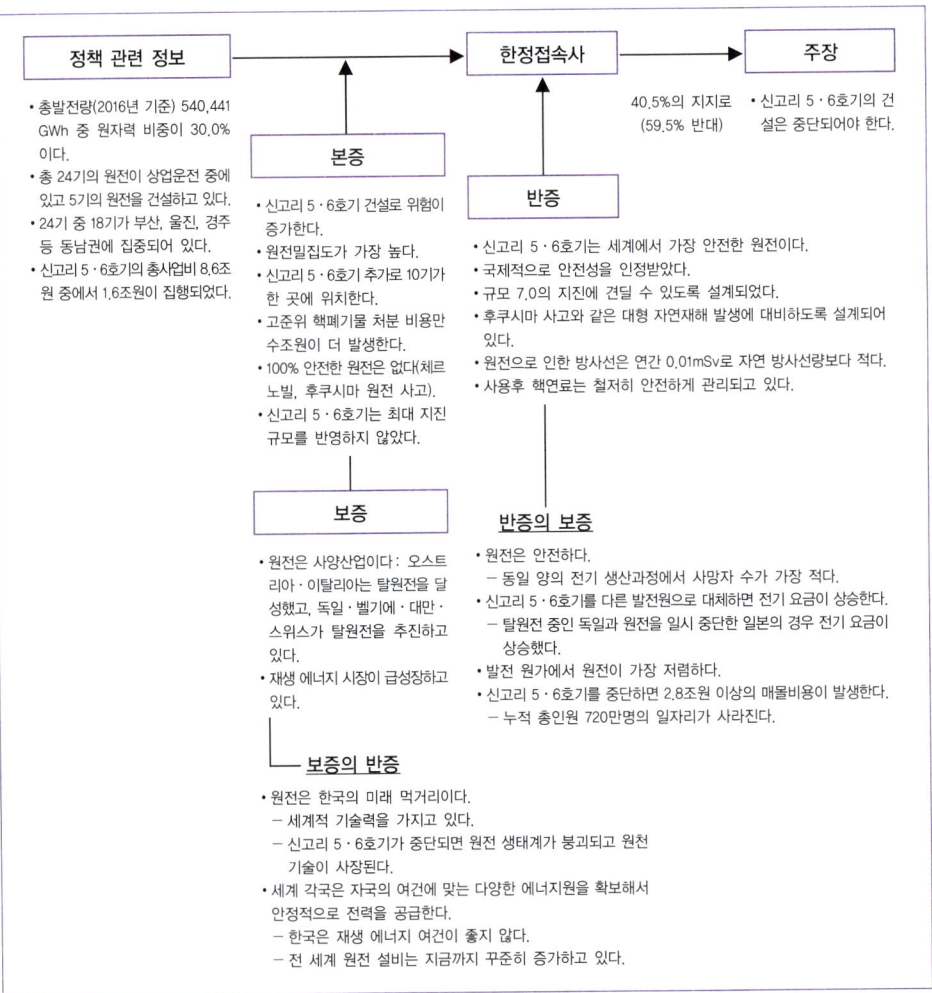

CHAPTER 05 행정학의 패러다임의 변화

제1절 신공공관리론(New Public Management)

1 신공공관리론(NPM)의 의의

① 영미 국가들을 중심으로 공공서비스 제공에 대한 민간부문의 적극적인 역할 분담 및 정부와 민간부문의 협력적 활동을 강조하는 접근방법
② 기업 경영의 논리와 기법을 정부에 도입해 행정의 성과를 향상시키고, 관리자의 개인적 책임 확보를 강조하는 이론
③ 신공공관리론은 공공선택이론의 주장과 같이 정부의 역할을 대폭 시장에 맡겨야 한다는 입장은 아니며, 기존의 계층제적 통제를 경쟁 원리에 기초한 시장체제로 대체함으로써 관료제의 효율성과 성과를 높이려는 것임

2 신공공관리론(NPM)의 등장배경

(1) **신공공관리의 이론적 배경**: 관료제적 패러다임에 대한 비판 및 대안 제시

① 1970년대 후반부터 영미를 중심으로 신자유주의를 정치적·사상적 배경으로 하고 공공선택론을 이론적 배경으로 한 신공공관리 패러다임은 기존 관료제적 패러다임에 비판을 가하며 등장했음
② 공공선택론, 관리이론, 정책분석, 주인-대리인 이론, 소유권 이론(property-rights theory), 거래비용이론, 관리과학, 신제도주의 경제학 등

(2) **신공공관리론의 현실적 배경**

① OECD 국가들을 중심으로 한 신공공관리론적 개혁은 1970년대 석유파동에 따른 경제위기와 과다한 복지정책(지출)에 따른 재정적자 문제의 해결을 위해 신자유주의 정권들에 의해 '작고 효율적인 정부'를 목표로 추진되었음
② 우리나라는 1990년대 말 IMF 경제위기 상황에서 김대중 정부에 의해 신공공관리론적 정부개혁이 도입되기 시작

> **확인문제**
>
> 신공공관리론(New Public Management)에 대한 설명으로 옳은 것은? 2010. 지방 9급
> ① 업무의 결과보다 과정을 중시한다.
> ② 정부의 역할을 방향제시보다 노 젓기로 본다.
> ③ 권력의 집중화보다는 분권화를 지향한다.
> ④ 시장실패의 치유를 위한 국가의 역할을 강조한다.
>
> ▶ ③ [○] 신공공관리론은 집중화보다는 분권화를 지향한다. 즉, 권한 이양을 통한 자율적 권한부여와 성과를 위한 책임을 강조한다.
> ① [×] 업무의 과정보다 결과를 중시한다.
> ② [×] 정부의 역할을 노젓기보다 방향잡기로 본다.
> ④ [×] 정부실패의 치유를 위해 시장의 원리를 적용할 것을 강조한다.

③ 신공공관리론(NPM)의 주요 내용

(1) 신공공관리론의 주요 구성요소: 시장주의 + 신관리주의

① 시장주의: 신자유주의 이념에 기초
  ㉠ 시장의 핵심 요소인 '경쟁'과 '선택'을 정부 관료제에 직접 도입하는 것을 의미
  ㉡ 고객지향성 또는 고객주의: 국민들을 납세자나 일방적인 서비스 수혜자가 아닌 정부의 고객으로 인식하고 고객이 가치를 부여하는 결과의 산출, 서비스의 질 관리, 고객에 대한 서비스 선택권 부여 등을 강조
  ㉢ 시장주의에 기초한 행정개혁: 수익자 부담원칙 적용, 정부부문 내 경쟁 원리 도입, 규제 완화 등

② 신관리주의
  ㉠ 행정과 경영의 유사성에 대한 인식에 기초해 기업의 경영원리와 관리기법을 행정에 도입해 정부의 성과 향상과 관리의 효율성을 제고하는 것을 강조
  ㉡ 신관리주의는 구체적으로 기업가 정신, 성과에 기초한 관리, 권한 이양, 품질관리기법, 인센티브 메커니즘, 고객만족 경영기법 등을 행정에 도입하는 방안을 포함

(2) 오스본과 게블러의 「정부재창조(Reinventing Government, 1992)」: '기업가적 정부 운영의 10대 원리'

① 촉진적 정부(노젓기보다 방향잡기): 기업가적 정부는 서비스 공급자보다는 촉매 작용자, 중개자, 그리고 촉진자 역할을 수행해야 한다.
② 지역사회가 주도하는 정부(서비스 제공보다 권한부여): 기업가적 정부는 관료적 통제와 공급자 위주의 행정에서 벗어나 주민들에게 권한을 부여해 지역공동체를 형성함으로써 지역주민과 지역공동체를 서비스 공급 주체의 일원으로 참여시키는 것이 바람직하다.
③ 경쟁적 정부(서비스 제공에 경쟁 도입): 경쟁 원리의 도입을 통해 행정서비스 공급의 경쟁력을 제고해야 한다.
④ 사명지향적 정부(규칙 중심 조직의 개혁): 법규나 규정에 의한 관리보다는 목표와 임무를 중심으로 조직을 운영하고 결과를 중시해야 한다.
⑤ 성과지향적 정부(투입이 아닌 성과와 연계한 예산 배분): 업무성과를 제고하기 위해서는 투입이 아닌 산출이나 결과를 기준으로 자원을 배분해야 한다.
⑥ 고객지향적 정부(관료제가 아닌 고객 요구의 충족): 서비스 제공 대상자를 고객으로 인식하고, 이들에게 선택권을 부여해 고객인 국민의 필요에 따라 서비스를 제공해야 한다.
⑦ 기업가적 정부(지출보다는 수익 창출): 예산 지출 위주의 정부 운영 방식에서 탈피해 수입 확보의 개념을 활성화하는 것이 필요하다.
⑧ 미래에 대비하는 정부(사고 수습보다는 사고 예방)
⑨ 분권적 정부(위계조직에서 참여와 팀워크로): 권한 분산과 하부 위임을 통해 참여적 의사결정을 촉진시켜야 한다.
⑩ 시장지향적 정부(시장 기구를 통한 변화 촉진): 관료주의보다는 시장 기능 메커니즘을 좀 더 폭넓게 활용함으로써 정부의 성과를 높여야 한다.

> **확인문제**
>
> 오스본(D. Osborne)과 게블러(T. Gaebler)의 정부재창조론에서 제시된 기업가적 정부 운영의 원리에 관한 내용으로 가장 옳지 않은 것은? 2017. 서울 9급
> ① 시민에 대한 봉사 지향적 정부
> ② 지역사회가 주도하는 정부
> ③ 분권적 정부
> ④ 촉진적 정부
>
> ▶ ① [×] 오스본(D. Osborne)과 게블러(T. Gaebler)의 「정부재창조론」은 신공공관리론의 입장에서 기업가적 정부 운영의 원리를 제시하였다. 신공공관리론은 경쟁, 성과, 고객지향적 정부를 지향한다. '시민에 대한 봉사 지향적 정부'는 신공공관리론을 비판하는 신공공서비스론(New Public Service)의 특징이다.

■ 전통적 관료제 정부와 기업가적 정부 비교: Osborne & Gaebler(1992)

기준	전통적인 관료제 정부	기업가적 정부
정부 역할	노젓기 역할	방향 잡아주기 역할
정부 활동	직접적인 서비스 제공	할 수 있는 권한 부여
행정가치	형평성, 민주성	경제성, 효율성, 효과성
공공서비스	독점적 공급	경쟁 도입: 민영화, 민간위탁 등
공급 방식	행정 메커니즘	시장 메커니즘
행정관리 기제	법령, 규칙 중심 관리	임무 중심 관리
행정관리 방식	투입 중심 예산	성과 연계 예산
	지출 지향	수익 창출
	사후 대처	예측과 예방
	명령과 통제	참여와 팀워크 및 네트워크 관리
행정 주도 주체 및 책임성	관료 및 행정기관 중심	고객 중심
	계층제적 책임 확보	참여적 대응성 확보

(3) 기업형 정부의 5가지 혁신전략(5C): 오스본(D. Osborne) & 플래스트릭(P. Plastrik)

전략	접근방법
핵심전략 (Core strategy)	• 정부 목표와 방향의 명확화
결과전략 (Consequence strategy)	• 결과(성과) 중심의 관리 추구 • 경쟁관리, 기업관리, 성과관리
고객전략 (Customer strategy)	• 고객에 대한 책임성 확보를 위해 품질보증 방안 필요 • 고객의 선택, 경쟁적 선택, 품질확보
통제전략 (Control strategy)	• 관리자에 대한 내부규제 완화(재량권 부여) + 결과를 통한 책임 확보 • 조직 권한 위임, 지방사회로의 분권
문화전략 (Culture strategy)	• 기업가적 조직문화 구축 • 관습타파, 감동정신, 승리정신

(4) 신공공관리론의 특징

① **경쟁**: 시장지향적 경쟁원리 도입
  ㉠ 정부에 시장원리를 도입하는 이론적 근거: 지대추구이론, X-비효율성, 거래비용이론 등
  ㉡ 공공서비스 제공 방식에 경쟁원리 도입: 시장성 테스트(market-testing) 기준을 적용하여 공공재화와 서비스를 명령이나 위계에 의한 직접제공보다는 간접제공 방식(예 민간위탁, 바우처 등)으로 전환하는 데 초점을 둠

> **보충자료**
>
> **시장성 테스트**(market-testing)
> 1. 시장성 테스트 제도는 정부기능 또는 업무진단에 수행되는 방법론임. 정부가 공공서비스를 제공할 때 정부 내부조직과 외부 민간공급자를 공정하게 경쟁입찰에 참여시켜 보다 효율적인 공공서비스 생산자 내지는 공급자를 선택하는 제도로서 영국에서 처음 도입됨
> 2. 시장성 테스트 제도는 기존의 정부기관의 내부생산(internal production)에 의한 공공서비스 공급방식에 경쟁과 유인시스템을 내재화시킴으로써 정부부문의 효율성과 생산성을 높이기 위해 도입된 기법임
> 3. 정부가 수행하는 기능에 민간과의 경쟁을 어느 정도 도입하느냐에 따라 정부기능의 폐지, 민영화, 외부위탁, 시장성 테스트, 자체 효율화 중에서 하나를 택하게 됨. 이 중에서 시장성 테스트는 공공서비스 제공 시 정부내부 조직과 정부외부의 민간업자를 경쟁 입찰을 통해 공정하게 참여시킴으로써 보다 효율적인 공급자를 결정해나가는 과정을 의미함

② **성과**
  ㉠ 성과 중심의 관리는 행정과 경영의 유사성에 대한 인식에 기초해 기업의 경영 원리와 관리 기법을 행정에 도입함으로써 행정의 성과를 향상시키는 것을 의미. 즉, 투입요소를 엄격히 규제하거나 업무수행 절차를 따르도록 하는 등 통제 중심의 관리를 탈피하여 성과를 달성하는 과정에 대하여는 재량을 부여하되 결과에 대하여는 분명한 책임을 묻는 관리 방식을 활용
  ㉡ 성과 중심의 관리는 자율경영을 강조함. 인사, 예산, 구매 등 관리상의 내부의 불필요한 규제를 풀어 관리자에게 재량권한을 부여(empowerment)함으로써 정부의 성과 향상과 관리의 효율성을 제고하는 것을 강조. 정부도 민간기업과 같이 성과계약을 맺고 자율을 부여함으로써 기업가형 리더나 공공기업가(public entrepreneur)로서 진취적인 관리가 가능한 조건을 만들어 줄 것을 강조

③ **고객**
  ㉠ 민간부문의 경영방식을 적용하여 고객에 대한 대응성을 높이는 것을 의미. 민간부문의 경영방식의 핵심은 소비자를 주인으로 모시는 고객중시의 정신임
  ㉡ 고객 중심 정부는 전통적 관료제 패러다임의 권위적이고 공급자 중심의 특성을 갖는 서비스 제공방식을 비판하면서 수요자 중심의 공공서비스 제공을 통해 고객에 대한 대응성을 높이고 고객에 대한 만족도를 높이는 것을 목표로 하는 것임
  ㉢ 고객지향 행정의 수단: 행정서비스 헌장제도, 총체적 품질관리제도(TQM), BPR 방식 등

4 신공공관리의 부작용과 한계

(1) 공공부문과 민간부문(경영과 행정)의 본질적 차이에 대한 간과

(2) 지나친 경쟁과 효율성 강조로 인한 부작용

① 공공성(공공가치) 저하: 경쟁과 효율성을 지나치게 강조할 경우 행정이 추구해야 할 민주성·형평성 등 전통적 행정 가치를 경시할 우려가 있음

② 시장실패의 가능성: 신공공관리는 민주주의 이념이나 정치적 책임성과 같은 거시적 관점에서 접근하지 않았기 때문에 민영화나 민간위탁도 또 다시 시장실패의 위험요소를 내포하고 있음

(3) 신공공관리론의 '고객 중심 논리'의 문제점

① 신공공관리론의 고객주의는 주권자로서의 국민을 간과했다는 비판을 받음

② '고객주의'의 국민은 주어진 행정서비스에 단지 만족 또는 불만을 드러내며, 불만이 있을 경우 정부가 행정서비스를 개선해 줄 것으로 기대하는 수동적인 존재로 전락하게 됨

③ 행정의 경우 소비자의 만족(consumer satisfaction)과 소비자의 주권(consumer sovereignty)은 구분되어야 하는데, 고객주의는 소비자의 만족에만 치중하고 소비자의 주권을 간과하고 있다는 비판을 받음

(4) 성과관리의 문제점

이윤극대화를 추구하는 기업과 달리 행정은 추상적인 공익 목적을 추구하기 때문에 구체적이고 측정 가능한 성과목표를 설정하기가 어려우며, 성과평가에서 결과와 산출의 계량화가 곤란하다는 한계가 있음

확인문제

신공공관리론(NPM)에 대한 비판적 논의에 해당하지 않는 것은?
2018, 국가 9급

① 공공부문은 민간부문과 다르기 때문에 민간부문의 관리 기법을 공공부문에 그대로 적용하는 데에는 한계가 있다.
② 민주적 책임성과 기업가적 재량권 간의 갈등으로 인하여 정부 관료제의 효율성을 제고하기 어렵다.
③ 고객 중심 논리는 국민을 관료 주도의 행정서비스 제공에 의존하는 수동적 존재로 전락시킬 우려가 있다.
④ 정치적 논리를 우선하여 내부관리적 효율성을 경시하는 경향이 있다.

▶ ④ [×] 신공공관리론은 신자유주의에 입각한 시장의 경쟁원리와 행정과 경영의 유사성을 전제로 하는 신관리주의(정치적 논리 ×)를 적용하여 내부관리의 효율성 제고를 강조했다.

신공공관리에 대한 비판

비교 국면		신공공관리의 특징	신공공관리에 대한 비판
정부 기능	① 정부-시장 관계의 기본철학	• 시장지향주의 - 규제완화	• 정부의 위축 및 공동화(空洞) • 규제완화 개혁의 역설
	② 추구하는 주요 행정 가치	• 능률성, 경제적 가치 강조	• 민주성·형평성 등 전통적 행정가치의 경시
	③ 정부규모와 기능	• 정부규모와 기능의 감축 - 민영화, 민간화, 민간위탁 등	• 정치적 통제의 훼손 • 민영화 효과의 한계
	④ 공공서비스 제공의 초점	• 시민 및 소비자 관점의 강조	-
	⑤ 공공서비스 제공의 방식	• 시장 메커니즘의 활용 - 민간부문을 공공서비스의 공동생산자 및 경쟁자로 규정 - 내부시장화, 계약, 외주화	• 시장메커니즘 적용의 한계 - 공공부문과 민간부문의 본질적 차이 경시 - 비사업 분야에까지 민간기업의 원칙 적용
조직 구조	⑥ 기본 모형	• 탈관료제 모형	-
	⑦ 조직구조의 특징	• 비항구적·유기적 구조 - 임시조직·네트워크 조직의 활용 - 비계층적 구조 - 구조적 권한 이양과 분권화	• 정부관료제의 불안정성 증대 • 장기적 효율성 저하
	⑧ 조직개편의 방향	• 소규모의 준자율적 조직으로 분절화 예 책임운영기관	• 정부기관의 분절화와 통합 등 지속적 조직개편으로 인한 불안정성 증대 • 기관 간 협력의 소홀
관리 기법	⑨ 조직관리의 기본철학	• 경쟁과 자율성 강조하는 민간부문의 관리 기법 도입 - 경쟁의 원리 도입 - 규정과 규제의 완화 - 관리자의 자율성·책임성 강조	• 공공부문과 민간부문의 본질적 차이로 인한 민간 관리기법 적용의 근본적 한계 • 관리주의적 논리로 정치적 문제 회피 • 과도한 관리적 자율성 문제
	⑩ 통제메커니즘	• 결과·산출 중심의 통제 - 성과계약제 등 성과관리제	• 공공부문 산출물의 측정 곤란성
	⑪ 인사관리의 특성	• 경쟁적 인사관리 - 능력·성과 기반 인사관리 - 경제적 인센티브 중시 - 개방형 인사제도	• 공공책임성 저하 • 장기적 능률성의 훼손 • 효율성 제고 효과의 한계

제2절 뉴거버넌스론(New Governance)

1 뉴거버넌스의 의의 및 대두배경

(1) 뉴거버넌스의 의의

① 뉴거버넌스는 전통적 행정국가의 정부실패와 NPM의 시장실패 가능성을 극복하기 위한 새로운 대안으로서 1990년대 들어 학문적 주목을 받기 시작했음

② 공공서비스 전달 또는 공공문제를 해결하는 과정에서 정부에 전적으로 의존하기보다는 정부와 민간부문 및 비영리부문 간의 협력적 네트워크를 적극 활용하는 것임. 뉴거버넌스는 복잡하고 불확실한 사회문제 해결에 관료제 단독으로 대응하거나 시장에 방임하는 것보다 다양한 주체가 공동으로 대응하는 것이 더 효과적일 것이라는 기대가 담겨 있음

(2) 뉴거버넌스의 등장배경

① 1980년대부터 공공서비스의 제공과 관련, NPM의 시장주의에 의하여 민영화나 민간위탁 등이 대대적으로 추진된 결과 정부 서비스 제공에서 정부 이외의 조직들이 광범위하게 중요한 역할을 담당하기 시작하였고, 이에 따라 정부가 국정을 관리하는 방법도 변화하게 되었음. 최근에는 공공문제 해결을 위해 정부기관, 준정부기관, 비정부 민간조직, 시민단체, 민간기업, 자원봉사자 등이 공동으로 협력하는 경우가 증가하고 있음

② 뉴거버넌스의 등장은 사회가 복잡해짐에 따라 네트워크 거버넌스를 통해서만 해결될 수 있는 사회문제가 급속도로 증가하고 있는 행정환경의 변화와 연관이 있음. 현대사회에서는 단일 정부기관 또는 정부조직에 의해서는 효과적으로 해결되기 어려운 소위 '사악한 문제(wicked issues)'가 증가하고 있으며, 이러한 문제를 해결하는 과정에서 중앙정부, 지방정부, 시민단체, 기업, 일반시민 등 다양한 파트너들로 이루어지는 수평적이고 자발적인 '네트워크(network)'의 역할이 크게 증가하고 있음

2 뉴거버넌스의 특징

(1) 준정부 및 비정부조직(NGO) 또는 제3부문(third sector)의 역할 증대

(2) 공공서비스 공급을 위한 수평적 연계망(network)

(3) 신뢰를 기반으로 한 상호작용(협력)

(4) 뉴거버넌스에서 정부의 역할

① 민간조직 및 비정부조직의 적극적 참여 유도

② 네트워크 참여자들의 업무수행에 대한 감독기능

③ 네트워크의 조정자 역할 등

> **확인문제**
>
> 뉴거버넌스(new governance)에 대한 설명으로 옳지 않은 것은?
> 2011, 지방 9급
> ① 조정자로서 관료의 역할상을 강조한다.
> ② 분석단위로 조직 내(intra-organization) 연구를 강조한다.
> ③ 경쟁적 작동원리보다는 협력적 작동원리를 중시한다.
> ④ 공공문제 해결의 기제로써 네트워크의 활용을 중시한다.
>
> ▶ ② [×] 분석단위 측면에서 조직 내 연구를 강조하는 것은 신공공관리론이다. 뉴거버넌스는 조직 간 관계 분석에 초점을 둔다.

3 신공공관리론과 뉴거버넌스론의 비교

(1) 분석수준

① 신공공관리는 조직 내 관계를 다루지만 뉴거버넌스는 조직 간 관계를 다룬다는 점에서 차이가 있음

② 신공공관리는 공공부문의 효율성 제고를 위해 정부 내부의 관리 문제에 초점을 두는 반면, 뉴거버넌스는 시장 및 시민사회의 외부주체와의 관계에서 정부의 역할과 기능에 초점을 두고 있음

(2) 인간관 및 국민을 보는 관점

① 신공공관리론은 국민을 이기적이고 개인적인 행동을 하는 소비자로서의 고객으로 보는 반면에 뉴거버넌스는 이타적이고 집단적 행동을 하는 시민을 전제로 함

② 수동적이고 소극적인 소비자로서의 고객을 전제하는 신공공관리론에서는 행정서비스에 불만이 있는 고객은 서비스 공급자를 교체하는 것으로 봄. 반면에 뉴거버넌스에서는 행정에 대한 불만을 개선하고 행정서비스를 향상시키기 위하여 적극적이고 능동적인 시민으로서 직접 행정(정책) 결정에 참여하고 서비스 전달에서 직접 담당자가 될 것을 강조함

(3) 정부 및 관료의 역할에 대한 시각

① NPM과 뉴거버넌스는 모두 정부의 '방향잡기(steering)' 역할을 중시하지만 NPM에서 정부의 방향잡기 역할이 더 강조됨. 즉, NPM은 정부를 방향잡기의 중심부에 놓고 정책 분야의 방향잡기에서만은 정부가 집권적으로 주도하는 역할을 인정하는 반면, 뉴거버넌스는 정부, 시장, 시민사회가 기본적으로 평등한 관계에서 함께하기(co-)를 추구함

② 신공공관리는 행정가를 공공기업가로 보는 반면, 뉴거버넌스는 네트워크의 조성 및 조정자 또는 협력자로서의 정부(관료) 역할을 강조함

(4) 행정이념(가치)

① 신공공관리는 행정의 경영화를 강조하며 공공부문의 능률성 제고를 목적으로 하는 반면에 뉴거버넌스는 관리상의 효율성보다는 국가차원의 민주적 대응성과 책임성을 강조함

② 특히, 뉴거버넌스는 NPM에서 주목하지 않은 시민사회를 주요 파트너로 받아들이고 국민도 소비자가 아닌 시민으로 인식함으로써 국민에 대한 책임성 확보를 강조함

신공공관리론과 뉴거버넌스론 비교

구분	신공공관리론	뉴거버넌스론
공통점	• 정부역할: 방향잡기(촉진적 정부) • 정부실패에 대한 대안 • 행정과 경영의 상대적 구별 • 투입보다 산출 중시	
인식론적 기초	신자유주의, 시장주의	공동체주의, 참여주의
분석 수준	조직 내(intra-organizational): 정부 내부의 관리 문제	조직 간(inter-organizational): 시장 및 시민사회의 외부주체와의 관계에서 정부의 역할과 기능에 초점
관리기구	시장	연계망(network)
행정이념	결과(능률성, 효율성, 생산성)	과정(민주성, 책임성, 정치성)
정부(관료) 역할	• 방향잡기(steering) • 공공기업가(public entrepreneur)	• 방향잡기(steering) • 조정자(coordinator)
작동원리	경쟁(시장 메커니즘)	신뢰, 협력(partnership)
서비스 관리방식	민영화, 민간위탁 등	공동생산(시민, 기업 등 참여)
인간관 (국민을 보는 관점)	고객(소비자)	시민(주권자)

확인문제

신공공관리론과 뉴거버넌스에 대한 설명으로 옳은 것은?
2013, 지방 9급

① 신공공관리론에서 관료의 역할은 조정자이며, 뉴거버넌스론에서 관료의 역할은 공공기업가이다.
② 신공공관리론과 뉴거버넌스론에서는 정부의 역할로서 노젓기(rowing)보다는 방향잡기(steering)를 강조한다.
③ 신공공관리론과 뉴거버넌스론에서는 산출(output)보다는 투입(input)에 대한 통제를 강조한다.
④ 신공공관리론에서는 부문 간 협력에, 뉴거버넌스론에서는 부문 간 경쟁에 역점을 둔다.

▶ ② [○]
① [×] 신공공관리론에서 관료의 역할은 공공기업가이며, 뉴거버넌스론에서 관료의 역할은 조정자이다.
③ [×] 신공공관리론과 뉴거버넌스론에서는 투입에 대한 통제보다는 산출에 대한 통제를 강조한다. 투입에 대한 통제를 강조하는 것은 전통적 정부운영 방식의 특징이다.
④ [×] 신공공관리론은 부문 간 경쟁을 강조하는 데 비해, 뉴거버넌스론에서는 부문 간 협력을 강조한다.

4 뉴거버넌스론의 한계

(1) 뉴거버넌스의 개념이 모호하며, 형태가 다양해 기본형이 없기 때문에 보편적 이론화가 쉽지 않다는 비판이 있음

(2) 책임성 확보 곤란: 모두의 참여는 모두의 무책임을 야기할 수 있는 책임성 문제가 있음

(3) 특정 이해관계의 참여가 과다하게 되면 부처와 이익집단 간의 위험한 유착이나 포획관계에 빠질 수 있음

(4) 뉴거버넌스론이 전통적 행정을 대체할 새로운 국정관리시스템으로 정착하기 위해서는 정부가 시장 및 민간부문의 집단들과 수평적 관계로 연계돼야 하지만, 현실에서는 한계가 있음. 정부는 재정력, 정보력 등에서 민간부문을 압도하고 있으며 민간이나 시장의 참여 없이도 국가의 사업을 수행할 수 있지만, 민간부문은 공익과 관련된 사업을 독자적으로 수행할 유인이 없거나 부족하기 때문에 기대한 만큼의 뉴거버넌스 효과를 거두기 쉽지 않음

5 피터스(B. Guy Peters)의 거버넌스 모형

(1) **의의**: 피터스는 다음의 다섯 가지 기준을 토대로 전통적인 정부모형과 대비되는 정부개혁 모형으로 네 가지로 구분했음

① 문제의 진단기준(문제의 원천은 어디에 있는가?)

② 구조(공공부문은 어떻게 조직화되어야 하는가?)

③ 관리(공공부문의 구성원은 어떻게 임용, 동기부여, 관리되어야 하는가?)

④ 정책결정(정책과정에서 공무원의 역할은 무엇인가? 정부는 민간부문에 어떻게 영향력을 행사해야 하는가?)

⑤ 공익(공익 및 가장 좋은 정부란 무엇인가?)

(2) **피터스의 거버넌스 유형**

① 시장적 정부모형
   ㉠ 시장모형은 시장 메커니즘이 전통적 관료제 모형보다 본질적으로 우월하다고 가정함
   ㉡ 전통적 관료제 모형의 문제의 원인은 관료제의 독점적 성격에 있다고 진단하고, 이에 대해 시장 효율성과 경쟁, 유인체계의 처방이 필요하다고 봄
   ㉢ 시장모형은 행정의 비용을 줄이고 국민의 요구에 잘 대응하고, 소비자인 시민의 선택을 강조하는 것이 공익이라고 봄

② 참여적 정부모형
   ㉠ 참여모형에서는 관료제의 계층제를 문제의 원인으로 지적하고, '참여'를 통해서 조직구성원의 소외와 조직몰입 저하를 치유할 수 있다고 봄
   ㉡ 참여모형은 계층제 구조하에서 소외됐던 조직의 고객 및 하급 관리자와 일선관료에 관심을 두며, 이들의 참여가 확대될 수 있도록 정책체계가 구조화돼야 한다고 주장
   ㉢ 의사결정과정에 하급 구성원의 참여와 정책결정과정에 시민참여가 최대한 보장될 때 공익이 확보된다고 가정

③ 신축적 정부모형(유연조직모형)
   ㉠ 신축모형은 기존의 관료제 구조 및 인력측면에서의 영속성이 문제의 원인이라고 진단. 즉, 전통적 관료제 구조의 항구성이 현상 유지 관행을 고착화함으로써 조직의 역동성을 저해하고 정책을 보수화한다고 지적함
   ㉡ 정부조직의 영속성에 대한 처방의 핵심은 신축성을 부여하는 것임. 조직구조에 임시구조를 도입하고, 관료들에 대해 평생고용이 아닌 임시고용을 적용함으로써 유연성과 대응성을 높일 것을 주장

④ 탈내부규제 정부모형(저통제 정부모형)
   ㉠ '탈규제'란 정부 내부관리에 관련된 개념으로, 공무원의 업무에 대한 내부규제를 제거하여 관리 능력을 향상시키는 것을 의미
   ㉡ 탈내부규제 모형에서는 전통적 행정모형의 문제의 원인이 내부규제에 있다고 진단함. 공공부문이 내부규제로 인해 점차 관료주의화 되고 있으며, 내부규제 때문에 관료들이 최대한의 능력발휘를 하지 못하고 있다고 봄. 따라서 공무원을 억압하고 있는 규제들을 제거함으로써 정부는 효율적으로 기능하고, 창의성을 발휘할 수 있다고 주장

피터스(B. Guy Peters)의 거버넌스 모형

구분	전통적 정부 모형	시장모형	참여정부 모형	신축적 정부 (유연조직) 모형	탈내부규제 정부 (저통제정부) 모형
문제의 진단 기준	전근대적 권위	독점	계층제	영속성	내부규제
구조의 개혁 방안	계층제	분권화	평면조직	가상 조직	(특정 제안 없음)
관리의 개혁 방안	직업공무원제, 절차적 통제	성과급 민간 부문의 기법	총품질관리 (TQM), 팀제	가변적 인사관리	관리 재량권 확대
정책결정의 개혁 방안	정치·행정의 구분	내부시장 시장적 유인	협의, 협상	실험	기업가적 정부
공익의 기준	안정성, 평등	저비용	참여, 협의	저비용, 조정	창의성, 행동주의

제3절 신공공서비스론(New Public Service)

1 신공공서비스론의 의의 및 등장배경

(1) **의의**: 신공공관리론의 오류에 대한 반작용으로 행정가가 책임져야 하는 것은 행정 업무 수행에서 '효율성'이 아니라 모든 사람에게 '더 나은 생활'을 보장하는 것이라고 보고, 정부의 주인은 시민이라는 점을 강조하면서 행정의 역할에서 시민을 중심에 두는 새로운 아이디어로서 등장

(2) **이론적 배경**: 신공공서비스론은 다양한 이론적 배경을 토대로 함. 구체적으로 신공공서비스론은 민주주의 이론에 입각한 공동체이론과 담론이론[민주적 시민이론, 지역공동체와 시민사회모형, 조직인본주의, 담론이론 및 포스트모더니즘 행정이론 등]에 기초를 두고 있음

② 신공공서비스론의 주요 내용

(1) 신공공서비스론의 7가지 기본원칙(Denhardt & Denhardt, 2003)

① 고객이 아니라 시민에게 봉사해야 한다.

② 공익을 찾으려고 노력해야 한다. 공익은 이기적이고 합리적인 개인 이익의 집합이 아닌 공유된 가치의 담론의 결과물로 인식해야 한다.

③ 기업가 정신보다 시민의식(citizenship)의 가치를 받아들여야 한다. 공익은 기업가적 관료보다는 사회에 의미 있는 기여를 하는 시민과 관료에 의해 더 잘 증진될 수 있다.

④ 전략적으로 사고하고, 민주적으로 행동해야 한다.

⑤ 책임성이란 것이 단순한 것이 아니라는 점을 인식해야 한다. 관료들은 시장에만 주의를 기울여서는 안 되며, 헌법과 법률, 지역사회의 가치, 정치적 규범, 행정관료의 전문직업적 기준, 시민적 이익에도 관심을 기울여야 한다.

⑥ 방향잡기보다는 봉사를 해야 한다. 관료 역할의 중요성은 시민들로 하여금 그들의 공유된 가치를 표명하고 그것을 충족시킬 수 있도록 도와주는 데 있다.

⑦ 단순히 생산성이 아니라 '사람'의 가치를 받아들여야 한다. 공공조직과 그 네트워크는 모든 사람을 존중하는 바탕 위에서 공유된 리더십과 협력의 과정을 통해 작동될 때 성공할 수 있다.

(2) 신공공관리론과의 비교

비교 기준	신공공관리론(NPM)	신공공서비스론(NPS)
이론 및 인식론적 토대	신고전학파 경제이론	민주주의 이론: 실증주의, 해석학, 비판이론, 포스트모더니즘 등
합리성과 인간행태 모형	• 기술적·경제적 합리성 • 경제인 또는 사익에 기초한 의사결정자	• 전략적 합리성 • 정치·경제·조직적 합리성에 대한 다원적 검증
공익의 개념	• 개인 이익의 총합(집합체) • 사익의 총합	• 공유가치에 대한 담론의 결과 • 대화에 근거한 공유가치
공무원의 반응 대상	고객	시민
관료의 기본정신	기업가 정신, 최소정부	공공서비스, 사회봉사
정부의 역할	방향잡기: 시장의 힘을 활용한 촉매자	봉사: 공유된 가치 창출을 위해 시민, 지역공동체 집단들과 이익을 협상하고 중재
정책목표 달성 기제	민간기관 및 비영리단체를 활용하여 정책 목표를 달성할 기제와 유인 체계의 창출	상호 합의한 필요를 충족하기 위한 공공기관, 비영리단체 및 민간의 협력체 구축
책임성 확보 방법	시장지향적: 사익의 총합은 시민에게 바람직한 결과 창출	다면적: 법, 공동체 가치, 정치적 규범, 전문성, 시민 이익 존중 등 다양성 강조
행정재량	광범위하게 인정: 기업가적 목표 달성을 위해 폭넓은 재량 허용	제한적 범위 내에서 인정: 재량이 필요하지만 제약과 책임 수반

확인문제

신공공서비스론의 주장으로 보기 어려운 것은? 2017, 지방 9급
① 관료가 반응해야 하는 대상은 고객이 아닌 시민이다.
② 정부의 역할은 방향제시(steering)가 아닌 노젓기(rowing)이다.
③ 관료의 동기부여 원천은 보수나 기업가 정신이 아닌 공공서비스 제고이다.
④ 공익은 개인이익의 단순한 합산이 아닌 공유하고 있는 가치에 대해 대화와 담론을 통해 얻은 결과물이다.

▶ ② [×] 정부의 역할을 노젓기(rowing)로 파악하는 것은 전통적 관료제 패러다임의 특징이다. 신공공관리론은 정부의 역할은 노젓기보다는 방향잡기(steering) 역할이 되어야 한다고 주장하며, 신공공서비스론에서는 정부와 공무원의 역할은 조정하는 것이 아니라 '시민에 대한 봉사'라고 주장한다.

조직구조	분권화된 조직	리더십을 공유하는 협동적 조직구조
공무원 동기유발 수단	기업가정신	• 사회봉사 • 사회에 기여하려는 욕구

3 신공공서비스론의 한계

① 신공공서비스론은 지나치게 규범적이고 추상적 수준의 이론으로 행정개혁을 위한 구체적이고 실질적인 처방(대안)을 제시하지 못하고 있음

② 신행정서비스론이 지향하고자 하는 행정의 규범적 특성과 가치가 지나치게 강조됨으로써, 행정에서 요구되는 전문성, 효율성 등과 같은 실천적 또는 수단적 가치의 유지를 위한 상호관계의 재정립에 대해서는 논의가 부족함

③ 책임성 공백 내지 약화 우려

제4절 탈신공공관리론(Post-NPM)

1 탈신공공관리론의 의의 및 등장배경

(1) **탈신공공관리론의 의의**: 탈신공공관리론은 신공공관리론 개혁의 한계를 수정·보완하기 위해 등장한 다양한 조치들을 포괄하는 개념으로, 효율성을 강조하는 신공공관리론적 정부개혁에 대한 비판과 함께 형평성, 공익 등 공공가치의 균형적 복원을 요구하는 노력으로 이해할 수 있음

(2) **탈신공공관리론의 등장배경**

① 1980년대 이후 전 세계적으로 행정개혁에 영향력을 행사한 신공공관리는 전통행정의 경직성과 비효율성을 타파하는 데 기여했지만 공공성을 약화시키는 결과를 낳음. 즉, 시장 메커니즘에 따른 경쟁을 통한 효율성과 효과성을 중시하여 다양성과 형평성을 소홀히 한 결과, 공정성과 공익성이 약화되었고, 이러한 문제를 해결하기 위해 2005년 또는 2008년부터 등장한 정부운영의 패러다임을 '후기 신공공관리' 또는 '탈신공공관리'라고 지칭함

② 미국의 9.11테러(2001년)와 카트리나 재난(2005년), 중국에서의 SARS 발병(2004년)과 인도네시아에서의 쓰나미 참사(2005년) 등을 경험하면서 세계 각국은 대형사고에 대한 국가 차원의 통합적 정보관리를 포함한 위기대응능력을 키워야 한다는 인식이 확산되었음. 특히 2008년 미국발 글로벌 금융위기의 원인이 작은 정부에서 강조되었던 규제완화의 부작용이라는 반성과 함께 정부의 규제·감독 기능의 필요성을 재인식하는 계기가 되었고, 미국과 유럽에서 실업, 빈곤, 소득양극화 등의 문제가 심화되자 NPM의 이념적 토대이던 신자유주의, 시장주의에 대한 비판과 반대 정서도 확산되었음. 이에 따라 형평성, 공익 등 공공가치의 균형적 복원과 협업, 융합 등을 강조하는 탈신공공관리론의 주장이 한층 설득력을 얻게 되었음

확인문제

신공공서비스론(New Public Service)에 대한 설명으로 적절하지 않은 것은? 2012. 지방 9급
① 민주주의 이론, 비판이론, 포스트모더니즘 등이 인식론적 토대이다.
② 공익은 공유하고 있는 가치에 대하여 대화와 담론을 통해 얻은 결과물이다.
③ 시장의 가격 메커니즘과 경쟁의 원리를 적극적으로 도입한다.
④ 내외적으로 공유된 리더십을 갖는 협동적인 구조가 바람직하다.

▶ ③ [×] 신공공서비스론은 시장의 가격 메커니즘과 경쟁의 원리를 적극적으로 도입하고자 했던 신공공관리론을 비판하고 주인으로서의 시민, 적극적 시티즌십, 다양한 세력의 협력, 시민에 대한 정부의 봉사 등을 강조하였다.

2 탈신공공관리의 주요 내용 및 특징

(1) **신공공관리론의 문제점 수정 및 보완**: 탈신공공관리는 신공공관리를 부인하고 완전히 새로운 접근방법을 제시하기보다는 신공공관리의 문제점을 보완하려는 접근방법임. 이러한 맥락에서 탈신공공관리의 주요 아이디어들은 전통적 관료제 모형과 신공공관리의 변증법적 통합으로 볼 수 있음

(2) **범정부적(whole of government, WG) 접근방법 또는 '통 정부' 접근**: 탈신공공관리론은 정책결정에서 현장의 서비스 제공에 이르기까지 분화보다는 통합, 부분보다 전체의 시각에서 정부가 '하나의 전체로서' 운영될 수 있도록 조직과 기능을 개혁하는 접근법을 의미

(3) **정부역할 및 기능**: 2000년대 이후 미국, 영국 등을 비롯한 국가들에서 신공공관리론의 결과로 인한 지나친 분절화와 규제완화로 인한 폐해, 시장주의의 강조로 인한 행정의 책임성 문제 등을 개선하기 위한 대안으로 통합과 재규제, 재집권화 등을 강조

① **재집권화와 재규제 주창**: 탈신공공관리는 신공공관리의 역기능적 국면을 교정하고 통치역량을 강화하며, 정치·행정체제의 통제와 조정을 개선하기 위해 재집권화와 재규제 강조. 조직구조의 측면에서 재집권화를 통해 분권화와 집권화의 조화를 추구

② **통합·조정·협력 강조**: 조직구조의 지나친 분화나 권한의 위임으로 인해 정책결정이나 집행 과정에서의 조정과 협력에 문제가 있다는 점을 반성하면서 정부가 하나의 유기체로서 개별 조직의 기능을 통합하는 중심 역할을 강화하는 방식(whole of government)을 강조함

③ **자율성과 책임성의 균형 강조**: 조직관리 측면에서 탈신공공관리론은 신공공관리에서 강조한 정부조직의 분화와 자율성을 통한 효율성 제고보다는 중심 조직을 강화하거나 조직을 통합함으로써 다수의 관련 기관이 조직의 경계를 넘어 문제에 대응하고 해결책을 찾는 더 큰 의미의 효율성과 정치적 책임성을 중시

④ 정부 기능 측면에서 정부의 정치행정적 역량의 강화를 강조

⑤ 정부의 재규제와 정치적 통제를 통해 시장지향적 개혁에 따른 부작용을 극복함으로써 능률성과 경제성뿐만 아니라 민주성과 형평성을 동시에 추구

> **보충자료**
>
> **탈신공공관리론의 주요 아이디어**
> 1. 구조적 통합을 통한 분절화의 축소
> 2. 재집권화와 재규제의 주창
> 3. 총체적 정부(whole of government) 또는 연계형 정부(joined-up government)의 주도
> 4. 역할 모호성의 제거 및 명확한 역할 관계의 안출
> 5. 민간·공공부문의 파트너십 강조
> 6. 집권, 역량 및 조정의 증대
> 7. 중앙의 정치·행정적 역량의 강화
> 8. 환경적·역사적·문화적 요소에의 유의 등

확인문제

다음 중 탈신공공관리론(post-NPM)에서 강조하는 행정개혁 전략으로 옳지 않은 것은? 2018, 국회 8급
① 분권화와 집권화의 조화
② 민간-공공부문 간 파트너십 강조
③ 규제완화
④ 인사관리의 공공책임성 중시
⑤ 정치적 통제 강조

▶ ③ [×] 규제완화는 신공공관리론에서 강조하는 행정개혁 전략이다. 탈신공공관리에서는 재규제를 강조한다.

신공공관리론과 탈신공공관리론 비교

비교 국면		신공공관리의 특징	탈신공공관리의 특징
정부 기능	정부-시장 관계의 기본 철학	• 시장지향주의 　- 규제완화	• 정부의 정치적·행정적 역량 강화 　- 재규제의 주창 　- 정치적 통제의 강조
	추구하는 주요 행정가치	• 능률성, 경제적 가치 강조	• 민주성·형평성 등 전통적 행정가치도 동시에 고려
	정부 규모와 기능	• 정부규모와 기능의 감축 　- 민간화, 민영화, 민간위탁 등	-
	공공서비스 제공의 초점	• 시민 및 소비자 관점 강조	-
	공공서비스 제공의 방식	• 시장 메커니즘의 활용 　- 민간부문을 공공서비스의 공동생산자 및 경쟁자로 규정 　- 내부시장화, 계약, 외주화	• 민간·공공 부문의 파트너십 강조
조직 구조	기본 모형	• 탈관료제 모형	• 관료제 모형과 탈관료제 모형의 조화
	조직구조의 특징	• 비항구적·유기적 구조 　- 임시조직·네트워크 조직의 활용 　- 비계층적 구조 　- 구조적 권한 이양과 분권화	• 재집권화 　- 분권화와 집권화의 조화
	조직개편의 방향	• 소규모의 준자율적 조직으로 분절화 예 책임운영기관	• 구조적 통합을 통한 분절화의 축소 • 총체적 정부의 강조 • 집권화, 역량 및 조정의 증대
관리 기법	조직관리의 기본 철학	• 경쟁과 자율성을 강조하는 민간부문의 관리기법 도입 　- 경쟁 원리 도입 　- 규정과 규제의 완화 　- 관리자의 자율성·책임성 강조	• 자율성과 책임성의 균형 강조
	통제 메커니즘	• 결과·산출 중심의 통제 　- 성과계약제 등 성과관리제	-
	인사관리의 특성	• 경쟁적 인사 관리 　- 능력·성과 기반 인사관리 　- 경제적 인센티브 중시 　- 개방형 인사제도	• 공공책임성 강조

제5절 공공가치관리론(Public Value Management)

① 공공가치론의 개념 및 대두 배경: 신공공관리론에 대한 대안적 패러다임

1990년대 중·후반부터 신공공관리론은 신관리주의와 시장주의를 적용하는 과정에서 지나친 분업 및 분절화, 시민의 고객화, 경쟁제일주의 등의 형태로 공공부문의 근본적 가치인 책임성, 반응성, 민주성 등의 기반을 약화시켰음. 신공공관리론이 야기한 이러한 행정의 정당성 위기, 즉 행정의 공공성 약화를 극복하기 위한 대안적인 패러다임으로 공공가치관리론(Public Value Management)이 등장

② 공공가치론의 주요 특징

공공가치론은 시민과 이해관계자의 관여와 이들과 공무원 간 숙의민주주의 과정을 통한 공공가치의 결정 및 창출, 그 결과에 대한 평가가 이루어질 때 행정의 정당성을 강화할 수 있으며, 정부가 시민의 능동적 신뢰를 창출할 수 있다는 것을 강조함

③ 공공가치론의 접근방법

(1) 무어(M. Moore)의 공공가치창출론

① 공공가치의 창출과 공공관리자의 거시적인 전략적 사고 강조: 무어(Moore, 1995)의 공공가치창출론은 민간분야의 관리자들이 주어진 자산을 활용하여 주주가 요구하는 민간부문의 가치를 창출하는 것처럼 민주적으로 선출되어 정당성을 부여받은 정부의 관리자들은 공공자산(국가, 권위, 국가재정)을 활용하여 시민을 위한 공공가치를 창출해야 한다는 점에 착안함

② 공공가치 창출을 세 가지 전략적 삼각형(strategic triangle)으로 구성하여 제안
  ㉠ 정당성과 지원의 확보: 외부환경으로부터 정당성을 부여받은 환경을 의미하는 것으로서 시민의 지지(가시성) 및 정당성, 선출직 대표에 대한 책무성, 시민사회와의 관계, 미디어 평판 등
  ㉡ 공공가치의 생성: 조직차원에서 조직 비전과 미션, 전략적 목표, 목적과 활동 산출물 사이의 연계성, 정부조직에 대한 신뢰 등을 통한 과업환경을 확보하는 것
  ㉢ 운영 역량: 조직이 운영하는 정책이나 프로그램을 실현하는 데 필요한 재정적 역량, 조직 내 인적자원의 역량, 조직혁신 역량, 조직의 생산성 등

③ 무어의 공공가치창출론은 능률성만을 중요시하는 신공공관리론의 접근방법이나 기술적 차원에서 관리 효율성을 강조하는 전통적 행정관리이론의 접근법과 다른 특징을 갖게 됨

확인문제

무어(Moore)의 공공가치창출론(creating public value)적 시각에 대한 설명으로 옳지 않은 것은?
2023, 지방 9급
① 행정의 정당성 위기를 극복하기 위한 대안적 접근이다.
② 전략적 삼각형 개념을 제시한다.
③ 신공공관리론을 계승하여 행정의 수단을 강조한다.
④ 정부의 관리자들은 공공가치 실현에 힘써야 한다고 주장한다.

▶ ③ [×] 1960년대 이후 행정국가화 현상이 심화되면서 발생한 다양한 정부실패의 문제를 해결하기 위해 1980년대에 효율성과 경쟁원리에 기반한 시장경제적 유인구조를 관리 도구로 채택한 신공공관리론이 등장하였다. 그러나 1990년대 중·후반부터 신공공관리론은 신관리주의와 시장주의를 적용하는 과정에서 공공부문의 근본적 가치인 책임성, 반응성, 민주성 등의 기반을 약화시켰다. 신공공관리론이 야기한 행정의 정당성 위기, 즉 행정의 공공성 약화를 극복하기 위한 대안적인 패러다임으로 등장한 것이 공공가치관리론이다.

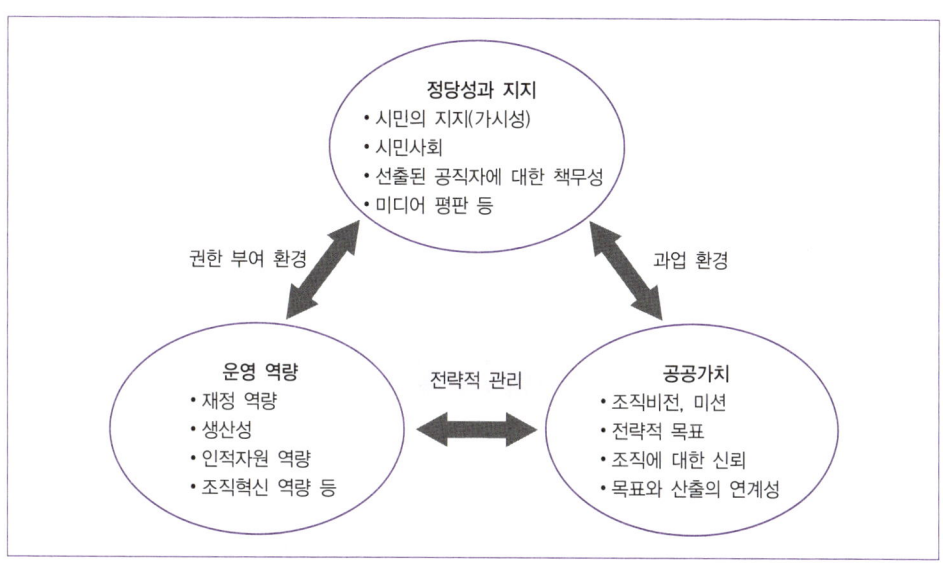

📖 공공가치 창출을 위한 전략적 삼각형 모델

📖 공공가치론과 전통적 공공행정론 및 신공공관리론 비교

구분	전통적 공공행정론	신공공관리론	공공가치관리론
공익	정치인이나 전문가가 정의	개인 선호의 집합	숙의를 거친 공공의 선호
성과목표	정치적으로 정의	효율성: 고객 대응성과 경제성 보장	공공가치 달성 - 서비스 제공, 만족, 사회적 결과, 신뢰 및 정당성
책임성 확보	정치인에 대한 책임, 정치인을 통한 의회에 대한 책임	성과계약을 통한 상위 기관에 대한 책임, 시장 메커니즘을 통한 고객에 대한 책임	다원적 차원 - 정부 감시자로서 시민 - 사용자로서의 고객 - 납세자
서비스 전달체계	계층조직, 자율규제 하는 전문직	민간조직, 책임행정기관	대안적 전달체계를 실용적으로 선택 - 공공부문, 공공기관, 책임행정기관, 민간기업, 공동체 조직
관리자의 역할	규칙과 적합한 절차의 준수를 보장	동의하는 성과목표를 정의하고 달성	숙의 절차와 전달 네트워크를 운영·조정하고 전체 시스템의 역량 유지에 기여
공공서비스 정신	공공부문이 독점	공공서비스 정신에 대해 회의적	공공서비스 정신 독점보다는 공유한 가치를 통한 관계 유지가 중요
민주적 과정의 기여	책임성의 전달: 선거를 통한 조직 리더 선출 경쟁으로 책임성 확보	목표의 전달: 목표의 형성 및 성과 점검으로 한정되고, 관리자가 수단을 선택	대화의 형성과 전달: 지속적인 민주적 소통 과정이 필수적
공공참여	투표, 선출직 정치인에 대한 압박으로 제한	고객만족도조사 등을 제한적으로 허용	다원적(소비자, 시민, 이해관계자 등) 참여 보장

확인문제

행정이론에 대한 설명으로 옳지 않은 것은? 2025. 지방 9급
① 공공가치관리론에서 보즈만(Bozeman)은 정당성과 지지, 공공가치, 운영역량으로 구성된 전략적 삼각형(strategic triangle) 모형을 제시한다.
② 신공공서비스론은 정부의 역할에 대해 시장에 의한 방향잡기보다 시민에 대한 봉사를 강조한다.
③ 뉴거버넌스론은 정부와 민간부문 그리고 비영리부문 간 상호신뢰 관계에 기초한 협력적 네트워크를 강조한다.
④ 공공선택론은 공공부문의 시장 경제화를 통해 시민의 편익을 극대화할 수 있는 서비스의 공급과 생산이 가능하다고 본다.

▶ ① [×] 무어(M. Moore)의 공공가치관리론에 대한 설명이다. 보우즈만은 공공가치 달성에 필요한 공공서비스 혹은 공공재화의 공급을 담당하는 시장 행위자 혹은 공공부문의 행위자가 공공가치에 부합한 재화나 서비스를 제공하지 못하는 경우를 공공실패가 발생한 것으로 간주하고, 정부개입의 근거가 되어야 한다고 주장했다(공공가치 실패론).

(2) 보우즈만(Bozeman)의 공공가치 실패론

① 공공가치의 실재론에 기초하여 공공가치 실패를 강조: 보우즈만(2002)은 시장 메커니즘이 효율적으로 작동하고 있음에도 불구하고 본질적 가치를 제공하지 못하는 실패 현상이 발생하는 경우를 '공공가치 실패'라는 개념으로 정의함

② 보우즈만은 공공가치 달성에 필요한 공공서비스 혹은 공공재화의 공급을 담당하는 시장 행위자 혹은 공공부문의 행위자가 공공가치에 부합한 재화나 서비스를 제공하지 못하는 경우를 공공 실패가 발생한 것으로 간주하고, 정부개입의 근거가 되어야 한다고 주장함

③ 보우즈만은 공공가치의 핵심가치들로 인간의 존엄성, 지속가능성, 시민참여, 개방성과 기밀성, 타협, 온전성, 강건성 등을 제시하고, 이 가치들을 이웃하는 가치들과 매핑시켜 시장에서 공급할 수 없는 가치들을 제안하고 있음

보우즈만의 공공가치 실패 기준

실패 기준	개념 정의
가치의 표출과 결집 메커니즘의 왜곡	공공가치의 결집을 위한 의사소통 및 공공가치 처리에 필요한 정치적 과정과 사회적 응집력이 부족함
불완전독점	정부독점이 공익에 부합해도 재화와 서비스를 민간이 공급하는 것 허용
혜택 숨기기	공공재화와 서비스 제공이 전 국민에게 제공되는 것이 제한되고 특정 개인 혹은 집단에 집중됨
제공자의 부족	공공재화와 서비스를 공공적 방법에 의해 제공키로 하였음에도 불구하고 제공자를 확보할 수 없어 서비스 또는 재화를 제공하지 못함
단기적 시계	장기적 시계에 따른 일련의 행위가 공공가치에 반하는 것이 예상될 경우 단기적 시계에 따른 대안이 선택됨
자원의 대체 가능성 대 자원 보존	만족할 만한 수준의 대체 가능성이 없는 경우에는 보전해야 함에도 정책은 대체 가능성에 초점을 맞추고 서비스를 제공함
최저생활과 인간 존엄에 대한 위협	최저생활과 같은 근본적이고 핵심적인 가치의 훼손

제6절 | 넛지이론(Nudge Theory)

1 넛지이론의 개념 및 대두배경

① 넛지이론은 실제의 인간 행동에 관한 행동경제학의 통찰을 정부의 정책설계 및 집행에 적용하기 위한 이론임

② 행동경제학은 인간의 제한된 합리성으로 인한 불확실한 상황에서 '휴리스틱(heuristic: 어림짐작으로 판단한다는 의미)'이라는 의사결정 방법을 활용하는 과정에서 발생하는 인지적 오류와 행동편향으로 인한 비합리적 의사결정을 행동적 시장실패라고 정의함

③ 넛지이론은 행동적 시장실패를 해결하기 위한 정부 역할의 필요성에 관한 규범적 근거와 이에 적합한 정책 수단을 제시하고 있음

④ 정부는 선택 설계자(choice architect)로서의 역할을 수행해야 하고, 이를 위해 전통적인 정책 수단인 법률과 규제, 경제적 유인 수단(조세, 보조금) 등과 구별되는 새로운 정책수단인 넛지(nudge)를 활용해야 한다는 점을 강조하고 있음

⑤ 2008년 세일러와 선스타인(Thaler & Sunstein)의 공저 『넛지(Nudge)』에서는 행동적 시장실패를 해결하기 위한 정부의 역할에 대한 규범적 근거로서 자유주의적 개입주의(libertarian paternalism), 그리고 정부의 새로운 역할 및 정책수단으로서 선택설계와 넛지의 개념을 새로 도입하였음

⑥ 넛지이론을 정부 정책 개발에 체계적으로 접목한 최초의 국가는 영국으로, 2010년 영국의 캐머런(D. Cameron) 총리는 행동경제학을 정책에 활용할 수 있는 방안을 찾기 위해 내각부 산하에 행동통찰팀(BIT: Behavioral Insights Team)를 설치하였음. 이후 넛지이론이 널리 확산되어 2017년 기준으로 전 세계적으로 200개 이상 정부조직 기반의 넛지 팀이 활동하고 있음

2 넛지이론의 주요 내용

(1) 인간의 사고체계와 행동적 시장실패

① **휴리스틱(heuristic)**: 불확실한 상황에서 빠르고 편리한 의사결정 방법으로 현실세계에서의 인간의 사고체계 속에서 직관이나 경험법칙을 활용한 의사결정 방법을 의미. 휴리스틱은 의사결정 비용을 줄여주는 장점이 있지만, 예상 가능한 인지적 오류와 행동편향(손실회피 편향, 닻 내림 효과, 현상유지 편향, 확증편향, 매몰비용의 오류, 프레이밍 효과 등)을 체계적으로 초래하는 약점을 가짐

② **행동적 시장실패**: 불확실한 상황과 조건에서 휴리스틱을 활용한 인간의 의사결정 과정에서는 다양한 형태의 인지적 오류와 행동편향이 발생하고, 이로 인해 개인의 합리적 의사결정이 방해를 받게 되어 개인적 차원에서 중대한 피해와 문제가 발생하는 상황을 행동경제학에서는 행동적 시장실패로 정의함. 즉, 행동적 시장실패는 실수를 저지르는 인간의 행동성향에서 비롯된 편향된 의사결정을 지칭함

③ 전통적 시장실패론에서는 외부효과, 즉 제3자에게 긍정적·부정적 파급효과를 창출하는 것을 시장실패의 핵심요인으로 정의하고 있는 반면, 행동경제학에서는 휴리스틱과 행동편향에 따른 영향이 개인의 의사결정과 선택에 영향을 미쳐 자신의 후생 손실을 초래하는 내부효과가 행동적 시장실패의 핵심요소임

신고전파 경제학과 행동경제학 비교

구분	신고전파 경제학	행동경제학
인간관	• 완전한 합리성 • 완전한 이기성 • 경제적 인간	• 제한된 합리성, 생태적 합리성 • 이타성·호혜성(사회적 본능, 사회적 선호) • 심리적 인간
의사결정 모델	• 효용극대화 행동 • 기대효용이론(효용함수)	• 만족화 행동, 휴리스틱 • 전망이론(가치함수)
연구방법	• 가정에 기초한 연역적 분석	• 실험을 통한 귀납적 분석
정부역할의 근거와 목적	• 시장실패와 제도실패 • 재화의 효율적인 생산·공급	• 행동적 시장실패 • 바람직한 의사결정 유도(행동 변화)
정책수단	• 법과 규제, 경제적 유인수단	• 넛지(선택설계)

(2) **넛지의 성격과 특성**

① 행동경제학은 행동적 시장실패가 발생하고 그것이 중대한 것일 때 넛지가 최선의 대응방식이라고 보았음

② 넛지의 의미 : 세일러와 선스타인(Thaler & Sunstein, 2008)은 넛지를 어떤 선택을 금지하거나 경제적 유인을 크게 변화시키지 않으면서 예측 가능한 방향으로 사람들의 방향을 변화시키는 선택설계의 제반 요소를 의미하는 것으로 정의. 결국 넛지는 명령이나 지식, 그리고 경제적 유인이나 제재를 가하지 않으면서 사람들이 바람직한 행동을 하도록 유도하는 수단을 의미

③ 새로운 정책수단으로서 넛지의 특성
  ㉠ 자유주의적 개입주의 관점 : 정부는 사람들의 선택을 존중하면서 보다 나은 의사결정을 하도록 도와줄 수 있다고 보는 입장임
  ㉡ 촉매적 정책수단의 성격 : 넛지는 간접적이고 유도적인 방식의 정부개입 방식으로서 촉매적 정책수단의 성격을 띠고 있음

④ 넛지는 엄격하게 검증된 증거에 기반하여 정책을 선택하거나 결정하는 것을 강조함

⑤ 급진적 점증주의(radical incrementalism) 관점 : 단절적 변화로 보이는 많은 혁신적 변화가 사실은 지속적이고 부단한 소규모 변화가 누적된 결과라는 개념

확인문제

세일러와 선스타인(Thaler & Sunstein)이 제시한 넛지이론(Nudge Theory)과 가장 거리가 먼 것은?
2023. 군무원 7급

① 행동경제학에서는 휴리스틱과 행동 편향에 따른 영향이 개인의 의사결정과 선택에 영향을 미쳐 자신의 후생 손실을 초래하는 외부효과가 행동적 시장실패의 핵심 요소라고 본다.
② 넛지란, 어떤 선택을 금지하거나 경제적 유인을 크게 변화시키지 않으면서 예측 가능한 방향으로 사람들의 행동을 변화시키는 선택설계의 제반 요소를 의미한다.
③ 전통경제학에서는 명령지시적 정부규제나 경제적 유인을 정책수단으로 활용하지만, 넛지는 기본적으로 간접적이고 유도적인 방식의 정부 개입방식으로서 촉매적 정책수단의 성격을 띠고 있다.
④ 넛지는 엄격하게 검증된 증거에 기반하여 정책을 선택하거나 결정하는 것을 강조한다.

▶ ① [×] 휴리스틱과 행동편향에 따른 영향이 개인의 의사결정과 선택에 영향을 미쳐 자신의 후생 손실을 초래하는 내부효과가 행동적 시장실패의 핵심요소이다.

전통경제학과 행동경제학의 정책수단 비교

규제적 정책수단	유인적 정책수단		촉매적 정책수단			
선택의 제거 및 제약	선택의 유도 및 촉진		• 선택의 유도 및 촉진 • 선택설계			
명령과 금지, 통제	금전적·비금전적 인센티브와 역인센티브	정보제공 (설득)	정보의 단순화와 프레이밍	물리적 환경의 변화	디폴트 옵션의 변화	사회규범과 현저성의 활용

(3) 넛지이론과 신공공관리론 비교

구분	신공공관리론	넛지이론
이론의 학문적 토대	신고전파 경제학, 공공선택론	행동경제학
합리성	완전한 합리성, 경제적 합리성	제한된 합리성, 생태적 합리성
정부 역할의 이념적 기초	신자유주의, 시장주의	자유주의적 개입주의
정부 역할의 근거와 한계	시장실패와 제도실패, 정부실패	행동적 시장실패와 정부실패
공무원상	정치적 기업가	선택 설계자
정부 정책의 목표	고객주의, 개인의 이익 증진	행동 변화를 통한 삶의 질 제고
정책수단	경제적 인센티브	넛지
정부 개혁 모델	기업가적 정부	넛지 정부

3 넛지이론의 한계와 전망

(1) 넛지이론의 장점

① 넛지 정책은 정책대상자에게 선택의 자유를 보장함

② 전통적 정책수단에 비해 비용측면에서 효율적임

(2) 넛지이론의 한계

① 효과가 단기간에 소멸되어 장기적이고 지속가능한 행동변화를 담보하지 못함

② 국가의 가부장적 개입을 확대하기 위한 논리로 작용할 수 있음

③ 선택 설계자로서 역할을 수행하는 공무원들의 인지적 오류와 행동편향으로 인한 행동적 정부실패의 문제가 발생할 수 있음

CHAPTER 06 공공서비스 공급 혁신

제1절 공공서비스 공급 혁신

1 공공서비스 공급방식 변화(혁신)

(1) **공공서비스 공급체계 다양화**: 국가 재정능력의 한계로 다양한 공공서비스 공급 기관이 등장
   ① **정부부문**: 정부부처, 정부기업(정부부처 형태의 공기업)
   ② **준정부부문**: 「공공기관의 운영에 관한 법률」에 의한 공공기관(공기업, 준정부기관, 기타 공공기관)
   ③ **민간부문**: 비영리부문(시민단체, 자원봉사자 등 시민), 영리부문(민간위탁, 민간자본 유치 사업 등에 참여하는 기업)

(2) **'효율성'의 강조**: 공공서비스의 생산과 공급을 둘러싼 일련의 변화는 정책준거를 '형평적' 배분 중심에서 시장가격체계를 준용하는 '효율적' 배분으로 전환시키고 있음

(3) **사용자 부담금(수익자부담원칙) 선호 및 시장원리 활용**: 조세저항과 재정긴축 상황에서 서비스 공급을 위한 대안적인 재원으로 사용자 부담금 활용. 이에 따라 공공서비스의 적정 가격과 품질에 대한 관심이 증가하고 시장기구의 원리를 도입한 가격 및 품질, 그리고 규모의 차별화가 시도되고 있음

(4) **수요자 중심의 공공서비스 강조**: 시민들은 표준화된 보편적 공공서비스보다 개인 맞춤형으로 차별화된 다양한 서비스를 요구하고 있음. 다원화된 시민(고객)들의 수요에 능동적으로 대응하기 위해서 정부는 시장의 상품과 같이 다양한 품질과 가격 체계를 가진 공공서비스를 공급해야 함

▶ 공공서비스 공급에 대한 접근방식의 변화

구분	(전통적) 복지국가의 공공서비스	신공공관리주의에서 공공서비스
행정활동에 대한 관심	• 민주·형평적 관리 • 공공서비스 자체	• 경제적 효율성 • 공공서비스를 통한 일자리 창출
공공서비스 배분 준거	형평적 배분(복지 시혜적)	효율적 배분(재정 효율화)
민간부문에 대한 공공서비스의 기능	조정·관리·통제	경쟁력 지원
공공서비스의 형태	국가 최저 수준의 표준화된 공공서비스	시민사회의 다양한 선호 부응과 차별적으로 상품화된 서비스
성과관리 방식	시설·기관 중심의 공급자 관점 (투입과 과정 감독)	수요자 중심의 맞춤형 서비스 공급 (산출과 결과에 대한 품질 책임)

② 공공서비스 품질 혁신

(1) **총체적 품질관리**(TQM : Total Quality Management)

① 의의
　㉠ 조직의 전 직원이 함께 참여하여 고객과 직접 접촉하고 고객의 요구에 대한 정보를 수집하며, 이를 토대로 프로세스 분석, 리엔지니어링 등의 혁신 기법을 적용하여 서비스 개선을 실현하고 팀워크를 구축하는 경영기법
　㉡ 총체적(total)은 업무의 모든 국면에서 품질을 향상한다는 것을 의미하며, 품질(quality)이란 서비스의 품질을 무결점으로 하여 고객만족을 지향한다는 의미임. 관리(management)는 품질의 지속적 향상을 위한 조직 역량 자체를 개발한다는 의미를 담고 있음

② TQM의 주요 내용 및 특징
　㉠ TQM은 품질 향상을 통한 고객만족을 최종 목표로 하기 때문에 공무원들의 행태를 고객 중심적으로 전환할 수 있으며, 계층제 조직보다는 탄력적이며 구성원 전체의 참여와 권한 및 책임 부여를 통해 조직 내 인간관계를 원활하게 하고 사기를 진작시킬 수 있음
　㉡ 행정의 고객만족도를 높이기 위해 행정조직 전체 구성원의 참여를 강조함
　㉢ TQM은 결점이 없어질 때까지 개선활동을 되풀이하는 지속적 개선을 강조
　㉣ TQM에 의한 조직은 학습조직이며, 유능하고 창의적인 조직구성원에 의존하는 조직임
　㉤ TQM은 참여를 기반으로 하는 상향식 의사결정 과정을 통해 개혁을 추진하기 때문에 행정관리 측면에서도 통제를 활용하기보다는 참여를 대폭 허용하며, 적절한 권한위임(empowerment)을 활용하는 분권적 조직구조를 강조
　㉥ 과학적 품질관리기법을 활용 : 업무수행과정과 산출의 과학적 측정·분석을 강조

(2) **업무재설계**(BPR : Business Process Reengineering)

① 의의
　㉠ BPR은 업무 프로세스의 재설계를 의미하는 것으로 1990년대 초부터 경영혁신의 도구로 활용되었음
　㉡ BPR은 기존의 업무방식을 근본적으로 재고려하여 혁신적으로 비즈니스 시스템을 재구축하는 것으로, 프로세스를 기본단위로 하여 업무, 조직, 기업문화 등을 포함하는 전 부문에 대한 성취도를 증가시키려는 노력임

② BPR의 특징
　㉠ BPR의 분석 대상 및 초점 : 업무프로세스에서 불필요하거나 중복적이고 낭비적인 요소를 제거
　㉡ 급진적 개선을 추구 : BPR은 점진적인 변화를 추구하는 것이 아니라 낡은 것을 버리고 새로운 것으로 과감하게 대체함으로써 업무성과의 극적인 향상을 추구
　㉢ 근본적이고 혁신적인 변화 추구(TQM과의 차이점) : TQM이 지속적이고 부분적 개선을 추구하는 반면 BPR은 대규모의 근본적 변화를 추구. BPR은 현존하는 모든 구조와 절차를 버리고 완전히 새로운 업무처리 방법을 만들어 낸다는 의미에서 혁신적임

③ BPR의 도입효과: 성과향상(업무생산성 제고 및 경쟁력 확보)과 고객만족
  ㉠ 업무생산성 제고: BPR은 처리절차의 간소화, 투입요소의 감축, 관련제도 개선, 정보기술 활용 등을 통해 생산성을 향상시킬 수 있음
  ㉡ 고객지향 프로세스로의 변혁을 통해 고객만족을 극대화시킬 수 있음

(3) 행정서비스헌장 제도(Citizen's Charter)

① 의의: 행정기관이 제공하는 행정서비스의 기준과 내용, 이를 제공받을 수 있는 절차와 방법, 잘못된 서비스에 대한 시정 및 보상조치 등을 구체적으로 정하여 공표하고 이의 실현을 국민에게 약속하는 것

② 연혁
  ㉠ 영국에서 1991년 메이저 수상이 시민헌장제도(The Citizen's Charters)를 최초 도입
  ㉡ 우리나라는 김대중 정부에서 영국의 시민헌장제를 벤치마킹하여 행정개혁 차원에서 1998년 행정서비스헌장 제도 도입

③ 서비스헌장의 원칙
  ㉠ 서비스 기준을 구체적이고 명확하게 제시해야 함
  ㉡ 서비스 수준이 최고를 지향해야 함. 현 수준에서 도전적인 노력을 통해 달성 가능한 최고의 서비스 수준을 제시해야 함
  ㉢ 비용과 편익이 합리적으로 고려된 서비스 품질 기준을 설정할 것
  ㉣ 관련 법규를 안내해 주고, 정보를 이용할 수 있는 방법을 제시해야 함
  ㉤ 시정 및 보상조치의 내용을 명확히 할 것
  ㉥ 헌장 제정 과정에 서비스 전달주체인 일선공무원은 물론 대상인 주민의 참여를 보장하고 그들의 요구를 적극적으로 반영할 것

제2절 민간위탁의 주요 방식

1 공공서비스 공급방식의 유형 분류: 공공서비스의 담당 '주체'와 '수단'에 따른 분류

(1) 일반행정 방식
① 정부가 직접 생산하고, 권력에 기반하여 공급하는 방식
② 공공부문이 권력에 기반해 수행하는 기본 업무로서 일반 관리 및 각종 사회경제적 개발 기능을 수행하는 데 핵심적인 부분으로 공익성이 우선되어 민간부문의 참여를 배제함

(2) 책임경영 방식
① 공공부문의 고유 업무 영역으로 존재하지만, 서비스 제공방식은 시장 논리에 따라 작동함
② 소비에서 배제하는 것이 가능하지만(배제성) 사회적 차원에서 중요해 정부의 직접적인 생산이 필요한 경우에는 정부조직 내 혹은 정부 산하에 단일 서비스의 생산을 담당하는 독립조직(예 공기업)을 설치해서 책임 경영방식으로 해당 서비스를 생산·공급할 수 있음

(3) 민간위탁 방식
① 소비의 배제성이 있고, 공공성 기준이 상대적으로 완화될 수 있는 공공서비스 가운데 시민들에 대한 서비스 공급의 '책임'은 정부에 귀속되지만, '생산' 기능은 민간에서 수행하는 것이 효율적이라고 판단되는 경우 민간에 위탁해 생산하는 방식
② 일정규모 혹은 수준에서 서비스의 안정적 공급이 필요하다고 판단될 경우에는 공공부문에서 계약이나 면허 등의 방식을 통해 경쟁적 독점 지위를 부여할 수 있음

(4) 민간기업(민영화) 방식
① 공공서비스를 민간에서 생산·공급하도록 하는 방식
② 민간부문에서 해당 서비스를 생산할 역량이 있으며 공급이 시장탄력성을 가지고 있어 특별한 사회적 쟁점이 부각되지 않을 경우에 사용

공공서비스 생산방식의 유형

구분		주체	
		공공부문	민간부문
수단	권력	일반행정형	민간위탁형
		• 정부의 기본 업무 • 법령상 규정 업무	<안정적 서비스 공급>
	시장	<공적 책임이 강한 경우>	<시장탄력적 공급>
		책임경영형	민영화(민간기업)형

② 사바스(E. Savas)의 공공서비스 공급의 유형 분류

구분		공급의 결정(또는 기획) 주체	
		정부	민간
공공서비스 공급 주체	정부	(1) 정부가 결정하고 정부가 공급하는 유형 • 정부서비스 방식 (government service) • 정부 간 협정에 의한 방식 (government agreement)	(4) 민간이 결정하고 정부가 공급하는 유형 • 정부 서비스 판매 (government vending)
	민간	(2) 정부가 결정하고 민간이 공급하는 유형 • 계약방식(contracting out) • 허가방식(franchises) • 보조금 방식(granting)	(3) 민간이 결정하고 민간이 공급하는 유형 • 이용권(vouchers) 지급 • 시장공급 방식(markets) • 자원봉사 방식(voluntary service) • 셀프서비스(self service)

③ 민간위탁의 주요 방식

(1) 계약(contracting-out): 좁은 의미의 민간위탁

① 의의: 정부가 경쟁입찰을 통해 특정 업무와 서비스를 전문성과 설비를 갖춘 민간부문의 개인이나 단체, 혹은 기업과 계약을 맺어 그들로 하여금 그러한 업무와 서비스를 처리·공급하게 하는 방식. 선정된 민간업자에게 비용을 지불하고 공공서비스 생산을 의뢰하는 방식으로 책임은 정부가 생산은 민간업자가 담당 예 공공사업 및 교통사업, 건강 및 대민서비스, 공공안전서비스 등

② 장점: 정부재정 부담 경감, 인력운영의 유연성 제고를 통해 관료조직 팽창 억제, 정부가 실질적으로 해당 분야에 필요한 전문기술 인력을 상시 확보하는 효과 창출

③ 단점: 공공서비스의 책임성 확보가 곤란할 수 있으며, 공공성 및 형평성의 훼손을 가져올 수 있음

(2) 면허(franchise)

① 의의: 특정 민간조직에게 일정한 구역 내에서 공공서비스를 제공하는 권리를 인정해주는 방식. 이용자는 서비스 제공자에게 비용을 지불하며 서비스 수준과 질은 정부가 규제함
   예 폐기물 수거·처리, 공공시설 관리, 불법주차 차량 견인 허가(일반 경쟁 허가), 구급차 서비스 및 긴급 의료서비스 분야, 공원 내에 위락시설 설치·운영 등

② 장점: 정부가 서비스 수준 및 요금체계를 통제하면서 생산은 민간부문에 이양하는 장점

③ 단점: 경쟁이 미약하면 이용자의 비용부담이 과중하게 되는 부정적 효과가 발생할 수 있음

확인문제

민간위탁 방식에 대한 설명으로 옳지 않은 것은? 2012, 지방 9급

① 자조활동(self-help) 방식은 서비스의 생산과 관련된 현금 지출에 대해서만 보상받고 직접적인 보수는 받지 않으면서 공익을 위해 봉사하는 사람들을 활용하는 것이다.
② 보조금 방식은 민간조직 또는 개인이 제공한 서비스 활동에 대해 정부가 재정 또는 현물을 지원하는 것이다.
③ 바우처(voucher) 방식은 공공서비스의 생산을 민간부문에 위탁하면서 시민들의 구입부담을 완화시키기 위해 금전적 가치가 있는 쿠폰(coupon)을 제공하는 것이다.
④ 면허 방식은 민간조직에게 일정한 구역 내에서 공공서비스를 제공하는 권리를 인정하는 것이다.

▶ ① [×] 자조활동이 아니라 자원봉사 방식에 대한 설명이다. 자조활동이란 공공서비스의 수혜자와 제공자가 같은 집단에 소속되어 서로 돕는 형식으로 활동하는 것으로, 정부 서비스 생산 업무를 보조하는 방식이다.

(3) **보조금**(subsidy, granting) : 민간조직 또는 개인의 서비스 제공활동에 대해 재정 혹은 현물을 지원하는 방식. 공공서비스에 대한 요건을 구체적으로 명시하기 곤란하거나 서비스가 기술적으로 복잡하고 서비스의 목표를 어떻게 달성할 것인지가 불확실한 경우에 사용될 수 있음

   예 봉사를 목적으로 하는 각종 시민사회 단체들(교육시설, 탁아시설 등)에 대한 보조금 지급, 민간 설립 노인복지시설이나 직업훈련원 등에 대한 보조금 지급 등

(4) **바우처**(voucher)
   ① 의의
      ㉠ 공공서비스의 생산을 민간부문에 위탁하면서 시민들의 서비스 구입 부담을 완화시키기 위해 금전적 가치가 있는 특정 상품(서비스)에 대한 구입증서를 제공하는 방식. 시민들은 이용권을 활용해 서비스 제공기관을 자유롭게 선택할 수 있음. 소비자 중심의 맞춤형 사회서비스가 강조되면서 노인, 장애인, 그리고 보육정책 등에서 이용권 방식이 확대되고 있음
      ㉡ 우리나라의 바우처 제도 : 2007년 보건복지부가 사회복지서비스 제공을 위한 주요 수단으로서 4대 바우처 프로그램(노인 돌보미 사업, 장애인활동 보조 지원 사업, 산모·신생아 도우미 서비스 사업, 지역사회서비스 혁신 사업)을 기획하여 시행하고 있으며, 현재는 현금카드 형태인 전자바우처 제도를 운영하고 있음
   ② 유형
      ㉠ 명시적 바우처(수요자 바우처) : 쿠폰이나 카드 등 물리적 형태를 통해 구매권을 부여하는 것
      ㉡ 묵시적(명목) 바우처(공급자 바우처) : 직접적으로 개인에게 이용권을 발급하지 않지만 소비자가 공급기관을 자유롭게 선택할 권한이 보장되고 정부가 공급자에게 비용을 사후에 지급하는 방식
   ③ 장점 : 시민들의 서비스 구입부담을 완화시키며, 소비자의 선택권을 확대함. 또한 취약계층에 대해 선택권을 부여함으로써 공공서비스의 효율성과 형평성 문제를 동시에 해결할 수 있음
   ④ 단점 : 서비스 공급자와 수혜자(소비자) 간의 정보 비대칭성으로 인해 소비자의 선택권이 제한될 가능성이 있으며, 공급자가 사실상 독점인 경우에도 공급자 간 경쟁의 효과가 부족하기 때문에 수혜자의 선택권이 보장되지 않을 수 있음

(5) **자원봉사자**(volunteer) : 서비스 생산과 관련된 현금지출에 대해서만 보상받고 직접적인 보수는 받지 않으면서 정부를 위해 봉사하는 사람들을 활용하는 방식

   예 레크리에이션, 안전 모니터링, 복지사업 분야에 활용

(6) **자조활동**(self-help) : 공공서비스의 수혜자와 제공자가 같은 집단에 소속되어 서로 돕는 형식으로 활동하는 경우를 의미. 정부의 서비스 생산 업무를 대체하기보다는 보조하는 성격

   예 이웃감시, 주민순찰, 보육사업, 고령자 대책, 문화예술사업 등에서 활용

확인문제

바우처(voucher) 제도에 대한 설명으로 옳지 않은 것은?
2017. 국가 9급
① 저소득층 및 특수계층을 대상으로 하는 복지 분야에서 많이 활용되고 있다.
② 수혜자에게 현금을 지원하는 대신 특정 재화나 서비스를 구매할 수 있는 쿠폰이나 포인트를 제공하는 제도이다.
③ 전자바우처의 도입을 통해 행정 비용을 절감할 수 있다.
④ 살라몬(L. M. Salamon)의 행정수단 유형분류에 있어서 민간위탁과 같이 직접성이 매우 높은 행정수단이다.

▶ ④ [×] 살라몬(L. M. Salamon)의 행정수단 유형분류에 따르면 바우처(voucher)는 직접성이 낮은(높은 ×) 행정수단에 해당한다.

4 민간투자사업(민자유치)

(1) 민간투자사업의 의의

① 민관협력(PPP : Public-Private Partnership) : 공공서비스에서 공공부문과 민간부문이 제반 건축, 투자, 운영 등을 함께 하는 것을 의미

② 민간투자 사업(PFI : Private Finance Initiative) : 민관협력의 하위 범주로서 국가 또는 지방자치단체 등 공공부문이 공공시설의 건설과 운영을 위하여 부족한 재원의 전부 또는 일부를 민간부문으로부터 조달하고 대신 민간부문에게 일정범위 내 공공시설의 운영 및 수익을 보장하는 제도

(2) 민간투자사업의 유형

① BTL(Build-Transfer-Lease) : 민간자본으로 건설 후(Build) 소유권을 정부에 이전(Transfer)하고, 민간은 정부로부터 임대료(Lease)를 받아 투자비를 회수하는 방식

② BLT(Build-Lease-Transfer) : 민간자본으로 건설 후(Build) 일정기간 정부로부터 임대료를 받아 투자비를 회수(Lease)하고, 기간 만료 시에 정부에 소유권이 귀속(Transfer)됨

③ BTO(Build-Transfer-Operate) : 민간자본으로 사회기반시설을 준공(Build) 후, 준공과 동시에 해당 시설의 소유권을 정부에 이전(Transfer)하고, 민간사업자가 운영(Operate)을 통해 시설 이용료를 징수해서 건설 비용을 회수하는 방식

④ BOT(Build-Operate-Transfer) : 민간자본으로 사회기반시설을 준공(Build) 후, 일정기간 민간사업자가 운영(Operate)을 통해 시설 이용료를 징수해서 건설 비용을 회수하고, 기간 만료 시 시설소유권이 정부에 귀속(Transfer)되는 방식

⑤ BOO(Build-Own-Operate) : 사회기반시설의 준공(Build)과 동시에 사업 시행자에게 해당 시설의 소유권(Own) 및 운영권(Operate)이 인정되는 방식

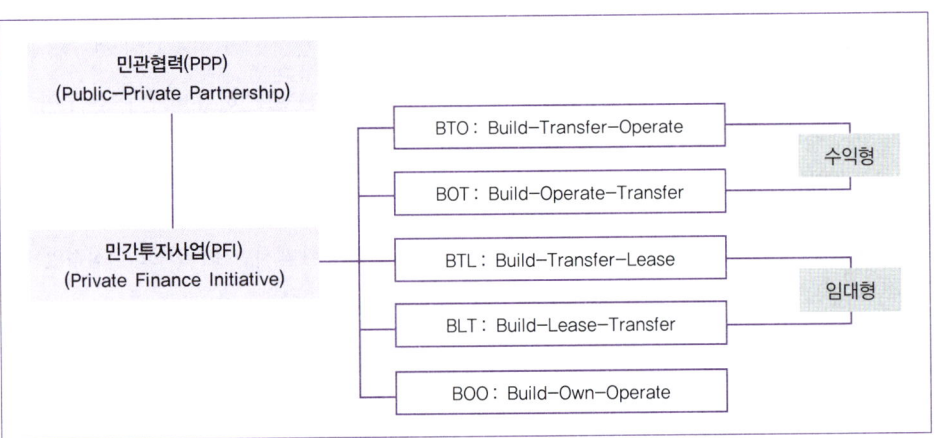

▣ 민간투자사업의 유형

확인문제

공공서비스의 공급방식 중에서 민간이 공공시설을 짓고 정부가 이를 임대해서 쓰는 민간투자방식을 의미하는 용어는? 2009. 국가 9급
① BTL
② BTO
③ Voucher
④ Contracting Out

▶ ① BTL(Build-Transfer-Lease) 방식에 대한 설명이다. BTL은 임대형 민자사업으로 민간자본으로 건설(Build) 후 소유권을 정부에 이전(Transfer)하고 정부가 협약에서 정한 기간 동안 민간으로부터 임차하여(Lease) 사용하고, 민간사업자는 정부로부터 임대료를 받아 투자비를 회수하는 방식이다.

📖 수익형 민간투자사업과 임대형 민간투자사업 비교

구분	수익형 민간투자사업(BTO, BOT)	임대형 민간투자사업(BTL, BLT)
대상시설 및 성격	• 최종이용자에게 사용료 부과로 투자비 회수가 가능한 시설	• 최종사용자에게 사용료 부과로 투자비 회수가 어려운 시설
적용사업	• 민자 고속도로, 항만, 경전철(용인경전철 및 의정부 경전철), 지하철(서울지하철 9호선), 하수처리장, 환경시설 등	• 학교, 군인주거시설, 문화복지시설, 박물관, 양로원, 도서관, 정부청사 등
투자비 회수	• 최종이용자의 사용료(수익자부담 원칙)	• 정부 시설임대료(정부재정 부담)
사업 리스크	• 민간이 수요위험 부담 • 운영수입 변동 위험성	• 민간의 수요위험 배제 • 운영수입의 확정
운영주체	• 민간사업 시행자 • 정부 역할 < 민간부문 역할	• 정부 • 정부 역할 > 민간부문 역할

📖 민간투자방식 비교

구분	BOT	BTO	BLT	BTL
소유권 이전시기	운영종료시점	준공시점	운영종료시점	준공시점
운영기간 동안 소유권 주체	민간	정부	민간	정부
운영주체	민간 운영		정부 운영	
사업 성격	수익사업		비수익사업	
위험부담	민간이 위험부담		민간에게 위험부담이 거의 없음	

(3) 민간투자사업 방식의 장·단점

① 장점
  ㉠ 공공건설에 민간 투자를 촉진하여 민간의 전문성과 창의성을 활용하여 효율적인 사회기반시설의 확충·운영 가능
  ㉡ 민간부문의 유휴 자금 활용을 통해 필수적인 사회간접자본 시설의 적기 공급을 가능하게 하고 정부의 재정부담을 줄일 수 있음
  ㉢ 경제적 파급효과가 큰 건설 사업이 활성화됨으로써 고용 창출에 기여
  ㉣ 수익자부담주의 원칙 구현

② 단점
  ㉠ 민자적격성 조사의 형식화, 부실한 타당성 조사와 민간 기업에 대한 과도한 특혜 부여, 그리고 계약 과정에서의 전문성 부족 등으로 과도한 정부 재정부담 초래. 특히 수익형 민자사업(BTO)은 지방공기업 부채와 재정건전성 악화 등 지방재정 부담 야기
  ㉡ 수익형 민자사업의 경우 과다한 사용요금을 부과하여 국민의 부담 증가 초래

확인문제

공공서비스 전달방식에 대한 설명으로 가장 옳은 것은?
2019, 서울 9급

① 프랜차이즈 방식은 정부가 개인들에게 특정 상품 및 서비스 구입이 가능한 쿠폰을 제공하는 방식이다.
② 공공－민간협력방식(PPP)은 정부가 민간부문에 출자하고 이를 경영하되 위험은 정부가 모두 부담하는 방식이다.
③ 수익형 민자사업(BTO) 방식은 민간이 시설을 건설하고 직접 소유하면서 운영하는 방식이다.
④ 임대형 민자사업(BTL) 방식은 민간이 시설을 건설하고 정부가 소유하며 민간은 정부로부터 임대료 수익을 보장받는 방식이다.

▶ ④ [O]
① [×] 정부가 개인들에게 특정 상품 및 서비스 구입이 가능한 쿠폰을 제공하는 방식은 바우처 제도이다.
② [×] 공공－민간협력방식(PPP)은 민간기업은 정부 정책(사업)에 출자하는 방식으로, 투자유형에 따라 위험 부담 정도가 상이하다. 수익형 민자사업(BTO)의 경우 민간기업이 위험을 부담한다.
③ [×] 수익형 민자사업(BTO) 방식은 민간이 시설을 건설하고(Build) 소유권은 정부에 이전한 후(Transfer) 민간사업자가 시설을 운영(Operate)하여 투자비를 환수하는 방식이다.

CHAPTER 07 정부와 시민사회

1 시민사회의 의의

(1) **시민사회의 개념**: 시민사회는 국가와 시장으로부터 상대적인 독자성을 지니면서 공익을 위해 집단행동을 하는 자발적 집단들의 집합체를 의미

(2) **시민사회의 등장배경**
① 1970년대 이후 시장실패와 정부실패에 대한 제3의 대안으로서 시민사회가 부각되기 시작함
② 시장주의 행정개혁 및 참여민주주의의 확산과 함께 현대적 의미의 시민사회가 부활
③ 현대 시민사회는 행정에서 공공서비스의 생산과 관련해서 네트워크 거버넌스의 주요 구성요소로서의 의미를 가짐

2 시민단체(NGO)의 개념 및 특징

(1) **시민단체의 개념**: 시민사회의 구성원(시민)이 자발적으로 결성한 단체를 의미. 정부조직과 달리 참여의 강제성이 없다는 점에서 비정부기구(NGO: Non-Governmental Organization)이자 자발적 조직이며 영리단체와 달리 사회의 공공가치 실현을 목표로 한다는 점에서 비영리단체(NPO: Non Profit Organization)의 특징을 가짐

(2) **시민단체의 특징**
① **자발적(voluntary) 조직**: 시민단체는 정부기구와 같은 공적 조직이 아닌 사적 조직(private organization)이고, 회원들의 자발성에 의해 운영되는 자율적 조직임
② **공익 추구**: 시민단체는 사회 불특정 다수 또는 사회적 약자의 이익을 위한 목적을 가짐
③ **자원봉사 활동**: 시민단체는 회원이나 시민들의 자원봉사 활동이 중심이 됨
④ **비영리성**: 시민단체는 활동으로 인한 이익을 운영자나 회원들에게 배분하지 않음(non-profit-distribution). NGO 활동의 결과 이윤이 창출되기도 하지만, 그러한 이익을 각 회원이나 운영자들 간에 배분하지 않고, 다시 NGO 본연의 사업목적에 따라, 즉 공익 목적에 따라 재투자함

(3) **비정부조직(NGO)의 형성배경**: 이론적 접근
① **공공재이론(정부실패이론)**: 기존의 정부가 제공하는 공공서비스 공급체계에서 충족되지 못한 사회적 수요를 만족시키기 위해 NGO 부문 등이 등장(정부실패의 해소)
② **계약실패이론(신뢰이론, 시장실패이론)**: 서비스가 구매되는 상황이나 또는 서비스의 성격으로 인해 소비자들이 영리기업에서 생산하는 서비스에 대해서 정확한 평가를 내리기가 불가능하기 때문에 이를 보완할 목적으로 NGO가 등장(일반적으로 비영리성을 가진 NGO의 서비스를 국민들이 더욱 신뢰함)

③ **소비자 통제이론**: 공공서비스의 소비자인 시민이 공공서비스의 생산자인 국가권력을 감시·통제하기 위한 수단으로서 NGO가 등장

④ **기업가이론**: 정부와 NGO가 경쟁과 갈등관계에 있다고 가정하고 정부의 공공서비스 제공의 한계를 대신할 목적으로 NGO가 생성·발전했다고 보는 이론

⑤ **다원화이론**: 사회는 공적 서비스에 대해 정부에 의해 달성될 수 있는 수준보다 더 많은 다양성을 요구하며, NGO는 이러한 공적 서비스의 다원화 요구에 대한 대응으로 등장

⑥ **보조금이론**: NGO 부문은 정부의 보조금에 의하여 발생·유지된다는 이론

⑦ **상호의존이론**: NGO 부문과 정부를 상호의존적인 협력관계로 상정하는 이론

(4) **시민단체 해석을 위한 관점**

① **결사체 민주주의**: 결사체 민주주의의 입장에 의하면, 이상적인 사회란 NGO 등의 (결사체적) 자원조직들이 많이 생겨서 효과적으로 활동하며 사회적 의미를 부여하는 형태를 의미함. 바람직한 정부의 역할은 결사체들이 성장하고 활동하면서 서로 경쟁하도록 보장할 수 있어야 함

② **공동체주의**: 공동체주의에서는 개인의 자유를 중시하는 전통적 자유주의와 개인의 책임을 강조하는 보수주의를 절충한 입장을 취하고 있음. 따라서 공동체를 위한 책임 있는 개인의 자원봉사 정신을 강조. 그리고 국가-시장-공동체라는 구조를 상정해 공동체는 국가나 시장과 구분되며, 정서적 유대와 공유된 도덕적 문화를 특징으로 함. 일반적으로 정부는 명시적이지는 않지만 공동체주의적 입장에서 법질서 유지를 강조하고 정책을 추진하는 경우를 종종 발견할 수 있음

③ **다원주의**: 다원주의자들은 자발적 결사체들의 활동으로 대의민주주의의 위기가 극복될 수 있다고 보고, 이를 보완하는 대안으로 참여민주주의를 제시하고 있음. 다원주의에서는 사회적 다원성을 전제로 하는 시민사회와 시민단체의 등장을 효과적으로 설명하고 있음. 그러나 다원주의적 입장도 1980~1990년대 이후 성장한 시민단체의 활동에 대한 설명의 틀로서는 제한적이라는 비판적 지적도 있음. 당시의 시민단체들은 국가와 정부에 대한 근본적 문제 제기의 성격을 띠고 있기 때문임. 즉, 억압의 주체로서 국가와 정부에 대한 저항의 성격이 강하기 때문에, 보완재로서의 의미로 시민단체를 설명하는 다원주의적 입장에서 이 상황을 설명하기에는 부족하다는 것임

④ **사회자본론**: 사회자본은 본질적으로 공공부문보다는 비공공부문이라고 할 수 있는 시민사회와 시민단체에 의해 효과적으로 생산됨. 이와 같은 이유 때문에 시민사회 혹은 시민단체가 생산하는 사회자본의 중요성과 역할이 주목되고 있으며, 사회자본은 그 자체가 시민사회 자체의 성장과 발전에 긍정적인 기여를 함

> **확인문제**
>
> 오늘날 시민사회조직에 대한 설명으로 가장 적합하지 않은 것은?
> 2010, 국가 9급
> ① 정부와 비정부조직 간에 적대적 관계보다는 서로의 존재를 인정하는 동반자적 관계가 점차 확산되고 있다.
> ② 비정부조직이 생산하는 공공재나 집합재의 생산비용을 정부가 지원하는 경우에는 정부와 대체적 관계를 형성한다.
> ③ 비영리조직이 지닌 특징으로는 자발성, 자율성, 이익의 비배분성 등이 있다.
> ④ 정부가 지지나 지원의 필요성을 위해 특정한 비정부조직 분야의 성장을 유도하여 형성된 의존적 관계는 개발도상국에서 많이 나타난다.
>
> ▶ ② [×] 비정부조직이 생산하는 공공재나 집합재의 비용을 정부가 지원하는 경우는 정부와 비정부조직 간에 보완적·협력적(대체적 ×) 관계를 형성한다.

3 시민단체(NGO)의 기능 및 역할

(1) **정부와 시장에 대한 견제 기능**: 시민단체는 '정부실패'와 '시장실패'의 대안세력으로서, 국가(정부, 행정)와 시장의 부당한 힘을 견제하고 감시함으로써 사회개혁을 추진하고 시민 권리를 보호하는 기능을 수행

(2) **공공서비스 및 재화 제공**: 정부는 재정(예산상의 제약)에 한계가 있고, 조직이 비효율적이며, 소수자의 복지를 소홀히 하는 경향이 있음. NGO는 정부와 직·간접적 계약을 맺어 재정지원을 받거나, 자체적으로 재정과 인력을 확보해서 정부가 제공하지 못하거나 소홀히 하는 각종 서비스를 제공하는 역할을 수행

(3) **정책 기능**: 시민단체는 자체적으로 정책을 개발하기도 하고 정부의 정책결정과정에 참여함. 입법청원을 국회에 제출하거나 정부 청문회에 참여하여 토론을 하고, 전 국민을 상대로 서명운동을 벌이는 것이 대표적인 예임

(4) **소수 약자의 대변자 역할**: 시민단체(NGO)는 사회적 약자나 소수자의 권익을 보호하기 위해 로비를 하거나 입법청원을 시도하기도 하며, 정부위원회나 공청회 등 정부 정책과정에 참여해서 사회적 약자(예 여성, 장애인, 노인, 청소년, 아동, 동성애자, 에이즈 환자, 알코올 중독자, 양심적 병역 거부자, 재소자 등)의 이익을 옹호하고 대변하는 역할을 함

(5) **갈등 조정 기능**: 공익을 추구하는 NGO는 정부에 비해 신뢰도가 높으며, 커뮤니케이션, 협력, 신뢰와 같은 사회적 자본이 풍부하기 때문에 복잡한 현대사회에서 갈등조정자의 역할을 할 수 있음

4 시민단체 역할의 한계

(1) **시민참여 부족으로 인한 약한 대표성 문제**: 소수만의 시민참여, '시민 없는 시민단체'(과잉대표, 왜곡 문제)가 문제가 되고 있음. 이러한 경우 대표성이 부족한 시민단체가 다수의 의사를 지나치게 과잉대표하거나 왜곡 또는 조장할 수 있음

(2) **도덕성 및 중립성 훼손**: 정치적 편향성을 띤 시민단체가 존재할 수 있으며, 이들 시민단체가 다수 시민의 이익이 아닌 특정 정파에 대해 편향적 사고와 주장을 고집하는 경우 정부와의 갈등을 유발하고 심화시킬 가능성이 있음

(3) **시민단체의 낮은 도덕성과 전문성**: 정책과정의 비효율성 야기

(4) **정부 의존적 시민운동**: 시민단체의 재정자립도가 취약하여 정부에 대한 의존도가 높아 시민단체 활동의 독립성과 자율성이 낮음

최윤경
행정학

- **Chapter 01** 정책과 정책학
- **Chapter 02** 정책참여자 간 관계
- **Chapter 03** 정책의제 설정론
- **Chapter 04** 정책결정론
- **Chapter 05** 정책집행
- **Chapter 06** 정책변동
- **Chapter 07** 정책평가

PART 02

정책학

CHAPTER 01 정책과 정책학

제1절 정책학의 기초

1 정책학의 발전

(1) **정책학의 출발**: 현대 정책학은 1951년 라스웰(H. Lasswell)의 「정책지향(Policy Orientation)」 논문으로부터 시작되었으나, 1950년대 행태주의 혁명에 의해 밀려남. 이후 1960년대 말 행태주의에 대한 비판으로 후기행태주의가 등장하면서 재출발하게 되었음

(2) **정책학의 발전**: 1960년대 미국사회의 혼란과 후기행태주의의 등장
  ① 1960년대 미국사회가 당면한 사회문제(흑인폭동, 월남전 등) 해결에 행태주의가 도움이 되지 못한 데 대한 비판
  ② 1960년대 중반 존슨 대통령의 '위대한 사회 건설' 정책의 추진에 따라 실천적·처방적 지식에 대한 요구 증가

2 정책학의 의의 및 특징

(1) **정책학의 개념**
  ① 라스웰(H. Lasswell)은 정책학을 정책결정 및 정책집행을 설명하고, 정책문제와 관련이 있는 자료들을 수집하여 이에 대한 해석을 제공하는 학문으로 정의
  ② 드로어(Dror)는 정책학을 독립된 학문으로 성장시킴. 드로어는 정책학을 "보다 나은 정책결정을 위해 정책결정의 지식, 방법, 체계를 연구하는 학문"으로 정의하고 정책학을 발전시킴

(2) **정책학의 특징**: 라스웰(H. Lasswell)
  ① 문제지향성: 정책문제의 해결이라는 실천적 목표를 가짐
  ② 인본주의적·민주주의적 성격: 정책학이 추구하는 근본적 문제의 해결은 인간의 존엄성(인본주의) 및 실질적인 민주주의 실현을 위한 것
  ③ 규범지향성(가치지향성): 정책학은 사회적 요구의 의미를 파악하고 이를 해결하기 위한 바람직한 방향과 가치를 제시
  ④ 방법론적 다양성: 규범적 접근과 실증적 접근을 융합하여 처방적 접근을 시도한다는 점에서 방법론적 다양성을 지님
  ⑤ 맥락성(관련성 지향성): 정책결정은 사회적·정치적 과정과 밀접한 관련성 속에서 이루어짐
  ⑥ 범학문성(학제적 접근, 연합학문적 성격): 정책학은 문제해결에 필요한 이론·논리·기법 등을 여러 학문 분야에서 받아들이고 활용

3 정책의 개념

정책은 바람직한 사회 상태를 이룩하려는 정책목표와 이를 달성하기 위해 필요한 정책수단에 대해 권위 있는 정부기관이 공식적으로 결정한 기본 방침

4 정책의 구성요소

(1) **정책목표**: 정책을 통해 달성하고자 하는 바람직한 미래 상태. 정책목표는 정책수단을 선택하는 기준이 되고, 정책집행과정에서 지침의 역할을 하며, 나아가 정책집행 후 평가 기준이 됨

(2) **정책수단**: 설정된 정책목표를 달성하기 위해 정부가 사용하는 각종 수단을 의미

① 강제성(coerciveness): 행정수단이 규제와 같이 강제적인 수단을 사용하는지 아니면 소송제기처럼 민간의 임의적인 판단에 달려있는지를 기준으로 한 것

강제성 정도에 따른 평가

강제성	정책수단
저	손해책임법, 정보제공, 조세지출
중	바우처, 보험, 보조금, 공기업, 대출보증, 직접 대출계약, 벌금
고	경제적 규제, 사회적 규제

② 직접성(directness): 재화나 서비스 제공을 정부가 직접 하느냐 아니면 제3자를 통해 민관이 공동으로 제공하느냐에 따른 기준. 즉, 공공서비스 제공과정에 있어서 운영권한과 재정조달 면에서 어느 정도 정부가 직접적으로 관여하고 있는가를 의미

직접성 정도에 따른 평가

직접성	정책수단
저	손해책임법, 보조금, 지급보증, 바우처, 정부지원 기업
중	조세지출(조세감면), 계약, 사회적 규제, 교정조세, 부과금
고	정부소비, 경제규제, 보험, 직접대출, 정부정보 제공, 공기업

③ 자동성(automaticity): 재화나 서비스를 제공하기 위해 새로운 기구나 방법을 도입하지 않고 기존의 도구를 그대로 사용할 수 있는지 여부와 관련된 기준. 즉, 정책수단을 구현하기 위해서 새롭게 기구나 조직을 창설하기보다는 기존의 조직과 기구를 그대로 사용할 수 있는 정도를 의미

④ 가시성(visibility, 투명성): 정책도구와 관련된 정책 과정이 가시적인지 여부와 관련된 기준. 정책수단 집행과정에서 누가 비용을 부담하고 혜택을 받는지 명확하고 구체적일수록 가시성이 높음

(3) **정책대상 집단**

① 수혜집단: 정책에 의해서 서비스나 재화상의 편익을 얻게 되는 집단

② 비용부담집단: 정책에 의해서 어떤 형태로든 손해를 보게 되는 집단

확인문제

살라몬(Salamon)의 '직접성의 정도에 따른 행정(정책)수단 분류'에 의할 때 다음 중 직접성이 가장 높은 행정(정책)수단은? 2015, 서울 9급
① 조세지출
② 정부출자기업
③ 사회적 규제
④ 정부 소비

▶ ④ 직접성이 가장 높은 정책수단은 정부소비(직접 시행)이다. 정부소비는 정부에 의하여 정책이 직접 시행되는 것을 말하는 것으로, 국방, 외교 등과 같은 공공재를 무상으로 공급하기 위해 정부가 직접 행하는 지출을 말한다.

제2절 정책유형: 정책의 성격에 의한 분류

1 정책유형론의 의의

종래 정책을 보는 시각은 정책을 정치체제의 산출(종속변수)로 보았음. 그러나 정책유형론은 정책유형에 따라 정책과정과 정책과정에서 이해관계자들 간의 상호작용이 달라질 수 있다고 봄으로써 정책을 독립변수로 간주함

2 학자별 정책유형 분류

로위(Lowi)	① 분배정책, ② 규제정책, ③ 재분배정책, ④ 구성정책
솔리스버리(Salisbury)	① 분배정책, ② 규제정책, ③ 재분배정책, ④ 자율규제정책
앨먼드와 파웰 (Almond & Powell)	① 분배정책, ② 규제정책, ③ 추출정책, ④ 상징정책
라이플리와 프랭클린 (Ripley & Franklin)	① 분배정책, ② 경쟁적 규제정책, ③ 보호적 규제정책, ④ 재분배정책

(1) 로위(Lowi)의 정책유형론

① 강제력의 행사방법(강제의 가능성)과 강제의 적용 대상을 기준으로 정책유형을 배분정책, 재분배정책, 규제정책으로 구분하였음

강제력의 행사방법 \ 강제력의 적용영역	개별적 행위	행위의 환경
간접적	분배(배분)정책	구성정책
직접적	규제정책	재분배정책

② 정책유형에 따라 정책결정과정에서의 상호작용이 달라진다고 보았음
③ 로위(Lowi)는 1960년대 초에 미국 정치학계에서 논쟁이 되었던 다원주의와 엘리트주의의 주장을 통합하려는 의도에서 정책을 분류하였음. 규제정책의 경우는 다원론자의 주장이 옳고, 재분배정책의 경우에는 엘리트주의자들의 주장이 옳다고 보았음

(2) 라이플리와 프랭클린(Ripley & Franklin)의 정책유형론

① 정책집행과정에서의 상호작용이 달라진다고 보았음
② '분배정책 → 경쟁적 규제정책 → 보호적 규제정책 → 재분배정책'의 순서로 집행과정에서 저항과 갈등의 정도가 심해짐

확인문제

로위(T. J. Lowi)는 정책내용 또는 정책유형이 정치행태를 결정한다고 주장하였다. 다음 중 로위가 분류한 정책유형은?
  2014. 국회 9급; 2009. 국회 9급
① 분배정책, 규제정책, 재분배정책, 구성정책
② 분배정책, 규제정책, 추출정책, 상징정책
③ 분배정책, 경쟁적 규제정책, 보호적 규제정책, 재분배정책
④ 분배정책, 규제정책, 재분배정책, 자율규제정책
⑤ 분배정책, 규제정책, 재분배정책, 자본축적정책, 윤리정책

▶ ① 로위(Lowi)는 1964년 정책유형을 분배정책, 규제정책, 재분배정책으로 구분하였으며, 1972년에는 여기에 구성정책을 추가하였다.

정책유형에 따른 집행과정의 특성(Ripley & Franklin)

비교기준 정책유형	집행과정의 안정성과 정형화 정도	참여자 간 관계의 안정성	집행에 대한 갈등의 정도	공무원의 집행에 대한 반발 정도	집행을 둘러싼 이념적 논쟁	작은 정부에 대한 요구와 압력의 정도
분배정책	높다	높다	낮다	낮다	낮다	낮다
경쟁적 규제정책	보통이다	낮다	보통이다	보통이다	다소 높다	다소 높다
보호적 규제정책	낮다	낮다	높다	높다	높다	높다
재분배정책	낮다	낮다	높다	높다	매우 높다	높다

3 정책유형별 특징

(1) **분배정책**(distributive policy)

① 분배정책의 의의: 정부가 국민들에게 권리나 이익(편익) 또는 서비스를 배분하는 내용을 지닌 정책으로 사회간접자본의 구축이나 정부의 각종 지원에 관련된 정책이 해당됨
  예) 수출 특혜 금융, 지방자치단체에 대한 국가보조금 지급, 주택 자금의 대출, 택지 분양 등

② 분배정책의 특징
  ㉠ 불특정 다수의 국민들로부터 자원이 확보되기 때문에 재원 부담자의 저항이 강하지 않음
  ㉡ 분배정책의 결정과정에서 수혜자(집단)들 간에 더 많은 서비스와 편익, 자원을 배분받기 위해 경쟁이 발생할 수 있음. 그러나 이 경우에도 자원을 분배받지 못하는 집단이 비용을 더 부담하는 것은 아니기 때문에 승자와 패자식의 갈등과 대립은 드물게 나타남. 수혜자와 비용 부담자 간에 직접적인 다툼이 발생하지 않음
  ㉢ 세부 결정과정이 갈라먹기(pork-barrel) 방식이나 상부상조(log-rolling)에 의해 결정
  ㉣ 정책의제 설정 과정에서 수혜자들에 의해 조용히 의제화가 이루어지며, 정책결정 단계에서는 이익집단, 의회 위원회, 관료집단 등의 철의 삼각이 결정적인 역할을 함
  ㉤ 정책집행과정에서 수혜집단이 주요 정책대상 집단이므로 집행에 대한 반대나 갈등이 거의 없음. 표준운영절차(SOP)나 상례적 절차의 확립이 용이하고 원만한 집행 가능성이 높음

보충자료

- **로그롤링**(log-rolling): 이권이 결부된 법안들을 의원들 간의 투표 거래나 투표 담합 행위를 통해 통과시키는 행태를 협력하여 통나무를 굴리는 현상에 빗대어 표현한 용어
- **포크배럴**(pork-barrel): 구유통 정치라고도 하며, 이권을 둘러싼 정책 보조금을 얻기 위해 모여드는 정치인들의 행태를 농장에서 농장주가 돼지 여물통에 먹이를 던져주면 돼지들이 몰려드는 장면에 빗대어 표현한 개념

확인문제

로위(T. J. Lowi)의 정책분류 중 분배정책과 가장 거리가 먼 것은?
2010, 서울 9급
① 수출 특혜금융
② 지방자치단체에 대한 국가 보조금 지급
③ 임대주택의 건설
④ 주택 자금의 대출
⑤ 택지분양

▶ ③ [X] 임대주택 건설은 저소득층을 위한 정책으로 재분배정책에 해당된다.

확인문제

분배정책에 대한 설명으로 옳지 않은 것은? 2015, 서울 9급
① 이해당사자 간 제로섬(zero sum) 게임이 벌어지고 갈등이 발생될 가능성이 규제정책에 비해 상대적으로 더 크다.
② 일반적으로 포크배럴(pork barrel) 현상이 발생한다.
③ 도로, 다리의 건설, 국·공립학교를 통한 교육서비스의 제공 등이 분배정책에 해당한다.
④ 정책과정에서 이해당사자들이 서로 협력하는 로그롤링(log rolling) 현상이 발생한다.

▶ ① [X] 분배정책이 아니라 재분배정책의 특성에 해당한다. 배분정책에 소요되는 비용 부담은 다수의 국민에게 조세 형태로 넓게 분산되기 때문에 비용부담자의 저항이 크지 않고, 수혜자와 비용부담자 간 갈등이 발생할 가능성이 낮다.

확인문제

정책을 규제정책, 분배정책, 재분배정책, 추출정책으로 분류할 때 저소득층을 위한 근로장려금 제도는 어느 정책으로 분류하는 것이 타당한가?
2015, 지방 9급
① 규제정책 ② 분배정책
③ 재분배정책 ④ 추출정책

▶ ③ 저소득층을 위한 근로장려금 제도는 사회적 약자를 위한 복지정책으로 재분배정책에 해당한다.

확인문제

로위(Lowi)가 제시한 구성정책의 사례로 옳지 않은 것은?
2019, 지방 9급
① 공직자 보수에 관한 정책
② 선거구 조정 정책
③ 정부기관이나 기구 신설에 관한 정책
④ 국유지 불하 정책

▶ ④ [×] 국유지 불하 정책은 분배정책에 해당된다.

확인문제

정책의 유형 중에서 정책목표에 의해 일반 국민에게 인적·물적 자원을 부담시키는 정책은? 2022, 국가 9급
① 추출정책 ② 구성정책
③ 분배정책 ④ 상징정책

▶ ① [○] 일반 국민에게 인적·물적 자원을 부담시키는 정책은 추출(동원)정책에 해당한다.

---

(2) **재분배정책**(redistributive policy)

① **재분배정책의 의의**: 고소득층에서 저소득층으로의 소득 이전에 관련된 정책
  - 예) 누진과세, 영세민 생활보호 사업, 직업훈련 사업, 노인·장애자 보호사업, 임대주택의 건설, 세액 공제나 감면 등

② **재분배정책의 특징**
  ⊙ 재분배정책은 일반적으로 제로 섬 게임, 또는 win-lose 게임. 즉 비용을 부담하는 집단과 수혜집단 간에 첨예한 대립을 야기하기 쉬움
  ⓒ 재분배정책은 정책의제설정 과정에서 계급 대립적 성격(이데올로기적 갈등)과 정당 간의 갈등이 심하며, 비용부담 집단의 반대로 의제화가 어려움
  ⓒ 재분배정책은 정책에 대한 가시성이 높고 이념적 차원에서 논쟁이 될 수 있기 때문에 강력한 리더십으로 국민적 공감대를 형성하고 사회적 합의를 이끌어 내는 것이 중요함. 즉, 정책의제화를 위해서는 이데올로기 등 정치적 분위기의 변화, 전국적 차원에서의 공중의 지지와 정치지도자의 강력한 리더십이 요구됨
  ㉣ 정책결정에서는 대통령 주도로 정상연합(peak-association)에 의해 실질적인 정책 내용이 결정되고, 이 과정에서 의회지도자가 조정 역할을 하게 됨
  ㉤ 집행 단계에서는 이데올로기적 논쟁이 계속되고 비용부담 집단(반대집단)의 정치적 반대와 조직적 저항이 강하기 때문에 표준운영절차(SOP)의 확립이 곤란하며, 원만한 집행이 곤란

(3) **구성정책**

① **구성정책의 의의**: 헌정 수행에 필요한 운영규칙에 관한 정책으로 주로 정치체제의 구조와 운영을 정비하는 것과 관련된 정책
  - 예) 정부기관의 신설·변경, 선거구 조정, 자치단체 관할구역 변경 등과 같이 정치체제의 구조·운영과 관련된 정책, 공직자 보수와 군인 퇴직 연금에 관한 정책 등

② **구성정책의 특징**
  ⊙ 구성정책은 총체적 기능과 권위주의적 결정의 성격을 지니며, 대외적인 가치배분에 직접적인 영향을 주지 않음
  ⓒ 구성정책은 정책을 결정하게 되는 환경이나 체제 또는 제도에 관한 것으로, 이 정책의 정치는 집단이나 국가 수준에서의 협상과 타협의 정치이며, 그 권력구조는 정치게임의 규칙에 관한 것임

(4) **추출정책**(동원정책)

① **추출정책의 의의**: 체제의 존립을 유지하기 위해 환경으로부터 인적·물적 자원을 동원하는 정책 예) 조세, 각종 부담금, 병역, 토지수용, 물자 수용, 노력 동원 등과 관련된 정책

② **추출정책의 특징**: 추출정책은 체제이론에 의할 때 투입기능과 관련됨

(5) 상징정책

① 상징정책의 의의: 정치체제에 대한 정당성과 신뢰성을 확보하거나 국민의 통합성을 증진시키기 위하여 국내외의 환경에 이미지나 상징을 산출시키는 정책으로 교육, 문화, 이데올로기와 관련됨

　예 국기·국경일 지정, 동상 건립, 문화재 복원, 국제경기(88 올림픽, 2002 월드컵) 등과 같이 국민 전체의 자긍심을 높이는 정책

② 상징정책의 특징: 국민들의 단결력이나 자부심을 높여주며, 정부의 정통성에 대한 인식을 제고하고 정부정책에 대한 순응을 확보할 수 있음

> **확인문제**
>
> 정책유형과 그 사례를 바르게 연결하지 않은 것은? 2022, 국회 9급
> ① 재분배정책 – 연구개발 사업지원
> ② 규제정책 – 개발제한구역 건축 제한
> ③ 배분정책 – 중소기업 육성자금 지원
> ④ 구성정책 – 공무원 연금제도 개혁
> ⑤ 상징정책 – 국기 게양 행사
>
> ▶ ① [×] 연구개발 사업지원은 분배정책에 해당한다.

제3절 규제정책(Regulatory Policy)

1 정부규제의 의의

(1) 정부가 바람직한 경제사회의 질서를 구현하기 위해 민간의 의사결정과 행위를 강제로 제약하는 것

(2) 「행정규제기본법」 제2조: 규제를 "국가·지방자치단체가 특정한 행정 목적 실현을 위해 국민의 권리를 제한하거나 의무를 부과하는 것으로 법령 등 또는 조례, 규칙에 규정된 사항"으로 정의

2 규제정책의 특징

(1) 규제정책은 국민의 권익을 제한하는 내용을 담고 있고 국가 공권력을 통해 강제력을 수반하므로 법률로 정하는 것이 원칙(규제법정주의)

(2) 이슈에 따라 정치적 연합의 구성원에 차이가 있고, 규제의 수혜자와 피해자(비용부담집단)가 명확히 구분되고 이들 간에 이해관계가 정면으로 배치되기 때문에 영합게임(zero-sum)이 발생하며 갈등이 치열함

3 규제의 유형

(1) **보호적 규제정책 vs 경쟁적 규제정책**: 라이플리와 프랭클린(Ripley & Franklin)

① 보호적 규제정책: 다수의 소비자나 일반 대중을 보호하기 위하여 개인이나 집단의 권리행사 또는 행동의 자유를 구속·통제하는 정책. 규제정책은 대부분이 여기에 해당됨

　예 식품 및 의약품의 허가, 근로기준 설정, 최저임금제, 공공서비스 요금 규제 등

② 경쟁적 규제정책: 다수의 경쟁자 중에서 특정한 개인이나 단체에게 일정한 재화나 서비스, 권리 등을 공급할 수 있도록 하면서 이들에게 특별한 규제 장치를 부여하는 정책. 경쟁적 규제정책은 규제정책과 분배정책의 성격을 함께 지님

　예 항공노선 허가, 방송국 설립인가, 이동통신 사업자 선정 등

확인문제

정부규제를 사회적 규제와 경제적 규제로 나눌 경우 경제적 규제의 성격이 가장 강한 것은? 2017, 지방 9급
① 진입규제
② 환경규제
③ 산업재해규제
④ 소비자안전규제

▶ ① 경제적 규제는 기업의 본질적 활동에 대한 규제로써 진입규제, 가격(및 이윤)에 대한 규제, 품질, 생산량, 공급대상·조건·방법 등에 대한 규제 등이 이에 해당한다.
②, ③, ④ 환경규제, 산업재해규제, 소비자안전규제 등은 사회적 규제에 해당한다.

(2) **규제의 영역에 따른 규제유형 분류**: 경제규제와 사회규제

① 경제규제
 ㉠ 기업의 본질적 활동에 대한 규제로써 시장경쟁을 제한하는 성격의 규제
 ㉡ 기업의 본원적 활동이란 기업의 설립 혹은 개인 사업의 개시, 제품(혹은 서비스)의 가격, 생산량, 품질, 거래상대방과 거래방법 및 조건 등에 대한 의사결정 및 행위를 의미
 ㉢ 사회적 규제에 비해 역사가 길고, 규제기관의 포획현상이 발생하기 쉬움
 ㉣ 경제적 규제의 예: 진입규제, 가격(및 이윤)에 대한 규제, 품질, 생산량, 공급대상·조건·방법 등에 대한 규제

② 사회규제
 ㉠ 기업 활동 과정에서 부수적으로 발생하는 사회적 문제를 다루기 위한 규제. 즉, 기업의 사회적 행동(환경오염, 근로자의 보건 및 안전에 대한 위협, 소비자 권익의 침해, 근로자에 대한 차별 대우 등 사회적 영향을 야기하는 기업행동)에 대한 규제
 ㉡ 기업의 사회적 책임을 강제하기 위한 규제 혹은 기업의 사회적 횡포를 막기 위한 규제
 ㉢ 사회규제는 환경오염, 산업재해, 소비자 안전문제, 근로자에 대한 차별 등 새로운 사회적 위험이 증가하면서 대상과 범위가 확대되고 있음

(3) **규제의 대상에 따른 규제유형 분류**: 수단규제, 성과규제, 관리규제

① 수단규제(투입규제)
 ㉠ 의의: 정부의 목표를 달성하기 위해 필요한 기술이나 행위에 대해 사전적으로 규제하는 것
 ㉡ 예: 환경오염 방지를 위해 기업에 특정한 환경통제 기술사용을 요구하는 것, 작업장 안전 확보를 위해 반드시 안전장비 착용을 의무화하는 것 등(투입 수단의 채택)
 ㉢ 장점: 정부의 규제 정도와 피규제자의 순응 정도를 파악하는 데 용이함
 ㉣ 단점: 정책목표와 무관한 수단규제를 도입하면 불필요한 규제 준수 비용을 유발시킬 수 있음

② 성과규제(산출규제)
 ㉠ 의의: 정부가 특정한 사회문제 해결에 대한 목표 달성 수준을 정하고 피규제자에게 이를 달성할 것을 요구하는 것으로, 규제가 의도한 최종 산출물을 강조하는 규제방식
 ㉡ 예: 대기오염 방지를 위해 공기 중 이산화탄소 농도를 일정 수준 이하로 유지하도록 하는 것, 인체건강을 위해 개발된 신약에 허용 가능한 부작용 발생 수준을 요구하는 것
 ㉢ 장점: 성과규제에서는 정부가 제시한 성과기준만 충족하면 되기 때문에 이를 달성하는 수단과 방법의 선택은 피규제자가 자유롭게 선택할 수 있음
 ㉣ 단점: 사회경제적으로 바람직한 최적의 성과 수준을 결정하는 것이 어려움
  예 대기오염 방지에 최적인 이산화탄소 농도, 인체 건강에 무해한 신약의 부작용 수준을 과학적으로 측정·계산하는 것이 어려움

③ 관리규제
   ㉠ 의의: 관리규제는 수단과 성과가 아닌 과정을 규제하는 것. 관리규제에서 정부는 피규제자가 만든 규제목표 달성계획의 타당성을 평가하고 그 이행을 요구함
   ㉡ 예: 식품위해요소 중점관리기준(HACCP: Hazard Anlysis Critical Control Point)은 정부가 피규제자인 식품업체에게 식품의 원재료 생산에서부터 제조, 가공, 보존, 유통 단계를 거쳐 최종소비자가 섭취하기 전까지의 각 단계에서 발생할 우려가 있는 위해요소를 규명하고 중요 관리점을 결정해 체계적인 위생관리 체계를 갖추도록 요구함
   ㉢ 장점: 관리규제는 수단규제와 성과규제가 갖는 단점을 극복할 수 있음. 관리규제는 수단규제보다 피규제자에게 많은 자율성을 부여할 수 있음. 관리규제는 피규제자에게 스스로 비용효과적인 규제를 설계하도록 하기 때문에 정부에 의해 일방적으로 정해지는 수단규제에 비해 피규제자의 특성과 상황을 고려한 유연한 규제설계가 가능하며, 관리규제는 성과 달성 정도를 정하고 이를 확인해야 하는 성과규제를 적용하기 어려울 때 적합

(4) **규제의 개입 범위에 따른 분류**: 네거티브 규제와 포지티브 규제
   ① 네거티브 규제: '원칙 허용', '예외 금지'를 의미. 명시적으로 금지하는 것 이외에는 모든 것을 자유롭게 할 수 있음
   ② 포지티브 규제: '원칙 금지', '예외 허용'의 형태를 띠는 방식으로, 명시적으로 허용하는 것 이외에는 원칙적으로 모든 행위가 금지됨
   ▶ 평가: 네거티브 규제가 포지티브 규제에 비해 피규제자에게 더 많은 자율성을 보장해준다는 측면에서 바람직함

(5) **규제의 수행 주체에 따른 분류**: 직접규제, 자율규제, 공동규제
   ① 직접규제: 정부의 규제 수행
   ② 자율규제(self regulation): 개인과 기업 등 피규제자가 스스로 합의된 규범을 만들고 이를 구성원들에게 적용하는 형태의 규제방식. 자율규제는 규제를 준수해야 할 민간이 스스로 규칙을 설계하고 운용한다는 점에서 규제 주체가 정부인 직접규제와 차이가 있음
   ③ 공동규제(co-regulation): 정부로부터 위임을 받은 민간집단에 의해 이뤄지는 규제로 자율규제와 직접규제의 중간성격을 가짐

확인문제

규제의 유형에 대한 설명으로 옳지 않은 것은? 2018, 지방 9급
① 리플리와 프랭클린(Ripley & Franklin)은 보호적 규제와 경쟁적 규제로 구분하고 있다.
② 경제규제는 주로 시장의 가격 기능에 개입하고 특정 기업의 시장 진입을 배제하거나 억압하는 방식으로 작동된다.
③ 포지티브 규제는 네거티브 규제보다 피규제자의 자율성을 더 보장한다.
④ 자율규제는 피규제자가 스스로 합의된 규범을 만들고 이를 구성원들에게 적용하는 형태의 규제방식이다.

▶ ③ [×] 포지티브 규제는 명시적으로 허용하는 것 이외에는 원칙적으로 모든 행위가 금지되는 것으로(원칙 금지, 예외 허용), 네거티브 규제(원칙 허용, 예외 금지)가 포지티브 규제보다 피규제자에게 더 많은 자율성을 보장해준다.

4 규제정치이론: Wilson의 규제정치모형

(1) 분류 기준: 비용과 편익의 집중분산

① 정부규제로 인한 비용이 '넓게 분산'되어 있다는 것은 이 비용을 부담하는 집단이 불특정 다수인이고 그 비용은 미미한 물가인상이나 세금의 증가로써 지불되어 그렇게 크게 부담스럽게 느껴지지 않는 상태를 의미

② 비용이 '좁게 집중(narrowly concentrated)'되어 있다는 것은 비용부담자가 특정의 산업, 기업, 혹은 지역인 경우로서 이들은 상당한 액수의 부담금, 세금, 관세 등을 부담하여야 하는 상태를 의미

③ 편익이 '넓게 분산'되어 있다는 것은 편익이 다수에게 약간의 가격 및 세금의 인하, 제품이나 서비스의 질 향상, 소비자를 기만하거나 우롱하는 행위의 감소 등의 형태로 귀속되는 것을 의미

④ 편익이 '좁게 집중'되어 있다는 것은 특정의 산업, 직종에 대해 보조금이 지급되거나 특정인에게 사업의 허가 및 면허 등이 주어지는 경우를 의미함

(2) 정부규제에 따른 비용과 편익의 상대적 분포가 규제정치에 영향을 미치는 방식

① 개인이나 집단은 자신의 순편익(= 편익 − 비용)이 증가하는 경우보다는 그것이 갑작스럽게 또는 상당한 정도로 감소할 때 정치적으로 보다 민감하게 반응하고 정치적으로 활동적으로 됨. 즉, 새로운 정부규제(또는 기존 규제의 변화)로 인해 자신들이 부담해야 할 비용이 증가할 것 같거나 아니면 자신들이 누리고 있는 편익이 감소할 것으로 인식하는 경우에 정치적으로 보다 민감해짐

② 정치적 행동은 비용이나 편익이 대규모의 이질적 집단에 분산되어 나타나는 경우보다는 소수의 동질적 집단에 집중되는 경우에 보다 쉽게 고무됨. 이때 정치적 행동의 강도에 영향을 미치는 요인은 집단의 규모, 집단구성원의 동질성 수준 등이 있음

(3) 규제의 네 가지 정치적 상황

구분		인지된 비용	
		넓게 분산	좁게 집중
인지된 편익	넓게 분산	① 대중적 정치 예 음란물 규제, 낙태규제, 독과점 규제 등	② 기업가적 정치 예 환경오염 규제, 자동차 안전 규제, 산업 안전 규제 등 사회적 규제
	좁게 집중	③ 고객정치 예 수입규제, 각종 직업면허, 택시사업 인가 등 주로 경제적 규제	④ 이익집단 정치 예 대기업과 중소기업의 관계에 대한 규제, 의약분업 규제 등

① 대중적 정치
- ㉠ 해당 정부규제에 대한 감지된 비용과 편익이 모두 넓게 분산된 경우: 어느 누구도 규제로부터 특별히 큰 이익이나 큰 손해를 보지 않기 때문에 규제를 강력히 요구하거나 반대하는 집단이 존재하지 않음
- ㉡ 이러한 유형의 규제들이 현실적으로 입안되는 이유: 사회발전에 따라 새로운 신념이나 사상이 대두하고 국민감정이 뒷받침 되며 이를 정치적 이슈로 삼고자 하는 영향력 있는 집단(공익운동가, 정치인, 언론인 등)에 의해 정치적으로 이슈화되는 경우
- ㉢ 예: 독과점 및 불공정거래에 대한 규제, 사회적 차별에 대한 규제, 낙태에 대한 규제, 음란물 규제 등

② 기업가적 정치
- ㉠ 비용은 소수의 동질적 집단에 집중, 편익은 대다수에 넓게 분산(집단행동의 딜레마 현상 발생)
- ㉡ 예: 환경오염 규제, 자동차 안전 규제, 산업 안전 규제, 안전 규제, 위해성 물품(식품, 의약품, 화장품, 전기용품 등)에 대한 규제 등 대부분의 사회적 규제
- ㉢ 기업가적 정치상황에서 잘 조직된 소수의 동질적 집단에게 불리한 정부규제가 도입되는 원인: 경제사회적 위기 및 재난의 발생, 정권의 변동에 따른 정치인들의 정통성 확보, 공익단체 및 기업가적 정치인의 활약
- ㉣ 기업가적 정치상황에서 규제형성에 적극적 역할을 담당한 공익운동가, 언론기자, 의원, 정치인 등을 '기업가적 정치인'이라고 함
- ㉤ 기업가적 정치상황하에서는 규제기관이 피규제산업과 적대적 관계를 형성. 따라서 국민과 정치인의 관심이 높고 지원이 이루어지는 동안에는 규제기능을 잘 수행하지만, 그러한 관심이 퇴조하게 되면 피규제산업이 규제기관을 포획하려는 시도를 강화하게 됨에 따라서 규제집행이 느슨하게 이루어질 가능성이 높아짐

③ 고객정치
- ㉠ 규제로 인한 편익은 좁게 집중 & 비용은 불특정 다수에게 넓게 분산: 편익을 얻을 수 있는 소수 집단은 정치조직화하여 자신들에게 편익이 보장될 수 있도록 정치적 압력을 행사하는 반면, 비용부담 집단은 손해의 크기가 크지 않기 때문에 집단행동의 딜레마 현상으로 인해 별다른 정치적 영향력을 행사하지 않음
- ㉡ 예: 수입규제, 각종 직업면허(의사, 약사, 변호사 등), 택시사업 인가 등 주로 경제적 규제
- ㉢ 규제기관이 피규제산업에 포획(capture)되는 현상이 나타날 가능성이 높음

④ 이익집단정치
- ㉠ 정부규제로부터 예상되는 비용과 편익 모두 소수의 동질적 집단에게 집중되고, 그것의 크기도 대단히 큰 경우: 쌍방이 모두 조직화와 정치적 행동의 유인을 강하게 가지며, 조직적 힘을 바탕으로 서로의 이익 확보를 위해 첨예하게 대립
- ㉡ 예: 대기업과 중소기업의 관계에 대한 규제, 의약분업 사례, 한약규제 등 서로 대체적이거나 경쟁적 관계에 있는 산업의 규제 등
- ㉢ 양쪽의 이익집단이 모두 강한 정치적 영향력을 행사하기 때문에 이익집단에 의한 포획 가능성이 낮음

확인문제

윌슨(J. Q. Wilson)은 정부규제로부터 감지되는 비용과 편익의 분포에 따라 규제정치를 아래 표와 같이 4가지 유형으로 구분했다. ㉠~㉣에 들어갈 유형의 명칭과 그 사례의 연결이 가장 적합한 것은?
2015, 서울 9급

구분		감지된 편익	
		넓게 분산	좁게 집중
감지된 비용	넓게 분산	㉠	㉡
	좁게 집중	㉢	㉣

① ㉠ 대중적 정치 – 각종 위생 및 안전규제
② ㉡ 고객정치 – 수입규제
③ ㉢ 기업가적 정치 – 낙태규제
④ ㉣ 이익집단 정치 – 농산물에 대한 최저가격 규제

▶ ② [O] 감지된 비용이 넓게 분산되고, 감지된 편익은 소수에게 좁게 집중된 ㉡ 상황은 고객정치에 해당하며 수입규제 및 진입규제 등 각종 협의의 경제규제가 이에 해당한다.
① [×] 위생 및 안전규제는 대중적 정치가 아니라 기업가적 정치(㉢)에 해당한다.
③ [×] 낙태규제는 기업가적 정치가 아니라 대중적 정치(㉠)에 해당한다.
④ [×] 농산물 최저가격 규제는 이익집단 정치가 아니라 고객정치(㉡)에 해당한다.

확인문제

윌슨(Wilson)이 주장한 규제정치모형에서 '감지된 비용은 좁게 집중되지만, 감지된 편익은 넓게 분산되는 경우'에 나타나는 유형은?
2013, 서울 9급
① 대중정치 ② 이익집단정치
③ 고객정치 ④ 기업가정치

▶ ④ 기업가정치에 대한 설명이다.

5 정부규제의 효과(부작용)

(1) 규제의 획일성과 경직성(법규주의, legalism)

① 규제의 획일성은 피규제자나 정책이 처한 개개의 특성을 무시하고 이를 인위적으로 규격화하고 동질화하려는 현상을 의미하며, 규제의 경직성은 한번 설계된 규제 기준이 정책 상황이나 환경 변화로 불합리해졌음에도 불구하고 바로 수정되지 않고 일정기간 동안 지속되는 것을 의미함. 경직적인 규제는 환경 변화에 따른 피규제자의 상황 및 정책 수요와 괴리되는 경우가 많아 피규제자에게 불합리한 부담을 초래할 수 있음

② 법규주의(legalism)는 규제의 획일성과 경직성으로 인해 발생하는 규제 집행의 불합리성을 의미함. 법규주의는 피규제자의 다양성, 규제 집행 현장의 불확실성, 규제 상황의 동태성에도 불구하고 획일적이고 경직적으로 작동할 수밖에 없는 규제를 '법령대로만(Going by the book)' 적용하려는 현상. 법규주의가 작동되면, 규제 상황의 실제와 그것의 해결방안인 규제 기준이 불일치함에도 불구하고 유연성을 발휘하지 못하고 경직적인 규제를 기계적으로 집행함으로써 불응, 비효율, 고비용, 시간의 낭비가 발생할 가능성이 높아짐

(2) 포획이론(Capture theory of Regulation)

① 의의 : 포획이론은 규제실패 원인을 설명하는 이론으로, 공익목적의 실현을 위해 존재하는 규제기관이 본래의 의도와는 달리 피규제산업이나 집단의 대리자(agent)로 전락하여 은연 중에 피규제집단의 선호와 일치되는 방향으로 또는 이들에 동정적 입장에 서서 피규제집단에 유리한 규제정책을 펴나가는 현상을 의미

② 윌슨의 고객정치 상황(예 수입규제, 각종 직업면허 등) 또는 경제적 규제에서 포획이 일어나기 쉬움. 이러한 경우 포획현상이 일어나면 시장경쟁을 제한하는 결과를 초래할 수 있으며, 규제로 인해 편익을 누리게 되는 기업(산업)에게 유리한 결과를 가져오는 반면, 대다수의 소비자(국민)들에게 비용을 부담시키는 결과를 초래함으로써 결과적으로 공익을 훼손할 수 있음

(3) 규제피라미드(regulation pyramid) **현상 = 타르 베이비 효과**(Tar-Baby effect)

① 어떤 하나의 규제가 시행된 결과 예기하지 못한 또 다른 문제점이 나타나게 되면 규제기관은 그 문제의 해결을 위해 또 다른 규제를 하게 됨으로써 규제가 규제를 낳게 되고 그 결과 피규제자의 규제 부담이 점점 증가하는 현상을 의미

② 규제피라미드가 문제가 되는 이유는 규제집행에서 일반적으로 10%의 피규제자가 규제 위반의 90%를 차지하는 양상이 나타나기 때문. 대부분의 피규제자가 규제에 순응을 보이는 상황에서 일부 피규제자의 불응을 해결하기 위해 도입된 새로운 규제는 기존의 규제에 협조해 새로운 통제가 필요 없는 대다수의 피규제자에게는 추가적인 부담을 주게 됨. 이러한 규제피라미드 현상은 경제적 규제 영역에서 주로 나타남

확인문제

다음 설명에 해당하는 정책현상은?
2016, 지방 9급

어떤 하나의 규제가 시행된 결과 원래 규제설계 당시에는 미리 예견하지 못한 또 다른 문제점이 나타나게 되면 규제기관은 그 문제의 해결을 위해 또 다른 규제를 하게 됨으로써 결국 규제가 규제를 낳는 결과를 초래한다.

① 타르 베이비 효과(Tar-Baby effect)
② 집단행동의 딜레마
③ 규제의 역설(regulatory paradox)
④ 지대추구행위

▶ ① 타르 베이비(= 끈끈이 인형효과), 규제의 피라미드 현상을 설명하는 지문이다.

(4) 규제와 지대

① 규제는 지대(rent)를 창출하고 민간의 지대추구행위(rent seeking behavior)를 조장해 비효율을 유발할 수 있음. 지대란 경제적 이권을 의미하는 것으로 정부가 특정 사업이나 경제주체를 보호하는 경우 발생하는 혜택을 의미함

② 이익집단들은 이러한 지대를 추구하기 위해 특정한 규제의 신설·유지를 위해 정부나 의회에 적극적인 로비를 하게 되며, 이러한 지대추구행위가 만연하게 되면 사회적 자원의 비효율적 배분이 발생함

(5) 규제의 역설(regulatory paradox)

① 과도한 규제가 과소한 규제를 초래: 특정한 규제를 무리하게 설정하면 실제로는 규제가 전혀 안 이루어지는 결과가 발생함. 고도로 강화된 규제지침을 설정해 놓으면 집행자원이 한정된 정부는 그에 대한 규제를 거의 못하게 됨

② 새로운 위험에 대해 철저히 규제하는 반면 이전부터 있던 위험 요인들을 간과할 경우 사회 전체 위험 수준이 증가: 예를 들어 새로 출시되는 자동차에 공기정화장치나 안전장치의 설치를 의무화시키는 경우 오히려 사회 전체의 환경오염수준이 높아지는 결과를 초래할 수 있음

③ 경제적 약자나 취약 계층을 보호한다는 좋은 의도에서 도입되는 규제가 결국에는 그 목적을 달성하지 못하고 역효과를 일으킬 수 있음 예 최저임금 규제

④ 최고의 기술을 요구하는 규제가 오히려 기술 개발을 지연시킴: 정부가 최선의 기술을 사용하도록 규제하면, 기존 기업이나 기술을 보유한 업체가 강한 진입장벽을 칠 수 있는 기회를 주는 것과 같음

⑤ 기업에게 상품에 대한 정보 공개를 의무화할수록 소비자들의 실질적인 정보량이 줄어들 수 있음: 정보 공개를 엄격하게 할수록 기업의 입장에서는 광고 인센티브가 사라지고, 그 결과 시장에서의 정보가 오히려 줄어들게 됨

(6) 규제가 초래하는 비용(규제는 보이지 않는 세금)

① 규제는 세금처럼 일반 국민에게 비용을 부과함에도 불구하고 규제가 초래하는 사회적 비용은 조세에 비해서 가시적이지 않기 때문에 경시되는 경우가 많으며, 국민들의 저항이 상대적으로 덜한 경우가 많음. 가시적으로 드러나지 않을 뿐이지 부적절한 규제는 높은 비용, 높은 가격, 자원의 비효율적인 배분, 그리고 상품개발이나 서비스 품질 개선 등의 지체를 초래하며, 이것은 결국 국민들이 감당해야 할 비용이며 보이지 않는 세금이라고 할 수 있음

② 규제가 초래하는 비용
  ㉠ 서비스 부문이나 특정 제품에 가해지는 규제는 제품의 비용 상승을 유발하기 때문에 기업에게는 규모의 경제를 실현하는 것을 방해하고, 소비자는 높은 제품 비용을 부담하게 됨
  ㉡ 규제로 인해 정부, 기업, 소비자 등이 특정 조항의 준수를 위한 규제 집행 비용과 순응 비용을 지불하게 됨. 규제로 인한 이런 비용은 규제가 없었다면 더 생산적인 곳에 이용될 수 있기 때문에 명백한 자원의 낭비가 됨
  ㉢ 규제는 기업들이 자원을 활용할 때 경제적으로 노력할 인센티브를 상실하게 함. 진입규제가 존재하는 경우 강력한 시장 지배력을 갖게 되는 기업들은 초과이윤을 생산기술의 혁신이나 새로운 상품 및 서비스 개발에 신경을 쓰지 않게 됨

확인문제

규제에 대한 설명으로 옳지 않은 것은? 2015. 국회 8급
① 관리규제란 정부가 특정한 사회문제 해결에 대한 목표 달성 수준을 정하고 피규제자에게 이를 달성할 것을 요구하는 것이다.
② 규제의 역설은 기업의 상품정보 공개가 의무화될수록 소비자의 실질적 정보량은 줄어든다고 본다.
③ 포획이론은 정부가 규제의 편익자에게 포획됨으로써 일반시민이 아닌 특정 집단의 사익을 옹호하는 것을 지적한다.
④ 지대추구이론은 정부규제가 지대를 만들어내고 이해관계자 집단으로 하여금 그 지대를 추구하도록 한다는 점을 설명한다.
⑤ 윌슨(J. Wilson)에 따르면 규제로부터 감지되는 비용과 편익의 분포에 따라 각기 다른 정치경제적 상황이 발생된다.

▶ ① [×] 관리규제가 아닌 성과규제에 대한 설명이다. 성과규제는 정부가 특정한 사회문제 해결에 대한 목표 달성 수준을 정하고 피규제자에게 이를 달성할 것을 요구하는 것이다. 관리규제는 피규제자가 만든 규제 목표 달성계획의 타당성을 정부가 평가하고 그 이행을 요구하는 방식으로 대표적인 것이 식품위해요소 중점관리기준(Hazard Analysis Critical Control Points : HACCP)이다.

6 정부규제의 개혁

(1) **규제개혁의 의의**: 규제개혁은 불합리한 규제의 철폐나 개선, 선진적 규제제도의 구축을 위해 규제의 생성, 운용, 소멸의 모든 과정에 정부가 체계적으로 개입하는 것을 의미

(2) **규제개혁의 단계**: 규제완화, 규제품질관리, 규제관리의 세 단계로 구분할 수 있음
  ① 규제완화(deregulation): 규제완화란 절차와 구비서류의 간소화, 규제순응비용의 감소 및 규제폐지를 통한 규제 총량의 감소를 의미
  ② 규제품질관리(regulatory quality management): 규제품질관리란 규제완화를 통해 총량적 규제가 이루어지고 난 후 개별 규제의 질적 관리에 초점을 두는 단계. 규제개혁의 관심사가 좀 더 유연하고 단순한 규제수단 및 대안적 규제수단의 설계, 규제영향분석(신설 혹은 강화된 규제의 품질 검토) 등을 통해 구체화
  ③ 규제관리(regulatory management): 규제관리는 총량적 개혁이나 개별 규제의 질 문제에 국한하지 않고 한 국가의 전반적인 규제체계에까지 관심을 갖는 것을 의미. 규제관리에서는 하나의 규제가 아니라 규제와 규제 사이의 상호관계와 전체 국가규제 체계에서의 정합성과 같은 거시적 관점을 중시함

(3) **규제개혁 체계**
  ① 1998년 「행정규제기본법」 제정
  ② 대통령 직속의 규제개혁위원회(행정규제기본법 제23조, 제25조)
    ㉠ 규제개혁위원회는 공식적 규제개혁 전담기구로, 신설·강화 규제에 대한 심사와 기존 규제에 대한 개혁 기능을 포괄적으로 수행함
    ㉡ 구성: 위원장 2명을 포함한 20명 이상 25명 이하의 위원으로 구성
  ③ 규제의 원칙(행정규제기본법 제5조)
    ㉠ 국가나 지방자치단체는 국민의 자유와 창의를 존중하여야 하며, 규제를 정하는 경우에도 그 본질적 내용을 침해하지 아니하도록 하여야 함
    ㉡ 국가나 지방자치단체가 규제를 정할 때에는 국민의 생명·인권·보건 및 환경 등의 보호와 식품·의약품의 안전을 위한 실효성이 있는 규제가 되도록 하여야 함
    ㉢ 규제의 대상과 수단은 규제의 목적 실현에 필요한 최소한의 범위에서 가장 효과적인 방법으로 객관성·투명성 및 공정성이 확보되도록 설정되어야 함
  ④ 규제등록제(규제의 등록 및 공표): 중앙행정기관의 장은 소관 규제의 명칭·내용·근거·처리기관 등을 규제개혁위원회에 등록하고, 규제개혁위원회에서는 등록 규제에 대해 명칭, 법적 근거, 유형 등으로 분류해 관리

확인문제

정부규제에 대한 설명으로 옳지 않은 것은? 2016, 지방 7급
① 「행정규제기본법」은 규제법정주의를 규정하고 있다.
② 규제개혁위원회는 위원장 2명을 포함한 20명 이상 25명 이하의 위원으로 구성한다.
③ 규제영향분석이 필요한 이유 중 하나는 관료에게 규제비용에 대한 관심과 책임성을 갖도록 유도한다는 점이다.
④ 정부의 규제정책을 심의 조정하고 규제의 심사 정비 등에 관한 사항을 종합적으로 추진하기 위하여 국무총리 소속으로 규제개혁위원회를 두고 있다.

▶ ④ [×] 규제개혁위원회는 대통령 소속이다.

행정규제기본법 제23조(설치)
정부의 규제정책을 심의·조정하고 규제의 심사·정비 등에 관한 사항을 종합적으로 추진하기 위하여 대통령 소속으로 규제개혁위원회를 둔다.

① [○]
행정규제기본법 제4조(규제 법정주의)
① 규제는 법률에 근거하여야 하며, 그 내용은 알기 쉬운 용어로 구체적이고 명확하게 규정되어야 한다.

② [○]
행정규제기본법 제25조(구성 등)
① 위원회는 위원장 2명을 포함한 20명 이상 25명 이하의 위원으로 구성한다.

(4) **규제영향분석**(RIA : Regulatory Impact Analysis) : 신설·강화 규제심사제도
  ① 규제영향분석의 의의
    ㉠ 새롭게 만들어지거나 강화되는 규제의 사회적 편익과 비용을 점검하고 측정하는 체계적인 의사결정 도구
    ㉡ 「행정규제기본법」에 따르면 규제영향분석은 "규제로 인한 국민의 일상생활과 사회·경제·행정 등에 미치는 제반 영향을 객관적이고 과학적인 방법을 사용하여 미리 예측·분석함으로써 규제의 타당성을 판단하는 기준을 제시하는 것"으로 정의
    ㉢ OECD는 규제영향분석을 "비용·편익 분석과 같은 일관적인 분석 방법을 사용하여 규제 제안서의 예상되는 효과를 체계적으로 확인하고 평가하는 과정"으로 정의
  ② 규제영향분석의 기능
    ㉠ 규제의 도입으로 국민 및 기업이 부담해야 하는 비용을 최소화하고, 경제활동의 효율성을 증진시키는 규제합리화의 수단
    ㉡ 정부의 합리적 의사결정을 위한 정보를 제공하여 합리적인 규제결정을 유도하고 규제의 품질을 제고하는 데 기여. 규제영향분석은 규제의 경제·사회적 영향을 과학적으로 분석해 타당성을 평가함[주로 비용·편익 분석 방법(Benefit-Cost Analysis) 사용]. 이를 통해 불필요하고 불합리한 규제 도입의 가능성을 차단하고 질 높은 규제를 선택할 수 있게 함
    ㉢ 규제영향분석은 규제대안의 비용과 편익을 계산하도록 요구함으로써 규제관료에게 규제비용에 대해 관심을 갖도록 유도할 뿐만 아니라 도입하려는 규제가 초래할 사회적 부담에 대해 책임성을 가지도록 유도할 수 있음
    ㉣ 규제영향분석은 정치적 이해관계의 조정과 수렴의 기회를 제공할 수 있음

(5) **규제일몰제**(sunset law)
  ① 의의 : 새로 신설되거나 강화되는 모든 규제는 존속기한을 설정하고, 기한이 끝나면 자동적으로 규제가 폐기되는 제도를 의미
  ② 목적 : 규제일몰제의 도입취지는 규제가 만들어질 당시와 비교해 사회경제적인 상황이 변해 규제의 타당성이 없어졌는데도 불구하고 규제가 지속돼 부작용만 양산되는 것을 방지하기 위한 것임
  ③ 주요 내용 : 규제의 존속기한은 규제 목적을 달성하기 위해 최소한의 기간 내에서 설정되어야 하며, 기간은 원칙적으로 5년을 초과할 수 없음. 일몰기한이 되면 규제를 지속할 것인지를 주기적으로 평가·검증해 폐지하거나 완화 또는 개선하도록 되어 있음

확인문제

규제영향분석에 대한 설명으로 옳지 않은 것은? 2017, 지방 9급 추가
① 규제의 경제·사회적 영향을 과학적으로 분석해 타당성을 평가한다.
② 정치적 이해관계의 조정과 수렴의 기회를 제공한다.
③ 규제가 초래할 사회적 부담에 대해 책임성을 가지도록 유도한다.
④ 규제의 비용보다 규제의 편익에 주안점을 둔다.

▶ ④ [×] 규제영향분석은 새롭게 만들어지거나 현존하는 규제의 사회적 편익과 비용을 점검하고 측정하는 체계적인 의사결정 도구이다.

(6) **최근의 정부규제 개혁**

① 네거티브 규제(negative regulation) : 규제의 대상이 되는 활동만 열거하고 그 외의 활동은 원칙적으로 허용하고 예외적으로 금지하는 방식. 현재 우리나라는 포지티브 규제 방식을 따르는데 허용된 활동 이외에는 모두 규제의 대상임. 「지역특구법」, 「산업융합 촉진법」, 「정보통신융합법」과 「행정규제기본법」에서는 네거티브 규제 방식에 해당하는 '우선허용·사후규제' 원칙을 도입하고 있는데, 실증규제 특례와 임시허가 제도는 이 원칙에 따른 것임

② 규제프리존(규제자유특구, regulation free zone) : 박근혜 정부에서 추진했던 규제개혁으로 지역특성에 맞는 전략산업을 육성하기 위해 일정 지역(zone) 안에서 기존의 규제를 면제시켜 주는 제도. 문재인 정부에서 새로 추진한 규제샌드박스 규정을 담아 지역특구법의 이름으로 「산업융합 촉진법」, 「정보통신융합법」과 동시에 통과되었음. 규제자유특구는 비수도권 14개 광역시·도에서 가능하며, 지역의 혁신 성장과 전략적 산업을 촉진시키기 위해 실증규제 특례, 임시허가 등의 특례가 적용됨

③ 규제샌드박스 : 2016년 영국 정부가 처음으로 도입해 현재 우리나라를 비롯한 60여개 국에서 운영 중인 제도임. 아이들이 모래놀이터(sandbox)에서 안전하게 뛰어놀 수 있는 것처럼 시장에서의 제한적 실증을 통해 신기술을 촉진하는 동시에 이 기술로 인한 안전성 문제 등을 미리 검증하는 것을 목적으로 함. 사업자가 신기술을 활용한 새로운 제품과 서비스를 일정 조건(기간·장소·규모 제한)하에서 시장에 우선 출시해 시험·검증할 수 있도록 현행 규제의 전부나 일부를 적용하지 않는 것을 말하며 그 과정에서 수집된 데이터를 토대로 합리적으로 규제를 개선하는 제도임

㉠ 규제신속 확인 : 시장 행위자가 제품 출시 등에 직면하여 발생하는 규제의 불확실성을 제거해주기 위해 신기술·신산업 관련 규제 존재 여부와 내용을 문의하면 30일 이내에 회신받을 수 있도록 하는 제도

㉡ 임시 허가 : 혁신적인 신제품이 시장 출시를 앞두고 관련 규제가 해당 신기술이나 신서비스가 적용된 제품에 적용하는 것이 곤란하거나 맞지 않는 경우, 또는 해당 신기술이 신서비스가 적용된 제품에 대해 명확히 규정되어 있지 않아 어려움을 겪는 경우에 임시허가를 통해 제품 출시를 허용하고 2년 이내 법령 정비를 의무화한 제도

㉢ 실증 특례 : 관련 법령의 모호성이나 불합리성 혹은 금지규정의 존재로 인해 신제품이나 신서비스의 사업화가 제한적일 경우, 일정한 조건하에서 기존 규제의 적용을 배제한 실증테스트가 가능하도록 한 제도

CHAPTER 02 정책참여자 간 관계

제1절 정책과정의 참여자

1 공식적 참여자

(1) 대통령
  ① 행정수반으로서 행정부가 수행하는 공식적 정책과정 전반에 대한 책임과 권한을 행사
  ② 정책과정 전반에서 국회와 사법부에 대한 헌법상의 권한을 통해 영향을 행사하기도 하며, 행정부 주요 공직자의 임면권을 가지고 정책에 대한 주도적 역할을 수행

(2) 행정기관
  ① 우리나라 행정기관 및 관료들은 정책과정에서 실무적 책임을 지고 공식적으로 정책을 집행
  ② 공무원은 실질적으로 법률의 형성과 집행에 참여. 법률 형성 과정에서는 입법환경의 복잡성 증대로 인한 정보 제공자의 역할과 법률 집행 현장의 재량권 행사를 통해 사실상 정책집행 현장에서 정책의 의도를 구체화하는 역할을 수행하기도 함

(3) 입법부
  ① 정책의제설정 단계에서 사회문제를 정책문제화하거나 정책결정 단계에서 입법권의 행사를 통해 정부의 정책을 최종적으로 확정하기도 함
  ② 정책집행 단계에서는 국정조사나 의정활동을 예산 감시 등을 통해 행정부를 견제하기도 하고, 국정감사, 대정부 질의 등을 통해 정책집행 과정의 문제점을 평가하기도 함

(4) 사법부
  ① 정책결정 혹은 정책집행이 사회적으로 합의되지 못하고 갈등 상황에 직면했을 때 판결을 통해 정책의 정당성 혹은 적절성을 최종적으로 판단
  ② 새만금 간척사업, 군 가산점 문제, 신행정수도건설특별법 사례 등 사법부의 판단은 국가정책에 대한 최종적인 판단으로서 중요한 영향을 미침

> [!NOTE] 확인문제
> 우리나라의 정책과정 참여자에 대한 설명으로 옳지 않은 것은?
> 2017, 지방 9급
> ① 대통령은 국회와 사법부에 대한 헌법상의 권한을 통하여 영향력을 행사하며, 행정부 주요 공직자에 대한 임면권을 통하여 정책과정에서 주도적 역할을 수행한다.
> ② 행정기관은 법률 제정과 사법적 판단을 통하여 정책집행과정에서 실질적인 영향력을 행사한다.
> ③ 국회는 국정조사나 예산 심의 등을 통하여 행정부를 견제하고, 국정감사나 대정부질의 등을 통하여 정책집행과정을 평가한다.
> ④ 사법부는 정책집행으로 인한 사회적 갈등상황이 야기되었을 때 판결을 통하여 정책의 합법성이나 정당성을 판단한다.
>
> ▶ ② [×] 법률제정은 국회의 권한이며, 사법적 판단은 사법부의 권한이다.

❷ 비공식적 참여자: 정부조직 밖에 있으면서 정책과정에 직·간접적으로 참여하는 단체와 사람

(1) 정당
① 정당은 정치적 이슈를 발굴하고 그 이익을 결집하는 역할을 수행
② 정책형성과정에서 정당이 결집한 이익은 정치적 지지를 바탕으로 정책의제가 되고 이 의제들이 논의될 수 있도록 하는 기능을 수행

(2) 이익집단
① 특정 이해관계를 공유하는 사람들의 자발적인 집단으로 자신들의 이익을 집결하고 표출하여 하나의 압력단체로 기능하기도 함
② 정책결정과정에서 자신들의 이익을 반영시키기 위해 다양한 방법(공청회 참석, 건의서 제출, 세미나, 집회 등)을 동원하기도 하며, 상황에 따라서는 자신들의 이익에 반하는 정책형성에 대해 무의사결정(non-decision making)의 형태로 대응하기도 함

(3) 전문가
① 전문가는 정책아이디어와 정책자문 등의 방법을 통해 정책형성과 정책집행 등의 과정에 광범위한 영향을 미침
② 전문가들은 일반 대중이 발굴하지 못한 사회문제를 정책의제화하는 데 영향을 미치기도 하고, 정책대안 분석, 정책평가 등의 과정에서 전문적인 지식을 제공하여 영향을 미치기도 함

(4) 시민단체
① 시민단체는 시민여론을 통해 정책대안을 제시하거나 정부가 제시하는 정책에 찬성 혹은 반대를 표명하여 정책과정에 영향을 미침
② 시민단체는 사회구성원의 보편적 공익을 추구함으로써 예산 감시, 정부의 정책활동 견제 혹은 평가 등을 통해 비판과 감시 기능을 수행하거나 구체적인 사회문제에 대한 여론을 환기시켜 공중의제화 하는 기능을 수행

(5) 언론
① 언론은 주로 기자 간담회나 브리핑 등을 통해 정책과정에 참여하게 되며, 이를 매체를 통해 보도하여 정책과정에서 대중의 여론을 형성하는 데 중요한 역할을 함
② 형성된 여론은 정책의제설정에서 정책집행 및 정책평가에 이르기까지 정책과정에 대한 감시자이자 정책의 정당성을 부여하는 기능을 수행함

(6) 일반시민 또는 국민
① 국민은 투표를 통한 공직자의 선출, 공청회, 민원, 청원, 시위 등 다양한 방법으로 정책과정에 참여함
② 최근 정보통신기술의 발달과 인터넷, SNS 등의 활용이 보편화되면서 일반시민의 의사 표현과 의견 수렴의 범위와 속도가 빨라지고 있으며, 이를 정책에 반영하는 사례도 증가하는 추세임

제2절 정책참여자 간 관계: 권력모형

1 엘리트론

(1) 엘리트론의 의의

① 엘리트론은 정책과정이 특정 소수의 엘리트들에 의해 지배되고 있다고 보는 시각. 어떤 사회에서든지 엘리트의 역할은 지배적이며, 자유선거, 대중의 정치 참여가 활발하다 해도 그것은 상징적인 것에 불과하다고 봄

② 엘리트론에 의하면 권력은 소수에게 집중되어 있고, 일반 대중은 정치에 무감각하며 정책결정에 영향력을 행사하지 못하고 정책은 지배 엘리트의 선호를 반영한다고 주장. 공공정책은 엘리트의 요구를 반영하고 있으며, 혁명적 변화보다는 체제유지를 위한 점진적 변화만을 추구하게 됨

(2) 엘리트론의 주요 내용

① **고전적 엘리트이론**: 19세기 말
  ㉠ 미첼스(Michels)의 '과두제의 철칙': 어느 조직이나 어떠한 사회에서도 집단이 구성되면 필연적으로 소수의 엘리트들에 의한 지배가 대두될 수밖에 없다고 주장
  ㉡ 파레토(Pareto)의 2대 8의 법칙: 사회를 이끌어 가는 세력은 20%의 엘리트이고, 정치적으로 무능한 80%의 일반대중은 20%의 엘리트에 이끌려 간다는 법칙
  ㉢ 모스카(Mosca)의 지배계급론: 어떤 사회에서나 몇몇 소수가 다수를 지배하며, 소수의 지배계급은 자신의 권력을 유지·확대하는 방향으로 법을 제정하고 정치구조를 설계함으로써 여러 사회세력들을 지배한다고 보는 이론

② **미국의 엘리트이론**: 1950년대
  ㉠ 밀스(Mills)의 지위접근법: 밀스는 미국 사회(전국) 전체를 지배하는 권력 엘리트는 정치적으로 중요한 기관이나 조직(즉 정부, 군, 기업체)의 지도자들이라고 주장하였음. 특히 최고 정책결정 수준에서는 이들 권력 엘리트들이 모든 것을 결정한다고 보았음. 이러한 권력 엘리트들은 교육적 배경, 종교관계, 경제적 이해, 혈족 관계 등을 통해 서로 깊은 연계성을 가지고 있음을 증명
  ㉡ 헌터(Hunter)의 명성접근법: 헌터는 지역사회의 엘리트 구조를 분석하였음. 애틀란타 시를 대상으로 명성이 있는 40명을 뽑아 이들의 성분을 조사하여 지역사회 차원의 권력구조에 대한 실증적 연구를 통해 사회적으로 명성 있는 소수자(기업인, 변호사, 고위관료 등)들이 시 정책의 기본방향을 결정하고 선전매체를 통해 자신들이 결정한 정책을 유지하려고 노력하며, 일반대중은 이들이 결정한 정책을 그대로 수용한다고 주장. 즉 지역사회의 엘리트들이 강한 응집성을 가지고 '담배연기 자욱한 방'에서 정책을 결정하고, 정치에 무관심한 일반대중들은 비판 없이 이를 수용한다고 보았음

(3) 엘리트이론의 특징
　① 사회의 이원화: 권력을 가진 엘리트와 권력을 가지지 못한 일반 대중으로 구별되며, 권력을 가진 소수 엘리트가 정책과정을 장악하고 일반대중을 지배함으로써 계층적·하향적 통치질서가 형성됨(지배계급과 피지배계급의 계층성 인정)
　② 엘리트들은 동질적이고 폐쇄적 성격을 지님
　③ 엘리트들은 중요한 정치적 문제에 대해서 대중이나 사회 전체의 이익과 상관없이 자신들의 이해관계를 고려하여 자율적으로 정책을 결정함

2 다원론

(1) 다원론의 의의
　① 다원론자들은 정치 또는 정책과정이 엘리트에 의해 지배된다는 엘리트론자의 주장을 반박
　② 다원론자들은 정치체계를 계속적 상호관계에 있는 무수한 집단의 거대한 네트워크로 파악하여 정책이란 이 속에서 집단 간 상호작용의 균형을 통해 형성되며, 이러한 균형은 이익집단의 상대적인 영향력에 따라 결정된다고 보았음

(2) 다원론의 특징
　① 투표과정을 통해 국민들이 스스로 공직자를 선택할 수 있는 권한행사가 가능한 사회를 전제하고 있으며, 민주주의 체제에서 권력은 다양한 세력에 분산되어 있다고 인식
　② 이익집단 간 세력균형 가정: 이익집단들 간 영향력의 차이는 존재하지만 정부 정책과정에 동등한 접근기회를 가지고 있음
　③ 어떤 사회문제든 정책의제가 될 수 있으며, 정책은 여러 경쟁이익집단 간의 협상과 타협을 반영한 결과물임
　④ 정부의 소극적·중립적 역할: 정부는 다양한 이해관계집단의 요구와 갈등적 이익을 조정하는 중개인 혹은 게임 규칙의 준수를 독려하는 심판자 역할 수행

(3) 다원론의 주요 내용
　① **고전적 다원주의론(이익집단론)**: 벤틀리와 트루만(Bentley & Truman)은 정책을 다양한 이익집단들 간의 경쟁과 타협의 산물로 인식. 잠재이익집단론과 중복회원이론의 두 가지 메커니즘에 의해 소수의 특수 이익에 좌우되지 않고 다양한 이익집단의 주장과 요구에 부응해 나가고 있다고 보았음
　　㉠ 잠재이익집단론: 잠재적 이익집단은 현재 조직화되어 있지 않지만 자신들의 이익침해 가능성이 있는 경우 조직화될 수 있는 상태의 집단. 정책결정자는 잠재적 이익집단의 조직화 가능성을 고려하기 때문에 특수이익만을 고려하지 않고 정책과정에 다양한 이해관계를 반영하게 됨

확인문제

다원주의(Pluralism)에 대한 설명으로 가장 옳지 않은 것은?
2019, 서울 9급
① 권력은 다양한 세력들에게 분산되어 있다.
② 정책영역별로 영향력을 행사하는 엘리트들이 각기 다르다.
③ 이익집단들 간의 영향력 차이는 주로 정부의 정책과정에 대한 상이한 접근기회에 기인한다.
④ 이익집단들 간의 영향력 차이는 있지만 전체적으로 균형을 유지하고 있다.

▶ ③ [×] 다원주의는 다양한 이익집단들 간의 영향력의 차이는 인정하지만, 정부의 정책과정에 동등한 접근기회를 가지고 있다고 본다.

ⓒ 중복회원이론: 이익집단 구성원은 하나의 집단에만 소속되어 있는 것이 아니라 여러 집단에 중복적으로 소속되어있기 때문에 특정 이익집단의 이익을 극대화하기 위하여 다른 이익집단의 이익을 크게 손상시키지 못한다는 이론

② 달(R. Dahl)의 다원적 권력이론: 1950년대
   ㉠ 달(A. Dahl)은 1780년대부터 1950년대까지 약 170년간 뉴헤이븐 시의 권력구조에 대한 연구에서 이 도시가 과두적 사회에서 다원주의 사회로 변화하여 왔음을 주장
   ㉡ 엘리트의 분산: 사회 내에 엘리트가 존재하지만 특정 엘리트가 모든 정책영역에 지배적인 영향력을 행사하는 것은 아니며, 각 정책영역별로 지배적인 영향력을 행사하는 엘리트가 다름. 이처럼 권력이 사회 내의 여러 집단에 골고루 분산되어 있기 때문에 사회의 특정 집단이 독점적·우월적 지위를 차지할 수 없음
   ㉢ 엘리트 간의 경쟁 및 대중의 선호 반영: 엘리트 간 응집력이 약하며, 엘리트 간의 정치적 경쟁으로 엘리트가 대중의 요구에 민감하게 반응하기 때문에 대중의 선호가 최대한 정책에 반영됨

3 무의사결정론(Non-decision Making Theory): 신엘리트이론

(1) **무의사결정론의 등장배경**
① 무의사결정론은 다원주의에 대한 비판적 관점에서 제기된 것으로, 신엘리트론자들은 소수 지배 엘리트들이 정책과정의 전 과정을 압도할 뿐만 아니라 특히 정책의제의 채택과정에서 그들의 권력을 행사한다고 주장
② 바흐라흐와 바하츠(Bachrach & Baratz)가 『권력의 두 얼굴(1963)』에서 제시한 것으로 권력은 정책을 결정하는 권력과 정책의제가 채택되지 않도록 하는 권력의 두 가지 차원으로 행사되며, 달(Dahl)의 다원론은 후자의 영향력에 대해서 간과했음을 비판

(2) **무의사결정의 개념**: 특정 문제를 정책의제로서 다루지 않기로 하는 결정
① 바흐라흐와 바하츠에 의하면 무의사결정은 의사결정자의 가치나 이익에 대한 잠재적인 도전을 억압하거나 방해하는 결정을 의미
② 사회 내에서 기존의 특권이나 혜택의 배분상태를 변화시키려는 요구는 그것이 표명되기도 전에 억압하거나, 의사결정의 장에 도달되기 전에 좌절시키든지, 이 방법이 성공하지 못하면 정책결정이나 집행단계에서 이를 좌절시키는 것

확인문제

엘리트이론과 다원주의이론에 대한 설명으로 옳지 않은 것은?
2023, 지방 9급
① 고전적 엘리트이론에서 엘리트들은 다른 계층에 대해 책임을 지지 않는다.
② 밀즈(Mills)는 명성접근법을 사용하여 엘리트들을 분석한다.
③ 달(Dahl)은 권력이 분산되어 있음을 전제로 다원주의론을 전개한다.
④ 바흐라흐와 바라츠(Bachrach & Baratz)는 무의사결정이 의제설정과정뿐만 아니라 정책결정과정에서도 발생할 수 있다고 주장한다.

▶ ② [×] Mills의 지위접근법에서는 권력은 계급이나 능력이 아니라 사회적 지위에서 나온다고 보았다 (명성접근법 ×).

> **확인문제**
>
> 무의사결정론(non-decision making theory)에 대한 설명으로 옳지 않은 것은? 2010. 지방 9급
> ① 무의사결정은 특정 사회적 쟁점이 공식적 정책과정에 진입하지 못하도록 막는 엘리트집단의 행동이다.
> ② 무의사결정은 정책의제설정단계뿐만 아니라 정책결정이나 집행단계에서도 나타날 수 있다.
> ③ 무의사결정론은 고전적 다원주의를 비판하며 등장한 이론으로 신다원주의론이라 불린다.
> ④ 무의사결정론은 정치권력이 두 얼굴을 가지고 있다고 주장한다.
>
> ▶ ③ [×] 무의사결정론은 Dahl의 다원론에 대한 비판에서 출발한 신엘리트 이론의 주장이다.

(3) 무의사결정론의 내용

① **정치권력의 두 가지 얼굴(two faces of power)**: 하나의 얼굴은 정책결정에서 영향력을 행사하고, 다른 하나의 얼굴은 정책문제의 채택과정에서 영향력을 행사함. 전자의 것은 다원론자들이 분석하고 있는 것이지만 후자의 영향력은 엘리트들에게 불리한 문제가 처음부터 제기조차 되지 못하도록 요구를 억압하는 데 행사되기 때문에 은밀하고 비밀리에 행사됨. 이렇게 엘리트들에게 안전한 이슈만을 논의하고 불리한 문제는 거론조차 못하게 봉쇄하는 것이 무의사결정임

② **무의사결정은 정책과정의 전 과정에서 발생**
   ㉠ 정책문제 채택(정책의제설정) 과정에서 기존세력에 도전하는 요구는 정책문제화하지 않고 억압을 당함(좁은 의미의 무의사결정)
   ㉡ 정책결정과정에서도 무의사결정이 일어남. 정책문제 채택과정에서 개혁 요구세력이 주장하는 논리를 기존세력이 저지하지 못했을 경우에 정책결정과정에서 고려되는 정책대안의 범위나 내용을 한정·수정시켜서 내용이 없고 상징(symbol)에 그치는 정책대안이 채택되도록 노력함
   ㉢ 정책집행단계에서 반대집단은 정책집행에 필요한 인적·물적 자원 등을 사용하지 못하도록 집행에 필요한 예산을 없애는 방법이나 집행자를 매수하여(규제정책의 경우에 규제를 담당하는 관료를 매수하는 것과 같이) 집행을 실질적으로 막아 버리는 방법 등을 통해 무의사결정이 이루어짐

③ **무의사결정의 전략과 방법**
   ㉠ 폭력 등 강제력의 행사: 기존질서의 변화를 주장하는 요구가 정치적 이슈가 되지 못하도록 테러행위를 하는 방법
   ㉡ 권력행사: 폭력보다 온건한 방법으로 기득권에 도전하려는 의제나 변화의 주장자에 대해서 합법적인 제재를 가하거나 가하겠다고 위협하여 사전에 봉쇄시키는 방법. 기업에게 그 동안 부여되고 있는 금융·세제상의 혜택을 박탈하는 소극적인 방법과 새로운 특혜를 부여하여 매수하는 적극적인 방법 등
   ㉢ 지배적 가치·신념·편견의 동원: 정치체제 내의 지배적 규범이나 절차를 강조하여 변화를 위한 주장을 꺾는 간접적 방법. 새로운 주장을 비애국적, 비윤리적 또는 지배적인 정치 이념에 위반되거나 확립된 절차나 규칙에 위반되는 것으로 낙인찍는 방법. 우리나라에서 1970년대까지 복지정책, 노동정책, 환경오염방지정책 등이 경제발전 제일주의라는 정치 이념에 억눌려서 정책문제화하지 못한 것을 예로 들 수 있음
   ㉣ 현존 규칙·절차 수정(재편성): 가장 간접적이며 우회적인 방법으로, 기존의 절차나 규칙의 수정을 통해 의제화를 저지하는 방법. 정치체계의 규범, 규칙, 절차 자체를 수정·보완하여 정책의 요구를 봉쇄하는 방법

④ 신다원주의(neopluralism, 수정다원주의)

(1) **신다원주의의 의의**: 신다원주의는 고전적 다원주의에 대한 엘리트이론의 비판을 수용하여 새로운 다원주의 관점을 제시

(2) **고전적 다원주의와 신다원주의 비교**
  ① 공통점: 고전적 다원주의와 신다원주의는 집단 간 경쟁의 중요성을 인정
  ② 차이점
    ㉠ 기업집단에 특권적 지위 부여: 신다원주의는 고전적 다원주의가 자본주의 국가의 현실에서 기업집단에 대한 특권적 지위를 제대로 고려하지 못했음을 비판하고, 기업집단에 대한 특권이 실제 정책과정에서 나타나고 있음을 인정
    ㉡ 능동적 정부관: 정부(국가)가 중립적 조정자이기보다는 전문화된 체제를 갖추고 독자적 자율성을 갖는 능동적인 정부관을 전제

(3) **신다원주의의 주요 내용**
  ① 자본주의 국가에서 정부는 자유주의적 이데올로기와 세계화 등의 경제적 환경으로 기업집단에 특권을 부여할 수밖에 없으며, 이로 인해 불평등 구조가 심화될 수 있음
  ② 이러한 불평등 구조의 심화를 방지하기 위해서는 구조적 개혁이 필요하다는 점을 인정. 선거 등의 외적 요인보다는 국가 관료 간의 내적 견제, 정부기구의 분화를 통한 민주주의 확립의 필요성을 강조

⑤ 조합주의(corporatism)

(1) **조합주의의 의의**
  ① 다원주의에 대한 대안적 이익대표체제의 한 유형으로 조합주의 논의가 발전
  ② 다원주의에서는 국가의 수동적 성격과 핵심 주체인 이익집단의 국가에 대한 투입 기능을 강조하는 반면, 조합주의는 정책결정 주체로서의 국가의 능동적인 성격과 국가의 이익집단에 대한 통제기능에 중점을 둔다는 점에서 차이가 있음

(2) **조합주의의 특징**
  ① 조합주의는 국가의 독자성, 지도적·개입적 역할을 강조함. 조합주의에서 정부는 자체의 이익과 의지를 가지고 이익집단과의 합의를 형성하는 것을 전제로 함
  ② 이익집단은 국가로부터 자유롭지도 못하며 이익집단 간 계층적 서열화가 형성(단일적·위계적인 이익대표체계를 형성)되고 국가와의 공식적 합의 속에서 활동한다고 봄
  ③ 정부는 사회적 공동선을 달성하기 위해 중요 이익집단과 우호적 협력관계를 유지함
  ④ 이익집단은 상호 경쟁보다는 국가에 협조함으로써 특정 영역에서 자신의 요구를 정책과정에 투입한다고 봄

확인문제

정책과정을 설명하는 이론의 내용으로 옳은 것은?
2017, 지방 9급 추가
① 현대 엘리트이론은 국가가 소수의 지배자와 다수의 피지배자로 구분되기 어렵다고 본다.
② 공공선택론은 사적 이익보다는 집단 이익을 위한 합리적 선택에 초점을 둔다.
③ 다원주의이론은 정부정책을 다양한 행위자들 간의 협상과 경쟁의 결과로 본다.
④ 조합주의이론은 정책과정에서 국가의 역할이 소극적·제한적이라고 본다.

▶ ③ [○]
① [×] 현대 엘리트이론에서는 소수의 지배엘리트들(지배계급)과 다수의 피지배자가 구분되며, 정책은 엘리트의 선호에 의하여 결정되는 것이라고 본다.
② [×] 공공선택론은 개인을 분석의 기초단위로 삼고 개인의 효용 극대화를 추구하는 존재로 가정한다(방법론적 개체주의).
④ [×] 조합주의이론은 국가의 적극적인 역할을 강조한다. 정부를 소극적·제한적이라고 보는 것은 다원주의이다.

6 마르크스주의와 신마르크스주의

(1) **마르크스주의**
   ① 국가와 정책은 지배계급을 위한 봉사수단에 불과하며, 국가의 자율성은 부인됨
   ② 국가는 지배계급의 의사에 좌우되는 수동적 존재

(2) **신마르크스주의**
   ① 그람시(Gramsci) 등은 국가의 자율성을 부인하는 전통적인 마르크스주의와 달리 국가의 자율성을 인정하면서, 국가가 자본가 이익과 배치되는 정책을 수립·집행하는 능력이 있다고 주장
   ② 국가의 자율성은 자본가와 노동자들이 첨예하게 대립하는 상황에서 어느 한쪽도 우월적 지위를 갖지 못하는 경우에 나타남(상대적 자율성). 다만, 장기적으로는 여전히 자본가의 이익을 도모하므로 현대 국가는 구조적으로 자본가에 유리한 정책을 결정하고 집행한다고 보는 시각

7 베버주의와 신베버주의(관료제 국가론)

(1) **베버주의**: 국가(정부관료제)의 절대적 자율성을 강조하는 이론으로 정부관료제를 국익의 관점에서 여러 이익집단들의 이익을 권위적으로 조정하는 실체로 파악함

(2) **신베버주의**
   ① 합법적 지배를 특징으로 하는 막스 베버의 관료제 이론을 따르는 현대적 이론. 국가를 자율성을 지닌 하나의 독립된 실체로 보고, 법과 합리성에 입각한 관료제를 중심으로 국가를 이해
   ② 국가(관료제)는 정책결정과정에서 자율적인 의사결정 주체로서 스스로의 논리·이념·의지를 가지고 정책을 추진하는 자율성을 지닌 능동적 존재임

제3절 정책네트워크 모형(Policy Network Model)

1 정책네트워크(policy network)의 의의

(1) 정책네트워크란 특정한 정책 분야에 참여하는 관련 행위자들 간의 상호작용 연계망을 의미

(2) 정책결정과정에서 참여자들의 범위, 규모, 다양성, 그리고 그들 간에 이루어지는 관계의 역동성을 설명하는 접근방법. 현대사회에서는 정책과정에 정부와 민간의 파트너십이 증대되고 공적 부문과 사적 부문 간 경계가 불분명해지고 있으며, 정책과정에서도 이러한 현상을 설명하기 위해 기존의 권력모형에 대한 대안적 모형으로서 다양한 참여자들 간의 상호작용과 관계를 중심으로 정책과정을 분석하는 정책네트워크 모형이 새롭게 등장함

(3) 기존의 사회중심적 접근방법(예 다원주의)과 국가중심적 접근방법(예 조합주의)의 이분법적 논리를 극복하기 위해 등장

2 정책네트워크의 유형

(1) 철의 삼각(iron triangle)과 하위정부모형(sub-governmental model)

① 정책분야별 정책과정에서 정부관료, 선출직 의원 그리고 이익집단의 3자가 상호 간의 이해관계를 보호하기 위해 장기적이고 안정적이며 우호적인 삼각관계의 연합을 형성하면서 정책결정을 지배하는 현상을 가리키는 개념

② 구성원 간의 관계가 안정적이고, 정책의 자율성이 높음. 정책분야별로 형성되어 있는 3자 간의 동맹관계는 외부의 작용에 의해 그 관계가 좀처럼 흐트러지지 않을 정도로 견고하기 때문에 철의 삼각이라고 지칭함

③ 참여자 간 지속적 상호작용을 통해 일종의 동맹관계가 형성되며, 정책결정은 참여자들 사이의 협상과 합의로 이루어짐

④ 정책분야별로 다양한 하위정부가 형성되며, 특히 대통령의 관심이 적은 분배정책 분야에 주로 적용

⑤ 철의 삼각 개념은 정책과정에 있어서 이익집단의 활동을 지나치게 강조하고 있어서 분야별 이익집단이 활성화되어 있지 못한 개발도상국 등에서는 적용하기 곤란함(한계)

(2) 정책공동체모형(policy community model)

① 정책공동체는 특정 정책분야에서 정책문제, 정책대안, 정책의 결과 등에 대해서 관심을 가지고 있는 특정 분야의 전문가들이 상호 이해를 공유하고 협력적인 파트너 관계를 유도하는 장으로서의 공동체를 의미함

② 정부와 이해집단 간 사회적 합의를 중시하는 유럽식 사회조합주의 관점에서 안정적 상호의존관계를 유지하는 공동체를 전제하는 이론(로즈, Rhodes)

③ 제한적인 멤버십: 특정 정책분야에 대한 전문지식을 가진 학자, 전문가, 연구원, 관료 등이 공식적·비공식적으로 접촉하면서 정책에 참여하는 공동체를 의미. 참여자의 범위는 하위정부보다는 넓고, 이슈네트워크보다는 제한적임

④ 멤버십의 연속성 및 안정적 상호작용: 각 분야별 정책공동체의 구성원들은 관심사항을 공유하고 있고, 서로 상대방이 유용하게 활용할 수 있는 자원을 가지고 있기 때문에 정기적으로 상호 접촉하며, 참여자들은 빈번한 교류를 통해 이해와 가치의 공감대를 형성함

⑤ 참여자 간 세력 균형 유지, 자원 교환 관계: 모든 참여자들이 상호 간에 교환이 가능한 자원을 가지고 있기 때문에 어느 정도 힘의 균형을 유지하고 있음

⑥ 행위자들 간 상호 의존적·협력적 관계: 포지티브섬(positive sum) 게임

⑦ 의도한 정책산출 예측 용이

⑧ 정책공동체는 정책분야별로 전문가들의 지혜나 전문지식을 활용하기 때문에 정책내용의 합리성을 제고할 수 있음

⑨ 정책공동체는 논쟁과 토론을 중시하며, 구성원들의 이해관계와 아이디어가 다르기 때문에 정책문제의 해결방안을 둘러싸고 갈등이 발생할 수 있음

확인문제

오늘날 정책결정 과정에서 정책네트워크(policy network)의 역할이 증대되고 있다. 다음 중 정책네트워크의 유형으로 가장 거리가 먼 것은?
2017, 사복직 9급
① 하위정부(subgovernment)
② 정책공동체(policy community)
③ 이음매 없는 조직(seamless organization)
④ 정책문제망(issue network)

▶ ③ [×] 이음매 없는 조직(seamless organization)은 유기적 조직구조(탈관료제 조직구조)의 한 형태이다.

확인문제

하위정부모형(subgovernment model)에서 정책영역별로 정책의 결정과 집행에 영향을 미치는 3자 연합에 해당하지 않는 것은? 2017, 국가 9급
① 시민사회단체
② 소관부처(관료조직)
③ 관련 이익집단
④ 의회의 위원회

▶ ① [×] 하위정부모형의 3자 연합은 정부관료(조직), 의회 상임위원회 위원, 관련 이익집단으로 구성된다.

확인문제

정책네트워크이론(모형)에 대한 설명으로 옳지 않은 것은?
2012. 국가 9급
① 정책네트워크이론의 대두배경은 정책결정의 부분화와 전문화 추세를 반영한다.
② 철의삼각(iron triangle)모형은 소수 엘리트 행위자들이 특정 정책의 결정을 지배한다는 점을 강조한다.
③ 이슈네트워크(issue network)모형은 쟁점을 둘러싼 정책참여자들 간의 상호작용을 중시한다.
④ 정책과정에 대한 국가중심 접근방법과 사회중심 접근방법이라는 이분법적 논리를 극복하지 못하고 있다.

▶ ④ [×] 정책네트워크 이론은 기존의 사회중심적 접근방법(예: 다원주의)과 국가중심적 접근방법(예: 조합주의)의 이분법적 논리를 극복하기 위해 등장했다고 볼 수 있다.

확인문제

이슈네트워크(issue network)와 비교한 정책공동체(policy community)의 상대적 특성으로 옳지 않은 것은?
2010. 국가 7급
① 정책결정을 둘러싼 권력게임은 공동의 이익을 추구하는 정합게임(positive-sum game)의 성격을 띤다.
② 참여자들이 기본가치를 공유하며 그들 간의 접촉빈도가 높다.
③ 참여자의 범위가 넓고 경계의 개방성이 높다.
④ 모든 참여자가 교환할 자원을 가지고 참여한다.

▶ ③ [×] 정책공동체에 비해 이슈네트워크가 참여자의 범위가 넓고 경계의 개방성이 높다.

(3) 이슈네트워크 모형(issue network model)

① 헤클로(Heclo)는 하위정부모형에 관한 비판을 토대로 이슈네트워크 모형을 제시하였음. 1980년대 이후 정책문제의 복잡화, 정부활동의 전문화 등으로 정책과정에 다양한 주체들의 관여, 이익집단 간 경쟁의 격화, 의회 소위원회의 증가 등으로 이슈네트워크가 등장

② 이슈네트워크는 특정 정책분야에 이질적인 집단이 복합적으로 작용하는 정책네트워크를 의미. 하위정부나 정책공동체보다 가장 다양하고 폭넓은 행위자들이 참여하며, 참여자들의 진입·퇴장이 쉬운 편이며, 네트워크의 경계가 모호함

③ 참여자들의 공동체의식이 약하며, 상호 간의 접촉빈도가 유동적이고 참여자들 간의 연계작용의 안정성이 낮음

④ 경쟁적·갈등적 관계, 제로섬(zero-sum) 게임, 네거티브섬(negative-sum) 게임

⑤ 참여자들 사이의 권력(자원)의 불평등: 이슈네트워크 모형은 행위자들 간의 권력관계 혹은 권력적 크기가 불균등함

⑥ 정책산출의 예측가능성 낮음: 행위자가 유동적이며, 행위자들 간 이해 공유정도가 낮기 때문에 정책결정과정에서 누구의 이해가 반영될 것인지 예측 곤란

정책네트워크 모형 비교

구분	이슈네트워크	정책공동체
참여자 범위	광범위, 개방적	제한적, 폐쇄적
상호작용	불안정, 상호의존성 약함	안정적, 상호의존성 강함
참여자 권한	일부만 권한·자원 소유 (권력의 불균등)	모든 사람이 자원·권한을 가지고 교환 (균등한 권력관계)
기본가치	이해 공유도 낮음	정책에 대한 기본 이해 공유
접촉빈도	유동적	높음
행위자 간 관계	상호 경쟁적·갈등적 영합게임 (zero-sum, negative-sum)	의존적·협력적 정합게임 (positive-sum)
정책산출	정책산출 예측 곤란	의도한 정책산출 예측 가능

구분	참여자	주된 참여자	의존성	배제성	지속성
하위정부모형	제한적	이익집단, 관료, 의회의 상임위원회	높음	높음	높음
정책공동체	비교적 제한적	전문가 집단	높음	높음	보통
이슈네트워크	제한 없음	정책이슈 영역에 이해관계나 관심을 가지는 사람들	낮음	낮음 (개방적)	낮음 (유동적)

CHAPTER 03 정책의제 설정론

1 정책의제 설정(agenda setting)의 의의

(1) 정책의제 설정은 정부가 여러 가지 사회문제들 중에서 정책문제로 채택하는 정치적 과정 또는 행위를 의미함

(2) **아이스턴**(Eyeston, 1978) : 정책의제 설정 과정을 사회문제 → 사회적 이슈 → 공중의제(public agenda) → 공식의제(정부의제, 정책의제)로 설명

2 정책의제 설정 과정

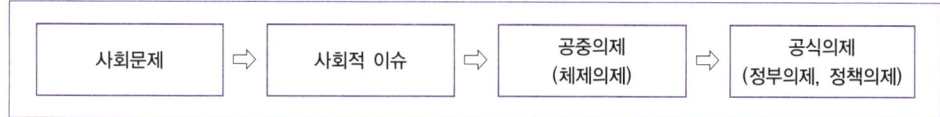

(1) **사회문제 인지** : 사회문제의 인지란 어떤 문제가 관련된 개인이나 집단에 의해 사회문제로 인식되는 것을 의미

(2) **사회적 이슈**(social issue, 사회적 쟁점) : 일반 대중의 관심을 끌지만, 문제에 대한 정의와 해결방안에 관하여 사회적 의견이 일치하지 않는 사회문제로서, 집단들 간에 논쟁의 대상이 되어있는 문제

(3) **공중의제**(public agenda) : 공중의제(= 체제의제)는 일반 대중의 주목을 받을 가치가 있으며, 정부가 문제해결을 하는 것이 정당한 것으로 인정되는 사회문제를 의미함. 공중의제화는 사회적 이슈가 공중으로 확산됨으로써 일반 대중들이 그 사회문제에 관심을 갖게 되고, 그 해결이 정부의 당연한 역할이라고 믿게 될 때 이루어짐

(4) **공식의제**(formal agenda)
  ① 공식의제(정부의제)란 정부의 공식적인 의사결정에 의해 그 해결책을 고려하기로 공식적으로 밝힌 문제를 의미. 공중의제가 정부 내부로 진입해 들어감으로써 정부의제화가 됨
  ② 공식의제(= 제도의제)는 특정 쟁점에 대해 정책대안이나 수단을 모색할 수 있을 정도로 구체화된 단계로, 제도의제의 항목 수는 비교적 적고 내용은 보다 구체적이므로, 일단 제도의제가 되면 해결 가능성이 매우 높아짐

3 주도집단에 따른 정책의제 설정 모형

(1) **외부주도형**(outside initiative model)

① 의의
  ㉠ 정부 외부에 있는 집단들이 주도하여 정책의제 채택을 정부에 강요하는 모형. 즉, 주로 이익집단들에 의해 제기된 문제가 여론을 형성하여 공중의제로 전환되고, 정책결정자들에 의해서 공식의제로 채택되는 유형 예 1987년 6월 민주화 항쟁 → 6·29 선언
  ㉡ 사회문제 → 공중의제 → 정부의제

② 특징
  ㉠ 정책 담당자가 아닌 외부 사람들의 주도에 의해 정책문제의 정부 귀속화가 이루어지는 경우로, 정부가 외부의 요구에 민감하게 반응하는 정치체제. 다원화되고 민주화된 선진국 정치체제에서 나타나는 유형
  ㉡ 허쉬만(Hirschman)의 '강요된 정책문제': 정책문제의 쟁점화를 유도함으로써 정부에 대해서 정책의제 채택을 강요

(2) **동원모형**(mobilization model)

① 의의
  ㉠ 정치지도자(최고 정책결정자)의 지시에 따라 사회문제가 바로 정부의제로 채택되고 정책집행의 성공을 위해 필요한 일반의 지지를 얻기 위해 정부의 홍보 활동(행정 PR)을 통해 공중의제로 확산시키는 과정을 설명하는 모형
    예 가족계획사업, 1970년대 새마을운동 사업, 88 올림픽 등
  ㉡ 사회문제 → 정부의제 → (행정 PR) → 공중의제

② 특징
  ㉠ 동원형은 행정부의 영향력이 강하고 시장이나 시민사회의 발전이 낙후된 개발도상국가 또는 후진국에서 자주 나타나는 유형이지만, 선진국에서도 나타날 수 있음
    예 미국 존슨 대통령의 빈곤퇴치운동
  ㉡ 정책의제설정을 위해 내부적으로 결정한 정부의제를 국민에게 적극적으로 홍보하여 공감을 형성하고 공중의제화 과정을 거치게 됨

확인문제

주도집단에 따른 정책의제 설정 유형에 관한 설명으로 옳지 않은 것은?
2009, 국회 8급
① 내부접근형은 행정관료가 의제 설정을 주도하는 유형이다.
② 동원형은 정부의제화한 후 구체적인 정책결정을 하면서 공중의제화한다.
③ 내부접근형에서 정부의제는 정부 PR을 통해 공중의제화된다.
④ 외부주도형은 이익집단이 발달하고 정부가 외부의 요구에 민감하게 반응하는 정치체제에서 주로 나타난다.
⑤ 동원형은 정부의 힘이 강하고 민간부문의 힘이 취약한 후진국에서 주로 나타나는 유형이다.

▶ ③ [×] 동원형에 대한 설명이다. 내부접근형(음모형)에서는 정부 PR을 통한 공중의제화 단계가 생략된다.

(3) **내부접근모형**(inside access model)(= 내부주도형, 음모형)
   ① 의의: 정부 내의 관료집단에 의해 주도되어 사회문제가 공식의제로 채택되는 형태의 모형 또는 정부기관 내의 관료집단이나 정책결정자에게 쉽게 접근할 수 있는 매우 극소수의 외부집단이 최고 정책결정자에게 접근하여 정부의제화하는 경우를 설명하는 모형(사회문제 → 정부의제)
   ② 특징
      ㉠ 일반 공중의 참여를 배제하고자 시도하는 것으로, 사회문제가 정책담당자에 의해 바로 정책의제가 되나, 공중의제화 노력은 하지 않을 뿐만 아니라 오히려 의도적으로 확장을 막으려고 노력함(음모형)
      ㉡ 부와 권력·지위 등이 소수에게 집중된 국가에서, 의도적으로 국민을 무시하는 정부, 국민이 사전에 알면 곤란한 문제를 다룰 때, 미국과 같은 선진국에서도 무기 구입 정책과 같은 국방정책과 외교정책 등 비밀유지가 필요한 분야에서도 나타남
      ㉢ 내부접근형의 정책의제 설정에서는 국민의 이익은 도외시된 채 정책과정에 접근이 가능한 소수의 외부집단의 이익을 옹호하는 정책이 생성될 수 있음

> **보충자료**
>
> **메이(May)의 의제설정 모형**
>
> | 정책의제설정의 주도자 \ 대중의 관여 정도 | 높음 | 낮음 |
> |---|---|---|
> | 민간(사회적 행위자) | 외부주도형 | 내부접근형 |
> | 정부 | 굳히기형(공고화형) | 동원형 |
>
> 1. **외부주도모형**: 민간집단에 의해 이슈가 제기되어 공중의제화한 이후 정책결정자의 관심을 끌게 되면 정부의제로 전환됨. 주로 심볼 활용(symbol utilization)이나 매스미디어 등을 통해 쟁점이 확산됨
> 2. **내부접근형**: 의사결정자들에게 접근할 수 있는 영향력 있는 집단들이 정책을 주도하는 모형으로 정책의 대중적 확산이나 정책경쟁의 필요성을 느끼지 않는 경우 나타나는 모형
> 3. **굳히기형**(공고화형): 대중의 지지가 높은 정책문제에 대하여 정부(국가)가 의제설정을 주도하는 모형
> 4. **동원모형**: 정책결정자가 주도하여 정책의제를 미리 결정한 후 이것을 일반대중에게 설득하는 활동을 함

확인문제

다음 중 어떠한 정책문제가 정책의제로 채택될 가능성이 가장 낮은 경우는? 2015. 국가 9급
① 정책문제의 해결가능성이 높은 경우
② 이해관계자의 분포가 넓고 조직화 정도가 낮은 경우
③ 선례가 있어 관례화(routinized)된 경우
④ 정책의제화를 요구하는 집단의 규모가 큰 경우

▶ ② 이해관계자의 분포가 넓고 조직화 정도가 낮은 경우에는 이들의 적극적인 정치적 행동의 가능성이 낮아져 정책의제 채택 가능성이 낮아진다. 반대로 조직화 정도가 높은 경우에 의제화 가능성도 높아진다.

4 정책의제 설정에 영향을 미치는 요인

(1) 정책문제의 성격

① 사회 이슈와 관련된 행위자가 많고, 이 문제를 해결하기 위한 정책이 다수의 정책 대상집단에게 영향을 미치거나 정책으로 인한 영향이 중요한 경우 상대적으로 쉽게 정책의제화됨

② 선례와 일상화 정도: 일상화된 정책문제는 선례답습식으로 쉽게 정책의제화됨

③ 정책문제의 해결가능성: 정책담당자 또는 정부기관 입장에서 정책문제의 해결이 상대적으로 쉽게 해결될 것으로 인지되는 경우에 정책의제화가 쉬움

(2) 정책 이해관계자의 특성

① 정책의제화를 요구하는 집단의 규모가 클수록, 그리고 정책영향력이 클수록 정책의제화될 가능성이 높음

② 정책이해관계자가 좁게 분포하고 조직화 정도가 높을수록 조직비용이 낮기 때문에 상대적으로 쉽게 의제화가 됨. 반면에 정책 이해관계자가 넓게 분포하고 조직화 정도가 낮은 경우에는 조직비용이 높기 때문에 정책의제화가 어려움

(3) 정치·경제·사회적 환경

① 국민의 관심 집결도가 높거나 특정 사회 이슈에 대해 정치인의 관심이 큰 경우에는 정책의제화가 쉽게 진행됨

② 특정 사회 이슈를 정부에 전달하고 수용하도록 하는 정치제도가 존재하고 원활하게 작동할 경우 상대적으로 정책의제화가 쉬움

CHAPTER 04 정책결정론

제1절 정책결정의 의의 및 과정

1 정책결정(policy making)의 의의

정책결정이란 정부가 공적 문제 해결을 위해 정책목표를 설정하고 이를 달성하기 위한 정책수단을 선택하는 활동을 의미

2 정책결정 과정

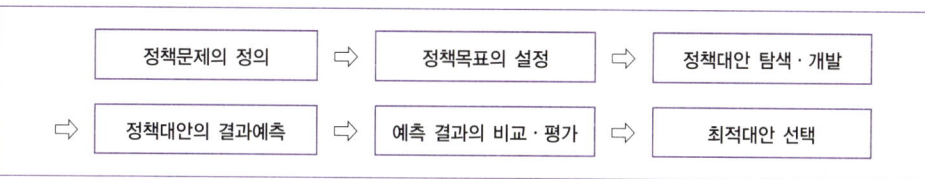

▶ 합리적 정책결정의 절차

3 정책분석

(1) **정책분석의 의의**

정책분석은 "더 나은 정책결정을 위해 필요한 정보의 창출과 활용을 위한 분석적이고 체계적이며 종합적인 노력"으로 정의할 수 있으며, 주로 정책결정 단계에서 이루어짐

(2) **정책분석의 특징**

① 정책분석은 관리과학과 체제분석 등으로부터 영향을 받음. 관리과학은 효과와 비용을 계량화할 수 있는 경우에만 주안점을 두어 카리스마, 도전적인 것과 같은 비합리적인 현상을 다루기 곤란함

② 체제분석도 경제적 능률성에 초점을 두어 정책대안이 가져올 비용·효과의 분배적 측면에 대해서는 소홀하다는 한계가 있음. 즉, 정치사회적 영향에 대해서 관심을 갖지 않음. 정책분석은 이러한 점을 보완할 수 있음

③ 관리과학이나 체제분석 등에 비해 정치적 실현가능성 분석은 여러 정책대안에 관련된 사회적 권력 관계의 검토, 정치적 합의의 분석 등 정치적 변수를 고려하는 점에서 차이가 있음

정책분석, 체제분석, 관리과학 비교

정책분석 (Policy Analysis)	• 정책결정자들이 더 나은 판단을 할 수 있도록 필요한 정보를 창출하고 제시하는 일체의 지적 활동(관리과학 + 체제분석 + 정치적 실현가능성 분석) • 계량적 분석과 질적 분석 모두 강조 • 경제적 합리성과 정치적 합리성에 대한 고려
체제분석 (System Analysis)	• 의사결정자가 문제해결을 위한 최적의 대안을 선택하는 데 도움을 주기 위한 체계적이고 과학적인 접근방법(관리과학보다는 활용범위가 넓음) • 계획예산제도는 체제분석을 이용한 예산제도이며, 비용편익분석과 비용효과분석은 체제분석의 주된 기법임 • 가능한 미시적이고 계량적인 분석방법의 활용이 강조되나 질적 가치문제의 판단도 이루어짐(계량 평가 전제 + 질적 가치문제에 대한 평가)
관리과학 (Management Science)	• 문제해결이나 의사결정에서 최적대안을 탐색하는 데 활용되는 과학적·계량적 접근방법 또는 분석기법 • 과학적인 원리와 기법 및 절차의 사용을 강조 • 수리적 모형 구성과 계량적 분석을 강조하며 분석수단으로 컴퓨터 활용 • 경제적이고 기술적 측면에 관심 • 가치문제, 질적 분석을 경시하며 정치적 합리성의 요구를 무시함

제2절 정책문제의 정의

1 정책문제 정의의 개념

정책문제의 정의는 정책문제의 구성 요소, 원인·결과 등의 내용을 규정하여 '무엇이 문제인지'를 밝히는 것임

2 정책문제 정의의 중요성

(1) **정책문제 정의는 정책목표 설정과 직결되는 활동**: 정책문제 해결을 목표로 하는 치유적 정책목표의 경우 정책문제의 정의가 정책목표가 됨

(2) **정책내용을 일차적으로 규정**: 정책문제 정의는 그 자체 속에 정책수단을 내포

(3) **제3종 오류의 방지**: 정책분석가들이 정보의 부족이나 편견의 개입 등에 의해 정책문제를 잘못 정의하는 제3종 오류를 방지하기 위해 정책문제 정의가 중요함

정책 오류 유형

1종 오류	2종 오류	3종 오류(Meta error)
정책효과가 없는데 있다고 결론을 내리는 경우	정책효과가 있는데 없다고 결론을 내리는 경우	정책문제를 잘못 정의함으로써 문제의 올바른 해결책을 제시하지 못하는 오류(근본적 오류)

③ 정책문제의 정의 시 고려사항

(1) **관련 요소 파악**: 정책문제와 관련된 행위자와 요소(사물, 상황 등)들을 찾아내고 그 중요성에 따라 구분하여 이슈의 핵심을 확인해 나가야 함

(2) **가치판단**: 정책문제와 관련된 행위자들이 원하는 가치를 파악하고, 가치들 사이의 보완, 경쟁, 無 관계, 주종 관계 등을 확인

(3) **인과 관계 파악**: 관련 요소들 사이의 관계를 원인·매개·결과로 나누어 보고, 이들 관계를 인과 관계 식으로 연결하여 이해해야 함

(4) **역사적 맥락 파악**: 정책문제는 역사적 산물일 경우가 많으므로, 관련 요소들 사이의 관계를 역사적 발전 과정에서 확인해야 함

④ 정책문제의 구조화 기법(Dunn)

(1) **구조화 기법의 의의**
① 정책문제를 정의하기 위해 문제 상황의 대안적 개념화를 생성하고 검증하는 과정으로 문제의 감지, 문제의 탐색, 문제의 정의, 문제의 구체화를 포함하는 개념
② 정책문제의 구조화는 제3종 오류를 방지하기 위한 것. 정책문제의 정의는 주관적·질적 분석이 활용됨

(2) **구조화 기법의 유형**
① **분류분석**: 문제를 구성하고 있는 구성요소들을 카테고리별로 분류하여 문제를 명확하게 정의하는 기법. 추상적인 개념들을 구성요소별로 나누어 구체적인 대상이나 상황으로 나타내는 귀납적 추론 과정
② **계층분석**: 문제의 원인을 계층적으로 규명해나가는 방법으로 인과관계 파악을 주된 목적으로 함
③ **가정분석**: 정책과정의 참여자들 간에 문제에 대한 가정이나 전제가 일치하지 않을 경우 가정들에 대한 비판적 평가, 이해관계자의 확인 등을 통해 상충적 가정들을 창의적으로 통합하는 기법
④ **경계분석**: 문제의 범위나 위치를 파악하기 위한 기법. 정책문제의 존속기간 및 형성과정을 파악하기 위해 사용하는 기법으로 문제의 경계를 설정함으로써 문제의 주요 국면을 간과하는 일이 없도록 하기 위한 분석기법

확인문제

정책문제를 올바르게 정의하기 위해서 고려해야 할 요소로 보기 어려운 것은? 2011, 서울 9급
① 정책목표의 설정
② 관련 요소 파악
③ 역사적 맥락 파악
④ 인과관계 파악
⑤ 가치판단

▶ ① [×] 정책목표의 설정은 정책문제의 정의 이후에 이루어지는 단계이다.

확인문제

정책문제의 구조화 방법에 대한 설명으로 옳지 않은 것은? 2023, 국회 9급
① 분류분석은 문제의 구성요소를 분해하여 식별함으로써 개념을 명료화한다.
② 계층분석은 가능성 있는 원인의 식별 또는 문제 상황의 인과관계를 규명한다.
③ 유추분석은 과거 비슷하게 경험했던 문제와 비교하여 당면문제를 식별한다.
④ 가정분석은 문제와 관련된 가정들을 찾아내고, 동일한 가정들을 체계적으로 비교하여 명확한 가설들을 창의적으로 도출한다.
⑤ 경계분석은 문제의 위치와 존재 기간, 문제를 형성해 온 역사적 사건들을 구체화하고 현재 문제와 다른 문제들의 관계를 파악하여 문제의 경계를 추정한다.

▶ ④ [×] 가정분석은 정책문제에 관해 서로 대립되는 가정의 창조적 종합을 목표로 하는 기법이다.

⑤ 유추분석(시네틱스)

개인적 유추 (personal analogies)	정책분석가 자신이 정책 관련 집단들이 처해 있는 것과 유사한 상태에서 문제 상황을 경험하고 상상해 봄으로써 문제를 파악 예 정책분석가가 교통문제를 분석하기 위해 만원버스에 승차
직접적 유추 (direct analogies)	둘 이상의 실제 문제 상황 사이의 유사한 관계를 찾아냄으로써 문제를 분석하는 방법 예 약물중독 문제를 구조화하기 위해 전염병 통제 경험으로부터 유추하는 경우
상징적 유추 (symbolic analogies)	주어진 문제 상황과 상징적 대용물(모형 또는 시뮬레이션) 사이의 유사한 관계를 찾아내어 문제를 분석 예 정책의 순환적 결정과정을 자동온도조절장치에 비교
환상적 유추 (fantastic analogies)	정책분석가들이 문제 상황과 어떤 가상적인 상황 사이에 일정한 유사성이 있다고 자유롭게 상상해 보는 것 예 핵 공격에 대한 방어 문제를 구조화하기 위해 상상을 통해 문제를 유추하는 경우

제3절 정책대안의 탐색·개발

1 정책대안의 탐색

(1) **정책대안**: 정책목표와 정책수단의 배합

(2) **정책대안의 탐색**: 정책목표 설정 후, 이 목표를 달성할 수 있는 정책대안을 폭넓게 탐색하고 개발하는 작업을 의미

2 정책대안의 원천

(1) 현존 정책이나 과거 정책목록 속에 포함된 정책들을 정책대안으로 활용

(2) **다른 정부의 정책**: 다른 정부의 정책을 정책대안으로 고려하는 경우에는 가급적 사회문화적 배경 등이 유사한 지역을 선택하는 것이 바람직함

(3) **이론적 모형**: 과학적 지식이나 이론으로부터 정책대안 도출

(4) **주관적·직관적 방법**: 브레인스토밍(brain storming), 델파이(policy delphi) 기법 등 활용

제4절 정책대안의 결과예측

1 정책대안의 결과예측의 의의

(1) 정책대안의 결과예측은 정책대안이 집행 또는 실현되었을 경우 나타날 결과들을 정책대안 실현 이전에 미리 예상하는 것

(2) 정책대안의 결과예측 단계는 정책대안이 실현되었을 경우 나타날 결과들을 정책대안 실현 이전에 미리 예상해보는 단계이므로 필연적으로 불확실성이 존재함. 따라서 정책대안의 결과예측을 위해서는 불확실성하에서의 정책분석이 중요시됨

2 불확실성과 결과예측: 불확실성의 대처방안

(1) **불확실성에 대한 적극적 대처방안**: 불확실한 것을 적극적으로 확실하게 하려는 방안
① 이론이나 모형의 개발을 통해 미래를 예측해 봄으로써 불확실성을 극복
② 시뮬레이션(정책실험): 전면적인 정책실시 이전에 일부 정책대상 집단을 대상으로 소규모의 시범적 실행을 통해 불확실성을 극복하는 방법
③ 정책델파이와 브레인스토밍
④ 정보의 획득: 결정을 미루어 정책대안 결과를 예측하기 위해 보다 많은 정보를 얻음으로써 불확실성을 줄이는 방법
⑤ 흥정·협상을 통해 불확실성을 유발하는 상황을 통제하는 방법
⑥ 공식화 및 표준화: 표준운영절차(SOP) 등을 설정하여 구성원 행위의 일관성을 확보함으로써 불확실성을 통제하는 방법

(2) **불확실성에 대한 소극적 대처방안**: 불확실한 것을 주어진 것으로 보고 이에 대처하는 방안
① 가외적 장치 마련
② 불확실성하의 의사결정 기준 적용 예 최소극대화기준 등
③ **민감도 분석**: 모형의 매개변수(파라미터)가 불확실할 때 이 매개변수가 취할 수 있는 가능한 값들을 모두 대입하여 매개변수 변화에 따라 대안의 결과가 어떻게 달라지는지를 분석하는 방법
④ **상황의존도 분석**: 한 모형에서 외생변수(조건변수)의 변화에 따라 결과가 얼마나 민감하게 변하는가를 분석하는 방법(상이한 조건하에서의 우선순위 변화를 통해 분석하는 방법)
⑤ **보수적 결정(conservative decision)**: 미래에 대한 불확실성을 주어진 조건으로 보고 그 안에서 결과를 예측하는 방법으로, 미래에 발생할 수 있는 최악의 상황을 전제하고 정책대안의 결과를 예측하는 방법

확인문제

정책 환경의 불확실성을 극복하는 대처방안 중 소극적인 방법에 해당하는 것은? 2019, 지방 9급
① 상황에 대한 정보의 획득
② 정책실험의 수행
③ 협상이나 타협
④ 지연이나 회피

▶ ④ 지연이나 회피는 불확실성을 주어진 것으로 전제하는 소극적 대처방안에 해당한다.

확인문제

미래에 대한 불확실성을 주어진 조건으로 보고 그 안에서 결과를 예측하는 방법으로, 미래에 발생할 수 있는 최악의 상황을 전제하고 정책대안의 결과를 예측하는 방법은?
2010, 국가 9급
① 중복적 또는 가외적 대비 (redundancy)
② 민감도 분석 (sensitivity analysis)
③ 보수적 결정 (conservative decision)
④ 분기점 분석 (break-even analysis)

▶ ③ 보수적 결정에 대한 설명이다.

⑥ **악조건 가중분석**: 예비분석 등을 통해 가장 우수한 것으로 예상되는 정책대안에 대해서는 매개변수 및 외생변수가 최악의 상태로 발전할 것으로 가정하고, 나머지 대안에 대해서는 최선의 상태가 발생할 것으로 가정하여 각 대안의 결과를 예측하고, 이에 근거하여 대안을 선택하는 분석방법

⑦ **분기점 분석(break-even analysis)**: 최선 및 차선으로 예상되는 몇몇 대안들이 동등한 결과를 산출하기 위해서 모형의 매개변수 및 외생변수들이 어떻게 변화해야 하는지를 가정해보고, 그 가정 가운데 가장 발생가능성이 높은 대안을 최선의 정책대안으로 선택하는 방법

③ 정책대안의 결과예측 방법

(1) **추세연장**(투사법): 과거와 현재의 상태를 근거로 미래를 예측하는 방법. 과거의 변동 추세를 모아둔 시계열 데이터에 대한 분석 결과를 토대로 미래를 예측하는 통계적 방법으로 외삽법 등의 용어로 활용됨

(2) **이론적 가정**: 예측 대상 분야와 관련 있는 변수를 알고, 이들 사이의 관계를 알 수 있을 때, 이를 토대로 미래를 예측하는 방법

(3) **주관적 판단**(추측): 전문가 또는 관련대상자 개인 또는 집단의 주관적 판단에 의해 미래를 예측

정책대안의 결과예측 방법(W. Dunn)

유형	개념 및 특징	기법
투사 (project)	경험적·귀납적 예측, 통계적 방법	시계열분석, 최소자승시계열분석, 선형경향추정, 이동평균법, 격변예측기법, 검은줄(흑선) 기법 등
예견 (predict)	이론적 예측: 이론적 모형을 통한 인과적·연역적 예측기법	선형계획모형, 회귀분석, 상관분석, PERT, CPM, 시뮬레이션, 대기행렬이론, 이론지도 작성, 구간추정, 게임이론, 계량적 시나리오 작성 등
추측 (conjecture)	직관적·주관적·질적 예측기법	델파이, 정책델파이, 브레인스토밍, 교차영향분석, 명목집단기법, 지명반론자기법 등

보충자료

정책분석 기법

1. **시계열분석**: 투사, 즉 연장적 예측(project)에 해당. 시계열이란 연속적으로 이어진 시간의 단위(시점)마다 취한 어떤 계량 변수의 정돈된 관찰치의 집합을 의미. 시계열분석은 이들 관찰치의 집합을 토대로 미래 특정 시점의 값을 예측하는 방법으로 보통 분기별, 월별 또는 주별 데이터를 이용하여 예측하고자 하는 대상이 시간의 변화에 따라 어떤 경향을 보이고 있는가를 밝히는 데 많이 이용됨

2. **선형계획**: 자원의 제약하에서 최선의 선택을 하는 모형으로서 이론적 예측에 해당. 정책결정에는 여러 가지 제약이 따름. 이런 경우 어떻게 하면 제약조건들을 잘 충족시키면서 최선의 선택을 할 수 있는가를 도와주는 결정기법

3. **회귀모형**(회귀분석): 인과분석 방법 중의 하나로서 변수들 간의 관계를 이용해 미래를 예측하는 기법. 회귀분석은 예측하고자 하는 종속변수와 독립변수 간의 수학적 관계에 근거하고 있으며, 이때 독립변수가 하나이면 단순회귀분석, 둘 이상이면 다중회귀분석이 적용됨

확인문제

W. N. Dunn은 예측의 기법을 연장적 예측, 이론적 예측, 직관적 예측으로 분류하였다. 〈보기〉에서 이론적 예측 기법은 모두 몇 개인가?
2011, 국회 9급

┤보기├
ㄱ. 시계열분석
ㄴ. 선형경향추정
ㄷ. 구간추정
ㄹ. 회귀분석
ㅁ. 상관분석
ㅂ. 정책델파이
ㅅ. 교차영향분석
ㅇ. 브레인스토밍

① 2개　② 3개
③ 4개　④ 5개
⑤ 6개

▶ ② [○] ㄷ. 구간추정, ㄹ. 회귀분석, ㅁ. 상관분석만 이론적 예측에 해당한다.
ㄱ. 시계열분석, ㄴ. 선형경향추정은 투사 방법에 해당한다.
ㅂ. 정책델파이, ㅅ. 교차영향분석, ㅇ. 브레인스토밍은 추측 방법에 해당한다.

4. **경로분석**(Path analysis): 경로란 인과관계를 의미하는 것으로 원인변수가 결과변수에 어떠한 경로로 영향을 미쳤는지를 분석하는 인과분석 모형
5. **교차영향분석**: 다른 사건의 발생 여부에 기초하여 미래의 어떤 사건이 일어날 확률에 대해서 판단을 이끌어 내는 방법. 교차영향분석에 쓰이는 기본적인 분석도구는 교차영향행렬로, 이 행렬은 행과 열에 잠재적으로 관련된 사건들을 나열한 대칭적인 표를 말함. 교차영향분석은 조건 확률의 원리에 따르는데 조건 확률이란 한 사건의 발생확률이 다른 사건에 종속적이라는 것임. 교차영향행렬의 이점은 분석가로 하여금 간과될 수도 있는 상호관련성을 식별할 수 있도록 하는 데 있음

제5절 정책대안의 결과예측: 추측(Conjecture)

1 브레인스토밍(brainstorming) 또는 집단토의

(1) 브레인스토밍의 의의

① 오스본(Osborn)에 의해 창안된 집단토의기법으로서 직접적·대면적 접촉에 의해 즉흥적이고 자유분방하게 여러 가지 기발한 아이디어를 창안하는 활동

② 자유롭고 개방적인 분위기 속에서 창의적인 의견이나 아이디어를 자유롭게 교환하도록 함으로써 미래를 예측하고 문제해결방안을 마련하는 집단토의기법

(2) 브레인스토밍의 과정(단계)

① 아이디어 개발: 가능한 많은 아이디어를 위해서 관련 분야의 전문가뿐만 아니라 상상력이 풍부하고 독창적인 사람 또는 정책에 직접 영향을 받는 관련자들을 널리 포함시키는 것이 바람직함

② 아이디어 평가와 종합: 모든 아이디어들을 총망라한 다음 평가와 종합을 하게 되는데 비슷한 아이디어들의 취합, 전혀 실현가능성 없는 대안 등의 제거들을 통해서 몇 가지 대안을 선정

(3) 브레인스토밍의 특징

① 비판 금지: 보다 많은 창조적인 아이디어를 얻기 위해서는 첫 번째 단계에서 아이디어에 대한 평가·비판·간섭을 하지 않아야 함. 참가자는 자유로운 분위기에서 어떠한 아이디어라도 거리낌 없이 발표할 수 있어야 하며, 지나치게 이상적이거나 급진적인 아이디어, 실현가능성이 없거나 또는 실현가능성이 희박한 정책대안들도 자유스럽게 제시될 수 있어야 함

② 질보다 양: 좋은 아이디어보다 많은 아이디어를 얻는 것을 강조

③ 대면적 토론: 면대면 토론을 원칙으로 하나, 최근 전자브레인스토밍도 활용됨

④ 결합 개선: 다른 사람의 아이디어를 결합·수정·모방해서 새로운 아이디어를 산출하는 편승기법(piggy backing) 사용을 유도·장려

확인문제

브레인스토밍에 관한 설명으로 옳지 않은 것은? 2009, 국가 9급
① 우스꽝스럽거나 비현실적인 아이디어의 제안도 허용해야 한다.
② 각각의 아이디어에 대한 평가가 현장감 있게 진행되어야 한다.
③ 제안되는 아이디어는 많을수록 좋다.
④ 관련분야의 전문가가 아니라도 아이디어를 제안할 수 있다.

▶② [×] 브레인스토밍은 보다 많은 창조적인 아이디어를 얻기 위해서 자유롭게 아이디어가 제시될 수 있어야 하므로, 아이디어 개발 단계에서 타인들의 아이디어를 평가·비판·간섭해서는 안 된다.

2 델파이(Delphi)기법

(1) **델파이기법의 의의**: 1948년 Rand 연구소에서 개발되어 전문가들의 주관적 판단에 의한 미래예측을 위해서 주로 사용된 주관적·질적 미래예측 기법

(2) **델파이기법의 특징**

① 익명성: 참여하는 전문가들의 익명성이 엄격하게 보장됨. 누가 어떤 의견을 제시했는지 모르게 하기 위해서 의견의 제시는 면대면의 토의가 아니라 서면으로 제시

② 응답의 통계처리: 응답을 최빈수, 중위수, 평균 등 통계처리 된 형태로 정리

③ 반복성과 환류: 제시된 의견들은 다른 모든 사람들에게 제공되며, 다른 사람들의 의견을 검토하고 각자는 다시 자신의 의견을 제시함. 의견들을 회람시키는 것을 몇 차례 되풀이하는 과정을 거침

④ 합의 유도: 몇 차례의 회람 후에 최종적으로 전문가들이 합의하는 아이디어를 만들어내도록 유도

(3) **델파이기법의 장·단점**

장점	• 익명성 유지로 솔직한 견해 반영 • 대면토론 시 나타날 수 있는 감정대립, 지배적 성향을 가진 사람의 독주, 다수의견의 횡포, 집단사고(group thinking) 등을 방지할 수 있음
단점	• 개인의 주관적 판단에 의존하므로 객관성 결여 • 설문방식에 따른 응답의 조작 가능성

보충자료

재니스(I. L. Janis)의 집단사고(group think)

1. **집단사고의 의의**: 집단사고란 집단의 의사결정과정에서 그 결정에 참여하는 구성원들이 무비판적이며 획일적으로 나타나는 특이한 사고양식을 말함

2. **집단사고의 특징**: 지나치게 응집적인 집단에는 ① 집단성원들을 지나치게 낙관주의로 이끌고 고도의 위험성을 쉽게 받아들이도록 하는 '무결점의 환상(illusion of invulnerability)', ② 소속집단은 가장 이상적인 목표를 가지고 있기 때문에 비판받아서는 안 된다는 감정인 '도덕성의 환상(illusion of morality)' ③ 대다수 집단구성원의 판단과 의견에 관한 공유된 '만장일치의 환상(illusion of unanimity)' 등이 나타나 집단 의사결정 시에 이성적인 사고를 마비시킨다는 것임

3. **집단사고의 결과**: 집단사고가 존재하는 조직은 어떤 문제해결을 위한 의사결정을 할 때 그 참여자들이 집단 내부의 합의 결정의 요구에 동조·순응해 자유로운 비판이나 의견의 표현을 자제하는 가운데 결정함으로써 여러 가지 결함을 지니는 결정을 초래하기 쉬움. 재니스(Irving Janis)는 집단적 의사결정 과정에서 이와 같은 집단사고의 징후가 나타남으로써 발생하는 의사결정 결과의 특징으로 대안의 불완전한 조사, 목표의 불완전한 조사, 선호된 대안이 가져올 위험성에 대한 검토의 실패, 애초에 기각된 대안의 재검토에 대한 실패, 빈약한 정보 탐색, 정보처리에 있어서의 선택적 편견, 상황적응적 계획 수립의 실패 등을 지적했음

4. **집단사고 예방 전략**: ① 최종 대안을 도출한 후에는 각 참여자들에게 반대의견을 제시할 수 있는 기회를 부여, ② 조직에서 결정하는 사안이나 정책에 대해서 외부 인사들이 재평가할 수 있는 체계를 구축, ③ 최고 의사결정자는 대안 탐색 단계마다 참여자 중 한 명에게 악역을 맡겨 다수 의견에 반대되는 의견을 강제로 개진하게 함, ④ 집단적 의사결정에서 의사결정 단위를 2개 이상으로 나눔

확인문제

미래 예측을 위한 일반적 델파이기법에 대한 설명으로 옳지 않은 것은?
2017, 국가 9급

① 전문가들의 의견을 종합하여 보다 합리적인 아이디어를 만들려는 시도이며, 정책대안의 결과 예측뿐 아니라 정책대안의 개발·창출에도 사용된다.
② 전문가집단의 의사소통은 구조화된 설문지를 통해 반복적으로 이루어진다.
③ 불확실한 먼 미래보다는 가까운 미래를 예측하기 위하여 통계분석을 활용하는 객관적 미래예측 방법이다.
④ 전문가집단은 익명성이 보장된 상태에서 답변하며 자신의 답변을 수정할 수 있다.

▶ ③ [×] 델파이기법은 관련분야의 전문지식을 가진 전문가들의 직관에 의존(통계자료 분석 ×)하는 주관적(객관적 ×) 질적 미래예측기법이다.

확인문제

재니스(I. L. Janis)가 말하는 집단사고(group think)의 내용에 속하지 않는 것은? 2018, 지방교행 9급

① 응집성이 강한 집단에서 일어나는 경향이 있다.
② 동조에 대한 압력이 강해 비판적인 대안이 무시되는 경향이 있다.
③ 위험을 회피하고 어떠한 혁신이나 도전도 하지 않으려는 경향이 있다.
④ 집단구성원들은 침묵도 동의로 간주하는 만장일치의 환상을 갖는 경향이 있다.

▶ ③ [×] 위험을 회피하고 어떠한 혁신이나 도전도 하지 않으려는 경향은 무사안일주의 태도에 가깝다.
①, ②, ④ [○] 집단사고는 집단응집성과 합의에 대한 압력으로 인해 비판적인 사고가 억제되고 대안들에 대한 찬성과 반대가 충분히 검토되지 못한 채 의사결정이 이루어짐으로써 결국 잘못된 의사결정에 도달하게 되는 현상이다. 집단사고는 만장일치에 대한 믿음 등으로 나타난다.

3 정책델파이(Policy Delphi)

(1) **정책델파이의 의의** : 델파이의 한계를 극복하고 정책문제 해결을 위해 정책대안을 개발하고 정책대안의 결과를 예측하기 위해서 만들어낸 방법. 정책델파이는 특정 정책문제에 관련된 다양한 집단들의 대립되는 의견을 표출시키고 쟁점을 파악함으로써 정책의 미래를 예측하고 해결방안을 마련하기 위한 방법

(2) **정책델파이의 특징**

① 정책관계자의 의견 중시(식견 있는 다수의 창도) : 정책관련자들을 모아서 정책문제의 성격이나 원인, 결과 등에 대하여 필요한 여러 가지 정보를 제공하고 이들의 의견을 반영함

② 선택적 익명성 : 정책대안이나 정책대안의 결과를 제시하는 첫 번째 단계에서는 누가 어떤 의견을 제시했는지 모르게 함. 그러나 대강 의견들이 종합되어 몇 가지 대립되는 정책대안이나 결과가 표면화한 이후에는 공개적인 토론을 함

③ 양극화된 통계처리 : 응답자들의 판단을 집약할 때 의도적으로 불일치와 갈등을 부각시키는 수치를 사용함

④ 유도된 의견대립 : 서로 다른 의견들을 공개적으로 도출하도록 하고 대립된 견해를 최대한 활용하여 여러 가지 정책대안을 창출하고 정책대안의 결과도 예측하도록 함

▣ 전통적 델파이기법과 정책델파이기법 비교

구분	전통적 델파이기법	정책델파이기법
적용 문제	일반 문제에 대한 예측	정책문제에 대한 예측
응답자	특정 정책과 관련된 전문가	식견 있는 다수의 창도자(전문가 이외에 이해관계자 참여 허용)
익명성	완전한 익명성(직접 대면접촉의 상호토론 ×)	선택적 익명성(초기 단계에서 익명성 요구, 논쟁이 표면화된 후 상호토론)
통계처리	일반적인 통계처리(중위값, 평균치 중시)	의견차이나 갈등을 부각(양극화된 통계처리)
합의	합의 도출(의견일치를 유도)	구조화된 갈등(유도된 의견대립)
토론	토론 부재	컴퓨터를 통한 회의 및 대면토론

4 명목집단기법(nominal group technique)

① 문제해결에 참여하는 개인들이 개별적으로 해결방안에 대해 구상을 하고 그에 대해 제한된 집단적 토론만 한 다음 해결방안에 대해 표결을 하는 문제해결기법

② 명목집단기법은 토론이 비조직적으로 방만하게 진행되는 것을 막고 좋은 의견이 고루 개진되는 것을 보장할 수 있는 장점이 있음

확인문제

정책 델파이에 대한 설명으로 옳지 않은 것은? 2012, 지방 9급

① 일반적인 델파이와 달리 개인의 이해관계나 가치판단이 개입될 수 있다.
② 정책문제 해결을 위한 정책대안을 개발하고 그 결과를 예측하기 위해 만들어진 방법이다.
③ 대립되는 정책대안이나 결과가 표면화되더라도 모든 단계에서 익명성이 보장되어야 한다.
④ 정책문제의 성격이나 원인, 결과 등에 대해 전문성과 통찰력을 지닌 사람들이 참여한다.

▶ ③ [×] 정책델파이는 전통적 델파이와는 달리 선택적 익명성을 특징으로 한다. 정책대안이나 정책대안의 결과를 제시하는 첫 번째 단계에서는 누가 어떤 의견을 제시했는지 모르도록 익명성을 유지하지만, 대강 의견들이 종합되어 몇 가지 대립되는 정책대안이나 결과가 표면화한 이후에는 공개적인 토론이 허용된다.

확인문제

집단적 의사결정기법에 대한 설명으로 옳지 않은 것은?
2016. 사복직 9급
① 델파이기법(Delphi method)은 미래 예측을 위해 전문가집단을 활용하는 의사결정방법이다.
② 브레인스토밍(brainstorming)을 통하여 새로운 아이디어를 만들기 위해서는 초기 단계에서 타인의 아이디어를 비판하거나 평가하지 말아야 한다.
③ 지명반론자기법(devil's advocate method)이 성공하려면 반론자들이 고의적으로 본래 대안의 단점과 약점을 적극적으로 지적하여야 한다.
④ 명목집단기법(normal group technique)은 집단구성원 간 의사소통을 원활하게 진행할 수 있다는 장점이 있다.

▶ ④ [×] 명목집단기법(normal group technique)은 개인들이 개별적으로 해결방안에 대해 구상을 하고 그에 대해 제한된 집단적 토론만을 한 다음 해결방안에 대해 표결을 하는 기법으로, 집단구성원 간 의사소통이 충분하고 원활하게 진행되지 않는다는 단점이 있다.

⑤ 변증법적 토론기법(dialectical discussion technique), 지명반론자 기법

① 토론집단을 대립적인 두 개의 팀으로 나누어 토론을 진행하는 과정에서 합의를 형성해 내도록 하는 기법
② 한 팀은 특정 대안에 대해 찬성하는(장점을 부각시키는) 역할을 맡고 다른 한 팀은 반대하는(단점을 부각시키는) 역할을 맡도록 하여, 두 팀이 자기역할에 충실한 토론을 하는 과정에서 특정 대안의 장점과 단점을 최대한 노출시키고 이어서 의견 수렴의 과정을 거치면서 보다 온전한 대안을 선택하는 방식

제6절 정책대안의 비교 평가 및 최적대안의 선택

1 의의

정책대안들의 예측 결과를 일정한 기준에 따라 비교 평가하여 최선의 대안을 선택하거나 우선 순위를 정하는 것으로 합리적 정책결정의 마지막 단계

2 정책대안의 비교 기준 또는 평가 기준(Nakamura & Smallwood)

(1) **소망성**(desirability): 정책대안의 바람직스러움을 평가하는 데 사용되는 기준. 즉 정책대안이 얼마나 바람직스러운 것이냐를 나타냄

노력 (effort)	• 결과를 고려하지 않고 사업 활동에 투자되는 질적·양적 투입이나 에너지를 의미
능률성 (efficiency)	• 투입과 산출의 비율을 의미 • 일반적인 비용편익분석에 의한 평가
효과성 (effectiveness)	• 목표 달성도를 의미
형평성 (equity)	• 비용과 편익이 여러 집단 사이에 동등하게 배분되었는가를 평가 • 경제적 측면보다 정치적 측면에서 중시되는 가치
대응성 (responsiveness)	• 성취된 정책 결과가 특수집단의 욕구, 선호, 가치 등을 만족시켜 주는가를 평가 • 조직 외부집단의 만족도와 관련시켜 효과성을 평가하는 기준임
적합성	• 정책대안의 사회적 중요가치 반영 여부
적절성	• 정책대안이 문제해결에 기여할 수 있는 정도(충분성)

(2) **실현가능성**(feasibility) : 어떤 정책대안이 실제 정책으로 채택되고, 그 내용이 충실히 집행될 가능성을 의미

기술적 실현가능성	• 정책대안이 현재 이용가능한 기술로서 실현이 가능한 정도
재정적 실현가능성	• 정책대안이 실현되는 데 소요되는 비용을 현재의 재정적 수준(정부의 예산 규모) 또는 사회전체적으로 이용가능한 자원으로 부담할 수 있는 정도를 의미
행정적 실현가능성	• 정책대안의 집행을 위해 필요한 조직, 인력 등의 이용가능성
법적·윤리적 실현가능성	• 법적 실현가능성 : 정책대안이 다른 법률의 내용과 모순되지 않을 가능성 • 윤리적 실현가능성 : 정책의 실현이 도덕적·윤리적 제약을 받지 않을 가능성을 의미
정치적 실현가능성	• 정책대안이 정치 체제에 의해 정책결정과정에서 정책으로 채택되고 집행될 가능성 • 현존 정치세력의 지지가 높은 대안일수록 정치적 실현가능성이 높음

3 정책대안의 비교·평가 방법

(1) **계층화 분석법**(analytical hierarchy process)

① 의의 : 전체의 대안을 한 번에 평가하는 것이 아니라 각 대안들을 분석을 위한 계층구조로 분류한 후 두 대안씩 조를 만들어 상대적인 중요성을 비교하는 방법

② 과정 : 이 방법을 사용하기 위해서는 먼저 현안 문제를 계층화 분석법을 적용할 수 있도록 계층구조로 전환해야 함. 예를 들어 어떤 한 가족이 주택을 선택하는 문제를 계층으로 분해해 보면 가장 상위에 있는 제1계층은 주택에 대한 만족이 되고, 제2계층은 주택의 크기, 버스정류장으로부터의 거리, 주택의 이웃 등이 되며, 제3계층은 주택 A, B, C 등이 구입 대안이 됨

　㉠ 문제의 구조화 : 각 계층에는 동질적 요소들이 나열되어야 함. 또 최하위 계층에 있는 요소들은 둘씩 짝을 지어 바로 위 계층에 있는 평가기준들에 의해 이원 비교가 가능해야 하며, 이런 식으로 최상위까지 이원 비교가 가능하도록 구조화해야 함

　㉡ 이원 비교의 시행 : 제3계층의 요소들 간의 상대적인 중요성은 제1계층에 포함된 주택에 의한 만족이라는 목적에 의해 평가됨. 주택의 크기와 정류장으로부터 거리 가운데 어느 요인이 주택에 대한 더 큰 만족을 가져올 수 있는가 등의 질문을 계속하고, 같은 방법으로 제3계층의 대안 A, B, C도 한 단계 상위인 제2계층의 기준으로 이원 비교를 하게 됨

　㉢ 종합화와 우선순위 결정 : 각 계층의 요인별 우선순위를 설정하고 우선순위의 일관성을 파악하며 각 계층의 우선순위를 종합

(2) **비용편익분석**(Cost-Benefit analysis)**과 비용효과분석**(Cost-Effectiveness analysis)

확인문제

〈보기〉가 설명하는 분석 방법은?
2020, 서울 9급

┤보기├
• 대안 간의 쌍대 비교를 한다.
• 사티(Saaty)가 제시한 원리에 따라 상대적 중요도를 설정한다.
• 우선순위를 판단하는 데 도움이 된다.

① 브레인스토밍
② 델파이
③ 회귀분석
④ 분석적 계층화 과정(AHP)

▶ ④ [○] 〈보기〉는 계층화 분석법 또는 분석적 계층화 과정(AHP : Analysis of Hierarchical Process) 을 설명하고 있다. 계층화 분석법은 불확실한 상황하에서 확률 추정이 불가능한 경우에 대안 간 쌍대 비교를 통하여 우선순위를 따져서 미래를 예측하는 기법이다.

제7절 비용편익분석(Cost-Benefit Analysis)

1 비용편익분석의 의의

① 정부의 정책 또는 사업 대안에 관련된 모든 비용과 편익을 열거하고 평가하여 최적의 합리적 대안을 선택하기 위한 기법. 한정된 재원을 효율적으로 배분하기 위해 정부 정책사업의 우선 순위를 산정하는 데 활용됨
② 공공투자사업의 타당성을 평가하는 기준으로 경제적 합리성(능률성)에 초점
③ 개별사업을 분석대상으로 하고, 사회전체 관점에서 비용과 편익을 분석
④ 비용과 편익을 화폐적(금전적) 가치로 표현하고, 장기적 시각에서 분석

2 비용편익분석의 절차와 주요 내용

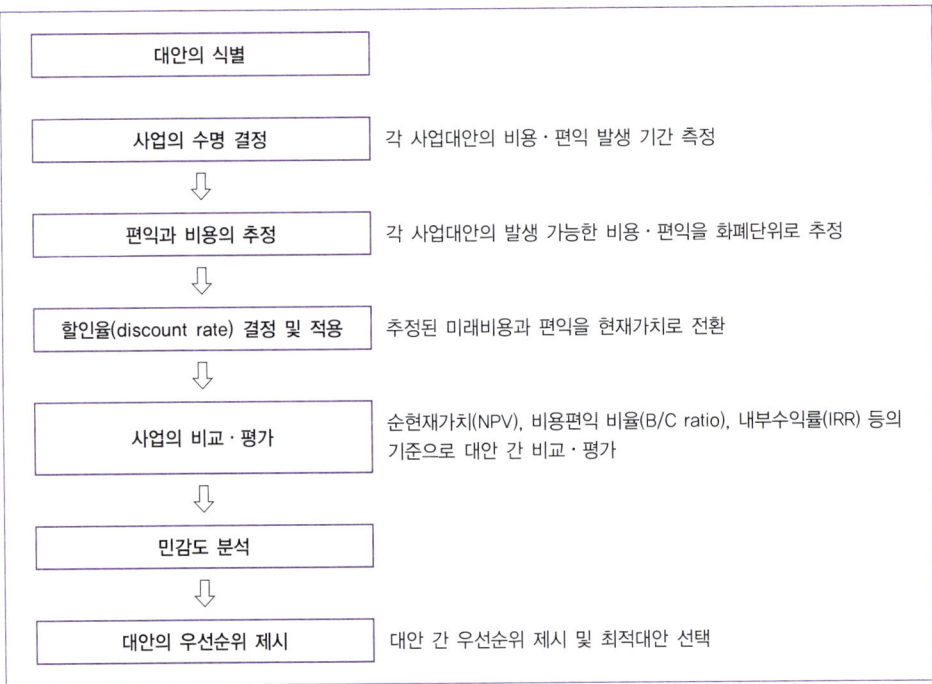

(1) 대안의 식별 및 사업의 수명 결정

(2) 편익과 비용의 추정

① 비용의 추계: 비용은 미래에 발생할 비용만 계상되며, 매몰비용은 고려하지 않지만 기회비용을 고려하여 측정
② 편익의 추계: 미래에 발생할 편익을 현재의 화폐가치로 환산하여 평가하되 직접적인 편익과 간접적인 편익, 무형적인 편익과 유형적 편익을 모두 고려함

(3) 할인율의 선택 및 적용

① 할인율의 의의 및 중요성

㉠ 할인율은 미래의 편익과 비용을 현재가치로 환산할 때 적용되는 이자율을 의미함

㉡ 현재 시점에서 공공사업에 대한 타당성 여부를 평가할 때, 수년에 걸쳐 발생하는 공공사업의 편익과 비용을 평가하기 위해서는 미래에 발생하는 편익과 비용을 모두 현재가치로 환산시켜 비교해야 할 필요가 있음. 이때 할인율을 얼마로 결정하는가에 따라 비용과 편익의 현재가치가 달라지게 되고, 그 결과 프로젝트의 가치가 과소평가되거나 과대평가될 수 있기 때문에 할인율을 어느 정도 수준에서 결정할 것인가가 중요함

② 할인율의 적용

㉠ 편익 계산에서 할인율을 높게 정할수록 미래 금액의 현재가치는 하락하게 되고, 그 결과 사업의 편익이 낮아지게 되므로 선택가능성이 낮아짐. 반대로 비용계산에서 높은 할인율을 적용하면 비용의 현재가치를 작아지게 되므로 사업의 채택가능성이 높아짐

㉡ 할인율을 너무 높게 잡으면 순현재가치가 작아져 사회적으로 필요한 사업이 불합격 판정을 받을 수 있고, 반대로 할인율을 너무 낮게 잡으면 불필요한 사업이 타당성 있는 사업으로 평가될 수 있음

㉢ 높은 할인율은 편익이 단기간에 집약적으로 발생하는 단기투자에 유리하고, 낮은 할인율은 장기간에 걸쳐 편익이 발생하는 장기투자에 유리함

(4) 대안의 비교·평가 방법 선택

순현재가치 (NPV)	① NPV = 편익의 총현재가치(B) − 비용의 총현재가치(C) ② 순현재가치가 0보다 크면 (NPV > 0) 사업은 타당성 있다고 평가하며, 복수의 사업인 경우 순현재가치가 가장 큰 사업이 최선의 대안으로 선택
편익비용비 (B/C Ratio)	① 편익비용비 = 편익의 총현재가치 / 비용의 총현재가치 ② 편익비용비가 1보다 크면 (B/C Ratio > 1) 경제적으로 타당성이 있다고 볼 수 있으며, 편익비용비가 가장 큰 대안이 최선의 대안이 됨
내부수익률 (IRR : Internal Rate of Return)	① 할인율이 주어지지 않을 때 내부수익률을 통해 사업대안 간 평가가 가능함 ② 내부수익률 = 편익의 총현재가치와 비용의 총현재가치를 일치시키는 할인율 ㉠ NPV가 0이 되도록 하는 할인율 ㉡ B/C Ratio를 1로 만드는 할인율 ㉢ 투자사업이 원만히 진행되어 총비용을 회수하여 최소한 손익분기점 상황을 유지한다고 할 때 기대되는 예상수익률(투자수익률 개념) ③ IRR이 사회적 할인율(기준할인율)보다 크면 그 투자 산업은 타당성이 있는 것으로 평가하며, IRR이 큰 사업일수록 훌륭한 사업이 되어 투자의 가치가 높게 됨. 여러 개의 사업들 가운데 우선순위를 결정할 때도 내부수익률이 높은 순서대로 선택

> **확인문제**
>
> 경제적 비용편익분석(benefit cost analysis)에 대한 설명으로 옳지 않은 것은? 2013. 지방 9급
> ① 비용과 편익을 가치의 공통단위인 화폐로 측정한다.
> ② 장기적인 안목에서 사업의 바람직한 정도를 평가할 수 있는 방법이다.
> ③ 편익비용비(B/C ratio)로 여러 분야의 프로그램들을 비교할 수 있다.
> ④ 형평성과 대응성을 정확하게 대변할 수 있는 수치를 제공한다.
>
> ▶ ④ [×] 비용편익분석은 경제적 효율성 측면만을 분석하기 때문에 '공평성(형평성)'이나 소득재분배 문제를 고려하지 못한다.

3 비용편익분석의 한계

(1) **공공부문 적용의 한계**: 비용편익분석은 공공사업의 비용과 편익이 모두 화폐가치로 추정되고, 양자의 크기를 동일한 기준으로 비교할 수 있는 것을 전제로 하는데, 현실상 공공사업 중에는 비용과 편익을 화폐가치로 측정할 수 있는 분야가 많지 않기 때문에 비용편익분석방법으로 대안을 비교평가하기 어려움

> 예 사람의 생명이나 공동체 삶의 가치, 환경의 가치 등은 금전적 가치로 환산하는 것이 어려우며, 윤리적 문제로 인해 많은 저항을 유발

(2) 형평성을 고려하지 않음. 비용편익분석은 경제적 능률성(economic efficiency)만을 강조하기 때문에 소득재분배 악화 가능성이 있음

(3) 어떤 기준을 적용하느냐에 따라 사업의 우선순위 평가가 달라질 수 있음

> 예 프로젝트2가 프로젝트1에 비하여 편익/비용의 비율은 높지만, 프로젝트1의 규모가 크기 때문에 순현재가치(NPV)는 프로젝트1이 크게 나타나고 있음

	편익	비용	편익 – 비용(NPV)	편익/비용(B/C ratio)
프로젝트1	100,000	80,000	20,000	1.25
프로젝트2	10,000	5,000	5,000	2

4 비용효과분석(Cost-Effectiveness analysis)

(1) **비용효과분석의 의의**

① 효과의 화폐가치 계산이 어렵거나, 비용과 효과의 측정단위가 달라서 NPV나 B/C Ratio와 같이 비용과 편익을 동일한 화폐기준으로 비교하기 어려운 경우에 이용되는 분석기법

② '비용'은 금전적 가치로, '효과'는 측정가능한 산출물 단위로 산정하여 분석하는 방법

③ 각 대안들의 비용이 동일하여 효과만 비교하면 되는 경우나, 각 대안들의 효과가 동일하여 비용만 비교하면 되는 경우에 이용될 수 있음

(2) **비용효과분석의 특징**

① 공공사업이 달성해야 할 효과 수준이나 지출할 수 있는 자원의 한도가 확정되어 있을 경우에는 대안선택의 복잡성을 감소시킬 수 있는 적절한 방법이 될 수 있음

② 화폐단위로 측정하는 문제를 피할 수 있기 때문에 비용편익분석보다 공공부문에서 사업대안 분석에 적용가능성이 높음

③ 정책 대안의 효과성에 초점을 둠(기술적 합리성을 강조)

(3) **비용효과분석의 한계**: 비용효과분석은 비용과 효과가 서로 다른 단위로 측정되기 때문에 총효과가 총비용을 초과하는지에 대한 직접적 증거는 제시하지 못함

확인문제

비용편익분석과 비용효과분석에 대한 설명으로 옳지 않은 것은?
2016. 지방 9급

① 순현재가치(NPV)는 할인율의 크기에 따라 그 값이 달라지지만 편익 비용비(B/C ratio)는 할인율의 크기에 영향을 받지 않는다.
② 내부수익률은 공공프로젝트를 평가하는 데 적절한 할인율이 알려져 있지 않을 경우 유용하게 사용할 수 있다.
③ 비용효과분석은 비용과 효과가 서로 다른 단위로 측정되기 때문에 총효과가 총비용을 초과하는지의 여부에 대한 직접적 증거는 제시하지 못한다.
④ 비용효과분석은 산출물을 금전적 가치로 환산하기 어렵거나 산출물이 동일한 사업의 평가에 주로 이용되고 있다.

▶ ① [×] 편익비용비는 비용의 총현재가치 대비 편익의 총현재가치이다. 따라서 편익비용비 역시 미래가치를 현재가치로 환산하기 위해 할인율을 적용해야 하므로, 할인율에 따라 결과가 달라진다.

제8절 정책결정 모형

1 합리모형(총체적 모형)

(1) 합리모형의 의의: 의사결정자의 완전한 합리성을 가정하고, 목표의 명확한 정의, 모든 대안의 탐색·개발, 대안의 정확한 결과예측, 최적대안 선택이 가능하다고 보는 총체적(포괄적)·규범적·이상적 모형

(2) 합리모형의 특징

① **인간에 대한 가정**: 정책결정자의 전지전능함을 가정(완전한 합리성). 합리모형은 완전한 정보를 가지고 효용극대화의 논리에 따라 소비행동을 하는 경제인을 가정

② **경제적 합리성**: 목표달성을 위한 여러 대안을 비교할 때에도 경제적인 비용과 편익의 비교에 초점을 두며, 경제적 효용의 극대화를 추구

③ **목표-수단 분석**: 목표와 수단의 연속적인 관계를 종합적이고 체계적으로 구성할 뿐만 아니라 이들 관계를 계량적으로 분석하여 극대화 대안을 찾아가는 지침을 제공

④ **선형모형(linear model)**: '목표 구체화 → 목표 달성 대안 개발 → 대안 비교 → 최적안 선택'의 단계를 거치는 선형모형(linear model)

⑤ **이상적·규범적 모형**: 합리모형은 분석적이고 객관적이며, 경제적 합리성에 근거해 최적의 대안 선택이 가능하다고 보는 이상적이고 규범적인 모형임

(3) 합리모형의 한계

① **전제와 가정의 비현실성**: 합리모형은 원형 그대로 현실에 적용되기 어려움. 현실적으로 결정에 참여하는 사람들은 완전한 정보와 충분한 시간을 가지고 있지 못하고(인지능력상 한계), 대안을 실행에 옮기는 데 필요한 자원도 제한되어 있음. 또한 정책목표는 결코 단순 명료하지 않으며 서로 상존하기 힘든 다수의 목표로 구성되어 있음. 또한 결정에서 주관적이고 감정적인 요소를 배제하고 정치적 현실의 현장성과 역동성을 고려하지 않음

② **경제적 합리성 외의 다른 기준과 갈등 가능성**: 합리모형이 가정하고 있는 경제적 효용의 극대화는 공익을 판단하는 다양한 시각 중에서 하나일 뿐임. 모든 가치를 경제적 가치로 환원한다는 것은 불가능하고 또한 바람직하지도 않다는 비판이 있음

③ 분석 과정의 복잡성으로 인해 과다한 비용과 시간 낭비를 초래함

확인문제

정책결정의 유형 가운데 린드블롬(Lindblom)과 윌다브스키(Wildavsky) 등이 주장한 점증주의(Incrementalism)에 대한 설명으로 옳지 않은 것은?
2014. 사복직 9급

① 합리적인 요소뿐만 아니라 직관과 통찰력 같은 초합리적 요소의 중요성을 강조한다.
② 기존의 정책에서 소폭의 변화를 조정하여 정책대안으로 결정한다.
③ 정책결정은 다양한 정치적 이해관계자들의 타협과 조정의 산물이다.
④ 정책의 목표와 수단은 뚜렷이 구분되지 않으므로 목표와 수단 사이의 관계 분석은 한계가 있다.

▶ ① [×] 합리적인 요소 뿐만 아니라 정책결정자의 직관과 통찰력 같은 초합리적 요소의 중요성을 강조한 것은 드로어(Dror)의 최적모형에 대한 설명이다.

❷ 점증모형(incremental model), 점증주의(incrementalism)

(1) **점증모형의 의의**: 점증모형은 린드블롬(Lindblom)과 윌다브스키(Wildavsky) 등에 의해 주창된 이론으로 과정 측면에서는 다양한 이해관계의 상호조정에 의한 의사결정을, 산출 측면에서는 종래 결정된 정책의 순차적 수정 내지 약간의 향상된 대안의 선택을 의미하는 현실적·실증적·귀납적 정책결정모형

(2) **점증모형의 전제 및 특징**

① 현실적·실증적·기술적 모형: 실제의 결정상황에 기초한 현실적이고 기술적인 모형

② 제한된 합리성 가정: 인간의 인지능력의 한계를 인정하고 제한된 합리성을 지닌 존재로 전제

③ 소폭·점진적 변화: 기존의 정책 ±α식(일부 추가, 일부 삭제) 의사결정으로 변화의 폭이 크지 않음. 현재 시행 중에 있거나 아니면 얼마 전까지 시행한 적이 있는 과거의 정책에다가 약간의 가감을 하는 방식으로 정책결정이 이루어짐

④ 목표와 수단의 상호 조절: 점증주의에서는 명확히 설정된 목표를 전제로 최선의 수단을 선택하는 결정이 현실적으로 쉽지 않음을 인정하고 목표와 수단을 서로서로 조절하는 방식으로 결정을 시도함

⑤ 환경과 상황의 변화를 반영하는 계속적·연속적 결정: 능력, 시간, 정보의 부족으로 약간의 변화만 있는 정책을 시행해가면서 상황변화를 고려하여 계속적으로 수정·보완함

⑥ 제한된 분석·부분적 최적화: 모든 대안의 결과를 예측하는 것이 아니라 몇 가지 대안에 한정시켜 분석하고, 환류 되는 정보를 통해 불충분한 사전예측을 보완함

⑦ 정치적 합리성 중시: 정책결정은 다양한 정치적 이해를 가진 당사자들의 타협과 조정의 산물이라는 현실을 반영한 것으로 보는 입장으로, 선형적 과정을 중시하는 합리모형과는 달리 다수의 참여자들 간에 고리형의 상호작용을 통한 합의를 중시함

⑧ 다원화되어 있는 선진사회에 적용가능성 높음

(3) **점증모형의 장점**(현실문제에 대한 유용한 처방 제시): 모든 가능한 대안을 전체적으로 검토하기보다 현존하는 정책을 중심으로 미시적이고 부분적인 변화를 시도하고, 그것에 대한 이해당사자들의 반응과 정책효과를 분석한 다음 이를 토대로 다시 필요한 수정을 가하는 것이 보다 민주적이고 바람직할 수 있음. 특히 환경이 불확실하고 문제해결에 대한 정보가 불완전한 상황에서 점증모형은 효용의 극대화를 보장하진 못하더라도 비용과 위험을 최소화할 수 있는 합리적이고 설득력 있는 모형이라고 평가할 수 있음

(4) **점증모형의 한계**

① 보수성(혁신 저해): 변화보다는 안정에 안주하는 보수주의 성향을 가지기 때문에 근본적인 변화 추구가 어려움. 기존의 정책이나 제도가 불합리하고 이에 대한 근원적이고 신속한 변화가 필요한 경우에도 기득권과의 타협을 거치다보면 바람직한 변화와 개혁을 추진할 수 없음. 또한 점증모형에 안주하게 되면 적극적이고 종합적인 탐색을 함으로써 충분히 더 나은 대안을 찾을 수 있는 가능성을 포기하기 쉬움

② 기존 정책이 잘못된 경우, "잘못된 정책의 악순환" 초래
③ 사회가 불안정하거나, 개도국에는 적용이 곤란
④ 정책의 축소·종결이 곤란함

합리모형과 점증모형 비교

구분	합리모형	점증모형
인간관	합리적 경제인 가정	인간의 인지능력의 한계 전제 (제한된 합리성)
가치	경제적 합리성	정치적 합리성
목표와 수단	• 목표-수단의 엄격한 계층제 • 목표-수단 분석 실시	목표와 수단의 상호작용
최적화	전체적 최적화	부분적 최적화
정책결정	• 총체적·포괄적 결정 • 모든 관련요소를 포괄적으로 분석 • 근본적 결정(root approach) • 기득권(현실, 매몰비용) 불인정 • 쇄신적·근본적 변화: 쇄신적 정책결정	• 분할적·제한적 • 분석의 대폭적 제한 • 지엽적 결정(branch approach) • 기득권(현실, 매몰비용) 인정 • 점진적·한계적 변화: 보수적 정책결정
환경변화	환경변화에 대한 적응력 강함	환경변화에 대한 적응력 약함
결정 방법	연역적 접근(algorithm)	귀납적 접근(heuristic)
적용	개도국에 적용(불안정한 사회)	선진국에 적용(안정된 사회)

3 만족모형(satisficing model) : 사이먼(H. A. Simon)

(1) 만족모형의 의의

① 사이먼과 마치(Simon & March)의 행태론적 의사결정이론에 의해 주장된 모형으로, 인간의 인지능력·시간·비용·정보의 부족 등으로 인해 최선의 대안보다는 현실적으로 만족할 만한 대안을 찾으면 더 이상의 대안 탐색을 중지하고 정책대안으로 선택하게 된다는 이론
② 개인의 심리적 제약요인을 고려하고 있다는 점에서 인지모형이며, 현실적·실증적·귀납적 모형임

(2) 만족모형의 주요 내용 및 특징

① '제한된 합리성(bounded rationality)' 가정: 결정자의 인지능력의 한계, 결정 상황의 불확실성, 그리고 시간의 제약 때문에 결정은 제한된 합리성의 조건하에서 이루어짐
② 만족할 만한 결과를 가져오는 대안 선택: 현실의 정책결정자들은 제한된 합리성으로 인해 극대화를 추구하지 못하고 만족할 만한 수준에서 결정을 하게 됨. 몇 개의 대안만을 무작위적이고 순차적으로 탐색하고, 복잡한 상황을 단순화시켜 대안의 중요한 결과만을 예측하여, 몇 개의 대안 중에서 만족할 만한 대안을 선택함

(3) 만족모형의 평가
  ① 의의 : 실제 의사결정에 대한 비교적 정확한 설명을 하고 있으며, 의사결정에 있어서 비용의 중요성을 지적하고 있다는 점에서 의의가 있음
  ② 한계
    ㉠ 만족모형은 만족할 만한 수준에서 대안탐색을 중단하기 때문에 중요한 대안이 무시될 수 있고, 현상유지적·보수적이며, 쇄신적·창조적 대안이나 최선의 대안 탐색을 포기하기 쉬움
    ㉡ 만족화의 기준이 지나치게 주관적이라는 문제가 있음
    ㉢ 만족모형은 일상적이고 가벼운 의사결정은 만족할 만한 수준에서 이루어질 가능성이 높으나 중대한 의사결정에서는 분석적 결정이 이루어질 가능성이 높다는 점에서 한계가 있음

4 혼합모형(mixed-scanning model) : 에치오니(Etzioni)

(1) 혼합모형의 의의
  ① 에치오니(Etzioni)는 정책결정은 합리모형과 점증모형을 혼합해서 사용할 필요가 있다고 주장. 근본적인 결정과 세부적인 결정을 구분하여 근본적인 결정의 경우 합리모형을, 세부결정의 경우 점증모형을 선별적으로 적용할 것을 주장
  ② 정책결정은 한편으로는 거시적이고 장기적인 안목으로 대안의 방향성을 탐색해야 하며, 다른 한편으로 그 방향성 안에서 보다 심층적이고 점진적인 변화를 시도하는 것이 바람직하다는 것임. 중요한 대안에 대해서는 합리모형에 따라 충분한 시간을 가지고 종합적으로 접근함으로써 점증모형의 근시안적 단점을 보완할 수 있다고 봄

(2) 혼합모형의 주요 내용 및 특징
  ① 대안 탐색과 분석에 복합적인 방식을 사용. 결정을 근본적 결정과 세부적 결정으로 나눔
    ㉠ 근본적 결정 : 중요한 대안에 대해서는 합리모형에 따라 충분한 시간을 가지고 종합적으로 접근함으로써 점증모형의 근시안적 단점을 보완할 수 있음
    ㉡ 세부적 결정 : 근본적 결정을 기준으로 하되 점증적 방식을 적용하여 조금씩 변화된 대안을 마련하여, 그 대안들에 대해 세밀한 분석을 실시
  ② 에치오니(Etzioni)는 합리모형은 통제·계획지향적인 속성을 지니는 획일적인 전체주의 사회에, 점증모형은 다원적이고 합의중심적인 민주사회에, 혼합탐사모형은 '능동사회[또는 행동적 사회, active society : 민주주의 체제보다는 합의 능력이 더 향상되고, 전체주의 체제보다는 정보 기술과 사회과학적 분석을 통해 더 효과적인 통제수단을 갖춘 사회를 의미]'에 적합한 전략이라고 보았음

(3) 혼합모형의 평가 : 혼합모형은 두 모형을 실제의 결정 상황에서 구체적으로 어떻게 혼합해서 사용할 것인지에 대한 방법까지 제시하지는 못했지만, 결정의 특성에 따라 결정의 방식도 다를 수 있다는 점을 암시하고 있음

확인문제

에치오니(Etzioni)가 제시한, 근본적인 결정은 합리모형에 의하고 세부적인 대안은 점증모형에 의하는 정책결정 모형은? 2019, 국회 9급
① 혼합주사모형(Mixed Scanning Model)
② 사이버네틱스모형(Cybernetics Model)
③ 최적모형(Optimal Model)
④ 만족모형(Satisficing Model)
⑤ 쓰레기통모형(Garbage Can Model)

▶ ① 혼합주사 모형(Mixed Scanning Model)에 대한 설명이다.

5 최적모형(optimal model) : 드로어(Y. Dror)

(1) 최적모형의 의의

① 드로어(Y. Dror)는 기존의 합리모형의 비현실성과 점증모형의 보수성을 극복하기 위한 현실주의와 이상주의의 통합을 시도함. 기존의 합리모형이 계량적 요인만을 대상으로 하여 질적 측면을 간과하고 있음을 비판하고, 점증모형의 타성적·선례답습적 행태를 비판하면서 의사결정의 '최적화'를 실현하기 위한 규범적 모형으로 최적모형을 제시함

② 체제론적 관점에서 전체적인 정책결정 체제의 합리적 운영과 개선에 의해 최적의 의사결정을 추구하는 규범적 모형

(2) 최적모형의 주요 내용 및 특징

① **양적 분석과 질적 분석을 동시에 고려**: 계량적 분석과 질적 분석을 결합한 모형

② **합리성과 초합리성을 함께 고려**: 전례가 없는 비정형적인 결정의 경우 직관의 활용, 가치판단, 창의적 사고, 브레인스토밍(brainstorming)을 통한 초합리적 아이디어까지 고려할 것을 주장

③ **최적모형의 정책결정 단계(과정)**

 ㉠ 메타정책결정(meta-policy making, 초정책결정) 단계 : 메타정책결정은 '정책결정에 대한 정책결정'으로서 바람직한 정책결정을 위한 전략을 결정하는 것을 의미. 정책을 어떻게 결정할 것인가에 관한 정책결정, 즉 결정참여자, 시기, 결정을 위한 조직과 비용, 결정방식들을 미리 결정함으로써 정책과 관련된 가치, 자원 등을 확인하고 그것을 정책결정기관에 할당

 ㉡ 정책결정 단계 : 통상적 의미의 정책결정. 합리모형의 정책결정 방법과 유사

 ㉢ 정책결정 이후(post-policy making) : 정책을 집행하고, 그 결과를 평가하는 단계. 정책집행을 위한 동기부여 → 정책의 집행 → 정책평가로 이루어짐

 ㉣ 환류 단계

확인문제

다음에서 설명하는 정책결정모형으로 옳은 것은? 2023, 국회 9급

- 정책결정자의 직관적 판단을 정책결정의 중요한 요인으로 고려
- 합리성과 초합리성을 함께 고려
- 상위정책결정(메타정책결정)을 중시

① 최적모형(Optimal model)
② 만족모형(Satisficing model)
③ 쓰레기통모형(Garbage Can model)
④ 사이버네틱스모형(Cybernetics model)
⑤ 혼합주사모형(Mixed Scanning model)

▶ ① 최적모형(Optimal model)에 대한 내용이다.

확인문제

정책결정모형 중에서 회사모형에 대한 설명으로 옳지 않은 것은?
2015. 국가 9급

① 회사조직이 서로 다른 목표를 지닌 구성원들의 연합체(coalition)라고 가정한다.
② 연합모형 또는 조직모형이라고 불리기도 한다.
③ 조직이 환경에 대해 장기적으로 대응하고 환경 변화에 수동적으로 적응한다고 한다.
④ 문제를 여러 하위문제로 분해하고 이들을 하위조직에게 분담시킨다고 가정한다.

▶ ③ [×] 회사모형은 장기적 전략보다는 단기적 환류에 의존하는 전략을 강조한다.

6 회사모형(firm model), 연합모형(coalition model) : 사이어트와 마치(R. Cyert & J. March)

(1) 회사모형의 의의

① 개인적 차원의 만족모형을 기업조직 내부차원의 의사결정에 적용하여 발전시킨 모형
② 조직(기업)을 합리적 존재로 인식하는 고전파 경제학과는 달리 조직은 이윤극대화뿐만 아니라 다른 목표도 존재하며, 완전한 합리성이 아닌 제한된 합리성을 추구하고, 최적대안이 아닌 만족스러운 대안선택이 이루어진다는 전제하에 이론을 전개함
③ 회사조직은 서로 다른 목표를 지닌 하위조직들이 느슨하게 연결되어 있는 연합체로 가정

(2) 회사모형의 주요 개념(특징)

① 갈등의 준해결 : 결정에서는 관련 집단들의 요구가 모두 다 성취되기보다는 서로 나쁘지 않을 정도의 수준에서 타결점을 찾는 경향이 있음. 어느 쪽도 만족스러운 상태는 아니므로 갈등은 '준해결' 상태에 머물게 됨
② 불확실성의 회피 : 결정자들은 가능한 한 불확실성을 줄이거나 회피하는 경향을 보임. 장기 전략보다는 단기 전략에 치중하고, 불확실성을 제거하기 위해 환경을 통제할 수 있는 방법을 찾음
③ 문제 중심의 탐색 : 조직은 시간과 능력의 제약 때문에 적극적으로 문제를 발견하는 것이 아니라, 문제가 발생한 후 비로소 문제를 탐색하기 시작하고, 그 문제를 해결하기 위한 대안을 탐색하기 시작함
④ 조직의 학습 : 결정 작업이 반복되는 과정에서 결정자들은 점차 많은 경험을 쌓게 됨. 시간이 흐르고 경험이 증가함에 따라 결정은 좀 더 세련되고 목표달성도가 높아짐
⑤ 표준운영절차(SOP : Standard Operating Procedure) 활용 : 경험이 축적되어 감에 따라 가장 효율적이라고 생각되는 결정 절차를 마련해 두고 이를 활용해 결정. SOP의 발견이 조직의사결정의 최종목표가 됨

7 쓰레기통 모형(garbage can model) : 코헨(M. Cohen), 마치(J. March), 올슨(J. Olsen)

(1) 쓰레기통 모형의 의의

① 쓰레기통 모형에서 가정하는 결정상황은 불확실성과 혼란이 심한 상태로서 극도로 불합리한 집단적 의사결정에 관한 모형임
② 조직의 구성단위나 구성원 사이의 응집성이 매우 약한 조직화된 무정부 상태에서 이루어지는 불합리한 의사결정의 특징을 강조하는 모형
③ 조직화된 혼란상태에서 의사결정에 필요한 네 가지 요소(문제, 해결책, 선택기회, 참여자)가 독자적으로 흘러 다니다가 어떤 계기로 만나게 될 때 결정이 이루어짐

(2) 쓰레기통 모형의 주요 내용 및 특징
  ① 쓰레기통 모형이 전제하는 결정상황의 특성
    ㉠ 문제성 있는 선호(선호의 모호성) : 결정에 참여하는 개인들이 어떤 목적을 가지고 결정에 참여하는지 모르는 경우가 많고 개인들의 목표에 대한 선호 간에 갈등이 존재함
    ㉡ 기술의 불확실성 : 해결책이 확실한 인과관계를 토대로 한 것이 아닌 경우가 많음. 목표를 정확히 알았다 하더라도 이를 달성할 인과관계의 수단이나 기술이 명확하지 않음
    ㉢ 참여자의 유동성 : 참여자들은 지속적으로 정책결정에 관여하지 못함. 시간이 경과함에 따라 참여가 지속적이지 않고(예 장관 교체), 그 관여의 정도도 일정하지 않음
  ② 의사결정 방식
    ㉠ 의사결정의 네 가지 요소 : 정책 문제, 해결책, 선택기회(의사결정 기회), 참여자(의사결정을 할 수 있는 지위에 있는 사람)
    ㉡ '문제', '해결책', '참가자', '선택기회'의 네 요소가 서로 독립적으로 여기저기 표류하다가 어느 시점에 우연히 모두 마주치는 경우에 이루어짐
    ㉢ 네 가지 요소는 점화계기(triggering event)가 있을 때 결합하는데, 문제를 부각시키는 '극적 사건'이나 정권변동과 같은 정치적 사건이 대표적인 경우임
    ㉣ 관련된 다른 문제들이 제기되기 전에 의사결정(날치기 통과)을 하거나, 해결이 필요한 주된 문제가 관련 문제로 인해 결정이 이루어지지 않을 때 걸림돌이 되는 관련 문제 주장자들이 주장을 되풀이하다가 힘이 빠져 다른 기회를 찾아 떠날 때까지 기다렸다가 의사결정(진빼기 결정)

(3) 쓰레기통 모형의 평가
  ① 유용성 : 쓰레기통 모형은 부처 간, 정부 간(중앙 – 지방), 부서 간에 뚜렷한 문제해결의 주체가 등장하지 않은 채 오랫동안 표류하던 정책 문제가 대형사고 등 특정한 사회적 사건이나 대통령의 개입 등을 계기로 해결되는 경우를 잘 설명할 수 있음
    예 어린이집 통학버스에 원아가 갇혀 숨진 사고가 있은지(2018년 7월) 2개월 만에 하차 확인 장치를 의무화하는 법개정이 이루어진 경우. 그 이전에도 통학버스에 어린이가 방치되어 사망하는 문제의 심각성이 지적되었고, 하차 확인 장치라는 기술적 해법도 제시되었지만 설치비용 부담 때문에 누구도 적극적으로 문제해결에 나서지 않다가 동두천에서 4세 여아가 버스에 갇혀 한낮 더위에 숨지는 사고가 나면서 문제 해결에 대한 여론이 형성되었고 여론의 압박을 받은 국회가 법을 통과시킴
  ② 한계 : 쓰레기통 모형은 모든 결정과정을 완벽하게 설명할 수 있는 것은 아니며, 기존의 모형에 대한 보완적 측면에서 이해할 수 있음. 쓰레기통 모형은 모든 조직에서 일상적으로 나타나는 것은 아니며, 일부 조직의 일시적인 의사결정 행태에 적용될 수 있음. 따라서 기존의 정책결정 모형들을 완전히 대체한다고 볼 수는 없으며, 보완적 성격을 지님

확인문제

쓰레기통 모형에 대한 설명으로 옳지 않은 것은? 2015, 사복직 9급
① 명확하지 않은 인과관계를 토대로 해결책이 제시되는 경우가 많다.
② 이해관계자들의 지속적인 의사결정 참여가 어렵다.
③ 목표나 평가기준이 명확하지 않은 경우가 많다.
④ 현실 적합성이 낮아 이론적으로만 설명이 가능한 모형이다.

▶ ④ [×] 쓰레기통 모형은 정부 안팎의 다양한 주체들에 의해 표류되던 정책문제가 특정한 사회적 사건(재난이나 사회적 위기 등)을 계기로 해결되는 경우를 잘 설명할 수 있다.

확인문제

킹던(Kingdon)이 주장한 '정책 창문(policy window)이론'에 대한 설명으로 옳지 않은 것은?
2011, 국가 9급

① 정책 창문은 문제의 흐름, 정치적 흐름, 정책적 흐름 등이 함께 할 때 열리기 쉽다.
② 정책 창문은 정책의제설정에서부터 최고의사결정에 이르기까지 필요한 여러 가지 여건이 성숙될 때 열린다.
③ 정책 창문은 한번 열리면 문제에 대한 대안이 도출될 때까지 상당한 기간 동안 열려있는 상태로 유지된다.
④ 정책 창문은 한번 닫히면 다음에 다시 열릴 때까지 많은 시간이 걸리는 편이다.

▶ ③ [×] 정책창은 상당 기간 열려 있는 상태로 유지되는 것이 아니라 짧은 기간 동안만 열리게 된다. 정책 창은 참여자들이 그들의 관심대상인 특정 정책문제가 어떠한 정책결정이나 입법에 의해 충분히 다루어졌다고 느낄 때, 문제에 관한 대안이 존재하지 않을 경우 등 다양한 원인에 의해서 닫힐 수 있다.

보충자료

킹던(John W. Kingdon)의 정책흐름 모형(policy stream model)

1. 정책흐름 모형의 의의
① Kingdon 모형은 쓰레기통 모형의 기본 아이디어를 정책의제 설정과정에 적용시킨 모형
② 정책의제 설정과정에서의 비합리성을 가정: 정책의제설정은 합리적으로 이루어지는 것이 아니라 비합리적으로, 예측 불가능하게 이루어진다고 보는 입장

2. 쓰레기통 모형과의 차이점
① Kingdon 모형은 문제, 정치, (정책)대안이라는 세 가지 흐름으로 구분. 쓰레기통 모형은 문제, 해결책, 선택기회, 참여자의 네 가지 흐름으로 구분
② 쓰레기통 모형에서는 정치를 중시하지 않으나 Kingdon 모형에서는 정치의 중요성을 강조함

3. 정책흐름 모형의 주요 내용 및 특징

(1) 정책의제 설정 과정
① 정책흐름 모형의 핵심 전제는 기존 합리모형이 전제하는 인과관계를 부정하고 현실의 각 정책과정이 '거의 상호독립적(nearly independent)'인 구조를 지니고 있으며, 별개의 흐름들이 서로 합류할 때에 '정책의 창(policy window)'이 열린다고 보았음
② 정책문제 흐름, 정책대안 흐름, 정치 흐름이 서로 아무런 관련 없이 흘러다니다가 사회적 사건이나 정치적 사건 등의 발생이 점화장치가 되어 세 개의 흐름이 하나로 결합될 때, 정책의 창(window of policy)이 열리고, 이러한 창을 통해 정책의제가 형성된다고 설명
③ 정책의 창은 아주 짧은 일정 기간만 열리게 되며, 정책의 창은 한번 닫히면 다음에 다시 열릴 때까지 많은 시간이 걸리는 편임

(2) 세 가지 흐름
① 정책문제의 흐름: 어떤 문제가 정책결정자의 관심을 끌게 되는가는 정책결정자의 인지 수단과 문제정의 방법에 달려있으며, 구체적으로 사건이나 위기 또는 재난 등이 크게 영향을 미침
② 정책대안의 흐름: 정치체제의 분화 정도, 정책공동체의 존재 및 분화 정도, 정책가의 활동, 이익집단의 개입 등에 의해 나타남. 예를 들어 정책공동체가 분화될수록 다양한 대안의 흐름이 가능해짐
③ 정치적 흐름: 정치흐름은 정권교체, 국회의석 수의 변화, 여론의 변화, 이익집단의 압력 등이 영향을 미침. 현실적으로 정책변동의 창은 정치흐름에 의해서 열리게 되는 경우가 많음. 정책참여자들이 문제를 인지하고 대안을 준비하고 있을 때, 결정적인 정치흐름이 나타나 정책의 창을 열게 됨
    예 정권교체 - 정치흐름의 변화

(3) 정책의 창이 닫히는 원인
① 참여자들이 그들의 관심대상인 문제가 어떠한 의사결정이나 입법에 의해서 충분히 다루어졌다고 느낄 때
② 참여자들이 어떤 행태로든지 정부의 행동을 유도하지 못했을 경우
③ 정책변동의 창을 열게 했던 사건이 정책의 장에서 사라지는 경우(창을 열리게 했던 주변 여건은 아주 단기간만 그 상태를 유지하는 경향이 있음)
④ 인사변동이 정책변동의 창을 닫게 하는 요인으로 작용
⑤ 문제에 관한 대안이 존재하지 않는 경우 등

8 앨리슨(Allison) 모형

(1) 앨리슨(Allison) 모형의 의의 및 특징

① 앨리슨은 1971년 『의사결정의 본질(Essence of Decision)』이라는 저서에서 쿠바 미사일 위기에 따른 미국 정부의 정책결정과정을 설명했음. 앨리슨은 국가외교 및 군사정책을 다루는 데 있어서 기존의 분석가들이 사용한 합리모형은 제한적 설명력만을 가질 뿐이라고 비판하면서, 쿠바 미사일 사건에서 미국 정부의 정책결정과정을 설명하기 위해 합리적 행위자 모형, 조직과정모형, 관료정치모형을 적용하여 정교한 분석을 시도했음

② 앨리슨은 정부의 정책결정과정은 세 모형이 모두 부분적으로 설명력을 지닌다고 주장함. 따라서 하나의 정책 사례가 세 가지 모형을 모두 적용해야 해석될 수 있음을 의미

③ 앨리슨 모형은 조직 계층 측면에서 각각 적용 계층이 다름. 관료정치모형은 조직의 상위계층에 적용가능성이 높은 모형이고, 조직과정모형은 조직의 하위계층에 적용가능성이 높음. 합리모형은 조직계층에 따라 큰 차이가 없음

(2) 앨리슨 모형의 내용

① 합리모형
  ㉠ 정부 활동을 중앙집권적인 통제권과 완벽한 정보 및 가치 극대화를 추구하는 합리적 의사결정자에 의해서 선택된 행위로 간주함
  ㉡ 정부는 일관된 목표를 가지고, 조직구성원들은 이 목표를 서로 공유하며 합리적 결정을 위해 노력한다고 가정
  ㉢ 합리모형의 논리를 국가 정책결정에 적용하여 국익을 극대화하는 최선의 대안을 선택하는 합리적 결정을 하는 존재로 보고 있음. 이러한 정책결정은 현실적으로 존재하기 어렵지만 국가 존립과 관련된 외교, 국방정책 결정 과정을 설명하는 데는 설득력이 있음

② 조직과정모형
  ㉠ 정부를 나름대로의 독자적 영역을 가진 느슨하게 연결된 하위조직체들의 집합체이며 이들 하부조직의 내부절차(SOP)에 의해서 국가정책이 결정된다고 설명
  ㉡ 정책결정 참여자들은 국가적 목표보다는 자신이 속해있는 하위조직의 목표를 우선시함. 따라서 서로 다른 목표를 가진 하위조직들이 문제해결을 둘러싸고 발생하는 갈등을 협상을 통해 완전한 해결이 아닌 준해결(quasi-resolution)하는 상태에 머물게 됨
  ㉢ 정부기관들은 각기 목표가 다르고, 저마다 독립적으로 정책결정을 하며, 같은 문제에 대해서도 문제해결을 위해 각기 다른 방법으로 접근함

③ 관료정치모형
  ㉠ 국가정책의 결정주체는 단일 주체로서 정부(합리모형)나 하위조직으로서의 부처들의 연합체(조직모형)가 아니고 극도로 다원화된 참여자 개개인이라고 가정
  ㉡ 참여자들은 자신의 목표를 우선적으로 추구하면서 동시에 전체 조직의 목표와 하위조직의 목표가 혼재하므로 목표의 공유 정도 및 정책결정의 일관성이 매우 약함
  ㉢ 정부 정책은 조직전체가 당면한 문제에 대한 최선의 해결책이라기보다는 참여자들(대통령, 고위관료, 정치가 등) 간의 갈등과 타협에 의한 정치적 게임의 결과임

확인문제

앨리슨(G. T. Allison)의 세 가지 의사결정모형에 대한 설명으로 옳지 않은 것은? 2015, 국가 9급
① 집단적 의사결정을 국가의 정책결정에 적용하기 위해 합리적 행위자모형, 조직과정모형, 관료정치모형으로 분류하였다
② 관료정치모형은 조직 하위계층에의 적용가능성이 높고, 조직과정모형은 조직 상위계층에의 적용가능성이 높다.
③ 실제 정책결정에서는 어느 하나의 모형이 아니라 세 가지 모형이 모두 적용될 수 있다.
④ 원래 국제정치적 사건과 위기적 사건에 대응하는 정책결정을 설명하기 위한 모형으로 고안되었으나, 일반정책에도 적용 가능하다.

▶ ② [×] 관료정치모형은 조직 상위계층에서 적용가능성이 높고, 조직과정모형은 조직 하위계층에서 적용가능성이 높다.

Allison 모형 비교

구분(기준)	합리모형	조직과정모형	관료정치모형
조직관	조정과 통제가 잘 된 유기체	느슨하게 연결된 하위조직들의 연합체	독립적인 개인적 행위자들의 집합체
권력의 소재	최고지도자가 보유	반독립적인 하위조직들이 분산 소유	개인적 행위자들의 정치적 자원에 의존
행위자의 목표	조직전체의 목표	조직전체의 목표 + 하위조직들의 목표	조직전체의 목표 + 하위조직들의 목표 + 개별 행위자들의 목표
목표 공유도	매우 강함	약함	매우 약함
정책결정 양태	최고지도자의 명령·지시	SOP(표준운영절차)에 의한 정책결정	정치적 게임의 규칙에 따른 타협, 흥정, 지배
합리성	완전한 합리성	제한된 합리성	정치적 합리성
정책결정의 일관성	매우 강함(일관성 유지)	약함(자주 바뀜)	매우 약함(거의 불일치)
적용 계층	조직전반	하위계층	상위계층

9 사이버네틱스 모형

(1) 사이버네틱스 모형의 의의

① 스타인부르너(J. D. Steinbruner)가 제시한 사이버네틱스라는 시스템 공학적 개념을 정책결정의 분석에 적용한 정책결정모형

② 사이버네틱스 모형은 합리모형과 대립되는 적응적·관습적 의사결정모형으로, 온도조절기와 같이 일정한 조건이 설정되면 자동적이고 반복적으로 작동하는 정보와 환류에 의한 제어장치의 원리를 정책결정 현상에 응용한 모형임

(2) 사이버네틱스 모형의 주요 내용 및 특징

① 사이버네틱 메커니즘을 활용하여 정책결정 상황과 정책문제에 관한 정보를 단순화하고 정책결정과정을 단순화하는 방안을 제시

② **적응적·습관적 의사결정**: 사이버네틱스적 의사결정은 사전에 설정된 목표에서의 일탈 여부에 대한 반응으로서의 의사결정임
   예 인체가 정상체온의 유지를 위해 체온을 조절하는 것과 같은 상황

③ **표준운영절차(SOP)에 따른 의사결정**: 의사결정의 결과가 '사전에 설정된 범위' 내에 있으면 표준운영절차에 따른 의사결정을 하고, 그러한 범위에서 일탈했을 때 이에 대응할 만한 기존의 방식이 없으면 새로운 대안을 모색함

④ **집단적 의사결정 설명**: 조직 내 복잡한 문제는 부분적 하위문제로 분할되어 하위조직단위에 할당되고, 하위조직단위들에서의 문제해결은 표준적 절차를 따름(SOP 중시)

⑤ **도구적·시행착오적 학습**: 원인과 결과 사이에 인과관계에 바탕을 두고 합리적 대안을 선택하는 '인과적 학습'이 아닌 도구적·시행착오적 학습을 활용. 의사결정자가 채택한 대안이 좋은 결과를 낳으면 그대로 계속 시행하며, 그 반대의 경우에는 새로운 대안을 탐색함

⑥ **단순화에 의한 불확실성 통제**: 의사결정자는 환류를 통해 들어온 정보가 사전에 설정된 목표를 벗어났는가의 여부만을 판단하여 그에 상응한 대응책을 행동목록에서 찾아내는 데 초점을 두고 나머지 정보는 무시함으로써 불확실성을 통제함

CHAPTER 05 정책집행

제1절 정책집행 연구의 전개

1 정책집행(policy implementation)의 의의
① 정책집행은 결정된 정책 내용을 실현시키는 과정을 의미함
② 정책집행은 정책문제를 해결하여 바람직한 목표를 달성하는 계속적·구체적 결정과정이며, 정책대상 집단에 대해 실질적인 영향을 미치는 단계임

2 정책집행 연구의 전개: 고전적 정책집행관과 현대적 정책집행관

(1) **고전적 정책집행관**

정치·행정 이원론에 입각하여 결정과 집행을 구분하고, 집행은 결정된 내용을 자동적·기계적으로 집행하는 정치성이 배제된 순수한 행정적·기술적 과정이라고 보았음

(2) **현대적 정책집행관**
① 정치·행정 일원론에 입각하여 정책결정과 정책집행은 본질적으로 차이가 없으며, 집행과정도 끊임없이 정책결정이 이루어지는 과정으로 보아 행정의 정치적 성격을 강조
② 현대적 정책집행관은 결정된 대로 집행되지 않는 정책실패 현상이 빈번해지면서 대두되었음

(3) **프레스만과 윌다브스키(Pressman & Wildavsky)의 공동행위의 복잡성 이론**
① Pressman과 Wildavsky는 『정책집행론(1973)』에서 오클랜드 사업(소수민족 취업계획)을 사례로 정책집행 실패요인을 분석
② 오클랜드 사업의 실패원인
   ㉠ 많은 참여자: 정책의 성공적 집행가능성은 의사결정점의 수에 반비례함. 정책집행 과정의 참여 기관과 참여자는 의사결정의 거부점(veto point)으로 행동하여 수정과 거부의 기회를 늘림으로써 정책실패 야기
   ㉡ 집행관료의 빈번한 교체: 중요한 위치에 있는 관료들의 잦은 인사이동으로 리더십의 중단이 나타나 집행의 일관성이 결여되고, 정책에 대한 지지와 협조가 감소
   ㉢ 타당한 인과모형의 결여: 정책목표를 달성할 수 있는 집행수단에 대한 고려가 없었음. 즉, 정책수단과 목표 간에 인과관계가 이루어져야 하는데 그렇게 되지 않으면 정책수단을 실현해도 목표를 달성하지 못하게 됨
   ㉣ 부적절한 집행기관: 부적절한 집행기관이 정책의도를 왜곡하고 부적절한 정책수단을 선택함으로써 정책실패를 야기

제2절 정책집행 연구의 접근방법

1 하향적 접근방법(top-down approach), 전방향적 연구(forward mapping)

(1) 하향적 접근방법의 의의

① Van Meter와 Van Horn 등의 연구에 의하여 제시된 접근방법으로 정책집행을 정책결정단계에서 채택된 정책목표를 달성하는 과정으로 봄

② 정책결정과정에서 논의를 출발하여 바람직한 집행은 정책결정의 내용을 충실히 실현시키는 과정으로 보는 접근방법

③ 정책집행을 정책결정단계에서 채택된 정책목표를 달성하는 과정으로 보면서, 집행과정에 대한 자세한 기술이나 집행과정에서 나타난 문제점의 원인에 대한 인과론적인 설명보다는 바람직한 집행이 이루어질 수 있는 규범적 처방을 정책결정자에게 제시하는 데 주로 관심을 가짐

(2) 하향적 접근방법의 특징(내용)

① **성공적 정책집행의 전제조건**: 분명한 목표, 정책 내용의 합리성을 보장하는 적절한 인과이론, 집행관료와 대상집단의 순응 확보를 위한 법적 구조화 능력, 헌신적이고 숙련된 집행 관료집단, 이해관계자 및 통치자의 지지 및 안정적 집행환경 등을 제시함

② **정책결정자 역할 강조**: 하향적 접근방법에서는 정책결정자의 영향이 집행과정에서 가장 크게 작용하며, 집행자의 재량권은 극히 제한됨

③ **거시적·연역적 접근방법**: 정책집행에 영향을 미치는 모든 구조적 변수를 포괄하는 거시적 접근이며, 집행에 대한 일반 원칙을 도출한 후 현실에 적용하는 연역적 접근을 특징으로 함

④ **규범적 처방의 제시**: 바람직한 정책집행을 위한 규범적 처방을 정책결정자에게 제시하는 데 목적이 있음

(3) 사바티어 & 마즈마니언(Sabatier & Mazmanian): 성공적인 정책집행이 이루어지기 위한 조건

① 정책결정의 내용은 타당한 인과이론에 바탕을 둔 것이어야 함. 정책목표와 정책수단 간의 긴밀한 인과관계를 포함한 기술적 타당성을 확보해야 함

② 정책내용으로서 법령은 명확한 정책지침을 가지고 있어야 하며, 대상집단의 순응을 극대화할 수 있도록 구성되어야 함(법적 구조화 강조)

③ 유능하고 헌신적인 집행 관료가 정책집행을 담당하여야 함

④ 결정된 정책에 대해 조직된 이익집단, 유권자 집단, 그리고 주요 입법가 또는 행정부의 장으로부터 지속적인 지지를 받아야 함

⑤ 정책목표는 집행과정 동안 우선순위가 변하지 않고 안정적이어야 함. 즉, 상충되는 정책이나 사회경제적 상황의 변화에 의해 기존의 정책이 현저하게 달라지지 않아야 함

확인문제

사바티어(P. Sabatier)와 마즈매니언(D. Mazmanian)이 효과적인 정책집행을 위해서 필요하다고 본 전제조건에 해당되지 않는 것은?
2011, 지방 9급

① 정책결정의 내용은 타당한 인과이론에 바탕을 둔 것이어야 한다.
② 법령은 명확한 정책지침을 가지고 대상 집단의 순응을 극대화 시켜야 한다.
③ 정책목표의 집행과정에서 우선순위를 탄력적이고 신축적으로 조정하여야 한다.
④ 유능하고 헌신적인 관료가 정책집행을 담당해야 한다.

▶ ③ [×] 효과적인 정책집행을 위해서는 정책목표의 집행 과정 동안 우선순위가 변하지 않아야 한다.

(4) 하향적 접근방법의 장점

① 하향적 접근방법은 목표와 수단 간의 연계성을 강조하는 합리적 의사결정모형의 연장선상에서 그 이론적 특징을 찾을 수 있으며, 상향적 접근방법에 비하여 훨씬 더 일관된 연구분석 틀을 가지고 정책결정자가 설계한 정책을 중심으로 정책집행의 전체적인 틀을 체계적으로 파악할 수 있음

② 하향적 집행론자들이 제시한 성공적 정책집행을 위한 변수들은 일종의 체크리스트로서 집행과정을 점검하는 데 사용할 수 있음

③ 하향적 접근방법은 정책목표를 중시하며, 집행 결과를 법적으로 명시된 정책목표의 달성도에 의하여 평가하므로 보다 객관적인 집행평가가 가능함

④ 정책집행의 성공을 위해 알아야 할 중요한 요소들을 분명하고 체계적으로 밝히고 있음

(5) 하향적 접근방법의 단점

① 정책결정자의 관점에서 연구를 전개(정책결정자만을 핵심적 행위자로 간주)하기 때문에 그 밖의 일선 집행관료나 정책대상집단의 전략적 행동의 중요성을 과소평가함

② 분명하고 일관된 정책목표를 성공적 집행의 필수요소로 보고 있으나, 현실에서 정책은 분명하지 않은 정책목표 내지는 상충되는 정책목표를 가질 수밖에 없는 경우가 많음

③ 하향적 접근방법은 하나의 정책에 초점을 맞추어(하나의 정책을 개별적으로 검토) 그것이 집행되는 과정을 연구하는데, 현실적으로 집행현장에서는 여러 가지 정책이 동시에 집행되고 어느 하나가 지배적이지 않은 경우가 많음

> 예 청년 실업대책은 노동부, 지방자치단체, 중소기업청 등 여러 부처의 각종 정책프로그램이 교차하는 영역이며, 어느 정책이 지배적인 정책이라고 말하기 매우 곤란함

❷ 상향적 접근방법(bottom-up approach), 후방향적 연구(backward mapping)

(1) 상향적 접근방법의 주요 내용 및 특징

① 상향적 접근방법은 집행을 다수의 참여자들 사이에서 발생하는 상호작용으로 이해함

② 집행과정에 대한 가장 큰 영향력을 행사하는 집단은 정책결정권자가 아니라 정책문제 해결에 필요한 전문성과 지식을 가진 일선집행권자이므로 집행과정에 대한 정확한 이해는 일선집행관료와 정책대상 집단의 행태를 고찰해야 한다고 주장함(일선관료의 중시)

③ 분명하고 일관된 정책목표의 존재가능성을 부인하고, 정책목표 대신 집행문제의 해결에 논의의 초점을 맞춤

④ 실제의 정책결정은 일선집행권자의 집행과정에서 구체화되므로 정책결정과 정책집행 사이의 엄밀한 구분에 대해 의문을 제기함(정치·행정 일원론 시각)

⑤ 상향적 접근법은 집행과정의 실제 행위자 중심의 연구로 미시적 접근이며, 개별 집행현장의 사례를 중심으로 연구하는 귀납적 접근을 특징으로 함

확인문제

하향적 정책집행에 대한 설명으로 적절하지 않은 것은?
2016. 지방교행 9급
① 정책집행의 객관적인 평가가 가능하다.
② 집행과정에서 현장을 강조하고 재량권을 부여한다.
③ 정책 목표와 수단 간의 타당한 인과관계를 전제로 한다.
④ 다원화된 사회에서는 하향적 접근이 불가능한 경우가 많다.

▶ ② [×] 집행과정에서 현장을 강조하고 재량권을 부여하는 것은 상향적 정책집행이다.

(2) 상향적 접근방법의 주요 연구

① Elmore의 후방향적(backward mapping) 집행연구
  ㉠ 집행과정의 최하위 수준인 집행현장에서 발생하는 상황과 일선관료의 행태에 관한 분석에서 집행연구를 시작해서, 최하위 수준에서 집행관련 현황이 파악되면 차상위 단계로 올라가면서 필요한 재량과 자원을 파악하고 가장 큰 효과를 줄 수 있는 계층에게 그러한 재량과 자원을 부여
  ㉡ 집행의 성공·실패의 판단기준은 정책결정권자의 의도에 대한 순응 정도가 아니라 일선 집행관료들의 바람직한 행동이 얼마나 유발되었는지에 따라 결정됨

② 립스키(Lipsky)의 일선관료제 이론
  ㉠ 일선관료의 의의: 일선관료는 업무수행과정에서 시민들과 직접적으로 접촉하면서 업무수행 시에 상당한 재량권을 행사하는 공무원을 말함
  ㉡ 일선관료들의 업무환경의 특징과 관료의 적응 방식

일선관료의 업무환경의 특징	일선관료들의 적응 방식
• 서비스 제공에서 상당한 재량권 보유 • 불충분한 자원 • 권위에 대한 도전과 위협 존재 • 모호하고 대립되는 기대 • 객관적 성과평가 기준 결여	• 단순화나 정형화의 메커니즘 • 고객을 재정의(범주화하여 선별): 고객에게 책임 전가 또는 사회문제 탓으로 책임 회피 • 부분적·간헐적 집행

(3) 상향적 접근방법의 장점
① 실제적인 정책집행과정을 상세히 기술하고, 집행과정의 인과관계를 설명할 수 있음
② 정책집행 현장을 있는 그대로 파악하기 때문에 집행현장에서 발생하는 의도하지 않았던 부수효과나 부작용을 쉽게 파악할 수 있음
③ 상향적 접근방법은 집행현장에서 여러 정책들이 동시에 추진되어 어느 하나의 정책도 지배적이지 못한 채 다양한 공적 또는 사적인 정책프로그램이 교차하는 집행영역을 보다 잘 다룰 수 있음

(4) 상향적 접근방법의 단점
① 일선집행관료의 영향을 지나치게 강조하는 반면, 정책결정자가 통제할 수 있는 집행의 거시적 틀(예 집행의 제도적 구조, 집행 자원의 배분 등)의 중요성을 경시함
② 공식적 정책목표를 중요한 변수로 취급하지 않기 때문에 집행실적의 객관적 평가가 곤란
③ 결정과 집행의 구분이 불필요하다는 관점은 선거직 공무원에 의한 정책결정과 책임이라는 고전적 대의민주주의 원칙에 위반되며, 국가 전체의 입장에서 고려해야 할 문제를 간과할 수 있음

확인문제

립스키(Lipsky)의 '일선관료제'에서 일선관료들이 처하는 업무환경의 특징으로 옳지 않은 것은?
2022. 국가 9급
① 자원의 부족
② 일선관료 권위에 대한 도전
③ 모호하고 대립되는 기대
④ 단순하고 정형화된 정책대상집단

▶ ④ [×] 단순하고 정형화된 대응 메커니즘은 일선관료가 처한 업무환경에서 일선관료의 적응방식이다.

확인문제

정책집행의 상향적 접근방법에 대한 설명으로 옳은 것은? 2017. 국가 9급
① 대표적인 모형은 사바티어(Sabatier)의 정책지지 연합모형(Advocacy Coalition Framework)이다.
② 정책결정과 정책집행은 뚜렷하게 구분된다고 본다.
③ 집행현장에서 일선관료의 재량과 자율을 강조한다.
④ 안정되고 구조화된 정책상황을 전제로 한다.

▶ ③ [○]
① [×] 사바티어(Sabatier)의 정책지지연합모형은 통합모형에 해당한다.
② [×] 정책결정과 집행이 뚜렷하게 구분된다고 보는 것은 하향식 접근이다.
④ [×] 안정되고 구조화된 정책상황을 전제로 하는 것은 하향식 접근이다.

하향식 접근방법과 상향식 접근방법 비교

기준	하향식 접근방법	상향식 접근방법
결정과 집행	• 정치·행정 이원론	• 정치·행정 일원론
집행의 개념	• 정해진 정책목표의 달성 • 집행은 비정치적·기술적	• 다수의 집행 참여자들의 상호작용 • 집행의 정치성(타협과 협상)
접근법 및 연구목적	• 거시적·연역적 접근 • 정책집행의 영향요인 도출 • 성공적 집행조건과 전략 규명 • 집행이론의 구축: 집행에 대한 일반원칙을 도출한 후 현실에 적용 • 정책결정자에게 규범적 처방 제시	• 미시적·귀납적 접근: 집행과정 실제 행위자 중심의 연구, 개별현장 사례를 중심으로 접근하는 귀납적 접근 • 개별적 집행현장의 기술과 설명: 일선관료와 대상집단 입장에서 정책집행이 현장에서 실제 어떻게 이루어지는가를 기술하고 설명
특징	• 거시적 집행 • 집행과정의 법적 구조화 강조 • 명확하고 일관된 정책목표 중시 (→ 객관적 성과평가 가능) • 계층제적 집행구조	• 미시적 집행 • 분명하고 일관된 정책목표의 존재 가능성 부인, 정책목표 대신 집행문제 해결에 초점
결정자/집행자의 역할	• 정책결정자 관점 중심, 집행자의 재량 인정하지 않음: 집행자의 결정자에 대한 순응과 집행자에 대한 결정자의 통제 강조	• 집행자의 재량과 자율 강조 • 일선공무원의 전문지식과 문제해결 능력 중시
문제점	• 일관된 정책목표 설정 곤란 • 법령의 명확성·구체성의 부작용 • 일선관료와 대상집단의 중요성 과소평가	• 집행실적의 객관적 평가 곤란 • 거시적·연역적 분석틀 제공 곤란 • 재량 부여에 따른 부작용
대표학자	• Sabatier & Mazmanian • Van Meter & Van Horn • Berman의 거시적·하향적 집행 • Elmore의 전방향적 집행	• Berman의 미시적·적응적(상황론적) 집행 • Elmore의 후방향적 집행 • Lipsky의 일선관료제론 • Hjern & Hull

③ 통합적 접근방법

(1) **Elmore의 접근방법**

① 의의: 정책결정자들이 정책프로그램 설계 시 하향적 접근방법에 의하여 정책목표를 결정하되, 상향적 접근에서 제시하는 방법을 수용하여 가장 집행가능성이 높은 정책수단을 선택하는 방안을 제시함으로써 양 접근방법을 통합

② 전방향적 접근과 후방향적 접근으로 구분
  ㉠ 전방향적 접근(forward mapping): 하향적 접근과 유사한 개념으로 정책결정자의 의도를 가능한 명확히 진술하는 것에서 출발하여 목표달성을 위해 정책집행자들에게 기대되는 사항을 각 단계별로 구체화한 후 최종적인 집행과정에서 나타날 집행성과를 원래 의도한 정책목표와 비교하는 연구방법
  ㉡ 후방향적 접근(backward mapping): 정책적 해결의 필요를 발생시키는 집행과정의 최하위 수준에서 발생하는 상황과 일선관료의 행태에 대한 분석에서 연구를 시작. 시스템의 최하위 수준에서 정책의 대상이 명확히 설정되면, 분석은 집행기관의 구조를 따라 거슬러 올라가면서 이루어짐

(2) **Sabatier의 통합모형**: 정책지지연합(옹호연합)모형(advocacy coalition framework)

① 다양한 집행 관련자들을 분석 단위로 한 상향적 접근방법을 채택하고, 여기에 사회경제적 조건과 법적 수단이 어떻게 참여자들의 행태를 제한하는지를 살피는 하향적 접근방법의 관점을 결합

② 정책 하위체제 내의 지지연합 간 갈등과 타협 과정을 강조하는 접근방법

제3절 정책결정자와 집행자의 관계 유형 구분
: 나카무라와 스몰우드의 유형

1 의의

나카무라와 스몰우드(Nakamura & Smallwood)는 정책결정자와 정책집행자 간의 역할관계를 중심으로 정책집행자를 다섯 가지 유형으로 구분하였음

2 정책집행자의 유형

구분	특징
고전적 기술자형	• 정책결정과 집행이 엄격하게 분리된다는 점을 가정하여, 정책집행자는 정책결정자가 결정한 정책내용을 충실히 집행하는 유형 • 정책결정자는 정책목표를 명확히 설정하고 정책집행자는 이러한 목표를 지지함. 정책결정자는 기술적인 권위를 특정 정책집행자에게 위임함으로써 설정된 정책목표를 수행
지시적 위임형	• 정책결정자가 정책목표를 명확하게 설정하고, 정책집행자도 이미 결정된 정책목표를 지지함 • 정책결정자가 정책목표를 달성하는 데 필요한 관리적 행위에 관한 권한을 정책집행자에게 위임하고, 정책집행자는 정책수단을 결정할 수 있는 재량을 가짐 • 정책집행자는 목표 달성에 필요한 기술적·관리적 역량을 가짐
협상형	• 공식적 정책결정자가 정책목표를 설정하고, 정책집행자들은 정책목표와 정책수단에 대해 정책결정자와 협상을 함(정책결정자와 정책집행자 간에 정책의 소망성에 대한 합의를 반드시 이루는 것은 아님) • 정책결정자와 정책집행자 간의 협상의 결과는 상대적인 권력배분에 따라 결정됨
재량적 실험형	• 정책결정자가 정책의 구체적인 내용을 수립할 수 없기 때문에 정책집행자에게 광범위한 재량을 위임하는 경우 • 공식적인 정책결정자는 추상적이고 일반적인 정책목표를 지지하지만 지식의 부족 또는 불확실성 때문에 정책목표를 구체적으로 설정할 수 없음. 정책목표를 구체화하고 그것을 달성할 수 있는 정책수단을 개발할 수 있도록 정책결정자는 정책집행자에게 광범위한 재량을 위임 • 전문지식과 정보가 부족하고 상황도 불확실하고 복잡한 경우 정책목표만 막연히 결정하고 전문가인 정책집행자에게 구체적 내용을 결정하도록 하되 실험적으로 결정·추진하도록 하는 것
관료적 기업가형	• 정책집행자가 정책결정자의 결정권을 장악하고 정책과정 전반을 완전히 통제하는 유형 • 정책집행자가 정책목표를 결정하고 공식적 정책결정자를 설득 또는 강제하여 이 정책목표를 받아들이도록 하고, 정책집행자는 정책목표 달성에 필요한 정책수단을 확보하기 위해서 정책결정자와 협상함

확인문제

나카무라(Nakamura)와 스몰우드(Smallwood)의 정책집행유형 중 정책결정자들은 추상적인 수준의 정책방향만을 제시하는 반면, 정책집행자들이 정책 목표를 구체화하고 필요한 정책 수단을 선택하는 유형은?
2023, 국회 9급
① 지시적 위임형
② 협상형
③ 관료제적 기업가형
④ 재량적 실험형
⑤ 고전적 기술자형

▶ ④ [○]

확인문제

나카무라와 스몰우드(R. T. Nakamura & F. Smallwood)는 정책결정자와 정책집행자 간의 관계에 착안하여 정책집행자 유형을 5가지로 나누었다. 다음 중 고전적 기술자형의 특징으로 가장 적절한 것은?
2023, 군무원 9급
① 정책결정자가 추상적인 목표를 지지하지만 구체적인 정책목표를 결정할 수 없기에 정책결정자가 집행자에게 광범위한 재량권을 위임하게 되는 유형이다.
② 집행자가 많은 권한을 위임받아 정책을 집행하는 경우로서 많은 재량권을 갖게 되는 유형이다.
③ 정책결정자가 집행과정에 대해서 엄격하게 통제를 하는 것을 의미하며, 정책집행자는 약간의 정책적 재량만을 갖는 유형이다.
④ 정책결정자가 목표를 수립하고, 집행자들은 정책결정자와 목표나 목표달성을 위한 수단에 관하여 협상한다.

▶ ③ [○]
①, ② 재량적 실험형에 대한 설명이다.
④ 협상형에 대한 설명이다.

CHAPTER 06 정책변동

제1절 정책변동의 의의와 유형

1 정책변동의 의의
정책변동은 정책 과정 전반에 걸쳐 발생하는 여러 가지 변화의 양태를 말하는데 정책내용뿐만 아니라 정책집행 방법의 변화를 포괄하는 개념. 즉, 정책변동은 정책이나 프로그램의 내용이나 집행방법이 변하는 것을 의미함

2 정책변동의 유형: 호그우드와 피터스(Hogwood & Peters)

(1) 정책혁신(policy innovation)
① 정책혁신이란 정부가 관여하지 않던 분야에 개입할 목적으로 새로운 정책을 결정하는 것을 의미
② 새로운 정책을 채택한다는 것은 새로운 정책내용을 형성할 뿐만 아니라 그에 관한 조직, 법률, 예산 등을 새로 만들어야 함을 의미

(2) 정책유지(policy maintenance)
① 정책유지는 현재의 정책을 새로운 정책으로 대체하는 것이 아니라 본래의 정책목표 달성을 위해 정책의 기본 골격을 유지하되, 상황의 변화에 따라 적응하는 것을 의미
② 정책유지에서는 정책의 기본적 특성이 변경되지 않으며, 구체적인 구성요소(사업 내용이나 인적·물적 자원의 투입 혹은 정책집행 절차 등)를 완만하게 대체·변경하는 것을 의미
③ 정책목표 변동 없이 정책의 혜택을 받는 집단의 범위나 혜택의 수준을 조정
   예 저소득층 자녀에 대한 교육비 보조를 바로 위 계층의 자녀에게까지 확대하는 것

(3) 정책승계(policy succession)
① 현존하는 정책의 기본적 성격을 바꾸는 것으로, 정책목표는 변환되지 않지만 정책수단인 사업, 조직, 예산에 중대한 변화가 발생함
② 정책의 기본 목표는 그대로 유지하면서 정책을 근본적으로 수정하는 경우나 또는 기존의 정책을 없애고 새로이 대체하는 경우 등을 포함

(4) 정책종결(policy termination)
① 정책종결이란 기존 정책을 정부가 의도적으로 폐지하는 것을 의미
② 해당 분야에 대한 정부의 개입을 완전히 중단하는 것으로 정책, 사업, 그리고 담당 조직을 폐지하고 이를 전혀 대체하지 않는 것을 의미함. 즉 정부의 개입을 완전히 중단하는 것을 의미

확인문제

호그우드(Hogwood)와 피터스(Peters)가 제시한 정책변동의 유형에 대한 설명으로 옳지 않은 것은?
2022, 지방 9급
① 정책혁신은 기존의 조직이나 예산을 기반으로 새로운 형태의 개입을 결정하는 것이다.
② 정책승계는 정책의 기본 목표는 유지하되, 정책을 대체 혹은 수정하거나 일부 종결하는 것이다.
③ 정책유지는 기존 정책의 기본 골격을 유지하면서 정책수단의 부분적인 변화만 이루어지는 것이다.
④ 정책종결은 다른 정책으로의 대체 없이 기존 정책을 완전히 중단하는 것이다.

▶ ① [×] 정책혁신은 기존의 조직이나 예산을 기반으로 하는 것이 아니라 완전히 새로운 정책을 채택하는 것을 의미한다.

제2절 정책변동 모형

1 정책흐름모형: 킹던(Kingdon)

킹던이 제시한 정책흐름모형은 원래 정책의제설정 과정을 설명하기 위한 모형이었으나, 정책변동의 설명에도 적용되고 있음

2 정책패러다임 변동모형: 홀(Hall)

(1) Hall은 정책형성을 정책목표, 정책수단 또는 기술, 그리고 정책환경의 세 가지 변수를 포함하는 과정으로서, 정책목표와 정책수단에 급격한 변화를 가져오는 정책변동을 패러다임 변동(paradigm shift)으로 개념화하였음

(2) 정책패러다임이란 정책결정자들이 정책문제의 본질을 파악하고 정책목표와 정책수단을 구체화하는 데 적용하는 일정한 사고와 기준의 틀을 의미

3 단절균형모형: 역사적 신제도주의의 제도변화이론(Krasner)

제도변화는 사회경제적 위기나 전쟁과 같은 급격한 외부적 충격에 의해 단절적으로 급격하게 발생한다고 보는 이론

4 정책지지연합모형: 사바티어(P. Sabatier)

(1) 모형의 의의

① 신념체계에 기초한 정책지지연합들 간의 상호작용과 정책학습 및 정치체제의 변화와 사회경제적 환경변화로 인한 장기간에 걸친 정책변화를 설명하는 모형

② 사바티어는 특정한 정책을 둘러싼 지지연합들이 비교적 안정적이며, 이들 지지연합이 외부요인의 영향으로 인해, 혹은 그 외의 요인으로 인해 재편성될 수 있다는 것에 착안하여 정책변동모형을 설명하였음

(2) 모형의 주요 내용 및 특징

① 정책변화 과정을 이해하기 위해서는 10년 이상의 장기간이 필요함

② 정책변화를 이해하기 위한 분석단위로서 정책하위체제(policy sub-system: 다양한 수준의 정부하에서 일하는 모든 행위자들을 모두 포함)라는 분석단위에 초점을 두고 있음

③ 정책하위체제 내부에는 신념체계를 공유하는 정책지지연합이 있으며, 이 지지연합들이 신념체계에 입각한 정책을 추진하기 위해 노력하는 과정에서 정책변동이 발생한다고 봄

확인문제

다음 특징을 가진 정책변동 모형은?
2019, 지방 9급

- 분석단위로서 정책하위체제(policy sub-system)에 초점을 두고 정책변화를 이해한다.
- 신념체계, 정책학습 등의 요인은 정책변동에 영향을 준다.
- 정책변동 과정에서 정책중재자(policy mediator)가 중요한 역할을 한다.

① 정책흐름(Policy Stream) 모형
② 단절적 균형(Punctuated Equilibrium) 모형
③ 정책지지연합(Advocacy Coalition Framework) 모형
④ 정책패러다임 변동(Paradigm Shift) 모형

▶ ③ 사바티어의 정책지지연합 모형에 대한 설명이다.

④ 정책지지연합의 신념체계의 변경은 정책학습에 의하여 발생함. 정책지지연합모형에서는 정책학습을 장기적이고 점진적인 정책변화를 촉진하는 원동력으로 파악하고 있음

⑤ 정책지지연합이 자원을 동원하여 그들의 신념체계를 정책으로 변화시키기 위하여 서로 경쟁하는 과정에서 서로 상반되는 정책대안들은 제3자인 정책중개자들에 의해 중재됨. 정책중개자는 지지연합들 간의 대립과 갈등을 중재하는 역할을 하며, 정치인과 관료, 시민단체들 모두 정책중개자가 될 수 있음

⑥ 정책하위체제에 영향을 미치는 외생변수를 안정적인 변수와 역동적인 변수 두 가지 차원으로 나누어서 정책변동을 설명. 정책하위체제에 영향을 미치는 외생변수에는 안정적인 변수와 역동적인 사건으로 구분되며, 정책하위체제의 행위자들은 이 외생변수들의 영향을 받게 됨
   ㉠ 안정적인 변수: 문제의 기본 속성, 근본적인 사회구조나 사회문화적 가치, 법이나 제도 등이 포함되며 이들은 쉽게 변화하지 않으면서 정책하위체제들의 신념체계에 영향을 미침
   ㉡ 역동적인 변수: 사회경제적 조건의 변화, 여론의 변화, 지배집단의 변화 등으로 정책의 핵심 내용의 변화를 수반하는 정치·경제·사회적 충격이나 급격한 외적 혼란에서 비롯됨

⑦ 정책지지옹호연합의 신념체계의 변경은 정책학습에 의해 발생. 정책지지연합의 신념체계는 변화의 용이성에 따라 '규범적 핵심(normative core)', '정책핵심(policy core)', '이차적 측면(secondary aspects)' 등으로 나눌 수 있음
   ㉠ 규범적 핵심(normative core)은 모든 정책에 적용되는 근본가치를 의미하며, 이것의 변화는 종교의 개종처럼 변경 가능성이 매우 희박함
   ㉡ 정책핵심(policy core)은 규범적 핵심을 달성하기 위한 기본 전략에 관한 근본적인 정책시각이나 입장을 의미하며, 이것도 쉽게 변하는 것은 아니지만 사회경제적으로 심각한 변화가 발생하면 변할 수 있음. 예컨대 시장활동에 대한 정부개입의 범위와 강도와 같은 근본적인 정책핵심의 갈등은 사회경제적 상황의 변화에 따라 바뀔 수 있음
   ㉢ 부차적 핵심(secondary aspects)은 행정규칙, 예산배분 등과 같이 정책핵심을 집행하기 위해 필요한 도구나 정보탐색과 관련된 규칙으로 신념체계 중에서 가장 쉽게 변할 수 있음

확인문제

옹호연합모형(Advocacy Coalition Framework)에 대한 설명으로 옳은 것만을 모두 고르면?
2024, 지방 9급

ㄱ. 정책하위체제에 초점을 두어 정책변화를 이해한다.
ㄴ. 정책지향학습은 옹호연합 내부만 아니라 옹호연합 사이에서도 발생한다.
ㄷ. 행정규칙, 예산배분, 규정의 해석에 대한 결정은 정책 핵심 신념과 관련된다.
ㄹ. 신념 체계 구조에서 규범적 핵심 신념은 관심 있는 특정 정책 규범에 적용되며, 이차적 측면(secondary aspects)보다 변화 가능성이 작다.

① ㄱ, ㄴ   ② ㄱ, ㄹ
③ ㄴ, ㄷ   ④ ㄷ, ㄹ

▶ ① ㄱ, ㄴ [O]
ㄷ [×] 정책 핵심 신념의 집행에 필요한 행정상·입법상의 정책수단(행정규칙, 예산배분, 규정해석 등) 결정이나 정보탐색과 관련된 신념은 이차적 신념 또는 도구적 측면의 신념에 해당한다.
ㄹ [×] 규범적 핵심 신념은 특정 정책과의 연관성이 약하며 변화 가능성은 거의 희박하다.

정책지지연합의 신념체계

규범적 핵심 (normative core)	모든 정책 영역에 적용되는 근본 가치, 근본적·규범적·존재론적인 공리	종교의 개종처럼 변경 가능성이 매우 희박
정책핵심 (policy core)	규범적 핵심을 달성하기 위한 기본 전략에 관한 근본적인 정책시각이나 입장 예 근본적인 정책갈등 방향: 환경보호와 경제개발	쉽게 변하는 것은 아니지만 사회 경제적으로 심각한 변화가 발생하면 변할 수 있음
이차적·도구적 측면 (secondary aspects)	행정규칙, 예산배분, 규정해석 등과 같이 정책핵심을 집행하기 위하여 필요한 도구나 정보탐색과 관련된 규칙	가장 쉽게 변화할 수 있음

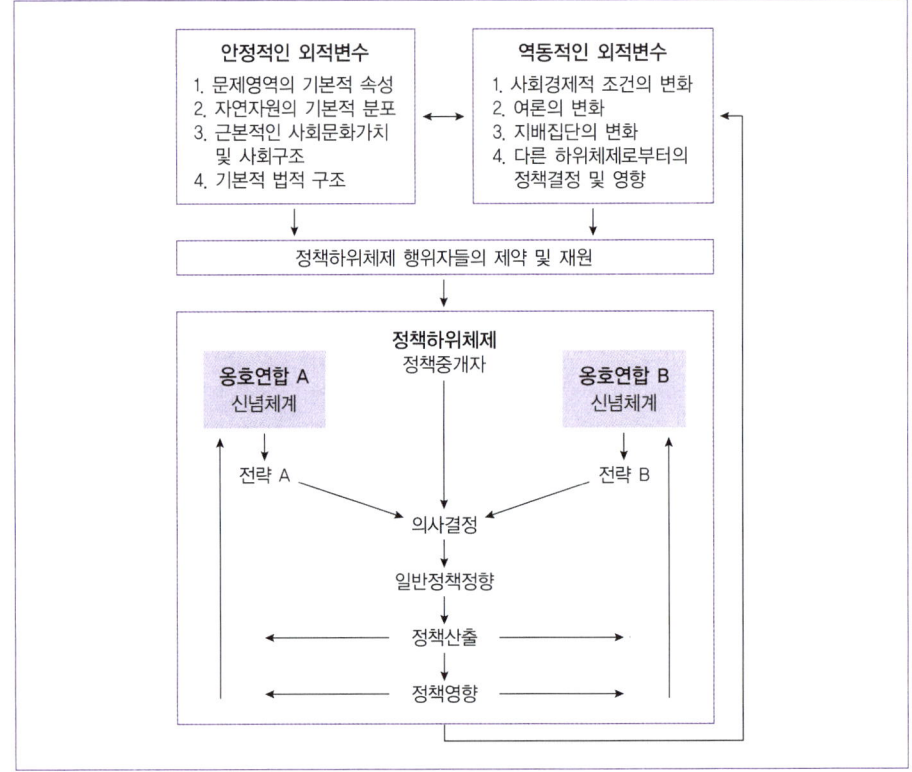

정책지지연합모형

5 이익집단 위상변동모형 : 무치아로니(Mucciaroni)

(1) 모형의 의의

정책의 형성은 때로는 특정 이익집단의 사적 이익과 사회 전체의 공적 이익 간의 선택의 문제로 나타나기도 함. 이때 정책의 내용은 사적 이익을 추구하는 이익집단의 위상이 정책과정에서 어떤 위치를 차지하고 있느냐에 따라 달라질 수 있고, 그 위상이 변동되면(reversals of fortune) 정책의 내용도 변동될 수 있음

(2) 모형의 주요 내용

① 무치아로니(Mucciaroni)는 이익집단의 위상변동을 설명하는 틀로서 이슈맥락과 제도적 맥락이라는 두 가지 개념을 사용

　㉠ 이슈맥락(issue context) : 정책의 유지 또는 변동에 영향을 미치는 요인을 망라한 것으로 주로 정치체제 외부의 상황적인 요소들을 의미. 이슈맥락에서의 선호가 특정 이익집단의 이익 또는 주장을 옹호하는 것인가 아니면 반대하는 것인가에 따라 정책의 내용이 달라짐

　㉡ 제도적 맥락(institutional context) : 광의로 해석하여 입법부나 행정부의 지도자들을 포함한 구성원들이 특정한 정책이나 산업에 대하여 지니고 있는 선호나 행태를 포괄적으로 지칭함. 다시 말해 대통령이나 의회지도자 등 정치체제 구성원들의 선호나 행태가 특정 이익집단의 이익과 주장에 대해서 호의적인지 여부를 의미

② 이슈맥락과 제도적 맥락이 함께 특정한 이익집단에 유리할 때는 그 이익집단에게 유리한 정책이 계속 유지되거나 불리한 정책이 유리하게 변동하여 이익집단의 위상이 상승함. 반면 이슈맥락과 제도적 맥락이 모두 불리할 때는 그 이익집단에 유리한 정책이 사라지거나 불리하게 변동하여 이익집단의 위상이 쇠락함

▶ 이슈맥락과 제도적 맥락 및 이익집단 위상변동

구분		제도적 맥락	
		유리	불리
이슈맥락	유리	위상의 상승 (Fortunes rose)	위상의 저하 (Fortunes contained)
	불리	위상의 유지 (Fortunes maintained)	위상의 쇠락 (Fortunes declined)

CHAPTER 07 정책평가

제1절 정책평가의 의의

1 정책평가의 의의

(1) 정책평가란 정책대안이 의도한 대로 집행되었는지, 설정된 목표가 효과적으로 달성되었는지를 평가하는 활동

(2) **정책분석과의 비교**: 정책분석이 합리적 대안선택을 위한 사전적·미래지향적 활동(정책의제설정과 정책결정과정에 초점)인 반면, 정책평가는 선택된 대안을 집행한 후 정책수단이 정책목표를 달성했는지를 객관적으로 검증하는 사후적 활동(정책집행과 정책결과에 초점)임

2 정책평가의 필요성

정책평가는 의도한 ① 정책목표가 얼마나 충족되었는지 파악하기 위해, ② 정책의 성공요인과 실패요인을 규명하기 위해, ③ 정책성공을 위한 원칙 발견과 향상된 연구를 위한 토대를 마련하기 위해, ④ 정책목표를 달성하기 위해 사용된 수단과 하위목표들을 재확인하기 위해 필요함

3 정책평가의 단계

① 정책목표 확인
② 정책평가대상 및 기준 설정
③ 인과모형 설정
④ 연구설계(평가방법)의 개발
⑤ 자료의 수집 및 분석
⑥ 평가결과의 환류 및 활용

확인문제

정책평가의 목적으로 적절하지 않은 것은? 2010, 서울 9급
① 정책대안의 예측과 결과에 대한 비교 평가
② 목표의 충족 여부 파악
③ 성공과 실패의 원인 제시
④ 목표달성을 위해 사용된 수단과 하위목표의 재구성
⑤ 효과성을 증진시키기 위해 여러 기법을 사용하는 실험과정으로의 유도

▶ ① [×] 정책대안의 예측과 결과에 대한 비교 평가는 정책분석에 해당되는 개념이다. 정책분석은 정책결정 단계에서 정책대안에 대한 비교·평가를 통해 정책결정자가 최적의 대안을 선택할 수 있도록 필요한 정보를 산출하고 제시하는 분석 작업을 의미한다.

확인문제

일반적인 정책평가의 절차를 순서대로 연결한 것은? 2017, 사복직 9급

ㄱ. 인과모형의 설정
ㄴ. 자료 수집 및 분석
ㄷ. 정책목표의 확인
ㄹ. 정책평가 대상 및 기준의 확정
ㅁ. 평가 결과의 환류

① ㄱ → ㄴ → ㄷ → ㄹ → ㅁ
② ㄴ → ㄷ → ㄱ → ㄹ → ㅁ
③ ㄷ → ㄹ → ㄱ → ㄴ → ㅁ
④ ㄹ → ㄱ → ㄴ → ㄷ → ㅁ

▶ ③ 정책평가의 단계는 ㄷ. 정책목표 확인 → ㄹ. 정책평가 대상 및 평가기준의 확정 → ㄱ. 인과모형의 설정(정책평가 연구설계) → ㄴ. 자료의 수집 분석 → ㅁ. 평가결과의 환류 및 활용의 순서로 이루어진다.

4 정책평가의 유형

(1) **평가성 사정**(evaluation assessment) : 특정 정책을 본격적으로 평가하기에 앞서 평가의 소망성과 가능성을 검토하여 평가의 수요와 공급을 합치시켜주는 활동으로, 일종의 예비적 평가

(2) **착수직전 분석**(front-end-analysis) : 새로운 프로그램 평가를 기획하기 위하여 평가를 착수하기 직전에 수행되는 사전 평가작업

(3) **총괄평가**(summative evaluation) : 사후평가
   ① 정책이 집행된 후에 그 정책이 원래 의도했던 목적을 달성했는지의 여부를 판단하는 활동. 정책 효과성 평가라고 할 수 있음
   ② 정책이 집행되고 난 후에 정책이 사회에 미친 영향을 추정하는 판단활동
   ③ 정책 프로그램의 최종적 성과를 확인하기 위해 주로 외부평가자에 의해 수행됨

(4) **과정평가**
   ① 형성평가(formative evaluation) : 정책 집행 도중에 집행전략이나 집행설계의 수정·보완을 위해서 수행하는 평가
   ② 좁은 의미의 과정평가(process evaluation) : 정책수단이 어떠한 경로를 거쳐서 정책효과를 발생시켰는지 파악하려는 것으로, 정책효과를 결과로 하고 정책수단을 원인으로 하여 인과관계를 파악하되, 도중에 개입되는 매개변수를 확인함으로써 인과관계의 경로를 검증·확인하는 평가

제2절 정책평가의 구성논리와 방법

1 정책수단과 정책목표 간의 인과관계 추론

(1) **인과관계의 개념**
   ① 원인과 결과의 관계. 즉, 독립변수와 종속변수의 관계를 의미
   ② 정책평가에서 인과관계의 규명은 정책수단(원인변수)에 의한 정책효과(결과변수)를 규명하는 작업임

(2) **인과관계 성립 조건**
   ① 시간적 선행성 : 원인변수(정책)가 결과변수(목표달성 또는 정책효과)보다 시간적으로 선행되어야 함
   ② 공동변화(공변성) : 정책과 목표달성이 일정한 방향으로 변화해야 함
   ③ 경쟁가설 배제(비허위적 관계) : 정책결과(결과변수)는 오직 해당 정책(원인변수)에 의해서만 설명되어야 하며, 제3의 변수는 배제되어야 함

확인문제

정책평가의 방법에 대한 설명으로 옳지 않은 것은? 2009, 국가 9급
① 착수직전분석(front-end-analysis)은 주로 새로운 프로그램 평가를 기획하기 위하여 평가를 착수하기 직전에 수행되는 평가작업이다.
② 평가성 사정(evaluation assessment)은 여러 가지 가능한 평가로부터 얻을 수 있는 정보 수요를 사정하고, 실행가능하고 유용한 평가 설계를 선택하도록 함으로써 평가의 공급과 수요를 합치시키도록 도와준다.
③ 집행에 있어 과정평가(process evaluation)는 정책집행 및 활동을 분석하여 이를 근거로 보다 효율적인 집행전략을 수립하거나 정책내용을 수정·변경하는 데 도움을 준다.
④ 총괄평가(summative evaluation)는 정책이 집행되고 난 후에 인과관계의 경로를 검증·확인하고 정책이 사회에 미친 영향(impact)을 추정하는 판단활동이다.

▶ ④ [×] 정책이 집행되고 난 후에 인과관계의 경로를 검증·확인하는 것은 협의의 과정평가에 해당한다.

확인문제

정책평가의 논리에서 수단과 목표 간의 인과관계에 대한 설명으로 옳은 것만을 모두 고르면?
2020, 지방 9급

ㄱ. 정책목표의 달성이 정책수단의 실현에 선행해서 존재해야 한다.
ㄴ. 특정 정책수단 실현과 정책목표 달성 간 관계를 설명하는 다른 요인이 배제되어야 한다.
ㄷ. 정책수단의 변화 정도에 따라 정책목표의 달성 정도도 변해야 한다.

① ㄱ   ② ㄷ
③ ㄱ, ㄴ   ④ ㄴ, ㄷ

▶ ④ ㄴ, ㄷ [○]
ㄱ. [×] 정책수단의 실현(독립변수)이 정책목표의 달성(종속변수)에 선행해서 존재해야 한다.

확인문제

다음 제시문의 ㉠, ㉡에 들어갈 용어가 바르게 연결된 것은?
2016, 지방 9급

(㉠)는 독립변수인 정책수단과 함께 종속변수인 정책효과를 가져오는 요인으로 정책수단과 정책효과 사이의 인과관계를 과대 또는 과소평가하며 (㉡)는 독립변수인 정책수단의 효과가 전혀 없을 때 숨어서 정책효과를 가져오는 변수로 정책수단과 정책효과 사이의 인과관계를 완전히 왜곡하는 요인이다.

① ㉠: 허위변수
    (spurious variable)
  ㉡: 매개변수
    (mediating variable)
② ㉠: 혼란변수
    (confounding variable)
  ㉡: 허위변수
    (spurious variable)
③ ㉠: 혼란변수
    (confounding variable)
  ㉡: 매개변수
    (mediating variable)
④ ㉠: 허위변수
    (spurious variable)
  ㉡: 혼란변수
    (confounding variable)

▶ ② [○]
㉠ 혼란변수(confounding variable)란 독립변수와 종속변수 간에 상관관계가 있는 상태에서 두 변수 간의 관계를 과대 또는 과소평가하게 만드는 제3의 변수이다.

확인문제

정책평가의 타당성에 관한 설명으로 옳지 않은 것은? 2008, 국가 9급
① 외적 타당성은 조사연구의 결론을 다른 모집단, 상황 및 시점에 어느 정도까지 일반화시킬 수 있는지의 정도를 나타낸다.
② 구성적 타당성은 연구 설계를 정밀하게 구성하여 평가과정에서 제1종 및 제2종 오류가 발생하지 않는 정도를 나타낸다.
③ 내적 타당성은 추정된 원인과 그 결과 사이에 존재하는 인과적 추론의 정확성에 관한 것이다.
④ 통계적 결론의 타당성은 추정된 원인과 추정된 결과 사이에 관련이 있는지에 관한 통계적인 의사결정의 타당성을 말한다.

▶ ② [×] 통계적 결론의 타당성에 대한 설명이다. 구성적 타당성은 이론적 구성요소들을 측정하고자 구성된 척도가 측정대상을 실질적으로 측정해내는 정도를 의미한다.

2 변수

(1) **독립변수**(원인변수): 어떤 결과를 가져오는 원인이 되는 변수

(2) **종속변수**(결과변수): 독립변수에 의한 결과(효과)를 나타내는 변수

(3) **제3의 변수**: 독립변수와 종속변수의 정책적 관계에 영향을 미치는 변수

종류	내용
혼란변수	독립변수와 종속변수 간에 상관관계가 있는 상태에서 두 변수 간의 관계를 과대 또는 과소평가하게 만드는 제3의 변수
허위변수	독립변수와 종속변수 간에 전혀 관계가 없음에도 불구하고 마치 상관관계가 있는 것처럼 보이도록 하는 제3의 변수
선행변수	독립변수에 선행하여 작용함으로써 독립변수에 영향을 미치는 변수
매개변수	독립변수와 종속변수 사이에서 매개하는 변수로, 독립변수의 결과이면서 종속변수의 원인이 되는 변수
억제변수	독립변수와 종속변수 간의 사실적인 인과관계를 약화시키거나 소멸시키는 제3의 변수
왜곡변수	독립변수와 종속변수의 사실상의 관계를 정반대의 관계로 보이게 하는 제3의 변수. 즉 외견상 나타난 변수 간에 인과관계의 음과 양의 방향을 역으로 해석하게끔 하는 변수
조절변수	독립변수와 종속변수 사이에서 두 변수 간 관계(상호작용 효과)를 강화시키거나 약화시키는 변수

3 정책평가의 타당성

(1) **타당성의 의의**: 정책평가의 타당성은 정책평가가 정책의 효과를 얼마나 진실에 가깝게 추정해내고 있느냐 하는 정도를 나타내는 개념임

(2) **정책평가의 타당성 유형**(Cook & Campbell)

종류	내용
내적 타당성	• 정책과 그 결과 사이에 존재하는 인과관계 추론의 정확도 • 정책효과(결과변수)가 다른 원인(제3의 변수)이 아니라 조작화된 처리(원인변수)에 기인한 것으로 볼 수 있는 정도(경쟁적 가설 배제의 정도) • 1차적으로 확보되어야 할 가장 중요한 타당도
외적 타당성	• 실험결과 또는 조사의 결론을 다른 모집단·상황·시점에까지 일반화할 수 있는 정도 • 어떤 특정한 상황에서 얻은 정책평가가 다른 상황(집단)에도 그대로 적용될 수 있는 정도. 즉, 평가결과의 일반화 가능성
통계적 결론의 타당성	• 정책의 결과를 측정하기 위해 연구설계가 정밀하고 강력하게 이루어진 정도 • 연구설계를 정밀하게 구성하여 평가과정에서 제1종 오류, 제2종 오류가 발생하지 않는 정도
구성적 타당성	• 이론적 구성요소들을 측정하고자 구성된 척도가 측정대상을 실질적으로 측정해내는 정도 • 처리, 결과, 모집단 및 상황들에 대한 이론적 구성 요소들이 성공적으로 조작화된 정도

(3) 정책평가의 타당성 저해요인

① 내적 타당성 저해요인: 원인과 결과에 대한 인과적 추론의 정확성을 저해하는 요인

㉠ 외재적 요인: 실험집단과 통제집단을 구성할 때 두 집단에 서로 다른 개인들을 할당함으로써 발생하게 되는 요인

외재적 요인	선발요소 (선정요인)	• 실험집단과 통제집단을 구성할 때 실험집단과 비교집단 간 구성원이 다르기 때문에 나타나는 현상

㉡ 내재적 요인: 실험(정책)이 진행(집행)되는 동안 평가 과정에 스며들어 나타나는 변화

내재적 요인	역사요인 (사건요소)	• 실험 또는 정책이 집행되는 동안에 일어나는 사건이 개인이나 집단에 영향을 미쳐 대상(target) 변수에 중요한 영향을 끼치는 경우
	성숙효과 (성장효과)	• 실험집단이 정책 효과와 무관하게 스스로 성장하여 나타나는 효과 • 실험집단이 시간이 지남에 따라 자연스럽게 결과변수상에 변화를 가져오는 현상
	상실효과 (이탈효과)	• 피조사자의 일부가 연구기간 동안에 이사, 전보 등으로 변화 발생
	통계적 회귀 (회귀인공요소)	• 실험 직전의 측정 결과를 토대로 집단을 구성할 때, 평소와는 달리 유별나게 좋거나 나쁜 결과를 얻은 사람들이 선발되는 수가 있으며, 이러한 사람들은 실험이 진행되는 동안에 자신의 원래 위치로 돌아가게 되면 측정결과에 대한 해석에 오류가 발생하게 됨
	측정요소 (검사요소)	• 정책 및 프로그램의 실시 전후 유사한 검사(test)를 받는 경우에 시험에 친숙도가 높아져서 측정값에 영향을 미치는 경우
	측정도구의 변화	• 정책집행 이전과 집행 이후에 측정하는 측정 기준이나 도구가 달라져서 실험결과를 왜곡하는 경우
	오염효과	• 정책의 누출로 인해 통제집단이 실험집단 구성원의 행동을 모방함으로써 실험결과를 왜곡시키는 효과
	선발과 성숙의 상호작용	• 실험집단과 비교집단의 선발과정에서도 차이가 있고, 이에 따라 자연적 성장과정에 있어서도 차이가 나타나는 것
	처치(처리)와 상실의 상호작용	• 실험, 비교 집단에 무작위 배정이 이뤄졌다 하더라도 이들 집단들에 서로 다른 처치로 인해서 두 집단으로부터 처치 기간 동안에 서로 다른 성질의 구성원들이 상실되어 결론이 왜곡되는 현상

확인문제

다음 내용에서 정책평가의 내적 타당성을 위협하는 요인은?
2016, 국가 9급

> 정부는 혼잡통행료 제도의 효과를 측정하기 위해 혼잡통행료 실시 이전과 실시 후의 도심의 교통 흐름도를 측정, 비교하였다. 그런데 두 측정시점 사이에 유류가격이 급등하는 상황이 발생하였다.

① 상실요인(mortality)
② 회귀요인(regression)
③ 역사요인(history)
④ 검사요인(testing)

▶ ③ 제시문은 혼잡통행료 제도라는 정책과 정책효과 간의 인과관계를 측정하려는 것으로 정책과 효과 발생 사이에 유류 가격 급등이라는 역사적 사건이 발생한 것이므로 역사요인 또는 사건효과에 해당한다.

확인문제

정책평가의 외적 타당성 저해요인으로만 연결된 것은?
2019, 군무원 9급

① 크리밍 효과, 호손효과
② 호손효과, 성숙효과
③ 선정효과, 성숙효과
④ 역사효과, 성숙효과

▶ ①

② **외적 타당성 저해요인**: 평가결과의 일반화 가능성을 저해하는 요인

호손효과 (실험조작 반응효과)	• 실험집단 구성원이 실험 대상이라는 인식 때문에 평소와는 다른 특별한 행동을 보이는 경우 이로부터 얻어진 결과를 일반화하기 곤란함
실험조작과 측정의 상호작용	• 실험 전 사전 측정을 받은 경험이 있는 연구대상자들로부터 나온 결과를 사전 측정을 받아 본 경험이 없는 모집단에 일반화하여 적용하기 어려움
크리밍(creaming) 효과	• 효과가 크게 나타날 사람만 의도적으로 실험집단으로 선정하여 실험을 실시한 경우 그 효과를 일반화하는 것이 곤란 • 선발효과와 호손효과의 상호작용
표본(추출)의 대표성 부족	• 두 집단 간의 동질성이 확보되었다 하더라도 선정된 실험집단(표본)이 사회적 대표성이 없는 경우 일반화가 곤란함
다수적 처리에 의한 간섭	• 동일 집단에 여러 번의 실험적 처리를 실시하여 실험조작에 익숙해진 집단으로부터 얻어진 실험결과는 일반화가 곤란

4 신뢰성

(1) **신뢰성의 개념**: 측정도구가 어떤 현상을 되풀이해서 측정했을 때 얼마나 일관성 있게 측정할 수 있는가의 정도

(2) **신뢰성의 측정방법**

① **재검사법**: 동일 측정도구를 동일 대상에게 다른 시점에 두 번 이상 측정하여 비교

② **복수양식법(동질이형법)**: 유사한 형태의 두 가지 이상의 측정도구를 사용하여 그 결과를 비교하는 방법

③ **반분법**: 측정도구를 반으로 나누어 양분하고, 서로 다른 대상에 대해 측정하고 그 상관관계를 비교하는 방법

(3) **신뢰성과 타당성의 관계**: 신뢰도는 타당성의 필요조건임. 어떤 측정이 타당성이 높다면 그 측정의 신뢰성은 높지만, 신뢰성이 높더라도 그 측정이 반드시 타당성이 높다고 할 수 없음

확인문제

정책평가를 위한 측정도구의 타당성과 신뢰성에 대한 설명으로 옳지 않은 것은? 2020, 국가 9급
① 타당성은 없지만 신뢰성이 높은 측정도구가 있을 수 있다.
② 신뢰성이 없지만 타당성이 높은 측정도구는 있을 수 없다.
③ 신뢰성은 측정도구의 타당성을 담보할 수 있는 충분조건이다.
④ 타당성이 없는 측정도구는 제종 오류를 범하는 원인이 될 수 있다.

▶ ③ [×] 신뢰성은 타당성의 필요조건이지만 충분조건은 아니다. 즉, 신뢰성이 높지 않으면 타당성이 높을 수 없지만, 신뢰성이 높아도 타당성이 반드시 높아지는 것은 아니다.

확인문제

정책평가에 대한 설명으로 옳지 않은 것은? 2012, 국가 9급
① 정책평가의 외적 타당성이란 특정한 상황에서 얻은 정책평가의 결과를 일반화할 수 있는 정도를 말한다.
② 정책평가의 내적 타당성이란 관찰된 결과가 다른 경쟁적 요인들 보다는 해당 정책에 기인하는 것이라고 판단할 수 있는 정도를 의미한다.
③ A라는 정책이 집행된 이후에 그 정책의 목표 B가 달성된 것을 발견한 경우, 정책평가자는 A와 B 사이에 인과관계가 존재 한다고 결론을 내릴 수 있다.
④ 신뢰도는 동일한 측정도구를 반복하여 사용했을 때 동일한 결과를 얻을 확률을 의미한다.

▶ ③ [×] 정책과 정책효과(목표 달성) 간에 인과관계가 존재한다는 결론을 내리기 위해서는 세 가지 조건이 충족되어야 한다. 첫째, 정책(독립변수)은 정책효과(종속변수)보다 시간적으로 선행해야 하고(시간적 선행성), 둘째, 정책과 정책효과는 모두 일정한 방향으로 변화해야 하며(공동 변화), 셋째, 정책결과(종속변수)는 오직 해당 정책(원인변수)에 의해서만 설명되어야 하며, 제3의 변수는 배제되어야 한다(경쟁가설 배제).

제3절 정책평가(연구설계)의 방법

1 정책평가의 의의
연구설계의 개발이란 정책이 정책결과에 미치는 영향에 대한 가설을 설정하고 이 가설을 검증하기 위해 적절한 연구설계(정책평가의 방법)를 개발하는 과정

2 정책평가 방법: 계량평가(양적 평가)와 비계량평가(질적 평가)

(1) **양적 평가**(계량평가)
 ① 개념: 주로 정책집행 결과 나타나는 성과에 초점을 맞추는 평가로서 연구가설을 설계하고 이에 따른 계량화된 객관적 자료를 수집하여 연역적 방법으로 분석하는 평가방법
 ② 자료수집: 설문조사와 구조화된 질문지를 통해 확보된 통계, 비율 또는 실적치 등 수치화된 강성자료(hard data)를 수집·활용

(2) **질적 평가**(비계량평가)
 ① 개념: 정책사업 수행 과정의 난이도, 수치화해서 측정이 어려운 사업 결과 내지는 산출물 등 계량적으로 측정하기 어려운 분야에 대한 평가를 위해 활용되며 주로 귀납적 방법으로 자료를 분석하는 평가방법
 ② 자료수집: 참여관찰법, 비구조화된 심층면접법, 현장조사법, 문화기술법, 투사법 등을 통해 파악되는 수량화될 수 없는 연성자료(soft data)를 수집·활용

3 실험평가(준실험과 진실험)와 비실험평가(비실험)

- 정책평가의 방법은 크게 실험적 설계(준실험과 진실험)와 비실험적 설계로 구분할 수 있음
- 실험(experimental)적 설계: 사전에 실험집단과 통제집단(비교대상 집단)을 구분하여 진행하는 실험
- 비실험적(non-experimental) 설계: 통제집단 없이 실험집단만을 대상으로 정책평가를 진행하는 것을 의미

(1) **진실험**(true experiment)
 ① 의의: 실험집단과 통제집단의 동질성을 확보해 정책효과를 측정하는 방법. 동질성이 확보된 두 집단 중 실험집단에만 일정한 처치를 가하고 일정한 시간 후에 실험집단과 통제집단의 결과변수에 나타나는 차이를 비교하여 처치(정책)의 효과로 추정
 ② 변수통제 방법: 무작위 배정에 의한 통제
  실험집단과 통제집단의 동질적 구성을 위해 평가대상들을 두 집단에 무작위적으로 배정
 ③ 장점: 실험집단과 통제집단의 동질성을 확보하므로, 역사적 효과, 성숙효과, 선발효과의 영향이 줄어들어 내적 타당성이 높음

④ 단점
  ㉠ 엄격하게 통제된 인위적 환경에서 진행되므로 외적 타당성과 실현가능성이 가장 낮은 방식임
  ㉡ 실험이라는 특수한 상황에 의한 호손효과, 대표성 부족 발생 등의 외적 타당성 저해요인이 발생할 수 있음
  ㉢ 실험통제의 곤란으로 인한 모방, 정책내용의 유출 등 내적타당성 저해요인(오염효과) 발생 가능

> **보충자료**
>
> **진실험 설계 방법**
>
> **1. 통제집단 사전·사후 설계**
> ① 사전에 통제집단과 실험집단을 무작위 배정에 의하여 동질적으로 구성하여 사전·사후 측정값을 비교하여 처리 효과를 추정하는 방법
> ② 이 방법의 약점은 검사요인의 효과를 통제할 수 없다는 것임. 즉 사전 측정을 함으로써 실험집단과 통제집단에 속한 대상들이 사전 측정에 의하여 민감한 반응을 보일 수 있고, 또한 연구자의 의도를 파악하거나 테스트의 양식에 익숙하여 실제의 실험변수의 효과와는 다른 결과를 산출할 수 있음
>
> | 실험대상 | | 사전 측정 | 처리
(독립변수) | 사후 측정 | 처리효과
(결과변수) |
> |---|---|---|---|---|---|
> | 동질적
구성 | 실험집단 | Q_1 | V | Q_2 | $(Q_2 - Q_1) - (Q_4 - Q_3)$ |
> | | 통제집단 | Q_3 | | Q_4 | |
>
> **2. 솔로몬(R. L. Solomon) 4집단 설계**
> ① 가장 강력한 실험설계 유형으로 사전 측정에 의한 영향, 즉 검사요인을 통제하기 위해 솔로몬이 제안한 방법임
> ② 두 개의 실험집단과 두 개의 통제집단으로 4개 집단을 구성한 후, 하나의 실험집단과 통제집단에 대해서는 사전 측정을 하고, 또 다른 실험집단과 통제집단에 대해서는 사전 측정을 하지 않은 채 실험을 하여 각 집단들 간의 결과 변수값의 차이를 비교하기 때문에 검사요인까지도 통제할 수 있어 가장 이상적인 설계유형이라고 할 수 있음
> ③ 그러나 현실적으로 이 설계는 두 가지 다른 실험을 동시적으로 수행해야 한다는 점과 동일한 종류의 더 많은 연구대상들을 확보해야 한다는 점 및 비용이 많이 들어 비경제적이라는 등 몇 가지 단점으로 인해 실제 사용에는 한계가 있음
>
> | 실험대상 | | 사전 측정 | 처리
(독립변수) | 사후 측정 | 처리효과
(결과변수) |
> |---|---|---|---|---|---|
> | 동질적
구성 | 실험집단 | Q_1 | V | Q_2 | $(Q_2 - Q_1) - (Q_4 - Q_3) - (Q_5 - Q_6)$ |
> | | 통제집단 | Q_3 | | Q_4 | |
> | | | | V | Q_5 | |
> | | | | | Q_6 | |

확인문제

정책평가를 위한 사회실험에 대한 설명으로 옳지 않은 것은?
2023. 국가 9급

① 통제집단 사전·사후 설계는 검사효과를 통제할 수 있다.
② 준실험은 진실험에 비해 실행 가능성이 높다는 장점이 있다.
③ 회귀불연속 설계는 구분점(구간)에서 회귀직선의 불연속인 단절을 이용한다.
④ 솔로몬 4집단 설계는 통제집단 사전·사후 설계와 통제집단 사후 설계의 장점을 갖는다.

▶ ① [×] 통제집단 사전·사후 측정설계(사전에 통제집단과 실험집단을 무작위배정에 의하여 동질적으로 구성하여 사전·사후 측정값을 비교)가 갖는 약점은 검사요인의 효과를 통제할 수 없다는 것이다. 즉 사전측정을 함으로써 실험집단과 통제집단에 속한 대상들이 사전측정에 의하여 정상과는 다른 민감한 반응을 보일 수도 있고(검사요인), 또한 연구자의 의도를 파악하거나 테스트의 양식에 익숙하여 실제의 실험변수의 효과와는 다른 결과를 산출할 수도 있다.

(2) **준실험**(quasi-experiment)
  ① 의의
    ⊙ 실험집단과 통제집단의 동질성을 확보하지 못한 상태에서 정책을 처리하여 정책효과를 판단하는 실험
    ⓒ 진실험에서와 같이 동질적인 실험집단과 통제집단을 확보하기 어려운 경우, 매칭(짝짓기)에 의한 배정 방법(특정 정책이 실시되는 집단과 실시되지 않는 집단이 구분되는 경우, 연구대상을 비슷한 대상끼리 둘씩 짝을 지은 다음 하나는 실험집단에 다른 하나는 통제집단에 배정하는 방법) 등을 활용하여 가능한 실험집단과 유사하게 대상집단을 구성해 정책효과를 측정하는 방법
    ⓒ 정책평가 연구에서 진실험에 의한 방법이 이상적이지만, 현실적으로 어렵기 때문에 준실험 사용
    ② 실험의 동질성을 확보하지 못한다는 점에서 진실험과 다르며, 실험집단과 통제집단을 구분한다는 측면에서 비실험과 구별됨
  ② 설계 방법
    ⊙ 비동질적 통제집단 설계: 사전 측정을 통해 비슷한 점수를 받은 대상끼리 짝을 지어 배정 (matching)한 후, 한 집단에는 실험변수를 처리하고 다른 한 집단에는 실험변수를 처리하지 않고 사전 측정과 사후 측정을 하여 정책효과를 측정하는 방법
    ⓒ 사후 측정 비교집단 설계: 정책이 실시된 이후에 비교집단을 설계하고 실험집단과 비교하여 정책효과를 측정하는 방법
    ⓒ 회귀 불연속 설계: 실험집단과 통제집단에 실험대상을 배정할 때 분명하게 알려진 자격기준에 따라 두 집단을 다르게 구성하여 집단 간 회귀분석의 결과를 비교하는 방식. 투입 자원이 희소하여 대상집단의 일부에 희소자원이 공급될 수밖에 없는 경우 정책효과를 파악하기 위한 연구에 적합
      예 장학금 기준을 설정하여 장학금을 수령한 사람의 성적을 그 이전과 비교
    ② 단절적 시계열 설계: 실험집단에 대한 정책실시 이전 일정기간 동안의 시계열 자료와 정책이 실시된 이후 일정기간 동안의 시계열 자료를 비교하여 정책효과를 측정하는 방법
  ③ 장점
    ⊙ 자연상태에서 실험을 하므로 실험실시가 용이(실현가능성이 높음)
    ⓒ 호오돈 효과를 방지해 준다는 점에서 진실험에 비해서 외적 타당도가 높음
  ④ **단점**: 선정효과, 성숙효과, 역사적 사건 등의 내적 타당성 저해요인들로 인해 진실험에 비해 내적 타당도가 낮음

확인문제

실험적 정책평가 방법에 대한 설명으로 옳지 않은 것은?
2009, 군무원 9급
① 진실험적 평가방법은 무작위 배정에 의해 실험집단과 통제집단의 동질성을 확보한다.
② 준실험적 평가방법은 진실험적 평가방법에 비해 내적 타당도가 높다.
③ 준실험적 평가방법에서 외적 타당도의 문제 가운데 가장 전형적인 것이 크리밍 효과이다.
④ 준실험적 평가방법은 복잡한 사회적 요인들이 작용하는 경우에 사용할 수 있다.

▶ ② [×] 준실험적 평가방법은 진실험적 평가방법에 비해 내적 타당도가 낮다.

보충자료

자연실험

1. 자연실험의 의의

자연실험은 정부나 특정 기관이 인위적으로 실험 상황을 만들어 혼란변수를 통제하는 사회실험과 달리 자연이나 사회현상 속에서 만들어진 사건이나 변화를 혼란변수의 영향력을 통제하기 위해 이용하는 비인위적 실험방식임. 자연실험은 진실험이 아닌 준실험에 가까운 실험설계 방식으로, 자연스럽게 일어나는 어떤 현상을 연구자가 인과관계 추정에 있어서 혼란요인이 되는 요소들을 제거하는 데 이용하는 것임. 자연실험은 자연스러운 사건이나 정치적, 경제적, 사회적, 자연적 충격을 통해 실험여건이 조성되기도 하며, 급격한 정책이나 제도변화에 의해서도 자연실험의 여건이 형성되기도 함

> 예 대기오염이 사망률에 어떤 영향을 미치는지를 규명한 사례를 들 수 있음. 중국 정부는 2008년 베이징 올림픽을 개최하면서 2007년 말부터 2008년 말까지 북경과 그 인근도시에 대해 강력한 대기오염 규제정책을 실시하였음. 이러한 정책은 대기오염 수준을 임의로 변화시킨 자연실험과 유사한 효과가 있는데, 이렇게 대기오염을 규제한 도시들과 그렇지 않은 도시들에 대해 정책 시행 전후의 사망률 감소를 비교하여 대기오염의 사망률에 대한 인과관계를 확인할 수 있음

2. 자연실험의 특징

자연실험은 독립변수와 종속변수가 서로 영향을 주고받는 동시적 관계에 있을 때 이를 통제하기 위한 수단으로 이용할 수 있음. 예를 들면, 경찰관 수(독립변수로 가정)와 범죄율(종속변수로 가정)의 관계의 경우, 경찰관 수가 증가하면 범죄율이 줄어들 것으로 추정할 수 있음. 하지만 역으로 범죄율이 증가하여 경찰관 수가 증가할 수도 있음. 따라서 범죄율 변화가 경찰관 수에 영향을 주는 경로를 차단할 필요가 있음. 이를 위해 범죄율과 상관없이 경찰관 수의 증감이 발생하도록(즉, 경찰관 수가 범죄율과 무관하게 만들어지도록) 실험설계를 할 필요가 있음. 예를 들면 각종 선거가 경찰관 수에 영향을 주기 때문에 선거 직후 경찰관 수는 일반적으로 그 전년에 비해 증가하는 경향이 있음. 이렇게 만들어진 경찰관 수의 자료는 범죄율과 무관하게 만들어진 자연실험의 결과임

3. 자연실험의 장점

자연실험은 사회실험에 수반되는 비용 문제를 걱정할 필요가 없으며, 실험에 수반되는 윤리적 문제도 없음

4. 자연실험의 단점

자연실험은 연구자나 정책당국이 원하는 실험방식대로 자연실험이 이루어진다는 보장이 없음. 사회실험의 경우 의도한 실험방식대로 실험설계를 할 수 있지만 자연실험의 형성은 연구자나 정책당국의 의도와는 완전히 별개로 존재하기 때문에 어떤 때는 연구자나 정책당국이 원하는 방향으로 실험방식이 형성될 수도 있고 그렇지 않을 수도 있음

(3) **비실험적(non-experimental) 방법**

① 의의: 진실험적 방법이나 준실험적 방법에서 사용하는 통제(비교)집단을 구성하지 않고 실험집단에만 정책을 처리하여 정책효과를 추론하는 방법 또는 통계적 통제에 의한 평가, 인과모형에 의한 평가, 포괄적 통제와 잠재적 통제에 의한 평가 등을 활용하여 정책효과를 추론하는 방법

② 설계 유형
   ㉠ 사후적 비교집단 구성: 정책효과의 존재여부를 판단하기 위하여 정책대상집단과 다른 집단을 정책집행 후에 사후적으로 찾아내어 일정한 시점에서 비교하는 설계
   ㉡ 정책실시 전후비교 설계: 하나의 정책대상 집단에 대해서 정책을 실시하기 전의 상태(측정치)와 정책을 실시한 후의 상태(측정치)를 비교하여 정책효과를 판단하는 방법

③ 장점: 자연 상태에서의 실험이므로 시간과 비용이 적게 들며, 외적 타당성도 실현가능성이 높음

④ 단점: 사건효과, 선정효과, 성숙효과 등 외생변수의 개입으로 내적 타당도가 매우 낮음

실험설계와 비실험설계 비교

구분		실험집단과 통제집단	내적 타당성	외적 타당성	실행가능성
실험	진실험	동질성 확보 ○ 무작위 배정	높음	낮음	낮음
	준실험	동질성 확보 × 짝짓기 배정	중간	중간	중간
비실험		비교집단 구성 ×	낮음	높음	높음

4 정책평가 논리모형(logic model), 프로그램 논리모형

(1) **논리모형의 의의**

① 프로그램을 실행하는 데 투입되는 자원과 실행 이후 나타난 결과의 전후관계를 논리적으로 연결시켜 그림이나 표로 도식화한 모형

② 프로그램을 기본 단위로 하여 의도한 효과를 내기까지의 과정에 관련된 중요한 부분들을 인과적 관계로 연결한 하나의 시스템 모형이라 할 수 있으며, 체제론적 접근방법에서 설명한 투입-산출 모형의 응용이라 할 수 있음. 다만 투입-산출 모형에서는 구성요소들의 관계가 평면적이고 기술적으로 표현된다면, 논리모형에서는 프로그램의 산출(output)보다 더 근본적이고 장기적 변화인 결과(outcome)와 영향(impact)에 초점을 맞추고, 프로그램이 어떻게 작동해서 의도한 결과에 이르는지의 전후관계를 논리적 인과관계로 보여준다는 차이점이 있음

(2) 논리모형의 구성요소

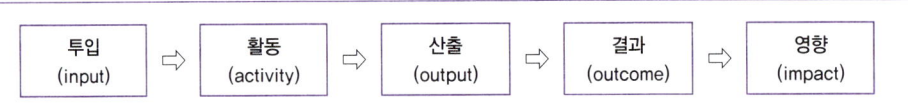

① 투입: 프로그램을 실행에 옮기기 위해 필요한 인적자원, 물적자원, 시간, 장비 등의 자원
② 활동: 확보된 자원을 투입해서 프로그램이 의도한 결과를 얻기 위해 취한 정부의 구체적인 개입이나 조치들
③ 산출: 프로그램을 운영하여 얻은 직접적인 산물
④ 결과: 참여자의 지식, 기술, 능력, 행태 등에 나타난 변화
⑤ 영향: 조직이나 사회 또는 시스템에 나타난 근원적이고 궁극적인 변화로 장기간에 걸쳐 나타나는 2차 결과

(3) 논리모형의 특징

① 논리모형의 구성요소들은 'if-then'의 조건적 연속관계로 연결됨. 즉, 전 단계의 조건이 충족되면 다음 단계의 의도한 활동이나 결과가 무엇인지를 알 수 있음
② 논리모형은 자원을 투입해서 재화와 서비스를 제공하는 실행계획이 프로그램의 목표를 달성하는 등의 의도한 결과로 이어지는 일련의 단계를 이해관계자들에게 보여주는 로드맵이라 할 수 있음. 또한 투입된 자원이 어떤 단계와 가정을 거쳐 무엇을 달성할 수 있는지의 이해를 돕는 틀을 제공함
③ 논리모형의 목적은 프로그램의 성과를 향상시키는 데 있다는 점에서 성과관리에 중요한 함의를 지님. 논리모형은 프로그램의 기획, 실행, 평가의 모든 단계에서 활용 가능하지만, 그중에서도 성과관리 차원에서 의미를 가지는 것은 평가 부분임. 성과관리가 기본적으로 성과목표의 설정과 달성도 평가를 기본 요소로 하기 때문에 논리모형에서 결과평가 및 영향평가 부분과 개념적으로 유사점을 찾을 수 있음. 다만 성과관리는 성과를 측정하여 개인이나 집단 차원의 보상과 연결시키는 조직관리적 의미가 강하기 때문에 계량적(정량) 평가가 중요하다면, 논리모형은 성과관리의 목적이 아니라 프로그램 평가의 목적이 더 강하기 때문에 프로그램이 어떤 변화를 가져왔는지, 누구에게 어떤 방식으로 얼마만큼의 혜택이 돌아갔는지 등 평가의 범위가 넓고 질적 평가의 중요성이 성과관리에 비해 강함

확인문제

정책평가의 논리모형에 대한 설명으로 옳지 않은 것은?
2024. 국가 9급
① 정책프로그램의 요소들과 해결하려는 문제들 사이의 논리적 인과관계를 투입(input)-활동(activity)-산출(output)-결과(outcome)로 도식화한다.
② 산출은 정책집행이 종료된 직후의 직접적인 결과물을 의미하며, 결과는 산출로 인해 나타나는 변화를 의미한다.
③ 과정평가이기 때문에 정책프로그램의 목표달성 여부를 보여 주지는 못한다는 한계가 있다.
④ 정책프로그램과 관련된 다양한 이해관계자의 이해도를 높일 수 있다.

▶ ③ [X] 논리모형은 정책이 핵심적으로 해결하려는 문제 및 정책의 결과물(궁극적으로 의도하는 목표의 달성)이 무엇인지를 명확히 보여준다. 프로그램을 통해 핵심적으로 해결하려는 정책문제 및 정책 목표 결과물이 무엇인지를 명확히 해준다. 다른 평가방법과 비교할 때 프로그램이론 평가의 가장 큰 장점은 프로그램 관련 활동(요인)이 어떻게 궁극적으로 의도하는 목표를 달성하게 하는지에 대한 논리모형을 포함하고 있다는 점이다.

제4절 우리나라의 정책평가제도: 정부업무평가

1 정부업무평가의 의의

(1) 정부업무평가의 목적

중앙행정기관·지방자치단체·공공기관 등의 통합적인 성과관리체제의 구축과 자율적인 평가역량의 강화를 통하여 국정운영의 능률성·효과성 및 책임성을 향상시키는 것을 목적으로 함(정부업무평가 기본법 제1조)

(2) 정부업무평가 대상 기관

① 중앙행정기관 및 소속기관

② 지방자치단체 및 소속기관

③ 공공기관
   ㉠ 「공공기관의 운영에 관한 법률」에 따라 지정된 공기업 및 준정부기관
   ㉡ 「지방공기업법」 규정에 의한 지방공사 및 지방공단

2 정부업무평가 운영 주체

(1) 국무총리

① **정부업무평가 기본계획 수립**: 국무총리는 정부업무평가위원회의 심의·의결을 거쳐 정부업무 성과관리 및 정부업무평가에 관한 목표와 방향을 설정한 정부업무평가 기본계획을 작성하고 최소한 3년마다 그 계획의 타당성을 검토하여 수정·보완 등의 조치를 하여야 함

② **정부업무평가 시행계획 수립**: 국무총리는 정부업무평가 기본계획에 기초하여 매년 3월 말까지 연도별 시행계획(정부업무평가 시행계획)을 수립하고 이를 평가대상기관에 통지하여야 함

(2) 정부업무평가위원회 설치 및 구성

① 국무총리 소속하에 정부업무평가위원회 설치

② 위원장 2인(국무총리 + 민간위원 중에서 대통령이 지명하는 자)을 포함한 15인 이내의 위원으로 구성

3 정부업무평가의 유형

(1) **중앙행정기관**

① 자체평가
  ㉠ 중앙행정기관의 장은 그 소속기관의 정책 등을 포함하여 자체평가를 실시하여야 함
  ㉡ 중앙행정기관의 장은 자체평가조직 및 자체평가위원회를 구성·운영하여야 함. 이 경우 평가의 공정성과 객관성을 확보하기 위하여 자체평가위원의 3분의 2 이상은 민간위원으로 하여야 함

② 재평가: 국무총리는 중앙행정기관의 자체평가결과를 확인·점검 후 평가의 객관성·신뢰성에 문제가 있어 다시 평가할 필요가 있다고 판단되는 때에는 정부업무평가위원회의 심의·의결을 거쳐 재평가를 실시할 수 있음

③ 특정평가
  ㉠ 특정평가란 국무총리가 중앙행정기관을 대상으로 국정을 통합적으로 관리하기 위하여 필요한 정책 등을 평가하는 것을 말함
  ㉡ 국무총리는 2 이상의 중앙행정기관 관련 시책, 주요 현안시책, 혁신관리 및 대통령령이 정하는 대상부문에 대하여 특정평가를 실시하고, 그 결과를 공개하여야 함

(2) **지방자치단체**

① 자체평가
  ㉠ 지방자치단체의 장은 그 소속기관의 정책 등을 포함하여 자체평가를 실시하여야 함
  ㉡ 지방자치단체의 장은 자체평가조직 및 자체평가위원회를 구성·운영하여야 함. 이 경우 평가의 공정성과 객관성을 담보하기 위하여 자체평가위원의 3분의 2 이상은 민간위원으로 하여야 함
  ㉢ 행정안전부장관은 평가의 객관성 및 공정성을 높이기 위하여 평가지표, 평가방법, 평가기반의 구축 등에 관하여 지방자치단체를 지원할 수 있음

② 지방자치단체 합동평가
  ㉠ 지방자치단체 또는 그 장이 위임받아 처리하는 국가사무, 국고보조사업 그 밖에 대통령령이 정하는 국가의 주요시책 등에 대하여 국정의 효율적인 수행을 위하여 평가가 필요한 경우에는 행정안전부장관이 관계중앙행정기관의 장과 합동으로 평가를 실시할 수 있음
  ㉡ 행정안전부장관은 지방자치단체에 대한 합동평가를 효율적으로 추진하기 위하여 행정안전부장관 소속하에 지방자치단체합동평가위원회를 설치·운영할 수 있음
  ㉢ 지방자치단체합동평가위원회의 위원장은 민간위원 중에서 행정안전부장관이 지명

(3) **공공기관에 대한 평가**

① 공공기관의 특수성·전문성을 고려하고, 평가의 객관성·공정성을 위해 공공기관 외부의 기관에서 평가를 실시
② 「공공기관 운영에 관한 법률」 등 개별 공공기관 관리 법률에 의해 평가가 이루어짐

확인문제

현행 정부업무평가제도에 대한 설명으로 옳지 않은 것은? 2010, 국가 9급
① 정부업무평가는 국정운영의 능률성, 효과성 및 책임성을 확보하기 위하여 평가대상 기관이 행하는 정책 등을 평가하는 것을 말한다.
② 정부업무평가의 대상기관은 공공기관을 제외한, 중앙행정기관 및 지방자치단체와 그 소속기관이다.
③ 중앙행정기관 및 그 소속기관에 대한 평가는 통합하여 실시되어야 한다.
④ 특정평가는 국무총리가 중앙행정기관을 대상으로 국정을 통합적으로 관리하기 위하여 필요한 정책 등을 평가하는 것을 말한다.

▶ ② [×] 정부업무평가의 대상기관에는 공공기관이 포함된다.

확인문제

정부업무평가에 대한 설명으로 옳지 않은 것은? 2020, 군무원 7급
① 정부업무평가위원회는 대통령 직속하에 설치한다.
② 행정안전부장관은 평가의 객관성 및 공정성을 위해서 지방자치단체의 평가를 지원한다.
③ 중앙행정기관장은 성과관리 전략계획에 기초하여 연도별 시행계획을 수립 및 시행한다.
④ 중앙행정기관장과 지방자치단체장은 매년 자체평가위원회를 통해 자체평가를 실시한다.

▶ ① [×] 정부업무평가위원회는 대통령이 아니라 국무총리 직속하에 설치한다.

4 평가결과의 활용

(1) **평가결과의 공개 및 보고**(정부업무평가 기본법 제26조 및 제27조)

① 국무총리·중앙행정기관의 장·지방자치단체의 장 및 공공기관평가를 실시하는 기관의 장은 평가결과를 전자통합평가체계 및 인터넷 홈페이지 등을 통하여 공개하여야 함

② 국무총리는 매년 각종 평가결과보고서를 종합하여 이를 국무회의에 보고하거나 평가보고회를 개최하여야 함

③ 중앙행정기관의 장은 전년도 정책 등에 대한 자체평가결과를 지체 없이 국회 소관 상임위원회에 보고하여야 함

(2) **평가결과의 예산·인사 등의 연계·반영**(정부업무평가 기본법 제28조)

① 중앙행정기관의 장은 평가결과를 조직·예산·인사 및 보수체계에 연계·반영하여야 함

② 중앙행정기관의 장은 평가결과를 다음 연도의 예산요구시 반영하여야 함

③ 기획재정부장관은 평가결과를 중앙행정기관의 다음 연도 예산편성시 반영하여야 함

최윤경 행정학

Chapter 01	조직의 기초이론
Chapter 02	조직구조의 형성
Chapter 03	한국의 행정조직
Chapter 04	동기부여 이론
Chapter 05	리더십 이론
Chapter 06	조직관리론
Chapter 07	조직목표와 성과관리
Chapter 08	행정개혁

PART 03

조직이론

CHAPTER 01 조직의 기초이론

제1절 조직이론의 발달

1 고전적 조직이론(19세기 말~1930년대)

① 과학적 관리론을 배경으로 성립된 기계적 조직관으로 정치·행정 이원론과 행정관리론의 입장에서 행정을 연구한 시기의 전통 조직이론
② 조직이 추구해야 할 중요한 가치로 능률성을 강조
③ 합리적·경제적 인간관 가정
④ 공식적 조직구조와 과정 중시
⑤ 폐쇄체제적 관점: 조직과 환경의 상호작용을 연구하는 데 소홀하였음
⑥ 주요 학자: 테일러(Taylor)의 과학적 관리론, 페이욜(Fayol)의 일반관리론, 귤릭(Gulick)·어윅(Urwick)·윌슨(W. Wilson) 등 행정관리학파, 베버의 이념형 관료제 이론 등
⑦ 비판: 인간을 조직의 부속품으로 간주하며, 폐쇄적 환경관과 조직의 경직성을 전제

2 신고전적 조직이론(1930년대~1950년대)

① 고전적 조직이론에 대한 반발로 등장한 인간 중심의 연구로 인간관계론, 후기 인간관계론, 환경유관론 등을 의미
② 메이요(E. Mayo)의 호손공장 실험을 통해 사기와 생산성에 영향을 주는 경제적 요인 이외 요소 발견
③ 사회적 능률을 강조
④ 사회적 인간관 가정
⑤ 폐쇄체제 또는 환경에 대해 관심을 갖는 환경유관론
⑥ 비공식적 요인 중시: 인간의 사회적·심리적 측면을 중요시하였으며, 대인관계와 인간 집단의 비공식적인 관계 연구를 중시하는 접근방법
⑦ 주요 학자: 메이요(E. Mayo), 버나드(C. I. Banard) 등

확인문제

다음 중 고전적 조직이론(classic organization theory)의 특징에 대한 설명으로 가장 옳지 않은 것은?
2015. 국회 9급
① 기계론적 조직관에 입각하고 있다.
② 공조직과 사조직의 관리는 완전히 다르다는 공사행정이원론에 입각하고 있다.
③ 공식적인 조직구조를 강조한다.
④ 과학적 관리론과 밀접한 관련을 가지고 있다.
⑤ Taylor와 Gulick 등은 고전적 조직이론자들이다.

▶ ② [×] 고전적 조직이론은 행정학 성립 초기의 이론으로 공조직과 사조직의 유사성을 전제로 하는 공사행정 일원론, 즉 정치·행정 이원론에 입각하고 있다.

3 현대적 조직이론(1950년대 후반 이후)

① 개인을 다양한 욕구와 변이성을 지닌 자아실현인 또는 복잡인으로 보고 인간의 발전지향적·쇄신적 가치관을 중시
② 조직을 환경과 상호작용하는 동태적·유기체적 개방체제로 파악
③ 가치의 다원화 및 행정현상의 다양성을 인정하고 효과성, 생산성, 민주성, 대응성, 사회적 적실성 등 다양한 가치 기준을 수용함
④ 조직에서의 변화와 갈등의 순기능을 인정하고 조직발전(OD)을 중시
⑤ 주요 이론: 상황이론(contingency theory), 조직경제학(대리인 이론, 거래비용이론), 조직군생태론, 자원의존이론 등

조직이론 비교

구분	고전적 조직이론	신고전적 조직이론	현대적 조직이론
중심변수	• 구조	• 인간	• 환경
추구하는 가치	• 기계적 능률성	• 사회적 능률성	• 가치의 다원화(효율성, 민주성, 사회적 적절성 등)
인간관	• 합리적 경제인 • X이론적 인간관	• 사회인 • Y이론적 인간관	• 자아실현인 또는 복잡인
조직관	• 공식적·합리적 구조 중시	• 비경제적 요인과 비공식적 집단 중시 • 참여지향적 관리 중시 • 개인 행태, 비공식 조직	• 동태적·유기적 구조 • 상황적응적 접근 • 조직발전(OD) 및 종합적 행정개혁 중시
환경관	• 폐쇄체제	• 폐쇄체제	• 개방체제
관련 이론	• Taylor의 과학적 관리법 • Weber의 관료제론 • Gulick의 행정관리학파 • 정치·행정 이원론	• 인간관계론 • 행정행태론(H. Simon) • 정치·행정 일원론 • 관료제 역기능론	• 거시조직이론(상황이론, 조직경제학, 조직군생태론, 자원의존모형 등) • 탈관료제 모형
공통점	• 공·사행정 일원론 • 능률성 강조 • 폐쇄체제 관점		-

확인문제

조직이론에 대한 설명 중 옳지 않은 것은? 2014, 국가 9급
① 고전적 조직이론에서는 조직 내부의 효율성과 합리성이 중요한 논의 대상이었다.
② 신고전적 조직이론은 인간에 대한 관심을 불러일으켰고 조직행태론 연구의 출발점이 되었다.
③ 신고전적 조직이론은 인간의 조직 내 사회적 관계와 더불어 조직과 환경의 관계를 중점적으로 다루었다.
④ 현대적 조직이론은 동태적이고 유기체적인 조직을 상정하며 조직발전(OD)을 중시해 왔다.

▶ ③ [×] 신고전적 조직이론은 조직 내 사회적 관계에 대해서는 관심이 높았으나, 조직과 환경의 관계를 중점적으로 다루지는 못하는 폐쇄조직이론에 속한다.

제2절 과학적 관리론과 인간관계론

1 과학적 관리론

(1) 과학적 관리론의 의의

① 조직의 능률성 제고를 위해 시간연구·동작연구 등에 의해 유일·최선의 업무방법(one best way)을 찾아내고 이를 통해 조직을 분업화·표준화하고자 하는 관리이론

② 과학적 관리론은 사기업체에서 발달한 이론으로 정치와 행정을 구별하고 행정을 능률지향의 관리기술로 파악한 정치·행정 이원론의 발달에 기여했음

(2) 과학적 관리론의 주요 내용

① 뉴욕시정연구소(1906년), 태프트(Taft)위원회(1910년) 등에서 과학적 관리 기법의 행정에 대한 도입을 적극적으로 주장

② 과학적 관리론의 목표: 최소의 투입으로 최대의 성과를 얻어내는 능률성 달성

③ 테일러 시스템(Taylorism): 『과학적 관리의 제 원리(The principle of Scientific Management, 1911)』를 발간하여 과학적 관리론을 확립. 시간 및 동작 연구를 통해 과학적 방법을 동원하여 생산 공정의 요소를 분석하여 직무수행의 최선의 방안을 탐색함으로써 업무의 표준화, 계획화를 통해 모든 노동자에게 적정한 일일 과업이 부여되고, 적절한 성과 상여급 제도가 확립되어야 함을 강조

④ 페이욜(Fayol): 『일반 및 산업관리론(1916)』을 저술. 단순 생산공정뿐만 아니라 최고관리자의 관점에서 재무, 경영, 회계 등 조직 전반적 관리를 종합한 11가지 관리의 원칙을 제시함

⑤ 합리적 경제인관 가정: 경제적 보상을 통한 동기부여 강조

⑥ 폐쇄적 환경관: 행정 외부 환경적 요인을 고려하지 못한 폐쇄적 행정이론

(3) 과학적 관리론의 한계

① **능률지상주의**: 능률과 생산성 제고를 위해 인간을 기계부품처럼 취급함으로써 인간적 가치를 경시(인간소외 현상 야기)

② 조직의 기계화, 비인간화(인간의 부품화)를 조장

③ **편향된 인간관**: 인간을 합리적 경제인으로 파악함으로써 인간의 내면적·심리적·사회적 요인을 경시하고, 경제적 보상과 같은 외재적 동기만을 중시함

④ 환경과의 상호의존성 간과(폐쇄체제적 관점)

⑤ 비공식적 조직의 영향을 무시

2 인간관계론

(1) 인간관계론의 의의
① 과학적 관리론과 달리 인간을 사회적 유인에 따라 움직이는 존재로 파악하고 조직 내에서 사회적 능률을 향상시킬 수 있는 관리방법을 탐구한 접근방법
② 1930년대 신고전적 행정학을 형성함

(2) 인간관계론의 주요 내용
① 이론적 배경: 과학적 관리론의 한계에 대한 비판으로 등장
② 메이요(Mayo)의 호손 공장 연구(Hawthorne Studies, 1927~1932): 호손 공장 실험은 과학적 관리론을 입증하고자 한 연구였으나, 연구과정에서 물리적 작업조건보다 감독자의 인정, 비공식적 집단과 같은 사회적 요인이 작업 능률 향상에 더 많은 영향을 미친다는 사실을 발견
③ 사회·심리적 요인 및 감정적이고 비합리적인 요소 중시
④ 조직 내 비공식적 집단 중시
⑤ 사회인관, Y이론적 인간관 가정

(3) 인간관계론의 기여
① 신고전 행정학 성립에 기여
② 행정행태론의 이론적 발전에 기초 제공
③ 행정관리의 민주화·인간화에 기여: 통제 중심의 과학적 관리를 지양하고 고충처리, 상담제도, 제안제도, 민주적 리더십, 의사전달 활성화 등 민주적 행정관리에 기여

(4) 인간관계론의 한계
① 폐쇄적 환경관: 경제적 환경이나 노동시장의 조건 등 외적 환경에 대한 고려 미흡
② 이원론적 인식론: 합리적 측면과 비합리적 측면, 공식적 조직과 비공식적 조직으로 대립적·이원론적으로 파악하고, 인간의 비합리적이고 비공식적 조직만을 지나치게 강조
③ 보다 세련된 착취방법에 불과: '젖소 사회학'이라는 비판

확인문제

과학적 관리론과 인간관계론에 관한 설명으로 옳지 않은 것은?
2016. 행정사
① 과학적 관리론은 비공식적 집단의 역할을 강조하지만, 인간관계론은 공식적 조직의 역할을 중시한다.
② 메이요(Mayo)의 호손(Hawthorne) 실험은 인간관계론의 형성에 영향을 주었다.
③ 인간관계론은 작업환경이나 물리적 조건보다 조직구성원들의 사회심리적 요인을 중시한다.
④ 과학적 관리론과 인간관계론은 생산성 향상을 추구한다는 점에서 유사하다.
⑤ 과학적 관리론은 과업목표의 달성을 위해 체계적인 관리와 통제를 중시하는 관료제 조직에 적합하다.

▶ ① [×] 과학적 관리론은 공식적 조직의 역할을 중시하며, 인간관계론은 비공식적 집단의 역할을 강조한다.

과학적 관리론과 인간관계론 비교

구분	과학적 관리론	인간관계론
공통점	• 폐쇄적 환경관 • 조직 생산성 향상 목표: 행정의 궁극적 목표는 능률성 추구 • 정치·행정 이원론(관리기술적 접근) • 관리층을 위한 연구 • 동기부여의 외재성 가정: 인간행동의 피동성 전제	
인간관	• 합리적 경제인 전제 • X이론적 인간관	• 사회적 인간관 전제 • Y이론적 인간관
초점	• 공식적 구조에 대한 과학적 분석 • 직무 중심	• 비공식적 구조, 비공식적 인간관계 • 인간 중심
관리방식	• 직무분석, 작업의 표준화, 반복적 훈련 강조 • 노동자의 생산량을 기준으로 하는 보수 체계 도입	• 인간 중심의 유연한 관리 강조 • 비공식적 의사전달 • 민주적 리더십
동기부여	• 경제적 보상	• 사회적 욕구 충족
행정가치	• 기계적 능률 중시: 투입 대비 산출로 표현되는 계량적 능률성	• 사회적 능률: 사회적 합목적성, 조직구성원의 만족도 등 중시 • 민주성과 능률성의 조화
학문적 기여	• 고전적 행정학(행정관리론)	• 신고전 행정학 • 행정행태론에 영향

제3절 거시조직이론 분류

1 분류 기준

(1) **환경인식 또는 행동 정향**: 결정론과 임의론

① 결정론: 개인이나 조직의 행동이 환경에 의해 결정된다는 입장(조직은 환경에 대한 종속변수)

② 임의론: 개인이나 조직이 환경을 변화시키거나 환경에 적극적으로 대응한다는 입장

(2) **분석 수준**: 개별조직과 조직군

① 개별조직

② 조직군: 조직군이란 특정 환경하에서 생존을 유지하는 동종의 집합, 즉 유사한 조직구조를 갖는 조직들을 의미하는 것으로, 구체적으로 같은 시기에 일정한 공간에 존재하면서 유사한 형태의 자원을 활용하고 유사한 고객과 관계를 가지며 유사한 산출을 내는 활동에 종사하는 개별 단위 조직들의 집합체를 의미 예 동일 지역 내의 동종 회사들

주요 거시조직이론의 분류

분석수준 \ 환경인식	환경결정론	임의론
조직군 (조직의 집합체)	자연적 선택 관점 - 조직경제학(거래비용이론, 대리인 이론) - 조직군 생태학 이론	집단적 행동 관점 - 공동체 생태학 이론
개별조직	체제구조적 관점 - 상황론적 조직이론	전략적 선택 관점 - 전략적 선택이론 - 자원의존이론

② 결정론적 관점: 상황론적 조직이론, 조직경제학, 조직군 생태학 이론

(1) 상황론적 조직이론(contingency theory)

① 조직구조는 상황적 특성(규모, 기술, 환경 등)에 의해 결정되며, 조직의 효과성은 조직의 구조적 특성(조직구조, 관리체계, 관리과정 등)과 상황적 특성이 얼마나 부합하는가에 달려있다고 주장

② 고전적 조직이론에 대한 비판: 관료제 이론과 행정원리론에서 추구한 보편적인 조직원리를 비판. 조직의 설계에서 모든 상황에 적합하게 조직을 설계하고 관리하기 위한 유일 최고의 방법은 존재하지 않으며, 조직이 처해있는 상황조건에 따라 적합한 방법을 적용해야 한다고 강조

③ 상황요인으로 조직의 규모, 기술, 환경, 전략을 중시하면서 이들 상황요인과 조직구조 변수의 관계를 설명하고 특정 상황에 적합한 조직구조를 처방하고자 노력

(2) 조직경제학(organizational economics)

① 의의: 조직경제학은 신제도주의 경제학 관점을 조직연구에 적용한 것으로 주인-대리인 이론과 거래비용이론으로 구성되어 있음

② 대리인 이론(agency theory)

㉠ 의의: 주인과 대리인 관계에 관한 경제학적 모형을 조직에 적용한 이론. 행위자들이 이기적인 존재임을 전제로 경제적 능률성을 중시하는 인간관·조직관에 입각하여 위임자와 대리인 간의 문제를 분석

㉡ 가정: 합리적 경제인 가정(자기이익 극대화를 추구하는 인간을 전제), 주인-대리인 간의 정보 비대칭(불균형)

㉢ 주요 내용

ⓐ 주인과 대리인 간의 이해관계의 상충으로 '대리손실(agency loss)' 발생

ⓑ 역선택(adverse selection): 대리인에 대한 정보 부족(감추어진 정보)으로 부적격자나 무능력자를 대리인으로 선임하게 되는 사전적 손실

ⓒ 도덕적 해이: 대리인에 대한 감시의 결여(감추어진 행동)로 대리인이 자신의 이익을 추구하는 행위(사후 손실)

확인문제

다음 중 거시적 조직 이론에 대한 설명으로 가장 옳지 않은 것은?
2016, 서울 9급
① 전략적 선택이론은 임의론이다.
② 조직군생태론은 자연선택론을 취한다.
③ 조직군생태론은 결정론적이다.
④ 전략적 선택이론의 분석단위는 조직군이다.

▶ ④ [×] 전략적 선택이론의 분석단위는 개별조직(조직군×)이며, 임의론이다.

확인문제

상황적응적 접근방법(contingency approach)에 대한 설명으로 옳지 않은 것은? 2018, 국가 9급
① 체제이론의 거시적 관점에 따라 모든 상황에 적합한 유일최선의 관리방법을 모색한다.
② 체제이론에서와 같이 조직은 일정한 경계를 가지고 환경과 구분되는 체제의 하나로 본다.
③ 조직을 구성하고 운영하는 방법의 효율성은 그것이 처한 상황에 의존한다고 가정한다.
④ 연구대상이 될 변수를 한정하고 복잡한 상황적 조건들을 유형화함으로써 거대이론보다 분석의 틀을 단순화한다.

▶ ① [×] 상황적응적 접근방법은 모든 상황에 적합한 유일·최선의 조직구조나 관리방법은 없다는 전제 하에, 조직이 처해있는 상황조건에 따라 적합한 방법을 적용해야 한다고 강조한다.

> ㉣ 결론 및 시사점: 효율적인 주인-대리인 관계를 유지하기 위해서 '대리손실'의 최소화를 위한 감시와 통제 제도 필요
> - ⓐ 정보의 균형화: 정보 공개 제도, 주민참여 제도, 내부고발자 보호제도 등
> - ⓑ 성과 중심의 대리인 통제 제도: 성과 중심의 유인 구조 재설계 **예** 성과급 제도 등

③ **거래비용이론(transaction cost theory)**
- ㉠ 조직, 특히 기업조직들이 생겨나고 일정한 구조를 가지게 되는 이유를 조직경제학적으로 설명하는 접근방법. 생산보다는 비용에 관심을 갖고, 조직을 거래비용을 감소하기 위한 장치로 보고 분석하는 접근방법
- ㉡ 분석 단위를 조직(정부기관이나 기업)으로 하고 이들 간에 재화와 서비스를 교환하는 과정에서 발생하는 거래비용을 최소화하는 메커니즘을 찾는 데 유용
- ㉢ 거래비용은 경제적 교환과 관련된 모든 비용을 포함. 정보를 수집하고 처리하는 비용, 당사자 간의 협상 및 커뮤니케이션 비용, 거래상대방이 기회주의적 행동을 할 것인가에 대한 탐색 비용, 거래의 이행 및 감시 비용 등을 포함
- ㉣ 거래비용이론은 거래비용을 줄이고 거래의 능률성을 높일 수 있는 방안들을 처방함. 정부실패에 대한 대응방안으로 공공분야의 민영화, 민간위탁, 계약제 등에 응용됨
- ㉤ 윌리암슨(Williamson)의 거래비용이론
  - ⓐ 거래비용은 개인의 기회주의 속성, 정보 수집의 불확실성, 거래 절차의 복잡성, 정보의 불균형, 성과 측정의 난이도 등에 의해 영향을 받음
  - ⓑ 시장의 자발적인 교환행위에서 발생하는 거래비용이 관료제의 조정비용보다 크면, 거래비용의 최소화를 위해 거래를 내부화(조직 통합, 내부조직화: insourcing)하는 것이 효율적이라고 주장

(3) **조직군 생태학(population ecology of organization) 이론**
① 의의: 조직을 외부환경의 선택에 따라 좌우되는 피동적인 존재로 보고, 왜 어떤 유형의 조직들은 존속·발전하고 어떤 유형의 조직들은 소멸하는가에 대한 원인을 환경에 대한 조직 적합도에서 찾는 이론

② 특징 및 주요 내용
- ㉠ 조직군에 대한 연구에 생물학의 자연선택론(적자생존론) 적용: 조직의 자연선택 과정을 설명. 환경의 선택과정은 변이(variation), 선택(selection), 보존(retention)의 세 단계로 이루어짐
  - ⓐ 변이: 조직 개체군 안에 새로운 성질이나 형태의 조직이 나타나고 그 성질이나 차이가 드러나는 것으로, 변이가 발생함으로써 조직 형태의 다양성과 복잡성이 증가함
  - ⓑ 선택: 우연적이든 계획적이든 조직 개체군에 변이가 나타나면, 즉 조직 개체군에 새로운 조직 형태가 출현하면 그중에서 환경 조건에 잘 적응하고, 적합한 형태는 선택돼 생존하지만 부적합한 것은 도태되는 것을 의미
  - ⓒ 보존: 환경에 의해 적합한 것으로 선택된 조직형태가 보존·유지되는 것을 의미
- ㉡ 환경결정론적 관점: 환경의 절대성을 강조하고, 조직관리자가 행사하는 전략적 선택을 완전히 배제하고 있음

확인문제

현대조직이론의 하나인 거래비용이론에 대한 설명으로 옳은 것은?
2014. 서울 7급
① 거래비용의 최소화를 위해서는 거래를 외부화(outsourcing)하는 것이 효율적이다.
② 생산보다는 비용에 관심을 가지며 조직을 거래비용 감소를 위한 장치로 파악한다.
③ 조직통합이나 내부 조직화는 조정비용이 거래비용보다 클 때 효과적이다.
④ 거래비용에는 거래 상대방의 기회주의적 행동에 대한 탐색 비용은 포함되지 않는다.
⑤ 거래비용이론은 민간조직보다는 공공조직에서 적용가능성이 높다.

▶ ② [○]
① [×] 시장에서의 거래비용의 최소화를 위해서는 거래를 계층제 조직으로 내부화하는 것이 효율적이다.
③ [×] 조직통합이나 내부 조직화는 조정비용이 시장에서의 거래비용보다 작을 때 효과적이다.
④ [×] 거래비용에는 거래 상대방의 기회주의적 행동에 대한 탐색 비용이 포함된다.
⑤ [×] 거래비용이론은 경제학에서 발전된 이론으로 공공조직보다 민간조직에 적용가능성이 높다.

확인문제

주인과 대리인 관계에서 나타나는 여러 문제를 다루기 위하여 제기된 대리인 이론(Agency Theory)에 대한 설명과 가장 거리가 먼 것은?
2014. 사복직 9급
① 주인과 대리인 모두 자신의 이익을 극대화하려는 합리적 행위자이다.
② 대리인의 선호가 주인의 선호와 일치하지 않을 수 있다.
③ 대리인에게 불리한 선택으로 인한 문제 해결에 초점을 둔다.
④ 주인과 대리인 간에는 정보의 비대칭성이 존재한다.

▶ ③ [×] 주인-대리인 간에는 정보가 비대칭적이기 때문에, 대리인이 기회주의적 행동을 보일 수 있다. 대리인의 기회주의적 행태로 역선택(adverse selection: 주인에게 불리한 선택)과 대리인의 도덕적 해이가 발생하게 된다.

3 임의론적 관점: 전략적 선택이론, 자원의존이론, 공동체 생태학 이론

(1) **전략적 선택이론**(strategic choice theory)
① 의의: 차일드(Child)는 상황론적 조직이론을 비판하면서 전략적 선택이론을 제시하였음. 전략적 선택이론은 환경이 구조를 직접 결정하는 것이 아니라 조직 관리자가 지각한 환경이 관리자의 전략에 영향을 미치고, 다시 전략이 구조를 결정한다고 보고 있음
② 특징 및 주요 내용
  ㉠ 관리자의 관심과 전략적 선택 강조: 조직구조를 설계하는 데 조직의 관리자(의사결정자)의 역할을 강조. 동일한 상황의 조직이라도 관리자의 환경에 대한 인식과 가치관에 따라 상이한 전략을 선택할 수 있음. 관리자(의사결정자)는 본인의 인지적 기초와 가치관을 바탕으로 환경을 인식하며, 이렇게 인식된 환경을 기초로 관리자의 전략적 선택이 이루어짐
  ㉡ 환경형성론(임의론): 조직구조나 형태 결정에서 조직의 적극성과 자율성을 주장함. 조직 관리자의 자유재량 영역이 존재하고, 이에 따른 관리자의 전략적 선택을 강조한다는 점에서 환경결정론적 입장의 이론들과 상반된 관점. 조직은 전략적 선택을 통해 그 자신에 유리하도록 환경을 조성하거나 통제할 수 있으며, 때로는 적절한 환경을 스스로 창조할 수 있음

(2) **자원의존이론**(resource dependance theory): 페퍼와 샐란식(Pfeffer & Salancik)
① 의의
  ㉠ 환경에 대한 임의론적 시각에 입각한 전략적 선택이론의 일종으로, 조직은 자원을 획득하는데 그 환경에 의존하므로, 조직관리자의 핵심적 희소 자원 확보를 위한 전략적 선택이 중요함을 강조
  ㉡ 자원의존이론은 어떤 조직도 필요로 하는 모든 자원을 획득할 수는 없다는 것을 전제로 조직을 환경적 결정에 피동적인 존재로 보지 않고 스스로의 이익을 위해 주도적·능동적으로 환경에 대처하며, 환경을 조직에 유리하도록 관리하려는 존재로 보는 접근방법임
② 특징 및 주요 내용
  ㉠ 자원에 대한 의존성 강조: 조직은 환경에 둘러싸여 있고 필요한 자원을 외부환경(다른 조직)에 의존하며, 자원의존과 더불어 일정한 제약과 불확실성에 직면함. 조직 간 자원의 존성을 관리자가 다루어야 할 가장 중요한 요인으로 인식하고, 자원의존성에 근거하여 조직의 흡수·통합·합병 등과 같은 조직 간 조정을 설명
  ㉡ 조직의 능동적·주도적 환경관리(환경형성론) 강조: 조직과 환경과의 관계에서 조직의 주도적이고 능동적인 행동을 중시함. 조직은 자원의존과 그에 따라 발생하는 제약성 및 불확실성에 주체적이며 능동적으로 대응하고 관리하기 위해 여러 가지 전략을 선택할 수 있음

확인문제

조직이론에 대한 설명으로 옳지 않은 것은? 2018, 지방 9급
① 구조적 상황이론−상황과 조직 특성 간의 적합 여부가 조직의 효과성을 결정한다.
② 전략적 선택이론−상황이 구조를 결정하기보다는 관리자의 상황 판단과 전략이 구조를 결정한다.
③ 자원의존이론−조직의 안정과 생존을 위해서 조직의 주도적·능동적 행동을 중시한다.
④ 대리인이론−주인·대리인의 정보 비대칭 문제를 해결하기 위해 대리인에게 대폭 권한을 위임한다.

▶ ④ [×] 대리인 이론은 주인−대리인 간의 정보 비대칭 문제를 해결하기 위해 정보균형화 방안, 대리인에게 인센티브를 제공하는 방법 등을 활용한다.

확인문제

조직이론에 대한 설명으로 옳지 않은 것은? 2017, 국가 9급
① 자원의존이론에 따르면, 조직은 환경으로부터 필요한 자원을 획득하기 위하여 환경에 피동적으로 순응하여야 한다.
② 주인−대리인이론에 따르면, 주인과 대리인 간에는 정보의 비대칭으로 인해 대리인의 도덕적 해이와 주인의 역선택이 발생할 수 있다.
③ 거래비용이론에 따르면, 시장의 자발적인 교환행위에서 발생하는 거래비용이 관료제의 조정비용보다 클 경우 거래를 내부화하는 것이 효율적이다.
④ 상황론적 조직이론에 따르면, 모든 상황에 적용되는 유일·최선의 조직구조나 관리방법은 없다.

▶ ① [×] 자원의존이론은 환경에 대한 임의론에 해당하는 이론으로, 조직은 스스로의 이익을 위해 주도적·능동적으로 환경에 대처하며, 환경을 조직에 유리하도록 관리하려는 존재로 보는 접근방법이다.

(3) 공동체 생태학 이론
① 조직을 생태학적 공동체 속에서 상호의존적인 조직군들의 구성원으로 파악하고, 조직들 간 공동체적 호혜관계(공동전략)를 통한 능동적 환경 적응 과정을 강조
② 거시적으로 조직 간의 관계 그 자체에 연구의 초점을 두고 환경에 능동적으로 대처해가는 조직들의 공통된 노력을 설명
③ 다원화된 이익단체들의 결속(합병, 결합, 유기적 협력) 등 집단적 행동을 정당화하는 이론

제4절 베버(M. Weber)의 관료제 이론

1 관료제의 의의

(1) **관료제의 개념**: 대규모 조직에서 공통적으로 나타나는 특정한 구조적 형태를 의미

(2) **베버의 이념형 관료제**
① 막스 베버(M. Weber)는 이성 내지 합리성(rationalization)을 바탕으로 한 대규모 조직의 효율적인 구조와 작동에 관심을 가졌는데 그것이 이념형(ideal type)으로서의 관료제임
② 베버는 조직이 바탕으로 삼는 권한의 유형을 전통적 권한, 카리스마적 권한, 법적·합리적 권한의 세 가지로 구분했음. 현대 관료제의 이념형은 법적·합리적 권한에 기초를 둔 것임

권위	관료제	특성
전통적 권위	가산관료제	전통이나 관습에 의해 명령이 정당화되어 왔기 때문에 이에 복종하게 되는 경우
카리스마적 권위	카리스마적 관료제	특정 인물이 소유하고 있는 비범한 자질에 대한 믿음 때문에 명령이 정당화되는 경우
법적·합리적 권위	근대 관료제	법규에 규정되어 있기 때문에 명령에 복종하는 경우

③ 막스 베버는 법과 합리성에 기초한 대규모 관료제 조직이 어떤 형태의 조직보다 목표달성에 더 효과적이라고 보았음

2 베버의 관료제의 특징

(1) **문서화된 법규**: 모든 직위의 권한과 관할 범위, 임무와 수행 방법 및 그에 필요한 권한의 행사는 법규(공식 규범)에 의하여 규정되며, 권한은 사람이 아니라 직위에 부여됨. 문서화된 법규는 문제 해결을 위한 동일한 행동방식을 보장해주고, 업무 수행의 일관성을 가능하게 함

(2) **계서제적 구조**: 관료제는 피라미드 모양의 계층 구조를 가지며, 상관의 명령과 통제가 위로부터 아래로 전달되는 특성을 가짐

(3) **임무수행의 비개인화**(비정의적 행동, impersonal conduct): 관료들은 임무수행에 관한 법규의 적용에 있어서 개인적 이익이나 구체적인 경우의 특별한 사정 또는 고객의 지위 등에 구애되는 일이 없이 공평무사한 비개인성(몰인격성, impersonality)을 유지하도록 요구됨

(4) **관료의 전문화**: 관료 채용의 기준은 전문적 능력임. 관료제 내의 구성원들에게는 제한된 범위의 공식적인 임무가 부여되며, 각자는 자신에게 주어진 전문화된 업무에 대해서만 책임을 지게 됨

(5) **관료의 전임화**(full-time job): 관료로서의 직업은 잠정적인 직업이 아니라 일생 동안 종사하는 전임 직업임

(6) 관료들은 계급과 근무연한에 따라 고정된 보수와 연금을 받으며, 승진의 기준은 주로 선임순위(seniority)임

확인문제
베버(M. Weber)가 주장한 이념형(ideal type)으로서의 근대 관료제에 대한 설명으로 옳지 않은 것은? 2017, 국가 9급
① 관료는 계급과 근무연한에 따라 정해진 금전적 보수를 받는다.
② 관료는 객관적·중립적 입장보다는 민원인의 입장에서 판단하고 결정한다.
③ 모든 직위의 권한과 관할범위는 법규에 의하여 규정된다.
④ 관료의 업무 수행은 문서에 의한다.

▶ ② [×] Weber의 근대 관료제는 임무수행의 비개인화(impersonalism)를 특징으로 한다. 관료는 인간으로서의 감정이나 충동을 멀리하고 객관적이고 공정하게 행동할 것이 기대된다(공평무사한 행정).

3 관료제의 역기능(병폐)

(1) **법규에 대한 동조과잉**(over-conformity)**과 목표 대치**(goal displacement): 머튼(Merton)
  ① 법규의 엄격한 적용과 준수가 강요되기 때문에 법규에 대한 과잉동조 현상과 관료들이 목표보다는 그 수단인 규칙이나 절차를 더 중요시하게 되는 목표와 수단의 대치 현상이 발생
  ② 최고관리자의 관료에 대한 지나친 통제가 관료들의 경직성을 초래하여 관료제의 병리현상을 초래함

(2) **무사안일주의**(굴드너, Gouldner): 관료들이 규칙의 범위 내에서 최소한의 행태만을 추구하여 무사안일주의를 초래함

(3) **형식주의**(red tape), **번문욕례**(繁文縟禮): 관료제의 사무처리는 모두 문서에 의해 이루어지게 되어 있어 불필요하거나 번거로운 문서 작성 절차 등이 늘어나서 조직과 국민에게 순응의 불편이나 비용을 초래하게 되는 현상을 의미

확인문제
관료제 병리현상에 대한 설명으로 옳지 않은 것은? 2017, 국가 9급
① 규칙이나 절차에 지나치게 집착하게 되면 목표와 수단의 대치 현상이 발생한다.
② 모든 업무를 문서로 처리하는 문서주의는 번문욕례(繁文縟禮)를 초래한다.
③ 자신의 소속기관만을 중요시함에 따라 타 기관과의 업무협조나 조정이 어렵게 되는 문제가 나타난다.
④ 법규와 절차 준수의 강조는 관료제 내 구성원들의 비정의성(非情誼性)을 저해한다.

▶ ④ [×] 비정의성(impersonality, 비개인화)은 관료들이 개인적 이익이나 특별한 사정, 상대방의 지위 등에 구애되는 일 없이 공평무사하게 업무처리를 할 것을 요구하는 것으로, 관료제의 병리현상이 아니라 관료제의 특징에 해당한다.

(4) **할거주의**(sectionalism) : 셀즈닉(Selznick)
  ① 권한위임과 전문화가 조직 하위체계 이해관계의 지나친 분극을 초래하여 전체목표보다는 하위목표에 집착하게 하여 조직 하위체계의 분열을 초래하는 현상
  ② 할거주의는 업무의 전문성에 따른 분업구조로 인해 발생하며, 그 결과 ㉠ 부처 간 횡적인 업무 협조나 조정 곤란, ㉡ 정책혼선이나 기관 간 갈등, ㉢ 조직 전체의 거시적 목표 달성 곤란 등을 야기함

(5) **훈련된 무능**(trained incapacity)
  ① 관료제는 관료의 전문성을 강조하여 한정된 분야에 오랫동안 근무하게 함으로써 해당 분야의 전문성은 증가하지만 다른 분야에는 무능한 결과를 야기함
  ② 새로운 문제가 등장하여 새로운 정책을 추진해야 할 경우 융통성이 적고 기존의 지식과 관례대로만 수행하려고 할 경우 과거의 전문성이 오히려 장애 요인으로 작용

(6) **변동에 대한 저항** : 관료의 승진은 선임순위(연공서열)에 의해 결정되어 내부적 경쟁이 결여되기 때문에 관료들 사이에 자연스럽게 공통의 이해관계가 형성되며 자기들의 기득권 유지에 집착하게 되고, 이로 인해 고객과 환경의 요청에 적절히 대응하기 어려운 관료적 행태를 보이게 됨

(7) **권력구조의 이원화**
  ① 상관의 직위에 부여되는 계서적 권한과 부하의 전문적 권력이 이원화되어 갈등을 빚는 현상
  ② 전문적으로 훈련된 부하들은 자신들의 전문적 견해와 다른 상관의 계서적 명령에 불만을 품고 저항하게 되는 경우 충돌 현상이 야기될 수 있음

(8) **인간적 발전의 저해**
  ① 집권적이고 권위주의적인 통제와 법규우선주의 그리고 비개인적 역할 관계는 조직구성원의 사회적 욕구 충족을 저해하며 성장과 성숙을 방해함. 조직구성원들은 명령이 있어야만 움직이는 피동적 존재로 전락하고 창의적 노력을 기대하기 어려울 수 있음
  ② 블라우와 톰슨(Blau & Thompson) : 관료제의 규칙 강조가 개인의 심리와 조직 내 사회적 관계의 불안정성을 초래(인간적 유대 저해)한다고 비판하였음

(9) **무리한 세력 팽창**(제국건설) : 관료제는 자기보존 및 세력 확장을 도모하려 하기 때문에 업무량과는 상관없이 기구와 인력을 증대시키려는 경향을 보이며(파킨슨의 법칙, Parkinson's Law), 권한행사의 영역을 계속 확장하여 제국을 건설하려 함

확인문제

관료제 병리에 관한 연구 내용과 학자 간 연결이 옳지 않은 것은?
2015, 서울 9급
① 굴드너(Gouldner) - 관료들이 규칙의 범위 내에서 소극적으로 행동하는 무사안일주의를 초래한다.
② 굿셀(Goodsell) - 계층제 조직의 구성원이 각자의 능력을 넘는 수준까지 승진하게 되는 병리현상이 나타난다.
③ 머튼(Merton) - 최고관리자의 관료에 대한 지나친 통제가 관료들의 경직성을 초래한다.
④ 셀즈닉(Selznick) - 권한의 위임과 전문화가 조직 하위체제 간 이해관계의 지나친 분극을 초래한다.

▶ ② [×] 굿셀(Goodsell)이 아니라 피터(Peter)가 주장한 병리현상이다. 굿셀(Goodsell)은 1980년대 중반에 관료제에 대한 부정적 시각은 관료제에 대한 이해 부족에서 비롯된 것으로 보고 관료제를 적극 옹호한 학자이다.

(10) **무능한 관료의 승진**(피터의 원리)
   ① 되풀이되는 승진으로 인해 공무원이 무능력 수준까지 승진한다는 원리. 현 직위에서 유능하다고 인정되는 사람은 모두 승진하고, 하급 계층에서 무능한 것으로 판명된 사람만 승진하지 못하고 제자리에 남게 됨
   ② 이와 같은 연쇄적 승진은 결국 일을 감당할 수 있는 직위에까지 승진시켜 놓게 되고, 신분보장 규정 때문에 그 자리에 머물러 있게 됨. 결국은 모든 직위가 무능력자로 채워지는 경향이 있음

4 관료제 옹호론

(1) **블랙스버그**(Blacksburg) **선언**

1990년대 신공공관리론(NPM)에 대한 반론으로 등장. 웜슬리(Wamsley), 굿셀(Goodsell), 울프(Wolf), 로어(Rohr) 등이 공동 선언. 관료제가 비효율적으로 보이는 이유는 정치인들의 근거 없는 '관료후려치기' 때문이라고 주장

(2) **굿셀**(Goodsell)

관료제에 대한 부정적 시각은 관료제에 대한 이해 부족에서 비롯된 것으로 보고 관료제를 위한 변론을 시도. 특히 미국의 정부관료제는 비판론자들이 생각하는 것과는 달리 일을 잘하고 있으며, 다수 국민도 정부관료제의 서비스에 만족하고 있다는 사실을 지적함

(3) **예이츠**(D. Yates)

『관료제적 민주주의(Bureaucratic Democracy, 1982)』에서 정부관료제가 과연 민주주의라는 정치적 가치와 능률이라는 행정적 가치를 조화시킬 수 있는가 하는 문제를 집중적으로 분석하고, 제도 개혁을 통하여 관료제에 대한 통제전략을 잘 수립하면 양자의 조화가 가능하다고 보았음

(4) **카우프만과 페로우**(Kaufman & Perrow)

관료제는 집행권을 억제하고 책임을 증진시킨다는 점에서 민주적임. 또한 관료제의 대안조직들이 관료제보다 더 많은 비용을 수반한다는 점에서 관료제는 상대적으로 능률적임을 주장

제5절 탈관료제(후기관료제) 이론

1 탈관료제 모형의 의의
관료제의 병리현상에 대한 비판하에 새롭게 제시된 미래형 조직을 의미

2 탈관료제 모형의 특징

(1) **조직구조의 특성**: 낮은 복잡성, 낮은 공식성, 분권적 구조 선호

(2) **계서제 타파**: 고정적 계서제의 존재를 거부하고 비계서제적 구조설계를 처방

(3) **잠정성 강조**: 조직 내의 구조적 배열뿐만 아니라 조직 자체도 필요에 따라 생성·변동·소멸하는 잠정적인 것이어야 한다고 처방

(4) **조직과 환경과의 경계 관념 타파**: 전통적 경계 관념의 타파를 주장하고, 고객을 동료처럼 대하도록 요구

(5) **임무와 능력 중시**: 계서적 지위중심주의나 권한중심주의를 배척하고, 임무중심주의, 능력중심주의를 처방. 조직 내 권한은 문제해결 능력을 가진 사람이 행사해야 한다고 처방

(6) **상황적응성 강조**: 조직의 구조와 과정, 업무수행 기준 등은 상황적 조건과 요청에 부응해야 함

(7) **집단적 문제 해결**: 분업화·전문화의 강조가 아닌 집단적·협동적 문제해결 노력 강조

3 탈관료제 모형

(1) 골렘비에스키(Golembiewski)의 견인이론적 구조(pull theory)

① 의의
  ㉠ 골렘비에스키는 관리이론을 압박이론(push theory)과 견인이론(pull theory)으로 대별하고 장차 조직의 구조와 과정은 견인이론의 처방에 따라야 한다고 주장하였음
  ㉡ 압박이론은 McGregor의 X이론과 같은 전통적 이론으로 사람들로 하여금 고통스러운 결과를 피하기 위해 일하도록 만드는 방안을 처방하는 이론을 의미. 반면에 견인이론은 자유스러운 분위기를 조성하고 사람들로 하여금 일하면서 보람과 만족을 느끼게 하는 방안을 처방하는 이론임

② 견인이론의 원리: ㉠ 통합의 강조, ㉡ 자율성의 강조, ㉢ 유기적 구조의 처방, ㉣ 창의성의 강조, ㉤ 일의 흐름 중시

③ 견인이론에 입각한 구조: ㉠ 일의 흐름을 기준으로 한 수평적 분화, ㉡ 다방향적 권한관계, ㉢ 넓은 통솔범위, ㉣ 외재적 통제의 최소화(자율적 통제의 내재화), ㉤ 변동에 대한 높은 적응성

확인문제

다음 중 탈관료제의 특징으로 가장 적절하지 않은 것은?
2024, 군무원 7급
① 비계서구조
② 임무와 능력 중심
③ 분업화에 의한 문제 해결
④ 상황 적응성 강조

▶ ③ [×] 분업화를 강조하는 것은 관료제의 특징이다. 탈관료제는 부서 간의 경계를 타파하고, 집단적 문제 해결을 강조한다.

확인문제

견인이론(Pull Theory)이 말하는 구조의 특성을 설명한 것 중 옳지 않은 것은? 2007, 국가 7급
① 기능의 동질성과 일의 흐름을 중시한다.
② 권한의 흐름을 하향적·일방적인 것이 아니라 상호적인 것으로 생각한다.
③ 자율규제를 촉진하여 통솔범위를 넓힐 수 있다.
④ 구성원의 변동에 대한 적응을 용이하게 한다.

▶ ① [×] 견인이론은 기능의 동질성보다는 일의 흐름을 중시한다.

(2) **베니스(Bennis)의 적응적·유기적 구조**

① 잠정적 구조, ② 문제 중심의 구조, ③ 집단에 의한 문제해결, ④ 조정을 위한 접합점, ⑤ 조직의 유기적 운영 등을 제시

(3) **커크하트(Kirkhart)의 연합적 이념형**

커크하트는 베니스의 적응적·유기적 구조를 보완하여 ① 조직 간의 자유로운 인력이동, ② 변화에 대한 적응, ③ 권한체계의 상황적응성, ④ 구조의 잠정성, ⑤ 조직 내의 상호의존적·협조적 관계, ⑥ 고객의 참여, ⑦ 컴퓨터의 활용, ⑧ 사회적 층화의 억제, ⑨ 업무처리 기술과 사회적 기술 등을 제시

(4) **테이어(Thayer)의 '계서제 없는 조직'**

테이어는 ① 의사결정권의 이양, ② 고객의 참여, ③ 조직경계의 개방, ④ 작업과정의 개편 등을 통해 계서제를 소멸시키고, 집단적 의지형성의 장치를 형성해야 한다고 주장했음

(5) **화이트(O. White, Jr.)의 경계관념을 타파한 '변증법적 조직'**

화이트는 고객지향성을 강조하면서, 조직과 고객의 인위적 경계를 거부하고, 조직의 경계 안에 고객을 포함시켜 조직원과 고객은 동료와 같은 관계를 유지해야 한다는 원리를 제시함

(6) **린덴(Linden)의 이음매 없는 조직(seamless organization)**

① 이음매 없는 조직은 분할적·분산적인 방법이 아니라 총체적·유기적인 방법으로 구성된 조직으로, 기능별·조직단위별로 조각조각난 업무를 재결합시켜 고객에게 원활하고 투명한 서비스를 제공하는 조직

② 린덴은 산업화 시대의 생산자·공급자 중심의 사회에서 만들어진 분산적 관료제 구조는 오늘날 소비자 중심 사회에는 부적합하다고 보고, 소비자 중심의 사회에서는 소비자들이 다양한 서비스를 언제나 편리하게 그리고 자유롭게 선택하여 누릴 수 있게 해야 한다는 요청에 대응하기 위해 전통적인 분산적 조직(전통적 관료제 구조)들은 근본적으로 재설계하여 이음매 없는 조직으로 변신시켜야 한다고 주장

CHAPTER 02 조직구조의 형성

제1절 조직구조의 기본변수

1 공식화(formalization)

(1) 공식화의 의의 및 특징
① 조직원의 지위나 역할, 권한이 명문화되어 있고 업무수행 규칙과 절차가 표준화되고 정형화된 정도를 의미. 공식화가 이뤄질수록 문서에 의한 행정이 이루어짐
② 조직이 처한 환경이 안정적일 때, 조직이 처리하는 직무의 성질이 단순·반복적일 경우, 대규모 조직의 경우, 통상적으로 집권화된 조직일수록 공식화 정도가 높아짐

(2) 공식화의 장점
① 공식화된 조직은 조직구성원 개인행동을 규제하기 쉽고, 조직 간 의사소통이 원활하게 이루어져 조직 운영비를 줄일 수 있음
② 문서에 의해 행정이 이루어지기 때문에 예측가능성이 높고, 불필요한 혼란을 예방

(3) 공식화의 단점
① 공식화 수준이 너무 높을 경우 조직구성원의 자율성을 제약하고 업무 처리 과정에서 소외감 유발
② 동조과잉 현상: 지나치게 공식화될 경우 조직의 궁극적 목표를 추구하기보다 규칙과 절차만을 중시하여 목표달성을 저해할 수 있음

2 집권과 분권

(1) 집권과 분권의 의의: 집권과 분권은 조직 내 의사결정 권한의 위치와 관련. 의사결정 권한이 상위층에 집중되어 있을 경우 집권화된 조직이며, 조직의 하위층에 분산돼 있는 경우 분권화된 조직임

(2) 집권화된 조직이 선호되는 경우
① 신설 조직 등 조직의 역사가 짧을 경우
② 조직이 규칙과 절차의 합리성과 효과성에 대해 신뢰하는 경우
③ 부서 간·개인 간 횡적 조정의 필요성이 높을 경우
④ 조직활동의 통일성·일관성이 요청되는 경우
⑤ 전시(戰時) 등 조직에 위기 상황이 발생한 경우

확인문제

조직의 구조적 특성을 나타내는 지표로서 거리가 먼 것은?
　　　　　　　　　　2015, 지방교행 9급
① 의사결정 권한의 분산 정도
② 수직적·수평적·지리적 분화의 정도
③ 행동을 표준화하는 문서화·규정화의 정도
④ 조직의 투입을 산출로 전환하는 데 필요한 지식 및 기술(skills)의 정도

▶ ④ [×] 조직의 구조적 특성을 나타내는 기본적인 지표는 기본변수를 말하는데 기본변수에는 복잡성(분화), 공식화, 집권성이 있다.

(3) 조직의 분권화가 필요한 상황
   ① 기술과 환경 변화가 역동적으로 이뤄지는 경우
   ② 조직의 규모가 확대되는 경우
   ③ 조직이 속한 사회의 민주화가 촉진된 경우
   ④ 조직구성원의 자발성과 창의성을 고무하고자 하는 경우
   ⑤ 정보기술이 발달해 지식 공유가 원활하고 구성원의 전문성이 높은 경우
   ⑥ 고객에 신속하고 상황적응적인 서비스를 해야 하는 경우

3 복잡성(complexity)

(1) **복잡성의 의의**: 한 조직을 구성하는 기구의 분화 정도. 더 많이 분화돼 있을수록 복잡성이 높음

(2) **복잡성의 유형**: 수직·수평·공간적 복잡성으로 구분
   ① 수직적 복잡성(수직적 분화): 조직 내 계층의 수
   ② 수평적 복잡성(수평적 분화): 조직 내 행정기구의 횡적 분화 정도
   ③ 공간적 복잡성(공간적 분산): 지역별로 설치한 지점처럼 조직을 구성하는 시설이나 기구가 지역적·장소적으로 분산되어 있는 정도

확인문제

조직구조의 기본변수에 관한 설명으로 옳지 않은 것은?
2018, 행정사
① 복잡성은 조직을 구성하는 기구의 분화정도를 의미한다.
② 수평적 복잡성은 조직 내 수직적 계층의 수를 의미한다.
③ 업무수행의 규칙과 절차가 표준화될수록 조직구조의 공식성은 높아진다.
④ 공식화 정도가 높을수록 업무의 예측가능성이 높아진다.
⑤ 의사결정의 권한이 상위층에 집중된 경우 집권화된 조직이라고 한다.

▶ ② [×] 조직 내 수직적 계층의 수는 수직적 복잡성이다.

제2절 조직의 상황에 따른 조직구조 설계

1 조직규모와 조직구조

(1) **조직규모의 의의**: 조직의 규모는 조직의 크기를 지칭하는 개념으로 일반적으로 조직구성원의 수를 측정지표로 삼으며, 이외에도 물적 수용능력, 재정적 자원 등을 주요 지표로 삼음

(2) **조직규모와 조직구조 기본변수 간의 관계**
   ① 조직규모가 클수록 복잡성 증가: 규모가 커지면 통솔범위의 제약하에 있는 조직이 더욱 분화하게 되어 복잡성이 증가
   ② 조직규모가 클수록 공식성 증가: 조직규모가 증가하면 업무처리의 표준화와 법규화가 많이 이뤄지게 됨
   ③ 조직규모가 클수록 분권화 촉진: 조직규모가 클수록 고위관리층이 조직 전체를 통제하기 어렵기 때문에 의사결정권한이 하위로 위임되어 분권화가 촉진

확인문제

조직의 규모에 대한 설명으로 가장 옳은 것은? 2019, 서울 9급
① 조직의 규모가 클수록 공식화 수준이 낮아진다.
② 조직의 규모가 클수록 조직 내 구성원의 응집력이 강해진다.
③ 조직의 규모가 클수록 분권화되는 경향이 있다.
④ 조직의 규모가 클수록 복잡성이 낮아진다.

▶ ③ [○]
① [×] 조직의 규모가 클수록 공식화 수준이 높아진다.
② [×] 조직의 규모가 클수록 조직 내 구성원의 응집력은 약해진다.
④ [×] 조직의 규모가 클수록 복잡성은 높아진다.

② 조직의 기술과 조직구조

(1) **기술의 의의**: 조직이 사용하는 기술은 조직의 투입을 조직이 목표하는 산출물로 변환시키는 데 이용되는 지식, 도구, 기법 등을 의미

(2) **우드워드(J. Woodward)의 기술 분류와 조직구조**

① '생산기술이 조직구조에 영향을 미친다'는 최초의 연구로서, 생산과정에서 사용되는 '기술적 복잡성'을 측정하여 기술의 유형을 단위·소량생산 기술, 대량생산 기술, 연속공정생산 기술로 범주화했음

㉠ 대량생산 기술: 표준화된 제품 생산을 위해 여러 가지 공정으로 이뤄진 긴 제조과정을 지니는 기술 유형임. 이러한 기술 유형은 조립 공정에 의한 일상적이고 반복적인 것이 특징이며, 제품 생산 과정과 최종 상태에 대한 예측가능성이 높음
　예 자동차나 컴퓨터 등의 전자제품을 대량으로 생산하는 것

㉡ 단위·소량생산 기술: 특정 고객의 필요성을 충족시키기 위한 것으로 기계화의 정도가 매우 낮으며 결과의 예측 정도도 낮고 작업이 매우 비반복적임. 단위·소량생산 기술에서는 여러 가지 변화하는 상황에 대해 효과적으로 적응하기 위해 작업자가 상호 간에 언어에 의한 의사전달을 함　예 맞춤 양복, 특수 목적용 설비의 주문 생산 등

㉢ 연속공정생산 기술: 생산 방식이 연속적이고 기계적인 변환 과정을 거치는 것이 특징이며, 기술의 복잡성 정도가 가장 높음. 생산의 모든 과정이 기계화되어 있으므로 산출물에 대한 예측가능성이 가장 높음　예 석유 정제 공장, 섬유 산업 등에서 사용하는 기술 등

② 단위·소량생산 체계 → 대량생산 체계 → 연속공정생산 체계로 갈수록 기술의 복잡성이 증가하고, 그에 따라 전체 구성원 중에서 관리자가 차지하는 비율이 증가함

③ 조직의 기술과 조직구조 간의 적합성이 조직의 효과성 결정: 대량생산 기술에 의존하는 조직은 기계적 구조가, 단위·소량생산이나 연속공정생산 기술을 사용하는 조직에서는 유기적 구조가 효과적임을 증명(∵ 대량생산 기술은 표준화되어 있고 일상적이어서 예외가 거의 없는 반면, 단위·소량생산 기술과 연속공정생산 기술은 여러 가지 변화하는 상황에 대해 효과적으로 적응하기 위해 작업자가 상호 간에 언어에 의한 의사전달을 하기 때문에 공식화된 절차, 집권화 정도, 문서에 의한 의사전달 정도가 낮게 나타남)

기술	단위·소량생산 기술	대량생산 기술	연속적 공정생산 기술
기술의 특성	• 주문에 따라 생산이 이루어짐 • 기술의 복잡성이 가장 낮음 　예 맞춤 양복, 선박, 항공기 (주문 생산) 등	• 표준화된 대량의 제품을 생산하는 과정(일상적·기계적 생산, 생산 단계가 안정적이고 예측가능) • 기술의 복잡성이 중간 　예 냉장고, 포드 자동차 생산 과정	• 제품이 기계적 공정에 의해 연속적으로 처리·산출되는 생산과정 • 생산 공정에서 발생하는 우연적이며, 비일상적인 문제에 대비하는 체제를 갖추고 있음 • 기술의 복잡성이 높음 　예 석유화학 공정
효과적인 구조	유기적 구조	기계적 구조	유기적 구조

확인문제

다음 상황론적 조직이론(contingent theory)에 대한 설명 중 가장 옳은 것은? 2016. 서울 7급
① 우드워드(J. Woodward)는 제조업체의 생산기술에 따라 조직이 사용하는 기술의 유형을 구분하고 대량생산 기술에는 관료제와 같은 기계적 구조가 효과적이지 않다고 주장하였다.
② 톰슨(V.A. Thompson)은 업무 처리 과정에서 일어나는 조직 간, 개인 간 상호의존도를 기준으로 기술을 분류하고 종합병원처럼 집약기술이 필요한 조직은 수직적 조정이 중요하다고 주장하였다.
③ 페로우(C. Perrow)는 조직원이 업무를 처리하는 과정에서 발생하는 예외적인 사건의 정도와 업무 처리가 표준화 된 절차에 의해 수행되는 정도를 기준으로 조직의 기술을 장인기술, 비일상적 기술, 일상적 기술, 공학적 기술로 유형을 구분하였다.
④ 상황론적 조직이론에서는 정책결정자가 환경에 대해 충분한 정보를 갖지 못하므로 환경이 조직구조에 영향을 미치지 않는다고 본다.

▶ ③ [○]
① [×] 우드워드는 대량생산체제에는 관료제와 같은 기계적 구조가 효과적이라고 주장했다. 반면에 소량생산이나 연속공정 생산기술을 사용하는 조직에서는 유기적 구조가 더 효과적이라고 주장하였다.
② [×] 톰슨은 종합병원처럼 집약적 기술이 필요한 조직은 수평적 조정이 중요하다고 보았다.
④ [×] 상황론적 조직이론은 환경결정론으로 상황 변수(규모, 환경, 기술 등)에 따라서 효과적인 조직구조가 달라진다고 보았다.

(3) 페로우(C. Perrow)의 기술 분류와 조직구조

① 페로우는 '예외적인 사건의 정도(과업의 다양성)'와 업무처리가 '표준화된 절차에 의해 수행되는 정도(문제의 분석가능성)'를 기준으로 조직의 기술을 장인기술(기예적 기술), 비일상적(비정형화된) 기술, 일상적(정형화된) 기술, 공학적 기술로 구분하여 조직구조와의 관계를 분석

② 문제의 분석가능성이 높아 표준화되기 쉬운 기계적 기술과 공학적 기술에는 기계적 구조가, 문제의 분석가능성이 낮아 경험과 훈련을 통해 적응적으로 문제를 해결해야 하는 장인기술과 비일상적 기술에는 유기적 구조가 적합

구분		과제의 다양성(예외의 빈도)	
		낮음 (예외 발생이 거의 없음)	높음 (예외 발생이 많음)
문제의 분석가능성	낮음	장인 기술(예술) : 대체로 유기적 구조	비일상적 기술(연구) : 유기적 구조
	높음	일상적 기술(제조 업무) : 기계적 구조	공학적 기술(회계 업무) : 대체로 기계적 구조

(4) 톰슨(V. A. Thompson)의 기술 분류와 조직구조

① 업무처리 과정에서 일어나는 '조직 간·개인 간 상호의존도'를 기준으로 기술을 세 가지로 분류하고, 각각의 기술에 적합한 구조가 형성되어야 한다고 설명

② 기술 유형별 특징

기술 유형	특징	조정 형태
중개형 기술	• 집합적 상호의존성 → 의사전달 빈도 낮음 • 상호의존 상태의 조직 또는 개인을 연결하는 기술. 이를 사용하는 조직은 규칙을 통한 조직의 표준화가 중요 예 은행, 우체국, 전화국	규칙, 표준화
연속형 기술	• 연속적 상호의존성 → 의사전달 빈도 중간 • 여러 행동이 순차적으로 의존적 관계를 이룰 때 쓰이는 기술. 한 부서의 산출이 다른 부서의 투입이 되는 연속적 상호의존 관계 예 대량생산의 조립 공정	정기적 회의, 수직적 의사전달, 계획
집약기술	• 교호적 상호의존성 → 의사전달 빈도 높음 • 다양한 기술의 복합체로 모든 업무 담당자가 협력하여 동시에 제공하는 교호적 상호의존관계. 수평적 조정이 중요 예 다양한 진료부서의 의사들이 협력해 처방과 진단을 하는 종합병원에서 사용되는 기술, 대학, 연구소 등	부정기적 회의, 상호조정, 수평적 의사전달, 예정표

확인문제

조직기술을 과제다양성과 분석가능성의 정도에 따라 범주화할 때 이에 대한 설명으로 옳지 않은 것은?
2009, 국가 9급
① 일상기술은 과제다양성이 낮고 분석가능성이 높아 표준화 가능성이 크다.
② 비일상기술은 과업의 다양성이 높고 성공적인 방법을 발견하는 탐색절차가 복잡하여 통제·규격화된 조직구조가 필요하다.
③ 장인기술은 발생하는 문제가 일상적이지 않아 분권화된 의사결정구조가 필요하다.
④ 공학기술은 과제다양성이 높지만 분석가능성도 높아 일반적 탐색과정에 의하여 문제가 해결될 수 있다.

▶ ② [X] 비일상기술은 높은 과업다양성과 복잡한 탐색절차로 인해 통제, 규격화된 조직구조(기계적 구조)보다는 유기적 조직구조가 적합하다.

확인문제

다음 중 톰슨(Thompson)의 기술모형 중 설명이 틀린 것은?
2007, 경기 9급
① 조직이 사용하는 기술을 길게 연결된 기술(long-linked technology), 중개적 기술(mediating technology), 집약형 기술(intensive technology)로 구분하여 설명하였다.
② 집약적 기술(intensive technology)을 사용하는 부서의 의존관계는 교호적 상호작용이다.
③ 길게 연결된 기술(long-linked technology)을 사용하는 경우 표준화가 가능하고, 순차적 의존관계를 지니게 된다.
④ 중개적 기술(mediating technology)은 다양한 기술의 복합체로서 종합병원과 같은 곳에서 사용한다.

▶ ④ [X] 중개적 기술(mediating technology)은 집합적 의존관계에 있는 고객들을 연결하는 단순한 기술이다. 다양한 기술의 복합체로서 종합병원과 같은 곳에서 사용하는 기술은 집약적 기술(intensive technology)로서 이러한 기술을 사용하는 부서의 의존관계는 교호적 상호작용이다.

3 조직환경과 조직구조

(1) **조직환경의 의의**: 조직환경이란 조직 경계 밖에 있으면서 조직의 목표 달성에 영향을 미치는 모든 것을 의미

(2) **조직환경과 조직구조의 기본변수**
  ① 환경과 복잡성: 불확실성이 높을수록 환경의 많은 이질적 요소에 대응하기 위한 조직의 다양성이 요구되기 때문에 복잡성은 커짐
  ② 환경과 공식성: 불확실성이 높을수록 공식화가 낮아짐. 환경이 빠르게 변하고 예측이 불가능한 경우 조직구조는 그에 대응하기 위해 유연성을 갖추어야 함. 고정된 업무처리 지침이나 규정을 강요하는 경우 조직의 경직성이 높아져 환경에의 대응 능력이 낮아지기 때문
  ③ 환경과 집권화: 불확실성이 높을수록 분권화가 높아짐. 불확실한 환경에서는 상위 계층의 관리자가 모든 정보를 수집하고 관리할 수 없을 뿐만 아니라 이질적인 요소가 많아 분권화를 통해 각 하위 부서에서 환경에 탄력적으로 대응하는 것이 필요하기 때문

(3) **조직환경 특성에 따른 조직구조**
  ① 로렌스와 로쉬(Lawrence & Lorsch, 1967): 조직의 분화와 통합론
    ⊙ 로렌스와 로쉬는 환경의 불확실성의 정도에 따라 불확실한 환경과 확실한 환경으로 분류하고, 이에 따라 조직의 구조가 결정된다고 보았음
    ⊙ 조직의 환경이 불확실할수록 조직은 환경에 적응하기 위해서 더 높은 정도의 분화를 필요로 하고, 또 조직의 분화가 심화될수록 통합의 중요성이 더욱 커진다고 주장. 즉, 환경이 불확실한 조직일수록 조직구조가 더 많이 분화되고 통합되며, 더 높은 수준의 분화와 통합을 달성할수록 성과가 높아진다고 주장
  ② 번스와 스토커(Burns & Stalker, 1961): 기계적 구조와 유기적 조직구조
    ⊙ 비교적 안정된 환경에는 기계적 조직구조가 적합하고, 변동이 심한 환경에는 유기적 조직구조가 적합하다고 주장
    ⊙ 기계적 조직구조: 외부환경에 폐쇄적이고 내부조직의 복잡성과 공식화의 정도가 높으며, 집권화의 특성을 강하게 지니는 조직구조
    ⊙ 유기적 조직구조: 외부환경에 개방적이고 내부의 복잡성과 공식화 정도가 낮으며 분권화되어 있고 환경변화에 대한 유연성과 적응성이 높은 조직구조

확인문제

다음 중 조직구조의 유형으로서 '유기적 구조'에 대한 설명으로 가장 적절하지 않은 것은?
2024. 군무원 7급
① 권한과 책임이 분산되어 필요에 따라 쌍방향의 상호작용 관계를 유지한다.
② 조직 환경이 안정적인 상황에서 현실적인 타당성을 인정받을 수 있다.
③ 의사소통이 상향식이고 수평적이며, 부서 간 구분이 모호하고 업무가 중복될 수 있다.
④ 환경변화에 탄력적으로 적응해서 조직 생존에 필요한 에너지를 유지하는 능력이 있다.

▶ ② [×] 기계적 구조에 대한 설명이다.

기계적 조직과 유기적 조직 비교

구분	기계적 구조	유기적 구조
주안점	예측가능성	적응성
조직 특성	① 좁은 직무 범위 ② 표준운영절차 ③ 분명한 책임 관계 ④ 계층제 ⑤ 공식적이고 몰인간적 대면 관계	① 넓은 직무 범위 ② 적은 규칙과 절차 ③ 모호한 책임 관계 ④ 채널의 분화 ⑤ 비공식적이고 인간적인 대면 관계
상황 조건	① 명확한 조직목표와 과제 ② 분업적 과제 ③ 단순한 과제 ④ 성과측정이 가능 ⑤ 금전적 동기부여 ⑥ 권위의 정당성 확보	① 모호한 조직목표와 과제 ② 분업이 어려운 과제 ③ 복합적 과제 ④ 성과측정이 어려움 ⑤ 복합적 동기부여 ⑥ 도전받는 권위

확인문제

유기적 조직구조의 특징만으로 구성된 것은? 2012. 서울 7급
① 높은 통솔 범위, 높은 팀워크, 적은 규칙, 복합적 과제, 적응성, 인간적 대면관계
② 모호한 책임관계, 성과측정이 가능, 저층구조, 표준운영절차
③ 공식적·몰인간적 대면관계, 분업이 어려운 과제, 복합적 동기부여, 분화된 채널
④ 적은 규칙과 절차, 권위의 정당성 확보, 모호한 책임관계
⑤ 금전적 동기부여, 넓은 직무범위, 저층구조, 성과측정이 가능

▶ ① [○]
② [×] 모호한 책임관계, 저층구조는 유기적 조직구조의 특징에 해당하며, 표준운영절차, 성과측정이 가능한 것은 기계적 구조의 특징에 해당한다.
③ [×] 공식적·몰인간적 대면관계는 기계적 구조의 특징에 해당한다.
④ [×] 권위의 정당성 확보는 기계적 구조의 특징에 해당한다.
⑤ [×] 금전적 동기부여, 성과측정이 가능한 것은 기계적 구조의 특징에 해당한다.

제3절 조직구조의 설계원리

1 조직구조 설계원리의 의의

① 조직원리란 조직의 목적을 효율적으로 달성하기 위해 조직을 합리적이고 적절하게 구조화하고 운영하며, 능률적으로 관리하기 위해 적용되는 일반적 원칙을 의미

② 조직의 원리는 19세기 말 과학적 관리론의 영향을 받은 페이욜(Fayol), 어윅(Urwick), 귤릭(Gulick) 등의 전통적 조직이론가들이 제시

2 조직의 원리와 조직구조의 설계

(1) 계층제의 원리

① 조직 내 권한과 책임 및 의무의 정도가 계층에 따라 달라지도록 조직을 설계하는 원리. 계층제는 권한과 책임의 수직적 분업관계이며 조직 내의 직무를 권한과 책임의 정도에 따라 등급화하고 상하 조직단위 간 지위·명령·복종 관계를 확립하는 것을 의미

② 조직의 수직적 분화가 많은 경우 고층구조라고 하며, 수직적 분화가 적은 경우를 저층구조로 구분

③ 계층제 내에서 권력은 계층에 따라 차등적으로 배분되고 상하의 계층 간에는 엄격한 상명하복의 관계가 형성됨

④ 최상위 계층이 모든 일을 처리할 수 없기 때문에 하위 계층을 만들어 자신의 권한과 책임의 일부를 위임해 하위 계층 스스로 처리하도록 하며, 하위 계층은 위임된 권한과 책임의 일부를 다시 일선계층에 위임해 스스로 처리하도록 해 더 많은 일을 효율적으로 처리할 수 있게 됨

> **확인문제**
>
> 조직 내에서 직무의 범위와 깊이는 과제의 성격에 따라 달라져야 한다. 아래는 직무전문화와 과제 성격과의 관계를 나타낸 표이다. (가), (나), (다), (라)에 들어갈 내용이 옳게 연결된 것은? 2011. 국회 8급
>
> | 구분 | | 수평적 전문화 | |
> |---|---|---|---|
> | | | 높음 | 낮음 |
> | 수직적 전문화 | 높음 | (가) | (나) |
> | | 낮음 | (다) | (라) |
>
> ① (가) 일선 관리직무, (나) 비숙련 직무, (다) 전문가적 직무, (라) 고위 관리직무
> ② (가) 일선 관리직무, (나) 비숙련 직무, (다) 고위 관리직무, (라) 전문가적 직무
> ③ (가) 고위 관리직무, (나) 전문가적 직무, (다) 일선 관리직무, (라) 비숙련직무
> ④ (가) 비숙련직무, (나) 일선 관리직무, (다) 고위 관리직무, (라) 전문가적 직무
> ⑤ (가) 비숙련직무, (나) 일선 관리직무, (다) 전문가적 직무, (라) 고위 관리직무
>
> ▶ ⑤

(2) 분업(전문화)의 원리

① 의의: 업무를 종류와 성질별로 구분하여 조직원에게 가급적 한 가지 주된 업무만 분담시킴으로써 조직의 능률성을 제고하고자 하는 원리

② 수평적·수직적 전문화와 과제의 성격

구분		수평적 전문화 (과업의 세분화 정도)	
		높음	낮음
수직적 전문화 (과업수행 방법이나 결과에 대해 책임을 지는 정도)	높음	비숙련 업무(단순 직무)	일선관리 업무
	낮음	전문가적 업무	고위 관리 업무

③ 분업의 원리의 장·단점

장점	단점
• 업무를 익히는 데 걸리는 시간을 단축함으로써 능률성 증진 • 반복적 업무 수행으로 전문성 증진, 특정 분야의 전문가 양성에 유리	• 단순 업무의 반복으로 인간의 기계화 초래, 인간소외 현상 야기, 인간의 자율성·창조성 저해 • 부처할거주의 야기: 조정·통합 저해 • 훈련된 무능(전문적 무능) 야기

(3) 통솔범위의 원리

① 의의
  ㉠ 한 사람의 상관이나 감독자가 혼자서 직접 효과적으로 통솔할 수 있는 부하의 수 또는 조직단위의 수를 의미
  ㉡ 모든 상황에 적합한 일반적인 통솔범위는 도출되기 어려우며, 감독자의 능력, 업무의 난이도와 돌발 상황의 발생가능성 등 다양한 요소를 고려해 통솔범위가 정해짐

② 통솔범위에 영향을 미치는 요인
  ㉠ 시간적 요인: 신설조직보다는 역사가 오래된 안정된 기성조직의 감독자가 많은 직속부하를 통솔할 수 있음
  ㉡ 공간적 요인: 기관이나 부서가 동일 장소에 집중되어 있는 경우 통솔범위가 확대됨
  ㉢ 직무 요인: 업무가 표준화되어 단순하고 동질적인 경우에 통솔범위가 확대되며, 업무가 복잡하고 상호관련성이 많은 것일수록 통솔범위가 좁아짐
  ㉣ 관리수준 요인: 참모제도의 발달은 통솔범위를 확대시킴
  ㉤ 인적 요인: 감독자의 능력이 뛰어나고 부하직원이 유능한 경우에는 통솔범위가 확대되며, 그렇지 않은 경우에는 통솔범위가 좁아짐
  ㉥ 계층제 원리: 통솔범위와 계층제는 역의 관계임. 통솔범위를 좁게 하면 계층이 늘어나서 고층구조가 되고, 통솔범위를 넓히면 계층 수가 적어지며 평면구조가 됨

(4) 명령통일의 원리

① 의의: 조직원은 누구나 자신에게 권한과 책임을 위임해준 한 사람의 상관으로부터만 명령을 받고 보고를 해야 한다는 원리

② 비판: 오늘날 많은 조직에서 '예외의 원리'를 조직의 원리로 받아들이고 있으며, 명령통일의 원리와 상충되는 매트릭스 구조도 활성화되고 있음

▶ 명령계통의 원리: 조직 내의 권한은 계서제의 최상층으로부터 밑으로 흘러내려가야 하며 권한의 하향적 위임은 차례로 연결되는 계층에 따라 이루어져야 한다는 원리

(5) 조정의 원리

① 의의
  ㉠ 조직이 수행하는 공동의 목표를 효과적으로 달성하기 위해 세부적으로 분화된 조직 활동을 통합하는 것을 의미
  ㉡ '조직의 목표달성과 직결되는 제1의 원리'(Mooney)

② 조정기제(Daft): 분화된 조직을 연결하는 방법

수직적 연결 기제	• 상위계층의 관리자가 하위계층의 관리자를 통제하고 하위계층 간 활동을 조정하는 것 • 기존의 계층제를 활용하거나 상위의 새로운 조정계층을 신설하는 방법, 통제와 조정에 필요한 규칙과 계획 마련, 수직정보 시스템(정기보고, 문서화된 정보, 정보통신시스템) 등
수평적 연결 기제	• 동일 계층의 부서 간 조정과 의사소통 방법 • 정보시스템을 활용하는 방법(부서 간 정보공유시스템), 다른 부서와 직접 연결을 위해 연락 담당자를 지정하는 방법(직접 접촉), 태스크포스(임시사업단)·프로젝트 팀을 활용하는 방법, 조정과 연락업무만을 담당하는 통합관리자(프로젝트 매니저, 브랜드 관리자 등)를 두는 방법, 위원회나 회의 등을 활용하는 방법 등

(6) 부성화의 원리: 부처 편성의 원리

① 의의
  ㉠ 조직목표를 합리적으로 달성하기 위한 부처 조직 편성의 원리 혹은 기준을 밝히는 것. 유사한 직무와 직위를 부서로 묶어서 분류하는 작업
  ㉡ 한 조직에 여러 사무가 만들어지면 유사한 사무를 묶어 여러 개의 하위기구를 편성해 체계적인 조직으로 만들 때 적용되는 원리. 중앙행정기관(부·처·청) 및 하부조직(실·국·과)을 편성하는 기준으로 활용됨

② 기준
  ㉠ 기능부서화: 유사한 기능이나 업무, 특성이 유사한 사무 혹은 기능을 하나의 부서로 편제하는 방식으로 기능구조(functional structure)를 형성
  ㉡ 사업부서화(divisional structure): 생산물에 따라 기구를 편제하는 방식
  ㉢ 지역부서화: 특정 지역의 고객에 봉사하기 위해 조직하는 방식 예 지방병무청, 지방경찰청 등
  ㉣ 혼합부서화: 두 개의 부서화 방식을 혼합하는 방식. 주로 기능부서와 사업부서의 결합으로 이루어짐 예 매트릭스 조직구조 유형

확인문제

조직구성 원리에 대한 설명으로 옳지 않은 것은? 2020, 지방 9급
① 분업의 원리-일은 가능한 한 세분해야 한다.
② 통솔범위의 원리-한 명의 상관이 감독하는 부하의 수는 상관의 통제능력 범위 내로 한정해야 한다.
③ 명령통일의 원리-여러 상관이 지시한 명령이 서로 다를 경우 내용이 통일될 때까지 명령을 따르지 않아야 한다.
④ 조정의 원리-권한 배분의 구조를 통해 분화된 활동들을 통합해야 한다.

▶ ③ [×] 명령통일의 원리는 한 사람의 부하는 자신에게 권한과 책임을 위임한 한 사람의 상관으로부터만 명령을 받아야 한다는 원리이다.

제4절 조직구조의 형태에 관한 이론

1 민츠버그(Mintzberg)의 이론

(1) 의의: 조직의 기본적 조정 메커니즘을 다섯 가지로 나누고, 조직의 기본적 구성 부문을 다섯 가지로 나눈 후 서로 연결시켜 결합하는 맥락에서 조직의 구조 형태를 단순구조, 기계적 관료제, 전문적 관료제, 사업부제, 애드호크라시 등 다섯 가지 형태로 분류

(2) 조직의 기본적 조정 메커니즘

① 상호조절
② 직접 감독
③ 작업 과정의 표준화
④ 산출의 표준화
⑤ 작업기술의 표준화

(3) 조직의 구성부문

① 전략적 상층부문(최고관리층): 조직의 전략형성 및 조직에 관한 전반적 책임을 지는 부분
② 중간관리 부문: 최고관리층과 일선운영 부문을 연계시키는 관리자
③ 일선운영 부문: 조직에서 서비스가 제공되거나 제품의 공급이 이뤄지는 곳
④ 기술관리 부문: 조직 내 업무처리과정과 산출물의 표준화를 담당
⑤ 지원 스태프(참모) 부문: 기본적 작업 흐름 이외에 조직에서 발생하는 문제를 지원

(4) 조직유형 분류

분류	단순구조	기계적 관료제	전문적 관료제	사업부제	임시체제 (adhocracy)
조정 기제	직접 감독 및 통제	작업과정 표준화	작업 기술 표준화	산출물 표준화	상호조절
구성 부문	최고관리층 (전략적 상층 부문)	기술관리 부문	핵심운영 부문 (작업계층)	중간관리 부문 (중간계선)	지원 스태프 (참모) 부문
권력	최고관리층	기술관료	전문가	중간관리층	전문가
환경	단순·동태적 환경	단순·안정적 환경	복잡·안정적 환경	안정적 환경	복잡·동태적 환경
상황	소규모 초창기 조직	대규모, 오래된 조직	조직의 역사와 규모는 다양함	오래된 대규모 조직	신생조직
예	신생조직	행정부, 교도소	종합대학, 종합병원	재벌조직	연구소
구조	낮은 공식화 높은 집권화 낮은 분화	높은 공식화 높은 집권화 높은 분화	낮은 공식화 높은 분권화 높은 분화	높은 공식화 제한된 수직적 분권 중간 수준의 전문화	낮은 공식화 높은 횡적 분화 분권화

확인문제

민츠버그(Mintzberg)가 제시한 조직유형이 아닌 것은?
2023. 지방 9급
① 기계적 관료제
② 애드호크라시(adhocracy)
③ 사업부제 구조
④ 홀라크라시(holacracy)

▶ ④ [×] 홀라크라시란 권한과 의사결정이 상위 계층에 속하지 않고 조직 전체에 걸쳐 분배되어 있는 조직구조이다.

확인문제

민츠버그(H. Mintzberg)가 제시한 조직구조 유형에 대한 설명으로 옳은 것은? 2011. 지방 9급
① 기계적 관료제(machine bureaucracy)는 막스 베버의 관료제와 유사하다.
② 임시조직(adhocracy)은 대개 단순하고 반복적인 문제를 해결하기 위해 생성된다.
③ 폐쇄체계(closed system)적 관점에서 조직이 수행하는 기능을 기준으로 유형을 분류하였다.
④ 사업부 조직(divisionalized organization)은 기능별, 서비스별 독립성으로 인해 조직전체 공통관리비의 감소효과가 크다.

▶ ① [○]
② [×] 임시조직은 복잡하고 동태적 환경에 적합한 조직으로 대개 복잡하고 비정형적인 문제를 해결하기 위해 생성된다.
③ [×] 민츠버그는 조직을 둘러싼 환경과의 특성과 조직과 환경과의 관계를 고려하는 개방체제적 관점에서 조직구조 유형을 분류하였다.
④ [×] 사업부제 조직은 산출물 표준화에 의한 조정을 하므로 산출별 생산라인(기능)의 중복으로 규모의 경제 실현이 어렵다. 따라서 조직전체의 공통관리비의 감소가 곤란하다.

② 대프트(Daft)의 조직구조 모형

(1) 의의

① Daft는 기계적 구조와 유기적 구조를 양극단에 위치시키고 중간에 다섯 가지의 대안적 조직을 추가하여 유기적 순으로 제시하였음

② 기능구조 → 사업구조 → 매트릭스 구조 → 수평구조 → 네트워크 구조의 순서로 유기적 구조의 특징이 강하게 나타남

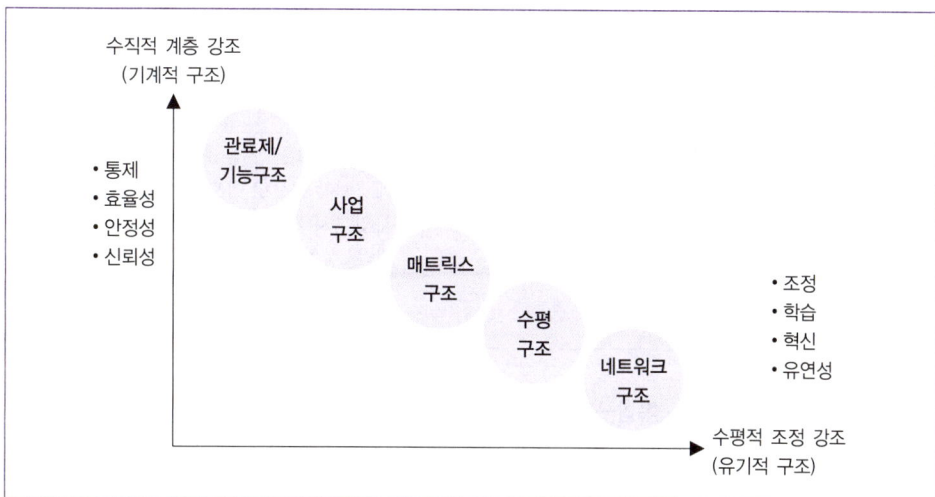

조직구조의 특성과 유형

(2) 기능구조(functional structure)

① 의의: 조직의 전체 업무를 공통되는 기능(인사, 예산 등)별로 부서화한 조직구조

② 특징
  ㉠ 비교적 안정적인 환경에서 통제를 통한 효율성을 지향할 때 적합한 조직구조
  ㉡ 계서제적 구조이며, 수직적인 특성을 지님(기계적 구조의 특징)

③ 장·단점

장점	단점
• 기능별 중복과 낭비를 예방하고 기능 내에서 규모의 경제 구현을 통해 효율성 제고 • 유사기능을 수행하는 조직구성원 간에 분업을 통해 전문성 제고	• 기능 간 수평적 조정 곤란(각 기능부서들 간의 조정과 협력이 요구되는 환경에 적응하기 곤란) • 하나의 사업을 전체적으로 책임지는 사람이 없으므로 책임소재가 불분명함 • 고객 요청에 신속한 대응이 곤란하며, 변동에 저항적

확인문제

다음 조직구조의 유형들을 수직적 계층을 강조하는 구조에서 수평적 조정을 강조하는 구조로 옳게 배열한 것은? 2017, 사복직 9급

ㄱ. 네트워크 구조
ㄴ. 매트릭스 구조
ㄷ. 사업부제 구조
ㄹ. 수평구조
ㅁ. 관료제

① ㄷ-ㅁ-ㄴ-ㄹ-ㄱ
② ㄷ-ㅁ-ㄹ-ㄱ-ㄴ
③ ㅁ-ㄷ-ㄴ-ㄹ-ㄱ
④ ㅁ-ㄷ-ㄹ-ㄴ-ㄱ

▶ ③ [○] 조직구조의 일반적 모형을 기계적 구조(수직적 계층)에서 유기적 구조(수평적 조정) 순으로 나열하면 ㅁ. 기능구조(관료제) → ㄷ. 사업구조 → ㄴ. 매트릭스 구조 → ㄹ. 수평구조 → ㄱ. 네트워크 구조 → 유기적 구조의 순서이다.

확인문제

조직구조에 있어 기능구조와 사업구조의 장단점에 대한 설명으로 가장 옳지 않은 것은? 2016, 서울 7급
① 기능구조는 중복과 낭비를 예방하고 기능 내에서 규모의 경제를 구현할 수 있다.
② 기능구조는 각 기능부서들 간의 조정과 협력이 요구되는 환경에 적응하기 곤란할 수 있다.
③ 사업구조는 의사결정의 상위 집중화로 최고관리층의 업무 부담이 증가될 수 있다.
④ 사업구조는 성과책임의 소재가 분명해 성과관리 체제에 유리하다.

▶ ③ [×] 의사결정의 상위 집중화로 최고관리층의 업무 부담이 증가하는 것은 기계적 구조의 특징을 갖는 기능구조의 단점이다.

확인문제

기능(functional) 구조와 사업(project) 구조의 통합을 시도하는 조직 형태는? 2020, 지방 9급
① 팀제 조직
② 위원회 조직
③ 매트릭스 조직
④ 네트워크 조직

▶ ③ 매트릭스 조직은 기능구조와 사업구조를 화학적으로 결합한 조직이다.

확인문제

매트릭스 구조에 대한 설명으로 옳은 것은? 2011, 국가 9급
① 산출물에 기초한 사업부서화 방식의 조직구조이다.
② 기능구조와 사업구조의 화학적 결합을 시도하는 조직구조이다.
③ 조직구성원을 핵심업무를 중심으로 배열하는 조직구조이다.
④ 핵심기능 이외의 기능은 외부기관들과 계약관계를 통해 수행하는 조직구조이다.

▶ ② [○]
① [×] 산출물에 기초한 사업부서화 방식은 사업구조이다.
③ [×] 조직구성원을 핵심업무 중심으로 구성하는 것은 수평구조(팀 조직)이다.
④ [×] 조직의 자체기능은 핵심역량위주로 합리화하고, 핵심기능 이외의 기능은 외부기관들과 계약관계를 통해 수행하는 구조는 네트워크 구조이다.

---

(3) **사업별 구조**(divisional structure)

① 의의: 조직의 산출물에 기반을 둔 조직구조화 방식

② 특징
   ㉠ 사업별 구조의 사업부서는 한 제품이나 서비스를 제공하는 데 필요한 기능들이 부서 내에 배치된 자기완결적 기능 단위로서 부서 내에서는 기능 간 조정이 용이한 조직
   ㉡ 사업관리자에게 사업을 수행하는 데 필요한 권한을 위임하는 구조로서 본질적으로 수평적인 특성을 지님

③ 장·단점

장점	단점
• 사업부서 내 기능 간 조정이 용이하고 환경 변화에 대한 신축적 대응 가능 • 특정 산출물별로 운영되기 때문에 고객만족도 제고에 유리하며, 성과책임의 소재가 분명해 성과관리체제에 유리함 • 의사결정의 분권화	• 사업마다 따로 전문직원과 시설을 중복적으로 배치해야 하므로 규모의 불경제와 비효율 발생 • 사업부서 내의 조정은 용이하지만, 사업부서 간 조정이 곤란하며, 사업부서간 경쟁이 심화될 경우 조직 전반적인 목표 달성이 곤란함 • 각 기능에 맞는 전문성 및 기술 개발 곤란

(4) **매트릭스 구조**(행렬조직, 복합구조)

① 의의: 인사, 예산, 회계 등과 같은 전통적인 계서적 특성을 갖는 기능구조와 수평적 특성을 갖는 사업구조를 결합시켜 조직의 신축성을 확보할 수 있는 일종의 혼합적·이원적 구조의 상설조직

② 특징
   ㉠ 기능구조의 전문성과 사업구조의 신속한 대응성을 결합한 조직
   ㉡ 환경적 압력이 있거나 부서 간의 상호의존 관계가 존재하고, 내부자원 활용에 규모의 경제가 있는 경우 적절한 조직 예 대형 연구기관, 종합병원, 삼성전자와 같은 대규모 기업에서 채택
   ㉢ 명령계통의 다원화(명령통일 원칙의 예외)
   ㉣ 이중적 권한구조(이원적 권한 체계): 기능 중심의 수직적 분화가 되어 있는 기존의 지시·감독 라인에 횡적으로 연결된 또 하나의 지시·감독 라인을 인정하는 조직

③ 장·단점

장점	단점
• 수평적 사업구조와 수직적 기능구조를 연결시킴으로써 전체 조직 활동의 균형과 조정이 용이하게 이루어짐 • 인적자원의 효율적 활용이 가능함 • 조직이 변화하는 환경에 유연하게 적응하며, 조직의 문제를 효과적으로 해결할 수 있음 • 사업 수행에 여러 분야의 전문직원이 참여하여 협동적인 노력을 하기 때문에 각 기능별 전문직원의 안목을 넓히고 쇄신을 촉진	• 이원적 조직구조, 이중의 상사 체제, 이중의 명령 체계를 가지므로 조직 안에 무질서·혼란·권력투쟁의 가능성이 있으며, 그 결과 구성원들 간에 응집력이 약하고 갈등과 긴장감을 갖기 쉬움 • 이중권한 구조로 인해 책임과 권한의 한계가 모호함 • 기능구조와 사업구조 관리자 간의 원활한 의사소통을 위해 빈번한 회의와 갈등 조정 과정으로 인해 많은 시간과 비용이 소요됨

(5) **수평구조(팀제)**

① 의의: 조직구성원을 핵심 업무과정 중심으로 조직하는 방식으로, 조직편제로 팀제를 전반적으로 채택해 수직적 계층과 부서 간 경계를 실질적으로 제거하고 의사소통과 조정을 원활하게 만든 유기적 조직구조

② 특징
  ㉠ 리엔지니어링을 통해 기능 중심의 분절화된 수직적 구조를 핵심 업무 과정 중심의 수평적 작업 흐름으로 재조직화해 형성
  ㉡ 조직의 핵심과정에 기초해 구조가 설계됨
  ㉢ 조직구조의 기본 단위는 과업 수행에 필요한 자원에 접근하고 의사결정 권한을 갖는 자율팀이며, 이 자율팀의 구성원들에게 의사결정에 필요한 기술·수단·권한이 부여됨
  ㉣ 팀(team)제는 상호보완적인 기능을 가진 소수의 사람들이 공동의 목표를 달성하기 위해 책임을 공유하고 공동의 접근방법을 사용하는 수평적 조직단위임. 팀제는 신속한 환경대응이 필요하고, 업무수행에 요구되는 새로운 의식과 행동의 변화가 필요하며, 과업의 복잡성이 증대되고, 환경의 불확실성이 증대할 때 도입됨

③ 장·단점

장점	단점
• 환경변화에 탄력적 대응 용이 • 계층의 축소로 신속한 의사결정 가능 • 권한 이양을 통한 조직의 유연성 제고 • 인력의 소수 정예화 및 다기능 전문인력 양성에 적합 • 구성원에 대한 권한 부여로 업무수행에 창의성 발휘 및 구성원의 긍지를 제고	• 직급 중심의 전통적 사고와 괴리 • 자리 상실로 중간관리층의 의욕 저하 • 책임과 권한의 소재가 불분명 • 팀원들의 무임승차로 인한 업무 공동화 현상 발생

(6) **네트워크 조직 구조**

① 의의: 조직의 자체기능은 결정과 기획 등 핵심역량 위주로만 합리화하고 여타 부수적인 기능은 외부기관들과 아웃소싱(계약위탁)을 통해 연계·수행하는 유기적인 조직

② 특징
  ㉠ 네트워크 조직은 핵심자원만 보유하고 나머지는 다른 조직에 위임하는 공동조직(hollow organization)의 특성을 지니며, 여러 조직이 자원을 공유하는 다원적·분산적 조직
  ㉡ 네트워크 구조의 기본 원리: ⓐ 네트워크 참여자들 간의 공통된 목적, ⓑ 네트워크 참여자의 독립성, ⓒ 구성원 간의 자발적인 연결, ⓓ 다수의 지도자, ⓔ 계층의 통합 등
  ㉢ 상호 독립적인 조직들이 상대방의 자원을 활용하기 위해 수직적·수평적 신뢰 관계로 연결되며, 업무 처리의 신속성과 유연성을 확보할 수 있음
  ㉣ 네트워크 구조는 조직 행위자 간의 '상호의존성'과 '관계성'이 중시됨

확인문제

조직구조의 모형 중 조직 자체 기능은 핵심역량위주로 합리화하고, 여타 기능은 외부 기관들과 계약관계를 통해 수행하는 조직구조방식은?
2009, 서울 9급
① 기능구조 ② 수평구조
③ 네트워크구조 ④ 사업구조
⑤ 매트릭스구조

▶ ③ 네트워크구조에 대한 설명이다.

확인문제

네트워크 조직에 대한 설명으로 옳은 것만을 모두 고른 것은?
2015, 국가 9급

ㄱ. 구조의 유연성이 강조된다.
ㄴ. 조직 간 연계장치는 수직적인 협력관계에 바탕을 둔다.
ㄷ. 개방적 의사전달과 참여보다는 타율적 관리가 강조된다.
ㄹ. 조직의 경계는 유동적이며 모호하다.

① ㄱ, ㄴ ② ㄱ, ㄹ
③ ㄴ, ㄷ ④ ㄷ, ㄹ

▶ ② ㄱ, ㄹ [○] 네트워크 조직은 동태적 환경에 적합한 유기적 구조로, 환경변화에 신축적으로 적응가능한 유연한 조직구조를 특징으로 하며, 조직의 경계는 개방적이고 유동적이다.
ㄴ [×] 네트워크 조직 간 연계는 수평적 협력관계에 바탕을 둔다.
ㄷ [×] 네트워크 조직은 타율적 관리보다는 개방적 의사전달과 참여가 강조된다.

> **확인문제**
>
> 조직구조모형에 대한 설명으로 옳지 않은 것은? 2008, 국가 9급
> ① 사업구조(divisional structure)에서는 자율적으로 운영되는 부서 간의 조정가능성은 증진되지만 부서 내 조정은 어려워진다.
> ② 네트워크구조(network structure) 내의 개인들은 도전적인 과업을 수행하면서 직무의 확장과 확충에 따라 직무동기가 유발되는 장점이 있다.
> ③ 기능구조(functional structure)에서는 기능적 통합을 통하여 규모의 경제를 제고할 수 있다.
> ④ 매트릭스구조(matrix structure)에서는 조직구성원들을 부서 간에 공유함으로써 자원 활용의 효율성을 제고할 수 있다.
>
> ▶ ① [×] 사업구조는 제품별·산출물 중심으로 운영되는 조직으로, 각 사업부서 내에서 제품을 생산하기 위한 기능 간 조정은 용이하지만, 사업별로 분권화된 조직구조이므로 사업부서 간 조정은 곤란하다.

③ 장·단점

장점	단점
• 조직의 유연성과 자율성 강화를 통해 환경 변화에 신속히 대응하고 창의력을 발휘할 수 있음 • 조직의 네트워크화를 통한 환경 불확실성을 감소 • 통합과 학습을 통해 경쟁력 제고	• 협력적으로 연계된 외부기관을 직접 통제하기가 곤란함 • 대리인의 기회주의 행위 방지를 위한 조정과 감시비용(거래비용) 증가 • 제품 및 서비스의 품질관리와 안정적 공급 확보 곤란 • 조직 경계가 모호하고 정체성이 약하기 때문에 응집력 있는 조직문화 형성이 곤란함

3 애드호크라시(adhocracy) : 탈관료제 조직구조

(1) **애드호크라시의 의의** : 탈관료화 현상의 하나로 등장한 조직구조. 유기적인 조직으로 평면조직에 가까우며 융통성 있는 조직구조

(2) **애드호크라시의 특징** : 유기적 조직구조의 특징

① 공식화의 정도가 낮음 : 업무수행자가 상황에 탄력적으로 대응하도록 하기 위해서 업무수행 방식을 법규나 지침으로 경직화시키지 않음

② 수평적 분화가 심한 반면 수직적 분화는 약함 : 전문성이 강한 전문인들로 구성되기 때문에 업무의 이질성이 매우 높고, 따라서 횡적인 분화가 많이 일어나지만 업무수행이 자율적 책임 하에 주로 이루어지기 때문에 지시·감독의 필요성은 낮아 종적인 분화(수직적 분화)가 높지 않음

③ 분권화 : 상황에 신속하게 대응하기 위해서 문제해결의 전문성을 가진 사람이 현장에서 필요한 행동을 취할 수 있도록 권한을 위임

④ 고도의 창의성과 환경적응성이 필요한 상황에서 유효한 조직으로, 조직목표 달성을 위해 다양한 전문지식이 필요한 업무를 처리하기 위해 모인 다수의 전문요원의 협력이 필요한 상황에서 잘 활용됨

(3) **애드호크라시의 유형**

① 태스크포스(TF, task force) : 특수한 과업 완수를 목표로 기존의 서로 다른 부서에서 사람들을 선발하여 구성한 팀으로 TF 구성의 본래 목적을 달성하면 해체되는 임시조직. TF는 관련 부서를 횡적으로 연결시켜 여러 부서가 관련된 현안 문제를 해결하는 데 효과적인 조직유형

② 프로젝트 팀(project team) : 조직에서 전략적으로 중요하거나 창의성이 요구되는 프로젝트 팀을 진행시키기 위하여 여러 부서에서 프로젝트 목적에 가장 적합한 사람들을 선발하여 구성한 조직모형. 참여자들은 프로젝트와 관련하여 다른 사람과 차별화된 전문성을 가진 경우가 많으며, 태스크포스와 마찬가지로 한시적이고 횡적으로 연결된 조직유형이지만 태스크포스에 비해 참여자의 전문성과 팀에 대한 소속감이 강하다는 특성을 가짐

> **확인문제**
>
> 애드호크라시(adhocracy)에 대한 설명으로 가장 옳지 않은 것은? 2022, 군무원 9급
> ① 탈관료화 현상의 하나로 등장했다.
> ② 구조적으로 높은 수준의 복잡성, 낮은 수준의 공식화, 낮은 수준의 집권화를 특징으로 한다.
> ③ 고도의 창의성과 환경적응성이 필요한 상황에서 유효한 조직이다.
> ④ 업무처리과정에서 갈등과 비협조가 일어나고, 창의적인 업무수행 과정에서 직원들이 심적 스트레스를 많이 받는다는 단점이 있다.
>
> ▶ ② [×] 애드호크라시는 구조적으로 낮은 수준의 복잡성, 낮은 수준의 공식화, 낮은 수준의 집권화를 특징으로 한다.

(4) 애드호크라시의 단점

① 다양한 전문요원의 집합이기 때문에 업무처리과정에서 갈등과 비협조가 발생할 수 있음

② 창의적인 업무수행과정에서 직원들이 심적 스트레스를 많이 받음

③ 조직화가 신속하게 이루어지지 않고 표준화돼 있지 않기 때문에 표준화된 관료제에 비해 비효율성이 발견되기 때문에 제한적으로 활용됨

4 애자일(Agile) 조직

(1) 구글, 페이스북, 아마존 같은 정보기술(IT) 혁신기업들의 조직운영 방식으로 고객의 요구에 능동적이고 유연하게 대처하는 것을 최우선 목적으로 하는 관점을 기업의 조직구조 및 운영 방식으로 확대한 형태

(2) 애자일은 대규모 조직을 매우 작은 규모의 단위 조직으로 나누고 이들이 자율성과 독립성을 가지고 고객과 시장의 변화에 시의적절한 의사결정 및 조치를 내릴 수 있도록 하는 시스템임

5 학습조직(learning organization)

(1) 학습조직의 의의

"조직의 모든 구성원이 지속적으로 학습하고 이를 관리하는 조직"으로, 조직의 구성원들이 조직 전체에 바람직한 지식과 가치를 지속적·반복적으로 창출하고 공유하면서 그것에 기초해 조직의 환경 대응과 문제 해결 및 성과를 높이고 고객을 만족시키는 조직을 의미

(2) 학습조직의 특징

① 학습조직은 수평구조를 지향하기 때문에 기능이 아니라 업무 프로세스 중심으로 조직을 구조화함

② 자아실현적 인간관을 전제로 구성원의 권한 강화(empowerment)를 강조

③ 조직구성원 간 학습을 촉진하기 위해 정보공유와 원활한 의사소통을 장려함

④ 협력 중시: 학습조직은 조직 내 직원 간 협력과 부서 간 협력뿐 아니라 외부 경쟁회사와의 협력까지 포함해 모든 종류의 협력을 중시함

⑤ 생성적(generative)·변혁적·실천적 학습, 이중순환적 학습 강조

확인문제

학습조직의 특성으로 옳지 않은 것은?
2011, 국가 9급
① 엄격하게 구분된 부서 간의 경쟁을 통한 학습가능성이 강조된다.
② 전략수립 과정에서 일선조직 구성원의 참여가 중요한 역할을 담당한다.
③ 구성원의 권한 강화가 강조된다.
④ 조직 리더의 사려 깊은 리더십이 요구된다.

▶ ① [×] 학습조직은 동태적 환경에 적합한 유기적 구조로, 엄격하게 구분된 부서 간의 경쟁은 기계적 구조의 특징에 해당한다. 학습조직은 부서 간 경계를 최소화하는 조직 문화와 구성원들의 참여와 정보공유를 통한 학습을 강조한다.

(3) 학습조직을 위한 다섯 가지 훈련(Senge)

① 자아완성(개인적 숙련) : 개인이 진정으로 지향하는 근본적이면서도 본질적인 가치의 구현을 위하여 개인적 역량을 지속적으로 넓혀가고 심화시켜 나가는 행위를 의미

② 사고의 틀(사고모형) : 주변에서 발생하는 현상들을 이해하는 인식체계로서 학습조직을 위한 철학적 성찰적 기반. 인식과 사고의 내면에 놓여있는 준거의 틀이나 전제를 의미함

③ 공유된 비전(비전 공유) : 비전을 공유한다는 것은 조직이 추구하는 방향이 무엇이며 그것이 왜 중요한 것인지에 대해 조직구성원들이 공감대를 형성하는 것을 의미함

④ 집단적 학습(팀 학습) : 팀 구성원들이 구체적으로 바람직한 결과를 얻기 위하여 의도적이고 체계적으로 지속하는 학습행위를 의미함. 팀 학습을 위해서는 대화와 토론 문화의 정착이 필요함

⑤ 시스템적 사고 : 부분적인 현상이나 한 가지 현상을 바라보기보다는 전체를 보고 전체에 포함된 부분들 사이의 순환적 인과관계와 역동적 결과들을 이해하려는 사고체계를 의미

6 기타 지식정보사회의 조직모형

(1) **후기기업가 조직**(post-entrepreneurial organization) : 신속한 행동, 창의적인 탐색, 더 많은 신축성, 직원과 고객과의 밀접한 관계 등을 강조하는 조직형태로, 경직적인 구조와 절차에 얽매이지 않는 좀 더 유연하고 신축적인 조직이 되어야 한다는 것을 강조

(2) **삼엽조직**(shamrock organization) : 조직을 구성하는 세 가지 형태의 근로자 집단, 즉 소규모 전문직 근로자들, 계약직 근로자들 및 신축적인 근로자들을 나타내기 위해 붙여진 이름으로, 조직구조와 고용체계는 직원의 수를 소규모로 유지하는 반면에 산출의 극대화를 가능하도록 설계됨. 따라서 조직구조는 계층 수가 적으며, 고품질의 상품과 서비스를 적시에 공급할 수 있는 장점이 있음

(3) **공동조직**(hollow organization) : 정부의 업무가 축소된 형태를 공동정부 또는 공동조직(hollow organization)이라고 하는데, 공동정부는 기업에서 중요한 조직기능, 예컨대 통제, 조정, 통합, 계획 등의 기능만을 본부에 두고 기타 생산, 제조 등의 현업 활동을 직접적으로 수행하지 않는 조직을 공동기업(hollow corporation)이라고 지칭한 데에서 유래했음

(4) **혼돈정부**(chaos government) : 자연과학의 카오스 이론(chaos theory), 비선형 동학(non-linear dynamics), 또는 최근의 복잡성 이론(complexity theory) 등을 정부조직에 적용하여 정부조직의 혼돈에 숨어 있는 질서를 발견하고 조직 간 활동의 조정과 정부 예산의 개혁을 도모할 수 있다는 것을 주장

확인문제

지식정보화사회에서의 다양한 정부 논의에 대한 설명으로 가장 적절하게 제시된 것은? 2010, 서울 7급
① 삼엽조직 - 소규모 전문적 근로자, 계약직 근로자, 신축적 근로자로 구성된 조직
② 혼동정부 - 조직 내에 존재하는 혼돈을 제거함으로써 질서를 확보하는 조직
③ 공동(空洞)조직 - 정부의 업무가 미치지 않는 영역까지 영역이 확장된 확대조직
④ 그림자 국가 - 고객에 대한 복지서비스 공급보다는 생산활동을 강조하는 국가
⑤ 후기 기업가조직 - 신속성, 창의성, 신축성보다는 안정성과 지속성을 강조하는 조직

▶ ① [○]
② [×] 혼동(혼돈) 정부는 혼돈을 제거하는 것이 아니라 혼돈 속에 숨겨진 질서를 발견하고 발전의 조건으로 활용하는 정부이다.
③ [×] 공동조직은 정부가 공급하는 행정서비스의 생산 및 공급 업무를 제3자에게 위임 또는 위탁하고, 정부는 기획과 조정, 통제, 감독 등 중요한 업무만 수행하는 조직이다.
④ [×] 그림자 국가는 준정부 조직, 비영리조직 등을 이용하여 서비스를 제공하는 국가이다.
⑤ [×] 후기 기업가 조직은 신속한 행동, 창의적 탐색, 신축성, 직원과 고객과의 밀접한 관계 등을 강조하는 조직형태이다.

보충자료

혼돈이론(카오스이론)

1. 혼돈이론의 의의
① 혼돈이론은 뉴턴의 기계론적 패러다임에 입각한 균형이론(개방체제론, 거시조직이론 등)에 대한 도전으로 자생조직이론이나 복잡성이론과 동일한 맥락을 지님
② 혼돈이론이 대상으로 하는 혼돈상태는 예측·통제가 아주 어려운 복잡한 현상으로 시간의 흐름에 따라 비선형적으로 변동하는 동태적 체제임(결정론적 혼돈)
③ 예측·통제가 어려운 무질서와 혼돈상태로부터 자기조직화의 과정을 통해 새로운 질서가 자생적으로 발생할 수 있음을 인정하고, 이러한 질서를 발견하려는 이론
④ 오늘날의 사회적 변화의 특징을 설명할 수 있는 무질서, 불안정, 다양성, 비형평 등을 부각시키고 변화나 갈등을 당연한 것으로 간주함. 균형 모형은 변화를 위기로 인식하지만 비균형 모형은 자기혁신의 기회로 인식함

2. 혼돈이론의 특징 및 주요 내용
① 복잡한 현상의 통합적·질적 연구: 복잡한 현상에 대한 통합적 접근 시도. 사소한 것처럼 보이는 조건들도 생략하지 않고 복잡한 현상을 있는 그대로 파악. 따라서 복잡한 문제를 단순화하려는 계량적 연구를 비판하고 질적 연구를 추구
② 혼돈을 발전의 조건(기회)으로 파악: 혼돈이론은 혼돈을 조직발전의 촉발제이며, 불가결한 조건으로 이해하기 때문에 혼돈을 회피와 통제의 대상으로 보지 않고 긍정적으로 이해함
③ 자기조직화 능력에 대한 전제: 혼돈이론은 조직의 자생적 학습능력과 자기조직화 능력을 전제함. 자기조직화란 조직이 체제의 균형을 유지하면서 다른 한편으로는 새로운 창조(변화)를 하는 것을 의미함
④ 비균형 모형: 혼돈이론은 균형 모형을 비판하는 비균형 모형임. 관료제는 균형 모형의 대표라고 할 수 있음. 관료제적 책임성의 원칙에 대한 지나친 강조와 규칙에 의한 업무 처리는 자기조직화에 필수적인 이중순환 학습에 장애가 되는 요인으로 작용함
⑤ 탈관료제적 처방 제시: 혼돈이론은 창의적 학습과 개혁을 위해 관료제의 통제 중심적 성향과 구조적 경직성을 타파해야 한다고 주장. 탈관료제적 처방으로 자기조직화를 위한 네 가지 원칙(가외적 기능의 원칙, 필요 다양성의 원칙, 최소한 구체화의 원칙, 학습을 위한 학습의 원칙)을 제시

3. 혼돈이론의 주요 개념

(1) 카오스 현상이 발생하는 원인을 설명하는 개념
① 혼돈의 나비효과 또는 초기 조건에 대한 민감성: 카오스는 스스로 불규칙하게 변화할 뿐만 아니라 미세한 초기 조건의 차이가 점차 증폭되어 시간이 얼마간 지나면 완전히 서로 다른 결과를 나타냄
② 비선형적 변화: 뉴턴(Newton)은 자연현상을 선형방정식으로 표현하여, 어떤 물체의 초기조건을 알고 있으면 운동방정식을 이용하여 물체의 다음 궤도를 결정할 수 있다고 보았음. 이는 자연현상을 선형계로 간주하여 예측가능하며 질서정연한 것으로 본 것임. 하지만 날씨를 비롯해 생물이나 사회의 진화 현상, 주식가격의 변화 등 상당수의 현상들은 비선형적으로 변화함. 비선형적이란 원인과 결과가 비례하지 않기 때문에 변화가 불규칙적으로 전개되고 결과를 예측하기 어려운 상태를 의미함
- 이처럼 카오스는 나비효과나 비선형적인 변화로 인하여 어떤 질서도 규칙도 없는 상태를 만들기 때문에 설명이 불가능한 것처럼 보임. 하지만 카오스이론에서는 혼돈 또는 불규칙성 속에도 질서와 규칙성이 숨어 있다고 보고 있으며, 이러한 규칙적인 불규칙성을 찾아내는 것이 혼돈이론의 중요한 연구대상임

확인문제

혼돈이론(chaos theory)에 대한 설명으로 옳지 않은 것은?
2011, 지방 9급
① 현실의 복잡성과 불확실성을 극복하기 위해 단순화, 정형화를 추구한다.
② 비선형적, 역동적 체제에서의 불규칙성을 중시한다.
③ 전통적 관료제 조직의 통제중심적 성향을 타파하도록 처방한다.
④ 조직의 자생적 학습능력과 자기조직화 능력을 전제한다.

▶ ① [×] 혼돈이론은 복잡한 문제에 대한 통합적 접근을 시도하여 복잡한 관계를 단순화하지 않고, 있는 그대로 파악하는 것을 추구한다.

(2) 혼돈 속에서 질서를 찾는 과정을 설명하는 개념

① **자기조직화(self-organizing)**: 혼돈이론에서 자기조직화는 비선형적 변화를 일으키는 사물 또는 현상들이 자기 스스로 구조와 질서를 갖추어 나가는 것을 의미. 이러한 자기조직화는 간단한 계(界)에서 출발해 조직적인 복잡한 계로 이행하는 특성을 가지며, 이러한 계는 주위의 환경에 피동적으로 적응하면서 자기 자신만 변하는 것이 아니라, 자신도 변화하고 환경도 변화시키면서 역동적이고 개방적으로 세계를 진화시킴. 이와 같이 혼돈이론에서는 극심한 무질서와 혼돈 상태에서도 자기조직화를 거쳐서 질서와 조직화가 자생적으로 발생할 수 있다고 보고 있음

② **공진화(coevolution)**: 공진화는 계(界)를 구성하는 각 개체들이 끊임없이 서로에게 적응하면서 변화해 가는 과정을 의미. 공진화의 핵심개념은 '상호인과성'에 있음. 공진화는 환경에의 적응력이 높은 개체만이 살아남는 적자생존의 진화가 아니라 하나의 개체가 다른 개체를 진화시키고 또 그 개체는 자신을 진화시킨 그 개체를 다시 진화시키는 '상호 진화'를 의미. 카오스이론에서는 공진화를 통해 계가 장기적으로 일정한 균형 상태를 이룬다고 보고 있음

제5절 조직유형론

1 파슨스(T. Parsons): 사회적 기능에 따른 분류

사회적 기능		조직유형	예
적응기능 (adaptation)	변화하는 환경에 적응하기 위하여 외부로부터 자원을 동원하고 체제의 정당성을 확보하는 기능	경제조직	민간기업
목표달성기능 (goal attainment)	체제가 추구할 목표를 정하고 목표달성을 위하여 유무형의 가치를 창출하는 기능	정치조직	행정기관
통합기능 (integration)	체제 전체의 목표달성을 위해 하위체제의 활동을 통제 조정하는 기능	통합조직	정당, 법원, 경찰서 등
체제유지기능 (latent pattern maintenance)	체제가 갖고 있는 가치 체계를 보존하고 제도화된 체제를 유지하는 기능	유형유지 조직	교육기관, 종교단체

❷ **블라우(P. Blau)와 스코트(W. Scott)** : '수혜자가 누구인가'를 기준으로 조직유형을 분류

주요 수혜자	조직유형	예
일반 구성원	호혜적 조직	정당, 노동조합, 클럽, 전문직업단체, 종교적 종파
소유자 및 관리자	사업 조직	산업공장, 도매 및 소매상, 은행, 보험회사
접촉하는 고객	서비스 조직	사회사업기관, 병원, 학교, 법률상담소
일반 대중	공익 조직	행정기관, 경찰서, 소방서 등

❸ **에치오니(Etzioni)** : 조직을 통제하는 권한과 부하의 복종 양태를 기준으로 구분

분류	권한 행사와 복종 양태	예
강제적 조직	• 권한: 강압적 권한 • 복종: 굴종적 복종	교도소, 강제수용소
공리적 조직	• 권한: 공리적 권한 • 복종: 타산적 복종	사기업
규범적 조직	• 권한: 규범적 권한 • 복종: 도덕적 복종	종교단체, 정당, 대학, 병원 등

❹ **콕스(Cox, Jr.)** : 문화론적 시각에서 조직을 획일적 조직, 다원적 조직, 다문화적 조직으로 구분

획일적 조직	• 문화적 이질성이 배척되고, 단일의 강한 문화가 지배하는 조직 • 문화적 동질성이 높아 집단 간 갈등 최소화
다원적 조직	• 획일적 조직보다는 구성원들의 문화적 이질성이 높은 조직 • 집단 간 갈등 수준이 상당히 높음
다문화적 조직	• 문화적 다양성의 긍정적 가치를 존중하고 문화적 다양성을 능동적으로 관리하는 조직으로, 집단 간의 갈등은 최소화됨

확인문제

조직의 유형구분에 대한 설명으로 가장 옳지 않은 것은?
2019, 서울 7급
① 블라우(Blau)와 스콧(Scott)은 기능을 중심으로 조직의 유형을 분류하였다.
② 블라우와 스콧은 병원, 학교 등을 봉사조직으로 분류한다.
③ 파슨스(Parsons)는 경찰조직을 사회통합기능을 수행하는 통합조직으로 분류한다.
④ 에치오니(Etzioni)는 민간기업체를 공리적 조직으로 분류한다.

▶ ① [×] 블라우(Blau)와 스콧(Scott)은 조직의 수혜자 중심으로 조직의 유형을 호혜적 조직, 기업조직, 봉사조직, 공익조직으로 분류하였다. 기능을 중심으로 조직을 경제, 정치, 통합, 형상유지 조직으로 구분한 학자는 파슨스(T. Parsons)이다.

확인문제

블라우(Blau)와 스콧(Scott)의 조직유형에 대한 설명으로 옳지 않은 것은?
2025, 국가 9급
① '호혜적 조직(mutual-benefit associations)'은 고객이 주요 수익자가 되는 조직이다.
② '사업조직(business concerns)'은 조직의 소유자나 관리자가 주요 수익자가 된다.
③ '서비스조직(service organizations)'의 대표적인 예는 법률상담소, 학교, 사회사업기관 등이다.
④ '공익조직(commonweal organizations)'의 대표적인 예는 일반행정기관, 경찰서, 소방서 등이다.

▶ ① [×] 블라우와 스콧은 수혜자를 중심으로 조직유형을 분류하였다. 호혜적 조직은 구성원이 수익자가 되는 조직이다.

CHAPTER 03 한국의 행정조직

제1절 우리나라 행정조직

1 중앙행정기관

(1) 중앙행정기관의 의의

중앙행정기관은 「정부조직법」에 따라 설치된 부·처·청과 개별법에 의해 설치된 위원회와 청을 중앙행정기관으로 규정하고 있음(정부조직법 제2조)

(2) 중앙행정기관의 유형

① 부(部)
  ㉠ 고유의 행정사무를 수행하기 위한 기능별·대상별 기관으로, 정책결정과 집행을 수행하며, 장관은 소관 사무에 관하여 지방행정의 장을 지휘·감독함
  ㉡ 행정 각 부에 장관 1명과 차관 1명을 두되, 장관은 국무위원으로 보하고, 차관은 정무직으로 함. 다만, 기획재정부·과학기술정보통신부·외교부·문화체육관광부·산업통상자원부·보건복지부·국토교통부에는 차관 2명을 둠

② 처(處)
  ㉠ 국무총리 소속으로 여러 부의 업무를 총괄하는 막료 업무를 수행
  ㉡ 처장은 정무직으로 하고, 부처의 장관과 달리 국무위원이 아니므로 국무회의의 구성원이 아니지만, 필요한 경우 국무회의에 출석하여 발언할 수 있음
  ㉢ 인사혁신처, 법제처, 식품의약품안전처

③ 청(廳)
  ㉠ 행정 각 부(部)의 소속으로 업무의 독자성이 높고 집행 위주의 사무를 수행
  ㉡ 개별법에 의해 설치된 청: 행정중심복합도시건설청(신행정수도 후속대책을 위한 연기·공주지역 행정중심복합도시 건설을 위한 특별법), 새만금개발청(새만금사업 추진 및 지원에 관한 특별법), 우주항공청(우주항공청 설치 및 운영에 관한 법률)

중앙행정기관 소속 청(廳)

중앙행정기관	소속기관
기획재정부	국세청, 관세청, 조달청, 통계청
교육부	
과학기술정보통신부	우주항공청
외교부	재외동포청
통일부	
법무부	검찰청
국방부	병무청, 방위사업청
문화체육관광부	국가유산청
행정안전부	경찰청, 소방청
국가보훈부	
농림축산식품부	농촌진흥청, 산림청
산업통상자원부	특허청
환경부	기상청
국토교통부	행정중심복합 도시건설청, 새만금개발청
해양수산부	해양경찰청
보건복지부	질병관리청
고용노동부	
여성가족부	
중소벤처기업부	

④ 위원회
  ㉠ 행정관청의 성격을 가진 합의제 기관으로, 결정은 법적 구속력을 가짐
  ㉡ 방송통신위원회, 공정거래위원회, 국민권익위원회, 금융위원회, 개인정보 보호위원회, 원자력안전위원회(개별법에 의해 설치)

확인문제

「정부조직법」상 행정기관의 소속으로 옳지 않은 것은?
2018, 지방 9급
① 법제처 – 국무총리
② 국가정보원 – 대통령
③ 소방청 – 행정안전부장관
④ 특허청 – 기획재정부장관

▶ ④ [×] 특허청은 산업통상자원부장관 소속이다.

확인문제

국무총리 소속기관이 아닌 것은?
2012, 국가 9급
① 공정거래위원회
② 금융위원회
③ 방송통신위원회
④ 국민권익위원회

▶ ③ [×] 방송통신위원회는 대통령 소속기관이다.

확인문제

다음 〈보기〉에 제시된 계선기관에 관한 내용 중 옳은 것을 모두 고르면? 2015, 국회 9급

― 보기 ―
ㄱ. 권한 및 책임의 한계의 명확성, 신속한 결정력, 업무 수행 능률성 등의 장점이 있다.
ㄴ. 각 행정기관의 장의 인격을 연장·보완하는 역할을 하며 지휘·감독의 범위를 넓혀 준다.
ㄷ. 기관장이 주관적·독단적 결정이나 조치를 취할 가능성이 존재하고, 조직의 경직성을 초래한다.
ㄹ. 전문적 지식과 경험으로 행정 목표의 달성에 간접적으로 기여한다.

① ㄱ, ㄴ   ② ㄱ, ㄷ
③ ㄱ, ㄴ, ㄹ   ④ ㄱ, ㄷ, ㄹ
⑤ ㄱ, ㄴ, ㄷ, ㄹ

▶ ② ㄱ, ㄷ [○] 계선기관은 상하 명령복종 관계를 가진 수직적·계층적 구조를 형성하는 기관으로 조직목표 달성에 직접적으로 기여하는 기관이며, 참모(막료)기관은 계선기관이 원활한 기능을 수행할 수 있도록 지원·보조·촉진함으로써 조직의 목표달성에 간접적으로 공헌하는 기관을 의미한다.
ㄴ, ㄹ [×] 계선이 아닌 참모기관의 역할에 대한 설명이다.

2 행정기관의 유형

(1) **부속기관**: 행정권의 직접적인 행사를 임무로 하는 기관에 부속하여 그 기관을 지원하는 행정기관

(2) **자문기관**: 부속기관 중 행정기관의 자문에 응하여 행정기관에 전문적인 의견을 제공하거나, 자문을 구하는 사항에 관하여 심의·조정·협의하는 등 행정기관의 의사결정에 도움을 주는 행정기관

(3) **소속기관**: 중앙행정기관에 소속된 기관으로서, 특별지방행정기관과 부속기관을 포함

(4) **하부조직**: 행정기관의 보조기관과 보좌기관을 의미

(5) **보조기관**: 행정기관의 의사 또는 판단의 결정이나 표시를 보조함으로써 행정기관의 목적달성에 공헌하는 기관

(6) **보좌기관**: 행정기관이 그 기능을 원활하게 수행할 수 있도록 그 기관장이나 보조기관을 보좌함으로써 행정기관의 목적달성에 공헌하는 기관

3 계선조직과 막료조직

(1) 개념과 특징

계선기관	막료기관
• 정책을 결정하고 법령을 집행하며, 국민과 직접 접촉하고 국민에게 봉사하는 기관	• 계선기관이 원활한 기능을 수행할 수 있도록 지원·보조·촉진함으로써 조직의 목표달성에 간접적으로 공헌하는 기관
• 계층제적 성격 • 수직적 명령·복종 관계	• 비계층제적 성격 • 수평적 대등한 관계
• 「정부조직법」상 보조기관: 장·차관–실·국장–과장–계장–직원	• 「정부조직법」상 보좌기관: 차관보, 심의관, 담당관 등
• 조직목표 달성에 직접적 기여: 정책결정, 집행, 지휘, 명령, 감독 등	• 조직목표 달성에 간접적 기여: 자문, 권고, 협의, 조정, 연구, 정보수집, 분석 등
• 현실적·보수적 성향	• 이상적·개혁적 성향
• 일반행정가 중심	• 전문행정가 중심
• 권한과 책임의 명확화로 능률적이고 안정적인 업무수행 • 신속한 결정으로 시간과 경비 절약 • 강력한 통솔력 행사	• 계선기관의 결함을 보완하고 기관장의 통솔범위 확대 • 전문적 지식과 경험 활용 • 계선기관의 경직성 완화 및 상황 변화에 따른 신축적 대응

(2) 계선과 막료의 갈등관계

갈등관계의 원인	갈등해결 방안
• 업무의 이해 및 인식 부족(지식·지위·행태 및 기본적 성향의 차이) • 상호 간 심리적 경쟁과 갈등 • 권한과 책임한계의 불명확성	• 권한과 책임 한계의 명확화 • 공식적·비공식적 회의를 통한 상호 간 접촉 증대 • 공동 교육 훈련, 인사교류를 통해 상호 간 입장을 이해할 수 있는 기회 제공 • 갈등 및 조정을 전담하는 기구 설치

제2절 우리나라 정부조직 구조

1 위원회 조직

(1) 위원회 조직의 의의

① 결정권한의 최종 책임이 기관장 한 사람에게 집중되어 있는 부처조직(단독제 혹은 독임제)과 대조되는 것으로 결정권한이 모든 위원에게 분산되어 있고 이들의 합의에 의해 결론을 도출하는 합의제 조직유형

② 위원회는 계층제 조직의 경직성을 완화하고 민주적 의사결정과 정책조정을 촉진하기 위해 복수의 구성원들이 협의 또는 합의하여 결정을 내리는 조직구조로, 다수의 참여자들의 토의 과정을 거쳐 신중한 결정을 이끌어낸다는 점에서 민주적인 성격을 가지며, 계층제의 경직성을 완화시키는 탈관료제적 성격을 지님

(2) 정부 위원회의 유형

① 성격과 권한을 중심으로 한 위원회의 구분

구분	자문위원회	행정위원회	
		의결위원회	행정위원회
권한 및 성격	• 법적 구속력·강제력 없음	• 의사결정 권한(○) • 집행권(×)	• 독립 지위를 가진 행정관청 • 준입법권과 준사법권 보유 • 의사결정 권한(○) • 행정 집행권(○)
예	• 자치분권위원회, 정부업무평가위원회 등	• 징계위원회 • 공직자윤리위원회 • 소청심사위원회 등	• 중앙선거관리위원회 • 공정거래위원회 • 국가인권위원회 • 금융위원회 • 국민권익위원회 • 방송통신위원회 등

확인문제

우리나라 행정기관 소속 위원회에 대한 설명으로 옳지 않은 것은?
2015, 지방 9급

① 행정위원회와 자문위원회 등으로 크게 구분할 수 있다.
② 방송통신위원회, 금융위원회, 국민권익위원회는 행정위원회에 해당된다.
③ 관련분야 전문지식이 있는 외부 전문가만으로 구성하여야 한다.
④ 자문위원회의 의사결정은 일반적으로 구속력을 갖지 않는다.

▶ ③ [×] 위원회는 다양한 의견을 필요로 하므로 외부 전문가와 시민 대표, 정부 내부 공무원 등 다양한 참여자들로 구성된다.

② 소속에 따른 위원회 구분

구분	위원회
대통령 소속	방송통신위원회(행정위원회)
국무총리 소속	공정거래위원회, 국민권익위원회, 금융위원회, 개인정보보호위원회, 원자력안전위원회
각 부처 소속	소청심사위원회(인사혁신처), 중앙노동위원회(고용노동부)
독립기관	중앙선거관리위원회(헌법기관), 국가인권위원회

(3) **위원회 조직의 장·단점**

장점	단점
• 민주적 의사결정 가능 • 정책결정의 합리성 제고 • 신중하고 공정한 의사결정 가능 • 각 부문 간 이해관계 및 의견 조정의 촉진 • 행정의 중립성, 계속성, 안정성 확보	• 행정의 비효율성 야기, 정책추진의 능률성을 저해 • 의사결정 지연(신속한 행정 저해) • 책임한계의 불명확(책임공백 문제)

2 책임운영기관

(1) **책임운영기관의 의의**

① 정부가 수행하는 사무 중 공공성을 유지하면서도 경쟁원리에 따라 운영하는 것이 바람직한 사무에 대하여 책임운영기관의 장에게 행정 및 재정상의 자율성을 부여하고 그 운영성과에 대하여 책임을 지도록 하는 행정기관

② 신공공관리론의 조직원리에 따라 등장한 조직구조로, 고객이 원하는 행정서비스를 제공할 수 있도록 인사, 예산 등의 관리상의 자율성을 최대한 보장해주고, 감독 부처는 성과를 점검하여 기관장에게 책임을 묻는 기관

(2) **책임운영기관의 연혁**

① 1988년 영국 대처정부에서 국방·보건·교도소 등 140여개 부서를 집행기관(Executive Agency)으로 지정하면서 처음 등장(Next Steps 프로그램)

② 우리나라는 김대중 정부에서 1999년 「책임운영기관의 설치·운영에 관한 법률」에 근거해 도입되었음

(3) **책임운영기관의 특징**

① 정책결정과 집행기능의 분리(조직 이원화 전략): 중앙정부기관은 정책결정과 통제 기능에 초점을 맞추고, 책임운영기관은 집행과 서비스 제공 기능 중심의 사업부서 조직으로 운영

② 성과 중심의 조직운영: 기관장의 성과에 대한 책임성 제고를 위해 공직 내·외에서 공개모집하여 계약직으로 채용하고, 성과에 따라 연봉을 지급

확인문제

위원회(committee) 조직의 장점으로 보기 어려운 것은? 2012. 지방 9급
① 집단결정을 통해 행정의 안정성과 지속성을 확보할 수 있다.
② 조직 각 부문 간의 조정을 촉진한다.
③ 경험과 지식을 지닌 전문가를 활용할 수 있다.
④ 의사결정과정이 신속하고 합의가 용이하다.

▶ ④ [×] 위원회 조직은 합의제 조직이므로 의사결정에 많은 시간과 경비가 소요되기 때문에 의사결정의 지연을 초래할 수 있다.

③ **자율과 재량권의 부여**: 효과적인 성과관리를 위해 인사, 예산, 조직 관리 측면에서의 관리자에게 자율성을 부여하고, 성과평가 결과에 대해 책임을 강조

(4) 우리나라의 책임운영기관

① **개념**: 정부가 수행하는 사무 중 공공성(公共性)을 유지하면서도 경쟁 원리에 따라 운영하는 것이 바람직하거나 전문성이 있어 성과관리를 강화할 필요가 있는 사무에 대하여 책임운영기관의 장에게 행정 및 재정상의 자율성을 부여하고 그 운영 성과에 대하여 책임을 지도록 하는 행정기관(책임운영기관 설치·운영에 관한 법률 제2조)

② **책임운영기관의 설치 및 해제(책임운영기관 설치·운영에 관한 법률 제4조)**
   ㉠ 기관의 주된 사무가 사업적·집행적 성질의 행정 서비스를 제공하는 업무로서 성과 측정 기준을 개발하여 성과를 측정할 수 있는 사무이거나, 기관 운영에 필요한 재정수입의 전부 또는 일부를 자체적으로 확보할 수 있는 사무인 경우에 대통령령으로 설치
   ㉡ 행정안전부장관은 기획재정부 및 해당 중앙행정기관의 장과 협의하여 책임운영기관을 설치하거나 해제할 수 있음. 이 경우 행정안전부장관은 해당 중앙행정기관의 장의 의견을 존중하여야 함
   ㉢ 중앙행정기관의 장은 행정안전부장관에게 책임운영기관의 설치·해제를 요청할 수 있음

③ **책임운영기관의 유형**
   ㉠ 기관의 지위에 따른 구분

중앙책임운영기관	중앙행정기관인 '청' 단위기관(특허청)
소속책임운영기관	중앙행정기관에 소속된 책임운영기관

   ㉡ 기관의 사무성격에 따른 구분

구분		소속책임운영기관	중앙책임운영기관
조사연구형 기관	조사 및 품질관리형 기관	국립종자원, 화학물질안전원, 국토지리정보원, 항공교통본부, 국립해양측위정보원, 항공기상청 등	-
	연구형 기관	국립과학수사연구원, 국립수산과학원, 국립생물자원관, 통계개발원, 국립문화재연구원, 국립원예특작과학원, 국립축산과학원, 국립산림과학원 등	-
교육훈련형 기관		국립국제교육원, 한국농수산대학 등	-
문화형 기관		국립중앙과학관, 국립과천과학관, 국방홍보원, 국립중앙극장, 국립현대미술관, 한국정책방송원 등	-
의료형 기관		국립정신건강센터, 국립나주병원, 국립부곡병원, 국립춘천병원, 국립공주병원, 국립마산병원, 국립목포병원, 국립재활원, 경찰병원 등	-
시설관리형 기관		국립자연휴양림관리소, 해양경찰정비창 등	-
기타 유형의 기관		국세상담센터 등	특허청

확인문제

우리나라의 책임운영기관(Executive Agency)에 대한 설명으로 가장 옳지 않은 것은? 2019, 서울 9급
① 신공공관리론(NPM)의 조직원리에 따라 등장한 성과중심 정부 실현의 한 방안으로 도입되었다.
② 책임운영기관의 장에게 행정 및 재정상의 자율성을 부여하고 그 운영성과에 대하여 책임을 지도록 하는 행정기관을 말한다.
③ 책임운영기관은 사무성격에 따라 조사연구형, 교육훈련형, 문화형, 의료형, 시설관리형, 그 밖에 대통령령으로 정하는 기타 유형으로 구분된다.
④ 「책임운영기관의 설치·운영에 관한 법률」에 근거하여 1995년부터 제도가 시행되었다.

▶ ④ [×] 우리나라에서 책임운영기관 제도는 1999년 「책임운영기관의 설치·운영에 관한 법률」 제정에 의해서 시행되었다.

확인문제

책임운영기관 제도에 대한 설명으로 옳지 않은 것은? 2017, 국회 9급
① 행정운영의 효율성과 행정서비스의 질적 향상을 도모하기 위해 도입된 제도이다.
② 신공공관리 운동의 일환으로 개발 및 채택되었다.
③ 정부서비스 민영화 방식의 일종이다.
④ 집행·서비스 전달 기능을 정책 기능으로부터 분리한다.
⑤ 우리나라는 1999년에 책임운영기관 제도를 도입하였다.

▶ ③ [×] 책임운영기관은 인사·예산 등 운영상에 자율성을 부여하는 행정기관으로 민영화 방식은 아니다.

> **확인문제**
>
> 「책임운영기관의 설치·운영에 관한 법률」상 책임운영기관에 대한 설명으로 옳지 않은 것은?
> 2019. 국가 9급
> ① 책임운영기관은 기관장에게 재정상의 자율성을 부여하고 그 운영성과에 대해 책임을 지도록 하는 행정기관의 특성을 갖는다.
> ② 소속책임운영기관에 두는 공무원의 총 정원 한도는 총리령으로 정하며, 이 경우 고위공무원단에 속하는 공무원의 정원은 부령으로 정한다.
> ③ 소속책임운영기관 소속 공무원의 임용시험은 기관장이 실시함을 원칙으로 한다.
> ④ 기관장의 근무기간은 5년의 범위에서 소속중앙행정기관의 장이 정하되, 최소한 2년 이상으로 하여야 한다.
>
> ▶ ② [×] 소속책임운영기관에 두는 공무원의 총 정원 한도는 대통령령으로 정하며, 이 경우 고위공무원단에 속하는 공무원의 정원은 부령으로 정한다.

④ 중앙책임운영기관
  ㉠ 중앙책임운영기관의 장(정무직 공무원): 임기는 2년으로 하되, 1차에 한해 연임할 수 있음
  ㉡ 사업목표 및 사업운영계획: 국무총리가 사업목표 설정

⑤ 소속책임운영기관
  ㉠ 기관장의 임용: 소속중앙행정기관의 장은 공개모집 절차에 따라 기관장을 선발하여 임기제 공무원으로 임용함
  ㉡ 기관장 임기: 기관장의 근무기간은 5년의 범위에서 소속중앙행정기관의 장이 정하되, 최소한 2년 이상으로 하여야 함
  ㉢ 인사관리: 중앙행정기관의 장은 일체의 임용권을 가지며, 임용권의 일부를 기관장에게 위임할 수 있음
  ㉣ 조직 및 정원관리: 소속책임운영기관에 두는 공무원의 총 정원 한도는 대통령령으로 정하되, 공무원의 종류별·계급별 정원과 고위공무원단에 속하는 공무원의 정원은 총리령 또는 부령으로 정함
  ㉤ 예산회계: 일반회계 또는 특별회계
    ⓐ 일반회계 적용 기관: 특별회계기관을 제외한 기관은 일반회계로 운영하되, 일반회계에 별도의 책임운영기관 항목을 설치하고 책임운영기관특별회계기관에 준하는 예산운영상의 자율성을 보장하여야 함
    ⓑ 특별회계 적용 기관: 기관 운영에 필요한 재정수입의 전부 또는 일부를 자체적으로 확보할 수 있는 사무를 주로 하는 소속책임운영기관의 사업을 효율적으로 운영하기 위하여 책임운영기관특별회계를 둠

⑥ 운영심의위원회 및 운영위원회

책임운영기관운영위원회 (행정안전부장관 소속)	책임운영기관의 존속 여부 및 제도의 개선 등에 관한 중요 사항을 심의
소속책임운영기관운영심의회 (중앙행정기관의 장 소속)	소속책임운영기관의 사업성과를 평가하고 소속책임운영기관의 운영에 관한 중요 사항을 심의

■ 일반행정기관과 책임운영기관

구분	일반행정기관	책임운영기관
기관장 임용	장관이 인사권 행사	공개모집 절차에 의해 계약직으로 채용
직원 인사권	장관	중앙행정기관장(장관)이 일체의 임용권을 갖되, 임용권의 일부를 기관장에게 위임할 수 있음
직원 신분	공무원	공무원
정원관리	종류와 정원: 대통령령 규정	• 총정원: 대통령령 • 종류별·계급별 정원: 총리령 또는 부령 • 직급별 정원: 기본운영규정(책임운영기관장)

회계방식	일반회계 방식 원칙	특별회계 또는 일반회계
예산집행	경직적	신축적

■ 소속책임운영기관과 중앙책임운영기관 비교

구분	소속책임운영기관	중앙책임운영기관
설치	중앙행정기관의 소속기관 중 대통령령으로 설치	중앙행정기관인 청 중에서 대통령령으로 설치(특허청)
기관장	임기제(2~5년), 개방형 임용(중앙행정기관장이 공개모집)	정무직, 2년 임기 보장, 1차에 한하여 연임 가능
기관장 책무	중앙행정기관장이 부여한 목표를 성실히 이행	국무총리가 부여한 목표를 성실히 이행
사업목표 부여	중앙행정기관장이 사업목표 부여, 기관장은 사업운영계획을 소속중앙행정기관장의 승인을 받아 운영	국무총리가 사업목표 부여, 기관장은 사업운영계획을 소속중앙행정기관장을 거쳐 국무총리에게 제출
소속 공무원 임용권	중앙행정기관장이 일체의 임용권을 가지며(고위공무원단 공무원 제외), 임용권 일부를 소속책임운영기관장에게 위임 가능	중앙책임운영기관장이 고위공무원단에 속하는 공무원 이외의 공무원에 대한 일체의 임용권 행사
	임용시험은 책임운영기관장이 실시	
정원 관리	• 총 정원은 대통령령으로, 종류별·계급별 정원 또는 고위공무원단에 속하는 공무원의 정원은 총리령·부령으로 정함 • 직급별 정원은 소속장관 승인을 얻어 기본운영규정에 규정	• 정원은 정부조직법 그 밖의 정부조직 관계법령(직제 및 직제시행규칙)에 의함 • 직급별 정원은 자율적으로 직제시행규칙에 반영
하부조직	기본운영규정으로 설치	직제(대통령령) 및 직제시행규칙(총리령·부령)으로 설치
예산·회계	• 책임운영기관특별회계기관은 책임운영기관특별회계(기업특별회계에 속함) • 그 외는 일반회계(원칙), 회계변경이 곤란한 특별한 사유가 있는 경우 다른 법률에 따라 설치된 특별회계	책임운영기관특별회계
평가·심의 기구	소속책임운영기관운영심의회(중앙행정기관장 소속) – 사업성과 평가, 기관의 운영에 관한 중요 사항 심의	중앙책임운영기관운영심의회(중앙책임운영기관장 소속) – 사업성과 평가, 기관의 운영에 관한 중요 사항 심의
	책임운영기관운영위원회(행정안전부장관 소속): 책임운영기관의 존속 여부 및 제도개선 등에 관한 중요 사항 심의	

> **확인문제**
>
> 공공서비스 공급주체의 유형과 예시를 바르게 연결한 것은?
> 2017. 국가 9급
> ① 준시장형 공기업 – 한국방송공사
> ② 시장형 공기업 – 한국마사회
> ③ 기금관리형 준정부기관 – 한국연구재단
> ④ 위탁집행형 준정부기관 – 한국소비자원
>
> ▶ ④ [○]
> ① [×] 한국방송공사는 「공공기관의 운영에 관한 법률」에 따른 공공기관에 해당하지 않는다.
> ② [×] 한국마사회는 준시장형 공기업이다.
> ③ [×] 한국연구재단은 위탁집행형 준정부기관에 해당한다.

> **확인문제**
>
> 2022년 현재 「공공기관의 운영에 관한 법률」 및 관련 공공기관의 유형에 대한 설명으로 옳은 것은?
> 2022. 국회 9급
> ① 한국방송공사는 공공기관 유형 중 준시장형 공기업에 해당한다.
> ② 한국조폐공사는 공공기관 유형 중 시장형 공기업에 해당한다.
> ③ 지방자치단체가 설립하고 그 운영에 관여하는 기관을 공공기관으로 지정할 수 있다.
> ④ 기금관리형 준정부기관은 「국가재정법」에 따라 기금을 관리하거나 기금의 관리를 위탁받은 준정부기관이다.
> ⑤ 공공기관의 유형을 구분하고 지정하는 것은 행정안전부장관의 권한이다.
>
> ▶ ④ [○] 「공공기관의 운영에 관한 법률」 제5조 제4항
> ①, ③ [×] 한국방송공사(KBS), 한국교육방송공사(EBS), 구성원 상호 간의 상호부조·복리증진·권익향상 또는 영업질서 유지 등을 목적으로 설립된 기관, 지방자치단체가 설립하고, 그 운영에 관여하는 기관은 공공기관으로 지정할 수 없다.
> ② [×] 한국조폐공사는 준시장형 공기업이다.
> ⑤ [×] 행정안전부장관이 아닌 기획재정부장관이 지정한다.

3 공공기관(공공기관의 운영에 관한 법률)

(1) **공공기관의 의의**: 국가·지방자치단체가 아닌 법인·단체 또는 기관으로서 정부의 투자·출자 또는 정부의 재정지원 등으로 설립·운영되는 기관(공공기관의 운영에 관한 법률 제4조)

(2) **공공기관의 지정**

① 기획재정부장관은 공공기관을 공기업, 준정부기관과 기타 공공기관으로 구분하여 지정할 수 있음

② 공기업 및 준정부기관의 지정기준
  ㉠ 직원 정원: 300명 이상
  ㉡ 수입액(총수입액): 200억원 이상
  ㉢ 자산규모: 30억원 이상

③ 공공기관으로 지정할 수 없는 경우
  ㉠ 구성원 상호 간의 상호부조·복리증진·권익향상 또는 영업질서 유지 등을 목적으로 설립된 기관
  ㉡ 지방자치단체가 설립하고, 그 운영에 관여하는 기관
  ㉢ 「방송법」에 따른 한국방송공사와 「한국교육방송공사법」에 따른 한국교육방송공사

(3) **공공기관의 유형 분류**

유형		분류기준	기관
공기업 (자체수입 비율 ≥ 50%)	시장형	• 자산규모가 2조원 이상이고, 자체수입 비율이 85% 이상인 공기업	한국가스공사, 한국남동발전㈜, 한국남부발전㈜, 한국동서발전㈜, 한국서부발전㈜, 한국석유공사, 한국수력원자력㈜, 한국전력공사, 한국중부발전㈜, 한국지역난방공사, ㈜강원랜드, 한국공항공사, 인천국제공항공사, 한국도로공사
	준시장형	• 시장형 공기업이 아닌 공기업 • 자체수입 비율이 50~85%인 공기업	한국조폐공사, 그랜드코리아레저㈜, 한국마사회, ㈜한국가스기술공사, 대한석탄공사, 한국광해광업공단, 한국전력기술㈜, 한전KDN㈜, 한전KPS㈜, 한국수자원공사, 제주국제자유도시개발센터, 주택도시보증공사, 한국부동산원, 한국철도공사, 한국토지주택공사, 주식회사 에스알, 해양환경공단, 한국방송광고진흥공사
준정부기관 (자체수입 비율 < 50%)	기금관리형	• 「국가재정법」에 따라 기금을 관리하거나, 기금의 관리를 위탁받은 준정부기관	국민체육진흥공단, 한국무역보험공사, 국민연금공단, 근로복지공단, 기술보증기금, 중소벤처기업진흥공단, 신용보증기금, 예금보험공사, 한국자산관리공사, 한국주택금융공사, 공무원연금공단

위탁 집행형		• 기금관리형 준정부기관이 아닌 준정부기관	한국장학재단, (재)우체국금융개발원, 우체국물류지원단, 한국방송통신전파진흥원, 한국연구재단, 한국인터넷진흥원, 한국지능정보사회진흥원, 한국국제협력단, 한국승강기안전공단, 한국관광공사, 축산물품질평가원, 한국농수산식품유통공사, 한국농어촌공사, 대한무역투자진흥공사, 한국가스안전공사, 한국산업기술진흥원, 한국산업기술평가관리원, 한국산업단지공단, 한국석유관리원, 한국에너지공단, 한국원자력환경공단, 한국전기안전공사, 한국전력거래소, 건강보험심사평가원, 국민건강보험공단, 한국사회보장정보원, 한국소비자원 등
기타 공공기관		• 공기업과 준정부기관을 제외한 공공기관	한국특허기술진흥원, 부산·인천·여수·광양·울산항만공사, 한국언론진흥재단, 정보통신산업진흥원, 한국교육학술정보원, 한국과학창의재단, 사립학교교직원연금공단, 연구개발특구진흥재단 등

(4) 공공기관의 구성

① **공공기관의 이사회**: 공기업 및 준정부기관의 경영목표와 예산·결산 및 운영계획 등에 관한 사항을 심의·의결하기 위하여 이사회를 두도록 하고, 이사회는 기관장이 법령 등 위반행위나 직무를 게을리한 경우 주무기관의 장에게 기관장의 해임 등 필요한 조치를 요청할 수 있음

② **공공기관의 임원 임면**

임원	공기업	준정부기관	임기
공공기관장	대통령이 임명(주무기관장 제청)	주무기관의 장이 임명	3년
상임이사	기관장(공기업 장)이 임명	기관장(준정부기관장)이 임명	2년
비상임이사	기획재정부장관이 임명	주무기관의 장이 임명	2년

(5) 예산회계

① **회계연도와 회계원칙**: 회계연도는 정부회계연도를 따르며, 발생주의 원칙 적용

② **예산 편성 및 의결**: 공기업과 준정부기관 예산안은 이사회 의결로 확정

③ **예산의 보고**: 예산이 확정되거나 변경된 경우 기획재정부장관, 주무기관의 장 및 감사원장에게 보고해야 함

④ **결산의 승인**: 공기업은 기획재정부장관, 준정부기관은 주무기관의 장의 승인을 얻어 결산을 확정하고, 8월 20일까지 국회에 제출

(6) **공공기관에 대한 감독 및 경영평가**
   ① **경영지침**: 기획재정부장관은 공기업·준정부기관의 운영에 관한 경영지침을 정하고, 이를 공기업·준정부기관 및 주무기관의 장에게 통보함
   ② **성과계약**: 주무기관의 장은 기관장과, 기관장은 상임이사 등과 성과계약을 체결함
   ③ **경영실적 평가**: 기획재정부장관은 공기업 및 준정부기관의 경영실적 평가
   ④ **감사원 감사**: 감사원은 「감사원법」에 따라 공기업·준정부기관의 업무와 회계에 관하여 감사를 실시할 수 있음

(7) **공공기관의 경영공시**: 모든 공공기관을 대상으로 경영공시를 의무화하고, 경영공시 통합관리 시스템을 구축·운영함으로써 공공기관 경영에 대한 국민 감시 기능 강화

4 공기업(학문적 분류)

(1) **공기업의 의의 및 특징**
   ① **개념**: 국가 또는 지방자치단체가 소유하고 있는 기업, 또는 국가나 지방자치단체가 수행하는 사업 중 기업적 성격을 지닌 것 등 다양한 견해가 존재함
   ② **특징**: 공기업은 공익성과 함께 기업성(수익성)을 추구한다는 점에서 정부와 차이가 있으며, 목표달성을 위한 수단으로 정부가 강제력을 활용하는 데 비해, 공기업은 시장에서의 자발적 교환방식을 활용함. 또한 정부는 세금을 통해 공공서비스를 생산·공급하는 데 비해, 공기업은 시장을 통해서 확보한 요금 수입을 가지고 공공서비스의 생산비용을 충당한다는 점에서 차이가 있음

(2) **공기업의 설립 동기**
   ① **시장실패의 치유**: 자연독점이나 외부효과와 같은 시장실패로 사회적으로 필요한 재화나 서비스가 적정하게 공급되지 않을 경우 정부가 해당 재화나 서비스를 직접 공급
      예 철도, 전력, 가스 등 자연독점 사업을 공기업으로 운영
   ② **민간자본의 부실 및 능력 부족**: 개발도상국가의 경우 국가적으로 필요한 산업이지만 민간자본이 충분히 축적되어 있지 않은 상황에서 경제발전을 위해 정부가 민간부문을 대신해서 공기업을 설립하여 운영
   ③ **공공수요의 충족**: 상수도 공급, 저소득 계층을 위한 임대주택이나 서민금융서비스 등 공공적 수요를 충족하기 위해서 공기업을 설립할 수 있음
   ④ **사회간접자본의 형성**: 도로, 항만, 공항 등과 같이 경제발전의 기반이 되는 사회간접자본은 사회 전체적으로 활용되며, 개별 민간기업에 의해서 공급되기 어렵기 때문에 정부가 건설하여 공급
   ⑤ **경제위기의 극복과 고용창출**: 경제위기 상황에서 민간기업의 도산과 실업 방지를 위해 정부가 민간기업의 부실채권을 매입하거나, 금융기관을 통해서 출자함으로써 민간기업이 공기업으로 전환되는 경우

확인문제

공기업에 대한 설명으로 옳지 않은 것은? 2021. 국가직 9급
① 공공수요가 있으나 민간부문의 자본이 부족한 경우 공기업 설립이 정당화된다.
② 시장에서 독점성이 나타나는 경우 공기업 설립이 정당화된다.
③ 전통적인 자본주의적 사기업 질서에 반하여 사회주의적 간섭을 하는 것으로 볼 수 있다.
④ 주식회사형 공기업은 특별법 혹은 상법에 의해 설립되지만 일반행정기관에 적용되는 조직·인사원칙이 적용된다.

▶ ④ [×] 주식회사형 공기업은 특별법 혹은 회사법(상법 등)에 의해 설립되며, 임원은 준공무원에 속하나 소속직원의 신분은 공무원이 아닌 회사원이다. 따라서 일반행정기관에 적용되는 조직·인사원칙이 적용되지 않는다.

⑥ **정치적 이념**: 정치이념에 따라 공기업이 설립되거나 민영화가 확산되기도 함. 영국의 경우 노동당 집권 시기에 많은 공익사업이 국유화되어 공기업이 크게 증가하였음

⑦ **기타**: 정부 재정수입 확보를 위해 특정 사업을 정부의 전매사업으로 운영하거나, 역사적 유산으로 공기업이 설립되기도 함. 우리나라의 경우 해방 전 일본인 소유의 기간 산업체가 해방 이후 정부 소유기업으로 전환된 사례가 해당됨

(3) **조직 형태에 따른 공기업의 유형**

정부부처형 공기업(정부기업)	공사형 공기업	주식회사형 공기업
• 정부조직 형식(중앙관서나 소속기관, 사업소 등) • 공공성 > 기업성	• 법인체 공기업 • 공공성 + 기업성 조화	• 사기업의 주식회사와 같은 조직구조 • 공공성 < 기업성
• 정부예산(기업특별회계)으로 운영: 책임운영기관, 우편, 조달, 양곡관리, 우체국예금	• 정부 전액 출자 원칙 + 예외적으로 공공기관이나 민간기업 일부 출자 허용	• 민간자본 + 정부자본 결합
• 「정부조직법」 또는 「지방자치법」 등에 의해 설립	• 특별법에 의해 설립	• 상법에 의해 설립 + 예외적으로 특별법에 의해 설립
• 법인격, 당사자 능력 없음	• 법인격 및 당사자 능력(○)	• 법인격 및 당사자 능력(○)
• 직원: 일반 공무원 신분	• 임원: 정부 임명 • 직원: 회사원	• 임원: 주주총회에서 선출 • 직원: 회사원
• 행정기관에 적용되는 예산회계 및 감사관계 법령 적용	• 일반행정기관에 적용되는 예산 및 회계 관계 법률 적용(×) • 감사원법 적용(○)	

CHAPTER 04 동기부여 이론

제1절 동기부여의 의의 및 동기부여 이론

1 동기부여의 의의

(1) 조직구성원이 개인욕구의 충족 능력을 가지면서 조직목표의 달성을 위해 높은 수준의 자발적 노력을 기울이도록 유도하는 작용

(2) **동기부여의 중요성**: 동기부여 정도가 일의 성과에 영향을 미치며, 조직의 생산성 향상에 영향을 미침. 동기부여가 된 사람이 그렇지 않은 사람에 비해 이직률, 결근율 그리고 조직에 대한 불만이 낮고, 이는 결국 비용의 절감을 가져오고 조직의 생산성 제고를 가져오게 됨

2 동기부여 이론의 구분

(1) **내용이론**: 동기를 유발하는 요인의 내용을 설명하는 이론으로 무엇(what)이 사람들이 동기를 유발하는가에 초점. 개인, 직무, 상황적 요인 등 사람을 열심히 일하도록 자극하는 동인이 어디에 있는가를 밝혀 동기를 부여하고자 하는 것으로, 인간의 욕구를 충족시키는 유인에 대한 이론체계임(욕구이론)

(2) **과정이론**: 어떤(how) 과정을 통해 동기가 어떻게 유발되는가를 인식과정(cognitive process) 차원에서 설명하려는 이론. 일에 대한 의욕이나 노력이 어떠한 과정을 거쳐 실제 행동과 성과로 전이되는가의 과정을 다룸. 동기가 어떻게 생겨나고 어떻게 성과로 연결되는지에 초점을 두는 이론

내용이론: 동기를 유발하는 요인의 내용 설명	과정이론: 동기유발의 과정을 설명
• 매슬로우(A. H. Maslow)의 욕구 5단계 이론 • 앨더퍼(Alderferr)의 ERG 이론 • 맥그리거(Douglas McGregor)의 X, Y 이론 • 허즈버그(Herzberg)의 2요인 이론 • 아지리스(Argyris)의 성숙-미성숙 이론 • 맥클리랜드(McClelland)의 성취동기이론	• 브룸(Vroom)의 기대이론(VIE) • 애덤스의 공정성(형평성)이론 • 해크만과 올드햄(Hackman & Oldman)의 직무특성이론 • 포터와 롤러(Porter & Lawler)의 업적만족모형 • 로크(Locke)의 목표설정이론(goal setting theory) • 학습이론(강화이론)

확인문제

다음 중 동기부여에 대한 과정이론만을 모두 고른 것은?
　　　　　　　　　　　2014, 지방 9급
ㄱ. 애덤스(Adams)의 형평성이론
ㄴ. 브룸(Vroom)의 기대이론
ㄷ. 매클리랜드(McClelland)의 성취동기이론
ㄹ. 로크(Locke)의 목표설정이론

① ㄱ, ㄴ　② ㄱ, ㄴ, ㄹ
③ ㄴ, ㄷ, ㄹ　④ ㄷ, ㄹ

▶ ② ㄱ, ㄴ, ㄹ [○]
ㄷ. 매클리랜드(McClelland)의 성취동기이론은 내용이론에 해당한다.

제2절 | 동기부여 이론: 내용이론

1 매슬로우(A. H. Maslow)의 욕구 5단계 이론

(1) 5단계 욕구계층의 의의

① 매슬로우는 실험을 통해 인간이 보편적으로 가지고 있는 공통적인 욕구를 규명하여 다섯 가지로 계층화하였음
② 인간의 욕구는 하위 단계의 욕구로부터 상위 단계의 욕구로 발달하며, 하위 계층의 욕구가 어느 정도 충족되어야 다음 단계(상위 계층)의 욕구가 나타나기 시작한다고 주장
③ 일단 충족된 욕구는 동기부여의 효과가 없어지고 바로 상위의 욕구가 영향력을 주기 시작한다고 보았음

(2) 5단계 욕구계층의 내용

욕구계층	내용	조직요소
생리적 욕구	생존을 위해 반드시 충족시켜야 할 욕구	보수, 쾌적한 작업환경
안전에 대한 욕구	위험과 사고로부터 자신을 안전하게 방어하고 보호하고자 하는 욕구	안전한 작업환경, 신분보장
사회적 욕구	다수의 집단 속에서 동료들과 서로 주고받는 동료관계를 유지하고 싶은 욕구	결속력이 강한 근무집단, 강한 동료의식, 가족적 분위기
존경 욕구	남들로부터 존경과 칭찬을 받고 싶고, 자기 자신에 대한 가치와 위신을 스스로 확인하고 자부심을 갖고 싶은 욕구	사회적 인정, 타인이 인정해 주는 직무, 자신의 위신에 걸맞는 직무
자아실현 욕구	자신의 잠재력을 최대한 발휘하여 성취감을 맛보고자 하는 욕구	도전적인 직무, 창의력을 발휘할 수 있는 기회, 자신이 정한 목표 달성

(3) 욕구단계 이론의 한계

① 계층의 단계에 따라 욕구를 만족시키려 한다는 주장에 대한 비판이 있음. 하위 계층의 욕구 충족 여부에 관계없이 상위의 욕구를 추구하는 경우가 있을 수 있음
  예 물질적 조건보다 명예나 자아실현을 추구하는 사람들이 많이 있음
② 욕구는 누구에게나 공통적인 것이 아니라 사람마다 천차만별로 다를 수 있음. 욕구는 유동적이고 다양하다는 것을 간과함
③ 욕구의 단계적 전진만을 강조하고 후진적 진행은 인정하지 않고 있음

② 앨더퍼(Alderferr)의 ERG 이론

(1) ERG 이론의 의의: 앨더퍼의 ERG 이론은 매슬로우의 욕구단계 이론의 한계를 극복하고자 등장한 이론. 앨더퍼는 매슬로우의 욕구이론을 수정하여 매슬로우의 5단계 욕구를 존재욕구(existence needs), 관계욕구(relatedness needs), 성장욕구(growth needs)의 3단계로 통합하였음

(2) ERG 이론의 주요 내용 및 특징

① 욕구의 3단계
  ㉠ 존재욕구(Existence needs): 매슬로우의 생리적 욕구, 물리적 안전 욕구를 통합한 것으로 자기 자신의 존재를 위한 욕구에 해당
  ㉡ 관계욕구(Relatedness needs): 자기에게 중요한 사람들과의 대인관계와 관련된 것을 포괄하는 것으로 매슬로우의 사회적 욕구와 일부의 존경 욕구를 포함
  ㉢ 성장욕구(Growth needs): 창조적, 개인적 성장을 위한 개인의 노력과 관련된 모든 욕구들로써 매슬로우의 자아실현욕구와 일부의 존경욕구를 포함

② 복합연결형 욕구단계: 앨더퍼는 매슬로우 이론의 기본전제인 욕구의 우선순위와 한 욕구가 충족되면 다음 욕구의 활성화를 유도한다는 가정을 배제하고, 동시에 하나 이상의 욕구가 나타날 수 있음을 설명

③ 좌절-퇴행 모형: 상위 욕구 충족이 좌절될 경우 하위 욕구가 다시 나타난다는 욕구의 좌절(frustration) → 회귀(regression) 과정도 함께 설명하고 있음

③ 맥그리거(Douglas McGregor)의 X, Y 이론

(1) X, Y 이론의 의의: 맥그리거는 일에 대한 인간의 상반된 두 가지 태도와 관점을 기준으로 X이론과 Y이론으로 분류

(2) X, Y 이론의 주요 내용

구분	X이론	Y이론
인간관	① 본질적으로 일을 싫어하며 가능하면 일을 하지 않으려고 함 ② 야망이 없고 책임지기를 싫어하고 외재적인 지도를 받으려 함 ③ 안전을 원하고 변동에 저항 ④ 자기중심적이며, 조직 문제를 해결하는 데 창의력을 발휘하지 못함 ⑤ 생리적 욕구 또는 안전의 욕구(하급 욕구)에 자극을 주는 금전적 보상이나 제재 등 외재적 유인에 반응	① 본질적으로 일을 싫어하는 것은 아님 ② 자기 행동의 방향을 스스로 정하고 자율적으로 자기규제를 할 수 있는 존재 ③ 조직 문제를 해결할 때 비교적 높은 수준의 창의력과 상상력을 발휘할 수 있음 ④ 적절한 조건만 갖추어지면 책임지기를 원하며 책임 있는 행동을 수행하고자 함 ⑤ 이기적으로만 행동하는 것이 아니라 같은 사회 내의 타인을 위해 행동하기도 함 ⑥ 직무동기는 존경의 욕구, 자기실현욕구(고급 욕구)에 해당

확인문제

〈보기〉 이론의 내용과 잘 부합하는 조직관리 전략으로 가장 옳지 않은 것은? 2018, 서울 7급

― 보기 ―
대부분의 사람들은 본질적으로 일을 싫어하며 가능하면 일을 하지 않으려고 한다. 또한 안전을 원하고 변화에 저항적이다.

① 정확한 업무지시와 감독을 강화해야 한다.
② 의사결정 시 부하직원을 참여시키고 권한을 확대해서 자율적으로 업무를 수행할 수 있게 한다.
③ 업무 평가 결과에 따른 엄격한 상벌의 원칙을 제시한다.
④ 관리자가 조직구성원에게 적절한 업무량을 부과하여 업무를 수행하게 해야 한다.

▶ ② [×] 〈보기〉의 내용은 맥그리거의 X이론에 대한 설명이다. ②는 맥그리거의 Y이론에 해당하는 관리 전략이다.

관리 전략	'유연한 접근'(당근)과 '강경한 접근'(채찍)을 교환적으로 활용 ① 경제적 보상체계의 강화 ② 권위주의적 리더십의 확립 ③ 엄격한 감독과 통제제도의 확립 ④ 상부책임 제도의 강화 ⑤ 고층적 조직구조	조직목표와 개인목표의 통합(integration) 추구 ① 민주적 리더십의 확립 ② 분권화와 권한의 위임 ③ 목표에 의한 관리 ④ 직무확장(job enlargement) ⑤ 비공식적 조직의 활용 ⑥ 자체평가제도의 활성화 ⑦ 평면적 조직구조

4 아지리스(Argyris)의 성숙 - 미성숙 이론

(1) **성숙-미성숙 이론의 의의**: 아지리스의 미성숙-성숙 이론은 기존 사회의 조직에 보편화되어 있던 맥그리거(McGregor)의 X, Y 이론에 반발하며 등장한 이론으로, 인간의 퍼스낼리티는 유아기의 미성숙 상태(X이론적 인간)에서 성인으로 자라면서 점차 성숙 상태(Y이론적 인간)로 변화한다는 것임

(2) **성숙-미성숙 이론의 주요 내용**
① 권위적이고 전제적인 조직관리 속에서 개인은 수동적이고 의존적이며 자아의식이 결여된 미성숙한 행태를 보이게 되며, 민주적이고 인간관계 지향적인 조직관리 속에서 개인은 능동적이고 독립적이며 자기통제가 가능한 성숙한 행태를 보이게 됨
② 조직관리자는 구성원이 미성숙한 상태에서 성숙 상태로 발전될 수 있도록 지원함으로써 조직목표 달성을 도모함
③ 맥그리거의 Y이론에 입각한 민주적 관리방식(직무확대, 참여적이고 민주적 리더십 등)을 강조

5 맥클리랜드(David C. McClelland)의 성취동기(achievement motive)이론

(1) 맥클리랜드는 동기가 개인이 사회문화와 상호작용하는 과정에서 취득되고 학습을 통해 개발될 수 있다는 것을 전제로, 개인의 욕구 중 사회문화적으로 학습된 욕구들을 성취욕구, 권력욕구, 친교욕구로 분류하고 이러한 세 가지 욕구가 각각 성취동기, 권력동기, 소속동기로 발달된다고 보았음

(2) 성취욕구, 권력욕구, 친교욕구 등은 각 개인마다 차이가 있다고 전제함

(3) 조직 생산성 제고를 위해서는 성취동기의 확대를 강조. 성취동기란 어려운 일을 성취하려는 욕구, 장애를 극복하고 높은 수준을 유지하려는 욕구, 자신의 능력을 성공적으로 발휘함으로써 자부심을 높이려는 욕구 등을 의미함

확인문제

동기이론에 대한 설명으로 옳지 않은 것은? 2016, 사복직 9급
① 매슬로우(A. H. Maslow)의 욕구계층론에 대하여는 각 욕구단계가 명확히 구분되지 않는다는 비판이 있다.
② 앨더퍼(C. P. Alderfer)는 ERG 이론에서 두 가지 이상의 욕구가 동시에 작용되기도 한다고 주장한다.
③ 허즈버그(F. Herzberg)의 욕구충족요인 이원론에 대하여는 개인의 욕구 차이에 대한 충분한 고려가 없다는 비판이 있다.
④ 맥클리랜드(D. McClelland)의 성취동기이론은 개인의 욕구를 성취욕구, 친교욕구, 권력욕구로 분류하고 권력욕구가 높을수록 생산성이 높아진다고 주장한다.

▶ ④ [×] 맥클리랜드(D. McClelland)의 성취동기이론은 개인의 욕구를 성취욕구(어려운 일을 성취하려는 욕구, 자신의 능력을 스스로 성공적으로 발휘함으로써 자부심을 높이려는 욕구), 친교욕구(타인과 따뜻하고 친근한 관계를 유지하려는 욕구), 권력욕구(타인의 행동에 영향력을 미치거나 통제하려는 욕구)로 분류하고 성취욕구가 높을수록 생산성이 높아진다며 성취동기를 중시하였다.

6 허즈버그(Frederick Herzberg)의 2요인 이론

(1) 2요인 이론의 의의

① 허즈버그는 두 가지 이질적 욕구를 주장. 욕구충족이 동기부여의 효과를 가져오는 요인을 동기요인(motivators), 단순히 불만 감소 효과만을 가지는 요인을 위생요인(hygiene factors)이라고 구분

② 허즈버그에 의하면 불만요인의 제거는 불만을 방지·해소할 따름이며, 만족요인의 개선은 인간의 자기실현욕구에 자극을 주고 직무수행의 동기를 유발함

(2) 2요인 이론의 주요 내용 및 특징

① 동기요인(만족요인)
  ㉠ 구성원들의 만족도를 높이고 우수한 직무수행에 대한 동기를 부여하는 요인
  ㉡ 직무수행과 관련한 성취감과 책임감, 승진의 기회, 타인의 인정, 직무 자체 등이 포함(매슬로우의 욕구계층에서 자기실현 욕구와 존중욕구 등의 상위 욕구와 대응관계에 있음)

② 위생요인(불만족요인)
  ㉠ 위생요인은 충족시킬 경우 불만족을 방지해 주는 요인으로, 충족되지 않으면 불만이 가중되지만, 충족되어도 동기가 자극되지는 않음
  ㉡ 직무수행에 수반되는 외재적이고 부수적인 조건들로 보수, 기관의 정책, 신분보장, 작업조건, 동료관계, 상관의 감독방식과 내용 등(매슬로우의 하위 욕구를 만족시키는 요인들이 해당됨)

(3) 이론상의 한계

① 불만요인과 만족요인에 대한 엄격한 구별이 비현실적이라는 비판을 받고 있으며, 만족요인이 상대적으로 부족한 하위 계층의 조직구성원들에게 적용되는 데는 한계가 있음

② 개별 종업원의 작업환경에 대한 반응이 기본적으로 유사할 것이라는 가정하에서 개인차를 무시하고 있음. 어떤 사람에게 동기요인으로 작용하는 것이 동일 집단 내의 다른 사람에게는 위생요인으로 작용할 수 있음

③ 자기존중이나 성취감 같은 내면적 동기요인이 작업환경이나 보수 등의 외재적 위생요인에 비해 동기부여 측면에서 항상 더 효과적이라 보는 것도 무리한 주장임

확인문제

허즈버그(Herzberg)의 욕구충족요인 이원론에서 위생요인에 해당하지 않는 것은? **2022, 지방 9급**
① 감독 ② 대인관계
③ 보수 ④ 성취감

▶ ④ [×] 성취감은 동기(만족)요인에 해당한다.

확인문제

허즈버그(F. Herzberg)의 욕구충족요인 이원론의 설명으로 옳은 것은? **2010, 지방 9급**
① 동기요인을 충족시켜주지 못하면 조직에 대한 불만이 커진다.
② 동기요인의 충족은 직무수행을 위한 노력을 강화한다.
③ 위생요인은 주로 직무자체와 관련되어 있다.
④ 위생요인의 충족은 동기유발을 촉진한다.

▶ ② [○]
① [×] 위생요인(불만요인)을 충족시켜주지 못하면 조직에 대한 불만이 커진다.
③ [×] 직무자체와 관련되어 있는 요인은 동기(만족)요인이다. 위생요인은 근무환경과 같은 직무 외적 요인과 관련되어 있다.
④ [×] 동기유발을 촉진하는 것은 동기요인이다.

내용이론의 비교

단계	매슬로우		앨더퍼	맥그리거	아지리스	허즈버그의 2요인 이론	
						위생요인	동기요인
5	자아실현욕구		성장욕구 (Growth needs)	Y이론	성숙인	• 기관의 정책과 　관리 • 감독 • 대인관계 • 보수 • 편익 • 작업조건	• 성취감 • 인정 • 책임감 • 승진 • 직무자체
4	존경욕구	자기 존중					
		타인의 인정	관계욕구 (Relatedness needs)				
3	사회적 욕구						
2	안전욕구	신분보장	존재욕구 (Existence needs)	X이론	미성숙인		
		물리적 안전					
1	생리적 욕구						

제3절 과정이론(Process Theory)

1 해크만과 올드햄(Hackman & Oldman)의 직무특성이론

(1) 직무특성이론의 의의

① 직무의 특성이 직무수행자의 성장욕구 수준과 부합할 경우 긍정적인 동기유발 효과를 초래하게 된다는 이론

② 직무수행자의 성장욕구 수준이라는 개인차를 고려하고 구체적으로 직무특성, 심리상태 변수, 성과 변수 등의 관계를 제시했다는 점에서 허즈버그의 욕구충족 이원론보다 진일보한 것으로 볼 수 있음

(2) 직무특성이론의 주요 내용

① 직무수행자의 성장욕구 수준의 차이, 즉 직무수행자의 개인적인 차이를 고려하고, 이를 '직무특성(독립변수) → 개인의 심리 상태(매개변수) → 직무 성과(종속변수)'라는 틀에서 설명

② 직무의 특성이 직무수행자의 성장욕구 수준에 부합될 때 동기유발 측면에서 긍정적인 성과를 얻게 됨. 직무수행자의 개인차를 고려하고, 직무의 특성, 심리상태 변수, 성과변수 등의 관계를 고려해서 개인의 성장욕구에 알맞은 과업을 정해줘야 긍정적 성과를 얻을 수 있음

③ 구성원의 성장욕구가 강할 때는 기술의 다양성과 정체성, 중요성이 높은 직무를 부여함으로써 내재적 동기가 유발될 수 있고, 구성원의 성장욕구가 낮을 때는 단순하고 정형화된 직무를 부여하는 것이 바람직함

확인문제

해크먼(J. Hackman)과 올드햄(G. Oldham)의 직무특성 모델에 대한 설명으로 옳지 않은 것은?
2011, 지방 9급

① 잠재적 동기지수(Motivating Potential Score : MPS) 공식에 의하면 제시된 직무특성들 중 직무정체성과 직무중요성이 동기부여에 가장 중요한 역할을 한다.

② 허즈버그의 욕구충족요인 이원론보다 진일보한 것으로 이해할 수 있다.

③ 직무정체성이란 주어진 직무의 내용이 하나의 제품 혹은 서비스를 처음부터 끝까지 완성시킬 수 있도록 구성되어 있는지에 관한 것이다.

④ 이 모델은 기술다양성, 직무정체성, 직무중요성, 자율성, 환류 등 다섯 가지의 핵심 직무특성을 제시한다.

▶ ① [×] 해크먼(J. Hackman)과 올드햄(G. Oldham)의 직무특성이론에서 잠재적 동기지수 공식에 따르면 자율성과 환류의 중요성을 가장 강조하고 있다.

④ 잠재적 동기지수(MPS : motivating potential score) 공식에 의하면 자율성과 환류가 동기부여에 가장 중요한 역할을 한다고 보았음

$$잠재적\ 동기지수 = \frac{기술\ 다양성 + 직무\ 정체성 + 직무\ 중요성}{3} \times 자율성 \times 환류$$

▶ 직무특성

직무특성	정의
기술 다양성	직무를 수행하는 데 요구되는 기술의 종류가 얼마나 여러 가지인가의 정도
직무 정체성	직무의 내용이 하나의 제품이나 서비스를 처음부터 끝까지 완성시킬 수 있도록 구성되어 있는가의 정도
직무 중요성	자기 직무가 다른 사람의 작업이나 행동에 영향을 미치는 정도
자율성	자신의 직무에 대해 개인적으로 느끼는 책임감 정도
피드백(환류)	직무 자체가 주는 직무수행 성과에 대한 정보 유무

2 브룸(Vroom)의 기대이론(Expectancy theory)

(1) 기대이론의 주요 내용

① 기대이론은 욕구와 만족 그리고 동기유발 사이에 기대라는 인식론적 개념을 추가하여 동기유발 과정을 설명

② 어떠한 일에 대한 노력이나 동기의 정도는 그 노력을 통해 얻게 될 세 가지의 중요한 산출물인 목표달성, 보상, 만족의 각각에 대한 주관적 믿음에 의해 결정됨. 구체적으로 개인의 동기부여 정도는 기대치(expectancy), 수단치(instrumentality), 유인가(valence)를 곱한 것을 의미함. 즉 개인의 동기는 결과에 대한 욕구의 강도(유의성)와 성과에 대한 보상을 받을 것이라는 믿음과 자신의 행동이 원하는 결과를 가져오리라는 기대감의 복합적 함수 관계에 의해 좌우된다고 봄

(2) 기대이론의 주요 변수

① 기대치(expectancy) : 노력과 목표달성 간의 관계에 대한 인식으로, 개인이 노력하면 어떤 성과목표를 달성할 수 있을 것인가에 대한 주관적 확률을 의미

② 수단치(instrumentality) : 실적(성과)과 보상 간의 관계에 대한 인식(주관적 확률)으로 성공적으로 목표를 달성했을 때 주어지는 보상에 대한 가능성을 의미

③ 유인가(valence) : '보상이 얼마나 바람직한 것인가, 가치 있는 것인가, 만족스러운 것인가'에 대한 주관적 믿음(보상에 대한 주관적 선호의 강도)

확인문제

동기이론에 대한 설명으로 옳지 않은 것은? 2019, 국가 9급
① 매슬로우(Maslow)는 충족된 욕구는 동기부여의 역할이 약화되고 그다음 단계의 욕구가 새로운 동기 요인이 된다고 하였다.
② 앨더퍼(Alderfer)는 매슬로우의 5단계 욕구이론을 수정해서 인간의 욕구를 3단계로 나누었다.
③ 허즈버그(Herzberg)는 불만요인(위생요인)을 없앤다고 해서 적극적으로 만족감을 느끼는 것은 아니라고 했다.
④ 브룸(Vroom)의 기대이론에서 수단성(instrumentality)은 특정한 결과에 대한 선호의 강도를 의미한다.

▶ ④ [×] 유인가(valence)에 대한 설명이다. 유인가는 '보상이 얼마나 바람직한 것인가, 가치 있는 것인가'에 대한 주관적 믿음을 나타내는 개념이다. 수단성(instrumentality)은 목표를 달성했을 때 그 결과가 가져올 보상에 대한 가능성을 의미한다.

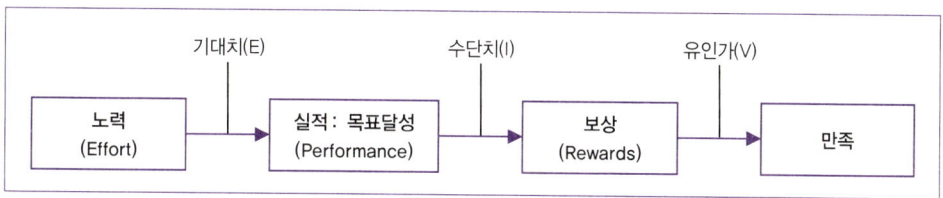

$$동기부여의 \ 강도 = f[\textstyle\sum(유인가 \times 기대치 \times 수단치)]$$

❸ 포터와 롤러(Porter & Lawler)의 업적(성과)만족모형

(1) **업적만족모형의 의의**: 포터와 롤러는 성과뿐만 아니라 보상에 대한 개인의 만족감을 주요 변수로 삼아 전통적인 기대이론을 보다 발전시켰음. 즉, 만족이 직무성취 또는 업적(만족 → 성과)을 가져오는 것이 아니라 직무성취의 수준이 직무만족의 원인이 될 수 있다는 관점(성과 → 만족)에 입각해서 기대이론을 전개하였음

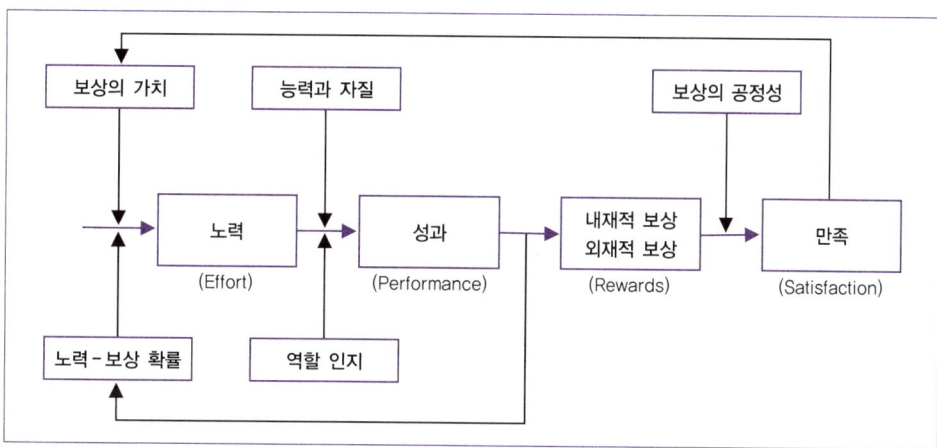

📖 포터와 롤러의 업적만족(EPRS)모형

(2) **업적만족모형의 주요 내용**

① 동기부여 과정: 노력(Efforts) → 성과(Performance) → 보상(Rewards) → 만족(Satisfaction)
노력하면 성과를 거두고, 성과를 거두면 보상을 받아 만족할 것이라는 가정을 하고 있음. 구체적으로 직무성취와 그에 결부된 보상에 부여하는 가치, 그리고 어떤 노력이 보상을 가져다줄 것이라는 기대가 직무수행 노력을 좌우하게 됨

② 노력에 의한 직무성취는 개인에게 만족을 줄 수 있는데 직무성취가 만족을 주는 정도는 그에 결부되는 내재적 보상(직무 자체에 대해 느끼는 성취감 등)과 외재적 보상(보수인상, 승진 등)에 의해 강화된다고 보았으며, 외재적 보상보다 내재적 보상을 더 강조함

③ 포터와 롤러는 실질적인 보상이 공정한 보상이라고 인지하게 되는 수준일 경우에 만족감을 느끼고 동기부여가 된다고 보았으며, 실제의 보상이 공정하다고 생각되는 수준 이하일 경우 불만이 발생한다고 보았음

4 애덤스의 형평(공정성)이론

(1) 형평이론의 의의

① 형평이론은 자신의 투입에 대한 산출 비율보다 비교 대상자(준거인)의 투입에 대한 산출 비율이 크거나 작다고 지각할 때, 불공평성을 느끼고 이에 따른 심리적 불균형, 불안감 등을 해소하기 위해 형평성을 추구하기 위한 행동을 하는 동기가 유발된다고 보았음

② 형평이론은 남들과 비교하여 자신이 공평하게 취급받고 있는가를 비교·평가하는 과정에 초점을 둠

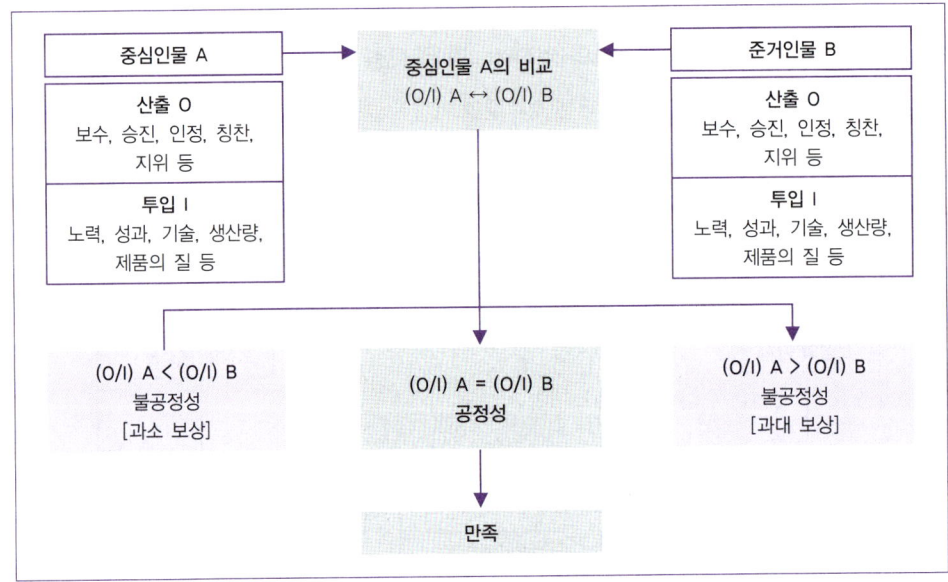

📖 형평이론 모형

- 자신의 $\frac{산출}{투입}$($\frac{outcomes}{inputs}$) < 타인의 $\frac{산출}{투입}$($\frac{outcomes}{inputs}$) (과소 보상)
  ⇨ 투입 감소, 준거인물 변경, 조직 이탈, 편익 증대 요구, 산출 왜곡 등

- 자신의 $\frac{산출}{투입}$($\frac{outcomes}{inputs}$) > 타인의 $\frac{산출}{투입}$($\frac{outcomes}{inputs}$) (과다 보상)
  ⇨ 투입 증대, 편익 감소 요청 등

- 자신의 $\frac{산출}{투입}$($\frac{outcomes}{inputs}$) = 타인의 $\frac{산출}{투입}$($\frac{outcomes}{inputs}$) (형평감)
  ⇨ 공정하다고 인식, 동기유발 ×

확인문제

동기이론에 대한 설명으로 옳지 않은 것은? 2016. 지방 9급

① 매슬로우(Maslow)는 상위 차원의 욕구가 충족되지 못하거나 좌절될 경우 하위욕구를 더욱 더 충족시키고자 한다고 주장하였다.
② 앨더퍼(Alderfer)는 ERG이론에서 매슬로우의 욕구 단계를 줄여서 생존욕구·대인관계 욕구·성장욕구의 세 단계를 제시하였다.
③ 허츠버그(Herzberg)는 욕구충족요인 이원론에서 불만족 요인·위생요인을 제거한다고 해서 만족을 보장하는 것은 아니라고 주장하였다.
④ 애덤스(Adams)는 형평성 이론에서 자신의 노력과 그 결과로 얻어지는 보상과의 관계를 다른 사람의 것과 비교해 상대적으로 느끼는 공평한 정도가 행동 동기에 영향을 준다고 본다.

▶ ① [×] 매슬로우(Maslow)는 욕구의 좌절-퇴행적 진행을 고려하지 못했다. 즉, 욕구는 하위욕구에서 상위욕구로 순차적으로 유발되는 것으로만 보았다. 욕구의 좌절-퇴행 진행을 설명한 것은 앨더퍼의 ERG 이론이다.

확인문제

동기요인 이론에 대한 설명으로 옳지 않은 것은? 2021. 국가 9급

① 아담스(Adams)의 공정성 이론에 따르면 공정하다고 인식할 때 동기가 유발된다.
② 매클리랜드(McClelland)의 성취동기이론에 따르면 개인들의 욕구가 학습을 통해 개발될 수 있다.
③ 브룸(Vroom)의 기대이론에서 기대감은 특정 결과는 특정 노력으로 인해 나타날 수 있다는 가능성에 대한 개인의 신념으로 통상 주관적 확률로 표시된다.
④ 앨더퍼(Alderfer)의 ERG이론에 따르면 상위욕구 충족이 좌절되면 하위욕구를 충족시키고자 할 수 있다.

▶ ① [×] 아담스의 공정성 이론에 따르면 자신이 기울인 노력과 보상 간의 비율이 준거인과 비교하여 불공정하다고 느낄 때 동기가 유발된다고 주장한다.

(2) 동기유발 과정

① 형평이론에서 동기는 내가 직무수행에 쏟아붓는 투입(공헌, inputs)과 직무수행 결과로 받은 보상(outcomes)의 비율을 평가하게 되고, 그 비율을 다른 사람들의 것과 비교하여 나의 만족도와 행동이 결정됨

② 투입(Inputs)에는 교육, 경험, 기술, 노력, 시간 등이 포함되고 보상(Outcomes)에는 보수, 편익, 성취감 등이 포함됨. 이들의 가치는 주관적인 가치이기 때문에 이들의 균형 상태를 비교하는 것은 엄밀한 산술적 평가 과정이라기보다는 하나의 종합적 인지과정이라고 할 수 있음

③ 불공정을 인지한 상태에서 사람들은 그 긴장과 불안정을 해소하기 위해 전략적으로 행동하게 됨: ㉠ 투입과 산출을 조정하거나(더 큰 보상을 요구하거나 조직에 대한 헌신, 직무수행 강도 등 투입 요소를 줄이는 방법), ㉡ 그들이 받는 대우를 심리적으로 왜곡하거나 합리화(보상에 대한 인지를 바꾸는 방법), ㉢ 비교 대상 인물을 교체하는 방법, ㉣ 이직을 하는 방법 등으로 대응

(3) 형평이론의 시사점

① 공정한 보상을 강조. 불공정한 보상은 불만을 야기시키기 때문에 보상의 형평성을 유지해야 한다는 점을 강조하고 있음

② 각 개인의 형평에 대한 인지는 매우 주관적이기 때문에 관리자나 상관은 부하가 생각하는 투입 요소나 보상에 대해 충분한 이해를 시키는 노력이 필요함. 즉 상담, 피드백, 참여 등 다양한 방식의 커뮤니케이션 경로를 활용하여 왜곡되기 쉬운 인지를 바로잡는 것이 실제 공정한 보상 제도를 갖추는 것만큼 중요함

5 로크(Edwin Locke)의 목표설정이론(goal setting theory)

(1) **목표설정이론의 의의**: 로크의 목표설정이론은 개인의 성과가 의식적인 목표와 성취의도에 의해 결정된다는 이론으로, 기본 모형으로 목표의 난이도(difficulty)와 구체성(specificity)에 의해 개인의 직무 성과가 결정된다고 보았음

(2) **목표설정이론의 주요 내용**

① 로크는 개인의 목표를 강력한 동기유발 요인으로 보고, 목표의 도전성과 명확성에 따라 직무 성과가 결정된다고 주장. 따라서 동기유발을 위해서는 난이도가 높고 도전적이며, 구체적이고 명확한 목표가 채택될 필요가 있음

㉠ 목표의 난이도(difficulty)는 목표가 도전적이고 노력을 요구하는 정도를 의미하는 것으로 목표의 난이도가 성과에 긍정적인 영향을 미친다고 보았음

㉡ 목표의 구체성(specificity)은 목표의 명확화와 정확성을 의미하는 것으로 일반적으로 목표가 정량적(quantitative)으로 설정될 때 개인의 성과 향상을 기대할 수 있다고 보았음

② 로크는 기본모형을 바탕으로 난이도와 구체성 외에 목표수용성(개인이 목표를 자신의 것으로 받아들이는 정도)과 목표몰입(개인이 목표달성에 관심을 가지는 정도)이 개인의 목표지향적 노력에 영향을 미친다고 주장

확인문제

애덤스(Adams)의 공정성이론에 대한 설명으로 옳지 않은 것은?
2024, 지방 9급
① 투입과 산출의 비율을 준거인과 비교하여 공정성을 지각한다.
② 불공정성을 느낄 때 자신의 지각을 의도적으로 왜곡하기도 한다.
③ 노력과 기술은 투입에 해당하며, 보수와 인정은 산출에 해당한다.
④ 준거인과 비교하여 과소보상자는 불공정하다고 생각하고, 과대보상자는 공정하다고 생각한다.

▶ ④ [×] 과대보상과 과소보상 모두 불공정으로 인식한다.

확인문제

동기부여 이론에 대한 설명으로 옳은 것은? 2023, 지방 9급
① 로크(Locke)의 목표설정이론에서는 목표의 도전성(난이도)과 명확성(구체성)을 강조했다.
② 매슬로우(Maslow)의 욕구 5단계설에서는 욕구의 좌절과 퇴행을 강조했다.
③ 해크만과 올드햄(Hackman & Oldham)의 직무특성이론에서는 유의성, 수단성, 기대감을 동기부여의 핵심으로 보았다.
④ 앨더퍼(Alderfer)의 ERG이론에서는 위생요인이 충족되었다고 하더라도 동기부여가 되는 것은 아니라고 주장했다.

▶ ① [○] 로크의 목표설정이론은 개인의 목표를 강력한 동기유발요인으로 보고, 목표의 도전성과 명확성에 따라 직무 성과가 결정된다고 주장하였다.
② [×] 매슬로우는 욕구가 충족되지 않을 때 하위욕구가 발로되는 욕구의 후진적·퇴행적 진행을 인지하지 못하였다.
③ [×] 유의성, 수단성, 기대감을 동기부여의 핵심으로 본 것은 브룸의 기대이론이다.
④ [×] 위생요인이 충족되었다고 하더라도 동기부여가 되는 것은 아니라고 주장한 것은 허즈버그의 욕구충족요인 이원론이다.

6 강화이론(reinforcement theory) : 학습이론

(1) 강화이론의 의의

① 외부자극에 의하여 학습된 행동이 유발되는 과정 또는 어떤 행동이 왜 지속되는가를 밝히려는 이론으로, 행동의 원인보다 결과에 초점을 두며, 보상받는 행태는 반복되지만 보상받지 않는 행태는 중단된다는 손다이크의 효과의 법칙에 근거를 두고 있음

② 강화이론은 학습이라는 과정을 통해 동기가 유발되는 현상을 설명하고, 그에 대해 처방하는 이론으로 긍정적 행태에 대한 보상과 부정적 행태에 대한 제재를 통해 직무수행을 효율화할 수 있다는 시사점을 제공

(2) 강화이론의 주요 내용

① 강화의 유형

강화의 유형	의미	예
적극적 강화	행위자가 원하는 바람직한 결과의 제공	승진, 칭찬
소극적 강화(회피) 부정적 강화	행위자가 원하지 않는 바람직하지 않은 결과의 제거 또는 회피	부담(불편) 제거
처벌(제재)	바람직하지 않은 결과의 제공 행위자가 원하지 않는 상황을 제공	질책, 징계
소거(중단)	바람직한 결과의 제거 행위자가 원하는 상황의 제공을 중단	성과급 폐지

② 강화 일정: 강화를 통해 형성된 학습을 유지시키기 위한 강화물의 투입 시기와 방법에 대한 원리

연속적 강화			• 성과(바람직한 행동)가 나올 때마다 강화 • 초기학습 단계에 효과적 • 강화효과가 빨리 소멸하기 때문에 관리자에게 큰 도움을 주지 못함
단속적 강화	간격 강화	고정간격강화	성과에 관계없이 일정한 규칙적인 시간 간격으로 강화요인 제공 예 매월 말에 지급하는 보수
		변동간격강화	불규칙적인 시간 간격으로 강화요인을 사용하는 것
	비율 강화	고정비율강화	일정한 비율의 성과에 따라 강화요인을 제공하는 것 예 생산량에 비례하여 임금을 지급하는 성과급제
		변동비율강화	불규칙적인 비율의 성과에 따라 강화요인을 제공 예 금액이 일정치 않은 특별보너스 지급

확인문제

팀의 주요사업에 기여도가 약한 사람에게는 팀에 주어지는 성과포인트를 배정하지 않음으로써, 성실한 참여를 유도하는 방식은 다음 중 어디에 해당하는가? 2010, 서울 9급
① 긍정적 강화 ② 소거
③ 처벌 ④ 부정적 강화
⑤ 타산적 몰입

▶ ② [○] 제시문은 강화의 유형 중 소거(중단)에 대한 내용이다.

확인문제

다음 중 강화일정(schedules of reinforcement)에 대한 설명으로 가장 옳지 않은 것은? 2013, 국회 8급
① 연속적 강화는 행동이 일어날 때마다 강화 요인을 제공하는 것이다.
② 고정간격 강화는 부하의 행동이 발생하는 빈도에 따라 일정한 간격으로 강화 요인을 제공하는 것이다.
③ 변동간격 강화는 일정한 간격을 두지 않고 변동적인 간격으로 강화 요인을 제공하는 것이다.
④ 고정비율 강화는 성과급제와 같이 행동의 일정 비율에 의해 강화요인을 제공하는 것이다.
⑤ 변동비율 강화는 불규칙한 횟수의 행동이 나타났을 때 강화 요인을 제공하는 것이다.

▶ ② [×] 고정간격 강화는 규칙적 시간 간격으로 강화 요인을 제공하는 방법이다. 고정간격 강화는 부하의 행동이 발생하는 빈도에 따라 일정한 간격으로 강화요인을 제공하는 것이 아니라 미리 결정되어진 일정한 간격으로 강화요인을 제공하는 것이다. 발생하는 빈도에 따라 제공하는 것은 고정비율 강화이다.

제4절 공공봉사동기(PSM : Public Service Motivation)

1 공공봉사동기의 의의

① 공공봉사동기(PSM : public service motivation)는 국민과 사회, 그리고 국가를 위해 봉사하려는 이타적 동기를 가지고 공익 증진 및 공공의 목표달성을 위해 헌신적으로 기여하고자 하는 공무원들의 고유한 동기로 정의할 수 있음(Perry & Wise, 1990). 일반적으로 직업을 선택하는 데 있어 공직에 진출하는 사람들은 공공가치에 기여하고자 하는 공공봉사동기를 가짐

② 공공봉사동기 이론에서는 공공부문의 종사자들을 봉사 의식이 투철하고 공공문제에 더 큰 관심을 가지며 공공의 문제에 영향을 미칠 수 있다는 것에 큰 가치를 부여하고 있는 개인으로 가정함. 즉, 공공부문의 종사자들은 민간부문의 종사자들과 다른 직업 동기를 가진다고 가정함. 개인이 공공조직에 참여하기 이전부터 성장 과정에서 공직에 적합한 동기 요인, 즉 기본적인 성향을 갖게 된다고 보고 있으며, 이는 공공봉사 동기가 높은 사람을 공직에 충원해야 한다는 주장의 근거가 될 수 있음

③ 공공봉사동기 개념은 성과급과 같은 외재적 보상과 구조적·관리적 기법을 통해 조직성과를 향상시키려는 신공공관리적 정부개혁에 대한 비판과 반성으로부터 출발했음. 민간부문 종사자들과 달리 공공부문 종사자들만이 갖고 있는 특유의 동기적 특성으로 인해 일반적인 민간부문의 보상 기제가 다르게 작동할 수 있음. 따라서 공무원을 포함한 공공부문 종사자들의 업무 만족과 성과를 극대화하기 위해서는 공직동기를 함께 충족시켜줄 수 있는 보상 방식을 설계할 필요가 있음. 1980년대 이후 급격히 확산된 신공공관리론에서 중요하게 제기되었던 외재적 보상(예 성과급 등)에 의한 동기부여보다는 공공부문 종사자가 갖고 있는 내적 동기 요인의 제고를 강조할 필요가 있음

2 공공봉사동기의 세 가지 구성 차원

(1) **합리성 차원**(rational dimension)
① 개인이 정책과정에의 참여를 통해 자신의 효용을 극대화하려 한다는 개인의 효용극대화에 기반을 두고 있음
② 공직봉사동기는 공무원이 특정 정책을 수립하고 적극 추진하거나 동일시하는 데에서도 타인에 대한 봉사와 같은 이타적인 동기보다는 자신의 자아실현적 욕구를 충족시키는 차원에서 그 정책과 자신을 동일시하여 나타난다는 것임

(2) **규범성 차원**(normative dimension)
① 의무적으로 지켜야 한다는 도덕감이나 의무감이 주를 이루는 동기
② 소수가 아닌 전체의 이익에 대한 봉사를 해야 한다는 의무감, 정부는 국민 전체의 이익에 대한 봉사를 해야 한다는 의무감, 사회에서 약자에게 좀 더 우호적으로 정책이 실행되어 형평성이나 정의를 실현해야 한다는 의무감 등과 연관됨

확인문제

공공봉사동기이론(public service motivation)에 대한 설명으로 옳지 않은 것은? 2021, 국가 9급
① 공사부문 간 업무성격이 다르듯이, 공공부문의 조직원들은 동기구조 자체도 다르다는 입장에 있다.
② 정책에 대한 호감, 공공에 대한 봉사, 동정심(compassion) 등의 개념으로 구성되어 있다.
③ 공공봉사동기가 높은 사람을 공직에 충원해야 한다는 주장의 근거가 될 수 있다.
④ 페리와 와이스(Perry & Wise)는 제도적 차원, 금전적 차원, 감성적 차원을 제시하였다.

▶ ④ [×] 페리와 와이스(Perry & Wise)는 공공봉사동기를 합리적 차원(개인의 합리적 이익 추구), 규범적 차원(공익에 대한 봉사), 정서적 차원(애국심, 동정심 등)으로 제시하였다.

(3) **감성적 차원**(emotional dimension)
　① 이성에 의한 계산이나 의무감보다는 감정적으로 생기는 봉사를 해야겠다는 느낌이 동인이 되는 동기
　② 사회적으로 중요한 정책을 보고 느끼는 감정이나 애국가를 부를 때나 국기를 볼 때 생기는 애국심 등

공직봉사동기의 구성 차원

차원	구성요소
합리성 차원	• 정책형성 과정에 참여 • 공공정책에 대한 일체감 • 특정한 이해관계에 지지하는 정도
규범성 차원	• 공익적 봉사에 대한 욕구 • 의무감과 정부 전체에 대한 충성도 • 사회적 형평성의 추구
감성적 차원	• 사회적으로 중요한 정책에 대한 몰입 • 선의의 애국심

CHAPTER 05 리더십 이론

제1절 리더십의 의의

1 리더십의 개념

리더십이란 조직 목표의 달성을 위해 구성원이 자발적으로 적극적 행동을 하도록 동기를 부여하고 영향력을 미치는 능력을 의미함

2 권력의 원천(기초)에 따른 구분(French & Raven)

합법적 권력 (Legitimate Power)	• 계층상의 위계에 비추어 권력 행사자가 정당한 권력을 행사할 수 있는 권리를 가지고 있다고 인정되는 경우에 성립하는 권력
보상적 권력 (Reward Power)	• 복종의 대가로 타인이 원하는 것을 줄 수 있을 때 성립하는 권력 • 지도자는 부하에게 보상을 줄 수 있는 능력을 가지고 있다는 점 때문에 조직 내에서 보상적 권력을 갖게 됨 예 임금인상, 승진, 선호하는 직책에의 배치, 칭찬 등
강압적 권력 (Coercive Power)	• 상대방을 처벌할 수 있을 때 성립하는 권력 예 강등, 임금동결 혹은 삭감, 징계, 위협 등
전문적 권력 (Expert Power)	• 전문기술이나 지식·정보에 기반한 권력
준거적 권력 (Referent Power)	• 복종자가 지배자와 일체감·유사성을 가지고 자기의 행동모형을 권력행사자로부터 찾으려고 하는 역할 모형화에 의한 권력으로 어떤 사람이 자신보다 월등하다고 느끼는 무언가의 매력이나 카리스마에 의한 권력

확인문제

프렌치와 레이븐(French & Raven)이 주장하는 권력의 원천에 대한 설명으로 옳지 않은 것은?
2020, 국가 9급
① 합법적 권력은 권한과 유사하며 상사가 보유한 직위에 기반한다.
② 강압적 권력은 카리스마 개념과 유사하며 인간의 공포에 기반한다.
③ 전문적 권력은 조직 내 공식적 직위와 항상 일치하는 것은 아니다.
④ 준거적 권력은 자신보다 뛰어나다고 생각하는 사람을 닮고자 할 때 발생한다.

▶ ② [×] 강압적 권력은 인간의 공포에 기반하지만, 처벌과 위협을 가함으로써 상대방의 복종을 이끌어내는 권력으로 카리스마적 권력과는 다르다. 카리스마적 권력은 자신보다 뛰어나다고 생각하는 지도자에게 매력을 느낌으로써 자발적으로 복종하려는 권력으로 준거적 권력과 유사하다.

제2절 리더십 이론의 발전 과정

1 특성론적 접근법(자질론)

(1) **특성론적 접근법의 의의**: 성공적인 리더는 그들만의 공통적인 특성이나 자질을 갖고 있다는 전제 하에 지도자가 되게 하는 개인의 속성과 자질(신체적 특성, 사회적 배경, 지적 능력, 성격, 사회적 특성 등)을 연구하는 이론

(2) **특성론적 접근법에 대한 비판**: 지도자의 자질은 집단의 특성, 조직 목표, 상황에 따라 완전히 달라질 수 있고, 지도자라고 해도 동일한 자질을 갖는 것은 아니며, 지도자가 반드시 갖춰야 할 보편적인 자질은 없다는 비판을 받음

2 행태론적 접근법(1950~1960년대)

(1) **행태론적 접근법의 의의**
  ① 눈에 보이지 않는 능력 등 리더가 갖춘 속성보다 리더가 실제 어떤 행동을 하는가에 초점을 맞춘 리더십 이론
  ② 모든 상황에 효과적인 리더의 행동 유형이 존재한다는 것을 전제로, 리더의 행태와 추종자들이 보이는 감정적·행태적 반응 사이의 관계를 경험적으로 밝히려 노력함
  ③ 리더의 자질이 아닌 리더의 행태적 특성이 조직성과에 직접적 영향을 미친다고 가정
  ④ 행태론적 접근법은 어떤 사람이든 리더가 될 수 있으며, 리더십을 훈련시킬 수 있다고 가정함

(2) **행태론적 접근법의 주요 내용**
  ① 아이오와(Iowa) 대학의 리피트와 화이트(R. Lippitt & R. K. White)의 연구: 리더십 유형을 권위형, 민주형, 자유방임형의 세 가지로 구분하고, 실험을 통해 민주형 리더십이 생산성 측면에서 가장 높은 성과를 내며, 자유방임형이 가장 비생산적이라는 결과를 제시함
  ② 미시간(Michigan) 대학의 리더십 연구: 리더십을 직원 지향적 유형과 생산 지향적 유형으로 구분하고, 직원 지향적 리더십이 생산 지향적 리더십보다 직원들의 만족감과 생산성을 높인다는 결론을 제시함(Likert, 1961)
  ③ 오하이오(Ohio) 주립대학교의 연구: 지도자와 구성원 간의 관계와 관련해 구조 주도(initiating structure)와 배려 정도(consideration)라는 두 가지 기준을 조합해 네 가지 리더십 유형을 제시하였으며, 가장 효과적인 리더는 높은 구조 주도와 높은 배려 행동을 동시에 보이는 리더라고 보았음
  ④ 블레이크와 머튼(Blake & Mouton)의 관리그리드(managerial grid training): 리더가 갖는 인간에 대한 관심과 생산에 대한 관심 두 가지 기준을 각각 X축, Y축으로 하고 그 정도를 1에서부터 9까지로 한 관리망 모형을 개발. 무기력형(무관심형), 컨트리클럽형(인기형), 과업형, 중도형(타협형), 팀형(이상형)의 다섯 가지 리더십 유형을 제시하고, 생산과 인간에 대한 관심이 모두 높은 팀형(이상형)이 가장 이상적인 리더십이라고 보고 이를 리더십 개발의 목표로 제시함

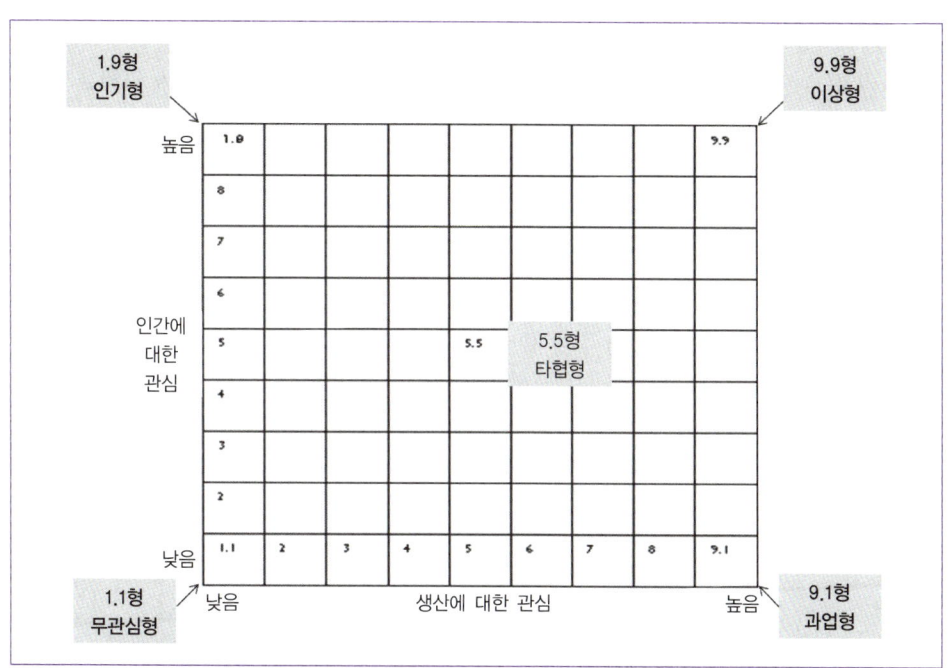

📁 관리그리드 모형

(3) **행태론적 접근법에 대한 평가**: 효과적인 리더의 행동은 상황에 따라 다르다는 사실을 간과하고 있음. 즉, 상황변수를 고려하지 않고 있다는 점에서 비판받음

3 상황론적 접근법(1970년대 이후)

(1) **상황론적 접근법의 의의**: 상황유형별로 효율적인 지도자의 행태를 찾아내기 위한 연구를 강조. 상황론에서의 리더십은 지도자와 구성원, 상황에 대한 요인들 간의 관계로 결정됨

(2) **피들러(Fiedler)의 상황적응적 모형**

① 리더십의 유형: 피들러는 리더의 스타일을 LPC(Least Preferred Co-worker Scale) 척도를 사용하여 과업지향 리더, 관계지향 리더로 분류. 높은 LPC 점수를 받은 사람은 관계지향적 리더이고, 낮은 LPC 점수를 받은 사람은 과업지향적 리더로 평가됨

② 상황변수: ㉠ 리더와 구성원의 관계(리더와 부하 사이의 신뢰성·친밀감·존경 등), ㉡ 과업 특성(과업의 일상성 또는 복잡성), ㉢ 리더의 지위 권력(리더가 집단 구성원들의 행동에 영향을 줄 수 있는 능력으로서 공식적·합법적·강압적 권력 등)

③ 결론: 상황이 유리하거나 불리할 때는 과업지향적 리더십이, 상황이 중간 정도일 때에는 관계지향적 리더십이 집단 성과를 확보하는 데 더 효과적임

확인문제

리더십 상황이론에 해당하지 않는 것은? 2019. 서울 7급
① 블레이크(Blake)와 머튼(Mouton)의 관리그리드 이론
② 피들러(Fiedler)의 상황적응 모형
③ 허쉬(Hersey)와 블랜차드(Blanchard)의 삼차원적 모형
④ 하우스(House)와 에반스(Evans)의 경로-목표이론

▶ ① [×] 블레이크(Blake)와 머튼(Mouton)의 관리그리드 이론은 행태론적 리더십 연구에 해당한다.

(3) **하우스와 에반스(House & Evans)의 경로-목표모형(Path-goal Model)**
  ① 의의: 하우스는 조직구성원들이 목표 달성에 필요한 정보, 지지, 기타의 자원을 제공하는 것이 리더의 역할이라는 점을 핵심으로 보고, 리더십의 근원은 구성원이 작업 목표를 달성하기 위한 목표 달성 경로를 명확히 해주고, 목표 달성 경로에 있는 장애요소를 줄여주어 결국에 목표를 달성할 수 있을 것이라는 구성원의 믿음이라는 점을 지적함
  ② 주요 내용
    ㉠ 상황변수: 부하의 특성(부하의 성격·동기)과 근무환경의 특성(과업의 구조화 정도, 작업집단의 특성, 조직 내의 규칙 및 절차)
    ㉡ 리더십 유형: 지시적 리더십, 지원적 리더십, 참여적 리더십, 성취지향적 리더십으로 분류

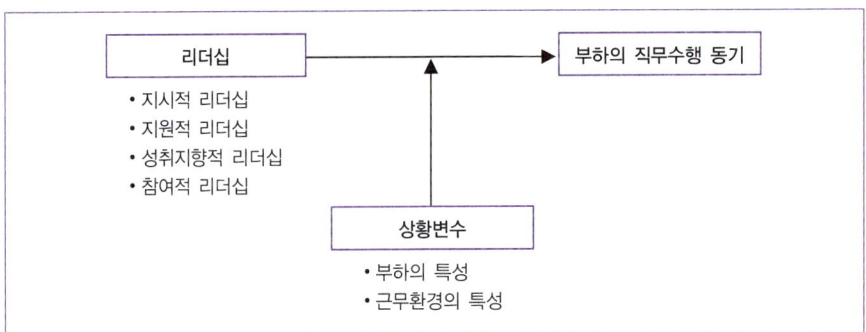

    ㉢ 상황에 따른 효과적 리더십 유형

리더십 유형	특징	효과적 상황
지시적 (도구적) 리더십	부하들에게 구체적인 행동 기준과 지침 및 방법을 제시·지도하고 무엇을 기대하는지를 상세하게 말하고 통제하는 유형	• 과업의 구조화 정도가 낮고 규정과 절차의 확립 정도가 낮은 상황 • 부하들의 경험 및 지식이 부족하고, 과업이 불명확하게 할당되어 역할 모호성이 높은 경우
지원적 리더십	리더가 부하들의 욕구를 배려하고 그들의 복지에 관심을 가지고 지원하며, 구성원들 간에 상호 만족스러운 인간관계 발전을 강조하는 유형	• 부하들이 과업과 관련해서 자신감이 부족하거나 권태 및 불안감을 갖는 경우
참여적 리더십	리더가 의사결정에 부하들을 참여시키고 그들이 자유롭게 의견을 제시하도록 하며, 이를 수용하여 최종적인 결정을 하는 유형	• 모호성이 높고 도전적인 과업을 수행하는 부하들인 경우 • 통제의 위치가 내부적인 부하들(자기의 운명을 스스로 통제할 수 있다고 믿는 부하들)인 경우
성취지향적 리더십	리더가 부하들에게 도전적인 목표를 설정하고 성과 개선을 강조하며, 이러한 목표를 달성할 것이라는 데 자신감을 갖게 해주는 유형	• 부하들이 도전적이고 성취지향적임에도 불구하고 그들에게 부여된 과업이 단순하고 반복적인 경우

(4) **허쉬와 블랜차드(Hersey & Blanchard)의 3차원 모형(생애주기 모형)**
   ① 허시와 블랜차드는 부하들의 성숙도를 상황의 효과성을 결정하는 가장 중요한 환경적 요인으로 보고 부하들의 성숙도에 따라 리더십도 적응해야 한다고 봄
   ② 리더십의 라이프 사이클(life-cycle) 가설을 가정 : 부하의 성숙도(부하의 상대적 독립성)는 시간의 경과와 더불어 점차 증가한다고 보았음. 부하의 성숙도가 높아짐에 따라 리더십의 유형이 과업지향적인 지시적 리더십 → 높은 관계성과 높은 과업성을 갖는 설득적 리더십 → 높은 관계성과 낮은 과업지향성을 갖는 참여적 리더십 → 낮은 관계성과 낮은 과업지향성을 갖는 위임적 리더십으로 나아가야 조직의 효과성이 제고될 수 있다고 보았음

(5) **커와 저미어(S. Kerr & J. Jermier)의 리더십 대체물 접근법(substitutes theory)**
   ① 여러 가지 상황적 요인들이 리더십을 대체하거나 리더십의 필요성을 약화시키는 현상을 설명함
   ② 리더십의 중요성을 감소시키는 상황적 요소인 대체물과 중화물 제시
      ㉠ 대체물(대체요인, substitution) : 리더의 행동을 필요 없게 하는 부하의 특성, 과업 및 조직의 특성과 같은 상황요인. 즉, 어떤 상황요인이 존재하는 경우 부하는 리더의 지시 없이도 자신의 직무를 성공적으로 수행할 수 있다는 것임
         예 부하의 전문적 교육, 훈련, 사회화 등
      ㉡ 중화물(중화요인 또는 무력화 요인, neutralizers) : 리더십 스타일을 중화시키고 리더가 취한 행동의 효과를 약화시키는 상황요인. 리더의 영향력 행사를 방해하거나 효과를 감소시킴 예 리더와 부하 간의 공간적 거리, 경직된 보수제도, 명령계통의 우회 등

📖 **리더십 대체요인과 중화요인**

상황요인	특성	리더십에 관한 영향	
		지시적(수단적) 리더십	지원적 리더십
부하의 특성	부하의 경험, 능력, 훈련	대체물	-
	부하의 전문가적 성향	대체물	대체물
	보상에 대한 무관심		중화물
과업의 특성	구조화 및 일상적 과업	대체물	-
	직무자체에서 오는 만족	-	대체물
	과업의 결과에 대한 환류	대체물	-
조직의 특성	작업 집단 응집성	대체물	대체물
	조직의 공식화	대체물	-
	리더의 약한 직위 권력	중화물	중화물
	리더-부하 간의 공간적 거리	중화물	중화물

> **확인문제**
>
> 리더십에 대한 다음 설명 중 가장 옳지 않은 것은? 2017. 서울 9급
> ① 자질론은 지도자의 자질 특성에 따라 리더십이 발휘된다는 가정 하에, 지도자가 되게 하는 개인의 속성자질을 연구하는 이론이다.
> ② 행태이론은 눈에 보이지 않는 능력 등 리더가 갖춘 속성보다 리더가 실제 어떤 행동을 하는가에 초점을 맞춘 이론이다.
> ③ 상황론의 대표적인 예로 피들러(F. Fiedler)의 상황조건론, 하우스(R. J. House)의 경로-목표 모형 등이 있다.
> ④ 변혁적 리더십은 거래적 리더십을 기반으로 하므로 거래적 리더십과 중첩되는 측면이 있다.
>
> ▶ ④ [×] 변혁적 리더십은 거래적 리더십과는 구분된다.

> **확인문제**
>
> 리더십 이론에 대한 설명 중 가장 옳지 않은 것은? 2020. 서울 9급
> ① 피들러(Fiedler)는 상황 요소로 리더의 자질, 과업 구조, 부하의 특성을 들었다.
> ② 블레이크(Blake)와 머튼(Mouton)의 리더십 격자모형은 리더의 행태를 사람과 과업(생산)의 두 차원으로 나눈다.
> ③ 허쉬(Hersey)와 블랜차드(Blanchard)는 리더십의 효과에 영향을 미치는 상황 요소로 부하의 성숙도를 들었다.
> ④ 아이오와(Iowa) 주립대학의 리더십 연구에서는 리더의 행태를 민주형, 권위형, 방임형으로 분류하였다.
>
> ▶ ① [×] Fiedler는 리더십의 효율성은 상황요인에 따라 달라진다는 상황론적 리더십을 제시한 학자이지만 상황요인으로 리더와 부하의 관계, 과업구조, 직위권력 세 가지를 제시하였다. 리더의 자질이나 부하의 특성은 포함되지 않는다. 그는 결론적으로 상황이 유리(상하관계가 우호적이고, 과업구조가 명확하며, 충분한 직위권력을 보유할 때)하거나 반대로 불리할 때는 과업지향형이 유리하고 중간정도일 때는 인간중심형이 효과적이라고 하였다.

4 현대적 리더십 연구(신속성론)

(1) 변혁적 리더십

① **의의**: 변혁적 리더십은 장기적 비전의 제시와 비전의 달성을 위한 구성원들의 고차원 욕구의 유발, 상·하 간 신뢰분위기 조성, 조직을 위한 개인적 이해의 초월 등을 통해 기대 이상의 성과를 이끌어내기 위한 리더십으로 구성원들을 열정과 비전으로 고무시킬 수 있는 최고 관리층의 리더십을 의미

② **변혁적 리더십의 구성요소**

카리스마적 리더십	지도자의 특출한 성격과 뛰어난 개인적 능력에 의해 구성원들에게 중대한 영향을 미치고, 그 영향으로 구성원이 조직목표에 특별히 강한 헌신을 갖게 되고 지도자와 일체감을 갖게 됨
영감적 리더십	부하로 하여금 도전적 목표와 임무, 미래에 대한 비전을 열정적으로 받아들이고 계속 추구하도록 격려하는 리더십
지적 자극	리더가 부하로 하여금 형식적 관례와 사고를 다시 생각하게 함으로써 새로운 관념을 촉발시키는 것을 의미
개별적 배려	리더가 부하 개개인의 성취 및 성장 욕구에 관심을 가지고 배려하며, 부하들이 잠재력을 실현하고 성취하도록 하는 리더십

③ **변혁적 리더십의 특징**: 거래적 리더십과의 비교(Burns, 1978)

구분	거래적 리더십	변혁적 리더십
초점	• 일반 관리층	• 최고 관리층
관리전략	• 관리자와 부하 간의 합리적 교환관계와 통제에 초점 • 하급 욕구의 충족	• 비전 공유를 통한 내적 동기유발 • 고급욕구의 충족 • 영감과 비전 제시, 공유에 의한 동기 유발
이념	• 능률지향	• 적응지향
변화관	• 안전지향(폐쇄적)	• 변화지향(개방적), 환경적응 지향
조직구조	• 고전적 관료제 • 기계적 관료제 • 합리적 구조	• 단순구조나 임시조직 등 탈관료제, 유기적 구조에 적합

(2) 거래적 리더십의 특징

① 번스(J. M. Burns)는 거래적 리더십을 리더가 자신의 노동력과 지식, 아이디어 등을 자신의 구성원에게 제공해주고 구성원이 원하는 욕구를 충족시켜 주는 교환관계에서 발생하는 것으로 정의

② **조건적 보상과 예외에 의한 관리**: 조건적 보상이란 부하 직원이 주어진 업무를 성실히 수행하고 그에 따라서 결과물이 좋을 때, 이에 대해 경제적인 보상을 제공하는 것이며, 보상을 매개로 하여 리더와 부하 간의 경제적 교환관계가 발생함. 예외에 의한 관리란 조직이 원하는 기대치를 구성원이 달성하지 못하거나 능력에 비해 성과나 업적이 현저히 떨어질 때 부정적인 피드백과 처벌이 리더에 의해 이루어지는 것을 의미

확인문제

변혁적(transformational) 리더십에 대한 설명으로 옳은 것은?
2021, 지방 9급
① 적응보다 조직의 안정을 강조한다.
② 기계적 조직체계에 적합하며, 개인적 배려는 하지 않는다.
③ 부하에게 새로운 비전을 제시하며, 지적 자극을 통한 동기부여를 강조한다.
④ 리더와 부하의 관계를 경제적 교환관계로 인식하고, 보상에 관심을 둔다.

▶ ③ [○]
② [×] 변혁적 리더십은 유기적 조직체계에 적합하고, 개별적 배려를 특징으로 한다.
①, ④ [×] 거래적 리더십의 특징에 해당한다.

확인문제

변혁적 리더십에 대한 설명으로 옳지 않은 것은? 2023, 지방 9급
① 도전적 목표와 임무, 미래에 대한 비전을 추구하도록 격려한다.
② 구성원 개개인에게 관심을 가지고 배려한다.
③ 상황적 보상과 예외관리를 특징으로 한다.
④ 새로운 관점에서 문제를 재구성하고 해결책을 찾도록 자극한다.

▶ ③ [×] 조건적 보상(높은 성과에 대한 보상. 예: 상여금)과 예외 관리(합의된 성과수준에 도달하지 못할 경우에 리더가 개입)를 구성요소로 하는 것은 거래적 리더십의 특징이다.

(3) 서번트 리더십

① **의의**: 리더의 중요한 역할을 부하가 원하는 바를 해결해주며, 부하를 지배하기보다는 섬기는 리더십. 리더는 부하들에 대한 배려, 봉사와 희생을 통해 부하로부터 신뢰를 얻음으로써 부하들을 목표지향적 행위로 유도할 수 있다고 봄

② **그린리프(Greenleaf, 1970)**: 서번트 리더십은 타인을 위한 봉사에 초점을 두고 구성원, 고객, 지역사회를 우선으로 여기고 그들의 욕구를 만족시키기 위해 헌신하는 역할을 하는 리더를 의미. 섬기는 리더가 되기 위한 덕목으로 봉사, 약자에 대한 관심, 불평등과 불공정의 해소, 통제력 행사의 최소화, 구성원의 참여 유도 등이 중요함을 강조

③ **서번트 리더십의 특징**
   ㉠ 지도자와 구성원과의 신뢰를 바탕으로 구성원의 성장을 지원하기 위한 후원자로서 지도자의 역할을 강조하며, 지도자와 구성원 간의 신뢰를 바탕으로 조직성과 달성 및 긍정적 조직변화를 도모하고자 함
   ㉡ 구성원의 역량에 대한 믿음을 바탕으로 구성원이 성장하기까지 인내하고 자신의 희생을 아끼지 않으며, 구성원과의 민주적 관계 속에서 개인적 욕구보다는 구성원의 욕구 충족을 위한 봉사적 활동에 많은 노력을 할애하는 리더십

(4) 윤리적 리더십

① 지도자가 보이는 윤리적 모범이 구성원과의 상호관계를 통해 체화됨으로써 구성원들의 도덕성을 제고하고 윤리적 행동을 강화하는 리더십

② 사회적 학습이론의 측면에서 조직구성원에게 가장 큰 영향을 가지는 지도자의 윤리적 행동은 구성원들의 주된 모방 대상이 되며, 구성원들이 조직 내에서 보이는 윤리적 행동에 대한 강화 요인으로 작용한다는 가정을 전제로 함

③ 구성원의 윤리적 행동을 적절히 규제하거나 보상함으로써 다른 구성원들의 윤리적 행동을 강화하는 윤리적 관리자의 측면을 포함

(5) 지식정보 사회의 리더십(상호연계적 리더십)

① 탭스코트(Tapscott)는 지식정보화 사회는 '네트워크화된 지능시대'이기 때문에 조직원 누구나 효과적인 기술을 사용하여 리더로서의 기능을 수행(셀프 리더십)해야 하며, 리더나 리더십 또한 상호연계성을 지녀야 한다고 강조함

② 정보화 사회의 조직은 상호연계적 리더십의 발휘를 통해 다양한 개인들의 역량이 효과적으로 결합되어야 하며, 상호연계적 리더십을 형성하고 발휘하는 데는 최고관리자의 지원과 관심이 필수적임

확인문제

서번트(servant) 리더십에 대한 설명으로 옳은 것만을 모두 고르면?
2022. 지방 9급

ㄱ. 구성원들이 공동의 목표를 이뤄 나갈 수 있도록 환경을 조성하고 도와준다.
ㄴ. 보상과 처벌을 핵심 관리수단으로 한다.
ㄷ. 그린리프(Greenleaf)는 존중, 봉사, 정의, 정직, 공동체 윤리를 강조했다.
ㄹ. 리더의 최우선적인 역할은 업무를 명확하게 지시하는 것이다.

① ㄱ, ㄷ ② ㄱ, ㄹ
③ ㄴ, ㄷ ④ ㄴ, ㄹ

▶ ① ㄱ, ㄷ [O] 서번트 리더십은 인간존중을 바탕으로 구성원들이 업무 수행에서 잠재력과 기량을 충분히 발휘할 수 있도록 도와주는 리더십으로, 구성원들이 목표를 이뤄나갈 수 있도록 환경을 조성해 주고 도와주는 섬기는 리더십이다. 그린리프(Greenleaf)에 따르면, 서번트 리더십을 구성하는 하위개념에는 경청, 공감, 치유(healing), 설득, 자각, 통찰, 비전, 청지기 정신(stewardship), 구성원 성장, 공동체 형성 등이 있다.
ㄴ [×] 거래적 리더십에 대한 설명이다. 서번트 리더십은 신뢰와 봉사를 핵심 관리수단으로 한다.
ㄹ [×] 서번트 리더십에서 리더의 최우선적 역할은 구성원의 성장을 지원하기 위한 후원자의 역할을 강조하며, 지도자와 구성원 간의 신뢰를 바탕으로 조직성과 달성 및 긍정적 조직 변화를 도모하고자 한다.

CHAPTER 06 조직관리론

제1절 갈등관리

1 갈등의 개념
행동주체들 간의 대립적 내지 적대적 상호작용 또는 한 개인이나 집단이 다른 개인이나 집단의 목표달성 노력을 의도적으로 간섭하는 것으로 정의

2 갈등관의 변천: 전통적 견해(역기능) → 행태론적 견해(수용적 입장) → 상호작용론(조장론)

전통적 관점(인간관계론) ~1940년대 중반	행정행태론 1940년대 후반~1970년대 중반	현대적 관점 1970년대 이후
• 갈등 역기능론: 갈등 제거에 초점	• 갈등 수용론: 조직 내 갈등은 필연적이므로 갈등을 인정하고 받아들여야 한다는 입장	• 갈등 조장론(갈등의 순기능 전제) • 조직목표 달성에 부정적 갈등은 제거, 조직목표 달성에 긍정적 갈등은 인위적 조장을 주장

(1) **전통적인 견해(갈등 역기능론)**: 갈등은 일종의 악이기 때문에 제거되어야 하고, 명확한 직무규정 등을 통해 제거할 수 있다고 보았음

(2) **행태주의적 관점(갈등 수용론)**: 조직 내 갈등은 필연적이고, 완전한 제거가 불가능하기 때문에 갈등을 인정하고 받아들여야 한다는 입장

(3) **현대적 갈등론(갈등 조장론)**: 갈등이 조직 내에서 하나의 동력으로 작용하거나 부정적인 작용을 할 수도 있다고 봄. 따라서 조직의 목표 달성에 부정적인 영향을 미치는 갈등은 제거되어야 하지만, 조직목표 달성에 긍정적인 갈등은 어느 정도 조장해야 한다는 입장

확인문제

조직 내부에서 발생하는 갈등에 대한 설명으로 옳지 않은 것은?
2013, 국가 9급
① 갈등은 양립할 수 없는 둘 이상의 목표를 추구하는 상황에서도 발생한다.
② 고전적 조직이론에서는 갈등을 중요하게 고려하지 않는다.
③ 행태론적 입장에서는 모든 갈등이 조직성과에 부정적 영향을 미치므로 제거되어야 한다고 본다.
④ 현대적 접근방식은 갈등을 정상적인 현상으로 보고 경우에 따라서는 조직 발전의 원동력으로 본다.

▶ ③ [×] 행태론적 입장이 아니라 인간관계론의 입장에 대한 설명이다. 행태론적 입장에서는 갈등을 조직 내에 불가피하게 존재하는 자연스러운 현상으로 인식하고 갈등의 역기능뿐만 아니라 갈등의 순기능도 인식하였다.

3 갈등의 기능

순기능(생산적 갈등)	역기능(소모적 갈등)
① 창의적인 아이디어 유입을 통한 정책내용의 합리성 제고 ② 갈등해결 과정에서 조직의 문제해결 능력, 창의력, 단결력 등 향상 ③ 적절한 상호 견제와 균형 유지 ④ 선의의 경쟁을 통한 발전과 쇄신 촉진	① 조직목표 달성 저해 ② 구성원 간 반목과 적대감 유발, 구성원들 사기 저하 ③ 쇄신과 발전 저해 ④ 조직의 긴장과 불안 조성

4 갈등의 원인과 예방 전략

(1) **갈등의 원인**

① 개인 차원의 갈등요인: 개인행동의 기초를 이루는 지각, 욕구, 가치관, 성격, 태도, 전문능력, 직책 등의 차이가 갈등의 요인으로 작용 예 개혁성향이 강한 사람 vs 안정을 선호하는 사람

② 조직구조 측면
   ㉠ 분업구조(업무의 수평적 분화): 조직은 기능이나 업무 특성에 따라 수평적인 분화, 즉 분업구조를 갖는데 분업화된 하위 부서는 목표, 업무 특성, 업무수행 방식, 대상고객, 문제를 보는 시각 등에 차이가 발생함
   ㉡ 자원의 희소성: 한정된 자원을 놓고 조직 간에 제로섬 게임을 벌이는 경우나, 한정된 자원을 여러 행위 주체들이 공동 이용하는 경우에 잠재적 혹은 현재적 갈등이 발생
   ㉢ 업무의 상호의존성: 업무의 상호의존성이 높으면 조직 또는 부서 상호 간에 서로 정보를 교류하고 업무 조정이 중요하기 때문에 어느 한 조직(부서)의 시간 지연이나 업무 착오가 생기면 다른 부서조직(부서)의 업무에 지장을 초래하기 때문에 불만이 생기고 책임 공방으로 이어지는 갈등으로 이어지기 쉬움

③ 조직관리 측면
   ㉠ 의사소통상의 정보 비대칭성과 정보 왜곡문제
   ㉡ 기관별 폐쇄적 인사운영이나 부처 간의 인사교류 부족 등에 기인함

(2) **갈등 예방 전략**: 사전적 조치

① **인사교류 활성화**: 부처 내에서의 행정직과 기술직의 교류, 부처 간의 인사교류를 통해 부처 이기주의 및 갈등 해소에 기여

② **교육훈련**: 관리자 교육과 같은 직급교육을 통해 서로 다른 부서에서 다른 업무를 수행하는 공무원들이 서로 이해할 수 있는 기회를 제공 예 역할연기, 감수성 훈련 등 교육훈련방식 활용

③ **부처 간 상호의존성 완화 전략**: 부서 간 접촉의 필요성을 줄여줌

④ **자원의 확충 및 자원배분 기준의 공정성·명확성 제고**

확인문제

토머스(K. Thomas)가 제시하고 있는 대인적 갈등관리 방안에 대한 설명으로 옳지 않은 것은?
2012, 지방 9급
① 자신의 이익과 상대방의 이익을 만족시키려는 정도라는 두 가지 차원으로 구분하여 설명한다.
② 경쟁이란 상대방의 이익을 희생하여 자신의 이익을 추구하는 방안이다.
③ 순응이란 자신의 이익은 희생하면서 상대방의 이익을 만족시키려는 방안이다.
④ 타협이란 자신과 상대방의 이익 모두를 만족시키려는 방안이다.

▶ ④ [×] 타협이란 자신과 상대방의 이익의 중간정도를 만족시키려는 행태를 의미한다. 자신과 상대방의 이익 모두를 만족시키려는 전략은 협동이다.

확인문제

조직의 갈등관리에 대한 설명으로 옳지 않은 것은? 2016, 지방교행 9급
① 통합형 협상은 자원이 제한되어 있어 제로섬 방식을 기본 전제로 하는 협상이다.
② 수평적 갈등은 목표의 분업 구조, 과업의 상호 의존성, 제한된 자원으로 인해 발생한다.
③ 집단 간 목표의 차이로 인해 발생한 갈등은 상위 목표를 제시하거나 계층제 또는 권위를 이용하여 해결한다.
④ 조직의 불확실성을 높이거나 위기감을 불러일으키는 것과 같이 조직의 갈등을 인위적으로 조성하는 전략은 조직의 생존·발전에 필요한 전략 중 하나이다.

▶ ① [×] 자원이 제한되어 있어 제로섬 방식을 기본 전제로 하는 협상은 분배적 협상에 대한 설명이다. 통합적 협상은 자원은 제한되어 있는 것이 아니라 키울 수 있다고 믿고 협력적 노력으로 서로의 이익을 최대 추구하는 전략으로 win-win형 접근을 전제로 하는 방식이다.

5 대인적 갈등 대처 전략

토마스(Thomas)는 ① 자신 이익을 만족시키는 정도, ② 상대 이익을 만족시키려는 정도라는 두 가지 기준을 이용하여 대인적 갈등 대처 전략을 다섯 가지로 분류

구분	내용
회피전략	• 자신의 이익이나 상대방의 이익 모두에 무관심 • 갈등을 연기하거나 문제를 회피함으로써 갈등을 무시하는 방식
경쟁전략	• 상대방의 이익을 희생하여 자신의 이익을 추구하려는 행태 • 상대방을 희생시킴으로써 목표를 달성하려는 방식 • 비상시와 같이 신속하고 결단력 있는 행동이 중요한 경우나 비용절감이나 규칙준수와 같이 인기 없는 조치의 시행이 필요한 경우
순응전략	• 자신의 이익은 희생하면서 상대방의 이익을 만족시키려는 행태
타협전략	• 자신과 상대방 이익의 중간 정도를 만족시키려는 행태 • 상호 희생을 반영
협동전략	• 자신과 상대방의 이익 모두를 만족(상호이익 극대화)시키려는 행태

6 갈등관리

(1) 갈등 해소 전략: 표면화된 갈등에 대한 사후적 조치

① 상위목표의 설정

② 조직과 직무의 재설계
   ㉠ 갈등을 일으키는 조직 단위의 통합, 직무 배분의 변경, 작업 흐름의 개편, 직무순환 등의 방법을 활용해 갈등을 완화시킬 수 있음
   ㉡ 업무의 상호의존성으로 갈등이 발생할 경우 업무의 본질과 작업의 흐름 등을 변경하여 상호의존성을 낮춤으로써 갈등을 완화할 수 있음
   ㉢ 갈등 당사자들을 순환보직을 통해 일정기간 상대방의 업무를 맡게 하여 서로의 다른 입장과 관점, 태도 등을 이해함으로써 갈등을 해소하는 계기가 될 수 있음

③ 당사자들 간 직접 해결 방식: 협상(negotiation)
   ㉠ 분배형 협상(distributive negotiation): 고정된 양의 자원을 나눠 가지려고 하는 협상으로, 일정한 파이를 두고 각자 더 많이 차지하려고 하는 제로섬(zero-sum, win lose) 방식. 내가 이익을 보면 상대방은 손해를 보게 되는 협상
   ㉡ 통합형 협상(integrative negotiation): 당사자들이 모두 승리자가 될 수 있도록 공동 이익 또는 효용을 키우는 방안을 탐색하는 협상. 즉 서로 이익이 되는 해결책을 얻고자 하는 것을 목표로 하는 협상으로 파이의 크기를 늘리는 플러스섬(plus-sum, win-win) 방식

■ 분배형 협상과 통합형 협상 비교

구분	분배형 협상	통합형 협상
개념	경쟁·갈등형 협상	비경쟁·비갈등형 협상
자원	고정, 유한	유동, 무한
게임	손익(lose-win)게임, 영합(zero-sum)게임	이익(win-win)게임, 정합게임
이해	충돌, 상반	조화, 수렴
관계	단기간 지속	장기간 지속

④ 제3자의 개입

  ㉠ 상사 또는 상급기관의 개입에 의한 권위적 조정: 관료조직에서 전통적으로 사용되어온 방식으로 개인 간 갈등인 경우 직속상사가, 실·국 간의 갈등인 경우 장관이나 차관이, 부처 간 갈등인 경우 국무총리나 청와대 대통령실이 개입하여 적절한 중재를 하고 그것이 안 될 경우 최종적으로 권위에 의한 결정으로 문제를 해결하는 방식. 이 방법은 단기적으로는 유효할 수 있으나 당사자들의 태도에 근본적인 변화를 일으킨 것이 아니므로 갈등이 해결되었다기보다는 봉합되고 잠복된 상태라는 점에서 한계가 있음

  ㉡ 외부 전문인의 갈등 중재: 당사자들의 합의로 갈등이나 인간관계 전문가를 중재인으로 선정하고 중재를 의뢰하는 방식. 중재인은 당사자들을 개별적으로 접촉하기보다는 공개적인 토론의 장에 직접 불러 전문 토론 진행 방식에 따라 상호 이해와 타협 내지 합의를 도출하도록 함. 근본적인 태도를 이해하고 변화시키는 효과적인 방법

(2) **갈등 조성 전략**: 갈등에는 순기능적인 측면도 있다는 관점에서 조직의 생존·발전에 불가결하거나 유익한 갈등을 인위적으로 조성하는 전략

  ① 의사전달 통로의 변경: 공식적·비공식적 의사전달 통로의 변경을 통해 정보의 재분배와 그에 입각한 권력의 재분배를 초래함으로써 갈등 야기

  ② 정보전달 억제 또는 정보 과다 조성: 정보전달의 흐름을 조정함으로써 권력의 재분배가 발생하고, 그로 인한 갈등이 조성될 수 있음

  ③ 구조의 분화: 조직 내의 계층 수, 기능적 조직단위의 수를 늘려 서로 견제하게 함

  ④ 인사이동 또는 직위 간 관계 재설정: 조직구성원을 이동시키거나 직위 간의 관계를 재설정함으로써 갈등을 조성

  ⑤ 리더십 스타일 변경: 리더십 유형을 적절히 교체함으로써 갈등을 야기하고 대상 집단을 활성화할 수 있음

  ⑥ 태도가 다른 사람들의 접촉 유도: 개방형 임용제 등 태도가 서로 다른 사람들을 상호작용하게 함으로써 갈등 조성

제2절 조직발전(Organization Development)

1 조직발전의 의의 및 특징

(1) **조직발전의 의의**: 조직의 문제해결과 환경 대응 능력, 효과성, 자기혁신 능력을 제고 및 강화하기 위해 행태과학의 이론과 기법을 이용. 조직 최고관리층의 지원과 변화담당자 및 조직구성원의 노력을 통해 조직구성원의 가치관·신념·태도 등의 행태변화를 유도함으로써 조직 체제 전체의 계획적 변화를 수행하는 지속적·장기적 활동 및 과정

(2) **조직발전의 특징**
① 조직 전체의 계획적·의도적 변화를 위한 개입
② 장기적·지속적 변화과정
③ 개인 및 조직의 행태를 개선하기 위해 행태과학이론과 기법 활용
④ 조직구성원의 가치관 및 태도 등 행태변화에 초점 + 조직문화의 변화를 포함하여 조직 전체의 체제적 변화를 추구
⑤ 외부 변동담당자(컨설턴트)의 개입: 조직발전은 외부 컨설턴트의 도움을 받으며 수행됨. 컨설턴트는 조직구성원이 자신들의 문제를 파악하고 해결하는 방법을 찾는 데 도움을 제공하는 협력자, 지원자 및 촉진자로서의 역할을 수행함
⑥ McGregor의 Y이론적 인간관 전제: 자아실현인관에 입각하여 조직구성원의 자율성과 참여에 중점
⑦ 최고관리층의 지지하에 관리되는 하향적 변화 기법임

2 조직발전의 주요 기법

(1) **감수성 훈련(sensitivity training)**: 소수의 사람들로 훈련집단을 편성하고 훈련이 진행되는 동안 외부의 영향에서 차단(격리)된 장소에서 훈련 참여자들이 비구조적·비정형적인 의제를 토론. 토론 참여자들 간에 상호작용하는 가운데 자기 자신과 타인의 감정·가치관·동기 및 행태를 이해하고 통찰하며 집단과 조직의 문제해결 능력을 높이는 훈련기법

(2) **팀 빌딩(Team-Building)**: McGregor에 의해 개발된 조직발전 기법으로 공통 문제 해결을 위한 집단 능력 향상, 팀워크 개선에 초점을 둠. 조직 내의 팀이나 집단이 그 팀이나 집단의 작업성과에 관련되는 문제 혹은 인간관계나 의사소통 등의 문제를 진단하고 해결방안을 수립해 실행하는 조직발전 기법

(3) **그리드 훈련(grid training)**: Blake & Mouton이 관리자의 행태와 능력발전을 위한 기법으로 개발. 조직의 관리자를 조직의 생산과 인간에 대한 관심을 만족스럽게 실행하는 이상형(9·9형)의 관리자로 개발하고, 조직 전체의 효과성을 향상시키는 데 목적이 있음

확인문제

조직 발전에 대한 설명 중 옳지 않은 것은? 2010, 국회 9급
① 조직의 인간적 측면을 중요시하며 인간의 잠재력을 최대한으로 개발함으로써 조직 전체의 개혁을 도모하려는 체제론적 접근방법이다.
② 실천적인 문제를 해결하려는 응용행태과학의 한 유형이다.
③ 행태과학적 지식과 기술에 조예가 있는 상담자(consultant)를 참여시켜 그로 하여금 개혁추진자의 역할을 맡게 한다.
④ 조직발전은 결과지향적이며 목표를 달성하는 과정보다 결과를 중시한다.
⑤ 실제적인 자료를 중시하는 진단적 과정이며 경험적 자료를 바탕으로 실천계획을 수립한다.

▶ ④ [×] 조직발전은 문제해결을 위해 조직구성원의 참여를 통한 협력적 과정을 중시하며 지속적인 개선을 강조하는 과정지향적인 접근방법이다.

(4) **태도조사 환류기법**(survey feedback method): 구조적인 질문서(선택지가 있는 질문방식)를 이용하거나 심층면접의 방법을 통해 자료를 수집하고, 그것을 조직의 각급 수준의 개인과 집단에 피드백해서 분석하고 해석해 조직의 문제를 해결하거나 개선하기 위한 행동계획의 수립에 이용하는 기법

(5) **과정상담**(process consultation): 조직이 외부 자문인을 위촉해서 그의 도움을 받아 조직 내부의 개인 간 혹은 집단 간에서 발생하는 여러 가지 문제를 진단하고 해결 조치를 취하는 방법(자문인의 역할은 구체적인 해결 방안을 제시하는 것이 아니라 전문적인 지식과 철학에 근거해서 방향만을 제시하는 조언자 및 상담자의 역할)

(6) **액션 리서치**(action research): 조직관리자와 구성원 및 조직 발전 전문가(외부 전문가) 등이 참여·협력해서 조직의 문제를 진단·연구하고 행동을 수행. 행동이 이뤄진 후에는 그 효과를 평가하고 분석해서 새로운 행동을 수행하는 일련의 계속적이고 반복적인 진단과 실행을 진행하면서 조직을 변화·발전시키는 기법

제3절 조직의 의사전달(Communication)

1 의사전달의 의의

의사전달은 정보를 전달하는 과정으로 전달자와 피전달자 간에 사실과 의견을 전달해 인간에게 영향을 미치고 인간의 행동에 변화를 일으키는 것

2 의사전달의 역할

① 의사전달이 신속하고 정확하며 질적으로 우수할 때 합리적인 의사결정이 가능
② 조직구성원 간의 의사소통을 통해 조직 목표를 명확하게 인식하게 되며, 조직원 간의 이해가 형성되고, 헌신하고자 하는 태도가 생겨 효과적인 조정이 가능
③ 의사전달은 조직구성원의 적극적인 참여를 촉진시켜 구성원의 사기를 제고하고 행정 능률을 향상시킴
④ 의사전달을 통해 리더십이 발휘되고, 조직구성원의 통솔을 용이하게 함

3 의사전달의 과정

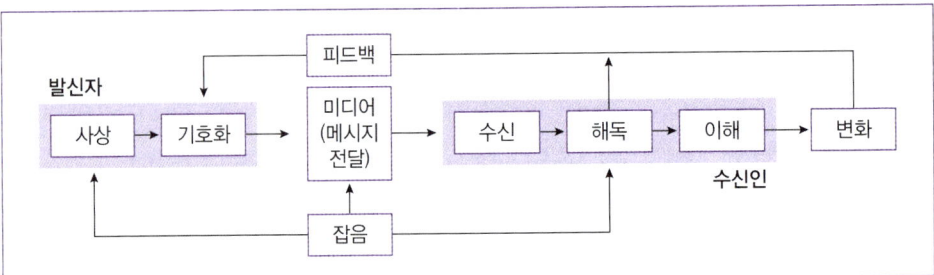

(1) **발신자**: 생각, 정보, 지식 등을 누구에겐가 전달하려는 의도를 가지고 이를 수행하는 사람을 의미. 발신자는 자신의 사상을 기호화(상징화)해서 메시지화하고 이를 채널(전달매체)을 통해 수신자에게 전달함

(2) **상징화**(encoding): 생각이나 정보에 코드를 부여하여(상징화하여) 상대방이 이해할 수 있는 언어, 숫자, 그림, 몸짓, 표정 등으로 전환하는 과정

(3) **메시지**: 상징화가 끝난 정보는 메시지가 됨. 메시지는 전달자가 가지고 있던 무형의 의미를 상징화해서 사람의 감각기관으로 감지할 수 있는 정보로 전환된 것을 의미
　예 읽을 수 있는 글, 들을 수 있는 연설, 보고 느낄 수 있는 몸짓 등

(4) **전달매체**(channel): 발신자와 수신자를 연결시키는 수단이며 메시지를 전달하는 방법으로 효과적인 의사전달이 되기 위해서는 메시지에 맞는 채널의 선택이 중요함
　예 면대면 대화, 메모, 보고서, 전화, 편지, e-mail, 원격화상회의, 게시판 등

(5) **해독**(decoding): 발신자의 메시지를 의미 있는 정보로 전환하는 과정. 해독은 수신자 개인의 영향을 받으며, 사회문화적 영향을 받기도 함

(6) **수신자**: 발신자의 메시지를 받는 사람

(7) **장애**(noise): 효과적인 의사전달을 방해하거나 정확한 의사전달을 왜곡하는 모든 요소로, 장애(소음, 잡음)는 개인적인 것도 있고 환경적인 것도 있음. 또한 상징화, 채널, 해독의 전 과정에서 발생

4 의사전달의 유형

(1) 방향과 흐름에 따른 유형

① 상의하달	• 정보가 위에서 아래 전달되는 의사전달 • 명령, 예규, 기관지, 편람, 행정백서 등
② 하의상달	• 정보가 아래에서 위로 올라가는 의사전달 • 보고, 품의, 의견조사, 상담, 제안, 면접, 고충심사, 결재제도 등
③ 횡적 의사전달	• 동일한 수준에 있는 개인 간 또는 집단 간에 이루어지는 의사전달 • 사전심사, 사후통지, 회람, 공람, 토의(위원회) 등

> **보충자료**
>
> **품의제**
>
> 품의제(稟議制)는 실무책임자가 공식적인 문서를 기안하여 결정권을 가진 상관에게 의견을 보고하고, 상관이 그 의견을 검토한 후 최종결정을 내리는 제도로서, 공식적으로 계층제의 하위에서 상층부로 제안을 하는 하의상달과정을 통해 의사결정을 하는 제도임

(2) 공식성 유무에 따른 유형

① 공식적 의사전달
  ㉠ 공직조직 내에서 계층제적 경로와 과정을 거쳐 공식적으로 행해지는 의사전달
  ㉡ 고전적 조직론에서 강조. 공문서를 수단으로 함

② 비공식적 의사전달
  ㉠ 계층제나 공식적인 직책을 떠나 조직구성원 간의 친분, 상호 신뢰와 인간관계 등을 통해 이뤄지는 의사전달. 소문, 풍문, 메모 등을 수단으로 함
  ㉡ 포도덩굴(grapevine) 커뮤니케이션은 조직 내의 비공식 커뮤니케이션 통로를 따라 확인되지 않은 소문이 급격히 확산되어 가는 현상을 의미. 포도덩굴 안에는 관리자들이 공식 커뮤니케이션에서 보지 못하고 듣지 못하는 중요한 정보가 담겨 있을 수 있으며, 구성원들의 상징적 정서가 흐르고 있기 때문에 관리 차원에서 중요한 의미를 가짐

공식적 의사전달과 비공식적 의사전달 비교

구분	공식적 의사전달	비공식적 의사전달
장점	• 의사소통이 객관적 • 책임소재가 명확 • 상관의 권위 유지 • 정책결정에 활용이 용이 • 자료 보존이 용이	• 신속한 전달 • 배후 사정을 소상히 전달 • 의사소통 과정에서 긴장과 소외감을 극복하고 개인적 욕구를 충족시킴 • 공식적 의사전달을 보완 • 관리자에 대한 조언 기능
단점	• 법규에 의거하므로 의사전달의 신축성이 없고 형식화되기 쉬움 • 배후 사정을 전달하기 곤란 • 변동하는 사태에 신속한 적응이 곤란 • 근거가 남기 때문에 기밀 유지가 어려움	• 책임소재가 불분명 • 의사결정에 활용할 수 없음 • 공식적 의사소통을 마비시킴 • 수직적 계층하에서 상관의 권위를 손상 • 조정과 통제가 곤란

> **확인문제**
>
> 조직의 의사전달(communication)에 관한 설명으로 옳지 않은 것은?
> 2015, 지방교행 9급
> ① 조직구조상 지나친 계층화는 수직적 의사전달을 저해한다.
> ② 지나친 전문화와 할거주의는 수평적 의사전달을 저해한다.
> ③ 비공식적 의사전달은 공식적 의사전달에 비해 조정과 통제가 곤란하다.
> ④ 공식적 의사전달은 비공식적 의사전달에 비해 신속하지만 책임소재는 불명확하다.
>
> ▶ ④ [×] 공식적 의사전달은 비공식적 의사전달에 비해 책임소재가 명확하다.

5 의사전달의 장애요인과 촉진방안

구분	의사전달 장애요인	개선방안(장애의 극복)
개인적 요인 (수신자·발신자)	① 개인적 특성: 가치관, 지식, 능력, 성격, 학력, 지역, 연령 등 차이, 지위상의 차이 ② 발신자의 의식적 제한(보안상 비밀 유지) ③ 발신자의 자기방어(자기에게 불리한 사실을 고의적으로 은폐·왜곡) ④ 발신자에 대한 수신자의 불신이나 편견, 수용 거부, 잘못된 해석 ⑤ 발신자의 표현력 부족 ⑥ 원만하지 못한 인간관계 ⑦ 수신자의 선택적 청취, 수신자의 부주의	① 상호 접촉 촉진(회의, 공동 교육훈련, 인사교류 등) ② 대인관계 개선, 조직 내 개방적 분위기 조성 ③ 하의상달의 활성화를 통한 권위주의적 행정행태의 개선 ④ 상향적 의사소통의 누락, 왜곡 등을 방지하고 정보처리의 우선순위를 결정하기 위해 조정집단 활용 ⑤ 민주적·쇄신적 리더십의 확립
수단 및 매개체	① 정보전달 채널의 부족 ② 적절치 못한 언어와 문자 사용 등 매체(채널)의 불완전성 ③ 정보 과다로 인한 내용 파악 곤란 ④ 정보의 유실과 불충분한 보존 ⑤ 환류의 봉쇄로 의사결정의 정확성 저해 ⑥ 다른 업무의 압박(업무의 과다)	① 언어·문자의 정확한 사용, 계량화를 통한 매체의 정밀성 제고 ② 효율적인 관리정보체계(MIS)의 확립과 시설의 개선 ③ 첨단통신기술 활용(채널) 등 정보 채널의 다원화 ④ 의사소통의 반복과 환류·확인 메커니즘 확립
조직구조	① 집권적 계층구조로 인한 수직적 의사전달제한, 유동성 저하 ② 할거주의, 전문화로 인한 수평적 의사전달 저해 ③ 비공식적 의사소통의 역기능: 소문·풍문 등에 의한 정보의 왜곡	① 계층제 완화와 분권화 ② 정보의 분산·집중도 완화 ③ 정보 채널의 다원화 및 비공식 커뮤니케이션의 적절한 활용

CHAPTER 07 조직목표와 성과관리

제1절 조직목표

1 조직목표의 개념
조직이 실현하고자 하는 바람직한 미래의 상태로 조직의 존재이유임

2 조직목표의 의의(기능)
① 조직의 활동 방향과 구성원들의 행동기준 제공
② 조직의 존재와 활동의 정당성 부여 근거
③ 조직운영의 효과성을 평가하는 기준으로 작용
④ 조직 내 하위 부문 간의 갈등이 발생할 경우 이를 조정하기 위한 원칙으로 활용
⑤ 조직의 구조 및 기능, 권한과 책임관계 등 조직을 설계하는 기본적인 준거로 기능
⑥ 조직구성원들로 하여금 조직과 일체감을 느끼게 하며, 조직활동에 대한 적극적 참여 동기를 유발

3 조직목표의 변동 유형
(1) **목표의 전환**: 조직의 본래 목표를 달성하지 못한 상황에서 성격이 다른 새로운 목표가 기존의 목표로 대체되는 형태를 의미

(2) **목표의 대치**: 조직이 추구하는 실질적 목표가 하위 단계의 수단적 목표로 대체되는 현상

(3) **목표의 승계**
① 애초에 설정된 목표가 달성이 불가능한 경우 혹은 완전히 달성된 경우, 기존 목표와 연계되는 다른 조직목표로 교체하는 형태를 의미
② 예: 1988년 서울올림픽 기념사업을 위해 설립된 국민체육진흥공단이 현재는 국민생활체육 진흥을 조직목표로 교체한 경우

확인문제

조직목표의 기능에 대한 설명으로 옳지 않은 것은? 2021, 국가 9급
① 조직구성원들이 목표로 인해 일체감을 느끼기 때문에 구성원들의 동기를 유발해준다.
② 조직의 구조와 과정을 설계하는 준거를 제공하고 성과를 평가하는 기준이 되기도 한다.
③ 미래의 바람직한 상태를 밝혀 조직활동의 방향을 제시한다.
④ 조직이 존재하는 정당성의 근거가 될 수는 없다.

▶ ④ [×] 조직목표는 조직이 추구하는 미래의 바람직한 상태나 방향을 의미하며, 조직이 존재하는 정당성의 근거가 된다.

확인문제

조직목표 변동의 한 유형으로 조직이 추구하고자 하는 원래의 목표가 다른 목표로 뒤바뀌어 조직의 목표가 왜곡되는 현상을 일컫는 용어는?
2012. 서울 9급
① 목표의 대치
② 목표의 추가
③ 목표의 승계
④ 목표의 비중변동
⑤ 목표의 감소

▶ ① 목표의 대치는 본래의 공식적 목표보다 수단을 우선시하여 조직의 본래 목표가 왜곡되는 현상을 의미한다.

확인문제

조직목표 변동에 관한 설명으로 옳지 않은 것은? 2020. 행정사
① 원래의 목표가 다른 목표로 전환되는 것이 목표의 대치 또는 전환이다.
② 목표가 달성되었거나 달성이 불가능한 경우 본래의 목표를 새로운 목표로 교체하는 것이 목표의 승계이다.
③ 동종목표의 수 또는 이종목표가 늘어나는 것이 목표의 추가이다.
④ 동종 또는 이종목표의 수나 범위가 줄어드는 것이 목표의 축소이다.
⑤ 미헬스(R. Michels)의 과두제 철칙(iron law of oligarchy)은 목표의 추가 현상을 설명한 것이다.

▶ ⑤ [×] 미헬스(R. Michels)의 과두제 철칙(iron law of oligarchy)은 목표의 대치 현상을 설명한다.

(4) **목표 간의 비중 변동**

① 복수의 조직목표가 존재하는 상황에서 조직목표의 내용적 변화는 없으나 상대적 비중의 변화를 통해 전체 조직목표의 질적 변동을 가져오는 경우

② 예: 공공기관의 조직목표로 공공성과 기업성의 두 가지 조직목표의 내용적 변화는 없으나, 공공성에 대한 상대적 비중이 강조되는 경우

(5) **목표의 추가 및 확대**: 새로운 조직목표의 도입으로 목표가 다원화되거나 혹은 기존 조직목표의 내용적 범위가 확장되는 것을 의미

④ 공공부문의 목표대치 발생 원인

(1) **미헬스(Michels)의 과두제의 철칙**: 소수 간부의 권력과 지위 강화 욕구. 정치적 권력관계가 강조되는 공공부문에서 조직의 최고관리자는 조직의 본래 목표를 달성하기보다는 자신의 권력을 유지·강화하기 위한 목표를 더 강조하는 경향이 있음

(2) **규칙이나 절차에 대한 집착**: 관료제에서의 합법성의 강조는 자칫 법령을 달성하고자 하는 목적보다 수단이 되는 법령 자체에 대한 준수 여부에 집착할 우려가 있으며, 관료제의 역기능으로서 형식주의나 동조과잉 현상을 야기함(Merton, Gouldner)

(3) **구체적이며 유형적인 목표의 추구**: 공공부문의 행정조직은 공공성과 같은 추상적인 목표를 강조함. 그러나 실제 행정업무 수행 과정에서 조직목표가 활용되기 위해서는 구체적이고 유형화된 목표를 선호하게 되며, 측정가능한 하위 목표를 강조하게 됨. 이처럼 상위 목표의 추상성·무형성으로 인해 측정가능한 유형적·하위 목표에 치중하는 경우 목표 전환이 야기됨

(4) **공공부문의 내부성**: 시장을 대상으로 하는 민간기업에 비해 행정조직은 상대적으로 개방성이 낮으며, 외부환경 변화나 고객의 요구보다는 내부적 요인에 따라 조직관리 방안이 결정되는 경향이 큼. 행정업무 수행과정에서 내부 요인을 강조하는 공급자적 관점에서 문제에 접근할 경우, 내부적 관점에서의 수단적 목표에 치중하는 목표대치 발생가능성이 높음

제2절 효과성 평가 모형

1 조직효과성의 의의

효과성은 조직이 의도한 목표를 달성한 정도로 정의되며, 일반적으로 목표에 따라 생산된 조직의 산출(output)과 결과(outcome)를 통해 파악됨

2 효과성 평가 모형

(1) **목표모형**(goal model): 조직목표 달성 정도를 조직효과성 평가기준으로 삼는 모형

(2) **체제모형**(system model): 조직을 하나의 체제로 보고, 체제가 유지되기 위한 기능적 요건의 수행능력을 통해 조직의 효과성을 평가. 하나의 체제로서 조직이 생존하기 위한 다양한 기능의 수행 여부를 효과성 평가기준으로 삼고 있음

(3) **이해관계자 모형**(stakeholder model), **고객모형**: 조직 활동과 연관되는 내·외부의 이해관계자 및 고객의 욕구를 만족시키는 것을 조직효과성 기준으로 이해

(4) **경쟁가치 모형**(competing values model)

① **의의**: 경쟁가치 모형은 조직이 다양하고 서로 경쟁하는 목표와 다양한 가치를 실현하기 위해 활동하는 체제라고 규정하고, 효과성을 조직 체제의 어느 일면에서 규정하지 않고 여러 가치를 하나의 모형에 종합해서 평가하는 모형으로, 상충되는 가치들의 통합적인 분석틀을 제시함

② **지표와 모형**: 조직의 내부-외부 중 어디에 초점을 두는지와, 조직구조가 통제(안정성)와 변화(신축성) 중 어디에 초점을 두는지를 기준으로 네 가지 효과성 가치모형을 제시했음. 조직 내부에 초점을 두는 것은 조직 관리자들이 조직구성원들의 복지와 인간적 욕구에 관심을 갖는 것을 의미하며, 초점을 외부에 두는 것은 환경에 대한 조직 자체의 건전성을 강조하는 것을 의미함

③ 퀸과 카메론(Quinn & Cameron)은 조직의 성장단계(㉠ 생성 또는 기획 단계 - ㉡ 집단화 단계 - ㉢ 공식화 단계 - ㉣ 구조의 정교화 단계)에 따라 적당한 모형이 달라진다고 주장함. 대체로 생성 또는 기획 단계에서는 개방체제 모형이 적합하고, 집단화 단계에서는 내부과정 모형 및 합리목표 모형으로 평가하고, 구조의 정교화 단계에서는 다시 개방체제 모형이 적합하다고 보았음

확인문제

조직문화의 경쟁가치모형에 대한 설명으로 옳지 않은 것은?
2022, 지방 9급

① 위계 문화는 응집성을 강조한다.
② 혁신지향 문화는 창의성을 강조한다.
③ 과업지향 문화는 생산성을 강조한다.
④ 관계지향 문화는 사기 유지를 강조한다.

▶ ① [×] 응집력은 관계지향 문화에서 강조하는 가치이다. 위계적 조직문화는 내부의 안정성과 지속성을 중요시하며, 조직구성원들의 표준화된 규칙과 절차 준수를 강조한다.

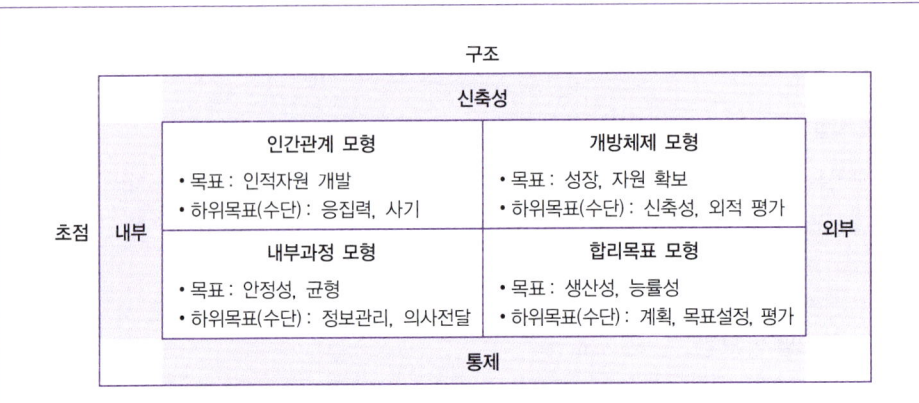

경쟁가치 모형

인간관계 모형	• 조직 내부의 인간을 중시하고, 조직구조의 유연성을 강조하는 모형 • 조직 내 인적자원의 가치를 개발하는 것을 조직목표로 간주하며, 이를 달성하기 위한 수단으로 조직구성원들의 응집성, 사기 유지를 강조
내부과정 모형	• 조직구조의 통제를 강조하고, 조직 내의 인간을 중시하는 모형 • 조직 내부의 안정성과 균형 유지를 목표로 간주하며, 이를 달성하기 위한 수단으로 정보관리와 의사소통 등이 강조됨
개방체제 모형	• 조직의 외부에 초점을 두고 조직구조의 유연성을 중시하는 모형 • 조직의 성장과 자원 확보를 목표로 하며, 조직의 유연성과 신속성을 유지하는 것을 수단으로 강조
합리목표 모형	• 조직구조에서 통제를 강조 • 조직의 생산성, 효율성 달성을 조직목표로 간주하며, 이를 달성하기 위한 수단으로 합리적 계획과 목표 설정 및 평가를 강조함

제3절 목표에 의한 관리(MBO : Management By Objectives)

1 목표에 의한 관리(MBO)의 의의

(1) 하급관리자가 상급관리자와 협의해 목표를 설정하고, 협의 기간 경과 후 목표달성도를 평가해 평가 결과를 예산, 연봉, 인사 등에 반영하도록 하는 제도

(2) 하급자의 참여를 통한 협력적 목표 설정이라는 점에서 목표관리제는 조직목표 달성을 위한 상향식 접근(bottom-up approach)을 의미하며, 조직목표 달성을 통한 생산성 제고에 강조점을 두고 있음

2 목표관리의 도입배경

(1) MBO는 사기업 부문의 경영관리기법으로서, 드러커(Drucker, 1954)는 조직구성원 모두가 참여하여 절차나 규칙이 아닌 목표를 중심으로 전략적인 관리를 도모하는 경영관리 방식으로 목표관리제를 제안하였음. 1960년대 미국 내 민간부문에 급속히 확산된 목표관리제는 1970년대 초에는 닉슨 대통령에 의해 미국 중앙정부는 물론 지방정부에서도 채택되어 도입되었음

(2) 우리나라의 경우 1990년대 후반에 도입된 신공공관리주의 행정개혁에서 성과지향적 관리가 요청되면서 성과급제와 함께 도입되었음

3 목표관리의 절차

(1) **목표 설정 단계**
① 조직구성원의 참여에 의해 목표가 설정되고, 관리자와 부하 직원 간 목표달성을 위한 협약을 맺는 단계
② 목표는 구체적이고 상세하게 기술된 목표로 측정가능해야 하고, 실행가능해야 함
③ 참여를 통한 목표 설정 결과는 대개 성과계약의 형식으로 제시됨

(2) **목표 실행 단계**: 참여를 통해 설정된 목표를 실제로 구현하는 단계

(3) **평가 및 환류 단계**
① 목표달성 여부를 평가하고 결과에 따라 개인적 보상이나 예산 수준, 인력 규모 등에 대한 변화가 이루어지는 단계
② 성공적인 평가를 위해서는 평가 과정의 공정성이 확보되어야 하며, 평가 결과에 대한 투명한 공개와 의견 수렴을 통해 평가에 대한 수용성을 높이는 것이 중요함

4 목표관리의 특징

(1) **참여적·분권적 관리**: 구성원의 자율성·내면적인 동기부여 및 자아실현인관을 전제로 하는 Y이론적인 관리모형으로, 목표설정 과정에 상하 간에 협의하며, 특히 부하의 참여가 강조되는 분권적·상향적 의사결정방식

(2) **구체적·계량적인 단기 목표 설정**: 단기적이고 측정가능한 생산목표(가시적, 계량적, 단기적)를 설정함

(3) **평가 및 환류 중시**: 최종 결과의 평가는 목표와 대비시키는 환류의 과정을 강조함

확인문제

목표관리제(MBO)에 대한 설명으로 옳은 것만을 모두 고르면?
2022, 국가 9급

ㄱ. 부하와 상사의 참여를 통해 목표를 설정한다.
ㄴ. 중·장기목표를 단기목표보다 강조한다.
ㄷ. 조직 내·외의 상황이 안정적이고 예측가능한 조직에서 성공확률이 높다.
ㄹ. 개별 구성원의 직무 특수성을 반영하기 위하여 목표의 정성적, 주관적 성격이 강조된다.

① ㄱ, ㄴ ② ㄱ, ㄷ
③ ㄴ, ㄹ ④ ㄷ, ㄹ

▶ ② ㄱ, ㄷ [○]
ㄴ. [×] 목표관리제는 성과평가를 강조하기 때문에 단기적인 목표 설정을 강조한다.
ㄹ. [×] 목표관리제는 객관적인 성과평과를 위해 계량적이고 객관적인 목표 설정을 강조한다.

📖 MBO와 TQM 비교

구분	MBO	TQM
관점	• 단기적, 미시적, 양적(계량화 중시) • 대내적	• 장기적, 거시적, 질적 • 고객지향(대외적)
지향	평가 및 환류 중시(사후적 관리)	사전적 관리
초점	결과 초점	총체적: 과정, 절차, 문화
보상	개인별 보상	집단 중심

5 목표관리의 평가

(1) 목표관리의 장점

① 조직 활동을 조직목표에 집중시키게 되므로 효과성을 높일 수 있음

② 목표와 산출을 연계시키기 때문에 조직원에게 직무몰입을 위한 강한 유인을 제공

③ 참여를 통한 목표 설정 과정에서 조직 상하 간에 의사소통이 원활해지고, 민주적 조직 운영이 가능해지며, 조직 내·조직 상하 간의 갈등을 해소에 기여함

④ 산출에 대한 평가 결과의 환류를 통해 조직원과 부서를 통제하기가 용이함

(2) 목표관리의 단점

① 협의를 통해 바람직한 목표를 설정하는 것이 곤란하며, 성과에 대한 지나친 몰입은 너무 쉬운 목표를 채택하거나 중요하지 않은 목표를 채택하도록 유도할 수 있음

② 공공조직의 경우 공익이라는 목표가 모호하고 추상적이기 때문에 목표달성도인 성과 측정에 한계가 있음

③ 목표관리를 구현하는 데 많은 시간과 비용이 소요됨. 목표협의 과정에서 갈등이 발생할 경우 지연으로 인한 시간이 많이 들고, 성과평가 과정에 방대한 실적 증명서를 준비하느라 많은 비용이 발생함

④ 권위적이거나 위계적인 조직문화가 강한 조직에 목표관리제가 적용될 경우 조직원의 강한 저항과 갈등이 발생하게 되어 목표관리제 구현이 어려움

제4절 성과관리

1 성과관리의 의의

(1) 조직의 효과성 제고를 위하여 전략적 기획을 통해 성과목표를 설정하고, 이를 달성하기 위한 세부적인 사업을 설계한 후 시행한 결과가 기대했던 목표치에 어느 정도 달성되었는지를 평가함으로써 그 결과를 평가하여 정책운영, 예산배분, 인사관리 등에 활용하는 일련의 활동을 의미

(2) 성과관리는 과정이나 절차가 아닌 결과 중심의 책임성을 확보하려는 것으로 신공공관리적 정부개혁의 핵심적 내용 중 하나임

(3) 미국의 경우 1993년 제정된 정부성과평가법(GPRA: Government Performance and Result Act)을 통한 성과관리제의 전면적 도입이 추진되었으며, 우리나라는 2006년 「정부업무평가기본법」의 제정을 통해 정부조직의 성과평가를 중심으로 한 성과관리제를 운영하고 있음

2 성과관리의 절차

(1) **전략계획**(strategic planning) **수립**: 환경 분석 및 우선순위 설정

(2) **성과계획 수립**: 전략목표에 연계되는 구체적인 성과목표와 성과지표, 관련 단위사업(활동)을 작성

(3) **집행 및 모니터링**: 성과계획을 집행하는 과정에서 계획 대비 이행 수준을 측정하고 최종적인 성과평가에 앞서 조기 환류 과정을 거치는 과정

(4) **성과평가**: 연간 성과계획에 따른 집행 결과를 종합적으로 평가하고 성과지표별 목표치의 달성 여부와 달성 수준을 분석하는 과정

(5) **환류**: 성과평가 결과에 따른 차등적 보상의 지급과 함께, 결과 분석을 통해 향후 성과 계획을 수정·보완하는 단계. 개인 및 조직 단위의 성과급 지급이나 차등적 예산배분 등에서 성과평가 결과를 중요한 기준으로 활용함으로써 성과 제고를 위한 유인책으로 활용

3 전략기획(strategic planning)

(1) **전략기획의 의의**: 조직이 처한 내·외적 환경을 분석하여 그 조직의 장기적 미션과 비전에 비추어 의미 있는 몇 가지의 전략적 이슈를 결정하고 전략을 형성하는 것을 의미

(2) **전략기획 절차**(단계): ① 전략기획의 기획, ② 미션과 비전의 확인, ③ 환경 분석(SWOT 분석), ④ 전략적 이슈 결정, ⑤ 전략형성, ⑥ 보고서 작성 및 제출의 과정으로 이루어짐

확인문제

전략기획(strategic planning)에 대한 설명으로 가장 옳지 않은 것은?
2022, 군무원 9급
① 불확실한 미래에 체계적이고 능동적으로 대응하기 위한 전략을 만드는 과정이다.
② 상대적으로 정치 및 경제 등이 불안정한 환경 속에서 유용성이 높다.
③ 정책결정에 비해 외부환경에 개방되지 않고 전문가의 역할이 강조되는 편이다.
④ 환경에 대한 체계적인 분석과 조직진단을 통해 실현가능한 설계에 초점을 맞춘다.

▶ ② [×] 전략기획은 내·외부 환경에 대한 분석이 중요한 만큼 상대적으로 정치 및 경제 등이 안정한 환경 속에서 유용성이 높다. 불확실한 환경에서는 장기적으로 합리적인 기획이 곤란하다는 한계가 있다.

확인문제
SWOT분석에 대한 설명으로 옳지 않은 것은? 2017, 국가 7급
① 조직 내적 특성과 외부 환경의 조합에 따른 맞춤형 대응전략 수립에 도움이 된다.
② 조직 외부 환경은 기회와 위협으로, 조직 내부 자원·역량은 강점과 약점으로 구분한다.
③ 다양화 전략은 조직의 강점을 활용하여 위협을 회피하거나 최소화하는 전략이라고 볼 수 있다.
④ 기존 프로그램의 축소 또는 폐지는 약점−기회를 고려한 방어적 전략이라고 볼 수 있다.

▶ ④ [×] 기존 프로그램을 축소 또는 폐지는 약점−기회를 고려한 방향전환 전략(WO 전략)이다. 방어적 전략은 조직의 약점을 보완하면서 위협을 극복(회피하거나 최소화)하는 (WT 전략) 것이다. |

(3) **환경 분석**: SWOT 분석

① **SWOT 분석의 의의**: 조직의 외부환경을 분석하여 기회(Opportunity)와 위협(Threat)요인을, 조직 내부를 분석하여 강점(Strength)과 약점(Weakness)을 진단해서 환경에 보다 효과적으로 대응하기 위한 전략적 선택을 위한 도구로 개발되었음

② **환경변화와 대응전략**: SW와 OT의 조합에 따라 4개의 전략적 방향을 고려할 수 있음

구분	강점(S)	약점(W)
기회(O)	SO 전략(공격적 전략) : 강점을 가지고 기회를 살리는 전략	WO 전략(방향전환 전략) : 약점을 보완하여 기회를 살리는 전략
위협(T)	ST 전략(다양화 전략) : 강점을 가지고 위협을 회피하거나 최소화하는 전략	WT 전략(방어적 전략) : 약점을 보완하면서 위협을 회피하거나 최소화하는 전략

4 성과관리의 장점과 한계

(1) **성과관리의 장점**

① 조직의 효율성 제고 및 합리적이고 과학적 조직관리 가능

② 성과지향적 조직문화 확산: 성과주의 예산, 성과연봉제 등 성과지향적 조직관리를 통해 조직 구성원의 행태를 조직성과 개선에 기여할 수 있는 방향으로 설정하는 데 기여함

③ 조직 외부 고객과의 관계에서 성과결과를 매개로 한 대외적 의사소통 활성화 및 성공적 성과 달성 결과를 근거로 조직 정당성 확보에 기여

(2) **성과관리의 한계**

① 과도한 경쟁에 따른 조직 협력의 저하로 조직 전체의 효과성 저해: 개별 단위 부서나 개인 성과 달성 수준을 상대적으로 평가하는 과정에서 평가대상자 간의 경쟁이 과열되며, 다른 부서나 개인과의 협력적 활동에 대한 부정적 태도가 강화됨으로써 조직 전반의 성과 수준이 저하될 수 있음

② 단기적이며 가시적 성과 위주 업무수행에 따른 문제점: 중장기적인 전략계획에 비해 단년도를 기준으로 수립되는 성과계획을 중심으로 성과평가가 이루어지기 때문에 단기적이고 가시적인 성과에 대해 더 큰 강조점이 주어질 우려가 있음

③ 성과평가의 공정성 문제: 행정조직의 경우 민간조직보다 다양한 성과지표가 활용되며, 외부적 요인에 따른 영향이나 주관적 개입의 가능성이 크다는 점에서 성과평가 결과에 대한 수용도가 낮음

④ 성과평가에 따른 즉각적 환류의 어려움: 민간조직과 달리 행정조직의 경우 예산 편성 주기 등을 고려할 때 전년도 평가 결과를 즉각적으로 반영하여 환류하는 데 한계가 있음

제5절 균형성과관리(BSC : Balanced Scored Card)

1 균형성과관리의 개념 및 의의

(1) 균형성과표(BSC)는 재무적 시각뿐만 아니라 비재무적 시각에서 조직의 성과를 보다 균형 있게 평가하고, 장기적인 전략을 중심으로 성과지표를 도출하여 이를 토대로 조직을 관리하고 그 성과를 평가하는 전략적 성과관리 내지 전략적 성과평가시스템을 의미

(2) 캐플란과 노턴(Kaplan & Norton, 1992)은 기존의 성과평가가 재무적 관점만을 반영함으로써 조직이 소유하고 있는 인적자산과 같은 무형의 비재무적 가치를 경시하고 있음을 지적하면서 재무적 지표를 포함해 조직의 비전과 목표, 전략으로부터 도출된 포괄적인 성과지표를 조직의 성과평가에 포함시킬 것을 주장

2 BSC의 기능

(1) **전략관리 시스템**: BSC는 조직의 미션·비전과 전략수립의 기본 방향을 제시함과 동시에 이의 실질적인 달성을 촉진하는 도구로서 활용이 가능함. 조직원들에게 조직의 비전, 전략 및 목표를 공유하도록 하며 조직이 추구하는 최종적인 목표에 조직원들이 집중하여 시너지 효과를 발휘하도록 함

(2) **의사소통 도구**: 잘 개발된 BSC는 조직구성원들에게 조직의 전략 목적 달성을 위해 필요한 성과가 무엇인지를 알려주기 때문에 조직 전략의 해석 지침이 됨

3 BSC의 특징

(1) 재무적 관점과 비재무적 관점(고객, 학습과 성장, 내부 프로세스)의 균형 강조

(2) 단기적 관점(재무관점)과 장기적 관점(학습과 성장) 간의 균형 강조

(3) 결과를 예측해 주는 선행지표와 결과인 후행지표(재무관점) 간 균형 추구

(4) 조직 내부의 관점(조직구성원의 학습·성장 관점과 업무처리 관점)과 외부의 관점(고객과 재무적 관점) 간의 균형 강조

(5) 성과지표와 전략과의 연계: 비전, 전략, 성과지표로 이어지는 목표－수단 또는 원인－결과의 논리구조를 유지함으로써 비전과 전략이 모든 성과평가의 지침이 되도록 함

(6) BSC는 4대 관점의 성과지표와 조직의 전략을 시스템적으로 연결시킴

확인문제

균형성과지표(BSC)에 대한 설명으로 옳은 것만을 모두 고른 것은?
2015. 국가 9급

ㄱ. 조직의 비전과 목표, 전략으로부터 도출된 성과지표의 집합체이다.
ㄴ. 재무지표 중심의 기존 성과관리의 한계를 극복하기 위한 것이다.
ㄷ. 조직의 내부요소보다는 외부요소를 중시한다.
ㄹ. 재무, 고객, 내부 프로세스, 학습과 성장이라는 네 가지 관점 간의 균형을 중시한다.
ㅁ. 성과관리의 과정보다는 결과를 중시한다.

① ㄱ, ㄴ, ㅁ ② ㄴ, ㄷ, ㄹ
③ ㄱ, ㄴ, ㄹ ④ ㄷ, ㄹ, ㅁ

▶ ③ ㄱ, ㄴ, ㄹ [○]
ㄷ. [×] 조직의 내부요소(업무프로세스 관점, 학습과 성장 관점)와 외부요소(고객 관점, 재무 관점)의 균형을 중시한다.
ㅁ. [×] 균형성과표는 성과관리의 과정과 결과의 균형을 강조한다.

> **확인문제**

균형성과표(BSC)에 대한 설명으로 옳지 않은 것은? 2021. 지방 9급
① 조직의 장기적 전략 목표와 단기적 활동을 연결할 수 있게 한다.
② 재무적 성과지표와 비재무적 성과지표를 통한 균형적인 성과관리 도구라고 할 수 있다.
③ 재무적 정보 외에 고객, 내부 절차, 학습과 성장 등 조직 운영에 필요한 관점을 추가한 것이다.
④ 고객 관점에서의 성과지표는 시민참여, 적법절차, 내부 직원의 만족도, 정책 순응도, 공개 등이 있다.

▶ ④ [×] 정책 순응도만 고객 관점의 성과지표에 해당한다. 시민참여, 적법절차, 공개는 내부 프로세스 관점의 성과지표이며, 내부 직원의 만족도는 학습과 성장 관점의 성과지표이다.

4 BSC의 4대 관점

(1) **재무적 관점**: 기업 중심의 BSC에서 성과지표의 최종목표로 전통적인 후행지표임. 정부의 경우 기업의 순익이나 매출액과는 달리 사업집행이나 서비스 제공에 대한 비용과 편익(효과)이 성과지표로서 매우 중요한 역할을 함. 재정차원의 국민주권(재정민주주의)의 원리에 따라 재무적 관점을 고려하며, 예산 부분이 이에 해당함

(2) **고객 관점**: 고객들에게 무엇을 어떻게 보여주어야 하는가를 검토할 것을 요구하는 지표로써, 고객 만족도, 신규 고객 증가 수, 고객충성도 등으로 성과를 측정할 수 있음. 정부는 이윤을 추구하는 기업이 아니기 때문에 성과평가에 있어서도 재무적 관점보다는 국민이 원하는 정책을 개발하고 재화와 서비스를 제공하는지의 고객 관점을 가장 중시함

(3) **내부 프로세스 관점**: 고객이 원하는 가치를 구현하기 위해 조직이 운영해야 하는 내부 프로세스를 확인하는 것으로, 정부부문에서 업무처리 관점은 결정시스템에서의 정책결정과정, 집행시스템에서의 정책집행 및 재화와 서비스의 전달과정, 그리고 조직시스템에 관한 내용을 포괄하는 넓은 의미로 이해할 수 있음

(4) **학습·성장 관점**: 네 가지 관점 중에서 가장 하부구조에 해당함. 즉, 다른 세 관점이 추구하는 성과목표를 달성하는 데 기본 토대를 형성하는 것으로 장기적 관점으로 조직이 보유한 인적자원의 역량, 지식의 축적, 정보시스템 구축 등과 관련됨

BSC의 4대 관점과 성과지표

관점(지표)	성과측정 지표
고객	정책순응도, 고객만족도, 불만민원 접수 건수(민원인의 불만율), 신규고객의 증감, 삶의 질에 대한 통계지표 등
재무	매출, 자본수익률, 예산대비차이 등
내부 프로세스	의사결정 과정에 시민참여, 적법절차, 정보 공개, 조직 내 커뮤니케이션 구조, 결재 단계의 축소 등
학습과 성장	직무만족도, 학습동아리 수, 내부 제안 건수 등

CHAPTER 08 행정개혁

1 행정개혁(administrative reform)의 개념

행정개혁이란 행정체제를 현재보다 바람직한 상태로 변동시키는 인위적·계획적·동태적·의도적 과정을 의미

2 행정개혁의 특징

(1) **목표지향성**: 행정개혁은 의식적으로 설정한 목표를 추구하는 것이므로 계획적이고 의도적임

(2) **동태성·행동지향성**: 행정개혁은 미래를 향한 동태적 과정이며, 개혁 주체의 의식적 행동의 실현 과정임

(3) **지속성**: 행정 내외의 여건 변화에 따른 개혁 필요성이 상존하므로 개혁은 지속적이고 장기적인 학습과정임

(4) **법적·정치적 제약**: 행정개혁은 공공적·정치적 상황에서 추진되는 것으로 법적·정치적 제약이 큼

(5) **저항의 수반**: 개혁은 행정을 인위적이고 의식적으로 변화시키려는 것이므로 불가피하게 관련자들의 저항을 수반함

확인문제

행정개혁의 구조적 접근방법에 해당되지 않는 것은? 2008, 서울 9급
① 기능중복의 제거
② 의사전달체계의 수정
③ 관리과학의 활용
④ 책임의 재규정
⑤ 분권화의 확대

▶ ③ [×] 관리과학의 활용은 관리기술적(과정적) 접근법이다.

3 행정개혁의 접근방법

구분	구조적 접근법	과정적(관리기술적) 접근법	행태적(인간관계적) 접근법
개념	• 조직구조의 합리적 설계를 통해 행정개혁 목표를 달성하려는 접근방법 • 행정학 성립 초기 전통적 조직이론(과학적 관리론, 관료제론, 원리주의 등)에 근거	• 행정이 수행되는 절차나 과정, 기술, 장비의 개혁을 통해 행정성과의 향상을 도모하는 전략 • 업무처리 절차나 운영기술 개선에 초점	• 개혁의 초점을 인간행태의 변화에 두고 행정인의 가치관과 행태를 의도적으로 변화시켜 행정체제 전체의 바람직한 변화를 유도하려는 접근방법
특징	• 조직 내부의 공식적·구조적 요인을 대상으로, 이상적인 조직구조를 설계하는 데 초점	• 행정과정에서 사용하는 장비 및 수단, 분석기법의 개선을 통해 개혁의 효과성을 제고하려는 입장	• 개혁의 초점을 조직구성원의 태도와 가치관을 개선하고 인간의 능력을 개발하는 데 초점
주요 전략	• 원리전략: 기구·직제의 간소화, 규모의 축소 또는 확대, 권한배분 기능중복의 제거, 조정 및 통제 절차의 개선, 통솔범위의 수정 및 명령계통 수정, 의사전달체계 수정 등 조직의 제 원리와 리스트럭처링 강조 • 분권화 전략(의사결정 권한의 수정)	• 관리혁신을 강조하는 신공공관리론에서 강조 • 정보통신 기술 등의 도입, 사무자동화(OR, operational research), 컴퓨터의 활용(EDPS, electronic data processing system), BPR, TQM 등을 통해 행정 운영 과정을 개선하는 것	• 행태과학이나 사회심리학에서 개발한 감수성 훈련, 과정상담 등 조직발전(OD) 전략에 의한 심리적 욕구를 충족시켜 조직과 개인의 목표를 조화시키고자 한 민주적·분권적·상향적·참여적 접근방법

4 개혁에 대한 저항 원인 및 극복방안

(1) 저항의 발생 원인

① 기득권 침해에 대한 우려

② 개혁 대상자의 능력 부족 및 개혁 이후 적응에 대한 부담감

③ 변동 자체에 대한 거부감(관료제의 경직성)

④ 개혁 성과에 대한 불신

⑤ 개혁 내용에 대한 이해 부족

⑥ 개혁 추진자에 대한 불신 등

(2) 저항 극복 방안

규범적·사회적 전략	• 의의: 상징 조작과 설득을 통해 대상 집단의 심리적 저항요인을 약화시키는 전략으로 외부지지 세력과 연합하여 개혁을 추진할 때 효과적 • 방법: 개혁지도자의 카리스마 제고와 솔선수범, 의사소통의 개선 및 참여 확대, 시간적 여유 제공 등 적응 지원, 개혁의 당위성과 성과에 대한 정보제공 및 설득, 교육훈련을 통한 자기계발 촉진, 가치관 변화를 위한 훈련 실시 등 • 평가: 가장 이상적이고 바람직한 전략이나 시간과 비용이 많이 소요됨
공리적·기술적 전략	• 의의: 이익 침해 상황을 기술적으로 조정하거나 보상을 제공하여 저항을 회피하는 전략 • 방법: 손해에 대한 적정한 보상, 손실의 최소화와 보상의 명확화, 개혁의 편익에 대한 홍보, 인사이동 등 적절한 인사배치, 개혁의 점진적 추진, 개혁안의 명확화와 공공성 강조, 개혁방법·기술의 수정 등 • 평가: 비용을 수반하며, 개혁안의 수정으로 개혁의 의미가 퇴색될 위험성이 있음
강제적·물리적 전략	• 의의: 저항자에게 물리적 제재나 불이익의 위협을 가하는 전략 • 방법: 계층제상의 권한 행사, 물리적 제재나 불이익의 위협 등 압력 행사, 긴장 분위기 조성과 압력의 행사, 권력구조의 개편 등 • 평가: 일방적이고 강압적인 비민주적 방법

> **확인문제**
>
> 행정개혁의 저항을 극복하기 위한 규범적·사회적 전략으로 옳은 것을 모두 고른 것은? 2022, 행정사
>
> ㄱ. 의사전달과 참여의 확대
> ㄴ. 개혁의 공공성에 대한 홍보
> ㄷ. 사명감 고취와 역할 인식 강화
> ㄹ. 권력구조 개편과 긴장 조성
> ㅁ. 신분보장과 경제적 보상
> ㅂ. 가치갈등 해소
>
> ① ㄱ, ㄴ, ㄹ   ② ㄱ, ㄷ, ㅂ
> ③ ㄴ, ㄷ, ㅁ   ④ ㄴ, ㄹ, ㅁ
> ⑤ ㄷ, ㅁ, ㅂ
>
> ▶ ②

최윤경
행정학

Chapter 01 전자정부의 의의와 전개과정

Chapter 02 우리나라 전자정부

Chapter 03 우리나라 정보공개 제도
(공공기관의 정보공개에 관한 법률)

PART 04

전자정부와 정보공개

CHAPTER 01 전자정부의 의의와 전개과정

1 전자정부(e-government)의 의의

(1) 전자정부의 개념

① '전자정부'란 정보기술을 활용하여 행정기관 및 공공기관의 업무를 전자화하여 행정기관 등의 상호 간의 행정업무 및 국민에 대한 행정업무를 효율적으로 수행하는 정부를 의미함(전자정부법 제2조)

② 전자정부는 디지털 정보기술과 네트워크, 초고속 정보통신 기술 등을 활용해 행정업무를 효율적으로 재설계하고 번거로운 문서와 절차 등을 감축함으로써 고객의 요구에 민감하게 대응하고 대국민 서비스를 증진시킬 수 있는 정부를 의미

(2) 전자정부의 주요 특성

① **정보기술의 활용**: 전자정부는 정보기술을 활용하여 효율성을 증진하는 정부임

② **국민중심주의적 정부**: 전자정부는 국민에 대한 봉사를 제일의 목표로 삼는 민주적 정부임

③ **열린 정부**: 전자정부는 정부의 투명성, 접근성, 대응성이 높은 열린 정부임

④ **통합지향적 정부**: 수평적·수직적으로 통합된 이음매 없는 정부

⑤ **쇄신적 정부**: 전자정부는 변동지향적이며 집단적 학습을 강조하는 학습조직의 요건을 갖춘 정부임

⑥ **작은 정부**: 전자정부는 생산성은 높고 낭비는 최소화된 작은 정부임

⑦ **탈관료화 정부**: 관료제적 경직성을 탈피한 자율적·적응적 정부임

2 전자정부의 구성요소

(1) G2C or G4C(Government to/for Citizen)

① 정부의 대국민 서비스 차원으로, 시민 요구에 부응하는 질 높은 행정서비스를 제공하고 시민 참여를 촉진할 수 있으며 공공서비스 수요에 대한 대응성 제고

② 정부민원포털(정부24), 홈텍스 서비스(HTS), 범정부 온라인 소통포럼(국민신문고) 등

(2) G2B(Government to Business)

① 기업활동을 위한 전자서비스로 정부와 기업 간 업무처리의 효율성과 투명성 증대 추구

② 국가종합전자조달시스템(나라장터, 조달청), 전자통관시스템(UNI-PASS, 관세청) 등

(3) **G2G**(Government to Government)
　① 정부기관 간의 정보공유와 업무의 공동처리, 업무 유연성 등을 통해 행정 능률과 생산성 제고
　② 온-나라시스템(행정안전부), 인사정책지원시스템(e-사람), 디지털예산회계시스템(dBrain) 등

3 전자정부의 지향 및 유형

(1) **효율적인 전자정부**: 효율성 모델(Back Office)
　① 의의
　　㉠ 정부부문의 내부적 효율성 제고를 목적으로 함
　　㉡ 전자정부는 정부 내 자료나 정보가 전자적으로 생산되는 종이 없는 행정을 구현하고, 전자화된 행정정보가 각 행정기관 간에 물 흐르듯이 유통됨으로써 신속·정확한 행정을 실현하는 효율적인 정부를 지향
　② 구현수단: 전자문서교환(EDI: electrnic data interchange), 업무과정의 재설계(BPR), 문서감축, 정보공유 등

(2) **서비스형 전자정부**
　① 의의
　　㉠ 정부부문의 향상된 정보능력을 민간과 공유함으로써 '국민 복지와 서비스의 질'의 향상을 목적으로 함(고객지향적 정부)
　　㉡ 전자정부는 고객이 다양한 수단에 의해 단일접점(정부포털)을 통과하면 누구나, 언제나, 어디에서나, 한 번에 서비스가 제공되는 서비스 고도화를 지향함
　② 구현수단: 정부포털 서비스, One-Stop, Non-Stop 서비스 등

(3) **민주적인 전자정부**: 민주성 모델(Front Office)
　① 의의: 국민이 직접 참여하도록 정부공간을 공개·확대하여 민주성·개방성 향상을 목적으로 함. 열린 정부를 전제로 하며 전자민주주의와의 연계를 중시함
　② 구현수단: 전자정보 공개(인터넷을 통한 행정안내, 정보공개 등), 온라인 시민참여(전자공청회, 전자포럼 등), 전자투표 등

4 전자정부의 발전

(1) **모바일 전자정부**(M-Government)
　① 의의: 국민·기업·정부가 무선 인터넷을 기반으로 한 휴대 단말을 통하여 정부와 관련된 각종 업무 및 정보를 처리하는 미래정부를 의미
　② 특징: 국민과 기업 및 정부에 이동성과 휴대성을 보장하고, 정보 접근에 대한 편의성, 적시성, 개인화를 제공하며, 정부와 사업자가 상호정보를 연계하여 무선 인터넷의 장점을 최대한 활용할 수 있는 특화서비스를 중심으로 이동대민서비스(G2C), 이동산업서비스(G2B), 이동행정서비스(G2G)를 제공

(2) 유비쿼터스 IT 발전과 스마트워크 등장(근무형태의 유연화)

① 유비쿼터스 정보기술의 의의: 컴퓨터, 전자장비, 센서, 칩 등의 전자공간(기술)이 종이, 사람, 집 및 자동차 등의 물리공간(생활)의 모든 곳에 스며들어 모든 사물과 대상이 지능화되고 전자공간에 연결돼 사용자는 그 기술의 존재를 의식할 필요 없이 언제 어디서나 어느 기기로도 눈에 보이지 않는 네트워크에 접속되어 어떤 서비스든 제공받을 수 있게 하는 기술을 의미

② 유비쿼터스 전자정부(U-Government)의 의의: 유비쿼터스 정부는 네트워크 환경을 의식하지 않는 상태에서 장소 및 기계에 구애받지 않고 자유롭게 원하는 서비스를 받을 수 있는, 이른바 5 Any(any-time, any where, any-device, any-network, any-service) 환경에서 실현되는 정부를 의미함

③ 유비쿼터스 전자정부의 특징

㉠ 고객지향성, 지능성, 실시간성, 형평성을 실현하여 인간과 기계의 접촉, 정부와 국민의 접촉이 최소화되고 수요자가 원하는 방식으로 인간 중심적 서비스를 구현하는 정부를 의미

㉡ 유비쿼터스 정부는 유·무선, 모바일 기기 통합으로 언제 어디서나 중단 없는 서비스를 제공하는 편재성/상시성(ubiquity), 개인별 요구사항·특성·선호를 사전에 파악하여 맞춤형 서비스를 제공하는 고객맞춤화(uniqueness), 사회인프라에 센서나 태그를 이식해 공간 환경·사물·사람에 관한 상황인식 정보를 감지해 사물·컴퓨터가 직접 지능화된 서비스를 제공하는 지능화(intelligence) 등을 특징으로 함

▣ 전자정부와 유비쿼터스 정부 비교

구분	전자정부	유비쿼터스 정부
개념	유선 인터넷을 기반으로 한 전자정부	무선·모바일 네트워크를 기반으로 한 전자정부
기술 측면	초고속 정보통신망과 네트워크 인터넷 기술 기반	브로드밴드(광대역 초고속 인터넷서비스)와 무선 & 모바일 네트워크, 센싱, 칩 기반
서비스 측면	신속하고 투명한 서비스 제공 → 기계 중심	지능적인 업무수행과 개개인의 수요에 맞는 맞춤형 정보서비스 제공 → 인간 중심
업무 측면	신속성·투명성·효율성·민주성	실질적인 고객지향성·지능성·형평성·실시간성

④ 원격근무와 스마트근무의 발전

㉠ 원격근무: 유비쿼터스 기술을 활용하여 장소에 구애받지 않고 어디서나 업무를 수행할 수 있는 새로운 근무형태를 의미

㉡ 스마트워크: 원격근무의 발전된 형태로 유비쿼터스 기술을 활용하여 시간·장소의 제약 없이 업무를 수행하는 유연한 근무형태

확인문제

유비쿼터스 정부(u-government)의 특성과 거리가 먼 것은?
2013, 국가 9급
① 중단 없는 정보 서비스 제공
② 맞춤 정보 제공
③ 고객 지향성, 실시간성, 형평성 등의 가치 추구
④ 일방향 정보 제공

▶ ④ [×] 유비쿼터스 전자정부는 전자정부의 발전형태로서 무선모바일을 기반으로 하여 언제 어디서나 중단 없는 정보서비스, 개개인의 수요에 맞는 맞춤형 서비스를 제공하는 정부를 의미하며, 이러한 서비스를 구현하기 위해서는 일방향적 정보제공이 아닌 쌍방향적 정보교환이 이루어져야 한다.

📂 **스마트워크의 유형과 장·단점**

유형	근무형태	장점	단점
재택근무	• 자택에서 본사 정보통신망에 접속하여 업무 수행	• 별도의 사무공간 불필요 • 출퇴근 시간 및 교통비 부담 감소	• 노동자의 고립감 증가와 협동 업무의 시너지 효과 감소 • 고립감으로 직무만족도 저하 • 보안성 미흡으로 일부 업무만 제한적 수행 가능
이동근무 (모바일 오피스)	• 모바일 기기 등을 이용하여 현장에서 업무 수행	• 대면 업무 및 이동이 많은 근무환경에 유리	• 스마트 폰 등을 활용한 위치추적 등 노동자에 대한 감시통제 강화
스마트워크 센터 근무	• 자택 인근 원격사무실에 출근하여 업무 수행	• 본사와 유사한 수준의 사무환경 제공 기능 • 근무실적 관리 용이 • 보안성 확보 용이 • 직접적인 가사·육아에서 벗어나 업무집중도 향상	• 별도의 사무공간 및 관련 시설 비용부담 • 관련 법 및 제도 정비 필요 • 관리조직 및 시스템 구축 필요

(3) **빅데이터를 활용한 스마트 전자정부**

① 빅데이터(big data)의 의의
  ㉠ 빅데이터란 데이터의 생성, 양·주기·형식 등이 기존 데이터에 비해 너무 크기 때문에, 종래의 방법으로는 수집·저장·검색·분석이 어려운 데이터를 의미. 빅데이터는 기존의 행정 환경에서 사용되는 '정형화된 데이터'는 물론 메타 정보와 센서 데이터, 공정제어 데이터 등 '반정형화된 데이터', 사진이나 이미지처럼 멀티미디어 데이터인 '비정형 데이터'를 모두 포함
  ㉡ 빅데이터 기술은 다양한 형태로 구성된 방대한 크기의 데이터로부터 경제적으로 필요한 가치를 추출할 수 있도록 디자인된 차세대 기술로 정의
  ㉢ 빅데이터의 주요 특징: 크기, 다양성, 속도

크기 (volume)	• 데이터의 물리적 크기 • 기업 데이터, 웹 데이터, 센서 데이터에서 페타바이트(PB) 규모로 확장된 데이터 등장
다양성 (variety)	• 데이터의 형태를 의미 • 기존 기업 데이터 환경에서 사용하는 관계형 데이터베이스에 저장된 데이터인지, 웹 로그나 기기 데이터와 같은 데이터인지, 비디오 이미지 같은 비정형 데이터인지 등 데이터의 형태에 따라 종류가 구분됨
속도 (velocity)	• 데이터 처리 능력 • 데이터를 수집·가공·분석하는 일련의 과정을 실시간 또는 일정 주기에 맞춰 처리할 수 있어야 함

확인문제

기존 데이터와 비교할 때 빅데이터의 주요 특징이 아닌 것은?
2017, 지방 9급
① 속도(velocity)
② 다양성(variety)
③ 크기(volume)
④ 수동성(passivity)

▶ ④ [×] 빅데이터의 3대 특징은 크기, 다양성, 속도이다.

② 빅데이터와 스마트 전자정부
  ㉠ 스마트 전자정부: 스마트 전자정부는 진화된 IT 기술과 정부서비스의 융·복합으로 언제 어디서나 매체에 관계없이 국민이 자유롭게 원하는 서비스를 맞춤형으로 이용하고, 참여·소통할 수 있는 선진화된 정부를 의미
  ㉡ 공공부문에서 빅데이터 활용은 사회현상에 관한 새로운 법칙의 발견을 통해 미래예측, 변화추이, 위험징후 등에 선제적으로 대응하며(재난의 사전예방), 각각의 개별적인 시민 요구에 선제적으로 서비스를 제공(맞춤형 서비스 제공)하는 스마트 전자정부를 구축할 수 있게 해줌

③ 빅데이터 활용사례
  ㉠ 해외 공공부문: 싱가포르의 국가위험관리시스템(재난방재, 전염병 확산 등), 미국 연방수사국(FBI)의 범죄자 유전자(DNA) 정보은행 등
  ㉡ 우리나라: ⓐ 국토교통부는 공간 정보를 기반으로 행정정보, 민간에서 보유하고 있는 유동인구자료, 카드매출정보 등을 융·복합하여 분석하고 관련 업무에 활용할 수 있도록 지원하는 공간 빅데이터 체계 구축사업을 2014년부터 추진, ⓑ 2016년에는 대전시 '중앙로 차 없는 거리행사가 주변 상권에 미치는 영향 분석', ⓒ 충주시 '시시티비(CCTV) 설치 최적지 및 안심길 분석' 등을 통해 빅데이터 분석 결과를 정책결정에 적극 활용

📖 기존 전자정부와 스마트 전자정부 비교

구분	유형	기존 전자정부(~2010)	스마트 전자정부
국민	접근방법	PC만 가능	스마트폰, 태블릿 PC, 스마트 TV 등 다매체
	서비스 방식	공급자 중심의 획일적 서비스	개인별 맞춤형 통합 서비스, 공공정부 개방을 통해 국민이 직접 원하는 서비스 개발
	민원신청	개별 신청, 동일 서류도 복수 제출	1회 신청으로 연관 민원 일괄처리
	수혜방식 (지원금/복지 등)	국민이 직접 자격증명 신청	정부가 자격요건 확인·지원
공무원	근무위치	사무실(PC)	위치 무관(스마트워크센터/모바일 오피스)
	일하는 방식 (재난/안전 등)	사후 복구 위주	사전예방 및 예측

전자정부의 진화단계(전자정부 3.0)

구분	전자정부 1세대 (ver. 1.0)	전자정부 2세대 (ver. 2.0)	전자정부 3세대 (ver. 3.0)
특징	• 내부운영의 효율성	• 외부와의 인터페이스 강조 • Web 2.0의 Open Platform, 참여, 공유, 개방, 집단지성 강조	• 정책방향의 설정 '변혁' 강조 • 무정형의 데이터 분석을 통한 정책결정(의사결정)의 지능화 강조
수단	• BPR, TQM, ERP • G2B, G2G, G4C	• Web 2.0 • Open Platform	• 빅데이터 • 협업·공유 • 스마트 기술(센서, RFID, 알고리즘, 시멘틱 웹) 기반 지식관리
이념	• 효과성, 능률성	• 참여성, 투명성, 민주성	• 신뢰성, 성찰성

보충자료

정부 3.0(스마트 정부)

1. **정부 3.0의 의의**: 공공정보를 적극적으로 개방·공유하며 부처 간 칸막이를 없애 소통하고 협력함으로써 국민 맞춤형 서비스를 제공하고, 일자리 창출과 창조경제를 지원하는 새로운 정부운영 패러다임

2. **정부 3.0의 3대 전략과 10대 추진과제**

3대 전략	10대 추진과제
투명한 정부	① 공공정보 적극 공개로 국민의 알권리 충족 ② 공공데이터의 민간 활용 활성화 ③ 민·관 협치를 강화한 플랫폼 정부
유능한 정부	④ 정부 내 칸막이 해소 ⑤ 협업·소통 지원을 위한 정부운영 시스템 개선 ⑥ 빅데이터를 활용한 과학적 행정 구현
서비스 정부	⑦ 수요자 맞춤형 서비스 통합 제공 ⑧ 창업 및 기업활동 원스톱 지원 강화 ⑨ 정보 취약계층의 서비스 접근성 제고 ⑩ 새로운 정보기술을 활용한 맞춤형 서비스 창출

정부운영 패러다임의 변화

구분	정부 1.0	정부 2.0	정부 3.0
중심	정부 중심	국민 중심	국민 개개인 중심
기반	유선 인터넷	무선 모바일	유무선 통합
참여	관주도·동원 방식	제한된 공개·참여	능동적 공개·참여 개방·공유·소통·협력
서비스	일방향 정보 제공 공급 위주	양방향 정보 제공 정보공개 확대	양방향·개인별 맞춤형 제공
가치	효율성	민주성	확장된 민주성
수단	직접 방문	인터넷	무선인터넷, 스마트 모바일 서비스

(4) 지능형 전자정부(2016년 이후)

① 의의: 지능형 전자정부란 인공지능, 빅데이터, 사물인터넷 등 지능정보기술을 활용하여 국민 중심으로 정부서비스를 최적화하고 스스로 일하는 방식을 혁신하며, 국민과 함께 국정 운영을 실현함으로써 안전하고 편안한 상생의 사회를 만드는 디지털 신정부를 의미함(행정안전부, 2017)

② '지능형 정부 기본계획'(2017년 3월): '지능형 정부'를 달성하기 위해 6개의 핵심가치(공정, 투명, 유연, 신뢰, 창의, 포용)를 바탕으로 "스스로 진화하는 WISE 정부" 비전 달성을 위한 4대 목표(W.I.S.E.) 추구

③ 지능형 정부의 4대 목표
   ㉠ 마음을 보살피는 정부(Wonderful Mind-Caring Gov.): 국민의 어려움을 먼저 찾아 해결하고, 이를 모든 국민이 차별 없이 누릴 수 있도록 마음까지 보살피는 따뜻한 서비스를 제공하는 것
   ㉡ 사전에 해결하는 정부(Innovative Problem-Solving Gov.): 스스로 혁신하는 진화형 행정을 구현함으로써 행정 프로세스 전반을 끊임없이 재설계하고, 데이터 중심의 스마트 행정을 구현하는 것
   ㉢ 가치를 공유하는 정부(Sustainable Value-Sharing Gov.): 국민과 정부가 새로운 경제·사회적 가치를 공동으로 생산·공유·사용하는 플랫폼 기반의 디지털 파트너십 구현
   ㉣ 안전을 지켜주는 정부(Enhanced Safety-Keeping Gov.): 재난안전, 생활안전 등 각종 안전망을 지능화하여 국민이 안심하고 살 수 있는 환경을 구축하고, 인공지능 기반의 자가신화형 사이버 이용 기반을 확립하는 것

④ 지능형 정부의 특징
   ㉠ 시스템 측면에서 제4차 산업혁명의 기반이 되는 인공지능, 빅데이터 등의 최첨단 기술을 활용한 차세대 전자정부 플랫폼 구축을 의미
   ㉡ 국정운영 측면에서 신기술과 인간의 창의성을 접목하여 국민이 감동하는 서비스를 제공하고, 국민과 함께하는 현명한 국정 운영을 지원하는 정부를 의미

■ 기존 전자정부와 지능형 정부 비교

구분	전자정부	지능형 정부
정책결정	정부 주도	국민 주도
행정업무	• 국민·공무원 문제 제기 → 개선 • 현장 행정: 단순업무 처리 중심	• 문제 자동 인지 → 스스로 대안 제시 → 개선 • 현장 행정: 복합문제 해결 가능
서비스 목표	양적·효율적 서비스 제공	질적·공감적 서비스 공동 생산
서비스 내용	생애주기별 맞춤형	일상 틈새 + 생애주기별 비서형
서비스 전달 방식	온라인 + 모바일 채널	수요 기반 온·오프라인 멀티채널

확인문제

기존 전자정부 대비 지능형 정부의 특징에 대한 설명으로 가장 옳지 않은 것은? 2022. 군무원 9급
① 국민주도로 정책결정이 이루어진다.
② 현장 행정에서 복합문제의 해결이 가능하다.
③ 생애주기별 맞춤형 서비스를 제공한다.
④ 서비스 전달방식은 수요기반 온·오프라인 멀티채널이다.

▶ ③ [×] 기존 전자정부는 생애주기별 맞춤형 서비스 제공, 지능형 정부는 그에 더해 사용자의 일상을 빈틈없이 채워주는 개인비서와 같은 지능화된 맞춤 서비스를 제공한다.

5 4차 산업혁명

(1) 4차 산업혁명의 의의

① '제4차 산업혁명'은 2016년 세계경제포럼(WEF : World Economic Forum)에서 언급되었으며, 컴퓨터와 인터넷으로 대표되는 제3차 산업혁명(정보혁명)에서 한 단계 더 진화하여 혁신적인 변화가 나타나는 차세대 산업혁명을 의미

② 1차, 2차 산업혁명은 동력 및 대량생산 등으로 인한 오프라인(offline) 혁명, 3차 혁명은 지식·정보, 인터넷 등으로 인한 온라인(online) 혁명이지만, 4차 산업혁명은 1차, 2차의 오프라인 혁명과 3차의 온라인 혁명이 하나로 연결되는 사이버 물리시스템(cyber physical system) 혁명이라고 할 수 있음

(2) 4차 산업혁명의 특징

① 제4차 산업혁명은 초연결성(hyper-connectivity)과 초지능성(hyper-intelligence) 등을 특징으로 하며, 기존 산업혁명에 비해 더 넓은 범위(scope)에 더 빠른 속도(velocity)로 크게 영향(impact)을 끼침

　㉠ 초연결성(hyper-connectivity) : 사물인터넷(IoT)의 진화와 디지털화에 따라 사람과 사물, 공간, 시스템이 더 이상 독립적으로 존재하지 않고 통신망을 통해 초연결되어 상호의존도가 증폭됨

　㉡ 초지능성(hyper-intelligence) : 초연결성에서 비롯된 막대한 데이터를 분석하여(빅데이터 분석, 인공지능 활용) 인간생활의 패턴 파악. 빅데이터와 정보가 클라우드와의 접목을 통해 하드웨어 자체가 스스로 분석하고 생각하게 함으로써 디지털화된 물리적 세계의 객체들이 초지능성을 갖게 됨

　㉢ 초예측성 : 초연결성과 초지능성을 토대로 한 분석결과를 통해 인간행동을 예측. 딥러닝과 같은 첨단 AI는 스스로 빅데이터의 특징량을 추출해 의미 있는 판단과 예측의 정확도를 높임

② 4차 산업혁명은 VUCA, 즉 변동성(volatility), 불확실성(uncertainty), 복잡성(complexity), 모호성(ambiguity)으로 설명할 수 있음

③ 인공지능(AI), 사물인터넷(IoT), 클라우드 컴퓨팅, 빅데이터, 모바일 등 지능정보기술이 기존 산업과 서비스에 융합되거나 3D 프린팅, 로봇공학, 생명공학, 나노기술 등 여러 분야의 신기술을 기존 제조업과 융합해 생산능력과 효율을 극대화시킴

④ 세계경제포럼은 4차 산업혁명 시대의 미래정부 모형으로 FAST(Flatter, Agile, Streamlined, Tech-savvy) 정부[수평적이고(flatter), 기민하며(agile), 간결하고(streamlined) 기술역량이 있는(tech-savvy) 정부]를 제시했음

⑤ 산업 간, 국경 간, 현실과 가상의 세계까지 융합시킴으로써 삶의 범위를 무한히 확장시켰지만, 노동시장의 붕괴(일자리 감소), 사회양극화(소득격차 확대) 등 많은 측면에서 위기의식이 증가하고 있음

확인문제

4차 산업혁명에 관한 설명으로 옳지 않은 것은? 2021. 지방 9급
① 초연결성, 초지능성 등의 특징이 있다.
② 대량 생산 및 규모의 경제 확산이 핵심이다.
③ 사물인터넷은 스마트 도시 구현에 도움이 된다.
④ 빅데이터를 활용한 맞춤형 공공서비스 제공이 가능하다.

▶ ② [×] 대량 생산 및 규모의 경제 확산은 2차 산업혁명의 특징이다. 4차 산업혁명은 인공지능(AI), 사물인터넷(IoT), 로봇기술, 드론, 자율주행차, 가상현실(VR) 등이 주도하는 차세대 산업혁명을 말한다.

6 정보화(전자정부)의 역기능

(1) 정보화 역기능의 의의

정보화 역기능은 사회적 질서와 안전을 위협할 수 있는 디지털 위험(digital risk)으로 정의할 수 있음. 해킹, 개인정보 유출, 음란물 유통, 도청, 음란물·게임중독 등 인터넷 과다 사용은 정보를 일방적으로 사용하려는 데서 발생하는 정보화 역기능의 대표적 사례임

(2) 정보화 역기능의 유형

① **국민의 사생활 침해 우려**: 국민 개개인에 대한 인적·물적 정보가 확보됨으로써 개인의 사생활을 침해할 우려가 높아짐

② **정보의 그레샴 법칙**: 정보의 그레샴 법칙은 인간은 가치가 낮은 정보를 공공정보시스템에 남기고, 가치가 높은 정보는 사적으로 보유하는 성향을 의미함. 이로 인해 쓸모없는 정보가 공공정보시스템에 많이 잔여함에 따라 컴퓨터의 체증 현상과 비용 상승을 유발함

③ **인포데믹스(infordemics)**: 정보(information)와 전염병(epidemics)의 합성어로 정보 확산으로 인한 각종 부작용을 의미. 추측이나 루머가 결합된 부정확한 정보가 인터넷이나 휴대전화를 통해 전염병과 같이 빠르게 전파됨으로써 개인의 사생활 침해는 물론 사회, 정치, 경제, 안보 등에 치명적 영향을 미치는 현상

④ **집단극화(group polarization)**: 집단극화는 개인이 의사결정을 내릴 때보다 집단으로 의사결정을 내릴 때 과격해지는 현상을 의미. 정보화 사회에서는 개인이 집단의 의사를 확인하기 용이해지므로 의사결정이 보다 양극화되는 경향성이 나타날 수 있음

⑤ **선택적 정보 접촉(selective exposure to information)**: 선택적 정보접촉은 본인에게 유리한 정보만을 선별적으로 선택하는 현상. 자신의 입장에 부합하는 정보들을 선택하는 것으로 역설적으로 중요한 사회적·정치적 이슈를 둘러싼 서로 다른 관점들에 대한 노출을 저해할 수 있음

⑥ **정보격차(digital divide)**
  ㉠ 의의: 정보접근과 정보이용이 가능한 자와 그렇지 못한 자 사이에 경제적·사회적 격차가 심화되는 현상. 정보격차는 정보의 접근 및 이용이 여러 사회 집단 간에 동등한 수준으로 진행되지 않는 현상을 의미. 즉, 개인·가정·기업 및 지역들 간의 상이한 사회 경제적 여건으로 정보능력을 지닌 사람과 그렇지 못한 사람들 간에 정치·경제·사회·문화 등 모든 부분에서 불평등이 나타나는 현상을 의미
  ㉡ 정보격차 해소 극복방안
    ⓐ 정보기회의 제공: 정보소외계층이 정보기술에 대한 지식을 얻어 사회 내의 다른 계층과 평등하게 될 수 있는 기회를 제공하는 것을 의미
    ⓑ 웹 접근성 강화: 장애인 등 정보소외계층이 일반인과 동일하게 웹사이트에 있는 모든 정보에 접근해 활용할 수 있도록 편의를 제공하는 것을 의미
      예 시각장애인을 위한 음성서비스 제공 등
    ⓒ 웹 사용성 강화: 접근성에서 확대된 개념으로 정보소외계층이 웹에 접근하는 수준에서 한걸음 더 나아가 웹 사이트에 있는 모든 정보를 편리하고 만족스럽게 활용할 수 있도록 하는 데 초점을 두어야 함

확인문제

전자정부의 역기능에 대한 설명으로 옳은 것을 모두 고르면?
2020, 군무원 7급

㉠ 행정의 민주화를 저해할 수 있다.
㉡ 사이버 범죄가 발생할 수 있다.
㉢ 전자감시의 위험이 심화될 수 있다.
㉣ 정보격차가 심화될 수 있다.

① ㉠, ㉡ ② ㉡, ㉢
③ ㉠, ㉡, ㉢ ④ ㉡, ㉢, ㉣

▶ ④ ㉡, ㉢, ㉣ [○]
㉠ [✕] 전자정부는 정보통신기술을 활용하여 정부의 업무수행을 전자화하여 행정의 생산성·투명성·민주성을 제고하고 국민의 삶의 질 향상에 기여하는 것을 목표로 한다. 행정의 민주화 제고는 전자정부의 목표(장점)에 해당한다.

> **보충자료**

정보격차 해소 관련 법률

지능정보화기본법 제45조(정보격차 해소 시책의 마련) 국가기관과 지방자치단체는 모든 국민이 지능정보서비스에 원활하게 접근하고 이를 유익하게 활용할 기본적 권리를 누구나 격차 없이 실질적으로 누릴 수 있도록 필요한 시책을 마련하여야 한다.

제46조(장애인·고령자 등의 지능정보서비스 접근 및 이용 보장)
① 국가기관등은 정보통신망을 통하여 정보나 서비스를 제공할 때 장애인·고령자 등이 웹사이트와 이동통신단말장치(「전파법」에 따라 할당받은 주파수를 사용하는 기간통신역무를 이용하기 위하여 필요한 단말장치를 말한다. 이하 같다)에 설치되는 응용 소프트웨어 등 대통령령으로 정하는 유·무선 정보통신을 쉽게 이용할 수 있도록 접근성을 보장하여야 한다.
② 지능정보서비스 제공자는 그 서비스를 제공할 때 장애인·고령자 등의 접근과 이용의 편익을 증진하기 위하여 노력하여야 한다.

CHAPTER 02 우리나라 전자정부

1 전자정부의 목적

정보기술과 행정 업무 프로세스를 결합하여 전자정부를 구현함으로써 행정의 생산성·투명성·민주성을 제고하고, 국민의 삶의 질 향상에 기여하는 것을 목표로 함

2 전자정부의 원칙(전자정부법 제4조)

① 행정기관등은 전자정부의 구현·운영 및 발전을 추진할 때 다음 각 호의 사항을 우선적으로 고려하고 이에 필요한 대책을 마련하여야 함
  ㉠ 대민서비스의 전자화 및 국민편익의 증진
  ㉡ 행정업무의 혁신 및 생산성·효율성의 향상
  ㉢ 정보시스템의 안전성·신뢰성의 확보
  ㉣ 개인정보 및 사생활의 보호
  ㉤ 행정정보의 공개 및 공동이용의 확대
  ㉥ 중복투자의 방지 및 상호운용성 증진
② 행정기관등은 전자정부의 구현·운영 및 발전을 추진할 때 정보기술아키텍처를 기반으로 하여야 함
③ 행정기관등은 상호 간에 행정정보의 공동이용을 통하여 전자적으로 확인할 수 있는 사항을 민원인에게 제출하도록 요구하여서는 안 됨
④ 행정기관등이 보유·관리하는 개인정보는 법령에서 정하는 경우를 제외하고는 당사자의 의사에 반하여 사용되어서는 안 됨

3 전자정부 기본계획 수립 등

(1) 전자정부 기본계획 수립

① 중앙사무관장기관의 장은 전자정부의 구현·운영 및 발전을 위하여 5년마다 제5조의2 제1항에 따른 행정기관등의 기관별 계획을 종합하여 전자정부기본계획을 수립하여야 함(전자정부법 제5조)
② "중앙사무관장기관"이란 국회 소속 기관에 대하여는 국회사무처, 법원 소속 기관에 대하여는 법원행정처, 헌법재판소 소속 기관에 대하여는 헌법재판소사무처, 중앙선거관리위원회 소속 기관에 대하여는 중앙선거관리위원회사무처, 중앙행정기관 및 그 소속 기관과 지방자치단체에 대하여는 행정안전부를 말함(전자정부법 제2조 제4호)

확인문제

「전자정부법」에서 규정하는 전자정부의 원칙에 해당되지 않는 것은?
2014, 지방 7급
① 개인정보 및 사생활의 보호
② 행정정보의 공개 및 공동이용의 확대
③ 중복투자의 방지 및 상호운용성 증진
④ 행정기관 및 국가공무원의 통제 효율성 확대

▶ ④ [×] 「전자정부법」상 전자정부 원칙에 해당하지 않는다.

확인문제

「전자정부법」에서 정의하고 있는 다음의 개념은? 2022, 국가 9급

일정한 기준과 절차에 따라 업무, 응용, 데이터, 기술, 보안 등 조직 전체의 구성요소들을 통합적으로 분석한 뒤 이들 간의 관계를 구조적으로 정리한 체제 및 이를 바탕으로 정보화 등을 통하여 구성요소들을 최적화하기 위한 방법

① 전자문서
② 정보기술아키텍처
③ 정보시스템
④ 정보자원

▶ ②

(2) **기관별 계획**: 행정기관등의 장은 5년마다 해당 기관의 전자정부의 구현·운영 및 발전을 위한 기본계획(이하 "기관별 계획"이라 한다)을 수립하여 중앙사무관장기관의 장에게 제출하여야 함(전자정부법 제5조의2)

(3) **지능정보사회 종합계획의 수립**(지능정보화 기본법 제6조)
   ① 정부는 지능정보사회 정책의 효율적·체계적 추진을 위하여 지능정보사회 종합계획을 3년 단위로 수립하여야 함
   ② 종합계획은 과학기술정보통신부장관이 관계 중앙행정기관(대통령 소속 기관 및 국무총리 소속 기관을 포함)의 장 및 지방자치단체의 장의 의견을 들어 수립함

(4) **지능정보사회 실행계획 수립**(지능정보화 기본법 제7조)
   ① 중앙행정기관의 장과 지방자치단체의 장은 종합계획에 따라 매년 지능정보사회 실행계획을 수립·시행하여야 함
   ② 관계 중앙행정기관의 장은 「지능정보화 기본법」 제7조에 따른 지능정보사회 실행계획을 수립·시행할 때에는 전자정부기본계획을 고려하여야 함(전자정부법 제5조 제3항)

근거법	계획	주무기관	기간
전자정부법	전자정부 기본계획	중앙사무관장기관의 장(행정안전부 등)	5년
	기관별 계획	행정기관 등의 장	5년
지능화정보법	지능정보화사업 종합계획	과학기술정보통신부장관	3년
	실행계획	중앙행정기관의 장과 지방자치단체의 장	매년

4 전자정부서비스의 제공 및 활용

① **전자적 민원처리 신청**: 행정기관등의 장은 해당 기관에서 제공하는 전자정부서비스에 대하여 관계 법령에서 문서·서면·서류 등의 종이문서로 신청, 신고 또는 제출 등을 하도록 규정하고 있는 경우에도 전자문서로 신청 등을 하게 할 수 있음(전자정부법 제7조 제1항)

② **유비쿼터스 기반의 전자정부서비스 도입·활용**: 행정기관등의 장은 첨단 정보통신기술을 활용하여 국민·기업 등이 언제 어디서나 활용할 수 있는 행정·교통·복지·환경·재난안전 등의 서비스(유비쿼터스 기반의 전자정부서비스)를 제공하여야 하며, 이에 필요한 시책을 마련하여야 함(전자정부법 제18조)

5 행정정보의 공동 이용(전자정부법 제36조~제44조)

① 행정기관 간 행정정보의 공동이용을 확대함으로써 행정업무를 효율적으로 추진하고 국민들이 민원신청을 위해 많은 서류를 제출할 필요가 없도록 부담을 경감시키는 목적

② 공동이용 대상 및 방법과 절차를 규정하고, 개인정보의 경우에는 정보주체의 사전 동의를 받도록 하며, 열람청구권을 규정하여 자신의 신상정보를 통제할 수 있도록 하고, 공동이용에 따른 금지행위 등을 규정

확인문제

우리나라의 전자정부에 대한 설명으로 옳지 않은 것은?
2023. 국가 9급

① 정부는 '지능정보사회 종합계획'을 3년 단위로 수립하여야 한다.
② 과학기술정보통신부장관은 5년마다 행정기관등의 기관별 계획을 종합하여 '전자정부기본계획'을 수립하여야 한다.
③ 「전자정부법」상 '전자화문서'는 종이문서와 그 밖에 전자적 형태로 작성되지 아니한 문서를 정보시스템이 처리할 수 있는 형태로 변환한 문서를 말한다.
④ 중앙행정기관의 장과 지방자치단체의 장은 해당기관의 지능정보사회 시책의 효율적 수립·시행과 대통령령이 정하는 업무를 총괄하는 '지능정보화책임관'을 임명하여야 한다.

▶ ② [×] 과학기술정보통신부장관이 아니라 행정안전부장관이다.

6 전자정부 운영기반의 강화

(1) 전자정부의 운영기반을 강화하기 위하여 정보통신망 등의 체계적인 보호대책을 마련하고, 정보화 기본설계도인 정보기술아키텍처를 기반으로 전자정부 사업을 추진하도록 하며, 행정기관의 정보자원을 통합적으로 관리하도록 하였음

(2) **정보기술아키텍처 기본계획의 수립 등**(전자정부법 제45조)
   ① 행정안전부장관은 관계 행정기관등의 장과 협의하여 정보기술아키텍처를 체계적으로 도입하고 확산시키기 위한 기본계획을 수립하여야 함
   ② 행정안전부장관은 기본계획에 따라 범정부 정보기술아키텍처를 수립하여야 함

7 정보화책임관

(1) **정보화책임관의 의의**: 정보화책임관(CIO: Chief Information Officer)은 조직 전반의 정보관리 정책의 수립과 집행을 책임지며, 총괄적으로 효율적인 정보자원관리의 수행을 책임지는 고위관리자를 의미

(2) **정보화책임관의 역할 및 기능**: 정보화책임관은 기술적 전문성을 바탕으로 부처 내 각 부서의 정보화 관련 업무를 총괄·조정

8 정보통신기술을 활용한 행정개선 사례

(1) **정부24**(G2C): 국민이 언제, 어디서나 정부서비스를 한 번에 찾고 편리하게 이용할 수 있도록 민원서비스를 통합적으로 제공

(2) **국민신문고**(G2C): 정부에 대한 불편사항 제기, 국민 제안, 부패 및 공익신고 등을 원스톱으로 접수 및 처리 목적으로 도입

(3) **나라장터**(G2B): 공공기관의 공사, 용역, 물품 등의 발주 정보를 공개하고 입찰공고 및 조달 정보 제공 등 조달절차를 인터넷으로 처리하도록 전자조달 시스템 도입(조달청)

(4) **전자통관시스템**(G2B): 온라인 수출입 통관, 관세 환급 업무, 전자민원 서비스 제공을 위해 전자통관시스템(UNI-PASS) 도입(관세청)

(5) **온나라시스템**(G2G): 행정업무의 효율성을 제고하고 비용 절감을 위해 정부가 수행하는 모든 업무를 체계적으로 분류하고, 온라인상에서 실시간으로 업무를 처리하는 전산시스템(행정안전부)

(6) **디지털예산회계시스템**(dBrain): 재정업무의 전 과정을 온라인으로 수행하고 재정사업의 현황을 실시간으로 파악할 수 있는 통합재정정보시스템

확인문제

전자적 행정서비스를 제공받는 집단에 대한 설명으로 옳은 것은?
2018, 지방 7급

① G2G(Government, Government)에서는 그룹웨어시스템을 통한 원격지 연결, 정보 공유, 업무의 공동처리, 업무 유연성 등으로 행정의 생산성이 저하된다.
② G2C(Government, Citizen)의 관계 변화를 통해 시민요구에 부응하는 질 높은 행정서비스를 제공하고 시민참여를 촉진할 수 있지만 공공서비스 수요에 대한 대응성이 낮아진다.
③ G2G(Government, Government)에서는 정부부처 간, 중앙과 지방정부 간에 정보를 공동활용하여 행정업무의 정확성과 효율성이 증대되고 거래비용이 감소한다.
④ G2B(Government, Business)의 관계 변화로 정부의 정책 수행을 위한 권고, 지침전달 등을 위한 정보교류 비용이 감소하지만 조달행정 비용은 증가한다.

▶ ③ [○]
① [×] G2G는 그룹웨어시스템을 통한 원격지 연결, 정보 공유, 업무의 공동처리, 업무 유연성 등을 통해 행정의 생산성을 제고한다.
② [×] G2C는 정부와 시민 간에 관계변화를 통해 시민참여를 촉진하고, 시민의 요구에 대응성을 제고한다.
④ [×] G2B는 정보교류 비용과 조달행정 비용을 감소시킨다.

CHAPTER 03 우리나라 정보공개 제도(공공기관의 정보공개에 관한 법률)

1 정보공개의 개념

① 정보공개란 국가·지방자치단체 등 공공기관이 보유·관리하는 정보를 국민이나 주민의 청구에 의해 공개하는 것을 의미
② "정보"란 공공기관이 직무상 작성 또는 취득하여 관리하고 있는 문서(전자문서를 포함) 및 전자매체를 비롯한 모든 형태의 매체 등에 기록된 사항을 말함(법 제2조 제1항)
③ "공개"란 공공기관이 이 법에 따라 정보를 열람하게 하거나 그 사본·복제물을 제공하는 것 또는 「전자정부법」에 따른 정보통신망을 통하여 정보를 제공하는 것 등을 말함(법 제2조 제2항)

2 정보공개제도의 도입

우리나라 행정정보공개제도는 1992년 청주시 등 기초지방자치단체에서 먼저 조례로 제도화되었고, 1996년 12월에 중앙정부가 「공공기관 정보공개에 관한 법률」을 제정하였음

3 정보공개의 목적(공공기관의 정보공개에 관한 법률 제1조)

① 국민의 알 권리 보장: 헌법상 보장된 국민의 알 권리를 실질적으로 보장
② 국정 참여: 정보공개는 국정참여의 대전제가 됨
③ 행정운영의 투명성 확보

4 적용 범위(공공기관의 정보공개에 관한 법률 제4조)

① 정보의 공개에 관하여는 다른 법률에 특별한 규정이 있는 경우를 제외하고는 이 법에서 정하는 바에 따름
② 지방자치단체는 그 소관 사무에 관하여 법령의 범위에서 정보공개에 관한 조례를 정할 수 있음
③ 국가안전보장에 관련되는 정보 및 보안 업무를 관장하는 기관에서 국가안전보장과 관련된 정보의 분석을 목적으로 수집하거나 작성한 정보에 대해서는 이 법을 적용하지 않음

확인문제

우리나라의 행정정보공개제도에 대한 설명으로 옳지 않은 것은?
2014, 국가 9급
① 국정에 대한 국민의 참여와 국정운영의 투명성 확보를 목적으로 한다.
② 중앙행정기관의 경우 전자적 형태의 정보 중 공개대상으로 분류된 정보는 공개 청구가 없더라도 공개하여야 한다.
③ 정보의 공개 및 우송 등에 드는 비용은 실비 범위에서 청구인이 부담한다.
④ 정보공개 청구는 말로써도 할 수 있으나 외국인은 청구할 수 없다.

▶ ④ [×] 정보공개청구는 문서로 청구서를 제출하거나 말로써 할 수 있으며, 외국인도 대통령령으로 정하는 일정한 경우에는 청구할 수 있다.

「공공기관의 정보공개에 관한 법률」 제10조(정보공개의 청구방법)
① 정보의 공개를 청구하는 자(이하 "청구인"이라 한다)는 해당 정보를 보유하거나 관리하고 있는 공공기관에 다음 각 호의 사항을 적은 정보공개 청구서를 제출하거나 말로써 정보의 공개를 청구할 수 있다.

「공공기관의 정보공개에 관한 법률」 제5조(정보공개 청구권자)
① 모든 국민은 정보의 공개를 청구할 권리를 가진다.
② 외국인의 정보공개 청구에 관하여는 대통령령으로 정한다.

5 정보공개제도의 주요 내용(공공기관의 정보공개에 관한 법률 제5조)

(1) **정보의 사전적 공개와 원문 공개**

① **정보의 사전적 공개**: 공공기관은 다음 각 호의 어느 하나에 해당하는 정보에 대해서는 공개의 구체적 범위, 주기, 시기 및 방법 등을 미리 정하여 정보통신망 등을 통하여 알리고, 이에 따라 정기적으로 공개하여야 함(법 제7조 제1항)
  ㉠ 국민생활에 매우 큰 영향을 미치는 정책에 관한 정보
  ㉡ 국가의 시책으로 시행하는 공사(工事) 등 대규모 예산이 투입되는 사업에 관한 정보
  ㉢ 예산집행의 내용과 사업평가 결과 등 행정감시를 위하여 필요한 정보
  ㉣ 그 밖에 공공기관의 장이 정하는 정보

② **공개대상 정보의 원문공개**: 공공기관 중 중앙행정기관 및 대통령령으로 정하는 기관은 전자적 형태로 보유·관리하는 정보 중 공개대상으로 분류된 정보를 국민의 정보공개 청구가 없더라도 정보통신망을 활용한 정보공개시스템 등을 통하여 공개하여야 함(법 제8조의2)

(2) **정보공개기관의 범위**(공공기관의 정보공개에 관한 법률 제2조 제3호)

① 국가기관
  ㉠ 국회, 법원, 헌법재판소, 중앙선거관리위원회
  ㉡ 중앙행정기관(대통령 소속 기관과 국무총리 소속 기관을 포함한다) 및 그 소속 기관
  ㉢ 「행정기관 소속 위원회의 설치·운영에 관한 법률」에 따른 위원회

② 지방자치단체

③ 「공공기관의 운영에 관한 법률」에 따른 공공기관

④ 「지방공기업법」에 따른 지방공사 및 지방공단

⑤ 그 밖에 대통령령으로 정하는 기관

(3) **정보공개 청구권자**

① 모든 국민은 정보의 공개를 청구할 권리를 가짐(법 제5조 제1항)

② 외국인의 정보공개 청구에 관하여는 대통령령으로 정함(법 제5조 제2항). 국내에 일정한 주소를 두고 거주하거나 학술·연구를 위하여 일시적으로 체류하는 사람, 국내에 사무소를 두고 있는 법인 또는 단체는 외국인도 정보공개를 청구할 수 있음

(4) **정보공개의 청구방법**

① 정보의 공개를 청구하는 자(청구인)는 해당 정보를 보유하거나 관리하고 있는 공공기관에 정보공개 청구서를 제출하거나 말로써 정보의 공개를 청구할 수 있음(법 제10조 제1항)

② 정보공개 청구서는 공공기관에 직접 출석하여 제출하거나 우편·팩스 또는 정보통신망을 이용하여 제출함(시행령 제6조 제1항)

(5) **비공개대상 정보**

① **공개대상 정보**: 공공기관이 보유·관리하는 정보는 공개 대상이 됨

② **비공개대상 정보**: 다른 법령에 따라 비밀이나 비공개 사항으로 규정된 정보, 국가안전보장 등에 관한 정보, 공개될 경우 국민의 생명·신체 및 재산의 보호에 현저한 지장을 초래할 우려가 있다고 인정되는 정보, 진행 중인 재판에 관련된 정보, 사생활의 비밀 또는 자유를 침해할 우려가 있다고 인정되는 개인정보 등(법 제9조)

(6) **정보공개 절차**

① **정보공개 여부 결정**: 공공기관은 정보공개의 청구를 받으면 그 청구를 받은 날부터 10일 이내에 공개 여부를 결정하여야 함. 공공기관은 부득이한 사유로 10일 이내에 공개 여부를 결정할 수 없을 때에는 그 기간이 끝나는 날의 다음 날부터 기산(起算)하여 10일의 범위에서 공개 여부 결정기간을 연장할 수 있음. 이 경우 공공기관은 연장된 사실과 연장 사유를 청구인에게 지체 없이 문서로 통지하여야 함(법 제11조)

② **정보공개 여부 결정의 통지**: 공공기관은 정보의 공개를 결정한 경우에는 공개의 일시 및 장소 등을 분명히 밝혀 청구인에게 통지하여야 함. 공공기관은 정보의 비공개 결정을 한 경우에는 그 사실을 청구인에게 지체 없이 문서로 통지하여야 함. 이 경우 비공개 이유와 불복(不服)의 방법 및 절차를 구체적으로 밝혀야 함(법 제13조)

(7) **불복·구제 절차**

① **이의신청**: 청구인이 정보공개와 관련한 공공기관의 비공개 결정 또는 부분 공개 결정에 대하여 불복이 있거나 정보공개 청구 후 20일이 경과하도록 정보공개 결정이 없는 때에는 공공기관으로부터 정보공개 여부의 결정 통지를 받은 날 또는 정보공개 청구 후 20일이 경과한 날부터 30일 이내에 해당 공공기관에 문서로 이의신청을 할 수 있음(법 제18조)

② **행정심판 및 소송**: 청구인이 정보공개와 관련한 공공기관의 결정에 대하여 불복이 있거나 정보공개 청구 후 20일이 경과하도록 정보공개 결정이 없는 때에는 행정심판 또는 행정소송을 제기할 수 있음

6 정보공개위원회 설치(공공기관의 정보공개에 관한 법률 제22조)

정보공개에 관한 정책 수립 및 제도 개선, 정보공개에 관한 기준 수립, 공공기관의 정보공개 운영실태 평가 및 그 결과 처리에 관한 사항 등을 심의·조정하기 위해 행정안전부장관 소속으로 정보공개위원회를 두고 있음(법 제22조)

최윤경 행정학

- **Chapter 01** 인사행정제도의 발달
- **Chapter 02** 공직의 분류체계
- **Chapter 03** 인사행정 기관
- **Chapter 04** 공무원의 임용 및 능력발전
- **Chapter 05** 사기관리
- **Chapter 06** 공무원 신분보장
- **Chapter 07** 공무원의 권리와 의무

PART 05

인사행정

CHAPTER 01 인사행정제도의 발달

제1절 직업공무원제(Career Civil Service System)

1 직업공무원제의 의의
① 젊고 유능한 인재를 공직에 유치하여 국민에 대한 보람 있는 일로 여기고 공직에 근무하는 것을 명예로 인식하고, 정년퇴임 시까지 장기간에 걸쳐 근무하도록 하는 인사제도
② 절대군주 국가 시대부터 체계화 → 대규모 관료조직을 정비·관리하기 위해 발달
③ 우리나라는 직업공무원제도를 근간으로 공직구조를 형성하고 있음

2 직업공무원제 수립을 위한 요건
① 공직에 대한 높은 사회적 평가
② 젊고 유능한 인재를 채용하기 위해 학력, 연령 제한을 둘 수 있음
③ 승진, 전보, 훈련 등을 통한 능력 발전 기회 부여
④ 적정한 보수 및 연금제도 확보가 필요함. 공무원의 보수는 민간부문의 보수와 적절한 균형을 이루어야 하며, 적절한 연금제도가 확립되어 재직 중 안심하고 공직에 종사할 수 있도록 해야 함
⑤ 장기적 시각의 공무원에 대한 인력계획 수립

3 직업공무원제의 특징
① **계급제**: 직업공무원제는 공무원의 인적 특성을 기준으로 공직을 분류하는 계급제와 친화성이 높음
② **폐쇄형 충원체제**: 상위계급으로의 승진은 원칙적으로 내부 승진에 의해 충원되며, 외부로부터의 유입은 허용되지 않음
③ **신분보장**: 직업공무원제는 원칙적으로 젊은 인재를 최하위 계급으로 임용해 공직을 일생의 본업으로 삼을 수 있도록 직업적 안정성을 보장해줌. 또한, 계급제하에서 공무원은 특정 자리가 아닌 공직 전체에서 신분을 부여받기 때문에 해당 직무가 폐지되더라도 퇴출되지 않는 등 강력한 신분보장을 받음
④ **일반행정가 중심주의**: 공직 선발기준으로 전문적인 직무 수행 능력보다는 장기적인 발전 가능성과 잠재력을 중시하며, 따라서 공무원의 교육훈련과 경력발전에 많은 관심과 노력을 기울임

4 직업공무원제의 장점

① 공직에 대한 자부심과 일체감을 강화함으로써 공무원들의 사기를 높임
② 공무원의 신분을 보장함으로써 정권 교체에도 불구하고 행정의 안정성, 일관성, 계속성 확보
③ 장기근무를 유도하여 공무원의 능력발전 기회를 제공하고 일반행정가 중심의 고급 공무원 양성에 유리

5 직업공무원제의 단점

① **행정의 전문성·능률성 저해**: 폐쇄적 임용, 강력한 신분보장, 순환보직, 일반행정가 중심의 인사관리는 행정의 전문성·능률성을 저해할 수 있음
② **특권집단화(민주적 통제 곤란)**: 강력한 신분보장은 민주적 통제를 곤란하게 하기 때문에 국민의 요구에 민감하게 대응하지 못할 수 있음
③ **공직 침체 및 환경변동에 부적응성, 경직성**: 공직계층의 중간에 외부로부터의 자유로운 충원이 곤란하기 때문에 국민의 요구와 환경 변화에 대응성이 떨어지고, 공직이 장기적으로 침체할 우려가 있음

제2절 엽관주의(Spoils System)

1 엽관주의의 의의

선거에서 승리한 정당의 추종자들에게 정부의 공직을 정당 활동에 대한 공헌도와 충성도에 따라 나누어주는 제도

2 엽관주의의 발달 배경

(1) **정치적 민주주의의 요청**: 19세기 초 정치적으로 자유민주주의가 어느 정도 정착된 영국과 미국에서 관료기구와 국민과의 동질성을 확보하기 위한 수단으로 발전. 공직의 특권화 방지(귀족 등 특권계급으로부터 일반 대중에게 공직 개방)

(2) **정당정치의 발전과 밀접한 연관**: 3대 제퍼슨 대통령이 연방주의자에 독점되던 연방정부에 자기 세력을 끌어들이기 위해 대통령 임명직의 25%를 경질하면서부터 정당에 대한 기여도를 공직임명의 기준으로 하는 엽관주의가 싹트기 시작함

(3) **입법국가 시대의 행정의 단순성**: 단순 업무가 많아 보통 사람들도 공무원의 직무를 담당할 수 있는 것으로 인식(Jackson, "평범한 상식이 있는 사람이라면 누구나 공무원이 될 수 있다.")

확인문제

직업공무원제에 대한 설명으로 옳지 않은 것은? 2015, 사복직 9급
① 공무원집단이 환경적 요청에 민감하지 못하고 특권 집단화될 우려가 있다.
② 직업공무원제가 성공적으로 확립되기 위해서는 공직에 대한 사회적 평가가 높아야 한다.
③ 직업공무원제는 행정의 계속성과 안정성 및 일관성 유지에 유리하다.
④ 직업공무원제는 일반적으로 전문행정가 양성에 유리하기 때문에 행정의 전문화 요구에 부응한다.

▶ ④ [×] 직업공무원제는 일반행정가 양성에 유리한 반면, 전문행정가 양성이 곤란하기 때문에 행정의 전문화 요구에 부응하기 어렵다.

확인문제

직업공무원제의 특징으로 옳지 않은 것은? 2022, 국가 9급
① 직무급 중심 보수체계
② 능력발전의 기회 부여
③ 폐쇄형 충원방식
④ 신분의 보장

▶ ① [×] 직업공무원제는 계급제와 제도적 친화성이 높은 제도로, 생활급과 연공급 중심의 보수체계를 특징으로 한다. 직무급 중심의 보수체계는 직위분류제의 특징에 해당한다.

❸ 엽관주의(spoil system)와 정실주의(patronage system)

(1) **엽관주의(미국)**: 정당에 대한 충성도와 공헌도를 기준으로 임용, 정권교체 시 광범위한 경질

(2) **정실주의(영국)**: 인사권자와의 개인적인 연고관계, 귀속성(혈연, 학연, 지연)을 기준으로 하는 인사제도. 최근에는 군(軍), 교회 등과 같은 특수집단에의 멤버십으로 확대되는 경향을 보임. 대폭적 경질이 없으며, 일단 임용되면 신분보장

❹ 엽관주의의 장점

(1) **민주정치의 발달과 행정의 민주화에 공헌**: 공직순환을 촉진하고 정치적 대응성을 높임으로써 정부 관료제의 민주화, 공직임용의 형평성 제고, 민주정치 발전에 기여함. 특히 교체임용주의를 통해 보다 많은 사람이 공직에 참여할 기회를 갖는다는 점에서 관료제의 민주화에 기여함

(2) **정당정치의 발달에 공헌**: 정당이념과 공약의 실천에 기여

(3) **국민의 요구에 대한 관료의 대응성(bureaucratic responsiveness) 제고**: 선거를 통해 집권한 정당에 정부 관료제를 예속시킴으로써 국민의 요구에 대한 관료의 대응성을 제고

(4) **국정 지도력 강화**: 국민에 의해 선출된 정치지도자(대통령 등)의 국정지도력을 강화함으로써 국민의 지지를 받는 선거공약이나 공공정책의 실현을 용이하게 해줌

❺ 엽관주의의 문제점

(1) **정치·행정적 부패**: 엽관제는 소수의 간부에 의한 정당의 과두적 지배를 촉진해 공직의 사유화·상품화 경향을 야기함으로써 매관매직이나 뇌물수수 등의 정치·행정적 부패를 초래

(2) **행정 능률성·전문성 위협**: 사회가 복잡해지고 다원화되어 감에 따라 행정 업무의 처리에도 전문성과 능률성이 요구되기 시작했으나, 엽관제는 능력 이외의 요인을 임용기준으로 삼음으로써 이러한 변화에 대응하지 못하고 행정의 비능률성을 야기

(3) **행정의 공정성 저해**: 공직에의 취임이나 신분의 유지가 전적으로 소속 정당이나 집권자에 대한 충성에 의존하므로 행정의 공정성을 보장하기 어려움

(4) **행정의 일관성·계속성 저해**: 정권이 바뀔 때마다 대규모 공직의 교체가 일시에 이루어지게 되어 행정의 계속성, 일관성, 안정성이 떨어짐

(5) **재정낭비 초래**: 엽관제는 정권 창출에 공헌한 사람들을 임용하기 위해 불필요한 공직을 남설하게 되어 재정낭비를 초래함

확인문제

다음 중 엽관제 공무원제도(spoil system)에 대한 설명으로 가장 거리가 먼 것은? 2023, 군무원 9급
① 공직에 대한 민주적 교체가 가능하다.
② 우리나라 공무원제도에도 엽관제 요소가 작동하고 있다.
③ 행정의 안정성과 중립성에 도움이 된다.
④ 개방형 인사제도이다.

▶ ③ [×] 정권교체 시 대량의 공직 교체로 인해 행정의 안정성·계속성·일관성을 저해한다.

보충자료

국회 인사청문회 제도

1. **인사청문의 의의**: 헌법상 국회의 임명동의가 필요하거나 국회에서 선출하도록 되어 있는 공직자, 개별법에서 국회의 인사청문을 거치도록 되어 있는 주요 공직자에 대해서 그 적격성 여부를 사전 검증하는 제도

2. **인사청문의 방식**: '인사청문특별위원회'의 인사청문과 '소관 상임위원회'의 인사청문으로 구분

    (1) 국회 인사청문특별위원회의 인사청문 대상
    ① 헌법상 국회 임명 동의를 요하는 직위(대법원장, 헌법재판소장, 국무총리, 감사원장, 대법관 전원)
    ② 국회에서 선출하는 헌법재판소 재판관 3인, 중앙선거관리위원회 위원 3인

    (2) 소관 상임위원회의 인사청문 대상
    ① 국회에서 선출하지 아니하는 헌법재판소 재판관 6인 및 중앙선거관리위원 6인
    ② 국회의 인사청문을 거쳐 대통령이 임명하도록 개별법에 규정되어 있는 직위(방송통신위원회 위원장, 공정거래위원회 위원장, 금융위원회 위원장, 국가인권위원회 위원장, 국가정보원장, 국세청장, 검찰청장, 경찰청장, 합동참모의장, 한국은행 총재 또는 한국방송공사 사장의 후보자)
    ③ 모든 국무위원

📖 **인사청문의 방식과 대상**

구분		대상 공직후보자
인사청문 특별위원회	국회 동의	대법원장, 헌법재판소장, 국무총리, 감사원장, 대법관
	국회 선출	헌법재판소 재판관(3인), 중앙선거관리위원회 위원(3인)
부처별 소관상임위원회	대통령 지명	헌법재판소 재판관(3인), 중앙선거관리위원회 위원(3인), 국무위원, 방송통신위원회 위원장, 국가정보원장, 공정거래위원회 위원장, 금융위원회 위원장, 국가인권위원회 위원장, 고위공직자범죄수사처장, 국세청장, 검찰총장, 경찰청장, 합동참모의장, 한국은행 총재, 특별감찰관, 한국방송공사 사장
	대통령 지명	국무위원
	대법원장 지명	헌법재판소 재판관(3인), 중앙선거관리위원회 위원(3인)

3. **인사청문의 기간**
    ① 국회는 임명동의안 등이 제출된 날부터 20일 이내에 그 심사 또는 인사청문을 마쳐야 됨
    ② 위원회는 임명동의안이 회부된 날부터 15일 이내에 인사청문회를 마치되, 인사청문회 기간은 3일 이내로 함

4. **인사청문의 절차**
    ① 인사청문회의 진행은 원칙적으로 공개임. 다만, 위원회의 의결로 공개하지 않을 수 있음
    ② 위원장은 심사 또는 인사청문을 마친 임명동의안 등에 대한 위원회의 심사경과 또는 인사청문 경과를 본회의에 보고해야 함
    ③ 국회의장은 공직후보자에 대한 인사청문 경과가 본회의에 보고되면 지체 없이 인사청문경과보고서를 대통령 등에게 송부하여야 함

5. **인사청문회의 효력**
    ① 국회 소관상임위원회 인사청문: 대통령을 법적으로 구속하지는 못함. 즉, 대통령이 이를 정치적으로 존중할 것인지의 문제이지 법적인 문제는 아님
    ② 인사청문특별위원회의 인사청문: 구속력이 있음

확인문제

국회 인사청문회 제도에 관한 설명으로 옳지 않은 것은?
2017, 지방교행 9급

① 국회의 인사청문회는 인사청문특별위원회와 소관 상임위원회로 구분하여 실시하고 있다.
② 국회의 인사청문회의 진행은 원칙적으로 공개되어야 하나, 예외적으로 공개하지 않을 수 있다.
③ 소관 상임위원회 인사청문에서 상임위원회가 경과보고서를 채택하지 않는 경우에, 대통령이 후보자를 임명하는 것을 실정법으로 막을 수 있다.
④ 대법원장·헌법재판소장·국무총리·감사원장 및 대법관과 국회에서 선출하는 헌법재판소 재판관 및 중앙선거관리위원회 위원은 인사청문특별위원회에서 인사청문이 이루어진다.

▶ ③ [×] 소관 상임위원회 인사청문회의 결과는 그 자체로서 대통령을 법적으로 구속할 수 없다.

제3절 실적제(Merit System)

1 실적제의 의의

(1) **개념**: 실적제란 개인의 실적(능력, 자격, 기술, 지식, 업적, 성과 등)을 공직 임용의 기준으로 삼는 인사제도를 의미

(2) **실적주의의 대두배경**

① 행정국가의 등장: 행정의 능률화, 전문화 요구

② 엽관주의의 폐해 극복을 위한 개혁 운동: 엽관제는 정치적·사회적 환경이 변화함에 따라 많은 부작용을 낳게 되었으며, 엽관제의 폐단을 극복하기 위한 공무원 제도 개혁운동의 일환으로 실적제가 성립되었음 → 1883년 펜들턴법(Pendleton Act) 제정

③ 1881년 가필드 대통령이 엽관주의 추종자에 의해 암살당하면서 엽관주의 쇠퇴

2 실적제의 발달

(1) **영국의 실적주의**

① 1853년 노스코트와 트레벨리언 보고서(Northcote and Trevelyan Reports): 공개경쟁 채용시험에 의해 공무원을 채용할 것과 독립적인 중앙인사위원회 설치 건의

② 1870년 추밀원령으로 실적주의 확립

(2) **미국의 실적주의**

① 1883년 펜들턴법 제정: 실적주의 확립

  ㉠ 독립적이고 초당적인 중앙인사위원회(FCSC: Federal Civil Service Commission) 설치: 공정하고 객관적인 인사운영을 위해 초당파적이고 독립적인 중앙인사기구를 설치하여 인사행정을 통일적이고 집권적으로 수행
  ㉡ 공개경쟁 채용시험 원칙
  ㉢ 공무원의 정치활동 금지
  ㉣ 제대군인 공직임용 시 특혜 인정

② 1939년 Hatch법: 공무원의 정치활동 금지

영국과 미국의 실적주의 비교

영국	미국
• Northcote-Trevelyan 보고서를 토대로 한 추밀원령(1855) • 1870년 추밀원령: 실적주의 확립	• 1850년대 엽관주의 개혁운동 • Garfield 대통령 암살사건 • Pendleton Act(1883)
• 공개경쟁시험, 채용시험을 계급별로 구분 • 재직공무원 중심의 폐쇄형 실적주의 　→ 직업공무원제 확립	• 독립적 인사위원회(FCSC) 설치 • 공개경쟁채용시험 • 공무원의 정치적 중립 • 직무 중심의 개방형 실적주의 　→ 직업공무원제 확립에 기여하지 못함

3 실적제의 장점

(1) **행정의 전문성·능률성 제고**: 실적을 기준으로 공무원을 임용하므로 행정의 전문성·능률성 향상에 기여하며, 실적 기준에 따른 인사행정 수행으로 인사행정의 객관성을 확보할 수 있음

(2) **행정의 공정성 확보**: 공무원의 정치적 중립을 통한 행정의 공정성을 보장

(3) **행정의 안정성·계속성 확보**: 정치적인 해고로부터 공무원의 신분을 보장해주기 때문에 행정의 안정성·계속성을 확보하고, 전문적인 직업공무원제 수립에도 기여할 수 있음

(4) **공직의 기회균등 보장**: 실적제의 기본 원칙인 공개경쟁 채용시험은 공직취임의 기회균등이라는 민주적 요구를 충족시킴

4 실적제의 단점

(1) **인사행정의 집권화로 경직성·비효율성 야기**: 인사권이 중앙인사기관에 지나치게 집중되어 각 부처의 실정에 맞는 신축적 인사행정이 곤란

(2) **행정의 대응성과 책임성 저해**: 공무원의 정치적 중립에 대한 요구와 신분보장으로 관료들에 대한 민주적 통제가 곤란해지고, 공무원이 국민이나 정치지도자의 요구에 둔감한 폐쇄집단으로 전락할 우려가 있음

(3) **소극적 인사행정의 한계**: 채용시험에 있어 시험의 기능이 유능한 인재의 유치라는 적극적 측면보다는 부적격자 제거의 소극적 측면에 중점을 두게 되었으며, 공직에의 임용을 위한 자격 요건과 시험내용이 대부분 직무수행 능력과 직접적인 연계성이 약하다는 비판을 받음

(4) **관료제의 대표성 약화**: 학력이나 전공 또는 경력 등의 자격 요건과 시험 내용이 사회의 지배적인 계층의 가치관이나 이해관계를 반영하기 때문에 소외집단의 공직 진출을 어렵게 하는 경향이 있음

확인문제

실적주의의 주요 구성요소로 보기 어려운 것은? 2012, 지방 9급
① 공직취임의 기회균등
② 공무원 인적구성의 다양화
③ 신분보장 및 정치적 중립
④ 실적에 의한 임용

▶ ② [×] 공무원 인적구성의 다양화는 대표관료제의 특징에 해당된다.

확인문제

엽관주의와 실적주의에 대한 설명으로 옳은 것은? 2021, 지방 9급
① 엽관주의는 개인의 능력, 적성, 기술을 공직 임용 기준으로 한다.
② 엽관주의는 정치지도자의 국정 지도력을 약화한다.
③ 실적주의는 국민에 대한 관료의 대응성을 높인다.
④ 실적주의는 공직 임용에 대한 기회의 균등을 보장한다.

▶ ④ [○]
① [×] 엽관주의는 정당에의 충성도와 공헌도를 관직의 임용기준으로 한다.
② [×] 엽관주의는 정치지도자의 국정 지도력을 강화(약화 ×)한다.
③ [×] 실적주의는 정치적 중립과 신분보장으로 관료조직이 국민의 요구에 둔감한 폐쇄집단화를 초래하여 국민에 대한 관료의 대응성을 저해할 수 있다.

5 실적주의 한계 극복을 위한 대안: 적극적 인사행정

(1) **적극적 인사행정의 의의**

① 소극적 실적주의에 대한 반성으로 등장한 적극적·분권적·신축적 인사행정을 의미

② 인사행정의 원칙으로서 소극적인 실적주의와 과학적 인사행정만을 고집하지 않고 엽관주의적인 요소나 인간관계론적인 요소를 신축성 있게 받아들이는 발전적 인사관리 방안을 의미

(2) **적극적 인사행정의 등장배경**: 실적주의 인사행정의 문제점(인사관리의 소극성, 형식성, 경직성)을 극복하고 인사행정의 민주성과 책임성 제고를 위해 다양한 인사관리 방식의 가미가 요구됨

(3) **적극적 인사행정의 내용**

① 엽관주의와 실적주의의 조화: 상위직에 정치적 임용 허용 및 정치적 중립성 완화

② 분권적·신축적 인사행정: 부처 인사기관 및 지방자치단체 인사기관의 자율성 증대

③ 적극적 모집: 장기적인 인력 수급 계획 수립, 공직에 대한 사회적 평가 제고, 다양한 모집 방법 등을 통한 유능한 인재 확보 시도

④ 실적주의의 비융통성 보완: 개방형 임용제 도입, 특별채용 확대 등

⑤ 지나친 과학적 인사행정 지양: 인간중심적 인사관리제도와 조화

⑥ 인사관리의 민주화: 공무원의 인간적 욕구와 가치를 존중함으로써 사기 앙양 및 인간관계 개선, 인사상담 제도, 고충처리심사 제도, 제안 제도, 민주적 리더십의 발휘, 공무원의 권익 보호 및 근로조건 개선(공무원단체 활동 허용) 등

제4절 대표관료제와 균형인사정책

1 대표관료제(representative bureaucracy)의 의의

대표관료주의(representative bureaucratism)는 정부관료제를 사회계층과 집단의 구성 비율과 동일하게 구성함으로써 그 사회의 계층과 집단의 이익을 균형 있게 대변해야 한다는 인사원리를 의미하며, 이러한 대표관료주의에 근거한 인사제도가 대표관료제임

2 대표관료제 이론의 전개

(1) **킹슬리(Kingsley)**: 1944년 발표한 「Representative Bureaucracy」에서 대표관료제 용어를 처음 사용. 대표관료제의 구성적 측면을 강조하여 "사회 내의 지배적인 여러 세력을 그대로 반영하는 관료제"로 정의

(2) **크랜츠(Kranz)**: 대표관료제의 개념을 비례대표로까지 확대하여, 관료제 내의 모든 직무 분야와 계급의 구성 비율까지도 총인구 비율에 상응하게 분포되어야 한다고 주장(비례대표 관료제)

확인문제

다음 중 사회를 구성하는 모든 주요 집단으로부터 인구비례에 따라 관료를 충원하고 이들을 정부내의 모든 계급에 비례적으로 배치하여 정부가 그 사회의 모든 계층과 집단에 공평하게 대응하도록 하는 인사제도는?
2012, 서울 9급

① 탈관료제 ② 계급제
③ 직위분류제 ④ 대표관료제
⑤ 직업공무원제

▶ ④ 대표관료제에 대한 설명이다.

(3) **라이퍼**(Van Riper): 대표관료제의 개념을 확대해 사회적 특성 외에 사회적 가치까지도 대표관료제의 요소로 포함시키고 있음. 그에 의하면, 대표관료제는 ① 직업, 사회계층, 지역 등의 관점에서 그 사회의 모든 계층과 집단을 합리적으로 대표할 수 있도록 구성되어야 할 뿐만 아니라, ② 그 사회의 사조(ethos)나 태도까지도 충분히 반영될 수 있도록 구성되어야 한다고 보았음

3 기본 가정과 한계

(1) **기본 가정**: "소극적 대표는 자동적으로 적극적 대표를 보장한다."는 가정하에 전개. 즉, 대표관료제는 관료들이 그 출신 집단의 가치와 이익을 정책 과정에 반영시킬 것이라는 가정에 기반함

① **소극적·수동적 대표성**(상징적 측면): 출신 성분이 태도를 결정한다는 가정에 기초하여, 사회를 구성하는 모든 주요 집단으로부터 인구 비례에 따라 관료를 충원하는 것을 의미

② **적극적·능동적 대표성**(행동적 측면): 적극적 대표성의 강조는 태도가 행동을 결정한다는 가정에 기반하여, 관료들이 자신의 출신 집단이나 계층을 대변하고 정책을 결정하여 출신 집단에 책임을 지는 것을 의미함

(2) **가정의 한계**

① 임용 전 출신 집단에 의해 이루어진 사회화와 임용 후의 직무 행태 간의 관계에 대해 의문

② 출신 집단의 이익을 위해 조직의 목표를 희생하게 될 경우 조직으로부터 제재를 받게 됨

4 대표관료제의 장·단점

(1) **대표관료제의 장점**

① **관료제의 국민대표성 및 대응성 제고**: 관료들의 주관적 책임성을 통해 국민의 다양한 요구에 대한 정부의 대응성 향상

② **수직적 형평성 제고**: 사회경제적 여건이 불리한 계층에 대한 공직 진출에 실질적 기회를 보장함으로써 사회적 형평성을 구현하기 위한 제도라 할 수 있음

③ **내부통제 강화 수단**: 대표성을 지닌 관료집단 간의 견제와 균형을 통해 사회집단 간 이익을 균형 있게 대변할 수 있음

(2) **대표관료제의 단점**(한계)

① 행정의 효율성과 전문성 저해

② 실적주의 원리 훼손

③ 할당제로 인한 역차별(reverse discrimination) 문제와 사회분열(집단별 분리주의)을 조장할 수 있음

④ 대표관료제의 실효성 문제(전제의 허구성): 공직 취임 이후에 관료들이 관료문화를 내면화하는 재사회화로 인해 소극적 대표성이 적극적 대표성으로 연결되지 않을 수 있음

확인문제

대표관료제에 대한 설명으로 가장 옳지 않은 것은? 2019, 서울 9급
① 관료들은 누구나 자신의 사회적 배경의 가치나 이익을 정책 과정에 반영시키려고 노력한다는 명제를 전제로 한다.
② 할당제로 인한 역차별의 문제를 야기할 수 있다.
③ 실적제 구현과 행정 능률 향상에 기여하는 제도로 평가받는다.
④ 우리나라는 현재 여성, 장애인, 지방인재 등에 대한 공직임용 확대 노력을 하고 있다.

▶ ③ [×] 대표관료제는 능력과 업적에 따른 인사관리를 강조하는 실적주의 원리를 훼손할 수 있다는 문제점이 있다.

5 한국의 대표관료제 : 균형인사정책

(1) 균형인사정책의 의의

① 균형인사(Balanced-Personnel)란 정부의 인사운영에 있어서 실적주의 인사원칙과 함께 공직 구성의 다양성과 대표성, 형평성 등을 제고하기 위해 공직임용에서 소외되었던 사회 소수집단의 공직진출을 확대하고 이들이 공직사회에서 자신들의 잠재역량을 충분히 발휘할 수 있도록 하는 인사관리를 의미

② 「국가공무원법」 제26조(임용의 원칙)에 따르면 "공무원의 임용은 시험성적·근무성적, 그 밖의 능력의 실증에 따라 행한다. 다만, 국가기관의 장은 대통령령 등으로 정하는 바에 따라 장애인·이공계전공자·저소득층 등에 대한 채용·승진·전보 등 인사관리상의 우대와 실질적인 양성 평등을 구현하기 위한 적극적인 정책을 실시할 수 있다."고 규정하고 있음

(2) 균형인사정책의 주요 내용

구분		주요 내용
양성평등	양성평등 채용목표제	• 5·7·9급 공채 등에서 여성 또는 남성이 채용목표 비율 30% 이상이 될 수 있도록 추가 합격시키는 제도
	여성관리자 임용목표제	• 전체 여성공무원 비율에 비해 과소 대표된 여성 관리자 비율 개선을 위해 한시적으로 운영하는 임용목표제
장애인	장애인 구분모집제	• 7·9급 공채 선발예정인원의 일정 규모를 장애인만 응시할 수 있도록 구분하여 실시하는 제도
	중증장애인 경력경쟁채용	• 응시자격을 중증장애인으로 한정하여 실시하는 경력경쟁채용시험 (서류전형, 면접전형)
지방·지역 인재	지방인재 채용목표제	• 5·7급 공채 지방인재(서울시를 제외한 지방소재 학교 출신 합격자)가 일정비율(5급·외교관 20%, 7급 30%)에 미달할 경우 선발예정인원 외에 추가로 선발하는 제도
	지역인재 추천채용제	• (7급) 학사학위 취득(예정)자를 학교추천을 통해 선발하여 1년간 수습근무 후 일반직 7급 국가공무원으로 임용여부 결정 • (9급) 특성화고·마이스터고 등 졸업(예정)자를 학교추천과 시험(필기, 면접시험)을 통해 선발하여 6개월간 수습근무 후 일반직 9급 국가공무원으로 임용여부 결정
이공계	이공계관리자 임용확대	• 5급 신규채용 총 인원의 40%, 일반직 고위공무원 30% 이상을 이공계 인력으로 임용하도록 권고 ▶ 이공계: 기술직군 및 행정직군 중 최종 학력이 이공계 분야이거나 이공계 분야 대학졸업자 또는 이공계 분야 자격증 소지자
저소득층	저소득층 구분모집제 등	• 9급 공채 선발 예정인원의 2% 이상 저소득층으로 채용 • 9급 경채 신규 채용인원의 1% 이상 저소득층으로 채용

확인문제

대표관료제에 대한 설명으로 옳지 않은 것은? 2023, 지방 9급
① 우리나라는 양성채용목표제, 장애인 의무고용제 등 다양한 균형인사제도를 통해 대표관료제의 논리를 반영하고 있다.
② 다양한 집단의 이익을 반영하는 실적주의 이념에 부합하는 인사제도이다.
③ 할당제를 강요하는 결과를 초래하고, 특정 집단에 대한 역차별 문제를 야기할 수 있다.
④ 임용 전 사회화가 임용 후 행태를 자동적으로 보장한다는 가정하에 전개되어 왔다.

▶ ② [×] 대표관료제는 실적주의의 폐단을 보완하기 위해 도입되었다(실적주의 이념에 부합 ×). 또한 능력·자격을 2차적인 기준으로 생각하여 행정의 전문성, 생산성, 능률성이 저하될 수 있다.

CHAPTER 02 공직의 분류체계

제1절 계급제(Rank-in-person System)

1 계급제의 의의
① 사람의 특성, 즉 개별 공무원이 지니고 있는 학력·경력 등의 자격 내지 일을 수행할 수 있는 능력을 기준으로 계급을 설정하고 이에 따라 공직을 분류하는 방법
② 계급 분류의 기준은 공무원 개개인의 학력, 경력 등의 자격과 능력이 중심이 되며, 동일 계급에 속한 사람들은 모두 동일한 자격과 능력을 갖춘 것으로 간주됨
③ 주로 농업사회의 오랜 관료제 전통을 지닌 영국, 한국, 일본, 독일, 프랑스 등 국가에서 채택
④ 우리나라는 계급제적 전통으로 사람을 중심으로 공직을 분류하여 일반직의 경우 1~9급(9계급 체제)을 유지하고 있음(계급제 기본 + 직위분류제 요소 가미)

2 계급제의 주요 특징
① **계급군 간의 폐쇄성과 차등성(계급 간 경계 엄격)**: 계급제는 공직을 수행하는 사람의 자격과 능력을 기준으로 여러 계급(grade, rank)으로 나누게 되는데, 계급제의 특성은 이들 계급군 간에 경계가 엄격히 구분되어 있기 때문에 타 계급군으로의 이동이 폐쇄적이며, 차등이 심함. 계급군 간에는 사회적 평가나 보수·자격요건에서 큰 차이를 보이며, 계급 간의 승진이 어려워 한정된 계급 범위에서만 승진이 가능함
② **일반행정가(generalist) 지향**: 계급제는 특정 분야의 구체적이고 실용적인 지식보다 인문사회과학의 교육적 배경을 지닌 폭넓은 교양 능력, 통찰력, 판단력 등을 지니고 조직 전체 시각에서 업무를 파악하고 처리할 수 있는 일반행정가주의를 지향함. 따라서 고위직으로 승진하기 위해서는 중요 보직을 2~3년마다 옮겨가며 순환보직시킴으로써 다양한 업무수행능력을 키우도록 하고 있음
③ **폐쇄형 충원 체제**: 폐쇄형 충원은 공직에서 자리가 비었을 때 그 빈자리를 공직 내부의 인사이동이나 승진을 통해 채우는 것을 의미(직업공무원제와 연계성이 높음)
④ **신분보장**: 계급제하에서는 공무원의 신분이 특정 자리에 의해서가 아니라 공직 전체 속에서 부여받은 것이기 때문에 특정 자리가 없어졌다 하더라도 조직에서 퇴출되지 않고, 전체 공직 차원에서의 조정을 통해 새로운 자리에 임명됨

확인문제

계급제의 특징으로 보기 어려운 것은?
2007, 서울 9급
① 직무급 체계
② 탄력적 인사관리
③ 계급 간 구분
④ 폐쇄형 인사제도
⑤ 일반행정가 지향

▶ ① [×] 계급제는 생활급을 특징으로 하며, 직무급은 직위분류제의 보수 제도이다.

③ 계급제의 유용성

① **탄력적 인사관리 가능**: 인문지식을 바탕으로 다방면의 업무를 맡아 할 수 있도록 훈련된 일반행정가는 필요에 따라 신축적인 보직관리를 할 수 있기 때문에 인적자원을 탄력적으로 운용할 수 있다는 장점이 있음

② 직업공무원제 확립에 기여

③ **부서 간의 협력과 조정이 용이**: 계급제하에서 공무원은 여러 부서의 다양한 직무를 경험하기 때문에 넓고 전체적인 시각을 갖게 되고 다른 부서에 대한 이해를 증진시키기 때문에 공무원 간, 부서 간의 협력과 조정이 용이함(부처 이기주의 극복)

④ 단일 직무를 장기간 담당하는 데 따르는 권태감이나 사기저하를 예방하여 공무원 개인의 능력발전과 동기부여에 도움이 되고 이직률을 낮출 수 있음

④ 계급제의 한계

① 외부 인사에 대한 충원의 폐쇄성, 그리고 신분보장은 공직사회를 환경 변화와 국민의 요구에 적절히 대응하지 못하는 반응성(responsiveness) 결여 문제를 야기할 수 있음

② 계급제하에서는 보수와 업무부담의 형평성을 결여하기 쉬움(직무급 확립 곤란). 보수의 형평성을 확보하기 위해서는 맡은 바 직무의 곤란도와 책임도 등을 고려하여 결정되어야 하는데, 계급제는 동일 계급에 대해서 직무의 종류나 성격과 관계없이 동일한 보수가 지급되므로 불공평을 야기할 수 있음

③ 현대의 전문화 시대에 요구되는 전문가 양성 곤란

④ 사람을 기준으로 인사관리가 이루어지기 때문에 합리적·객관적인 기준보다 연공서열과 같은 주관적 기준을 적용하기 쉽고, 내부승진과 교육훈련 등에서 연공서열이나 인사권자의 자의성에 의존함으로써 인사의 객관성과 공정성을 훼손할 수 있음

확인문제

계급제의 장점에 대한 설명으로 옳지 않은 것은? 2017, 국가 9급
① 공무원의 신분안정과 직업공무원제 확립에 기여한다.
② 인력활용의 신축성과 융통성이 높다.
③ 정치적 중립 확보를 통해 행정의 전문성을 제고할 수 있다.
④ 단체정신과 조직에 대한 충성심 확보에 유리하다.

▶ ③ [×] 계급제는 일반행정가 중심주의를 특징으로 하며, 순환보직을 통해 여러 직무를 수행하도록 함으로써 행정의 전문성을 제고하기 어렵다는 단점이 있다.

제2절 | 직위분류제(Position Classification)

1 직위분류제의 의의
사람이 맡아 수행하게 되는 직무의 특성과 그 직무수행에 수반되는 책임을 기준으로 직위를 분류하는 방식으로, 직위의 종류와 책임도 및 난이도 등에 따라 종적구분과 횡적구분을 함으로써 직위의 분류구조를 명확히 형성하는 방식을 의미

2 직위분류제의 발전
① 산업사회의 전통과 능률적 관리가 강조되어 온 미국에서 시작되어 각국으로 확산되었음
② **과학적 관리론의 영향**: 직무의 구조적 배열과 체계적 분업화를 강조한 과학적 관리론의 영향으로 성립. 직무를 분석하여 1인이 수행할 수 있는 적정량을 정하고 전체 조직업무를 체계적으로 분업화함으로써 조직의 효과성이 달성된다고 보았음
③ '동일업무에 대한 동일보수'라는 보수의 형평성을 요구하게 되면서 1923년 직위분류법이 제정되고 직위분류제가 확립되었음
④ 우리나라에서는 계급제의 전통 내지 연공서열식 문화에서 최근 공직의 생산성을 강조하면서 직위분류제 요소를 도입하려는 시도가 이루어지고 있음
⑤ 우리나라 「국가공무원법」은 직위분류제의 원칙을 선언하고 용어의 정의를 내리고 있지만, 구체적인 규정은 대통령령으로 위임하고 있을 뿐 실제 직위분류가 적용되고 있는 경우는 극히 제한적임. 직위분류제의 실질적인 도입이 아니라 선언수준이라고 할 수 있음. 용어의 경우에도 현재 직렬이 시험의 과목과 응시자격, 전보·승진의 경로, 교육훈련의 단위, 그리고 정원관리 기준으로 사용되고 있고, 직류는 시험과목과 응시자격을 정하는 데만 사용되고 있음

3 직위분류제의 특징
① **수평적 폐쇄성**: 직위분류제는 서로 다른 직무 사이에 엄격한 경계를 구분하는 수평적 폐쇄성을 특징으로 함
② **전문행정가 지향성**: 직무수행에 요구되는 전문지식을 갖춘 전문행정인을 요구하며, 노동의 분화를 전제로 하는 전문화된 분류체계로 일반행정가보다 전문행정가 육성에 유리함
③ **개방형 충원체제**: 공직의 모든 등급에서 외부 인사의 신규 채용이 허용. 빈 자리가 생길 때마다 요구되는 자격요건을 밝히고 누구에게나 지원자격을 부여함
④ **인사행정의 객관화·합리화**: 객관적인 직무분석과 직무평가를 통해 특정 직무에 적임자를 임용하므로 인사행정의 능률성과 합리화를 도모할 수 있음
⑤ 동일직무 동일보수 확립으로 보수의 공정성 확보 가능
⑥ **신분보장 약화**: 직위분류제는 조직개편이나 직무의 불필요성 등으로 직무 자체가 없어지는 경우, 그 공무원은 다른 직무를 맡을 수 없거나 다른 직렬로의 이동이 제한되므로 공무원의 신분보장이 위협을 받음

4 직위분류제의 장점

① **행정의 전문성 향상**: 직무의 과학적 분석과 합리적 구조화로 행정의 전문화와 능률화에 기여할 수 있으며, 동일 직렬에 장기근무하게 됨으로써 전문가 양성에 유리함

② **직무급 체계 확립을 통한 보수의 형평성 제고**: 동일한 업무를 수행하는 사람에게 동일한 보수를 제공하는 보수의 형평성을 제고할 수 있음

③ **인사행정의 합리적·객관적 기준 제공**: 직위분류제하에서는 직무수행에 대한 평가가 과학적으로 분석된 직무기준과 비교하여 이루어지기 때문에 교육훈련, 근무성적평가, 보수, 승진 등 인사관리의 제 활동에 객관적 기준을 제공할 수 있으며, 능력과 실적 중심의 인사관리가 용이함

④ **권한과 책임의 명확화**: 직위마다 직무의 내용과 수준이 명확하게 제시되므로 권한과 책임의 한계를 명확히 함으로써 조직의 합리화에 기여

5 직위분류제의 단점

① **인사행정의 탄력성·신축성 결여**: 직위분류제는 직무의 성격이 서로 다른 경우 수평적 이동이 제한되기 때문에 인사관리가 경직적임

② **업무조정(통합) 곤란**: 직위분류제하에서 공무원은 해당 분야에 대한 지식만을 갖추고 있기 때문에 다른 부서와의 의사소통과 상호 협조가 곤란

③ 임용 시 해당 직책에 한정된 능력의 소유자를 선발함으로써 공무원의 능력발전이나 경력발전에 장애가 되어 점직자의 권태와 소외를 초래

④ **직업공무원제 확립 곤란**: 외부충원이 허용되고 신분보장이 미흡하며, 장기적인 발전가능성 및 잠재력을 고려한 인사관리가 어렵기 때문에 직업공무원제 확립에 장애가 될 수 있음

⑤ 일반행정가 확보 및 양성 곤란

확인문제

직위분류제에 대한 설명으로 옳지 않은 것은? 2022, 국회 9급
① 교육훈련 수요 파악 및 근무성적평정을 명확하게 할 수 있다.
② 직위의 권한과 책임의 한계를 명확하게 할 수 있다.
③ 전문행정가를 양성할 수 있으므로 분화된 산업사회에 적합하다.
④ 전문적인 인재양성을 통해 조직 및 직무환경의 변화 대응에 용이하다.
⑤ 동일직무 동일보수 원칙에 입각한 직무급 수립이 용이하여 보수의 형평성이 높다.

▶ ④ [×] 직위분류제는 직무 구조의 편협성, 비탄력적 분류체계 때문에 직무변화 상황(잠정적 업무)에 적절히 대응하기 곤란하다. 직무가 변화하면 새로 분석해야 함 → 조직이나 직무의 변화, 그리고 새로운 직무의 부과 등 직무변화에 신속한 대응 어려움(인사관리의 경직성)

확인문제

계급제와 직위분류제를 비교한 설명으로 옳지 않은 것은?
2010, 지방 9급
① 직위분류제가 계급제보다 직업공무원제도 확립에 더 유리하다.
② 직위분류제가 계급제보다 직무급의 결정에 더 타당한 자료를 제공할 수 있다.
③ 직위분류제가 계급제보다 전문행정가의 양성에 더 유리하다.
④ 계급제가 직위분류제보다 탄력적 인사관리에 더 유리하다.

▶ ① [×] 계급제는 폐쇄형 임용과 신분보장, 일반행정가 중심주의를 특징으로 하기 때문에 직업공무원제도 확립에 용이하다. 반면, 직위분류제는 개방형 충원과 전문행정가 중심의 인사관리, 약한 신분보장을 특징으로 하기 때문에 직업공무원제 확립에는 불리한 제도이다.

계급제와 직위분류제 비교

구분	특성	
	계급제	직위분류제
발달 배경	농업사회	• 산업사회 • 과학적 관리론, 실적주의
경계 간의 이동성	계급·계급군 간의 수직적 이동 곤란	직무의 성격이 다른 직무 간의 수평적 이동 곤란
전문성 요구	일반행정가	전문행정가
중상위직에의 충원	폐쇄형	개방형
인사관리	연공서열 중심	능력과 실적 중심
신분보장	강	약
채용과 시험	일반 소양 관련 과목	직무 수행에 필요한 지식·능력·기술 중시
보직관리	• 보직관리의 불합리성 • 인사관리의 융통성	• 보직관리의 합리화 • 인사관리의 경직성 초래
인사이동	인사이동 범위·승진계통이 넓음	인사이동 범위·승진계통이 좁음
보수	생활급, 근속급(연공급)	직무급
교육훈련	재직훈련 강조. 일반적 교육 중심	수요에 맞는 교육훈련 프로그램 실시

6 직위분류제의 주요 내용

(1) 직위분류제 구성요소

직위	1인에게 부여할 수 있는 직무와 책임	○○담당
직급	직무 종류·곤란성과 책임도가 유사해 채용과 보수 등에서 동일하게 다룰 수 있는 직위의 군(동일 직급은 임용자격, 시험, 보수 등 동일)	행정 사무관, 전산 서기관 등
직류	동일 직렬 내에서 담당 직책이 유사한 직무의 집합	행정직렬 내 일반행정직류와 재경직류
직렬	직무의 종류는 유사하지만 책임과 곤란성(난이도)의 정도가 서로 다른 직급의 군	행정직군 내 행정직렬, 세무직렬 등
직군	직무의 성질이 유사한 직렬의 군	행정직군, 기술직군, 정보통신직군
등급	직무의 종류는 다르지만, 직무의 곤란성과 책임도, 자격요건이 유사해 동일한 보수를 지급할 수 있는 직위의 군	9급 서기보

> **확인문제**
>
> 직위분류제의 주요 개념에 대한 설명으로 옳지 않은 것은?
> 2022, 국가 9급
> ① '직위'는 한 사람의 공무원에게 부여할 수 있는 직무와 책임을 의미한다.
> ② '직급'은 직무의 종류가 유사하고 곤란도 책임도가 서로 다른 군(群)을 의미한다.
> ③ '직류'는 동일 직렬 내에서 담당 분야가 동일한 직무의 군(群)을 의미한다.
> ④ '직무등급'은 직무의 곤란도 책임도가 유사해 동일 보수를 줄 수 있는 직위의 군(群)을 의미한다.
>
> ▶ ② [×] '직급'은 직무의 종류·곤란성·책임도가 상당히 유사한 직위의 군을 의미한다.

■ 우리나라 일반직 공무원 직급표

직군	직렬	직류	계급 및 직급						
			3급	4급	5급	6급	7급	8급	9급
행정	교정	교정	부이사관	서기관	교정관	교감	교위	교사	교도
	검찰	검찰			검찰사무관	검찰주사	검찰주사보	검찰서기	검찰서기보
	출입국관리	출입국관리			출입국관리사무관	출입국관리주사	출입국관리주사보	출입국관리서기	출입국관리서기보
	행정	일반행정			행정사무관	행정주사	행정주사보	행정서기	행정서기보
		법무행정							
		재경							
		국제통상							
		운수							
		노동							
		문화홍보							
		교육행정							
		회계							
	세무	세무				세무주사	세무주사보	세무서기	세무서기보
	관세	관세				관세주사	관세주사보	관세서기	관세서기보
기술	공업	일반기계	부이사관	기술서기관	공업사무관	공업주사	공업주사보	공업서기	공업서기보
		농업기계							
		항공우주							
		전기							
		전자							

(2) **직위분류제의 수립절차**

① **직무조사 → 직무기술서 작성**: 분류될 직위의 직무에 대한 객관적 정보를 수집하고 기록하는 작업을 통해 직무기술서를 작성. 직무기술서는 직무의 주요 내용, 감독 및 피감독 내용, 다른 직무와의 관계, 사용하는 장비·도구, 근무환경 등을 기술해 놓은 것으로 직무의 성격과 책임도에 관한 정보를 담고 있음

② **직무분석(job analysis)**: 직무기술서를 토대로 하여 직무의 종류가 같거나 유사한 직위들을 묶어 직렬을 형성하고, 다시 동일하거나 유사한 직렬들을 묶어 직군을 형성하는 작업

확인문제

직위분류제에 있어 직무의 난이도와 책임의 경중에 따라 직위의 상대적 수준과 등급을 구분하는 것은?
2015. 국가 9급
① 직무평가(job evaluation)
② 직무분석(job analysis)
③ 정급(allocation)
④ 직급명세(class specification)

▶ ① [○] 직무평가에 대한 설명이다.

③ 직무평가(job evaluation) : 직무의 상대적 가치를 평가하여 직급과 등급을 형성하는 작업. 직무의 상대적 수준이나 등급을 구분해 주기 때문에 조직 내의 각 직무 수준과 등급에 상응하는 보수, 즉 '동일직무에 대한 동일보수'라는 직무급 체계 확립에 도움을 줌

④ 직급명세서(class specification) 작성 : 직무분석과 직무평가를 통해 수직적이고 수평적으로 분류된 직급명세서를 작성

⑤ 정급(定級) : 직급명세서 작성이 끝나면 분류대상 직위들을 해당 직급에 배치하는 작업

(3) 직무평가의 방법

① 서열법(ranking method) : 가장 단순한 방법으로서 직무를 전체적·종합적으로 평가하여 상대적 중요도에 의해 서열을 부여하는 주관적 평가방법(단순서열법, 쌍쌍비교법). 서열법은 단순하고 경제적이며, 짧은 시간에 평가를 용이하게 마칠 수 있다는 장점이 있지만, 직무의 수가 많아지면 평가가 어려워지며, 평가자의 주관이 개입될 소지가 가장 많음

② 분류법 : 직무 전체를 종합적으로 판단하여 미리 정해 놓은 등급기준표와 비교해서 등급을 결정하는 방식. 등급기준표를 정해놓고 각 직무를 등급기준표와 비교해서 어떤 등급에 배치할 것인지를 결정해나가는 방식

③ 점수법 : 직무평가기준표에 근거하여 직위를 평가요소별로 평가하여 점수를 부여하는 방법. 분류 대상 직위의 상대적 가치를 정하기 위해 직무수행에 필요한 평가 요소를 선정하고, 선정된 평가요소의 비중을 결정한 다음 이러한 평가요소를 몇 단계로 구분해 각 단계마다 일정한 점수를 부여한 직무평가기준표를 작성하고, 직무평가기준표에 따라 각 직위의 총점을 계산해서 분류하고자 하는 직위의 등급을 결정

④ 요소비교법 : 대표가 될 만한 기준직위를 선정한 다음 직무요소별로 기준직위와 평가할 직위를 비교해가면서 점수를 부여하여 보수액을 산정하고 제시하는 방법

📖 직무평가 방법 비교

비교기준	비계량적 방법(직무전체 비교)	계량적 방법(직무구성요소 비교)
직무와 직무 상호비교	서열법(직무와 직무 비교)	요소비교법(기준이 되는 대표직위와 각 직위 비교)
직무와 척도 (기준표)	분류법(직무와 등급기준표 비교)	점수법(직무평가기준표에 따라 평가한 점수를 총합하는 방식)

비교기준	비계량적 방법		계량적 방법	
	서열법	분류법	점수법	요소비교법
척도의 형태	서열	등급	점수, 요소	점수, 기준직위
평가대상	직무 전체	직무 전체	직무의 평가 요소	직무의 평가 요소
평가방법	상대평가	절대평가	절대평가	상대평가
	비계량적 방법	비계량적 방법	계량적 방법	계량적 방법
비교방법	직무와 직무 비교	직무와 등급기준표 비교	직무와 직무평가 기준표 비교	직무와 직무 비교

확인문제

직무평가 방법에 대한 설명으로 옳지 않은 것은? 2023, 국가 9급
① 점수법은 직무를 구성하는 하위 요소별 점수를 합산하여 평가하는 방법이다.
② 분류법은 미리 정한 등급기준표와 직무 전체를 비교하여 등급을 결정하는 비계량적 방법이다.
③ 서열법은 직무의 구성요소를 구별하지 않고 직무 전체의 중요도를 종합적으로 평가하는 방법이다.
④ 요소비교법은 기준직무(key job)와 평가할 직무를 상호 비교해 가며 평가하는 비계량적 방법이다.

▶ ④ [×] 요소비교법은 계량적인 방법이다.

제3절 우리나라 공무원의 구분 체계

1 임용주체에 의한 구분: 국가공무원과 지방공무원

구분	국가공무원	지방공무원
법적 근거	국가공무원법, 정부조직법	지방공무원법, 지방자치법, 조례
임용권자	5급 이상 – 대통령 6급 이하 – 소속장관 또는 위임된 자	지방자치단체장
보수재원	국비	지방비

2 실적제 및 직업공무원제 적용 여부

(1) 경력직 공무원

① 의의: 실적과 자격에 따라 임용되고 그 신분이 보장되며 평생 동안 공무원으로 근무할 것이 예정되는 공무원(실적주의와 직업공무원제 적용을 받는 공무원)

② 경력직 공무원 구분

경력직 공무원	일반직	• 기술·연구 또는 행정 일반에 대한 업무를 담당하는 공무원 • 일반적으로 1급~9급까지의 계급으로 구분 • 전문경력관(일반직 공무원 중 특수업무 분야에 종사하는 공무원)
	특정직	법관, 검사, 외무공무원, 경찰공무원, 소방공무원, 교육공무원, 군인, 군무원, 헌법재판소 헌법연구관, 국가정보원의 직원, 경호공무원과 특수 분야의 업무를 담당하는 공무원으로서 다른 법률에서 특정직 공무원으로 지정하는 공무원

③ 전문경력관
  ㉠ 정의: 계급 구분과 직군 및 직렬의 분류를 적용하지 아니하는 특수 업무 분야에 종사하는 일반직 공무원
  ㉡ 전문경력관직위 지정: 소속 장관은 해당 기관의 일반직 공무원 직위 중 순환보직이 곤란하거나 장기 재직 등이 필요한 특수 업무 분야의 직위를 전문경력관직위로 지정할 수 있음(전문경력관규정 제3조)
  ㉢ 직위군 구분: 전문경력관직위의 직위군은 직무의 특성·난이도 및 직무에 요구되는 숙련도 등에 따라 가군, 나군 및 다군으로 구분함
  ㉣ 전직: 임용권자는 전직시험을 거쳐 전문경력관을 다른 일반직 공무원으로 전직시키거나 다른 일반직 공무원을 전문경력관으로 전직시킬 수 있음

④ 임기제 공무원(국가공무원법 제26조의5 근무기간을 정하여 임용하는 공무원): 임용권자는 전문지식·기술이 요구되거나 임용관리에 특수성이 요구되는 업무를 담당하게 하기 위하여 경력직 공무원을 임용할 때에 일정기간을 정하여 근무하는 공무원을 임용할 수 있음

확인문제

경력직 공무원에 관한 내용으로 옳지 않은 것은? 2012, 서울 9급
① 실적과 자격에 의해서 임용된다.
② 신분이 보장되며 정년까지 공무원으로 근무할 것이 예정된다.
③ 특정직 공무원
④ 경찰공무원과 소방공무원
⑤ 별정직 공무원

▶ ⑤ [×] 별정직 공무원은 실적주의와 신분보장이 적용되지 않는 특수경력직 공무원이다.

확인문제

전문경력관제도에 대한 설명으로 옳지 않은 것은? 2018, 국가 9급
① 소속 장관은 해당 기관의 일반직 공무원 직위 중 순환보직이 곤란하거나 장기 재직 등이 필요한 특수 업무 분야의 직위를 인사혁신처장과 협의하여 전문경력관직위로 지정할 수 있다.
② 일반직공무원과 마찬가지로 계급 구분과 직군 및 직렬의 분류를 적용한다.
③ 전문경력관직위의 군은 직무의 특성·난이도 및 직무에 요구되는 숙련도 등에 따라 구분한다.
④ 임용권자는 일정한 경우에 전직시험을 거쳐 전문경력관을 다른 일반직공무원으로 전직시킬 수 있다.

▶ ② [×] 전문경력관직위의 군은 일반직 공무원과는 달리 직무의 특성·난이도 및 직무에 요구되는 숙련도 등에 따라 가군, 나군 및 다군으로 구분한다.

(2) **특수경력직 공무원**

① 의의: 경력직 공무원 외의 공무원으로 실적주의와 직업공무원제 적용을 받지 않음

② 특수경력직 공무원 구분

특수경력직 공무원	정무직	선거로 취임하거나 임명할 때 국회의 동의가 필요한 공무원, 고도의 정책결정 업무를 담당하거나 이러한 업무를 보조하는 공무원으로서 법률이나 대통령령에서 정무직으로 지정하는 공무원
		① 대통령·국회의원·자치단체장 등 ② 감사원장·감사위원 및 사무총장 ③ 국회사무총장·차장·도서관장·예산정책처장·입법조사처장 ④ 헌법재판소 재판관·사무처장 및 사무차장 ⑤ 중앙선거관리위원회 상임위원·사무총장 및 차장 ⑥ 국무총리 ⑦ 국무위원 ⑧ 대통령비서실장 ⑨ 국가안보실장 ⑩ 대통령경호처장 ⑪ 국무조정실장 ⑫ 처의 처장 ⑬ 각 부의 차관, 청장(경찰청장은 특정직) ⑭ 차관급 상당 이상의 보수를 받는 비서관(대통령비서실 수석비서관, 국무총리비서실장, 대법원장비서실장, 국회의장비서실장) ⑮ 국가정보원장 및 차장, 국가정보원 기획조정실장 ⑯ 방송통신위원회 위원장 ⑰ 국가인권위원회 위원장 등
	별정직	비서관·비서 등 보좌업무 등을 수행하거나 특정한 업무 수행을 위하여 법령에서 별정직으로 지정하는 공무원
		① 비서관·비서 ② 장관 정책보좌관 ③ 국회 수석전문위원 ④ 기타 법령에서 별정직으로 지정하는 공무원

3 근무 시간에 의한 공무원 구분: 상근공무원과 시간선택제 공무원

(1) **상근공무원 또는 전임공무원**: 공무원은 일반적으로 통상적인 근무 시간(대체로 주당 40시간 내외)을 근무하는 전일제(全日制) 근무를 전제로 함

(2) **시간선택제 공무원**

① 의의: 시간선택제 공무원은 가족친화적 인사정책(family friendly personnel policy)을 적극적으로 활용하기 위한 유연근무제도(flexible work)의 일환으로 통상적인 근무 시간보다 짧은 시간 근무하는 공무원을 의미

② 유형: 시간선택제 채용 공무원, 시간선택제 전환 공무원, 시간선택제 임기제 공무원

③ **시간선택제 채용 공무원의 임용**: 국가기관의 장은 업무의 특성이나 기관의 사정 등을 고려하여 소속 공무원을 대통령령 등으로 정하는 바에 따라 통상적인 근무시간보다 짧게 근무(15시간 이상 35시간 이하의 범위에서 임용권자 또는 임용제청권자가 정함)하는 공무원으로 임용할 수 있음(국가공무원법 제26조의2 근무시간의 단축 임용).

④ 시간선택제 채용 공무원을 통상적인 근무시간 동안 근무하는 공무원으로 임용하는 경우에는 어떠한 우선권도 인정하지 아니함(공무원 임용령 제3조의3).

확인문제

정무직 공무원에 해당하지 않는 것은?
2019, 국가 7급
① 국가정보원 차장
② 국무총리실 사무차장
③ 헌법재판소 사무차장
④ 감사원 사무차장

▶ ④ [×] 감사원 사무차장은 일반직 공무원에 해당한다.

확인문제

통상적인 근무시간보다 짧은 시간(주 15~35시간)을 근무하는 공무원으로서 일반 공무원처럼 시험을 통해 채용되고 정년이 보장되는 공무원으로 옳은 것은?
2020, 군무원 9급
① 시간선택제전환공무원
② 시간선택제임기제공무원
③ 시간선택제채용공무원
④ 한시임기제공무원

▶ ③ [○]
① [×] 시간선택제전환공무원은 정규직으로 임용된 이후 중간에 시간선택제채용공무원으로 전환된 공무원을 말한다.
② [×] 임기제공무원 중 시간선택제채용공무원으로 채용된 공무원을 말한다.
④ [×] 한시임기제공무원은 임기제 공무원 중 공무원의 휴직이나 병가, 특별휴가로 인한 공무원의 업무를 대행하기 위하여 1년 6개월 이내의 기간 동안 임용되는 임기제 공무원을 말한다.

제4절 우리나라 공무원 제도

1 개방형 임용제도

(1) 개방형 임용제의 의의

① 공직의 모든 직급에 공직 내·외부로부터의 신규채용을 허용하는 인사제도. 상위직급에 결원이 발생하는 경우 내부승진에만 의존하지 않고 조직 외부로부터 신규채용을 하는 것을 의미

② 개방형 임용제도는 미국에서 발달한 직위분류제에 토대를 두고 있으며, 전문가주의(specialist) 체제에 적합한 인사제도임

(2) 개방형 임용제의 도입배경: 폐쇄형 임용과 내부 승진을 특징으로 하는 직업공무원제의 특성이 공직사회의 무사안일과 경쟁력 약화 및 생산성 저하를 초래한다는 문제점을 극복하기 위해 ① 외부 전문가 유치를 통해 행정의 전문성을 강화하고, ② 부처 간 인사교류를 활성화하며, ③ 경쟁에 의한 공무원의 자질향상과 정부 생산성 제고를 위해 2000년부터(김대중 정부) 개방형 직위제도를 도입했음

(3) 개방형 임용제의 장·단점

장점	• 공직의 경쟁력과 전문성 제고에 기여 • 재직자의 자기개발 노력 촉진 • 공직사회에 직무와 성과중심의 인식을 확산 • 공직 침체 방지 • 인사권자의 입장에서 폭넓게 우수 인재를 발탁하여 활용하는 등 탄력적인 인사운영이 가능하여 인사상의 자율성을 강화
단점	• 직업공무원제 확립 저해 • 정치적 혹은 엽관제적 임용의 가능성 • 행정의 일관성·계속성 저해 • 행정의 책임성 저하 • 내부 승진 기회의 제약, 과도한 경쟁으로 인한 피로감 등으로 인한 재직자의 사기 저하

(4) 한국의 개방형 임용제도

① 공모직위

㉠ 공모직위란 효율적인 정책 수립 또는 관리를 위하여 해당 기관 내부 또는 외부의 공무원 중에서 적격자를 임용할 필요가 있는 직위에 대하여 공개모집에 의해 직무수행 요건을 갖춘 적격자를 임명하는 제도(국가공무원법 제28조의5)

㉡ 공모직위의 지정: 경력직 공무원으로 보할 수 있는 고위공무원단 직위 총수의 100분의 30 이내, 과장급 직위 총수의 20% 이내 지정 가능

㉢ 임용방법: 공모직위에 임용되는 공무원은 전보, 승진, 전직 또는 경력경쟁채용 등의 방법으로 임용하여야 하며, 공모직위에 임용된 공무원은 임용된 날부터 2년 이내에 다른 직위에 임용될 수 없음

② 개방형 직위제
  ㉠ 개방형 직위제도는 전문성이 특히 요구되거나 효율적인 정책 수립을 위하여 필요하다고 판단되어 공직 내부나 외부에서 적격자를 임용할 필요가 있는 직위에 대하여 공직 내·외의 공개경쟁을 통해 적임자를 임용할 수 있도록 하는 제도(국가공무원법 제28조의4)
  ㉡ 지정범위: 고위공무원단 직위 총수의 100분의 20 범위, 과장급 직위 총수의 100분의 20의 범위에서 지정
  ㉢ 임용방법: 소속 장관은 경력경쟁채용 등의 방법으로 개방형 직위에 공무원을 임용. 다만, 개방형 임용 당시 경력직 공무원(임기제 공무원은 제외)인 사람은 전보, 승진 또는 전직의 방법으로 임용할 수 있음
  ㉣ 임용기간: 5년의 범위에서 소속 장관이 정하되, 최소한 2년 이상으로 하여야 함
③ 경력개방형 직위제도: 소속 장관은 개방형 직위 중 특히 공직 외부의 경험과 전문성을 적극 활용할 필요가 있는 직위를 공직 외부에서만 적격자를 선발하는 개방형 직위로 지정할 수 있음(개방형 직위 및 공모 직위의 운영 등에 관한 규정 제3조 제3항)

우리나라 개방형 임용제도 비교

구분	공모직위 (국가공무원법 제28조의5)	개방형 직위	
		(국가공무원법 제28조의4)	경력개방형 직위 (개방형 직위 및 공모 직위의 운영 등에 관한 규정 제3조 제3항)
사유	효율적인 정책수립·관리	전문성, 효율적인 정책수립	개방형 직위 중 특히 공직 외부의 경험과 전문성을 적극 활용할 필요가 있는 직위
선발 범위	부처 내·외 (현직 공무원에 한함)	공직 내·외 (민간인 포함)	공직 외부에서만

개방형 직위와 공모직위 비교

구분		개방형 직위	공모직위
사유		전문성, 효율적인 정책수립	효율적인 정책수립·관리
대상 직종		일반직·특정직·별정직	일반직·특정직(경력직에 한함)
선발 범위		공직 내외(민간인 포함)	부처 내외(현직 공무원에 한함)
지정 범위	중앙 행정기관	• 고위공무원단 직위 총수의 20% 이내 • 과장급 직위 총수의 20% 이내	• 고위공무원단 직위 총수의 30% 이내 • 과장급 직위 총수의 20% 이내
	지방 자치단체	• 광역자치단체 1~5급 공무원의 10% 이내 • 기초자치단체의 2~5급 직위의 10% 이내	공모직위 지정범위와 지정비율은 임용권자가 정함
신분		임기제 공무원 원칙(경력직도 가능)	경력직 공무원
임용기간		5년 범위 안에서 소속 장관이 정하되, 최소 2년 이상	기간 제한 없음

❷ 고위공무원단 제도

(1) 고위공무원단 제도의 도입배경

① 미국은 엄격한 직위분류제의 문제점을 해결하기 위해 1978년 카터 행정부가 「공무원제도개혁법」에서 고위공무원단(SES : Senior Executive Service) 도입(계급제적 요소 반영)

② 우리나라는 전통적인 직업공무원제도 중심의 계급과 연공서열 중심의 인사관리의 문제점을 개선해서 직무와 성과중심의 성과주의 인사관리체제로 전환하여 정부의 경쟁력을 높이고 이를 통한 공공서비스의 질을 향상시키기 위한 전략적 인사제도로 2006년 노무현 정부에서 도입되었음

(2) 고위공무원단 제도의 특징

① **고위 공직의 개방과 경쟁**: 부처 내·외 공모직위제, 개방형 직위제도

② **직무와 성과 중심의 인사관리 강화**: 성과계약 등 평가제, 직무성과급적 연봉제

③ **적격자 선발·유지를 위한 검증 시스템 강화**: 역량평가제도

④ **범정부적 시야 배양**

▶ 직업공무원제와 고위공무원단 비교

구분	직업공무원제	고위공무원단
인사관리 기준	신분 중심(계급제)	직무(일) 중심
충원	부처 내 폐쇄적 임용	부처 내·외 경쟁을 통한 개방적 임용
성과관리	연공서열 위주의 형식적 관리	엄격한 성과관리
보수	계급과 호봉에 따른 차등 보수	직무성과급적 연봉제(직무 등급과 성과평가 결과에 따른 차등 보수)
역량평가	역량평가 제도 없음	역량평가제 도입
신분보장	강한 신분보장	• 성과평가에 따른 신분상 불이익 조치 • 정치적 영향력 또는 정실적 요소 개입 가능

(3) 우리나라 고위공무원단 제도의 특징

① **도입 목적**: 국가의 고위공무원을 범정부적 차원에서 효율적으로 인사관리하여 정부의 경쟁력을 높이기 위하여 고위공무원단을 구성

② **구성**: '고위공무원단'이란 직무의 곤란성과 책임도가 높은 다음의 직위에 임용되어 재직 중이거나 파견·휴직 등으로 인사관리되고 있는 일반직 공무원, 별정직 공무원 및 특정직 공무원의 군(群)을 말함

㉠ 중앙행정기관과 행정부 각급 기관(감사원 제외)의 직위 중 실장·국장 및 이에 상당하는 보좌기관

㉡ 국가공무원으로 보하는 지방자치단체 및 지방교육행정기관의 실장·국장 및 이에 상당하는 보좌기관

확인문제

고위공무원단제도에 대한 설명으로 옳지 않은 것은? 2021, 지방 9급
① 역량 중심의 인사관리
② 계급 중심의 인사관리
③ 성과와 책임 중심의 인사관리
④ 개방과 경쟁 중심의 인사관리

▶ ② [×] 고위공무원단 제도는 1~3급의 계급을 폐지하고 직무등급을 적용하여 계급보다는 직무 중심의 인사관리를 강조한다.

③ 직무 중심의 인사관리
  ㉠ 고위공무원은 계급이 아니라 '직무등급'을 기준으로 관리됨. 기존의 1~3급이라는 신분 중심의 계급을 폐지하고 담당 직무의 난이도와 책임도에 따라 직무를 2개 등급(가, 나)으로 구분하며, 보수도 이 직무등급 및 성과평가 결과에 따라 좌우됨
  ㉡ 종전에는 직무 등급을 5단계(가, 나, 다, 라, 마 등급)로 구분했으나, 탄력적 인사운영을 위해 2009년 '직무분석 규정'을 규정해 종전의 '가, 나'등급을 '가'등급으로, '다, 라, 마'등급을 '나'등급으로 통합해 2단계로 축소했음

④ 고위공무원의 보수체계: 직무성과급적 연봉제
  ㉠ 고위공무원에 대해서는 직무성과급적 연봉제를 적용하며, 다만 대통령경호실 직원 중 고위공무원단에 속하는 별정직 공무원에 대해서는 호봉제를 적용함(공무원보수규정 제63조)
  ㉡ 직무성과급적 연봉은 기본연봉과 성과연봉으로 구성됨. 기본연봉은 기준급(개인의 경력 및 누적성과를 반영하여 책정)과 직무급(직무의 곤란성 및 책임의 정도를 반영하여 직무등급에 따라 책정)을 합한 연간 금액이며, 성과연봉은 전년도 성과평가 결과에 따라 등급별로 차등 지급됨

$$\begin{aligned} \text{고위공무원의 보수} &= \text{연봉} + \text{연봉 외 급여} \\ &= (\text{기본연봉} + \text{성과연봉}) + \text{연봉 외 급여} \\ &= [(\text{기준급} + \text{직무급}) + \text{성과연봉}] + \text{연봉 외 급여} \end{aligned}$$

⑤ 고위직의 개방 확대 및 경쟁 촉진
  ㉠ 고위직을 충원할 때 유능한 인력을 유입하기 위해 민간 및 타 부처 소속 공무원에게도 직위를 개방하여 경쟁을 유도
  ㉡ 고위공무원단 직위는 개방형 직위 20%, 공모직위 30%, 부처자율인사직위 50%로 구분하여 관리함

⑥ 성과관리 강화
  ㉠ 역량평가: 고위공무원단 후보자가 되기 위해서는 사전에 역량평가를 거쳐야 함. 고위공무원의 역할과 직무를 성공적으로 수행하기 위해 요구되는 문제인식, 전략적 사고, 성과지향, 변화관리, 고객만족, 조정·통합 등 6개 역량을 중심으로 교육을 실시하고 평가를 실시
  ㉡ 성과계약등 평가(직무성과계약제): 고위공무원은 개인의 성과목표·평가지표에 관하여 소속 기관장과 1년 단위로 성과계약을 체결하고, 이 성과계약을 토대로 평가 대상 공무원이 평가 대상 기간 동안 달성한 성과달성도를 평가받음

⑦ 신분보장
  ㉠ 고위공무원단 소속 일반직 공무원은 일반직 공무원과 동일한 수준의 정년 및 신분보장 제도의 적용을 받음(정년 60세). 다만 직무등급이 가장 높은 등급의 직위에 임용된 고위공무원단에 속하는 공무원은 신분보장의 적용대상에서 배제함(국가공무원법 제68조 단서)
  ㉡ 적격심사를 통한 신분보장 제한 가능

⑧ 적격심사
  ㉠ 의의: 고위공무원단에 속하는 일반직 공무원은 일정한 사유에 해당할 경우 고위공무원으로서 적격한지 여부에 대한 심사(적격심사)를 받아야 함(국가공무원법 제70조의2)
  ㉡ 적격심사 사유: ⓐ 근무성적평정에서 최하위 등급의 평정을 총 2년 이상 받은 때, ⓑ 정당한 사유 없이 직위를 부여받지 못한 기간이 총 1년에 이른 때, ⓒ 근무성적평정에서 최하위 등급을 1년 이상 받은 사실이 있는 경우와 정당한 사유 없이 6개월 이상 직위를 부여받지 못한 사실이 있는 경우, ⓓ 조건부 적격자가 교육훈련을 이수하지 아니하거나 연구과제를 수행하지 아니한 때
  ㉢ 적격심사 실시: 적격심사는 사유에 해당하게 된 때부터 6개월 이내에 실시하여야 하며, 고위공무원임용심사위원회에서 실시함
  ㉣ 직위해제와 직권면직: 적격심사요구를 받게 되면 직위해제가 가능하며(직위해제 사유), 적격심사 결과 부적격 결정을 받은 때는 직권면직이 가능함

3 역량평가(competency evaluation) 제도

(1) **역량평가제도의 의의**: 고위공무원으로서 요구되는 역량을 구비하였는지를 사전에 철저히 검증하여 적격자만이 고위공무원단에 선발될 수 있도록 하는 제도적 장치를 구축하기 위해 다양한 평가기법을 활용하여 실제 업무와 유사한 모의상황하에서 나타나는 평가 대상자의 행동특성을 다수의 평가자가 평가하는 체계인 역량평가센터법(Assessment center)을 도입

(2) **역량평가제도의 특성**
  ① 역량의 정의
    ㉠ 역량이란 조직의 목표 달성과 연계하여 뛰어난 직무수행을 보이는 고성과자의 차별화된 행동특성과 태도를 의미
    ㉡ 기존의 '능력' 개념이 개인 측면의 보유 자질에 초점을 맞춘 것이라면, 역량은 조직 측면에서 조직의 성과 창출을 위한 자질이라 할 수 있음
  ② 역량평가센터법(Assessment center)
    ㉠ 역량평가센터는 평가대상자가 조직목표달성에 필요한 역량을 얼마나 가지고 있는지 판단하기 위해 모의상황(simulation)에서 평가대상자가 행동하는 모습을 평가자가 관찰을 통해 평가하는 방법
    ㉡ 평가센터의 내·외부 평가자들은 평가자 훈련을 이수한 전문가들로 구성됨. 평가센터는 조직구성원의 역량을 평가하는 기법 가운데 신뢰성과 예측타당도가 높은 방법임
    ㉢ 역량평가는 구조화된 모의 상황을 설정하여 현실적 직무 상황에 근거한 행동을 관찰·평가하는 방식으로 추측이나 유추가 아닌, 직접 나타난 행동들을 관찰함으로써 평가자의 주관성을 배제할 수 있으며, 성과에 대한 대외 변수를 통제하여 환경적 변인을 제거함으로써 개인의 역량에 대한 객관적 평가가 가능

확인문제

다음 중 역량평가제도에 대한 설명으로 가장 옳은 것은?
2016, 서울 9급
① 역량평가제도는 근무 실적 수준만으로 해당 업무 수행을 위한 역량을 보유하고 있는지에 대해 평가하는 것을 목적으로 한다.
② 역량평가제도는 대상자의 과거 성과를 평가하는 것이고 성과에 대한 외부 변수를 통제하지 않는다.
③ 역량평가제도는 구조화된 모의 상황을 설정한 뒤 현실적 직무 상황에 근거한 행동을 관찰해 평가하는 방식이다.
④ 역량평가는 한 개의 실행 과제만을 활용하여 평가한다.

▶ ③ [○]
① [×] 역량평가제는 근무 실적 수준만으로 평가하는 것이 아니라, 다양한 평가기법을 활용하여 실제와 유사한 모의상황에서의 피평가자 행동 특성을 다수의 평가자가 평가한다.
② [×] 역량평가제도는 미래 행동에 대한 잠재력을 측정하며, 성과에 대한 외부변수를 통제함으로써 객관적 평가가 가능하다.
④ [×] 역량평가는 역할수행, 서류함기법, 집단토론 등 다양한 실행과제로 평가한다.

② 역량평가는 대상자의 과거 성과를 평가하는 것이 아니라 미래행동에 대한 잠재력을 측정함
⑩ 역할연기(Role Play), 서류함기법(In-basket), 집단토론(Group Discussion) 등 다양한 실행과제(simulation exercise)를 종합적으로 활용함으로써 개별 평가기법들의 한계를 극복하고 대상자들의 몰입을 유도하며, 다양한 역량들을 측정할 수 있음. 실행과제는 평가대상자의 업무상황을 가상으로 구성한 것으로 복잡한 현실을 모형화하여 핵심요소만 고려할 수 있도록 함으로써 짧은 시간 내에 역량을 평가할 수 있도록 설계함
⑪ 역량평가는 다수의 평가자가 참여하며 합의에 의하여 평가 결과를 도출하는 체계로, 개별 평가자의 오류를 방지하고 평가의 공정성을 확보할 수 있음
⑫ 고위공무원단 평가 역량(6개) : 성과지향, 변화관리, 문제인식, 전략적 사고, 고객만족, 조정 통합

CHAPTER 03 인사행정 기관

제1절 중앙인사기관

1 중앙인사기관의 의의
① 중앙인사기관은 정부의 인사기능을 담당하고 인사정책을 수립하며 집행을 총괄하는 인사관리기관을 의미
② 역사적으로 중앙인사기관은 엽관주의의 영향을 차단하고 실적주의를 확립하는 과정에서 등장

2 중앙인사기관의 설립 목적
① 실적주의·직업공무원제 확립
② 인사행정의 범정부적 통일성 확보 및 할거주의 방지
③ 인사관리의 공정성 및 중립성 확보
④ 인사행정의 전문화와 기술발전을 통해 인력운영의 효율성 제고
⑤ 공무원의 신분과 권익 보호

3 중앙인사기관의 유형 구분
(1) **분류기준**: 독립성과 합의성
① 독립성: 중앙인사기관이 행정수반으로부터 어느 정도 독립성을 갖느냐의 정도를 의미
② 합의성: 의사결정이 단독 기관장에 의해 이루어지는지, 아니면 위원회 형태의 집단적 의사결정 방식을 택하고 있는지를 의미

■ 중앙인사기관의 조직형태

독립성 \ 합의성	합의성	단독성
독립성	독립합의형	(독립단독형)
비독립성	(비독립합의형)	비독립단독형

(2) **독립합의형**: 위원회 형태
  ① 의의
    ㉠ 중앙인사기관이 일반 행정부처에서 분리되어 있고, 행정수반으로부터도 독립된 지위를 가진 합의체로 구성되는 형태
    ㉡ 엽관주의의 폐해를 방지하고 인사행정의 정치적 중립성을 보장하기 위해 고안된 조직형태
    ㉢ 미국 연방인사위원회(FCSC, 1883~1978), 미국 실적제 보호위원회(MSPB), 일본 인사원(인사기획, 선발 기능 담당) 등
  ② 장·단점

장점	단점
• 엽관주의의 영향력을 배제함으로써 실적제를 발전시키는 데 유리 • 합의제에 의한 신중한 의사결정이 가능 • 중요한 이익집단의 요구를 균형 있게 수용할 수 있음	• 책임소재 불분명 • 의사결정 지연 • 행정수반으로부터 인사관리 수단을 박탈함으로써 강력한 정책추진 곤란

(3) **비독립단독형**: 집행부 형태
  ① 의의
    ㉠ 행정수반에 의해 임명된 한 사람의 기관장이 관리하는 중앙인사기관으로 행정부의 한 부처 형태
    ㉡ 현재 우리나라 인사혁신처, 미국의 인사관리처(OPM: Office of Personnel Management), 일본의 총무성 인사국(총리 산하의 집행기능 담당), 프랑스 인사행정처, 영국 내각 사무처의 공무원 장관실 등
  ② 장·단점

장점	단점
• 인사행정의 책임소재가 분명 • 신속한 의사 결정 가능 • 행정수반에게 인사관리 수단을 제공함으로써 국가정책을 신속하고 강력하게 추진할 수 있음	• 독립성의 결여로 인사행정의 정실화 가능성 • 기관장의 독선적·자의적 결정 견제 곤란 • 기관장의 잦은 교체로 인해 인사행정의 일관성 및 계속성 결여 가능성

(4) **절충형**: 독립합의형과 비독립단독형의 장점을 취하기 위한 조직 형태
  ① 비독립합의형
    ㉠ 중앙인사기관이 독립성은 없으나 합의제 의사결정구조를 갖춘 형태
    ㉡ 과거 우리나라 중앙인사위원회(1999년 5월 대통령 직속의 합의체 인사기관)와 소청심사위원회, 미국 연방노동관계청(FLRA: Federal Labor Relation Authority)
  ② 독립단독형: 중앙인사기관이 독립성이 있으며, 한 사람의 기관장에 의해 관리되는 형태

확인문제

중앙인사기관에 대한 설명으로 가장 옳지 않은 것은? 2017. 서울 9급
① 독립합의형(위원회형) 중앙인사기관의 장점은 의사결정의 신속화에 있다.
② 한국의 중앙인사기관인 인사혁신처는 비독립단독형(부처조직형)이다.
③ 비독립단독형(부처조직형) 중앙인사기관의 장점은 책임소재의 명확화에 있다.
④ 독립합의형(위원회형) 중앙인사기관을 통해 타 기관과의 밀착을 방지하고 원만한 관계를 설정할 수 있다.

▶ ① [×] 독립합의형은 다수 위원들 간의 토론과 합의에 의해 의사결정이 이루어지기 때문에 의사결정이 지연될 수 있다.

제2절 우리나라 중앙인사기관

1 우리나라의 중앙인사관장기관

(1) **의의**: 인사행정에 관한 기본 정책의 수립과 「국가공무원법」의 시행·운영에 관한 사무 관장 기관

(2) 우리나라 중앙인사관장기관
   ① 국회는 국회사무총장
   ② 법원은 법원행정처장
   ③ 헌법재판소는 헌법재판소사무처장
   ④ 선거관리위원회는 중앙선거관리위원회사무총장
   ④ 행정부는 인사혁신처장

2 인사혁신처

① 공무원의 인사·윤리·복무 및 연금에 관한 사무를 관장하기 위하여 국무총리 소속으로 인사혁신처를 둠(정부조직법 제22조의3)
② 인사혁신처에 처장 1명과 차장 1명을 두되, 처장은 정무직으로 하고, 차장은 고위공무원단에 속하는 일반직 공무원으로 보함
③ 소속기관: 소청심사위원회, 국가인재개발원(공무원의 교육훈련 담당)
④ 고위공무원임용심사위원회: 인사혁신처 소속 합의제 기관으로, 고위공무원단에 속하는 공무원의 채용, 고위공무원단 직위로의 승진임용 및 고위공무원으로서 적격한지 여부를 심사

3 소청심사위원회와 소청심사 제도

(1) 소청심사 기관
① 행정기관 소속 공무원의 징계처분, 그 밖에 그 의사에 반하는 불리한 처분이나 부작위에 대한 소청을 심사·결정하게 하기 위하여 인사혁신처에 소청심사위원회를 둠
② 국회, 법원, 헌법재판소 및 선거관리위원회 소속 공무원의 소청에 관한 사항을 심사·결정하게 하기 위하여 국회사무처, 법원행정처, 헌법재판소사무처 및 중앙선거관리위원회사무처에 각각 해당 소청심사위원회를 둠

확인문제

「국가공무원법」상 소청심사위원회를 둘 수 없는 기관은? 2018, 지방 7급
① 행정안전부
② 국회사무처
③ 중앙선거관리위원회사무처
④ 법원행정처

▶ ① [×] 행정기관 소속 공무원의 징계처분, 그 밖에 그 의사에 반하는 불리한 처분이나 부작위에 대한 소청을 심사·결정하게 하기 위하여 인사혁신처에 소청심사위원회를 둔다.

(2) 소청심사위원회(인사혁신처)

① **의의**: 인사혁신처 소속의 상설 합의제 기관으로, 행정기관 소속 공무원의 징계처분(파면, 해임, 강등, 정직, 감봉, 견책), 그 밖에 그 의사에 반하는 불리한 처분(강임, 휴직, 직위해제, 면직, 전보 등)이나 부작위(복직 청구, 봉급 청구 등)에 대한 소청을 심사·결정에 관한 사무를 관장하는 준사법적 합의제 의결기관

② **구성**: 위원장(정무직) 1명을 포함한 5명 이상 7명 이하의 상임위원과 상임위원 수의 2분의 1 이상인 비상임위원으로 구성되며, 상임위원의 임기는 3년(1차 연임)으로 하며, 다른 직무를 겸할 수 없음(국가공무원법 제10조)

③ **소청대상이 되지 않는 처분**: 행정청 내부적 의사결정단계의 행위, 소청은 위법적 사항에 한해 제기할 수 있으며, 부당한 사항은 고충상담의 처리대상이 됨. 따라서 근무성적평정 결과나 승진탈락은 소청 대상이 되지 않음

④ **소청심사 절차**
  ⊙ 심사 대상: 법률로 정하는 바에 따라 경력직(일반직·특정직) 공무원의 소청을 심사·결정
  ⓒ 청구 기한: 불이익 처분 사유가 기재된 설명서를 받은 날부터, 처분이 있은 것을 안 날로부터 30일 이내에 소청심사위원회에 심사청구
  ⓒ 소청심사위원회의 결정: 소청 사건의 결정은 재적 위원 3분의 2 이상의 출석과 출석 위원 과반수의 합의에 따르되, 의견이 나뉠 경우에는 출석 위원 과반수에 이를 때까지 소청인에게 가장 불리한 의견에 차례로 유리한 의견을 더하여 그중 가장 유리한 의견을 합의된 의견으로 봄
  ② 소청심사위원회는 소청심사청구를 접수한 날부터 60일 이내에 이에 대한 결정을 해야 하며, 다만 불가피하다고 인정되면 소청심사위원회의 의결로 30일을 연장할 수 있음

⑤ **결정의 효력**: 소청심사위원회의 결정은 처분 행정청을 기속(羈束)하며, 행정소송은 소청심사위원회의 심사·결정을 거치지 않으면 제기할 수 없음

⑥ **공무원의 권익보호**
  ⊙ 징계 처분에 대한 소청심사에서는 원래 징계 처분보다 무거운 징계를 결정하지 못하며, 소청심사 시 반드시 소청 당사자 또는 대리인에게 진술 기회를 부여해야 함
  ⓒ 본인의 의사에 반하여 파면 또는 해임 등을 당하면 그 처분을 한 날부터 40일 이내에는 후임자의 보충발령을 하지 못함

확인문제

행정부 소속 소청심사위원회에 대한 설명으로 옳지 않은 것은?
2019. 국회 8급

① 심사의 결정을 하기 위해서는 재적 위원의 3분의 1 이상의 출석이 필요하며, 심사의 결정은 출석 위원의 과반수의 합의에 따른다.
② 강임·휴직·직위해제·면직 처분을 받은 공무원은 처분사유 설명서를 받은 후 30일 이내에 심사청구를 할 수 있다.
③ 소청심사위원회는 인사혁신처 소속이며 그 위원장은 정무직으로 보한다.
④ 원징계처분보다 무거운 징계를 부과하는 결정을 할 수 없다.
⑤ 위원장 1인을 포함한 5명 이상 7명 이하의 상임위원과 상임위원 수의 2분의 1 이상의 비상임위원으로 구성되어 있다.

▶ ① [×] 소청 사건의 심사·결정은 재적 위원 3분의 2 이상의 출석과 출석 위원 과반수의 합의에 따른다.

CHAPTER 04 공무원의 임용 및 능력발전

제1절 임용

1 임용의 의의

(1) **임용의 개념**: 정부조직에서 사람을 선발하고, 움직여 쓰는 활동을 의미

(2) **임용의 원칙(국가공무원법 제26조)**: 공무원의 임용은 시험성적·근무성적, 그 밖의 능력의 실증에 따라 행함. 다만, 국가기관의 장은 대통령령등으로 정하는 바에 따라 장애인·이공계전공자·저소득층 등에 대한 채용·승진·전보 등 인사관리상의 우대와 실질적인 양성 평등을 구현하기 위한 적극적인 정책을 실시할 수 있음

2 임용의 유형

(1) **외부임용**(신규채용): 정부조직 바깥에 있는 사람을 선발해 쓰는 활동
① **공개경쟁 채용**: 실적의 원칙과 평등의 원칙이 적용되는 외부임용 방법. 자격 있는 모든 사람들에게 평등한 지원 기회를 부여하고, 공개경쟁시험을 통해 임용후보자를 선발하는 방법
② **경력경쟁 채용**: 경쟁을 제한하는 별도의 선발절차를 거쳐 공무원을 임용하는 것을 의미. 퇴직자 재임용, 관련자격증 소지자, 외국어 능통자, 특수목적학교의 졸업자, 특수 직무 분야 또는 도서·벽지 등 특수지역에 근무할 자, 1급 상당 고위공무원단에 속하는 일반직 공무원 임용의 경우, 북한 이탈 주민 등의 경우 경력경쟁채용을 할 수 있도록 하고 있음

(2) **내부임용**: 재직 공무원의 인사문제를 다루는 과정
① 수평적 이동(배치전환)
  ㉠ 의의: 동일한 계급 내의 수평적 인사이동으로 보수나 계급의 변동 없이 수평적으로 직위를 옮기는 것을 의미
  ㉡ 유형

전직 (轉職)	• 상이한 직렬의 동일한 계급 또는 등급으로 수평 이동하는 것을 의미하며, 직렬 변화로 전직 시험 필요
전보 (轉補)	• 동일한 직렬·직급 내에서 직위만 변경되는 것 • 빈번하게 자리가 바뀔 경우 행정의 전문화를 저해할 수 있기 때문에 필수보직기간을 설정하고 있음(공무원임용령 제45조)
파견	• 국가적 사업의 수행을 위하여 공무원의 소속을 바꾸지 않고 일시적으로 다른 기관이나 국가기관 이외의 기관 및 단체에서 근무하는 것

확인문제

내부임용에 대한 설명으로 옳은 것은?
2021, 국가 7급 인사조직
① 전직은 동일한 직렬과 직급 내에서 직위만 바꾸는 것을 의미한다.
② 전보는 상이한 직렬의 동일한 계급 또는 등급으로 수평 이동하는 것을 말한다.
③ 승급은 하위 직급에서 상위 직급으로 이동하는 것을 의미하며, 일반적으로 직무의 곤란도와 책임 증대 및 보수의 증액을 수반한다.
④ 강임은 현재의 직급에서 하위 직급으로 이동하는 것으로, 강등과 달리 징계는 아니다.

▶ ③ [○]
① [×] 전직이 아니라 전보에 해당한다. 전직은 다른 직렬의 이동을 말한다.
② [×] 전보가 아니라 전직에 해당한다.
③ [×] 승급이 아니라 승진에 해당한다. 승급은 같은 계급에서 호봉이 높아짐에 따라 생기는 보수의 증가를 의미하지만, 계급이나 직책의 변동을 수반하지 않으므로 직무의 곤란도·책임도는 증대되지 않는다.

겸임	• 직위·직무 내용이 유사하고, 직무 수행에 지장이 없을 경우 한 사람의 공무원에게 둘 이상의 직위를 부여하는 것(겸임 기간: 원칙 2년 이내)
전입	• 인사 관할을 달리하는 국회, 법원, 헌법재판소 및 행정부 사이에 다른 기관 소속 공무원을 이동시켜 받아들이거나 내보내는 것을 의미 • 전입을 위해서는 시험을 거쳐야 하나, 임용 자격 요건 및 시험 과목이 동일할 경우, 시험의 일부 또는 전부를 면제할 수 있음

ⓒ 배치전환의 유용성 및 역기능

배치전환의 유용성(본질적 용도)	배치전환의 역기능
• 인사관리의 융통성 확보 • 부패방지의 효과 • 공직사회의 침체 방지 • 직무의 부적응 해소와 적재적소 배치 • 부서 간·부처 간 할거주의 타파 및 협력 조성을 위한 기반 마련 • 능력발전 및 교육훈련의 수단: 넓은 안목의 통찰력 향상 및 폭넓은 경험 제공	• 징계수단으로 활용 가능성: 정당한 징계절차에 의하지 않고 좌천 등의 불이익 처분으로 활용 • 특정 구성원에게 개인적 혜택을 베푸는 정실인사의 수단으로 이용함으로써 조직의 사기와 능률을 떨어뜨리는 부작용 초래 • 해고 또는 사임의 강요수단으로 활용 • 행정의 전문성 저해

② 수직적 이동

승진	• 직급 체계상의 직위상승을 의미. 하위 직급에서 직무의 곤란도와 책임도가 높은 상위 직급으로 상향 이동을 의미하며, 권한과 책임의 증가 및 보수의 증액을 동반함 ▶ 승급: 같은 계급에서 호봉이 높아짐에 따라 생기는 보수의 증가를 의미. 승급은 계급이나 직책의 변동을 수반하지 않음
강임	• 같은 직렬 내에서 하위 직급으로 임명하거나 하위 직급이 없어 다른 직렬의 하위 직급으로 임명하거나, 고위공무원단에 속하는 일반직 공무원을 고위공무원단 직위가 아닌 하위직에 임명하는 것 • 임용권자는 직제 또는 정원의 변경이나 예산의 감소 등으로 직위가 폐직되거나 하위의 직위로 변경되어 과원이 된 경우 또는 본인이 동의한 경우에는 소속 공무원을 강임할 수 있으며, 강임된 공무원은 상위 직급 또는 고위공무원단 직위에 결원이 생기면 우선 임용됨 ▶ 강등: 강임과 강등은 하향적 이동이라는 점에서 동일하지만, 강등은 징계의 한 방법이라는 점에서 차이가 있음

3 외부임용의 단계

(1) **모집**: 가장 적절하고 유능한 인재가 공직을 지원하도록 경쟁에 유치하는 과정

(2) **시험**

① 응시자 중에서 유능한 적격자를 분별·선발하는 수단·도구를 의미

② 공개경쟁채용시험은 실적주의 확립에 기여하고, 공직에 대한 임용기회 균등에 의하여 행정의 민주성을 확보하여 주며, 행정의 능률성을 보장해줌

확인문제

우리나라 공무원의 시보임용에 관한 설명으로 옳지 않은 것은?
2013. 행정사
① 임용권자는 시보임용 기간 중에 있는 공무원의 근무상황을 항상 지도·감독하여야 한다.
② 시보기간 중 근무성적이 좋으면 정규공무원으로 임용한다.
③ 시보기간은 시보공무원에게 행정실무의 습득기회를 제공하는 것이다.
④ 시보임용은 공무원으로서 적격성 여부를 판단하는 선발과정의 일부이다.
⑤ 시보공무원은 일종의 교육훈련 과정으로 교육에만 전념할 수 있도록 정규 공무원과 동일하게 공무원 신분을 보장한다.

▶ ⑤ [×] 시보기간 동안에는 신분보장이 제한적이다. 시보기간 중 근무성적 및 교육훈련 성적이 불량할 경우에는 면직이 가능하다.

국가공무원법 제29조(시보 임용)
③ 시보 임용 기간 중에 있는 공무원이 근무성적·교육훈련성적이 나쁘거나 이 법 또는 이 법에 따른 명령을 위반하여 공무원으로서의 자질이 부족하다고 판단되는 경우에는 제68조와 제70조에도 불구하고 면직시키거나 면직을 제청할 수 있다.

(3) **채용후보자 명부 작성**
① 시험을 거쳐 합격자가 결정되면 시험 실시기관은 합격자들의 등록을 받아 채용후보자 명부에 등재함
② 공무원 공개경쟁채용시험에 합격한 사람의 채용후보자 명부의 유효기간은 2년의 범위에서 정함

(4) **추천**: 채용후보자 명부 작성 후 시험실시 기관장은 시험·훈련 성적 등을 참작하여 임용권자나 임용 제청권자에게 추천

(5) **시보임용**
① **의의**: 임용권자는 추천된 임용 후보자 가운데 적격자를 선발해 일정한 기간 동안 시보공무원으로 임명
② **목적**: 공직에 대한 적격성 판단(선발 수단의 보완), 교육훈련의 의미(초임 공무원에게 필요한 조직적응 훈련)
③ **시보기간**
  ⊙ 5급 공무원을 신규 채용하는 경우에는 1년, 6급 이하의 공무원을 신규 채용하는 경우에는 6개월간 시보로 임용. 다만, 대통령령 등으로 정하는 경우에는 시보 임용을 면제하거나 그 기간을 단축할 수 있음
  ⊙ 휴직한 기간, 직위해제 기간 및 징계에 따른 정직이나 감봉 처분을 받은 기간은 시보 임용 기간에 넣어 계산하지 않음
④ **신분보장 제한**: 정규 공무원이 아니므로 신분보장이 제한적임. 시보 임용 기간 중에 있는 공무원이 근무성적·교육훈련성적이 나쁘거나, 공무원으로서의 자질이 부족하다고 판단되는 경우에는 면직시키거나 면직을 제청할 수 있음(소청심사 청구는 가능)

4 임용결격 사유(국가공무원법 제33조)

(1) 피성년후견인 또는 피한정후견인

(2) 파산선고를 받고 복권되지 아니한 자

(3) 금고 이상의 실형을 선고받고 그 집행이 종료되거나 집행을 받지 아니하기로 확정된 후 5년이 지나지 아니한 자

(4) 금고 이상의 형을 선고받고 그 집행유예 기간이 끝난 날부터 2년이 지나지 아니한 자

(5) 금고 이상의 형의 선고유예를 받은 경우에 그 선고유예 기간 중에 있는 자

(6) 법원의 판결 또는 다른 법률에 따라 자격이 상실되거나 정지된 자

확인문제

「국가공무원법」상 공무원 임용 결격 사유에 해당하지 않는 사람은?
<u>2024, 지방 7급</u>
① 공무원 재직 중 징계로 해임처분을 받은 때부터 3년이 지나지 아니한 자
② 파산선고를 받고 복권된 때부터 5년이 지나지 아니한 자
③ 금고 이상의 형의 집행유예를 선고받고 그 유예기간이 끝난 날부터 2년이 지나지 아니한 자
④ 공무원 재직 중 징계로 파면처분을 받은 때부터 5년이 지나지 아니한 자

▶ ② [×] 파산선고를 받고 복권되면 임용 결격사유에 해당하지 않는다(국가공무원법 제33조).

국가공무원법 제33조(결격사유) 다음 각 호의 어느 하나에 해당하는 자는 공무원으로 임용될 수 없다.
1. 피성년후견인
2. 파산선고를 받고 복권되지 아니한 자
3. 금고 이상의 실형을 선고받고 그 집행이 끝나거나(집행이 끝난 것으로 보는 경우를 포함한다) 집행이 면제된 날부터 5년이 지나지 아니한 자
4. 금고 이상의 형의 집행유예를 선고받고 그 유예기간이 끝난 날부터 2년이 지나지 아니한 자
5. 금고 이상의 형의 선고유예를 받은 경우에 그 선고유예 기간 중에 있는 자
7. 징계로 파면처분을 받은 때부터 5년이 지나지 아니한 자
8. 징계로 해임처분을 받은 때부터 3년이 지나지 아니한 자

(7) 공무원으로 재직기간 중 직무와 관련하여 「형법」상 횡령죄를 범한 자로서 300만원 이상의 벌금형을 선고받고 그 형이 확정된 후 2년이 지나지 아니한 자

(8) 공무원으로 업무상 위력 등에 의한 성폭력 범죄를 범한 사람으로서 300만원 이상의 벌금형을 선고받고 그 형이 확정된 후 2년이 지나지 아니한 사람

(9) 징계로 파면처분을 받은 때부터 5년이 지나지 아니한 자

(10) 징계로 해임처분을 받은 때부터 3년이 지나지 아니한 자

제2절 채용시험의 효용성

1 타당성(validity)

(1) **타당성의 의의**: 시험이 측정하고자 하는 바를 실제로 정확하게 측정하는 정도를 의미

(2) **타당성의 유형**

① 기준 타당성	⊙ 의의: 시험 성적이 실제 시험대상자의 직무수행 능력이나 실적을 얼마나 정확하게 예측했는가의 정도. ⓒ 판단기준: 시험성적과 직무수행 실적(근무성적, 직무수행 능력)을 비교하여 양자의 상관계수가 높을수록 기준타당성이 높음 ⓒ 검증방법 　ⓐ 예측적 타당성 검증: 시험 합격자를 대상으로 시험성적과 근무실적을 시차를 두고 수집하여 상관관계를 분석 　ⓑ 동시적 타당성 검증: 시험성적과 근무실적에 대한 자료를 동시에 수집하여 상관관계를 검토. 현재 근무하고 있는 재직자에게 시험을 실시하여 얻은 시험성적과 그들의 근무 실적에 대한 자료를 수집하여 상관관계를 분석
② 내용 타당성	⊙ 의의: 시험의 내용이 실제 직무에 대한 내용을 얼마나 정확하게 평가하였는지를 측정 ⓒ 판단기준: 직무수행에 필요한 능력요소(지식, 기술)와 시험문제의 부합 정도 ⓒ 검증방법 　ⓐ 내용타당성을 검증하기 위해서는 직무분석을 통해 직무를 성공적으로 수행하는 데 필요한 지식, 기술 등을 포착해서 조작적으로 정의해야 함 　ⓑ 해당 직무에 정통한 전문가 집단이 시험의 구체적 내용과 직무수행의 적합성 여부를 주관적으로 판단하여 검증 **예** 관련 전문가들이 패널을 구성하는 등의 방법을 활용
③ 구성 타당성	⊙ 의의: 시험이 이론적으로 구성한 능력요소를 정확하게 측정할 수 있는 정도 ⓒ 판단기준: 이론적으로 추정한 능력요소와 시험문제의 부합 정도 ⓒ 검증방법 　ⓐ 행태과학적 조사를 통한 검증절차 또는 고도의 계량적 분석기법을 동원 　ⓑ 구성된 능력요소가 현실성 있고, 직무수행의 성공과 연관되어 있는지 확인 후 시험의 내용과 '구성된 능력요소' 사이의 관계를 분석 　　**예** 소방공무원 채용 시 체력을 측정하기 위해 추상적(이론적)으로 구성된 근력·지구력·균형감각 등을 제대로 측정해 주었는지의 정도

확인문제

다음 중 시험이 특정한 직위의 의무와 책임에 직결되는 요소들을 어느 정도 측정할 수 있느냐에 대한 타당성의 개념은? 2018. 국회 8급
① 내용타당성
② 구성타당성
③ 개념타당성
④ 예측적 기준타당성
⑤ 동시적 기준타당성

▶ ① [○] 내용타당성에 대한 설명이다.

❷ 신뢰성(reliability)

(1) 신뢰성의 의의

① 시험 측정결과의 일관성의 정도

② 시험시기, 장소, 채점자가 다르더라도 동일한 결과를 얻는 정도

③ 타당성의 전제조건(필요조건)

(2) 신뢰성의 측정방법

구분		내용
시험을 두 차례 실시하는 방법	재시험법	동일한 시험을 동일한 대상 집단에게 시간 간격을 두고 2회 이상 실시하여 그 성적을 비교하는 방법
	동질이형법 (복수양식법, 평행양식법)	동일한 시험을 형식을 달리하여 두 번 시험을 치른 뒤 그 성적을 비교하는 방법
시험을 한 차례 실시하는 방법	이분법 (반분법)	문제를 두 부분(홀·짝)으로 나누어 각 성적 간의 상관관계를 살펴보는 방법
	문항 간 일관성 검증법	시험의 모든 문항을 비교하여 그 성적의 상관관계를 살펴보는 방법. 시험의 각 문항 간 상관계수가 높으면 신뢰성이 높음

❸ 난이도

시험이 어려운 정도를 의미. 개인 간의 능력차를 식별할 수 있는지에 관한 기준

❹ 객관성

시험 채점의 공정성을 의미. 시험결과에 있어 채점자의 편견 및 시험 외적 요인이 채점에 개입되지 않는 정도

❺ 실용성

시험실시의 가능성과 편의에 관련된 기준. 시험 관리비용이 적고 실시 및 채점이 용이해야 함

확인문제

선발시험의 효용성에 대한 설명으로 옳지 않은 것은? 2010. 국회 8급
① 신뢰성은 시험 그 자체의 문제이지만, 타당성은 시험과 기준과의 관계를 말한다.
② 신뢰성이 높다고 해서 반드시 타당성이 높은 시험이라고 할 수 없다.
③ 타당성의 기준 측면이 되는 것은 근무성적, 결근율, 이직률 등이다.
④ 재시험법, 복수양식법, 이분법 등은 신뢰성을 검증하는 수단이다.
⑤ 동시적 타당성 검증과 예측적 타당성 검증은 구성타당성을 검증하는 수단이다.

▶ ⑤ [X] 동시적 타당성 검증과 예측적 타당성 검증은 기준타당성을 검증하는 수단이다.

제3절 교육훈련(Education and Training)

1 교육훈련의 의의

(1) **교육훈련의 개념**: 교육훈련은 공무원의 직무능력을 향상시키려는 활동으로서 근본적으로 행정목표달성에 기여할 수 있는 지식과 기술을 연마하고, 가치관과 태도를 발전지향적으로 변화시키고자 하는 계획적 노력을 의미

(2) **교육훈련의 목적**: 공무원의 능력향상을 통해서 조직의 생산성을 높이는 것

2 교육훈련 방법

(1) **훈련 목적에 따른 훈련방법 분류**

훈련의 목적	훈련방법
지식의 습득	강의, 토론회, 사례연구, 시찰, 시청각 교육 등
기술의 연마	사례연구, 모의연습, 현장훈련, 전보·순환보직, 실무수습, 시청각 교육 등
태도 및 행동의 교정, 대인관계 개선	사례연구, 역할연기, 감수성 훈련 등

(2) **직장내 훈련**(OJT: On-the-Job Training)**과 교육원 훈련**(Off JT: Off-the-Job Training)

① 직장내 훈련(OJT: On-the-Job Training)
  ㉠ 의의: 피훈련자가 평상시의 근무상황에서 실제 직무를 수행하면서 감독자 또는 선임자로부터 직무수행에 관한 지식과 기술을 배우는 것을 의미
  ㉡ 장점: 훈련을 하면서 일을 할 수 있기 때문에 훈련에서 배운 지식을 실무에서 실제로 사용할 수 있고, 구성원의 습득도와 능력에 맞게 훈련할 수 있으며, 훈련으로 학습 및 기술향상이 가능하므로 구성원의 동기를 유발할 수 있음
  ㉢ 단점: 예정된 계획에 따라 실시하기 곤란하고, 교육훈련의 내용과 수준을 통일시키기 곤란하며, 많은 구성원을 한꺼번에 훈련시킬 수 없음
  ㉣ 직장훈련의 유형
    ⓐ 직무순환(job rotation): 여러 분야의 직무를 직접 경험하도록 하기 위해 직무를 순환시키는 실무훈련 방법
    ⓑ 실무지도(apprentice coaching): 일상 근무 중 상관이 부하에게 직무수행에 관련된 기술을 가르쳐주거나 질문에 답해 주는 각종 지도 역할
    ⓒ 인턴십(internship): 정식으로 공무원의 신분을 획득하지 않은 사람들에 대해 실제 조직상황에서 업무 수행에 관한 지식과 기술을 배우게 하는 훈련 방법
    ⓓ 시찰(observation): 피훈련자가 실제로 현장에 가서 어떤 일이 어디서 어떠한 상황에서 일어나고 있는지를 직접 관찰하게 하는 방법

확인문제

교육훈련은 실시되는 장소가 직장 내인가, 외인가에 따라 직장훈련(On-the-Job Training)과 교육원훈련(Off-the-Job Training)으로 나뉜다. 다음 중 직장훈련의 장점으로 볼 수 없는 것은? 2009, 국가 9급
① 사전에 예정된 계획에 따라 실시하기가 용이하다.
② 상사나 동료 간의 이해와 협동 정신을 강화·촉진시킨다.
③ 피훈련자의 습득도와 능력에 맞게 훈련할 수 있다.
④ 훈련으로 구체적인 학습 및 기술 향상의 정도를 알 수 있으므로 구성원의 동기를 유발할 수 있다.

▶ ① [×] 직장훈련은 피훈련자가 평상시의 근무상황에서 실제 직무를 수행하면서 감독자 또는 선임자로부터 직무수행에 관한 지식과 기술을 배우는 것으로 사전에 예정된 계획에 따라 실시하기가 어렵다는 단점이 있다. 현장의 업무수행과 관계없이 예정된 계획에 따라 실시하기가 용이한 것은 교육원 훈련의 장점이다.

확인문제

교육훈련의 종류를 OJT(On-the-Job Training)와 OFF JT(Off-the-Job Training)로 구분할 때 OJT의 주요 프로그램에 해당하지 않는 것은? 2019, 서울 9급
① 인턴십(internship)
② 역할 연기(role playing)
③ 직무순환(job rotation)
④ 실무지도(coaching)

▶ ② 역할연기(role play)는 주로 실제 근무상황 속의 특정 역할(상관에게는 부하 역할을, 부하에게는 상관 역할을 부여), 즉 자신과 반대되는 역할연기를 이행함으로써 인간관계 개선이나 태도 변화를 유도하기 위한 목적의 교육훈련 방법으로 별도로 마련된 교육원에서 실시하는 훈련이다.

ⓔ 시보(probation): 시험에 합격한 사람을 일정기간 시험적으로 근무하게 한 후 일정한 조건을 충족하면 임용하는 방법
ⓕ 임시배정(transitory experience): 특수 직위나 위원회 등에 잠시 배정하여 경험을 쌓게 함으로써 앞으로 맡게 될 임무에 대비하도록 하는 방법

② 교육원 훈련(Off JT : Off-the-Job Training)
  ㉠ 의의: 교육훈련만을 목적으로 특별히 마련된 장소와 시설(교육원)에서 실시하는 훈련
  ㉡ 장점: 현장의 업무수행과 관계없이 예정된 계획에 따라 실시할 수 있고, 교육생은 업무 부담에서 벗어나 훈련에 전념하므로 교육의 효과가 높으며, 전문적인 교관이 실시하기 때문에 효과적인 학습이 이루어질 수 있으며, 많은 종업원에게 동시에 교육을 할 수 있음
  ㉢ 단점: 비용이 많이 들고, 교육훈련 결과를 현장에 바로 활용하기가 곤란하며, 직무수행에 필요한 인력이 줄어들어 부서에 남아있는 구성원들의 업무 부담이 가중될 수 있음
  ㉣ 교육원 훈련의 유형
    ⓐ 강의: 가장 일반적으로 사용되고 있는 전통적이고 경제적인 교육훈련 방법으로 교육 내용을 다수의 피교육자에게 단시간에 전달하는 데 효과적인 방법
    ⓑ 회의: 12~15명의 참가자들이 한데 모여 사회자의 사회로 토의를 하는 것
    ⓒ 분임연구(신디케이트, syndicate): 피훈련자들을 10명 내외의 분반으로 나눠 분반별로 동일한 문제를 토의해 문제 해결 방안을 작성한 후 다시 전원이 한 장소에 모여 분반별로 작성한 안을 발표하고 토론을 벌여 하나의 합리적인 안을 최종적으로 작성하는 형태의 훈련방법으로, 고급관리자들에 대한 교육훈련에 많이 이용됨
    ⓓ 사례연구(case study): 사전에 선정된 특수한 사례를 여러 사람이 사회자의 지도하에 토의하는 것을 의미. 피훈련자 전원이 능동적으로 참가할 수 있으며, 주입식 학습을 탈피하고, 독립적·분석적 사고 능력과 문제 해결 능력을 발전시켜준다는 장점을 지님. 중·고급 공무원의 훈련에 유용하며, 특히 인간관계 훈련에 많이 활용됨
    ⓔ 역할연기(role play): 어떤 사례나 사건을 피훈련자들이 연기로 보여준 다음 그에 관해 토의하는 교육훈련 방식. 주로 실제 근무상황 속의 특정 역할(상관에게는 부하 역할을, 부하에게는 상관 역할을 부여), 즉 자신과 반대되는 역할연기를 이행함으로써 인간관계 개선이나 태도변화를 유도하고, 상대방에 대한 이해를 돕고자 하는 방법(태도 및 행동 교정 목적으로 활용됨)
    ⓕ 모의연습(simulation): 실제와 유사한 가상적 상황을 설정해놓고 피훈련자가 거기에 대처하도록 하는 훈련방법. 일반 공무원 훈련에서는 복잡하게 얽힌 업무상황을 실제와 같이 꾸며놓고 피훈련자에게 관리상의 여러 가지 결정을 내려보도록 하는 방법을 이용함
    ⓖ 감수성 훈련(sensitivity training): 감수성 훈련은 사전에 과제나 사회자를 정해주지 않고 10명 내외의 이질적이거나 동질적인 피훈련자끼리 자유로운 토론을 통해 거기서 어떤 문제의 해결방안이나 상대방에 대한 이해를 얻도록 하는 방법. 감수성 훈련은 지식, 기술의 변화가 아니라 대인 간의 정서적 접촉과 토의과정에서 태도와 행동의 변화를 통해 대인관계의 기술을 향상시키려는 목적을 가짐

확인문제

다음 설명에 해당하는 교육훈련 방법은? 2019. 국가 9급

서로 모르는 사람 10명 내외로 소집단을 만들어 허심탄회하게 자신의 느낌을 말하고 다른 사람이 자신을 어떻게 생각하는지를 귀담아 듣는 방법으로 훈련을 진행하기 위한 전문가의 역할이 요구된다.

① 역할연기
② 직무순환
③ 감수성 훈련
④ 프로그램화 학습

▶ ③ 감수성 훈련에 대한 설명이다.

확인문제

공무원 교육훈련 방법에 대한 설명으로 옳지 않은 것은?
2016. 지방 7급

① 현장훈련(on the job training)은 피훈련자가 실제 직무를 수행하면서 직무수행에 관한 지식과 기술을 배우는 방법이다.
② 강의, 토론회, 시찰, 시청각교육 등은 태도나 행동의 변화를 주된 목적으로 한다.
③ 액션러닝(action learning)은 소규모로 구성된 그룹이 실질적인 업무현장의 문제를 해결해 내고 그 과정에서 성찰을 통해 학습하도록 하는 행동학습(learning by doing) 교육훈련 방법이다.
④ 감수성훈련(sensitivity training)은 대인관계의 이해와 이를 통한 인간관계의 개선을 목적으로 한다.

▶ ② [×] 강의, 토론회, 시찰, 시청각 교육 등은 지식의 습득을 위한 교육훈련 방법이다. 태도나 행동의 변화를 주된 목적으로 하는 것은 감수성 훈련, 역할연기, 사례연구 등이다.

ⓗ 사건처리연습: 어떤 사건의 대체적인 윤곽을 피훈련자에게 알려주고 그 해결책을 찾게 하는 방법
ⓘ 프로그램화 학습: 일련의 질의와 응답을 통해 학습이 가능하도록 진도별 학습지침을 제공하는 책자나 컴퓨터프로그램을 이용하는 것

❸ 교육훈련 패러다임의 변화: 역량기반 교육훈련

(1) 역량기반 교육훈련의 의의

① 역량기반 교육훈련제도는 조직의 실질적인 성과 창출에 필요한 역량을 파악하고 현재 수준과 욕구 수준 간의 격차를 확인한 후 이를 해소하기 위한 교육훈련 체계를 의미
② 역량(competency) 개념은 직무에서 탁월한 성과를 나타내는 고성과자(high performer)에게서 일관되게 관찰되는 지식, 기술, 태도 등의 행동적 특성을 의미
③ 역량기반 교육훈련은 조직 및 개인 차원의 체계적인 교육 수요 진단(역량진단)을 기초로 조직 구성원들에게 필요한 역량이 무엇이며, 얼마나 필요한지를 파악하여 맞춤형 교육훈련을 실시하여 직무 성과를 실질적으로 향상시키는 것을 목적으로 함

(2) 역량기반 교육훈련 방법

① 멘토링(mentoring): 조직 내에서 직무에 대한 많은 경험과 전문지식을 갖고 있는 멘토가 일대일 방식으로 멘티를 지도함으로써 조직 내 업무 역량을 조기에 배양시킬 수 있는 학습활동을 의미. 멘토링을 통해 조직 내 핵심 인재의 육성 및 지식 이전, 조직구성원들 간의 학습활동을 촉진을 기대할 수 있음
② 학습조직: 조직 내 모든 구성원의 학습과 개발을 촉진시키는 조직 형태로, 지식의 창출 및 공유와 상시적 역량관리를 갖춘 조직. 학습조직의 운영을 통해 개인의 업무 수행과 관련성이 높은 지식의 창출과 공유, 그리고 학습이 가능하다는 점에서 역량기반 교육훈련제도의 대표적 방법임
③ 워크아웃 프로그램(work-out program): 조직의 수직적·수평적 장벽을 제거하고, 전 구성원의 자발적 참여에 의한 행정혁신, 관리자의 신속한 의사결정과 문제 해결을 도모하는 교육훈련 방식. 정부조직에서 정책 현안에 대한 각종 워크숍의 운영 등을 통해 집단적 토론과 함께 문제해결 방안을 모색하고, 개별 공무원의 업무 역량을 제고하기 위한 목적에서 활용되고 있음
④ 액션러닝(action learning): 교육 참가자들이 소그룹 규모의 팀을 구성해 실제 조직의 현안 문제를 해결하면서 동시에 문제해결 과정에 대한 성찰을 통해 학습하도록 함으로써 개인과 조직의 역량을 동시에 향상시키는 행동지향적 학습(learning by doing) 기법으로 주로 관리자 훈련에서 사용되고 있음. 업무 현장에서 나타나는 어려운 문제의 해결과 학습이 동시에 이뤄지도록 구성됨으로써 업무와 교육이 연계되어 이루어진다는 점에서 일과 학습, 이론과 실제, 교육과 행정을 연결한 적시형 학습(just in time learning) 형태를 특징으로 함

확인문제

역량기반 교육훈련제도의 하나로서, 조직의 수직적·수평적 장벽을 제거하고 전 구성원의 자발적 참여에 의한 행정혁신, 관리자의 신속한 의사결정과 문제 해결을 도모하는 교육훈련 방식으로 가장 적절한 것은?
2023, 군무원 7급
① 멘토링(mentoring)
② 학습조직
③ 액션 러닝(action learning)
④ 워크아웃 프로그램(work-out program)

▶ ④ [○]

제4절 근무성적평정(Performance Appraisal or Evaluation)

1 근무성적평정의 의의

(1) **근무성적평정의 개념**: 개별 공무원의 근무실적, 직무수행 능력, 근무수행 태도 등을 직속상관이나 감독자 등이 공식적이고 체계적으로 평가하여 이를 공정한 인사행정의 기초(승진·승급·상벌·교육훈련·적재적소의 배치 등)로 활용하는 것을 의미

(2) **근무성적평정의 목적**
① 인사관리 기준: 승진, 전보, 보수 지급, 교육훈련 등 인사행정 기준으로 활용
② 상벌 목적: 근무성적평정결과에 따라 성과급 지급 또는 징계 근거로 활용
③ 능력발전의 도구: 교육훈련 수요 파악, 개인의 능력발전 등을 위해 활용
④ 채용시험의 타당도 측정: 시험성적과 근무성적을 비교하여 시험의 타당도를 평가하는 기준으로 활용

2 근무성적평정 방법

(1) **도표식 평정척도법**(graphic rating scales)
① 의의: 가장 대표적인 근무성적평정 방법으로 한편에는 다수의 평정요소를 나열하고, 다른 한편에는 각 평정요소마다 우열을 나타내는 척도인 등급이 표시되어 있는 평정척도를 그린 평정표를 통한 평정방법. 우리나라 5급 이하 공무원 등의 성과평가서상의 근무성적 평가에 도표식 평정척도법을 기본형으로 채택하고 여기에 다른 방법을 보완해 사용하고 있음
② 장점: 도표식 평정척도법은 일반적으로 직무분석에 기초하기보다 직관과 선험을 바탕으로 평가요소가 결정되기 때문에 작성이 쉽고 빠르며, 경제적임. 평정자가 해당하는 등급에 표시만 하면 되기 때문에 평정작업이 간단하고, 평정 결과가 점수로 환산되기 때문에 평정자에 대한 상대적 비교가 쉬워 상벌결정의 목적으로 사용하는 데 효과적임
③ 단점: 평정요소의 합리적 선정이 어렵고, 평정요소와 등급의 추상성이 높기 때문에 평정자의 자의적 해석에 의한 평가가 이루어지기 쉬움. 또한 첫 번째 평정요소에 대한 평가가 그다음 평정요소에까지 파급되어 나타나는 연쇄효과(halo effect)의 오류가 발생하기 쉬움

(2) **강제배분법**(forced distribution)
① 의의: 피평정자들의 성적 분포가 과도하게 집중되는 것을 막기 위해 성적 분포의 비율을 미리 정해 놓는 평정방법. 근무성적을 평정한 결과 피평정자들의 성적분포가 과도하게 집중되거나 관대화되는 것을 방지하고 종형의 정규분포에 가깝게 하기 위하여 평정등급에 일정한 비율을 강제로 배분하는 방법
② 장점: 관대화·집중화·엄격화 경향에 따르는 평정오차를 방지할 수 있음

확인문제

근무성적평정의 오류 중 관대화 경향, 엄격화 경향, 집중화 경향을 방지할 수 있는 방법 중 가장 효과적인 것은? 2016, 서울 9급
① 서술적 보고법
② 강제배분법
③ 연공서열법
④ 가점법

▶ ② 강제배분법은 평가 시 피평정자의 성적분포가 과도하게 집중되거나 관대화되는 것을 막기 위해 성적분포를 미리 정해 놓는 방법이다.

③ 단점: ㉠ 평정자가 미리 강제 배분 비율에 따라 평정대상자를 각 등급에 분포시키고, 그다음에 역으로 등급에 해당하는 점수를 피평정자에게 부여하는 소위 역산식(逆算式) 평정의 가능성이 높으며, ㉡ 평정대상 전원이 무능하거나 유능한 경우에도 일정비율만 우수하거나 열등하다는 평정을 받게 되어 현실을 왜곡하는 부작용을 초래할 수 있음

(3) 사실기록법

① 의의: 공무원의 근무 성적을 객관적인 사실에 기초를 두고 평가하는 방법. 공무원이 달성한 작업량을 평가 대상으로 하기 때문에 객관적이지만, 작업량을 측정하기 어려운 업무에 대해서는 적용할 수 없다는 단점이 있음

② 유형: 무엇을 평가기준으로 하는가에 따라 ㉠ 공무원이 달성한 작업량을 평가대상으로 하는 산출기록법, ㉡ 평정 기간 중 일정 시간에 한정해 작업량을 조사하고 그것으로 전 기간의 성적을 추정해 평정하는 주기적 검사법, ㉢ 공무원의 지각 빈도, 결근 일수 등의 기록을 근무 성적 평정의 주요 요소로 해서 평정하는 근태기록법 등이 있음

(4) 서열법

① 의의: 피평정자 간의 근무 성적을 서로 비교해서 서열을 정하는 방법(대인 비교법, 쌍쌍 비교법)

② 장점: 집단의 규모가 작을 때 적합

③ 단점: 특정 집단 내의 전체적인 서열을 알려줄 수 있으나, 다른 집단과 비교할 수 있는 객관적인 자료는 제시하지 못함

(5) 체크리스트(check list) 평정법(프로브스트 평정법)

① 의의: 공무원을 평가하는 데 적절하다고 판단되는 표준행동목록을 미리 작성해두고, 이 목록에 단순히 가부를 표시하게 하는 방법을 통해 공무원을 평가하는 방법

② 장점: 체크리스트에는 평정요소가 명확하게 제시되어 있고, 평정자가 피평정자에 대해 질문 항목마다 유무 또는 가부만을 판단하기 때문에 평정하기가 비교적 쉬움

③ 단점: 평정요소에 대한 항목을 만들기가 힘들고, 질문 항목이 많을 경우 평정자가 곤란을 겪게 됨

(6) 목표관리제 평정법(MBO appraisals)

① 의의: 조직 계층의 상·하급자 간에 협의를 통해 부서 및 개인의 목표를 명확히 설정하고 평가자와 수행자가 목표달성에 관해 의견 교환을 거쳐 평가한 결과를 보상 체제에 반영하는 평가 방식

② 장점: 명확한 목표를 설정함으로써 목표 달성을 위한 동기를 유발할 수 있고, 결과로 나타난 구체적 실적을 피드백시켜 줌으로써 실적 향상에 도움을 줄 수 있음

③ 단점: 목표관리제의 성공적 수행을 위해서는 측정 가능한 구체적 목표를 설정하여야 하는데, 행정부문에서 구체적이고 가시적인 목표설정이 어렵다는 한계가 있음

(7) **중요사건 기록법**(critical incident method)
   ① **의의**: 피평정자의 근무 실적에 큰 영향을 주는 중요 사건들을 평정자로 하여금 기술하게 하거나 또는 중요 사건들에 대한 설명구를 미리 만들어 평정자로 하여금 해당되는 사건에 표시하게 하는 평정방법
   ② **장점**: 평정자인 감독자와 피평정자인 부하가 그 사건을 서로 토의하는 과정에서 피평정자와의 상담을 촉진하고 피평정자의 태도와 직무수행을 개선시킬 수 있으며, 막바지 효과(근접오류) 등 시간적 오류를 방지할 수 있음
   ③ **단점**: 이례적인 행동을 지나치게 강조하고, 평균적인 행동이나 전형적인 행동을 무시할 수 있음

   [예시] 중요사건 기록법
   평가요소: 대인협조관계

일자, 장소	바람직한 행동	일자, 장소	바람직하지 못한 행동
3/18	동료가 상관에 대해 비난하는 것을 만류하고, 상담해줌	3/27 예산담당관실	비품 구입을 위한 예산 배정을 예산담당관에게 요구하였으나 거절 당하자 언성을 높이며 담당관의 책상을 손으로 치는 사건이 있었음

(8) **행태기준 평정척도법**(BARS: Behaviorally Anchord Rating Scales)
   ① **의의**: 도표식 평정척도법이 갖는 평정요소 및 등급의 모호성과 해석상의 주관적 판단 개입, 그리고 중요사건 기록법이 갖는 상호비교의 곤란성을 보완하기 위해 두 방법의 장점을 통합시킨 평정방법. 주관적 판단을 배제하기 위해 직무분석에 기초해 직무와 관련된 중요한 과업분야를 선정하고, 각 과업분야에 대해서 가장 이상적인 과업 행태에서부터 가장 바람직하지 못한 행태까지를 몇 개의 등급으로 구분하고, 각 등급마다 중요 행태를 명확하게 기술하고 점수를 할당하여 피평정자의 행태를 가장 잘 설명할 수 있는 난에 체크하도록 하는 방법. 중요 행태는 중요사건 기록법에서 아이디어를 얻을 수 있으며, 평정척도는 직무 수행담당자와 계선상의 관리자가 공동으로 참여해 설계함
   ② **장점**: 평정대상자의 행태를 관찰하여 척도상의 유사한 과업 행태를 찾아 표시하면 되기 때문에 평정자의 주관적인 평가의 오류를 줄일 수 있고, 척도 설계 과정에 평정대상자가 참여하므로 신뢰와 적극적인 관심을 기대할 수 있음
   ③ **단점**: 직무가 다르면 별개의 평정양식이 있어야 하며, 동일 직무에서도 과업마다 별도의 행태기준을 작성해야 하는 등 개발에 많은 시간과 비용, 그리고 노력이 발생

[예시] 행태기준 평정척도법

☐ 평정대상자의 행태를 가장 잘 대표할 수 있는 난에 체크표시하여 주십시오.

평정요소: 문제해결을 위한 협조성

등급	행태유형
( ) 7	부하직원과 상세하게 대화를 나누고 그에 대한 해결 방안을 내놓는다.
( ) 6	스스로 해결할 수 없는 문제는 상관에게 상의하여 해결책을 모색한다.
( ) 5	스스로 해결하려는 노력은 하나 가끔 잘못된 결과를 초래한다.
( ) 4	미봉책으로 대응하여 문제가 계속 발생한다.
( ) 3	부하직원의 의사를 고려하지 않고 독단적으로 결정을 내린다.
( ) 2	문제해결에 있어 개인적인 감정을 앞세운다.
( ) 1	어떤 결정을 내려야 할 상황인데 결정을 회피하거나 계속 미룬다.

(9) **행태관찰 척도법**(BOS: Behavioral Observation Scales)

① 의의: 직무성과와 관련이 있는 중요행위를 사전에 나열하고, 그러한 행위를 얼마나 자주 하는가에 대한 빈도를 표시하는 척도를 만들어 평가하는 방법으로, 행태기준 평정척도법과 도표식 평정척도법을 혼합한 방식

② 장점: 평정의 주관성과 임의성을 줄일 수 있으며, 도표식 평정척도법이 갖는 평정요소의 추상성을 해소할 수 있음. 평정요소가 직무관련성이 높아 평정결과를 통해 평정대상자에게 행태변화에 유용한 정보를 피드백해 줄 수 있음

③ 단점: 등급과 등급 간의 구분이 모호하며, 연쇄효과의 오류가 발생할 수 있음

[예시] 행태관찰 척도법

평정요소: 부하직원과의 의사소통

평정항목	등급 (1: 거의 관찰하지 못한다 ~ 5: 매우 자주 관찰한다)
새 정책이나 내규가 시행될 때 게시판에 내용을 게시한다.	1 — 2 — 3 — 4 — 5
주의력을 집중하여 대화에 임한다.	1 — 2 — 3 — 4 — 5
지시사항을 전할 때에는 구두로 한 것을 다시 메모로 전달함으로써 확인한다.	1 — 2 — 3 — 4 — 5
상부의 지시사항이 있을 때 이를 즉시 전하지 않고 며칠 지난 뒤에 전함으로써 일을 서두르게 만든다.	1 — 2 — 3 — 4 — 5

확인문제

다음의 설명과 근무성적평정방법을 바르게 연결한 것은?
2020, 지방 7급

ㄱ. 피평정자들의 성적분포가 과도하게 집중되는 것을 방지하기 위해 등급별로 비율을 정하여 준수하도록 하는 방법

ㄴ. 시간당 수행한 공무원의 업무량을 전체 평정기간동안 계속적으로 조사해 평균치를 측정하거나, 일정한 업무량을 달성하는 데 소요된 시간을 계산해 그 성적을 평정하는 방법

ㄷ. 선정된 중요 과업 분야에 대해서 가장 이상적인 과업 수행 행태에서부터 가장 바람직하지 못한 과업수행 행태까지를 몇 개의 등급으로 구분하고, 등급마다 중요 행태를 명확하게 기술하고 점수를 할당하는 방법

① ㄱ - 강제배분법
  ㄴ - 산출기록법
  ㄷ - 행태기준평정척도법
② ㄱ - 강제선택법
  ㄴ - 주기적 검사법
  ㄷ - 행태기준평정척도법
③ ㄱ - 강제선택법
  ㄴ - 산출기록법
  ㄷ - 행태관찰척도법
④ ㄱ - 강제배분법
  ㄴ - 주기적 검사법
  ㄷ - 행태관찰척도법

▶ ①
ㄱ - 강제배분법, ㄴ - 산출기록법,
ㄷ - 행태기준평정척도법에 대한 설명이다.

확인문제

근무성적 평정시 어떤 평정자가 다른 평정자보다 언제나 좋은 점수 또는 나쁜 점수를 주는 오류는?
2011, 지방 9급
① 엄격화 경향(tendency of strictness)
② 규칙적 오류(systematic error)
③ 총계적 오류(total error)
④ 선입견에 의한 오류(prejudice error)

▶ ②

확인문제

근무성적평정상의 오류에 대한 설명으로 옳지 않은 것은?
2023, 지방 9급
① 평정자가 피평정자를 잘 모르는 경우 집중화 경향이 발생할 수 있다.
② 평정자의 평정기준이 일정하지 않은 경우 총계적 오류(total error)가 발생할 수 있다.
③ 연쇄효과(halo effect)는 초기 실적이나 최근의 실적을 중심으로 평가함으로써 발생하는 시간적 오류를 의미한다.
④ 관대화 경향의 폐단을 막기 위해 강제배분법을 활용할 수 있다.

▶ ③ [×] 연쇄효과는 한 평정 요소에 대한 평정자의 판단이 연쇄적으로 다른 요소의 평정에도 영향을 주는 현상이다.

❸ 근무성적평정 오류

(1) 연쇄적 착오(후광효과, halo effect)

① 의의: 평정요소에 대한 평정자의 판단이 다른 평정요소의 평정에 영향을 미치거나, 평정자가 피평정자에 대하여 가지고 있는 막연한 일반적 인상이 모든 평정요소의 평정에 영향을 주는 착오

② 방지대책: 체크리스트법 사용, 유사한 요소들을 멀리 배치하는 등 요소별 배열 순서를 조정하는 방법

(2) 시간적 오류

① 의의: 전체 기간의 근무성적을 종합하여 평가하지 못하고 초기의 업적에 영향을 크게 받거나, 최근의 실적에 대한 인상을 가지고 평정하는 경향

② 종류
  ⊙ 근접효과, 막바지 효과: 평정 실시의 시점에 근접한 시기의 근무성적이 평정에 더 많은 영향을 미치는 데서 오는 착오. 최근의 근무성적에 대한 인상을 가지고 평정하는 경향
  ⓒ 최초효과: 초기의 업적에 너무 큰 비중을 두는 데서 오는 착오

③ 방지대책: 독립된 평가센터 설치, MBO 평정방식, 중요사건기록법 등 활용

(3) 집중화 경향

① 의의: 평정자가 모든 평정자들에게 대부분 중간 수준의 점수를 주는 경향. 평정상 의문이 있거나 피평정자에 대해 잘 모르는 경우, 모험을 회피하려는 방편으로 평균에 가까운 평정을 하는 경향. 혹은 나쁜 평정을 받은 사람의 원망을 사지 않기 위해서 집중화평정을 할 수도 있음

② 방지대책: 강제배분법 적용

(4) 관대화 경향

① 의의: 평정이 관대한 쪽에(우수한 쪽에) 집중되는 것을 의미. 일반적으로 직근 상관인 평정자들이 부하들과의 비공식적 집단적 유대 때문에 우수한 평점을 주는 경향이 나타남

② 방지대책: 강제배분법 적용

(5) 엄격화 경향: 평점 분포가 낮은 쪽에 집중되게 하는 평정경향을 의미

(6) 일관적 착오(= 규칙적 오류): 다른 평정자들보다 시종 박한 점수를 주는 평정자나 항상 후한 점수를 주는 평정자들이 저지르는 착오로, 어떤 평정자가 가진 기준이 다른 사람보다 높거나 낮은 데서 비롯되는 오류

(7) 총계적 오류(= 불규칙적 오류): 평정자의 평정기준이 일정치 않아 관대화 및 엄격화 경향이 불규칙하게 나타나는 경우에 나타나는 오류

⑻ **상동적 오차**(stereotype, 고정관념 또는 선입견에 의한 오류): 평정요소와 관계가 없는 성별, 출신학교, 종교, 연령 등에 대하여 평정자가 갖고 있는 선입견이나 편견이 평정에 영향을 미치는 현상

⑼ **근본적 귀속의 착오**: 타인의 성공을 평가할 때에는 상황적 요인을 높게 평가하고 실패를 평가할 때에는 개인적 요인을 높게 평가하는 경향

⑽ **이기적 착오**(자존적 편견): 자신의 성공을 평가할 때에는 개인적 요인을 과대평가하고, 실패를 평가할 때에는 상황적 요인을 과대평가하는 경향

⑾ **유사성 오차**: 평정자가 자기 자신과 성향이 유사한 부하에게 후한 점수를 주는 오차

⑿ **논리적 오차**: 평정요소 간에 존재하는 논리적 상관관계에 의해 생기는 오류. 어떤 평정요소가 특별히 좋거나 혹은 아주 낮은 점수를 받은 경우에 논리적 상관관계가 있는 다른 요소도 높게 또는 낮게 평정하는 경향

⒀ **대비오차**: 평정대상자를 바로 직전의 평정자와 비교하여 평정함으로써 나타나는 오차

4 우리나라 근무성적평정제도

⑴ 근무성적평정제도의 유형
① 성과계약 등 평가
㉠ 대상: 4급 이상 공무원(고위공무원단 포함), 5급 이하 공무원 중 소속 장관이 성과계약 등 평가가 적합하다고 인정하는 공무원
㉡ 시기: 연초에 성과계약을 체결하고 매년 말(12월 31일) 기준으로 평가(연 1회)
㉢ 성과계약 체결: 기관장·부기관장과 실·국장급과 과장급 간 직근 상하급자 간에 체결
㉣ 평가기준: 평가대상 기간 중 평가대상 공무원의 소관 업무에 대한 성과목표 달성도 등을 감안하여 평가

② 근무성적평가
㉠ 대상: 5급 이하 공무원
㉡ 시기: 6월 말, 12월 말(연 2회 원칙, 다만 6월 말 평가 생략 가능)
㉢ 근무성적평가의 평가항목은 근무실적과 직무수행능력으로 하되, 소속 장관이 필요하다고 인정하는 경우에는 인사혁신처장이 정하는 범위에서 직무수행태도 또는 부서 단위의 운영 평가 결과를 평가항목에 추가할 수 있음
㉣ 평가항목별 평가요소는 소속 장관이 직급별·부서별 또는 업무 분야별 직무의 특성을 반영하여 정함
㉤ 근무성적평가는 직급별로 구성한 평가 단위별로 실시하되, 소속 장관은 직무의 유사성 및 직급별 인원수 등을 고려하여 평가 단위를 달리 정할 수 있음

확인문제

근무성적평가제에 대한 설명 중 가장 옳은 것은? 2017. 서울 9급
① 4급 이상 공무원을 대상으로 한다.
② 매년 말일을 기준으로 연 1회 평가가 실시된다.
③ 평가단위는 소속 장관이 정할 수 있다.
④ 공정한 평가를 위해 평가자와 피평가자의 사전협의가 금지된다.

▶ [○] 평가단위는 소속 장관이 정할 수 있다.

공무원 성과평가 등에 관한 규정 제14조(근무성적평가의 평가항목 등)
③ 근무성적평가는 직급별로 구성한 평가 단위별로 실시하되, 소속 장관은 직무의 유사성 및 직급별 인원수 등을 고려하여 평가단위를 달리 정할 수 있다.

① [×] 4급 이상 공무원을 대상으로 하는 것은 성과계약 등 평가이다.
② [×] 근무성적평가는 매년 6월 30일과 12월 31일 연 2회 실시를 원칙으로 한다.

공무원 성과평가 등에 관한 규정 제5조(평가 시기)
제2항에 따른 정기평가 또는 정기평정은 6월 30일과 12월 31일을 기준으로 실시한다.

④ [×] 평가자는 근무성적평정의 공정성, 타당성 확보를 위해 평정 대상 공무원과 의견교환 등 성과면담을 실시한다.

공무원 성과평가 등에 관한 규정 제20조(성과면담 등)
① 평가자는 근무성적평정이 공정하고 타당하게 실시될 수 있도록 하기 위하여 근무성적평정 대상 공무원과 성과면담을 실시하여야 한다.
④ 평가자가 성과계약등 평가 또는 근무성적평가 정기평가를 실시할 때에는 평정 대상 기간의 성과목표 추진결과 등에 관하여 근무성적 평정 대상 공무원과 서로 의견을 교환하여야 한다.

(2) 우리나라 근무성적평정 제도의 특징

① 평가자와 확인자(이중평정제, 복수평정제): 평가자는 평가 대상 공무원의 업무수행 과정 및 성과를 관찰할 수 있는 상급 또는 상위 감독자 중에서 소속 장관이 지정하고, 확인자는 평가자의 상급 또는 상위 감독자 중에서 소속 장관이 지정함

② 성과면담
  ㉠ 평가자는 근무성적평정이 공정하고 타당하게 실시될 수 있도록 하기 위하여 근무성적평정 대상 공무원과 성과면담을 실시하여야 함
  ㉡ 평가자가 성과계약 등 평가 또는 근무성적평가 정기평가를 실시할 때에는 평정 대상 기간의 성과목표 추진결과 등에 관하여 근무성적 평정 대상 공무원과 서로 의견을 교환하여야 함

③ 근무성적평정 결과의 공개 및 이의신청
  ㉠ 근무성적평정이 완료되면 평정 대상 공무원에게 해당 근무성적평정 결과를 알려 주어야 함
  ㉡ 근무성적평정 대상 공무원은 평가자의 근무성적평정 결과에 이의가 있는 경우에는 확인자에게 이의를 신청할 수 있으며, 이의신청 결과에 불복하는 공무원은 근무성적평가위원회에 근무성적평가 결과의 조정을 신청할 수 있음

5 다면평가제(집단평정법, 복수평정법)

(1) 다면평가제의 의의

① 다면평정법은 피평정자의 직무 수행과 관련된 여러 분야의 사람들이 평정하는 방법으로, 상급자·동료·부하·고객 등이 평정에 참여하는 평정방법을 의미

② 다면평정법은 여러 사람을 평정자로 활용함으로써 평가에 참여하는 소수인의 주관과 편견, 그리고 이들 간의 개인 편차를 줄이고 객관성과 공정성을 높일 수 있음. 감독자 이외에도 동료, 부하, 고객 등 다양한 사람들의 참여를 통해 평정에의 관심과 지지도를 높일 수 있음

(2) 한국의 다면평가제

① 우리나라 다면평가제는 감독자 평정을 보완하는 것으로 의무적인 사항은 아님. 소속 장관은 소속 공무원에 대한 능력개발 및 인사관리 등을 위하여 해당 공무원의 상급 공무원, 동료, 하급 공무원 및 민원인 등에 의한 다면평가를 실시할 수 있음

② 우리나라는 1998년 공무원임용령에 따라 다면평가 결과를 승진에 활용할 수 있는 법적 근거를 마련했으며, 2001년 이후 승진뿐만 아니라 특별승급, 성과상여금 지급, 교육훈련, 보직관리 등 각종 인사운영에 다면평가 결과를 반영할 수 있는 근거가 마련되면서 다면평가제가 거의 전 중앙행정기관으로 확산되었음

③ 이명박 정부 이후 2010년부터 승진, 전보, 성과급 지급 등 통제의 목적으로 사용하기보다는 역량개발 및 교육훈련과 같은 능력발전 목적으로 활용하도록 권장하고 있음. 즉 과거 다면평가제 결과는 승진·성과급·보직관리 기준으로 활용되었으나, 최근 「공무원성과평가 등에 관한 지침」 개정을 통해 다면평가 결과를 공무원의 역량개발, 교육훈련 등 자기개발 목적으로 활용하고 승진·전보·성과급 지급 등에는 참고자료로만 활용하도록 하였음

확인문제

우리나라의 다면평가제도에 대한 설명으로 옳지 않은 것은?
2017, 국가 9급
① 해당 공무원에게 평가정보를 다각적으로 제공하는 경우에는 능력개발을 유도할 수 있다.
② 다면평가의 결과는 승진, 전보, 성과급 지급 등에 참고자료로 활용될 수 있다.
③ 다면평가의 결과는 해당 공무원에게 공개할 수 있다.
④ 민원인은 해당 공무원에 대한 다면평가에 참여할 수 없다.

▶ ④ [×] 다면평가제도는 피평정자의 직무 수행과 관련된 여러 분야의 사람들이 평정하는 방법으로, 상급자·동료·부하·고객(민원인) 등이 평정에 참여하는 평정방법을 의미한다.

(3) **다면평가제의 유용성**(장점)
   ① 평가의 객관성과 공정성 제고 : 업무상 피평가자를 근접하여 관찰할 수 있는 평가자들이 복수로 피평가자를 입체적 · 다면적으로 평가함으로써 평가의 객관성과 공정성이 상대적으로 높아짐
   ② 조직 내 의사전달 및 인간관계 개선에 기여 : 조직구성원들로 하여금 그가 접촉해야 하는 조직 내외의 모든 사람들과 원만한 관계를 증진시키려는 동기를 부여함으로써 조직 내 상하 간, 동료 간, 부서 간에 원활한 커뮤니케이션이 이루어지도록 함
   ③ 조직구성원의 자기계발 촉진 : 피평가자가 다면평가를 통해 다양한 평가결과를 주변의 관련자들로부터 자신의 장단점을 피드백 받음으로써 자기역량 강화의 발전기회를 가질 수 있음
   ④ 조직 내 계층제 구조 완화에 기여 : 다면평가제는 다른 조직원과의 긴밀한 협력관계하에서 직무가 수행될 것이기 때문에 조직의 계층적 구조를 완화시키고 팀워크를 강화시킴
   ⑤ 조직의 생산성 제고에 기여 : 다면평가의 피드백 시스템을 통해 능력과 성과 중심의 인사관리가 이루어질 경우 직무수행 동기유발의 효과가 높아져 조직의 생산성과 서비스 품질이 향상될 수 있음

(4) **다면평가제의 한계**
   ① 다면평가제는 평가대상자들로 하여금 업무 자체보다는 업무관련 집단 또는 대상들과 원만한 인간관계를 유지하는 데 치우치게 할 가능성이 있음
   ② 동료 및 하급자에 의한 평가는 상급자의 권위를 훼손하고 방어적인 행태를 조장하며, 특히 계서제적 조직의 경우 통솔행위가 위축될 수 있음
   ③ 다면평가는 응답자별 평가기준이 달라서 형평성이 훼손될 수 있고, 전체적으로 평가비용이 증대되고 평가 작업이 업무 수행에 지장을 줄 수 있음
   ④ 다면평가제는 신설 조직이나 부처가 통합된 경우에는 능력보다는 출신 부처에 따른 평가로 부처이기주의가 발생하고 소규모 부처 출신자들이 부당한 평가를 받을 수 있음

CHAPTER 05 사기관리

제1절 고충처리 및 제안제도

1 고충처리제도

(1) 고충처리제도의 의의
① 공무원의 근무조건, 인사관리 및 신상문제 등 직장생활과 관련된 불만인 고충을 고충심사위원회가 심사하고 그 해결책을 강구하는 활동
② 공무원의 불만을 해소하기 위한 장치로 공무원의 사기 제고, 신분보장, 하의상달의 촉진에 기여함

(2) 우리나라의 고충처리제도
① **고충심사위원회**: 6급 이하는 각 부처에 설치된 보통고충심사위원회가, 5급 이상은 중앙고충심사위원회(소청심사위원회에서 관장)가 담당
② **고충심사위원회 결정의 효력**: 고충심사 결정 결과에 따라 임용권자에게 고충해소를 위해 노력할 의무를 부과함. 그러나 고충심사위원회 결정의 효력은 권고에 그치며 법적 구속력이 없음

고충심사와 소청심사 비교

구분	고충심사	소청심사
담당기구	• 보통고충심사위원회(각 부처): 6급 이하 • 중앙고충심사위원회(인사혁신처): 5급 이상 – 소청심사위원회가 대행	• 인사혁신처 소청심사위원회
구속력	×	○

2 제안제도

① 공무원의 직무수행 과정에서 예산절약이나 행정능률의 향상을 가져올 수 있는 사항에 대해 이를 제안하도록 하고, 그것이 행정능률에 기여한다고 인정되는 경우 공정한 심사를 거쳐 적절한 보상을 제공하는 제도
② 공무원의 의견을 정부에 피력하는 점에서 고충처리제도와 유사하나 불만의 해소를 넘어 적극적인 차원에서 창의적 의견이나 개선방향을 제시하는 데 목적이 있음
③ 공무원의 성취동기를 자극하고 사기진작에 기여하며, 공무원의 참여 제고로 행정관리의 민주화 구현 및 행정 개선에 기여하는 효과가 있음

확인문제

고충처리제도와 소청심사제도에 대한 설명으로 옳지 않은 것은?
2015, 지방 9급

① 양자 모두 공무원의 권익보호를 위한 제도이다.
② 고충심사위원회와 소청심사위원회의 결정은 관계기관의 장을 기속한다.
③ 중앙고충심사위원회의 기능은 인사혁신처 소청심사위원회에서 관장한다.
④ 소청심사제도는 공무원이 징계처분 기타 그 의사에 반하는 불이익 처분에 대해 이의를 제기하는 경우 이를 심사·결정하는 특별행정심판제도이다.

▶ ② [×] 소청심사위원회의 결정은 구속력이 있지만 고충심사위원회의 결정은 구속력이 없다.

④ 제안이 채택되고 시행되어 국가 예산을 절약하는 등 행정 운영 발전에 뚜렷한 실적이 있는 자에게는 상여금을 지급할 수 있으며 특별승진이나 특별승급을 시킬 수 있음(국가공무원법 제53조).

제2절 공무원의 보수

1 공무원 보수의 의의 및 특징

(1) **보수의 의의**: 공무원의 근무의 대가로 정부가 공무원에게 금전적으로 지급하는 재정적 보상을 의미

(2) **공무원 보수의 특징**(민간기업과 비교)
① 공무원의 보수 수준은 사회 일반의 보수 수준에 비해 낮은 편임
② 정부 업무는 노동의 비교치를 찾는 것이 힘든 경우가 많으며 시장가격의 적용이 곤란하기 때문에 동일 노동에 동일 대가 원칙 적용이 곤란
③ 민간기업의 보수는 근로자와 사용자의 합의에 의해 결정되지만, 공무원은 일반적으로 노동권의 제약을 받고 있어 보수 결정이 불리할 수 있음

2 공무원 보수 수준의 결정

(1) **보수 수준 결정 원칙**
① 대외적 비교성: 공무원의 보수를 민간부문과 비교해 지급해도 직책에 따른 시장가격의 결정이 어렵기 때문에 민간기업 보수의 평균치를 기준으로 보수를 결정하는 것이 일반적임
② 대내적 상대성: 상·하위 직급 간의 보수의 차이를 통해 능력발전과 근무 의욕의 유도를 가능하게 하는 것을 의미

(2) **보수 수준의 결정 요인**
① 경제적 요인: 정부의 재정력(국민의 담세능력)
② 사회윤리적 요인: 모범적 고용주로서 정부는 노동력을 제공하는 공무원에 대해 적정 수준의 보상을 통해 생활 수준을 보장하고, 다른 민간부문에서의 적정 보수 수준 결정을 주도할 필요가 있음
③ 성과와 동기부여 요인: 근무 성과에 따른 보수 지급을 통한 동기부여와 행정 능률성 향상에 기여

(3) 우리나라 공무원 보수 결정의 원칙(국가공무원법 제46조)
   ① 공무원의 보수는 직무의 곤란성과 책임의 정도에 맞도록 계급별·직위별 또는 직무등급별로 정함
   ② 공무원의 보수는 일반의 표준 생계비, 물가 수준, 그 밖의 사정을 고려하여 정하되, 민간 부문의 임금 수준과 적절한 균형을 유지하도록 노력하여야 함

3 공무원 보수체계

(1) 기본급과 부과급
   ① 공무원 보수는 기본급(봉급)과 부과급(수당)으로 구성됨
   ② 기본급: 직무나 직책, 연공 등에 따라 고정적으로 지급되는 보수이며, 각종 수당이나 연금 등 다른 보수항목의 산정기준이 됨
   ③ 부과급: 직무 여건이나 생활 여건, 직무성과 등에 따라 기본급을 보충하여 지급되는 보수
   ④ 우리나라는 현재 기본급과 관련해 직종별로 11개의 봉급표를 구성하고 있으며, 부과급과 관련해 18종의 수당 등이 운영되고 있음

(2) 산정 기준에 따른 급여 유형
   ① 생활급: 공무원의 생계비 수준을 고려하여 지급되는 급여. 직업공무원제도를 채택할 경우 공무원이 생계를 유지할 수 있도록 적정한 보수를 제공할 필요가 있음. 생계유지를 위한 적정한 보수 수준은 공무원의 연령이나 가족 상황 등 개인적 특성을 반영하여 급여 산정이 이루어짐
   ② 근속급(연공급): 공무원의 근속 기간을 고려하여 지급되는 급여. 계급제에 기초한 직업공무원제도를 채택할 경우 공무원의 조직 충성도를 높이고 장기 복무를 유도하기 위해 장기 근속자에게 유리한 보수를 제공할 필요가 있음
   ③ 직무급: 공무원 개인에게 부여된 직무의 직무의 난이도와 책임의 정도에 따른 직무의 상대적 가치를 보수와 연결시킨 것. 직무급을 도입하기 위해서는 각 직무의 상대적 가치를 결정하기 위한 직무평가가 선행되어야 한다는 점에서 직위분류제를 채택하고 있는 경우 유용함. 직무급은 동일직무 동일보수의 원칙을 적용하여 보수의 공정성을 높일 수 있음
   ④ 직능급: 공무원이 직무를 수행하기 위해 요구되는 직무수행능력이나 직무 자격을 고려하여 지급되는 급여 유형. 공무원의 직무수행능력을 측정하여 그 능력이 우수할수록 보수를 우대하는 보수체계임. 보수를 직무수행능력과 연계시켜 개인에게 학습과 자기개발 나아가 생산성 향상의 동기를 제공하는 효과를 가짐
   ⑤ 성과급: 공무원 개인의 실제 근무실적과 보수를 연결시킨 것. 실제 개인이 실현시킨 직무수행의 산출결과를 보수 기준으로 삼는다는 점에서 개인의 투입 측면인 연공이나 능력요소를 기준으로 삼는 것과 차이가 있음

확인문제

공무원 보수에 대한 설명으로 옳지 않은 것은? 2016. 사회복지 9급
① 직능급이란 직무의 난이도와 책임에 따라 결정되는 보수이다.
② 실적급(성과급)은 개인이나 집단의 근무실적과 보수를 연결시킨 것이다.
③ 생활급은 생계비를 기준으로 하는 보수로서 공무원과 그 가족의 기본적인 생활을 보장하기 위한 것이다.
④ 연공급(근속급)은 근속연수와 같은 인적 요소를 기준으로 하는 보수이다.

▶ ① [×] 직무의 난이도와 책임에 따라 결정되는 보수는 직능급이 아니라 직무급에 해당한다.

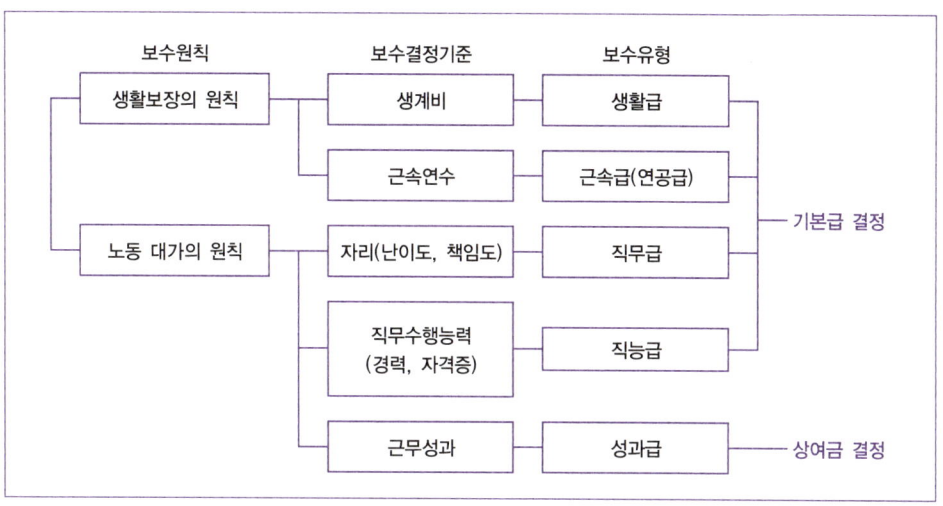

▣ 보수체계의 구성

4 보수체계의 혁신

(1) 성과연봉제

① 의의 : 개인의 능력, 실적, 공헌도에 대한 평가를 통해 연 단위의 계약에 의해 임금이 결정되는 능력중시형 임금 지급 체계

② 도입배경 : 과거 연공급을 근간으로 한 보수제도는 개인의 능력과 실적, 공헌도 및 조직의 성과를 제대로 반영할 수 없으며 조직의 동기부여를 위한 인센티브 기능이 미흡하다는 단점이 있었음. 이에 공무원의 보수체계를 연공급 보수체계에서 직무와 성과중심의 능력(실적)주의 보수체계로 전환하기 위해 1998년 말 국장급 이상 공무원에게 연봉제를 도입했고, 2000년부터 호봉의 승급 대신 전년도의 성과를 평가해 연봉을 조정하게 되었음. 2002년부터 외무공무원의 경우 직무성과급적 연봉제를 도입하고 2005년부터 적용대상을 과장급까지 확대하였음. 2017년부터는 성과급적 연봉제를 5급 상당 공무원까지 확대함

▣ 계급별 보수체계 기본모형

구분		보수체계
5급 이상	고위공무원	직무성과급적 연봉제 - 기본연봉(기준급 + 직무급) + 성과연봉
	과장급	성과급적 연봉제 - 기본연봉(기준급) + 성과연봉
6급 이하		호봉제 + 성과상여금

확인문제

우리나라 공무원 보수에 관한 설명으로 옳은 것은? 2015, 지방교행 9급
① 보수에 대한 정치적 통제가 미약하여 민간기업 보수보다 경직성이 약하다.
② 성과급적 연봉제는 실적평가 결과를 반영하여 보상의 차등화를 지향한다.
③ 전통적으로 생활급 중심의 보수체계로 인해 공무원 보수의 공정성이 높다.
④ 공무원의 노동삼권이 보장되어 동일노동·동일보수의 원칙이 적용되고 있다.

▶ ② [○]
① [×] 공무원 보수는 정치·사회적 통제가 강하여 민간기업 보수보다 경직성이 강하다.
③ [×] 전통적으로 생활급 중심의 보수체계로 인해 보수의 공정성이 낮다.
④ [×] 정부 업무는 노동의 비교치를 찾는 것이 힘든 경우가 많으며 시장가격의 적용이 곤란하기 때문에 동일 노동에 동일 대가 원칙 적용이 곤란하다.

연봉제 종류별 적용 대상

보수제도	적용대상	보수구조	
		기본급여	성과급여(지급기준)
고정급적 연봉제	정무직	기본연봉	-
직무성과급적 연봉제	고위공무원단	기본연봉 (기준급 + 직무급)	성과연봉
성과급적 연봉제	4급 과장급 이상	기본연봉	성과연봉

(2) **성과상여금제도**

① 의의: 성과상여금은 「공무원 수당 등에 관한 규정」에 근거하여 공무원이 1년간 추진한 업무 실적을 공정하고 객관적으로 평가해 능력 있고 실적이 있는 우수한 공무원에게 인센티브를 부여함으로써 공직의 경쟁력과 행정서비스의 질을 높이기 위해 1998년에 도입해 2001년부터 시행되었음

② 지급방법: 성과상여금은 개인별로 차등해 지급하는 방법, 부서별로 차등해 지급하는 방법, 개인별 차등 지급 방법과 부서별 차등 지급 병용, 부서별 차등 지급 후 부서 내 개인별 차등 지급 방법 중에서 각 부처가 소속 공무원의 의견을 수렴하고 해당 기관의 업무와 구성원의 특성을 감안해 자율적으로 선택해 운영하도록 되어 있음

(3) **총액인건비제도**

① 인력과 예산 운용의 효율성의 제고하고 조직의 성과를 향상하기 위해 각 시행기관이 해당 연도에 편성된 총액인건비 예산의 범위 안에서 기구·정원·보수·예산에 대해 자율적으로 운영하는 제도

② 각 기관은 총액인건비 내에서 조직·보수 제도를 성과향상을 위한 효율적 인센티브로 활용해 성과 중심의 조직운영을 할 수 있음

③ 총액인건비제도는 2007년부터 중앙행정기관과 지방자치단체에 전면 시행되었으며, 공공기관에도 총액인건비제도의 도입이 확산되고 있음. 이를 통해 조직 및 예산관리뿐 아니라 보수관리에서도 개별 정부 부처의 자율성이 확대되었고, 부처 특성에 적합한 보수 체계의 설계가 일부 가능해졌음

확인문제

총액인건비제도의 운영 목표와 가장 거리가 먼 것은? 2011, 지방 9급
① 민주적 통제의 강화
② 성과와 보상의 연계 강화
③ 자율과 책임의 조화
④ 기관운영의 자율성 제고

▶ ① [×] 총액인건비제도는 기관운영의 자율성을 제고하고, 성과와 보상의 연계를 강화시키며, 자율과 책임의 조화를 기대할 수 있는 신공공관리론적 개혁원리가 반영된 제도이다. 총액인건비제도는 중앙예산기관과 조직관리 기관이 총 정원과 인건비 예산의 총액만을 정해주면, 각 부처는 그 범위 안에서 재량권을 발휘하여 인력운영 및 기구설치에 대한 자율성과 책임성을 부여받는 제도이다.

보충자료

성과주의와 연공주의

1. 연공주의(seniority system)

(1) **연공주의의 의의**: 조직 내 구성원의 서열을 근속연수나 연령 등에 따라 결정하고, 이러한 연공서열에 따라 구성원에 대한 보상 여부와 수준을 결정하는 방식. 정부조직의 경우 전통적으로 연공주의에 근거한 보상제도의 운영 등 사기관리 방식을 채택해 왔음

(2) **연공주의의 장점**
① 조직 내 계층적 서열구조의 확립을 통해 개인의 안정감 증진: 연공에 의한 서열의 결정은 조직 내에서 자신의 위치를 확인할 수 있게 하며, 시간 경과에 따라 자동적으로 상위 서열에 진입할 수 있다는 인식은 구성원이 장기적인 계획을 가질 수 있게 함
② 장기근속에 따른 조직에 대한 충성심과 기여도 향상: 연공주의는 근속연수나 연령에 따라 조직에 대한 구성원의 기여 정도가 비례하여 증가할 것이라는 전제를 갖고 있음. 구성원의 이직을 방지하는 것은 물론 역량 있는 구성원을 지속적으로 육성하는 데 긍정적임
③ 조직 내 경쟁 완화를 통한 협력적 관계 형성에 기여: 개인의 역량이나 성과와 무관하게 연공서열이 결정되는 상황에서 조직 내 서열 변화를 위한 불필요한 경쟁이 완화될 수 있음. 또한 연공서열에 따른 계층구조의 확립은 상급자와 하급자 간의 멘토(mentor)-멘티(mentee)와 같은 협력적 유대관계 형성에도 긍정적임
④ 개인 성과평가 등 추가적 관리 활동에 따른 비용 절감: 연공이라는 명확한 기준에 따라 보상이 결정되는 과정에서는 엄밀한 개인성과 평가 등에 따른 추가적 관리비용이 요구되지 않으며, 성과평가 과정에서 발생할 수 있는 갈등과 불신 등의 부정적 효과를 차단할 수 있음. 특히 정부조직과 같이 개인성과에 대한 평가 기준과 방법이 모호한 경우에는 연공주의의 상대적 강점이 부각됨

2. 성과주의

(1) **성과주의의 의의**: 전통적인 연공주의에 기초한 사기관리 방식이 조직의 성과 향상에 크게 기여하지 못한다는 비판이 제기되었음. 우리나라의 경우, 1997년의 외환위기를 통해 민간기업 부문을 중심으로 연공주의 방식의 대안으로 성과연봉제 등을 비롯한 성과주의 방식이 적극 도입되었음. 성과주의는 연공서열에 따른 비경쟁적 인사 관행을 혁신하고 조직구성원 개개인의 경쟁과 자발적 몰입을 통해 개인의 능력 발전 및 업무 수행을 조직의 성과와 연계시키도록 함. 성과 기여도에 따른 적절한 보상을 통해 조직구성원의 사기를 진작시켜 지속적인 경쟁과 자발적 몰입을 유도하는 데 초점을 맞춤

(2) **성과주의의 장점**(연공주의의 한계)
① 고정적이고 엄격한 서열화로 인한 조직의 경직성을 완화하고 조직구성원의 무기력감을 경감시킴: 연공서열에 따른 서열화는 개인의 노력 여부와 무관하게 변경이 불가능하다는 점에서 심각한 조직 경직성의 문제를 야기함. 개인의 성과 수준에 따라 조직 내 서열이 변화될 수 있다는 인식은 고정적인 연공서열로 인해 발생하는 개인의 무기력감을 경감시키는 데 기여함
② 개인의 성과수준에 따른 적절한 보상을 통해 조직공정성에 대한 인식을 제고: 연공주의에서 전제하는 것과 달리 최근의 급변하는 조직환경에서는 근속 연수나 연령과 같은 연공의 정도가 성과 기여도와 비례하지 않는 문제가 발생. 개인의 연공과 성과 수준 간의 괴리가 클수록 연공주의에 입각한 보상 등 사기관리 방식의 적용은 오히려 조직 내 공정성에 대한 불신을 야기하고 조직구성원의 사기를 저하시킬 우려가 있음
③ 조직 내 경쟁을 통한 개인의 능력 개발 및 자아실현에 기여: 개인의 업무성과와 보상을 연계하고 경쟁을 통해 보상 수준을 차등화함으로써 개인의 자발적인 능력개발 및 업무 몰입을 제고함. 성과 목표의 설정과 이에 대한 달성 과정에서 개인의 성취감을 제고하고 자아실현의 욕구를 충족시키는 부분도 조직구성원의 사기진작에 긍정적으로 작용함
④ 성과주의에 따른 조직효과성의 증대로 조직구성원에 대한 전반적인 보상 수준 향상: 성과주의의 도입은 조직효과성의 제고를 목적으로 하며, 성과주의를 통한 조직효과성의 제고는 사기관리를 위한 조직의 자원 수준을 증대시킨다는 점에서 긍정적으로 작용함

확인문제

연공주의(seniority system)에 대한 설명으로 옳은 것만을 모두 고르면?
2023, 국가 9급

ㄱ. 장기근속으로 조직에 대한 공헌도를 높인다.
ㄴ. 개인의 성과에 따른 적절한 보상을 통해 사기를 높인다.
ㄷ. 계층적 서열구조 확립으로 조직 내 안정감을 높인다.
ㄹ. 조직 내 경쟁을 통해서 개인의 역량 개발에 기여한다.

① ㄱ, ㄴ   ② ㄱ, ㄷ
③ ㄴ, ㄹ   ④ ㄷ, ㄹ

▶ ② ㄱ, ㄷ [○]
ㄴ, ㄹ [×] 성과주의에 대한 설명이다.

(3) **성과주의의 단점**: 과도한 성과주의의 강조로 인해 조직 내 불안과 갈등이 고조되고, 경쟁적 관계 속에서 협력적 활동이 위축되는 등의 문제가 지적됨. 부분적인 성과를 강조하는 과정에서 오히려 조직 전체의 효과성이 저하된다는 비판도 제기됨

■ 연공주의와 성과주의 인적자원관리 방식 비교

구분	연공주의	성과주의
채용	• 정기 및 신입사원 채용 중심 • 일반적인 선발기준	• 수시 및 경력사원 채용 강화 • 전문성과 창의성 중심의 선발기준
평가	• 태도와 근속연수 중심의 평가 • 모호하고 불투명한 평가	• 성과와 능력 중심의 평가 • 객관적이고 투명한 평가
진급보상	• 직급과 연차 중심의 연공 승진 • 연공형 월급제, 고정상여금	• 직급파괴 및 성과와 역량에 의한 승진 • 연봉제, 성과급제 등
퇴직	• 평생고용	• 조기퇴직 • 전직 지원 활성화

제3절 공무원 연금제도

1 공무원 연금제도의 의의

① 공무원들에 대한 사회보장제도의 일종으로서, 사회보험의 원리에 의해 운영되는 장기 소득보장 시스템

② 우리나라는 공무원 및 그 유족의 생활안정과 복리 향상을 위하여 1960년 「공무원연금법」을 제정·공포하였음

③ 공무원연금은 공무원의 퇴직 또는 사망과 공무(公務)로 인한 부상·질병·장애에 대하여 적절한 급여를 지급함으로써, 공무원 및 그 유족의 생활안정과 복리 향상에 이바지함을 목적으로 함(공무원연금법 제1조)

2 공무원 연금의 본질: 보수후불설(deferred wage theory, 거치보수설) – 다수설, 대법원 판례

① 일정 기간 동안 직원의 보수의 일부가 지급되지 않고 적립되었다가 퇴직 이후에 지급되는 것으로, 직원이나 노동조합의 입장에서 연금이 공무원의 당연한 권리라는 견해

② 공무원의 퇴직연금은 공무원 재직 시 보수의 일부를 기여금 형식으로 정부가 적립하여 관리하다가 퇴직 후에 지급하는 것이기 때문에 보수후불설이 타당하다고 할 수 있음

3 공무원 연금 재정체계

(1) **재원조달 방법**: 기금제와 비기금제

① 기금제(pre-funding system): 연금 사업에 들어가는 재원을 조달하기 위해 미리 기금을 조성하고 기금의 운용과 투자를 통해 나오는 이자와 사업 수익을 통해 연금을 지급하는 방식
예 우리나라, 미국

② 비기금제(Funded system): 해당 연도의 급여지출을 그해에 조달하는 방식. 현재 재직 중인 공무원으로부터 갹출한 수입과 해당 정부 예산에서 연금지출에 소요되는 자원을 충당하는 방식으로 매년 연금지출과 수지균형을 맞추어 나가는 방식. 일반적으로 국가의 세입금 중에서 연금 지출에 소요되는 금액을 세출 예산에 계상하여 지출하므로 현금지출제라고 함
예 영국, 프랑스, 독일 등

(2) **구성원의 재원부담 여부**: 기여제와 비기여제

① 기여제(contributory system): 연금 급여에 소요되는 비용을 사용자(정부)와 연금수혜자(공무원)가 공동으로 부담하는 비용 부담방식 **예** 우리나라, 미국, 프랑스

② 비기여제(non-contributory system): 연금수혜자에게는 비용부담을 시키지 않고 사용자인 정부가 연금 조성비용을 전액 부담하는 방식 **예** 독일, 영국

4 우리나라 공무원 연금제도의 주요 내용

(1) 「공무원연금법」 적용대상

① 국가공무원 및 지방공무원법에 의한 공무원(정규공무원)

② 기타 다른 법률에 따라 국가 또는 지방자치단체에 근무하는 직원(정규공무원 외의 직원)

③ 적용 제외 대상: 군인, 선거직 공무원(대통령, 국회의원, 자치단체장, 지방의회의원)

(2) **연금의 관리와 집행체계**: 공무원 연금에 대한 정책과 제도개발 등은 중앙인사기관(인사혁신처)이 관장, 집행업무는 공무원연금공단에서 담당

(3) **연금의 종류**

① 단기급여: 공무상 요양비, 재해부조금, 사망조위금

② 장기급여: 퇴직급여, 유족급여, 장해급여, 퇴직수당

(4) **연금 조달 방식**: 기금제와 기여제

① 공무원 기여금: 연금 급여에 소요되는 비용으로서 공무원이 부담하는 비용. 공무원으로 임용된 날이 속하는 달로부터 퇴직한 전날 또는 사망한 날이 속하는 달까지 매월 납부하는 금액(기준소득월액의 9%)

② 정부 부담금: 연금급여에 소요되는 비용으로 국가 또는 지방자치단체가 부담하는 금액(보수예산의 9%)

확인문제

우리나라 공무원 연금제도에 대한 설명으로 옳지 않은 것은?
2009, 지방 7급

① 공무원 연금제도는 공무원에 대한 사회보장제도의 일환이다.
② 우리나라에서는 1960년에 「공무원연금법」이 제정 공포되었다.
③ 보수후불설(거치보수설)에 따르면 퇴직연금은 공무원의 당연한 권리이다.
④ 「공무원연금법」 적용대상자에는 선거에 의해 취임하는 공무원을 포함한다.

▶ ④ [×] 「공무원연금법」의 적용대상인 공무원은 국가공무원법·지방공무원법 그 밖의 법률에 의한 공무원으로 하되, 다만, 군인과 선거에 의하여 취임하는 공무원을 제외한다(공무원연금법 제3조).

확인문제

우리나라 공무원연금 재정 확보 방식을 옳게 짝지은 것은?
2019, 서울 9급

① 기금제 - 기여제
② 기금제 - 비기여제
③ 비기금제 - 기여제
④ 비기금제 - 비기여제

▶ ① 우리나라 공무원 연금 기금 조성방식은 기금제와 기여제를 특징으로 한다. 재원조달 방법으로는 연금 사업에 들어가는 재원을 조달하기 위해 미리 기금을 조성하고 기금의 운용과 투자를 통해 나오는 이자와 사업 수익을 통해 연금을 지급하는 기금제 방식을 채택하고 있으며, 연금 급여에 소요되는 비용을 사용자(정부)와 연금수혜자(공무원)가 공동으로 부담하는 기여제를 채택하고 있다.

(5) **연금지급률**: 전 재직기간 평균기준소득월액 1.7%(재직기간 1년당 1.7%)

(6) **연금지급 개시 연령**: 65세

(7) **기여금 납부기간**: 재직 기간에 따라 최대 36년

(8) **연금 수급 요건(최소 재직기간)**: 10년 이상 재직

제4절 다양성 관리와 유연근무제도

1 다양성 관리(diversity management)

(1) 다양성 관리의 의의

① 다양성 관리란 오늘날 개인의 성격, 가치관의 차이와 같은 내면적 다양성의 중요성이 커지면서 등장한 개념으로, 내적·외적 차이를 가진 다양한 조직구성원을 공평하고 효율적으로 활용하기 위한 인적자원관리 과정임

② 다양성 관리는 이질적인 조직구성원들을 채용하고 유지하며, 보상과 함께 역량 개발을 증진하기 위한 조직의 체계적이고 계획된 노력을 의미. 다양성 관리를 강조하는 것은 조직 내 다양성이 조직의 효과성에 긴밀한 영향을 미칠 수 있기 때문임

(2) 다양성 관리의 유형

① 광의의 다양성 관리는 일과 삶의 균형정책(유연근무제, 가족친화적 편익 프로그램, 맞춤형 복지제도 등)을 통해 구현되며, 개인의 삶의 질과 근로의 질이라는 핵심가치로 구성되어 있음

② 협의의 다양성 관리는 균형인사정책을 중심으로 이루어지고 있음. 협의의 다양성 관리(균형인사정책)가 외적 다양성을 중시하는 반면, 광의의 다양성 관리(일과 삶의 균형정책)는 외적 다양성과 내적 다양성을 함께 고려한다는 점에서 차이가 있음

다양성 관리의 유형

구분	협의의 다양성 관리	광의의 다양성 관리
대상	외적 다양성(인종, 성별 등 인구통계학적 특성)	내적 다양성(이념, 가치, 신념, 선호 등 심리적·문화적 속성)과 외적 다양성의 통합적 접근
접근방식	강제적	자발적
	법적, 도덕적 목적 달성	생산성, 효율성, 삶의 질 향상
	멜팅팟 접근(동화 중시)	샐러드볼 접근(개성 중시)
	구성원의 변화를 유도	제도와 운영의 변화 유도
	선발의 형평성에 초점	개발 등 관리적 요소에 초점

확인문제

다양성 관리(diversity management)에 대한 설명으로 옳지 않은 것은?
2021. 국가 7급

① 오늘날 개인의 성격, 가치관의 차이와 같은 내면적 다양성의 중요성이 커지고 있다.
② 다양성 관리란 내적·외적 차이를 가진 다양한 조직구성원을 공평하고 효율적으로 활용하기 위한 체계적인 인적자원관리 과정이다.
③ 균형인사정책, 일과 삶 균형정책은 다양성 관리의 방안으로 볼 수 없다.
④ 대표관료제를 통한 조직 내 다양성 증대는 실적주의와 충돌할 가능성이 있다.

▶ ③ [×] 광의의 다양성 관리는 일과 삶의 균형정책(유연근무제, 가족친화적 편익 프로그램, 맞춤형 복지제도 등)을 통해 구현되며, 개인의 삶의 질과 근로의 질이라는 핵심가치로 구성되어 있다. 협의의 다양성 관리는 균형인사정책을 중심으로 이루어지고 있다.

적용 기간	단기적·제한적	장기적·계속적
정책	균형인사정책(대표관료제) - 양성채용목표제 - 장애인우대제도 - 이공계출신우대제도 - 저소득층우대제도	일과 삶의 균형정책(WLB) - 유연근무제 - 친가족정책 - 맞춤형(선택적) 복지 - 개인 신상 지원프로그램

(3) 다양성 관리에 대한 접근방법

① 멜팅팟(melting pot) 접근: 문화적 동화와 문화 적응을 포함 → 구성원 간의 이질성을 지배적인 주류에 의해 동화시키는 방법

② 샐러드볼(salad bowl) 접근: 문화적 다원주의에 근거 → 각기 다른 특성을 갖는 구성원들이 자신의 특성을 유지할 수 있도록 지원하는 방법

▶ 멜팅팟 접근이 다양성으로 인한 조직응집성의 저하를 방지하기 위한 소극적인 접근방법이라면, 샐러드볼 접근은 다양성을 통한 조직의 탄력성을 극대화하기 위한 적극적인 접근방법으로 이해됨. 최근에는 샐러드볼 접근을 통한 다양성의 유지와 확대를 강조

(4) 다양성의 유형화와 관리 전략
최근의 다양성 관리는 전통적으로 논의되던 인종이나 성별, 지역, 연령 등의 속성 외에도 다양한 속성들에 대한 고려 필요성이 제기되고 있다는 점에서 다양성에 대한 유형화와 관리전략이 필요함. 다양성 관리와 관련해, 다양성의 속성을 유형화하기 위해 가시성과 변화가능성의 두 가지 기준을 적용할 수 있음

① 가시성: 구성원 간의 이질성이 얼마나 쉽게 확인될 수 있느냐에 따른 기준

② 변화가능성: 구성원이 갖고 있는 이질성이 고정적인지 변화가능한 부분인지에 따른 기준. 개인의 교육수준이나 직무전문성, 언어 능력, 가치관 등은 상대적으로 변화가능성이 높은 속성으로 분류됨

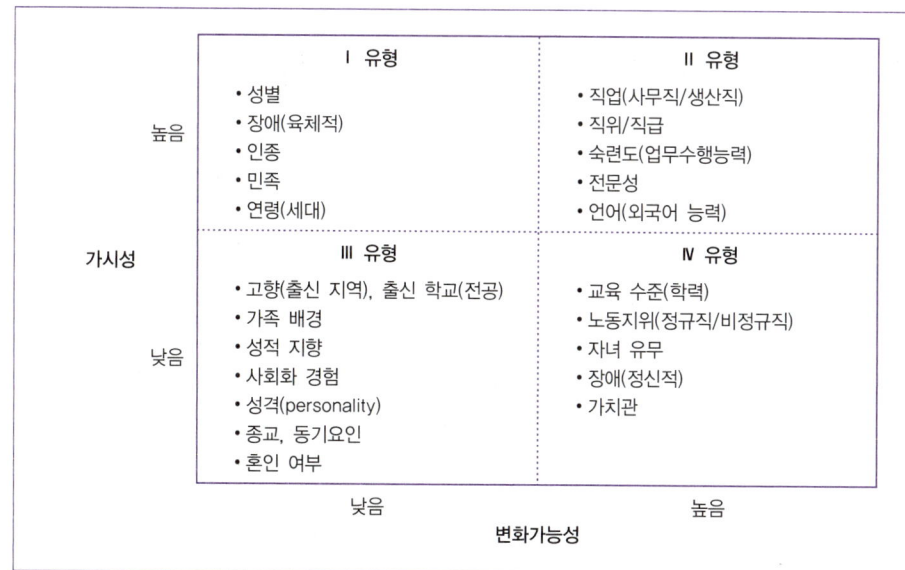

📖 조직의 다양성 유형화 모형

(5) 다양성 관리의 효과
① 긍정적인 효과: 조직의 전반적인 생산성 증가와 경쟁력 향상
② 부정적인 효과: 다양성 관리와 관련된 프로그램은 상당한 비용을 발생하기 때문에 다양성 관리를 위한 개혁의 초기 단계에서는 구성원들의 저항에 직면하기 쉬움

2 유연근무제도

(1) 유연근무제도의 의의

① 유연근무제는 공직 생산성을 향상시키고 삶의 질을 높이기 위해 개인, 업무, 기관별 특성에 맞는 유연한 근무 형태를 공무원이 선택해 활용할 수 있는 제도임. 공청회와 시범 실시를 거쳐 2010년 7월에 유연근무제 운영지침이 마련된 이후, 전 행정기관에서 기관별 실정에 맞게 자율적으로 시행하고 있음

② 유연근무제는 각 기관별 부서의 기능 및 개인별 업무성격 등을 종합적으로 고려하여 기관의 특성에 맞는 범위 내에서 자율적으로 실시하는 것을 원칙으로 함

③ 각급 행정기관장은 유연근무 이용자가 근무성적평정, 전보, 승진 등 인사상 불이익 처분을 받지 않도록 관리하여 유연근무 이용자에 대한 불이익 금지를 원칙으로 함

(2) 유연근무제 유형

① 탄력근무제
② 재량근무제
③ 원격근무제

유연근무제 유형(2020년 인사혁신처 예규)

유형		활용방법
탄력근무제		주 40시간 근무하되, 출퇴근시각·근무시간·근무일을 자율 조정
	시차출퇴근형	1일 8시간 근무체제 유지, 출퇴근시간 자율 조정
	근무시간 선택형	일 8시간에 구애받지 않음(일 4~12시간 근무), 주 5일 근무 준수
	집약근무형	일 8시간에 구애받지 않음(일 4~12시간 근무), 주 3.5~4일 근무
재량근무제		근무시간, 근무장소 등에 구애받지 않고 구체적인 업무성과를 토대로 근무한 것으로 간주하는 근무형태
		• 출퇴근 의무 없이 프로젝트 수행으로 주 40시간 인정 • 고도의 전문적 지식과 기술이 필요해 업무 수행 방법이나 시간배분을 담당자의 재량에 맡길 필요가 있는 분야
원격근무제		특정한 근무장소를 정하지 않고 정보통신망을 이용하여 근무
	재택근무형	• 사무실이 아닌 자택에서 근무 • 1일 근무시간은 4~8시간으로 변동 불가
	스마트워크 근무형	• 자택 인근 스마트워크센터 등 별도 사무실에서 근무 • 1일 근무시간은 4~8시간으로 변동 불가

확인문제

다음 설명에 해당하는 유연근무제의 유형은? 2022, 지방 9급
- 탄력근무제의 한 유형
- 1일 8시간에 구애받지 않음
- 주 3.5~4일 근무

① 재택근무형
② 집약근무형
③ 시차출퇴근형
④ 근무시간선택형

▶ ② [○] 집약근무형은 1일 4~12시간, 주 3.5~4일 동안 근무하는 유형이다.
① [×] 재택근무형은 원격근무제의 한 유형이다.
③ [×] 시차출퇴근형은 1일 8시간 근무체제를 유지하여야 한다.
④ [×] 근무시간선택형은 1일 4~12시간, 주 5일 동안 근무하는 유형이다.

확인문제

공무원의 근무방식과 형태에 대한 설명으로 옳지 않은 것은? 2019, 국가 9급
① 유연근무제는 공무원의 근무방식과 형태를 개인·업무·기관 특성에 따라 선택할 수 있는 제도이다.
② 시간선택제 근무는 통상적인 전일제 근무시간(주 40시간)보다 길거나 짧은 시간을 근무하는 제도이다.
③ 탄력근무제는 전일제 근무시간을 지키되 근무시간, 근무일수를 자율 조정할 수 있는 제도이다.
④ 원격근무제는 직장 이외의 장소에서 정보통신망을 이용하여 근무하는 제도이다.

▶ ② [×] 시간선택제 공무원은 통상적인 근무 시간보다 짧은 시간 근무하는 공무원을 의미한다.

국가공무원법 제26조의2(근무시간의 단축 임용)
국가기관의 장은 업무의 특성이나 기관의 사정 등을 고려하여 소속 공무원을 대통령령 등으로 정하는 바에 따라 통상적인 근무시간보다 짧게 근무하는 공무원으로 임용할 수 있다.

CHAPTER 06 공무원 신분보장

제1절 공무원의 신분보장

1 신분보장의 의의

공무원은 법에 정하는 사유에 의하지 않고는 자신의 의사에 위배되는 신분상의 불이익을 받지 않는 것을 의미

2 법적 근거 : 「국가공무원법」 제68조(의사에 반한 신분 조치)

공무원은 형의 선고, 징계처분 또는 이 법에서 정하는 사유에 따르지 아니하고는 본인의 의사에 반하여 휴직·강임 또는 면직을 당하지 아니함. 다만, 1급 공무원과 제23조에 따라 배정된 직무등급이 가장 높은 등급의 직위에 임용된 고위공무원단에 속하는 공무원은 그러하지 아니함

제2절 공무원의 징계

1 징계의 개념

공무원의 의무 위반에 대한 제재로 공무원의 신분을 변경시키거나 상실케 하는 처분을 의미

2 징계의 종류

파면·해임·강등·정직(停職)·감봉·견책(譴責)(국가공무원법 제79조)

> **확인문제**
>
> 「국가공무원법」상 징계의 내용과 효력을 바르게 설명한 것은?
> 2017, 사복직 9급
> ① 강등은 1계급 아래로 직급을 내리고 공무원의 신분은 보유하나 3개월간 직무에 종사하지 못하며 그 기간 중 보수의 3분의 2를 감한다.
> ② 정직은 1개월 이상 3개월 이하의 기간으로 하고, 정직 처분을 받은 자는 그 기간 중 공무원의 신분은 보유하나 직무에 종사하지 못하며 보수의 3분의 2를 감한다.
> ③ 감봉은 1개월 이상 3개월 이하의 기간 동안 보수의 3분의 2를 감한다.
> ④ 파면 처분을 받은 때부터 5년이 지나지 아니하면 공무원으로 임용될 수 없다.
>
> ▶ ④ [○]
> ① [×] 강등은 1계급 아래로 직급을 내리고 공무원 신분은 보유하나 3개월간 직무에 종사하지 못하고, 그 기간 중 보수의 전액(3분의 2 ×)을 감한다.
> ② [×] 정직은 1개월 이상 3개월 이하의 기간으로 하고, 정직 처분을 받은 자는 그 기간 중 공무원의 신분은 보유하나 직무에 종사하지 못하며 보수의 전액(3분의 2 ×)을 감한다.
> ③ [×] 감봉은 1개월 이상 3개월 이하의 기간 동안 보수의 3분의 1(3분의 2 ×)을 감한다.

③ 징계의 효력(국가공무원법 제80조)

징계의 종류		효력
경징계	견책	• 전과에 대하여 훈계하고 회개하게 하는 것. 인사기록에 남음 • 6개월간 승진·승급 제한
	감봉	• 1개월~3개월 이하 기간 동안 보수의 1/3 감함 • 12개월간 승진·승급 제한
중징계	정직	• 1개월~3개월 이하 기간 동안 공무원의 신분을 보유하지만 직무에 종사하지 못함 • 정직 기간 중 보수 전액 감함 • 18개월간 승진·승급 제한
	강등	• 1계급 아래로 직급을 내림 • 공무원 신분은 보유하나 3개월간 직무에 종사하지 못하며 그 기간 중 보수는 전액을 감함 • 18개월간 승급 제한
	해임	• 공무원관계로부터 배제하고 3년간 공직 재임용 제한 • 퇴직급여 원칙적으로 제한 없음(예외: 금품·향응수수, 공금횡령·유용으로 해임된 경우 퇴직급여의 1/4 감액. 단, 재직기간이 5년 미만 재직자는 퇴직수당 1/8 감액)
	파면	• 공무원관계로부터 배제하고 5년간 공직 재임용 제한 • 퇴직급여 1/2 감액(재직기간 5년 미만인 자는 1/4 감액), 퇴직수당 1/2 감액

제3절 공무원의 퇴직

① 임의 퇴직

(1) **의원면직**: 공무원 자신의 의사표시에 의한 자발적 퇴직을 의미하며 공무원의 퇴직의사를 임용권자가 받아들여 면직행위를 해야 공무원의 신분이 소멸됨

(2) **명예퇴직제도**: 20년 이상 근속한 공무원이 정년 전에 자진해서 퇴직하는 경우. 장기근무로 인한 조직침체와 행정능률 저하를 방지하기 위하여 정년이 되기 전에 자진하여 공무원 신분을 종료하는 자에게 국가가 예산의 범위 안에서 일정액 이상의 명예퇴직 수당을 지급

(3) **조기퇴직**: 20년 미만 근속자가 직제와 정원의 개폐 또는 예산의 감소 등에 따라 폐직 또는 과원이 되었을 때 스스로 퇴직하는 것(수당 지급)

2 강제 퇴직: 비자발적 퇴직

(1) **징계면직**: 파면과 해임에 의한 공무원 신분 상실

(2) **당연퇴직**
   ① 의의: 임용권자의 처분에 의해서가 아니라 법률 규정에 해당하는 사유가 발생하여 공무원 관계가 소멸하게 되는 것
   ② 당연퇴직 사유: 임용결격 사유(국가공무원법 제33조)에서 "금고 이상의 형의 선고유예를 받은 경우에 그 선고유예 기간 중에 있는 자" 규정 제외

(3) **직권면직**
   ① 개념
      ㉠ 공무원이 법률 규정에 해당하는 사유가 발생한 경우 임용권자가 본인의 의사와 관계없이 직권으로 공무원 신분을 박탈하는 것
      ㉡ 공무원법상의 징계 종류는 아님
   ② 직권면직 사유(국가공무원법 제70조)
      ㉠ 직제와 정원의 개폐 또는 예산의 감소 등에 따라 폐직(廢職) 또는 과원(過員)이 되었을 때
      ㉡ 휴직기간 만료 또는 휴직사유 소멸 후에도 직무에 복귀하지 않거나 직무를 감당할 수 없을 때
      ㉢ 직위해제 되어 3개월 이내의 대기명령을 받은 자가 능력 또는 근무성적의 향상을 기대하기 어렵다고 인정된 때
      ㉣ 전직시험 3회 이상 불합격자로서 직무수행능력이 부족하다고 인정된 때
      ㉤ 징병검사·입영 또는 소집의 명령을 받고 정당한 사유 없이 이를 기피하거나 군복무를 위하여 휴직 중에 있는 자가 군복무 중 군무(軍務)를 이탈하였을 때
      ㉥ 해당 직급·직위에서 직무를 수행하는 데 필요한 자격증의 효력이 상실되거나 면허가 취소되어 담당 직무를 수행할 수 없게 된 때
      ㉦ 고위공무원단에 속하는 공무원이 제70조의2에 따른 적격심사 결과 부적격 결정을 받은 때
   ③ 직권면직 절차
      ㉠ 징계위원회의 의견 필요
         ▶ 대기 명령을 받은 자가 그 기간에 능력 또는 근무성적의 향상을 기대하기 어렵다고 인정된 때 - 징계위원회의 동의
      ㉡ 직권면직 처분사유를 기재한 설명서 교부(국가공무원법 제75조)

(4) **정년퇴직**
   ① 공무원이 법률에 규정된 계급별, 직무 종류별로 일정한 연령에 도달하면 자동적으로 퇴직하는 것
   ② 우리나라는 연령 정년제(일정한 연령에 달하면 자동 퇴직하는 제도)를 채택하고 있으며, 다른 법령에 특별한 규정이 없는 한 직급에 차별 없이 모든 공무원의 연령 정년을 60세로 단일화

확인문제

「국가공무원법」상 공무원 인사에 대한 설명으로 옳지 않은 것은?
2018. 지방 9급
① 당연퇴직은 법이 정한 사유가 발생한 경우 별도의 처분 없이 공무원 관계가 소멸되는 것을 말한다.
② 직권면직은 법이 정한 사유가 발생한 경우 임용권자가 일방적으로 공무원 관계를 소멸시키는 것을 말한다.
③ 직위해제는 직무수행능력이 부족하거나 근무성적이 극히 나쁜 경우 공무원의 신분은 유지하지만 강제로 직무를 담당하지 못하게 하는 것이다.
④ 강임은 한 계급 아래로 직급을 내리는 것으로 징계의 종류 중 하나이다.

▶ ④ [×] 한 계급 아래로 직급을 내리는 것으로 징계의 종류 중 하나인 것은 강등이다.

제4절 기타 공무원 신분제한 제도

1 직위해제

(1) 직위해제의 의의

① 공무원에 대하여 직위를 계속 유지시킬 수 없다고 인정되는 특정한 사유가 있는 경우 임용권자가 공무원으로서의 신분은 보존시키되 직위를 부여하지 않은 임용행위

② 공무원의 신분은 보유하나 직위를 부여하지 않고 일정기간 직무에서 격리시키는 제도

③ 징계처분보다 절차가 간편해 현실적으로 징계처분의 한 수단으로 남용되기도 함

(2) 직위해제 사유(국가공무원법 제73조의3)

① 직무수행능력이 부족하거나 근무성적이 극히 나쁜 자

② 파면·해임·강등 또는 정직에 해당하는 징계의결이 요구 중인 자

③ 형사사건으로 기소된 자(약식명령이 청구된 자는 제외)

④ 고위공무원단에 속하는 일반직 공무원으로 적격심사를 요구받은 자

⑤ 금품비위, 성범죄 등으로 인하여 감사원 및 검찰·경찰 등 수사기관에서 조사나 수사 중인 자로서 비위의 정도가 중대하고 이로 인하여 정상적인 업무 수행을 기대하기 현저히 어려운 자

(3) 직위해제 후속 절차

① 임용권자는 직무수행능력이 부족하거나 근무성적이 극히 나쁜 자에게 3개월 범위에서 대기를 명하고, 이 기간 중 능력의 향상 또는 근무성적의 향상을 기대하기 어렵다고 인정된 때에 징계위원회의 동의를 얻어 직권면직을 통해 공무원 신분을 박탈할 수 있음

② 직위해제 사유가 소멸하면 임용권자는 지체 없이 직위를 부여해야 함

2 휴직

(1) 휴직의 의의: 일정한 사유로 직무에 종사할 수 없는 경우 일정기간 동안 공무원 신분을 유지하면서 직무에 종사하지 않아도 되도록 하는 조치

(2) 휴직의 유형

① 직권 휴직: 임용권자가 공무원 본인의 의사에도 불구하고 휴직을 명하여야 하는 경우(㉠ 신체·정신상의 장애로 장기 요양이 필요할 때, ㉡ 병역복무, 천재지변이나 전시·사변, 그 밖의 사유로 생사(生死) 또는 소재(所在)가 불명확하게 된 때, ㉢ 노동조합 전임자로 종사하게 된 때, 만 8세 이하 또는 초등학교 2학년 이하의 자녀를 양육하기 위하여 필요하거나 여성공무원이 임신 또는 출산하게 된 때 등)

② 청원 휴직: 공무원이 휴직을 원하는 경우(민간 취업, 국외 유학, 연구기관이나 교육기관 등에서 연수하게 된 때, 가족 간호의 경우 등)

확인문제

공무원의 직위해제에 대한 설명으로 옳은 것은? 2023, 국가 9급
① 직위해제는 공무원 징계의 한 종류이다.
② 직위해제 처분을 받은 공무원은 잠정적으로 공무원 신분이 상실된다.
③ 직무수행 능력이 부족하거나 근무성적이 극히 나쁜 자에 대해서도 직위해제가 가능하다.
④ 직위해제의 사유가 소멸된 경우 임용권자는 인사위원회의 심의를 거쳐 3개월 이내에 직위를 부여하여야 한다.

▶ ③ [○]
① [×] 직위해제는 징계의 종류에 해당하지 않는다.
② [×] 직위해제는 공무원에 대하여 직위를 유지시킬 수 없다고 인정되는 사유가 있는 경우에 임용권자가 공무원으로서의 신분은 보존시키되, 직위를 부여하지 않는 임용행위를 의미한다.
④ [×] 직위해제의 사유가 소멸되면 임용권자는 지체 없이 직위를 부여하여야 한다.

③ 권고사직

① 직권면직과 달리 「국가공무원법」상의 제도 아님
② 의원면직 형식을 취하나 인사권자의 자의에 의해 이루어지는 사실상의 강제퇴직. 파면시켜야 할 사람을 자발적 퇴직형식으로 유도하여 퇴직시키는 일종의 편법
③ 징계대상 공무원에 대해 가혹한 징계를 모면하게 하는 수단으로 이용되거나 또는 대량숙정 시의 비공식적 징계 수단으로 이용됨

④ 감원

정부의 사정에 의해 일부 공무원의 필요성이 소멸해 퇴직시키는 것

확인문제

공무원 신분의 변경과 소멸에 대한 설명으로 옳지 않은 것은?
2022. 국가 9급
① 직권면직은 법률상 징계의 종류로 규정되어 있지 않다.
② 정직은 징계처분의 일종으로, 정직 기간 중에는 보수의 1/2을 감하도록 되어 있다.
③ 임용권자는 사정에 따라서는 공무원 본인의 의사에도 불구하고 휴직을 명해야 한다.
④ 임용권자는 직무수행 능력 부족을 이유로 직위해제를 받은 공무원이 직위해제 기간에 능력의 향상을 기대하기 어렵다고 인정된 때에 직권면직을 통해 공무원의 신분을 박탈할 수 있다.

▶ ② [×] 정직 기간 중에는 보수의 전액을 감한다.

CHAPTER 07 공무원의 권리와 의무

제1절 공무원의 정치적 중립

1 정치적 중립(political neutrality)의 의의

(1) 공무원이 국민 전체에 대한 봉사자로서 그 직무를 수행함에 있어 정파적 특수 이익을 추구하거나 정쟁에 개입함 없이 직무수행의 공평성을 유지하고 정치적 영향 없이 독립적으로 직무를 수행하도록 하는 공무원의 행동규범

(2) 공무원의 정치적 중립은 미국에서 정관유착의 부패, 행정의 전문성 저하 등 엽관주의의 폐해를 극복하고 실적주의를 확립하는 과정에서 필수적인 행동규범으로 등장했음

(3) 공무원의 정치적 중립을 확보하기 위해서는 우선 부당한 정치적 압력으로부터 공무원을 보호하고, 공무원의 정치 관여를 제한해야 함

2 정치적 중립의 필요성

(1) **당파적 정치로부터 중립**: 어떤 정당이 집권하더라도 당파성을 떠나 공평무사하게 국민에게 봉사해야 한다는 것을 의미함. 즉, 특정 정당의 당파에 좌우됨이 없이 국민 전체 이익을 대표한다는 대응성과 대표성을 유지할 것을 요구함

(2) **실적주의 확립**: 공무원의 정치적 중립은 공무원 집단을 안정된 중립 세력으로 만들어 정치적 집권세력의 교체에도 불구하고 행정의 안정성, 계속성, 전문성을 확보하기 위한 규범이라고 할 수 있음

(3) **공무원의 정치적 활동 제한**: 선거 과정에 대한 부당한 간섭을 배제함으로써 공정선거를 확보하고 이를 통해 정치체제의 기본질서를 확립하기 위해 정치적 중립이 요구됨. 공무원이 선거 등 정치로부터 영향을 받지 않고 국민에 대한 서비스를 보다 안정적이고 공평하게, 그리고 민주적이고 능률적으로 제공하기 위해 공무원의 정치적 활동을 제한할 필요가 있음

3 정치적 중립에 대한 비판과 한계

(1) **공무원의 참정권 등 정치적 기본권 제한**: 공무원의 정치적 중립성의 강요는 공무원의 정치적 권리를 침해한다는 비판이 있으며, 시민으로서의 정치적 참여욕구를 봉쇄하고 정치과정으로부터 소외·단절시킨다는 문제가 있음. 특히 공무원들에 대해 헌법적 기본권 가운데 하나인 참정권 제한은 불공평할 뿐만 아니라 민주정치 원리와 모순될 수 있음

(2) **정부관료제의 국민대표성과 책임성 저해**: 공무원에 대한 엄격한 정치적 중립 요구는 공무원들의 이념적 무관심(ideological indifference)을 초래하고, 정부관료제가 국민의 요구에 민감하게 대응하지 못하는 폐쇄집단이 될 우려가 있음. 또한 정치적 중립은 다양한 국민의 의사를 국정 운영 과정에 반영하고자 하는 대표관료제 정신과 상충하는 측면이 있음

(3) **참여적 관료제(participatory bureaucracy) 발전의 저해**: 참여적 관료제란 계서제적 압력을 감소시키고 중간 관리층 이하의 공무원들이 정책 형성에 대한 참여의 기회를 확대하고 그들이 대내외적으로 자기 주장을 표현하고 관철할 수 있는 기회를 부여하는 관료제를 의미. 공무원의 정치활동 제한은 공무원의 정책적 무관심을 조장하며, 정책형성 과정에의 참여기회를 제한함으로써 참여적 관료제의 발전을 저해함

4 한국 공무원의 정치적 중립

(1) 「헌법」 제7조 제2항: 공무원의 신분과 정치적 중립성은 법률이 정하는 바에 의하여 보장됨

(2) 「국가공무원법」 제65조(정치운동의 금지)
① 공무원은 정당이나 그 밖의 정치단체의 결성에 관여하거나 이에 가입할 수 없음
② 공무원은 선거에서 특정 정당 또는 특정인을 지지 또는 반대하기 위한 다음의 행위를 하여서는 안 됨
  ㉠ 투표를 하거나 하지 아니하도록 권유 운동을 하는 것
  ㉡ 서명 운동을 기도(企圖)·주재(主宰)하거나 권유하는 것
  ㉢ 문서나 도서를 공공시설 등에 게시하거나 게시하게 하는 것
  ㉣ 기부금을 모집 또는 모집하게 하거나, 공공자금을 이용 또는 이용하게 하는 것
  ㉤ 타인에게 정당이나 그 밖의 정치단체에 가입하게 하거나 가입하지 아니하도록 권유 운동을 하는 것

(3) 「공무원의 노동조합설립 및 운영 등에 관한 법률」 제4조(정치활동의 금지): 공무원 노동조합과 그 조합원은 정치활동을 하여서는 안 됨

확인문제

공무원의 정치적 중립의 정당화 근거로 옳지 않은 것은?
2022, 국가 9급

① 엽관주의의 폐해를 극복하여 행정의 안정성과 전문성을 제고할 수 있다.
② 공무원은 국민 전체의 이익을 위해 공평무사하게 봉사해야 하는 신분이다.
③ 공무원의 정치적 기본권을 강화하여 공직의 계속성을 제고할 수 있다.
④ 공명선거를 통해 민주적 기본질서를 제고할 수 있다.

▶ ③ [×] 공무원의 정치적 중립 의무는 정치적 기본권인 참정권 등을 제한할 수 있다는 한계점이 있다.

제2절 공무원단체(공무원 노동조합)

1 공무원단체의 의의

(1) 공무원단체는 공무원들이 자주적으로 단결하여 근로조건 유지 개선과 복지증진, 기타 경제적·사회적 지위향상을 목적으로 조직된 공무원집단의 단체를 의미하며, 협의로는 공무원 노동조합을 의미함

(2) 공무원단체는 공무원들의 근무조건과 지위를 유지·향상시키는 것이 주목적이지만 부수적으로 공무원들의 직업윤리 확립과 행정 발전에도 기여할 수 있음

2 공무원단체의 기능

(1) **공무원 집단의 욕구충족**: 공무원의 복지 증진, 집합적인 의사 표시 등을 추구해 공무원의 참여 의식과 귀속감, 연대 의식 등의 사회적 욕구 충족 및 공무원의 사기 제고에 기여할 수 있음

(2) **행정의 민주화 기능**: 공무원과 관리층 간에 쉽게 접근할 수 있는 쌍방적인 의사소통 통로를 제공함으로써 대화와 협상을 통해 상호 이해의 증진을 통해 대내 행정의 민주화에 기여할 수 있음

(3) **실적제 강화**: 공무원단체는 부당한 정치적 정실인사를 배제시키고 자의적인 인사 조치를 방지하는 내부통제 장치로서 기능하여 실적주의 확립에 기여할 수 있음. 정치권에 의한 낙하산 인사 등 부당한 인사 조치의 공개를 통해 시민들의 관심과 참여를 자극하는 효과를 가져올 수 있음

(4) **공무원의 직업윤리 확립 및 공직부패 방지**: 공무원들이 직업적인 행동규범으로부터 이탈되는 것을 막는 사회적 견제작용을 함으로써 공무원의 자발적 직업윤리를 강화하고, 대내적 행정책임 확보를 통해 부패방지에 기여할 수 있음. 또한 정책결정이나 예산집행 등의 관리상의 잘못에 대해 유리한 감시자 역할을 수행할 수 있기 때문에 행정의 투명성을 높임으로써 부정과 비효율을 방지하는 데 기여할 수 있음

3 한국의 공무원단체

(1) **공무원 직장협의회**: 「공무원직장협의회의 설립·운영에 관한 법률」(1999년 1월)
　① 국가기관, 지방자치단체 및 그 하부기관에 근무하는 공무원은 직장협의회를 설립할 수 있음
　② 공무원 노조와 달리 공무원직장협의회는 노조 전임자를 둘 수 없으며, 협의만 가능함

(2) **교원노조**: 「교원의 노동조합 설립 및 운영등에 관한 법률」(1999년 7월)

(3) **공무원 노조**: 「공무원의 노동조합 설립 및 운영 등에 관한 법률」(2006년 1월)

④ 「공무원의 노동조합 설립 및 운영 등에 관한 법률」의 주요 내용

(1) 공무원노동조합의 구성(단결권)

① 의의: 단결권은 노동조합을 결성하여 가입하고 활동할 수 있는 권리를 의미

② 노동조합의 설립: 노동조합을 설립하려는 사람은 고용노동부장관에게 설립신고서를 제출

③ 가입 범위(전 직급)
  ㉠ 일반직 공무원
  ㉡ 특정직 공무원 중 외무영사직렬·외교정보기술직렬 외무공무원, 소방공무원 및 교육공무원(다만, 교원은 제외)
  ㉢ 별정직 공무원
  ㉣ 위에 해당하는 공무원이었던 사람으로서 노동조합 규약으로 정하는 사람

④ 가입 제외 대상(공무원 노조에 가입할 수 없는 공무원)
  ㉠ 업무의 주된 내용이 다른 공무원에 대하여 지휘·감독권을 행사하거나 다른 공무원의 업무를 총괄하는 업무에 종사하는 공무원
  ㉡ 업무의 주된 내용이 인사·보수 또는 노동관계의 조정·감독 등 노동조합의 조합원 지위를 가지고 수행하기에 적절하지 아니한 업무에 종사하는 공무원
  ㉢ 교정·수사 등 공공의 안녕과 국가안전보장에 관한 업무에 종사하는 공무원

⑤ 노동조합 전임자의 지위
  ㉠ 노동조합 전임자(專任者)는 임용권자의 동의를 받아 노동조합으로부터 급여를 지급받으면서 노동조합의 업무에만 종사할 수 있음
  ㉡ 전임자에 대하여는 그 기간 중 「국가공무원법」 또는 「지방공무원법」에 따라 휴직명령을 하여야 함
  ㉢ 국가와 지방자치단체는 공무원이 전임자임을 이유로 승급이나 그 밖에 신분과 관련하여 불리한 처우를 하여서는 안 됨

(2) 단체교섭권

① 의의: 단체교섭은 근로자 대표로서 노동조합과 사용자측의 양 당사자가 근로자의 근로조건에 대해 합의를 도출해 가는 협상과정으로, 단체교섭권은 정책결정과정에 공무원을 참여시키는 의미를 가짐

② 교섭 및 체결 권한: 노동조합의 대표자는 그 노동조합에 관한 사항 또는 조합원의 보수·복지, 그 밖의 근무조건에 관하여 정부측 교섭대표와 교섭하고 단체협약을 체결할 권한을 가짐

③ 교섭 제외 대상: 정책결정에 관한 사항, 임용권의 행사 등 그 기관의 관리·운영에 관한 사항으로서 근무조건과 직접 관련되지 아니하는 사항은 교섭의 대상이 될 수 없음

④ 단체협약의 효력: 체결된 단체협약의 내용 중 법령·조례 또는 예산에 의하여 규정되는 내용과 법령 또는 조례에 의하여 위임을 받아 규정되는 내용은 단체협약으로서의 효력을 가지지 아니함

⑤ 조정신청: 단체교섭이 결렬된 경우에는 당사자 어느 한쪽 또는 양쪽은 중앙노동위원회에 조정(調停)을 신청할 수 있음. 조정은 조정신청을 받은 날부터 30일 이내에 마쳐야 하며, 당사자들이 합의한 경우에는 30일 이내의 범위에서 조정기간을 연장할 수 있음

확인문제

공무원 노동조합에 대한 설명으로 옳은 것은? 2022. 국회 8급
① 노동조합과 그 조합원은 정치활동이 허용된다.
② 6급 이하의 일반직 공무원만 노동조합에 가입할 수 있다.
③ 퇴직공무원도 노동조합에 가입할 수 있다.
④ 소방공무원과 교원은 노동조합 가입이 허용되지 않는다.
⑤ 교정·수사 등에 관한 업무에 종사하는 공무원은 노동조합에 가입할 수 있다.

▶ ③ [○] 퇴직공무원이더라도 가입대상 범위에 포함되었던 공무원이었던 사람으로서 노동조합 규약으로 정하는 사람은 가입대상이 된다.
① [×] 공무원 노조는 정치활동이 금지된다.
② [×] 6급 이상도 노동조합에 가입할 수 있다.
④ [×] 소방공무원은 「공무원의 노동조합 설립 및 운영 등에 관한 법률」에 따른 공무원 노조 가입 범위에 포함된다. 교원은 「교원의 노동조합 설립 및 운영 등에 관한 법률」의 적용 대상이다.
⑤ [×] 교정·수사 등 공공의 안녕과 국가안전보장에 관한 업무에 종사하는 공무원은 노조에 가입할 수 없다.

(3) **단체행동권**
① 의의: 단체행동은 노사 양측이 단체교섭에 의해 합의에 실패하는 경우 노동자 측이 그들의 의사를 관철시키기 위해 행하는 실력행사를 의미
② 단체행동권의 제한: 일반적으로 공무원의 단결권과 단체교섭권을 보장하는 국가에서도 공무원들의 파업이 공익을 크게 침해할 수 있기 때문에 단체행동권 행사에 대해서는 엄격한 입장을 보이고 있으며, 우리나라 역시 사실상 노무에 종사하는 공무원 외에 단체행동권을 허용하지 않고 있음
③ 정치활동 및 쟁의행위 금지: 노동조합과 그 조합원은 정치활동을 할 수 없으며(제4조), 파업, 태업 또는 그 밖에 업무의 정상적인 운영을 방해하는 어떠한 행위도 하여서는 안 됨(제11조)

최윤경 행정학

Chapter 01 행정책임
Chapter 02 행정통제
Chapter 03 행정윤리와 행정부패

PART 06

행정환류

CHAPTER 01 행정책임

1 행정책임의 의의

(1) **행정책임의 의미**: 민주사회에서 공무원이 주권자인 국민에게 책임을 져야 하는 것을 의미. 행정책임에는 주권자인 국민에 대한 행정권 행사에 대한 모든 법적, 도덕적, 정치적 책임을 포함

(2) **행정통제와의 관계**: 행정책임을 확보하기 위한 수단이 행정통제이며, 따라서 행정책임과 행정통제는 표리의 관계에 있음

2 행정책임의 접근법

(1) **프리드리히(Friedrich) vs 파이너(Finer)의 행정책임성 논쟁**: 내재적 책임 vs 외재적 책임

① **외재적 책임(Finer)**
  ㉠ 외재적 책임은 제도적이고 법률적인 관료의 책임을 의미. 국회 혹은 사법부와 같은 '외부통제 기관'을 통해 확보되는 관료의 제도적 책임성(accoutability)을 강조함. 특히 정부관료제에 대한 정치적 통제를 중시
  ㉡ 민주국가에서 관료는 국민이 선출한 정치인에게 마땅히 복종해야 하며, 그것이 관료가 행정책임을 진다는 고유한 의미라고 보았음

② **내재적 책임(Friedrich)**
  ㉠ 내재적 책임은 관료의 내면적 기준에 의한 책임을 의미하는 것으로, 공무원의 전문가로서의 직업윤리나 책임감에 기초해서 적극적이고 자발적인 재량을 발휘하여 확보되는 주관적·자율적 행정책임을 의미
  ㉡ 프리드리히는 국민의 요구나 국민 정서, 혹은 국민감정에 부응하는 정치적이고 민주적인 관료의 자율적 책임성(responsibility)을 강조했음. 관료가 행정책임을 진다는 것은 외부기관에 복종을 의미하는 것이 아니라 관료의 전문기술적 지식(technical knowledge)과 국민정서에 부합되게 행동하는 것으로, 관료는 자신의 전문지식이나 기술을 중심으로 책임 판단 기준을 삼으며, 이 과정에서 관료의 양심과 직업윤리 등이 중요시된다고 보았음

프리드리히(Friedrich)와 파이너(Finer)의 행정책임성 비교

구분	파이너(Finer)	프리드리히(Friedrich)
행정책임의 의미	• 외재적 책임 • 객관적 책임성, 제도적 책임	• 내재적 책임 • 주관적 책임성, 자율적 책임
외부책임 vs 내부책임	• 관료에 대한 외재적 통제 • 공식적·제도적 통제	• 내재적 동기부여 • 관료의 내부 책임 강조
정치와 행정의 관계	• 정치·행정 이원론	• 정치·행정 일원론
관료에 대한 재량적 권한 부여	• 정치인·입법에 대한 복종 요구	• 관료에 대한 권한 위임 요구
기술적 책임 vs 정치적 책임	• 정치적 책임성 (political responsibility)	• 기술적 책임성 (technical responsibility)

(2) 제도적 책임성과 자율적 책임성

① **제도적 책임성**: 공식적인 각종 제도적 통제를 통해 국민에 의해 표출된 국민의 요구를 충족시켜주기 위해 정부와 공무원들이 임무를 수행하게 하는 타율적이고 수동적인 행정책임을 의미. 국민과 국민이 선출한 대의기관에 의한 정부와 공무원에 대한 직접적인 통제 및 법적 처벌을 강조하는 파이너(Finer)의 행정책임론과 관련됨

② **자율적 책임성**: 공무원이 전문가로서의 직업윤리와 책임감에 기초해서 적극적이고 자발적인 재량을 발휘하여 확보되는 행정책임을 의미

제도적 책임성과 자율적 책임성

제도적 책임성	자율적 책임성
• 문책자의 외재성 • 절차의 중시 • 공식적·제도적 통제 • 판단기준과 절차의 객관화 • 제재의 존재	• 문책자의 내재화 또는 부재 • 절차의 준수와 책임완수는 별개의 것 • 공식적 제도에 의해 달성할 수 없음 • 객관적으로 확정할 수 있는 기준 없음 • 제재의 부재

확인문제

제도적 책임성(accountability)과 대비되는 자율적 책임성(responsibility)에 대한 설명으로 가장 적합하지 않은 것은? 2010, 국가 9급
① 전문가로서의 직업윤리와 책임감에 기초해서 적극적·자발적 재량을 발휘하여 확보되는 책임
② 객관적으로 기준을 확정하기 곤란하므로, 내면의 가치와 기준에 따르는 것
③ 국민들의 요구와 기대를 정확하게 인식해서 이에 능동적으로 대응하는 것
④ 고객 만족을 위하여 성과보다는 절차에 대한 책임 강조

▶ ④ [×] 제도적 책임성에 대한 설명이다. 고객만족을 위한 절차적 책임성 확보는 공식적이고 제도적인 통제에 의해 확보되는 책임이다.

확인문제

통제의 원천과 강도에 따른 행정책임성의 유형구분과 거리가 먼 것은?
2013. 국회 9급

① 정치적 책임성
② 관리적 책임성
③ 수단적 책임성
④ 전문가적 책임성
⑤ 법률적 책임성

▶ ③ [×] Dubnick & Romzek이 통제의 원천과 강도에 따라 행정책임의 유형을 분류하면 관리적(계층적) 책임, 법적 책임, 전문가적 책임, 정치적 책임성으로 구분된다.

확인문제

롬젝(Romzeck)의 행정책임 유형에 대한 설명으로 옳지 않은 것은?
2023. 국가 9급

① 계층적 책임 – 조직 내 상명하복의 원칙에 따라 통제된다.
② 법적 책임 – 표준운영절차(SOP)나 내부 규칙(규정)에 따라 통제된다.
③ 전문가적 책임 – 전문직업적 규범과 전문가집단의 관행을 중시한다.
④ 정치적 책임 – 민간 고객, 이익집단 등 외부 이해관계자의 기대에 부응하는가를 중시한다.

▶ ② [×] 법적 책임성은 행정부 외부에 의한 통제이면서 통제의 강도가 높은 방식이다. 표준운영절차(SOP)나 내부 규칙(규정)에 따라 통제가 이루어지는 것은 계층적 책임성이다.

3 롬젝과 두브닉(Romzek & Dubnick, 1987)의 책임성 유형

(1) **의의**: 롬젝과 두브닉(Romzek & Dubnick)은 '통제의 원천'과 '통제의 수준'을 조합하여 책임성의 유형을 도출하였음

책임성의 유형

구분		통제의 원천	
		조직 내부(내부통제)	조직 외부(외부통제)
통제의 수준	높은 통제수준	계층적·관료제적(bureaucratic) 책임성	법적(legal) 책임성
	낮은 통제수준	전문가적(professional) 책임성	정치적(political) 책임성

(2) **책임성의 유형**

① **계층적 책임성**: 계층제 내부에서 관료가 상급자의 감독, 명령이나 지시, 조직 내 표준운영규칙(SOP) 및 내부 규율을 지킬 책무를 의미

② **법적 책임성**: 법적 제재 및 계약적 책임을 부과하는 외부의 개인이나 집단과의 의무적 관계 속에서 나타남. 즉 법을 제정하는 입법가와 제정된 법이나 정책을 집행하는 관료들과의 관계 또는 계약을 통한 주인과 대리인의 관계 속에서 나타나는 책임성을 의미함

③ **전문가적 책임성**: 관련 기술이나 전문지식을 가진 관료들이 자신의 업무에 대한 재량권과 자율성을 가지고 기술적이고 복잡한 정책문제에 대한 해답을 제공하는 것을 의미. 전문가적 책임에 따라 관료들은 내재화된 규범(전문가로서의 사회화, 개인적 신념, 훈련과 교육, 업무경험 등)에 근거하여 의사결정을 내리게 됨

④ **정치적 책임성**: 기관 외부의 이해관계자들에 대한 반응성(responsiveness)을 강조하는 책임성. 관료들이 선출직 정치인, 고객 집단, 일반 대중들과 같은 외부의 이해관계자의 필요에 대응하는 것을 의미

CHAPTER 02 행정통제

1 행정통제의 의의 및 필요성

(1) **행정통제의 의의**: 행정통제는 공무원 개인 또는 행정체제의 일탈에 대한 감시와 처벌을 통해서 본래 달성하고자 했던 행정성과를 달성하려는 활동을 의미

(2) **행정통제의 필요성**
   ① 선출직 공무원은 선거로 책임을 지는 반면 관료는 실질적으로 신분 보장을 받기 때문에 행정책임을 확보하기 위해 내적·외적 통제장치가 필요함
   ② 행정의 정보 독점과 전문성으로 인한 정보 비대칭성하에서 정책결정과 집행과정에서 관료의 실질적 역할과 영향력이 증가함에 따라 행정통제의 필요성도 더 높아졌음

2 행정통제의 유형: 길버트(Gilbert)

(1) **의의**
   ① 통제자가 행정조직 내부에 위치하는지 여부에 따라 '내부통제'와 '외부통제'로 구분하고, 통제방법이 법률 등으로 제도화되었는지 여부에 따라 '공식적 통제'와 '비공식적 통제'로 구분하였음
   ② 입법국가 시대에는 외부통제에 중점을 두었으나, 현대 행정국가에서 행정의 전문성과 복잡성이 증대되면서 외부통제보다 내부통제가 강조되고 있음

(2) **행정통제 유형**

구분	외부	내부
공식적	• 입법부에 의한 통제 • 사법부에 의한 통제 • 옴부즈만에 의한 통제(스웨덴 등)	• 계층제 및 인사관리제도를 통한 통제 • 감사원에 의한 통제 • 청와대와 국무총리실에 의한 통제 • 교차기능조직에 의한 통제
비공식적	• 시민(단체)에 의한 통제(민중통제) • 이익집단에 의한 통제 • 여론과 언론 등에 의한 통제 • 정당에 의한 통제	• 행정(공직)윤리에 의한 통제 • 대표관료제를 통한 통제 • 비공식집단에 의한 통제

확인문제

길버트(Gilbert)는 행정통제를 통제자의 위치와 제도화 여부에 따라 다음과 같이 네 가지 유형으로 구분하였다. 각 유형에 해당되는 우리나라의 행정통제 방법으로 옳지 않은 것은? 2015, 사복직 9급

통제자의 위치 제도화 여부	외부	내부
공식적	(가)	(나)
비공식적	(다)	(라)

① (가) – 청와대에 의한 통제
② (나) – 감사원에 의한 통제
③ (다) – 이익집단 및 언론에 의한 통제
④ (라) – 직업윤리에 의한 통제

▶ ① [×] 청와대에 의한 통제는 내부–공식적 통제(나)에 해당한다.

확인문제

행정통제의 유형 중 외부통제가 아닌 것은? 2020, 지방 9급
① 감사원의 직무감찰
② 의회의 국정감사
③ 법원의 행정명령 위법 여부 심사
④ 헌법재판소의 권한쟁의심판

▶ ① 감사원의 직무감찰은 내부통제에 해당한다.

확인문제

행정통제와 행정책임에 대한 설명으로 옳은 것만을 모두 고르면?
2021, 지방 9급

ㄱ. 파이너(Finer)는 법적·제도적 외부통제를 강조한다.
ㄴ. 감사원의 직무감찰과 회계감사는 외부통제에 해당한다.
ㄷ. 프리드리히(Friedrich)는 내재적 통제보다 객관적·외재적 책임을 강조한다.

① ㄱ
② ㄴ
③ ㄱ, ㄷ
④ ㄴ, ㄷ

▶ ① ㄱ [○]
ㄴ [×] 감사원의 직무감찰과 회계감사는 내부통제에 해당한다.
ㄷ [×] 프리드리히(Friedrich)는 주관적·내재적 책임을 강조한다.

---

① 외부통제
  ㉠ 국회에 의한 통제: 국회는 법률안 심의, 정책결정, 예산안 심의 등에 관해 국정조사, 국정감사, 주요 공직자에 대한 임명 동의 및 해임 건의, 탄핵권 등의 제도적 장치를 통해 행정부를 견제함
  ㉡ 사법부에 의한 통제: 대통령에 대한 탄핵소추 심사, 헌법재판소의 판결을 통해 행정부와 사회세력 간의 갈등과 조정문제를 해결하는 데 사법부의 역할이 증가하고 있음. 그러나 사법부의 행정통제는 본질적으로 사후적인 것이며, 사전적 통제가 불가능하다는 한계가 있음
  ㉢ 옴부즈만 제도에 의한 통제: 스웨덴에서 기원한 옴부즈만 제도는 국회에서 행정 전문인을 임명하고, 강력한 신분 보장을 부여하며, 합법적·합목적 측면에서 시민의 불만을 조사 처리하며, 행정의 비리와 일탈에 대해서 공무원에게 설명을 요구하고, 행정개선을 해당 행정기관에 요구할 수 있음
  ㉣ 시민에 의한 통제: 시민에 의한 통제는 대의민주제의 약점을 보완하는 것으로, 민주화 이후 시민의식이 성장하고 정보화를 통해 개별 시민들이 정책의 향방에 영향을 미치는 경향이 강화되고 있음. 특히 시민단체는 시민들의 행정 참여 통로가 되고, 시민과 국가 간의 갈등을 조정하며, 직접민주제적 장점을 가미하는 순기능을 가짐
  ㉤ 이익집단에 의한 통제: 다원적 사회에서는 이익집단 간의 경쟁을 통해 행정이 공익적 균형에 이르게 될 수 있지만, 이익집단에 의한 행정통제가 정경유착, 지대추구 활동 등으로 특정 집단의 사익추구를 위해 정책이 봉사하게 되는 부작용을 야기할 수도 있음

② 내부통제
  ㉠ 계층제 및 인사관리제도를 통한 통제: 관료제 내부에 있는 계층제의 상급 기관에 의해 행정통제가 이루어짐. 부하와 상관이 서로 감독하고, 적법한 행동을 수행하도록 견제하는 장치를 의미함
  ㉡ 감사원(독립통제기관)에 의한 통제: 감사원은 대통령 소속기관으로, 행정경험과 해당 분야에 대한 전문성을 토대로 국가의 세입·세출의 결산, 국가 및 법률이 정한 단체의 회계검사와 행정기관 및 공무원의 직무에 관한 감찰 등을 통해 행정통제를 수행함
  ㉢ 교차기능조직에 의한 통제: 교차기능조직(기획재정부, 행정안전부, 인사혁신처, 법제처 등)은 행정체제 전반에 걸쳐 횡적지원 및 조정기능을 통한 관리작용을 분담하여 수행하는 참모조직 단위로 내부통제 기구로 완전히 독립되어 있지 않으며 계선기관의 의사결정 등에 동의·협의함으로써 사전적 통제기능을 수행함
  ㉣ 행정윤리에 의한 통제: 행정부 자체의 직업윤리(professional ethics)의 확립을 통해 행정인 스스로 책임 있는 행정을 하도록 유도하는 것을 의미

(3) 행정통제 강화 방안

① 행정의 투명성 제고를 위한 제도적 장치 확대: 행정정보 공개제도 활성화, 행정절차법 적극적 활용 등
② 시민참여 확대 등 직접민주주의 요소 강화
③ 행정통제장치의 실효성 제고: 옴부즈만 제도, 내부고발자 보호제도 내실화 등
④ 자체감사 기능 활성화: 현대 행정국가에서는 외부통제의 한계로 내부통제가 강화될 필요가 있음

3 옴부즈만 제도(Ombudsman System)

(1) **옴부즈만의 개념**: 위법부당한 행정행위로 인하여 국민의 권리나 이익이 침해되었을 때 정부나 의회에 의해 임명된 대리인이 국민을 대신하여 이를 신속히 조사하여 시정케 함으로써 민원을 해결하여 주는 제도

(2) **옴부즈만 제도의 연혁**: 1809년 스웨덴 의회에서 처음 창설

(3) **옴부즈만 제도의 특징**

① 행정부 통제 수단: 옴부즈만은 일반적으로 입법부가 임명하는 행정통제 수단이지만, 우리나라와 같이 행정부 소속인 경우도 있음

② 권한: 일반적으로 국민의 불평 제기에 의해 조사가 시작되지만(신청 조사), 직권 조사가 가능함. 옴부즈만의 권한으로 대부분의 국가에서 독립적 조사권, 시찰권을 인정하지만 형사소송에서 공소를 제기하고 소송을 수행하는 소추권은 인정하지 않는 것이 일반적임

③ 조사대상의 다양성: 불법행위는 물론 부당행위, 태만이나 과실도 조사대상

④ 조정자·중재자 역할: 민원사항에 대하여 제3자적 입장에서 공정하고 중립적인 조사를 실시하여 민원인과 행정기관 간 알선·조정·중재 중심의 민원해결을 도모함

⑤ 간편·신속한 문제 해결: 사법적 절차에 비해 비용이 적게 들고 신속하며 절차의 융통성이 높음

⑥ 간접적 통제: 공표, 보고, 권유, 설득 등의 수단을 활용함. 시정조치 등 법적 강제력이나 무효·취소 권한 등 직접적인 권한은 없기 때문에 문제의 근본적 해결에는 한계가 있음

(4) **옴부즈만 제도의 기능**

① 행정처분에 대한 법적 해석을 통하여 행정처분의 적정성을 판단한다는 점에서 행정통제 기능을 수행하며, 위법·부당한 행정처분 등으로 인하여 국민의 권리와 이익이 침해되는 경우 이를 시정토록 하는 권익 구제 기능을 수행

② 갈등해결: 행정기관과 국민 사이에서 중간적 입장에서 알선·조정·중재 역할을 수행함으로써 법적 소송 등을 통한 갈등 해결을 회피해주는 역할

③ 정보공개: 행정기관에 대하여 보다 많은 정보를 공개하도록 하고, 국민의 알권리를 충족시키는 기능

④ 행정개혁: 민원을 처리하는 과정에서 기존의 법령 및 제도, 정책 등의 개선이 필요하다고 인정되는 경우에 이를 합리적으로 개선할 것을 권고하여 행정의 변화를 도모하는 역할을 수행

확인문제

옴부즈만 제도에 대한 설명으로 옳지 않은 것은? 2010, 지방 9급
① 옴부즈만은 입법부 및 행정부로부터 정치적으로 독립되어 있다.
② 옴부즈만은 행정행위의 합법성뿐만 아니라 합목적성 여부도 다룰 수 있다.
③ 옴부즈만은 보통 국민의 불평 제기에 의해 활동을 개시하지만 직권으로 조사를 할 수도 있다.
④ 옴부즈만은 법원이나 행정기관의 결정이나 행위를 무효로 할 수는 없지만, 취소 또는 변경할 수는 있다.

▶ ④ [×] 옴부즈만은 법원이나 행정기관의 결정이나 행위를 무효로 할 수 없을 뿐 아니라 취소 또는 변경할 수도 없다. 옴부즈만은 시정조치 등 법적 강제력이나 취소 권한 등 직접적인 권한은 없으며, 공표, 보고, 권유, 설득 등의 수단을 활용한 간접적 통제권한만 갖는다.

4 우리나라의 옴부즈만 제도 : 국민권익위원회

(1) **국민권익위원회의 의의**
   ① 국민권익위원회는 국무총리 소속으로 행정체제 내의 독립통제기관의 성격을 가짐
   ② 대통령이 임명하는 행정부형 옴부즈만

(2) **국민권익위원회의 기능**
   ① 고충민원 처리 : 불합리한 행정제도 개선(옴부즈만으로서의 기능)
   ② 공직사회 부패 예방 및 부패 행위 규제 : 공공기관의 부패방지를 위한 시책 및 제도개선 사항의 수립·권고, 부패행위에 대한 신고와 접수, 신고자의 보호 및 보상
   ③ 행정심판 : 국무총리 소속의 중앙행정심판위원회를 두고, 국민권익위원회의 부위원장 중 1명이 중앙행정심판위원회의 위원장이 됨

(3) **국민권익위원회의 구성**
   ① 위원회는 위원장 1명을 포함한 15명의 위원으로 구성

구분	인원	임명	신분
위원장	1명	국무총리 제청, 대통령 임명	정무직 공무원
부위원장	3명	국무총리 제청, 대통령 임명	정무직 공무원
상임위원	3명	위원장 제청, 대통령 임명	일반직 임기제 공무원(고위공무원단)

   상임위원이 아닌 위원은 대통령이 임명 또는 위촉(3명은 국회, 3명은 대법원장 추천)

   ② 임기 : 위원장과 위원의 임기는 3년으로 하되, 1차 연임 가능(신분보장)
   ③ 위원의 결격사유(위원이 될 수 없는 사람)
      ㉠ 대한민국 국민이 아닌 자
      ㉡ 공무원 임용 결격사유(「국가공무원법」제33조)에 해당하는 경우
      ㉢ 정당의 당원
      ㉣ 「공직선거법」에 따라 실시하는 선거에 후보자로 등록한 자

(4) **우리나라 고충민원처리제도의 특징**
   ① 국민권익위원회는 행정부 소속(국무총리 소속)의 법률상 기관으로서 조직의 안정성 및 독립성 미흡
   ② 신청에 의한 조사만 가능하며 직권조사권이 없음
   ③ 조사대상 범위 제약 : 입법부·사법부에 대한 통제 불가(고충처리 제외 대상 기관 : 국회, 법원, 헌법재판소, 선거관리위원회, 감사원, 지방의회에 관한 사항)
   ④ 권한 : 고충민원의 조사와 처리 및 이와 관련된 합의의 권고, 시정의 권고 및 의견의 표명, 제도개선의 권고 및 의견 표명, 처리결과의 통보 등의 권한 행사

확인문제

옴부즈만(Ombudsman) 제도에 대한 설명으로 옳지 않은 것은?
2019, 지방 9급
① 행정에 대한 통제 기능을 수행한다.
② 스웨덴에서는 19세기에 채택되었다.
③ 옴부즈만을 임명하는 주체는 입법기관, 행정수반 등 국가별로 상이하다.
④ 우리나라의 국민권익위원회는 헌법상 독립성을 보장하기 위해 대통령 소속으로 설치되었다.

▶ ④ [×] 우리나라 옴부즈만 제도는 「부패방지 및 국민권익위원회의 설치·운영에 관한 법률」에 근거해 설치된 법률기관이며, 국무총리 소속이다.

확인문제

우리나라의 국민권익위원회에 관한 설명으로 옳지 않은 것은?
2018, 행정사
① 국무총리 소속으로 설치되어 있으며, 옴부즈만의 일종으로 간주되기도 한다.
② 권고, 의견 표명, 감사 의뢰 등을 할 수 있다.
③ 고충민원의 처리와 그에 관련된 불합리한 행정제도의 개선을 목적으로 한다.
④ 국민권익위원회는 소관 업무의 원활한 수행을 위하여 직속기관으로 시민고충처리위원회를 둔다.
⑤ 국민권익위원회는 중앙행정심판위원회의 운영에 관한 업무를 수행한다.

▶ ④ [×] 지방자치단체 및 그 소속기관에 관한 고충민원의 처리와 행정제도의 개선 등을 위하여 각 지방자치단체에 시민고충처리위원회를 둘 수 있다.

⑤ **고충민원 처리의 기간**: 접수된 고충민원은 접수일로부터 60일 이내에 처리해야 하며, 부득이한 사유로 기간 내 처리가 불가능할 경우 30일의 범위에서 처리기간을 연장할 수 있음

⑥ **시민고충처리위원회**: 지방자치단체 및 그 소속기관에 관한 고충민원의 처리와 행정제도의 개선 등을 위하여 각 지방자치단체에 시민고충처리위원회를 둘 수 있음

일반적 옴부즈만 제도와 우리나라 옴부즈만 제도 비교

구분	일반적 옴부즈만(스웨덴)	우리나라 옴부즈만
설치근거	헌법상 기구	법률상 기구
소속	입법부 소속	행정부 소속(국무총리)
권한	직권조사 가능	직권조사 불가능
조사대상 기관	행정기관뿐만 아니라 입법부, 사법부도 포함	행정기관 대상

CHAPTER 03 행정윤리와 행정부패

제1절 행정윤리(공직윤리)

1 행정윤리의 의의
공무원이 행정업무를 수행할 때 국민 전체에 대한 봉사자로서 행정이 추구하는 공공 목적(공익)을 달성하기 위해 준수해야 할 행동규범

2 행정윤리의 철학적 기초: 결과주의와 의무론

(1) 공직자의 윤리나 책임성을 평가하기 위해서는 결과주의와 의무론이 균형 있게 결합되어야 함

(2) 결과주의에 근거한 행위의 평가는 사후적인 것으로서 행위 혹은 그 결과에 대한 적발과 처벌 중심의 사후통제 수단을 강조

(3) 의무론에 입각한 동기에 대한 평가는 상대적으로 도덕적 원칙을 강조함. 행정윤리의 의무론 입장에 해당하는 제도로서 윤리강령, 행동강령, 공직윤리법을 들 수 있음. 이들은 기본적으로 행위의 '결과'보다는 '동기'에 초점을 두며, 동기의 부도덕한 실현을 사전에 제어하는 데 중점을 두어, 적발과 처벌 중심의 사후통제 수단을 강조하는 결과주의 접근과 차이가 있음. 즉, 공직자가 부패행위를 하기 전에 이해충돌 방지 등 사전적인 윤리 관리를 함으로써 처벌이 이루어지지 않도록 해야 함

> **보충자료**
>
> **'더러운 손'의 딜레마**
> 1. 공무원이 공무원으로서 직무를 수행할 때, 자신에게 공무 처리에 대한 권한을 위임한 다수로서의 사회를 위한 선택을 해야 함. 이에 따라 개인의 가치관이나 윤리관에서는 수용할 수 없는 결정일지라도, 대표성을 지닌 공무원 입장에서는 수용할 수밖에 없는 수많은 정당하지 않은 결정, 즉 더러운 손(dirty hand)이 되는 상황에 처하게 됨(Thompson, 1987)
> 2. 비록 부도덕한 의사결정이라도 공리주의적 관점에서 다수의 이익을 위한 것이라면 책임이 면제되어야 한다는 입장으로서, 공무원은 '선'의 목적을 위해 '악'의 수단을 선택할 수밖에 없음. 이는 공무원이 공직 취임 이전에는 깨끗했을 손을 자신의 의도와는 상관없이 더럽힐 수밖에 없게 된다는 것. 즉, 공무원이기에 어쩔 수 없이 '더러운 손'을 지닐 수밖에 없으며, 이 변명이 수용된다면 도덕적 비판은 물론 법적 문책도 어려워짐
> 3. 공직자들은 현실적으로 더러운 손의 문제를 피하기가 쉽지 않음. 이를 회피할 경우 오히려 무능력하거나, 자질이 없거나, 혹은 의리 없는 공무원으로 낙인이 찍히기도 함. 이에 따라 공무원들이 직면하게 되는 다양한 윤리적 딜레마 상황의 해결에 대한 책임을 공무원 개인에게만 부과할 수는 없음. 오히려 그 책임은 법과 제도를 만들어 운영하는 조직에 부과될 필요가 있음. 조직 수준에서 윤리관리가 필요한 이유임

3 행정윤리(공직윤리)의 특징

(1) 공직윤리는 국민 전체에 대한 봉사, 즉 공익을 추구함

(2) 행정윤리는 공무원 개인의 행동뿐만 아니라 국가의 정책에 대한 책임까지를 포함. 공무원에게는 일반국민이 지켜야 하는 사회적 규범 외에도 자신이 담당하는 정책 과정과 결과에 대해서도 윤리적 기준이 적용됨

(3) 행정은 강제력과 독점적 권한을 행사할 수 있고, 국민이나 사회에 미치는 영향력이 크기 때문에 행정윤리는 민간부문의 윤리에 비해 상대적으로 엄격한 기준이 적용됨

4 윤리 관련 법규

(1) 「국가공무원법」의 주요 내용

성실의무 (제56조)	모든 공무원은 법령을 준수하며 성실히 직무를 수행하여야 한다.
복종의무 (제57조)	공무원은 직무를 수행할 때 소속 상관의 직무상 명령에 복종하여야 한다.
직장이탈 금지의무 (제58조)	① 공무원은 소속 상관의 허가 또는 정당한 사유가 없으면 직장을 이탈하지 못한다. ② 수사기관이 공무원을 구속하려면 그 소속 기관의 장에게 미리 통보하여야 한다. 다만, 현행범은 그러하지 아니하다.
친절·공정 의무 (제59조)	공무원은 국민 전체의 봉사자로서 친절하고 공정하게 직무를 수행하여야 한다.
종교 중립의 의무 (제59조의2)	① 공무원은 종교에 따른 차별 없이 직무를 수행하여야 한다. ② 공무원은 소속 상관이 제1항에 위배되는 직무상 명령을 한 경우에는 이에 따르지 아니할 수 있다.
비밀 엄수의 의무 (제60조)	공무원은 재직 중은 물론 퇴직 후에도 직무상 알게 된 비밀을 엄수(嚴守)하여야 한다.
청렴의 의무 (제61조)	① 공무원은 직무와 관련하여 직접적이든 간접적이든 사례·증여 또는 향응을 주거나 받을 수 없다. ② 공무원은 직무상의 관계가 있든 없든 그 소속 상관에게 증여하거나 소속 공무원으로부터 증여를 받아서는 아니 된다.
외국 정부의 영예 등의 수령 규제 (제62조)	공무원이 외국 정부로부터 영예나 증여를 받을 경우에는 대통령의 허가를 받아야 한다.
품위 유지 의무 (제63조)	공무원은 직무의 내외를 불문하고 그 품위가 손상되는 행위를 하여서는 아니 된다.
영리 업무 및 겸직 금지 (제64조)	① 공무원은 공무 외에 영리를 목적으로 하는 업무에 종사하지 못하며 소속 기관장의 허가 없이 다른 직무를 겸할 수 없다.

확인문제

행정윤리에 대한 설명으로 옳지 않은 것은? 2016, 지방 9급
① 제도적 책임성이란 공무원이 전문가로서의 직업윤리와 책임감에 기초해서 자발적인 재량을 발휘해 확보되는 행정책임을 의미한다.
② 행정윤리는 사익보다는 공익과 밀접한 관계가 있다.
③ 결과주의에 근거한 윤리평가는 사후적인 것이며 문제의 해결보다는 행위 혹은 그 결과에 대한 처벌에 중점을 둔다.
④ 공무원 부패의 원인을 사회문화적 접근으로 보는 관점에서는 특정한 지배적 관습이나 경험적 습성이 부패를 조장한다는 입장이다.

▶ ① [×] 공무원이 전문가로서의 직업윤리와 책임감에 기초해서 자발적인 재량을 발휘해 확보되는 행정책임은 자율적 책임(내재적 책임)을 의미한다.

확인문제

「국가공무원법」에 명시된 공무원의 의무에 해당하지 않는 것은?
2021, 국가 9급
① 부패행위 신고의무
② 품위 유지의 의무
③ 복종의 의무
④ 성실 의무

▶ ① [×] 부패행위 신고의무는 「부패방지 및 국민권익위원회 설치·운영에 관한 법률」에 규정되어 있다.

확인문제

「국가공무원법」에서 규정하고 있는 공무원의 의무에 해당하지 않는 것은?
2013, 지방 9급
① 공무원은 재직 중은 물론 퇴직 후에도 직무상 알게 된 비밀을 엄수하여야 한다.
② 공무원은 건강하고 쾌적한 환경을 보전하기 위하여 노력하여야 한다.
③ 공무원은 공무 외에 영리를 목적으로 하는 업무에 종사하지 못하며 소속 기관장의 허가 없이 다른 직무를 겸할 수 없다.
④ 공무원은 국민 전체의 봉사자로서 친절하고 공정하게 직무를 수행하여야 한다.

▶ ② [×] 공무원은 건강하고 쾌적한 환경을 보전하기 위하여 노력하여야 한다는 것은 「국가공무원법」상 공무원의 13대 의무에 포함되지 않는다.

정치운동의 금지 (제65조)		① 공무원은 정당이나 그 밖의 정치단체의 결성에 관여하거나 이에 가입할 수 없다. ② 공무원은 선거에서 특정 정당 또는 특정인을 지지 또는 반대하기 위한 다음의 행위를 하여서는 아니 된다.
집단행위의 금지 (제66조)		① 공무원은 노동운동이나 그 밖에 공무 외의 일을 위한 집단행위를 하여서는 아니 된다. 다만, 사실상 노무에 종사하는 공무원은 예외로 한다.
선서 의무 (제55조)		공무원은 취임할 때에 소속 기관장 앞에서 대통령령등으로 정하는 바에 따라 선서(宣誓)하여야 한다. 다만, 불가피한 사유가 있으면 취임 후에 선서하게 할 수 있다.

(2) 「공직자윤리법」의 주요 내용

① 재산등록 및 공개

구분	재산등록 의무자(제3조)	재산공개 의무자(제10조)
정무직	• 국가 및 지방자치단체 정무직 공무원	• 국가 및 지방자치단체 정무직 공무원
일반직/별정직	• 4급 이상 일반직 공무원과 이에 상당하는 별정직 포함	• 1급 이상 일반직 공무원(상당 별정직)
법관·검사	• 법관 및 검사	• 고등법원 부장판사급 이상 법관 • 대검찰청 검사급 이상 검사
군인 등	• 대령 이상의 장교 및 이에 상당하는 군무원	• 중장 이상의 장교
경찰·소방	• 총경 이상 경찰공무원 • 소방정 이상 소방공무원	• 치안감 이상 경찰공무원 • 소방정감 이상 소방공무원
교육	• 총장·부총장·대학원장·학장 • 특별시·광역시·특별자치시·도·특별자치도의 교육감 및 교육장	• 총장·부총장·학장(대학교 학장 제외) • 특별시·광역시·특별자치시·도·특별자치도의 교육감
공공기관	• 공기업의 장·부기관장, 상임이사·상임감사 • 공직유관단체 임원	• 공기업의 장·부기관장 및 상임감사 • 공직유관단체 임원
기타	• 세무, 회계, 감사, 검찰 사무, 건축·토목·환경·식품위생 분야의 대민 업무 등의 7급 이상	—

확인문제

국민에 대한 봉사자로서 공직자가 지녀야 할 윤리를 확립할 목적으로 제정된 우리나라의 현행 「공직자윤리법」이 포함하고 있지 않는 내용은? 2012, 국가 9급
① 내부고발자 보호
② 재산등록 및 공개
③ 선물신고
④ 퇴직공직자의 취업제한

▶ ① [×] 내부고발자 보호제도는 「부패방지 및 국민권익위원회 설치·운영에 관한 법률」 제5장 부패행위 등의 신고 및 신고자 등 보호(제55조~제71조)에 규정된 내용이다.

확인문제

「공직자윤리법」상 재산등록의무자로 옳지 않은 것은? 2022, 지방 9급
① 법관 및 검사
② 소령 이상의 장교 및 이에 상당하는 군무원
③ 총경 이상의 경찰공무원과 소방정 이상의 소방공무원
④ 4급 이상의 일반직 공무원에 상당하는 보수를 받는 별정직 공무원

▶ ② [×] 대령 이상의 장교 및 이에 상당하는 군무원

② 선물신고(공직자윤리법 제15조)
  ㉠ 공무원(지방의회의원 포함) 또는 공직 유관 단체의 임직원은 외국으로부터 선물을 받거나 그 직무와 관련하여 외국인(외국단체를 포함)에게 선물을 받으면 지체 없이 소속 기관·단체의 장에게 신고하고 그 선물을 인도하여야 함
  ㉡ 신고하여야 할 선물은 그 선물 수령 당시 증정한 국가 또는 외국인이 속한 국가의 시가로 미국화폐 100달러 이상이거나 국내 시가로 10만원 이상인 선물로 함

③ 퇴직공직자의 취업 제한(공직자윤리법 제17조)
  ㉠ 공직자와 부당한 영향력 행사 가능성 및 공정한 직무수행을 저해할 가능성 등을 고려하여 취업심사대상자는 퇴직일부터 3년간 취업심사대상기관에 취업할 수 없음. 다만, 관할 공직자윤리위원회로부터 취업심사대상자가 퇴직 전 5년 동안 소속하였던 부서 또는 기관의 업무와 취업심사대상기관 간에 밀접한 관련성이 없다는 확인을 받거나 취업승인을 받은 때에는 취업할 수 있음
  ㉡ 취업심사대상자란 등록재산의 공개대상자, 고위공무원단, 2급 이상 공무원, 공직유관단체의 임원 등을 의미함

④ '이해충돌 방지(conflict of interest)' 의무(공직자윤리법 제2조의2)
  ㉠ 국가 또는 지방자치단체는 공직자가 수행하는 직무가 공직자의 재산상 이해와 관련되어 공정한 직무수행이 어려운 상황이 일어나지 아니하도록 노력하여야 함
  ㉡ 공직자는 자신이 수행하는 직무가 자신의 재산상 이해와 관련되어 공정한 직무수행이 어려운 상황이 일어나지 아니하도록 직무수행의 적정성을 확보하여 공익을 우선으로 성실하게 직무를 수행하여야 함
  ㉢ 공직자는 공직을 이용하여 사적 이익을 추구하거나 개인이나 기관·단체에 부정한 특혜를 주어서는 아니 되며, 재직 중 취득한 정보를 부당하게 사적으로 이용하거나 타인으로 하여금 부당하게 사용하게 하여서는 안 됨
  ㉣ 퇴직공직자는 재직 중인 공직자의 공정한 직무수행을 해치는 상황이 일어나지 아니하도록 노력하여야 함

보충자료

이해충돌의 의의 및 유형

1. **이해충돌의 의의**: 이해충돌이란 공직자가 자신의 직무와 관련하여 사적 이해관계를 갖고 있고, 그러한 사적 이해관계가 공직자의 공정하고 공평한 직무수행에 영향을 미칠 수 있는 상황을 의미함
2. **이해충돌의 유형**
   ① 실질적 이해충돌: 현재 발생하고 있고, 과거에도 발생한 이해충돌
   ② 외견상 이해충돌: 공무원의 사익이 부적절하게 공적 의무의 수행에 영향을 미칠 가능성이 있는 상태로서, 부정적 영향이 현재화된 것은 아닌 상태
   ③ 잠재적 이해충돌: 공무원이 미래에 공적 책임과 관련되는 일에 연루되는 경우에 발생하는 경우

확인문제

다음 ㉠과 ㉡에 들어갈 내용으로 옳은 것은? 2017. 국가 9급

「공직자윤리법」에서는 퇴직공직자의 취업제한 및 행위제한 등을 규정하고 있는데, 취업심사대상자는 퇴직일부터 (㉠)간 퇴직 전 (㉡) 동안 소속하였던 부서 또는 기관의 업무와 밀접한 관련성이 있는 취업제한기관에 취업할 수 없다.

① ㉠: 3년, ㉡: 5년
② ㉠: 5년, ㉡: 3년
③ ㉠: 2년, ㉡: 3년
④ ㉠: 2년, ㉡: 5년

▶ ①

공직자윤리법 제17조(퇴직공직자의 취업제한)
① 제3조 제1항 제1호부터 제12호까지의 어느 하나에 해당하는 공직자와 부당한 영향력 행사 가능성 및 공정한 직무수행을 저해할 가능성 등을 고려하여 국회규칙, 대법원규칙, 헌법재판소규칙, 중앙선거관리위원회규칙 또는 대통령령으로 정하는 공무원과 공직유관단체의 직원(이하 이 장에서 "취업심사대상자"라 한다)은 퇴직일부터 3년간 다음 각 호의 어느 하나에 해당하는 기관(이하 "취업심사대상기관"이라 한다)에 취업할 수 없다. 다만, 관할 공직자윤리위원회로부터 취업심사대상자가 퇴직 전 5년 동안 소속하였던 부서 또는 기관의 업무와 취업심사대상기관 간에 밀접한 관련성이 없다는 확인을 받거나 취업승인을 받은 때에는 취업할 수 있다.

확인문제

우리나라 지방자치단체의 공무원이 준수해야 할 행동 규범에 관한 기술로 틀린 것은? 2015. 지방교행 9급
① 공무원은 공무 외에 영리를 목적으로 하는 업무에 종사하지 못한다.
② 공무원은 직무와 관련하여 직접적이든 간접적이든 사례(謝禮)·증여를 주거나 받을 수 없다.
③ 공무원은 종교에 따른 차별 없이 직무를 수행해야 하며, 이에 위배되는 상관의 직무상 명령을 따르지 않을 수 있다.
④ 공무원의 직무와 재산상 이해 간 충돌을 방지하기 위해 노력할 의무는 지방자치단체에 있지 않고 공무원 자신에게 있다.

▶ ④ [×] 공무원의 직무와 재산상 이해 간 충돌을 방지하기 위해 노력할 의무는 공무원 자신에게도 있지만, 국가나 지방자치단체에도 있다.

공직자윤리법 제2조의2(이해충돌 방지 의무)
① 국가 또는 지방자치단체는 공직자가 수행하는 직무가 공직자의 재산상 이해와 관련되어 공정한 직무수행이 어려운 상황이 일어나지 아니하도록 노력하여야 한다.
② 공직자는 자신이 수행하는 직무가 자신의 재산상 이해와 관련되어 공정한 직무수행이 어려운 상황이 일어나지 아니하도록 직무수행의 적정성을 확보하여 공익을 우선으로 성실하게 직무를 수행하여야 한다.

⑤ 주식백지신탁(blind trust) 제도(공직자윤리법 제14조의4)
 ㉠ 의의: 백지신탁 제도는 고위공직자(위탁자)가 보유자산에 대한 관리·운용 및 처분 권한 일체를 수탁자인 금융회사에 신탁하고, 금융회사는 신탁재산을 처분하여 다른 형태의 자산으로 변경하여 고위공직자가 변경된 자산에 관한 정보를 알 수 없게 차단(Blind)함으로써 재직 중에 해당 재산을 보유하지 않은 것과 같은 효과가 발생하도록 하는 제도
 ㉡ 필요성: 공직자의 재산과 그가 담당하는 직무 사이에 발생하는 이해상충(conflict of interest)을 사전에 회피하고, 공직자가 직위 또는 직무상 알게 된 정보를 이용하여 주식거래를 하거나 주가에 영향을 미쳐 부정하게 재산을 증식하는 것을 방지하며, 국민에 대한 봉사자로서 직무 전념 의무를 다하도록 하기 위하여 일정 금액을 초과하는 주식을 보유하고 있는 경우에는 주식을 매각하거나 그 주식의 관리·운용·처분 권한 일체를 수탁기관에 위임하여 자신의 재산이 어떠한 형태로 존속하는지 알 수 없도록 신탁계약을 체결하도록 하는 제도임
 ㉢ 공개대상자등 본인 및 그 이해관계자 모두가 보유한 주식의 총 가액이 1천만원 이상 5천만원 이하의 범위에서 대통령령으로 정하는 금액(3천만원)을 초과할 때에는 초과하게 된 날부터 2개월 이내에 해당 주식을 매각하거나 주식백지신탁을 해야 함. 다만, 주식백지신탁 심사위원회로부터 직무관련성이 없다는 결정을 통지받은 경우에는 그러하지 아니함
 ㉣ 공개대상자등 및 그 이해관계인이 보유하고 있는 주식의 직무관련성을 심사·결정하기 위하여 인사혁신처에 주식백지신탁 심사위원회를 둠

(3) 「부정청탁 및 금품등 수수의 금지에 관한 법률」
 ① 적용 대상
  ㉠ 공공기관: 국회, 법원, 헌법재판소, 선거관리위원회, 감사원, 국가인권위원회, 고위공직자범죄수사처, 중앙행정기관과 그 소속기관 및 지방자치단체, 공직유관단체, 공공기관, 각급 학교 및 사립학교 법인, 언론사 등
  ㉡ 공직자 등: 공무원뿐만 아니라 공직유관단체 및 기관의 장과 임직원, 각급 학교의 장과 교직원 및 학교 법인의 임직원, 언론사의 대표자와 임직원 포함
 ② 부정청탁의 금지
  ㉠ 부정청탁의 금지: 누구든지 직접 또는 제3자를 통하여 법에 규정된 직무를 수행하는 공직자 등에게 부정청탁을 해서는 안 됨. 공개적으로 공직자 등에게 특정 행위를 요구하는 행위는 제외함
  ㉡ 부정청탁에 따른 직무수행 금지: 부정청탁을 받은 공직자등은 그에 따라 직무를 수행해서는 안 됨
  ㉢ 부정청탁의 신고 및 처리: 공직자등은 부정청탁을 받았을 때에는 부정청탁을 한 자에게 부정청탁임을 알리고 이를 거절하는 의사를 명확히 표시하여야 하며, 이러한 조치를 하였음에도 불구하고 동일한 부정청탁을 다시 받은 경우에는 이를 소속 기관장에게 서면으로 신고하여야 함

③ 금품 등의 수수 금지
  ㉠ 공직자등은 직무 관련 여부 및 기부·후원·증여 등 그 명목에 관계없이 동일인으로부터 1회에 100만원 또는 매 회계연도에 300만원을 초과하는 금품등을 받거나 요구 또는 약속해서는 안 됨. 이를 위반한 공직자 등은 3년 이하의 징역 또는 3천만원 이하의 벌금에 처함
  ㉡ 공직자등은 직무와 관련하여 대가성 여부를 불문하고 동일인으로부터 1회에 100만원 또는 매 회계연도에 300만원을 초과하는 금품등을 받거나 요구 또는 약속해서는 안 됨. 이를 위반한 공직자는 그 위반행위와 관련된 금품 등 가액의 2배 이상 5배 이하에 상당하는 금액의 과태료를 부과

④ 음식물·경조사비·선물 등의 가액 범위

구분	금액 상한선	내용
음식물	5만원	식사, 다과, 주류, 음료 등
선물	5만원	농수산물, 농수산가공품 15만원, 설날·추석 전 24일부터, 후 5일까지 2배(30만원). 상품권은 포함되나, 금전, 상품권을 제외한 유가증권은 제외
경조사비 (축의금·조의금)	5만원	축의금·조의금을 대신하는 화환·조화는 10만원
외부강의 등 사례금	100만원	1시간 초과 강의 시, 강의시간에 관계없이 1시간 상한액의 100분의 150에 해당하는 금액을 초과하지 못함

(4) 「공직자의 이해충돌 방지법」(2020.1.1. 제정, 2022.5.19. 시행)
  ① 의의: 「공직자의 이해충돌 방지법」은 공공기관 내부정보를 이용한 부정한 재산의 취득, 공직자 가족의 채용이나 수의계약의 체결, 사적 이해관계가 있는 상대방에 대한 업무처리 등 공정성이 의심되는 상황, 즉 이해충돌의 상황을 사전에 방지하고, 부정한 사익의 추구행위를 사전적으로 예방하기 위해 공직자가 준수해야 할 행위 기준을 담고 있음
  ② 목적: 공직자의 직무수행과 관련한 사적 이익추구를 금지함으로써 공직자의 직무수행 중 발생할 수 있는 이해충돌을 방지하여 공정한 직무수행을 보장하고 공공기관에 대한 국민의 신뢰를 확보하는 것을 목적으로 함

확인문제

「부정청탁 및 금품등 수수의 금지에 관한 법률」상 금지하는 부정청탁에 해당하지 않는 것은?
2017, 국가 9급
① 각급 학교의 입학·성적·수행평가 등의 업무에 관하여 법령을 위반하여 처리·조작하도록 하는 행위
② 공개적으로 공직자등에게 특정한 행위를 요구하는 행위
③ 공공기관이 주관하는 각종 수상, 포상, 우수기관 선정 또는 우수자 선발에 관하여 법령을 위반하여 특정 개인·단체·법인이 선정 또는 탈락되도록 하는 행위
④ 채용·승진·전보 등 공직자등의 인사에 관하여 법령을 위반하여 개입하거나 영향을 미치도록 하는 행위

▶ ② [×] 공개적으로 공직자등에게 특정한 행위를 요구하는 행위는 청탁금지법상 부정청탁에 해당되지 않는다.

확인문제

「부정청탁 및 금품 등 수수의 금지에 관한 법률」(일명 김영란법) 및 동법 시행령에 규정된 내용 중 가장 옳지 않은 것은? 2018, 서울 7급
① 누구든지 직접 또는 제3자를 통하여 법에 규정된 직무를 수행하는 공직자 등에게 부정청탁을 해서는 아니 된다.
② 공직자 등이 직무와 관련하여 1회 100만원 이하의 금품을 수수하는 경우 형사 처벌할 수 있다.
③ 이 법의 적용대상은 언론사의 임직원은 물론 그 배우자를 포함한다.
④ 경조사비는 축의금, 조의금은 5만원까지 가능하고, 축의금과 조의금을 대신하는 화환이나 조화는 10만원까지 가능하다.

▶ ② [×] 공직자등은 직무와 관련하여 대가성 여부를 불문하고 동일인으로부터 1회에 100만원 또는 매 회계연도에 300만원을 초과하는 금품등을 받거나 요구 또는 약속해서는 안 되며, 이를 위반한 공직자는 그 위반행위와 관련된 금품 등 가액의 2배 이상 5배 이하에 상당하는 금액의 과태료를 부과한다(「부정청탁 및 금품 등 수수의 금지에 관한 법률」 제8조 제1항 및 제22조 제1항).

③ 주요 내용

주요 이슈	내용
사적 이해관계자의 신고·회피·기피 및 조치	공직자는 사적 이해관계자(대리인 포함)를 대상으로 16개 유형의 직무를 수행하는 경우 소속 기관장에게 신고하고 그 업무를 회피. 직무관련자 또는 이해관계자는 그 공직자의 소속 기관장에게 기피를 신청할 수 있음
공공기관 직무 관련 부동산 보유·매수 신고	부동산을 직접적으로 취급하는 공공기관의 공직자와 그 배우자, 생계를 같이하는 직계존비속이 업무와 관련된 부동산을 보유·매수하는 경우 신고
고위공직자의 민간부문 업무활동 내역 제출	고위공직자는 임기 개시일 기준 최근 3년간 민간부문 업무활동 내역을 제출. 소속 기관장은 이를 공개 가능
직무관련자와의 거래 신고	공직자, 배우자, 직계존비속 등이 공직자의 직무관련자와 금전, 부동산 등 사적 거래 시 신고
직무 관련 외부활동 제한	직무 관련 지식·정보를 제공하고 대가를 받는 행위 등 직무수행의 공정성을 해칠 수 있는 외부활동을 원천적으로 금지
가족 채용 제한	공공기관(산하기관, 자회사 포함)은 공개채용 등 경쟁절차를 거치지 않는 한 고위공직자 등의 가족 채용 금지
수의계약 체결 제한	공공기관(산하기관, 자회사 포함)은 고위공직자 또는 그 배우자, 직계존비속 등과 수의계약 체결 금지(생산자가 1명뿐인 경우 등 허용)
공공기관 물품 등의 사적 사용·수익 금지	공공기관이 소유하거나 임차한 물품·차량·선박·항공기·건물·토지·시설 등을 사적인 용도로 사용·수익하거나 제3자로 하여금 사용·수익하게 하는 행위 금지
직무상 비밀 또는 미공개 정보 이용 금지, 부정한 이익 몰수·추징	직무상 비밀 또는 미공개 정보를 이용해 이익을 취득할 경우 7년 이하 징역형이나 7천만원 이하 벌금형에 처하고 그 이익은 몰수·추징(퇴직 후 3년이 지나지 않은 자에 대해서도 적용되며, 직무상 비밀이나 미공개 정보를 이용해 이익을 얻은 제3자도 처벌)
퇴직자 사적 접촉 신고	직무관련자인 소속 기관의 퇴직자(공직자가 아니게 된 날부터 2년 이내의 자에 한함)와 골프, 여행, 사행성 오락을 하는 경우 신고

확인문제

공직자의 이해충돌에 대한 설명으로 옳지 않은 것은? 2023, 국가 9급
① 우리나라는 2021년 5월 「공직자의 이해충돌 방지법」을 제정하였다.
② 이해충돌은 그 특성에 따라 실제적, 외견적, 잠재적 형태로 분류할 수 있다.
③ 이해충돌 회피에 있어서는 '어느 누구도 자신이 연루된 사건의 재판관이 되어서는 안 된다'라는 원칙이 적용된다.
④ 「공직자의 이해충돌 방지법」의 위반행위는 감사원, 수사기관, 국민권익위원회 등에 신고할 수 있으나 위반행위가 발생한 기관은 제외된다.

▶ ④ [×] 「공직의 이해충돌 방지법」의 위반행위가 발생한 공공기관 또는 그 감독기관에도 신고할 수 있다.

「공직자의 이해충돌 방지법」
제18조(위반행위의 신고 등)
① 누구든지 이 법의 위반행위가 발생하였거나 발생하고 있다는 사실을 알게 된 경우에는 다음 각 호의 어느 하나에 해당하는 기관에 신고할 수 있다.
1. 이 법의 위반행위가 발생한 공공기관 또는 그 감독기관
2. 감사원 또는 수사기관
3. 국민권익위원회

5 자율적 공직윤리

(1) 공무원 행동강령

① OECD 국가의 행동강령: OECD 국가들은 1990년대부터 집중적으로 제정되었으며, 공무원에게 기대되는 바람직한 행위를 행동강령만이 아니라 법과 지침서 등 다양한 방식으로 규정하고 있음. OECD 국가의 3분의 2 이상이 공무원의 기준 행위를 법률적 형식(헌법, 공직에 대한 일반법 혹은 공무원법, 행정절차법, 노동법, 행동규범, 처벌법 등)으로 규정하고 있음

② 우리나라 공무원 행동강령
   ㉠ 「부패방지 및 국민권익위원회의 설치와 운영에 관한 법률」 제8조에 근거해 대통령령으로 제정되었음
   ㉡ 행동강령은 공무원이 준수해야 할 행동기준으로 작용하며, 사후적 처벌보다는 사전적인 예방적 기능을 주된 목적으로 함
   ㉢ 공무원 행동강령은 공정한 직무수행, 부당이득 수수의 금지, 건전한 공직풍토의 조성, 위반 시의 조치 등을 규정하고 있으며, 소속 기관의 장은 공무원 행동강령 위반에 대한 징계 조치를 할 수 있다고 규정하고 있음

(2) 공무원 헌장 (1981년 제정 → 2016년 개정, 대통령 훈령)

〈공무원 헌장〉(2016.1.1. 시행)

우리는 자랑스러운 대한민국의 공무원이다.
우리는 헌법이 지향하는 가치를 실현하며 국가에 헌신하고 국민에게 봉사한다.
우리는 국민의 안녕과 행복을 추구하고 조국의 평화 통일과 지속 가능한 발전에 기여한다.
이에 굳은 각오와 다짐으로 다음을 실천한다.
하나. 공익을 우선시하며 투명하고 공정하게 맡은 바 책임을 다한다.
하나. 창의성과 전문성을 바탕으로 업무를 적극적으로 수행한다.
하나. 우리 사회의 다양성을 존중하고 국민과 함께 하는 민주 행정을 구현한다.
하나. 청렴을 생활화하고 규범과 건전한 상식에 따라 행동한다.

확인문제

공직윤리 확보를 위한 행동강령(code of conduct)에 대한 설명으로 옳지 않은 것은? 2016, 국가 9급

① 행동강령은 공무원에게 기대되는 바람직한 가치판단이나 의사결정을 담고 있으며, 공무원이 준수하여야 할 행동기준으로 작용한다.
② 「공무원 행동강령」은 「부패방지 및 국민권익위원회의 설치와 운영에 관한 법률」 제8조에 근거해 대통령령으로 제정되었다.
③ 「공무원 행동강령」은 중앙행정기관의 장 등에게 「공무원 행동강령」의 시행에 필요한 범위에서 해당 기관의 특성에 적합한 세부적인 기관별 공무원 행동강령을 제정하도록 규정하고 있다.
④ OECD 국가들의 행동강령은 1970년대부터 집중적으로 제정되었으며, 주로 법률 형식으로 규정하고 있다.

▶ ④ [×] 공무원 행동강령은 부패방지 및 국민권익위원회의 설치에 관한 법률, 국가공무원법, 공직자윤리법 등 법령에 규정된 의무를 구체화하기 위한 실천강령으로 1990년대부터 제정되기 시작하였다.

제2절 공직(행정)부패

1 공무원 부패의 개념

부패행위란 공직자가 직무와 관련하여 그 지위 또는 권한을 남용하거나 법령을 위반하여 자기 또는 제3자의 이익을 도모하는 행위, 공공기관의 예산사용, 공공기관 재산의 취득·관리·처분 또는 공공기관을 당사자로 하는 계약의 체결 및 그 이행에 있어서 법령에 위반하여 공공기관에 대하여 재산상 손해를 가하는 행위 및 이러한 행위의 은폐를 강요, 권고, 제의, 유인하는 행위를 의미함(부패방지 및 국민권익위원회의 설치와 운영에 관한 법률 제2조 제4호)

2 공무원 부패의 접근방법

(1) **도덕적 접근법**: 공무원 부패를 개인행동의 결과로 보아 부패의 원인을 법규 침해 행위에 참여한 개인들의 윤리와 자질의 탓으로 돌리는 경우, 즉 개인의 성격 및 독특한 습성과 윤리문제가 부패 행태와 밀접한 관련이 있다고 보는 입장

(2) **사회문화적 접근법**: 특정한 지배적 관습이나 경험적 습성 등이 부패를 조장한다고 보는 입장으로, 공무원 부패를 사회문화적 환경의 종속변수로 파악
  - 예 전통적으로 선물관행이나 보은의식, 인사문화 등이 공무원 부패의 원인이라고 보는 시각

(3) **제도적 접근법**: 사회의 법과 제도상 결함이나 이러한 것들에 대한 관리기구와 운영상 문제들 또는 예기치 않았던 부작용이 부정부패의 원인으로 작용한다고 보는 입장

(4) **체제론적 접근법**: 부패는 어느 하나의 변수에 의해 설명되는 것이 아니라 문화적 특성, 제도상의 결함, 구조상의 모순, 그리고 공무원의 부정적 행태 등 다양한 요인에 의해 복합적으로 나타난다고 보는 입장. 이러한 관점에서 공무원 부패는 부분적 대응으로 해결하기 매우 어려운 문제가 됨

(5) **거버넌스적 접근**: 부패는 정부주도적 통치체제에서 비롯된 것으로 보고 다양한 주체들의 참여에 의한 수평적(협력적) 거버넌스 체제로 전환함으로써 부패를 줄일 수 있다고 보는 접근법

(6) **기능주의적 접근**: 부패를 발전의 종속변수로 보고 '필요악'으로 파악하는 입장. 부패를 국가발전이나 산업화의 부산물로 정치·경제발전에 일정 부분 순기능을 한다고 보고, 국가가 어느 정도 발전 단계에 들어서면 사라지는 것으로 보는 입장

확인문제

공무원 부패에 대한 다양한 접근방법 중 체제론적 접근방법을 설명하고 있는 것은? 2009. 지방 7급
① 특정한 지배적 관습이나 경험적 습성과 같은 요인이 공무원 부패를 조장한다고 보는 접근방법이다.
② 사회의 법과 제도상의 결함, 부패관리기구와 그 운영상의 문제점 또는 예치지 않았던 부작용들이 공무원 부패를 조장한다고 보는 접근방법이다.
③ 문화적 특성, 제도상 결함, 구조상 모순 그리고 공무원의 부정적 행태 등 다양한 요인에 의해 공무원 부패가 발생한다고 보는 접근방법이다.
④ 개인의 성격 및 독특한 습성과 윤리문제를 공무원 부패의 원인으로 접근하는 방법이다.

▶ ③ [○] 체제론적 접근방법은 부패는 어느 하나의 변수에 의해 설명되는 것이 아니라 문화적 특성, 제도상의 결함, 구조상의 모순, 그리고 공무원의 부정적 행태 등 다양한 요인에 의해 복합적으로 나타난다고 보는 입장이다.
① [×] 사회문화적 접근방법, ② [×] 제도적 접근방법, ④ [×] 도덕적 접근방법에 대한 설명에 해당한다.

③ 공무원 부패의 유형

(1) 부패발생의 수준

① **개인부패**: 개인수준에서 발생하는 부패

② **조직부패**: 하나의 부패 사건에 여러 사람이 조직적 혹은 집단적으로 연루되어 있는 경우

(2) 부패의 제도화 정도: 일탈형 부패와 제도화된 부패

① **일탈형 부패**: 구조화되지 않은 일시적 부패. 개인의 윤리적 일탈에 의해 발생

② **제도화된 부패(구조화된 부패, 체제적 부패)**: 부패가 일상화되고 제도화되어 행정체제 내에서 부패가 실질적인 규범이 되고 바람직한 행동규범은 예외적인 것으로 전락되는 것. 이러한 상황에서는 부패를 저지르는 사람들이 조직의 보호를 받고, 공식적 행동규범을 고수하려는 사람들이 오히려 제재를 받게 됨 예 인·허가와 관련된 업무 처리 시 '급행료' 지불

(3) 부패의 영향(부패의 용인가능성 여부): 백색부패·회색부패·흑색부패

① **백색부패**: 악의가 없는 선의의 부패로서 법률에 규정할 수 없고 이를 위반해도 구성원들이 처벌을 원치 않는 부패

② **회색부패**: 사회에 잠재적으로 파괴적 영향이 있을 수 있는 부패로 구성원 일부는 처벌을 원하지만, 일부는 원하지 않는 부패

③ **흑색 부패**: 사회에 명백하고 심각하게 해를 끼치는 부패로서 구성원 모두가 처벌을 원하는 부패

(4) 부패의 원인: 생계형 부패와 권력형 부패

① **권력형 부패**: 상층부의 정치인들이 정치권력을 이용해 초과적인 막대한 이익을 부당하게 얻기 위한 부패

② **생계형 부패**: 하위직 행정관료들이 낮은 보수를 채우기 위해 생계유지 차원에서 저지르는 부패

(5) 거래의 여부: 거래형 부패와 사기형 부패

① **거래형 부패**: 뇌물을 받고 특혜를 부여하는 부패(상대가 있는 부패)

② **사기형 부패**: 직위를 남용하여 공금유용, 횡령, 회계부정 등을 저지르는 부패(상대가 없는 내부부패)

(6) 기타 유형

① **직무유기형 부패**: 시민이 개입되지 않는 관료 개인의 부패로 복지부동 등에서 오는 부작위적 부패

② **후원형 부패**: 정실이나 학연 등을 토대로 불법적으로 특정 단체나 개인을 후원하는 부패

확인문제

부패의 유형에 대한 설명으로 옳지 않은 것은? 2009, 지방 9급
① 과도한 선물의 수수와 같이 공무원 윤리강령에 규정될 수는 있지만, 법률로 규정하는 것에 대하여 논란이 있는 경우에는 회색부패에 해당된다.
② 공금횡령이나 회계부정은 거래를 하는 상대방 없이 공무원에 의해 일방적으로 발생하는 백색부패에 해당된다.
③ 공무원과 기업인 간의 뇌물과 특혜의 교환은 거래형 부패에 해당된다.
④ 민원처리 과정에서 소위 '급행료'가 당연시되는 관행은 제도화된 부패에 해당된다.

▶ ② [×] 공금횡령이나 회계부정은 상대방 없이 공무원에 의해 일방적으로 발생하는 사기형 부패에 해당한다. 백색부패는 악의가 없는 선의의 부패로서 구성원들이 처벌을 원치 않는 사회구성원 대다수가 용인하는 부패를 의미한다.

4 부패방지 대책

(1) **행태적 측면**
   ① 국민에 대한 봉사를 강조하는 공무원 개인의 윤리의식 제고 노력
   ② 건전한 직업윤리 확립을 위한 윤리교육
   ③ 공직자가 경제적 유혹에 갈등을 느끼지 않도록 근무여건 개선, 인사관리 합리화

(2) **제도적 장치 개선**
   ① 부패방지를 위한 강력한 처벌 수단 마련
   ② 내부통제 강화
   ③ 재량권의 여지를 축소
   ④ 행정정보 공개제도를 적극적으로 활성화하여 행정과정의 투명성 제고
   ⑤ 현실과 괴리된 법령의 이중적 규제기준을 현실에 맞게 재조정
   ⑥ 각종 행정규제를 완화(합리화) 및 행정절차 간소화
   ⑦ 시민참여 강화
   ⑧ 권력구조의 분권화, 거버넌스적 행정운영

5 우리나라 부패방지 제도: 「부패방지 및 국민권익위원회 설치와 운영에 관한 법률」

(1) **공직사회 부패예방 및 부패행위 규제 기능 수행**(국민권익위원회 설치): 부패행위 신고의 접수, 신고자 보호 및 보상, 공직자 행동강령의 시행·운영, 공공기관의 부패방지를 위한 시책 및 제도 개선사항 수립 및 권고 등 공직사회 부패예방 및 부패행위 규제 기능 수행

(2) **국민감사청구제도**: 18세 이상의 국민은 공공기관의 사무처리가 법령위반 또는 부패행위로 인하여 공익을 현저히 해하는 경우 대통령령으로 정하는 일정한 수 이상의 국민의 연서로 감사원에 감사를 청구할 수 있음

(3) **비위면직자 취업제한제도**: 공직자가 재직 중 직무관련 부패로 당연퇴직·해임·파면된 경우, 퇴직 전 5년간 소속하였던 부서의 부서 또는 기관의 업무와 밀접한 관련이 있는 기관에 취업할 수 없음

(4) **내부고발자 보호제도**
   ① 내부고발제도의 의의: 조직의 전·현직 구성원이 조직 내부의 불법, 부당, 비윤리적인 일을 대외적으로 폭로하는 내부고발(whistle blowing) 행위를 보호해 줌으로써 조직 내부의 부패·비리를 예방하고 척결하려는 제도

② 내부고발의 특징
  ㉠ 공익적·이타적 행위: 조직의 불법, 비도덕적 행위로 인한 공공의 불이익이 조직의 이익을 상회한다고 믿는 사람이 이를 공개적으로 밝히는 이타적 행위임
  ㉡ 도덕적 행위: 내부고발은 개인의 양심적 판단, 전문직업적 윤리 및 사회에 대한 책임 등에 토대를 둔 윤리적 행위임
  ㉢ 내부고발은 조직 내부 비리를 대외적으로 폭로하는 비공식적·외부적 공표행위임

③ 내부고발제도의 순기능과 역기능

순기능	• 조직 내에서 부패에 대한 경각심의 확산 및 부패 억제 효과 • 조직구성원들의 각종 불법행위나 비리에 대한 신고정신을 자극 • 행정조직 내부의 비리에 관한 정보를 외부로 공개(폭로)함으로써 적발가능성을 높여줌 • 국민의 알권리 확보 및 건전한 시민의식 함양
역기능	• 조직내부 구성원 간 불신 조장 및 상하급자 간 신뢰관계 훼손 우려 • 공무상 기밀 누설 우려

④ 우리나라 내부고발자 보호제도의 주요 내용(부패방지 및 국민권익위원회 설치와 운영에 관한 법률)
  ㉠ 부패행위 신고: 국민은 누구나 부패행위를 알게 된 때에는 국민권익위원회에 신고할 수 있으며, 공직자는 부패행위를 알게 되었거나 부패행위를 강요 또는 제의받은 경우 지체 없이 이를 수사기관, 감사원 또는 국민권익위원회에 신고하도록 의무화
  ㉡ 신고의 방법: 신고를 하려는 자는 본인의 인적사항과 신고취지 및 이유를 기재한 기명의 문서로써 하여야 하며, 신고대상과 부패행위의 증거 등을 함께 제시해야 함. 신고자가 자신의 인적사항을 밝히지 아니하고 변호사를 선임하여 신고를 대리하게 할 수 있으며, 이 경우 신고자의 인적사항 및 기명의 문서는 변호사의 인적사항 및 변호사 이름의 문서로 갈음할 수 있음
  ㉢ 부패행위 신고접수와 처리 절차: 국민권익위원회에 부패행위 신고가 접수되면 사실 확인 절차를 거쳐 조사가 필요한 경우 감사원, 수사기관 또는 해당 공공기관의 감독기관에 이첩해야 함
  ㉣ 신변보호: 신고자는 신고를 한 이유로 자신과 친족 또는 동거인의 신변에 불안이 있는 경우에는 위원회에 신변보호조치를 요구할 수 있으며, 이 경우 위원회는 필요하다고 인정한 때에는 경찰청장, 관할 시·도경찰청장, 관할 경찰서장에게 신변보호조치를 요구할 수 있음
  ㉤ 신분보장: 누구든지 신고자에게 신고 등을 이유로 어떠한 신분상 불이익이나 근무조건상의 차별을 받지 않으며, 신분상 불이익 처분을 받거나, 불이익 처분을 받거나 당할 것으로 예상되는 경우에는 위원회에 신분보장 조치와 그 밖에 필요한 조치를 요구할 수 있음
  ㉥ 책임의 감면: 신고 등과 관련하여 신고자의 범죄행위가 발견된 경우 그 신고자에 대하여 형을 감경하거나 면제할 수 있음
  ㉦ 포상 및 보상: 공공기관에 부패행위 신고를 해서 현저히 공공기관에 재산상 포상을 추천할 수 있으며, 대통령령으로 정하는 바에 따라 포상금을 지급할 수 있음
  ㉧ 벌칙조항: 내부고발자에 대해 신분상 불이익이나 근무조건상의 차별을 한 자에 대하여 위원회의 조치요구를 이행하지 아니한 때에는 과태료 또는 형사처벌을 할 수 있음

확인문제

내부고발에 대한 설명으로 가장 타당한 것은? 2009, 서울 9급
① 퇴직 후의 고발은 내부고발이 아니다.
② 조직 내의 비정치적 행위를 대상으로 한다.
③ 내부고발은 익명으로 이루어져야 한다.
④ 내부고발은 공직사회의 응집력을 강화시킨다.
⑤ 내부적인 이의제기 형식과는 다르다.

▶ ⑤ [O]
① [×] 내부고발은 재직 중은 물론 퇴직 후의 고발행위도 포함하는 개념이다.
② [×] 내부고발은 조직 내의 불법·부당·부도덕한 행위를 대상으로 하는 것으로 정치적 행위라고 해서 제외되는 것은 아니다.
③ [×] 내부고발은 부패행위를 신고하고자 하는 자는 신고자의 인적 사항과 신고 취지 및 이유를 기재한 기명의 문서로써 하도록 규정하고 있다.
④ [×] 내부고발은 공직이나 기관 내에 서로 감시하는 체제가 형성되기 때문에 공직사회의 응집력을 약화시킬 수 있다.

부패방지 및 국민권익위원회의 설치와 운영에 관한 법률 제58조(신고의 방법)
신고를 하려는 자는 본인의 인적 사항과 신고취지 및 이유를 기재한 기명의 문서로써 하여야 하며, 신고대상과 부패행위의 증거 등을 함께 제시하여야 한다.

제58조의2(비실명 대리신고)
① 제58조에도 불구하고 신고자는 자신의 인적사항을 밝히지 아니하고 변호사를 선임하여 신고를 대리하게 할 수 있다. 이 경우 제58조에 따른 신고자의 인적사항 및 기명의 문서는 변호사의 인적사항 및 변호사 이름의 문서로 갈음한다.

최윤경
행정학

- **Chapter 01** 정부예산과 재무행정의 기초
- **Chapter 02** 재정의 구조
- **Chapter 03** 예산과정의 주요 쟁점
- **Chapter 04** 정부회계
- **Chapter 05** 예산결정 이론
- **Chapter 06** 예산제도와 재정개혁
- **Chapter 07** 재정민주주의

PART 07

재무행정

CHAPTER 01 정부예산과 재무행정의 기초

제1절 예산의 성격과 기능

1 예산의 개념
일정기간(회계연도) 동안의 정부의 수입(세입)과 지출(세출)에 관한 계획

2 예산의 구조
(1) **세입예산**: 1회계연도 동안 정부가 거두어들일 수입 계획

(2) **세출예산**: 1회계연도 동안 정부의 지출 계획

3 예산의 형식
(1) **법률주의**
　① 예산이 법률과 동일한 형식을 취하는 것으로, 매년 세입예산과 세출예산이 입법절차를 통해 세입법, 세출법으로 성립
　② 미국, 영국, 프랑스, 독일

(2) **예산주의(의결주의)**
　① 예산이 법률과 달리 국회의 의결에 의해 확정되는 '예산'이라는 별도의 형식으로 성립됨
　② 우리나라, 일본 등

(3) **우리나라에서 예산과 법률의 관계**
　① 우리나라 예산은 법률보다 하위의 효력을 갖지만, 예산과 법률의 관계는 단순한 상하규범의 일방적 관계가 아닌 상호구속의 관계를 가짐
　② 예산으로 법률을 변경할 수 없고, 법률로 예산을 변경할 수 없음
　③ 세출예산이 성립해 있더라도, 경비의 지출을 명하는 법률이 없는 경우 정부는 지출이 불가능함
　④ 법률이 지출을 명하더라도, 지출의 실행을 위한 예산이 없으면 실제 지출이 불가능함

⑤ 예산과 법률의 차이

구분기준	예산	법률
제출권자	정부	정부와 국회
제출기한	회계연도 개시 90일 전(헌법), 회계연도 개시 120일 전(국가재정법)	제한 없음
심의기한	회계연도 개시 30일 전	제한 없음
국회 심의 범위	증액 및 새 비목 설치 불가	자유로운 수정 가능
거부권 행사	대통령의 거부권 행사 불가	대통령의 거부권 행사 가능
공포	공포 불요, 의결로 확정	공포함으로써 효력 발생
시간적 효력	회계연도에 국한	계속적 효력 발생
대인적 효력	국가기관만 구속	국민 모두

> **확인문제**
>
> 우리나라의 예산안과 법률안의 의결방식에 대한 설명으로 가장 옳지 않은 것은? 2018, 서울 9급
> ① 법률에 대해서는 대통령의 거부권 행사가 가능하지만 예산은 거부권을 행사할 수 없다.
> ② 예산으로 법률의 개폐가 불가능하지만, 법률로는 예산을 변경할 수 있다.
> ③ 법률과 달리 예산안은 정부만이 편성하여 제출할 수 있다.
> ④ 예산안을 심의할 때 국회는 정부가 제출한 예산안의 범위 내에서 삭감할 수 있고, 정부의 동의 없이 지출예산의 각 항의 금액을 증가하거나 새 비목을 설치할 수 없다.
>
> ▶ ② [×] 예산으로 법률을 변경할 수 없고, 법률로 예산을 변경할 수 없다.

4 예산의 기능(A. Schick)

(1) 통제(control) 기능

① 예산편성-집행-회계검사 등 예산운용의 단계의 모든 과정에서 법적·행정적 제약을 통해 예산운영에 있어서 잘못된 점이 없도록 하는 것을 의미

② 품목별 예산제도(LIBS): 입법부의 행정부 통제에 초점을 둔 통제지향적 예산제도

(2) 관리(management) 기능

① 사업목표를 실행에 옮기기 위한 합리적인 수단을 강구하는 데 초점을 맞춤. 즉 행정 목표를 세부적인 사업계획(project)으로 구체화하고, 그 집행을 위해 행정구조(조직), 인적자원(공무원), 물적자원(예산), 정보·정치적 지지 등을 확보하는 작용

② 성과주의 예산제도(PBS): 예산의 관리기능에 초점을 둔 예산제도

(3) 계획(planing) 기능

① 정부의 장기적 목표와 정책은 무엇이며, 그를 달성할 대안으로서의 사업계획은 무엇이며, 예산의 지출 결정과 어떻게 연계되는가를 밝히는 것으로, 미래에 대한 장기적 시계를 필요로 함

② 계획예산제도(PPBS): 장기적 계획(planning)과 단기적 예산편성을 프로그래밍을 통해 유기적으로 연계시켜 효율적인 자원배분을 제도화한 것

> **확인문제**
>
> 머스그레이브(Musgrave)의 정부 재정기능의 기본 원칙에 대한 설명으로 옳지 않은 것은? 2018, 지방 9급
> ① 시장실패를 교정하고 사회적 최적 생산과 소비수준이 이루어지도록 해야 한다.
> ② 세입 면에서는 차별 과세를 하고, 세출 면에서는 사회보장적 지출을 통해 소외계층을 지원해야 한다.
> ③ 고용, 물가 등과 같은 거시경제 지표들을 안정적으로 조절해야 한다.
> ④ 정부에 부여된 목적과 자원을 연계하여 소기의 성과를 거둘 수 있도록 관료를 통제해야 한다.
>
> ▶ ④ [×] 머스그레이브는 예산의 재정적 기능으로 자원배분 기능, 재분배 기능, 경제안정과 성장 기능으로 분류한 바 있다.
> ① [○] 분배 기능에 해당한다.
> ② [○] 소득 재분배 기능에 해당한다.
> ③ [○] 경제안정화 기능에 대한 설명이다.

5 재정의 3대 기능(Musgrave)

(1) **자원배분(resource allocation) 기능**: 재정을 통해 시장실패를 교정하고 사회적 최적 생산과 소비 수준이 이뤄지도록 하는 것을 의미함. 즉, 시장의 가격기제에 의한 자원의 효율적 배분이 불가능할 경우 정부가 경제에 개입하여 사회후생을 극대화시키는 방향으로 자원을 배분하는 기능을 의미

(2) **소득 재분배(distribution) 기능**: 조세정책이나 지출정책을 통해 공평한 소득 및 부의 분배를 실현하는 기능

(3) **경제안정 및 성장(economic stabilization and growth) 기능**: 환율, 물가, 실업률 등과 같은 거시경제 지표들을 안정적으로 조절하는 기능

제2절 재무행정 조직

1 재무행정 조직체계: 삼원체제와 이원체제

(1) **삼원체제(분리형)**: 중앙예산기관, 수지총괄기관, 중앙은행으로 분리되어 있는 체제

(2) **이원체제(통합형)**: 중앙예산기관과 수지총괄기관이 통합된 기관과 중앙은행으로 이원화되어 있는 체제

2 재무행정 기관

(1) **중앙예산기관**
  ① 의의: 국가예산에 관한 기본 정책의 입안 및 예산 편성과 집행의 총괄 기관
  ② 기능: 정부 전체의 입장에서 각 부처의 예산 요구와 재정계획을 검토·사정하여 예산안을 편성하고, 성립된 예산에 대해 예산배정계획을 수립하고, 예산집행을 관리·통제하는 기능 수행

(2) **국고수지 총괄기관**
  ① 의의: 국가의 수입과 지출을 총괄하는 기관
  ② 기능: 수입 측면에서 조세정책 수립과 수입의 예측, 징수계획 수립 및 징수를 담당하며, 지출 측면에서 지출계획 수립 및 이에 의거한 자금배분, 국고금 관리 기능 수행

(3) **중앙은행**: 정부은행으로서 정부의 재정 대행 기관. 정부의 모든 국고금 출납업무 대행

③ 우리나라 재무행정 기관: 이원체제

(1) **기획재정부**: 기획재정부 예산실이 중앙예산기관으로서의 역할 수행, 기획재정부 세제실과 국고국은 수지총괄기관 역할 수행(2008년 기존의 중앙예산기관이었던 기획예산처와 국고수지총괄기관이었던 재정경제부를 통합하여 출범)

(2) **한국은행**: 중앙은행 기능

제3절 예산원칙

① 예산원칙의 개념

예산원칙이란 예산편성, 심의, 집행, 결산 및 회계검사의 모든 예산과정에서 예산관련자들이 준수해야 할 기본 규범을 의미

② 예산원칙의 변화

전통적인 예산원칙은 통제중심의 입법부 우위의 예산원칙이 주된 내용이었으며, 현대에는 행정부의 재량과 전문성을 보장하고 예산의 관리 및 계획기능을 반영하는 행정부 우위의 예산원칙이 보완적으로 제시되었음

전통적 원칙(Neumark)	현대적 원칙(Smith)
• 입법부 우위론적 예산원칙 • 행정부에 대한 통제지향적 원칙	• 행정부 우위의 예산원칙 • 행정부의 재량과 전문성 보장, 예산의 관리 및 계획기능, 성과지향 강조

확인문제

「국가재정법」상 다음 원칙의 예외에 대한 규정으로 옳지 않은 것은?
2017. 지방 9급

- 한 회계연도의 모든 수입을 세입으로 하고, 모든 지출을 세출로 한다.
- 한 회계연도의 세입과 세출은 모두 예산에 계상하여야 한다.

① 수입대체경비에 있어 수입이 예산을 초과하거나 초과할 것이 예상되는 때에는 그 초과수입을 대통령령이 정하는 바에 따라 그 초과수입에 직접 관련되는 경비 및 이에 수반되는 경비에 초과지출할 수 있다.
② 국가가 현물로 출자하는 경우에는 이를 세입세출예산 외로 처리할 수 있다.
③ 국가가 외국차관을 도입하여 전대하는 경우에는 이를 세입세출예산 외로 처리할 수 있다.
④ 출연금이 지원된 국가연구개발사업의 개발 성과물 사용에 따른 대가를 사용하는 경우에는 이를 세입세출예산 외로 처리할 수 있다.

▶ ④ [×] 보기는 예산총계주의 원칙에 대한 설명이다. 예산총계주의의 원칙의 예외는 「국가재정법」 제53조에 규정되어 있다.

확인문제

예산의 이용, 예비비, 계속비는 공통적으로 어떤 예산원칙에 대한 예외인가? 2010. 지방 9급
① 포괄성의 원칙
② 단일성의 원칙
③ 한정성의 원칙
④ 통일성의 원칙

▶ ③ 예산의 이용은 질적 한정성의 원칙에 해당되며, 예비비는 양적 한정성 원칙의 예외, 계속비는 시간적 한정성 원칙의 예외에 해당된다.

---

③ 전통적 원칙(Neumark) : 입법부 우위 예산원칙

(1) **예산 완전성의 원칙**(예산총계주의 또는 예산포괄성 원칙)

① 의의
  ㉠ 국회와 국민의 예산감독을 용이하도록 하려면 정부의 모든 재정적 거래와 활동 내역이 예산에 포함되어야 한다는 원칙
  ㉡ 한 회계연도의 모든 수입을 세입으로 하고, 모든 지출을 세출로 함(국가재정법 제17조)

② 예외 : 수입대체경비의 초과수입, 현물출자, 전대차관(轉貸借款), 순계예산, 기금 등
  ㉠ 각 중앙관서의 장은 용역 또는 시설을 제공하여 발생하는 수입과 관련되는 경비로서 대통령령이 정하는 경비(수입대체경비)에 있어 수입이 예산을 초과하거나 초과할 것이 예상되는 때에는 그 초과수입을 대통령령이 정하는 바에 따라 그 초과수입에 직접 관련되는 경비 및 이에 수반되는 경비에 초과지출할 수 있음(국가재정법 제53조 제1항)
  ㉡ 국가가 현물로 출자하는 경우와 외국차관을 도입하여 전대(轉貸)하는 경우에는 이를 세입세출예산 외로 처리할 수 있음(국가재정법 제53조 제2항)
  ㉢ 차관물자대(借款物資貸)의 경우 전년도 인출예정분의 부득이한 이월 또는 환율 및 금리의 변동으로 인하여 세입이 그 세입예산을 초과하게 되는 때에는 그 세출예산을 초과하여 지출할 수 있음(국가재정법 제53조 제3항)

> **보충자료**
> 전대차관이란 국내 거주자에게 전대할 것을 조건으로 하여 기획재정부장관을 차주로 하여 외국의 금융기관으로부터 외화자금을 차입하는 것을 말함

(2) **예산단일의 원칙**

① 의의 : 예산의 효율적인 통제와 효과적인 관리를 위해서 예산이 하나만 존재해야 한다는 원칙을 의미
② 예산단일 원칙의 예외 : 특별회계예산, 추가경정예산, 기금

(3) **예산 한정성(specification)의 원칙** : 예산이 주어진 목적, 금액, 시간적 범위를 벗어나서는 안 된다는 것으로, 예산의 지출 상한, 예산의 지정된 용도 외 사용 금지, 그리고 지출 시기 등을 규정하고 있는 원칙

① 목적 외 사용 금지 원칙(질적 한정성 원칙)과 예외
  ㉠ 의의 : 예산에 규정된 목적을 위해서만 정부지출이 이루어져야 함. 예산이 항목 간 자유롭게 옮겨져서 사용되어서는 안 된다는 원칙
  ㉡ 예외 : 이용과 전용, 예비비

② 양적 한정성의 원칙(초과지출의 금지)과 예외
  ㉠ 의의 : 예산에 계상된 금액 이상의 지출은 허용되지 않음. 특정 예산항목의 지출 한도를 초과해서 정부지출이 이루어져서는 안 된다는 원칙
  ㉡ 예외 : 예비비, 추가경정예산의 편성

③ 시간적 한정성의 원칙(회계연도 독립 원칙)과 예외
  ㉠ 의의: 입법부가 예산을 의결할 때 정해진 기간(즉, 회계연도)을 넘어서서 지출이 이루어져서는 안 된다는 원칙. 「국가재정법」 제3조는 "각 회계연도의 경비는 그 연도의 세입 또는 수입으로 충당하여야 한다."고 규정
  ㉡ 예외: 명시이월과 사고이월을 포함한 이월, 계속비, 과년도 수입 총지출 등

(4) 예산 사전의결의 원칙
  ① 의의
    ㉠ 예산이 집행되기 전에 입법부의 의결을 거쳐야 한다는 원칙
    ㉡ 「헌법」 제54조는 다음 회계연도 개시 90일 전까지 행정부는 예산을 국회에 제출하고, 국회는 다음 회계연도 개시 30일 전까지 이를 의결하도록 하고 있음
  ② 예외: 준예산, 전용, 이체, 사고이월, 선결처분 등

(5) 예산 명료성의 원칙
  ① 의의: 모든 국민이 쉽게 이해할 수 있도록 수입과 지출의 추계가 명확해야 하며, 수입과 지출에 관한 내용이 명확히 분류되어 나타나야 한다는 원칙
  ② 예외: 항목별로 예산을 구분하지 않는 총괄예산(총액계상예산, 지출통제예산)

(6) 예산 공개성의 원칙
  ① 의의: 예산 운영의 전반적인 내용이 국민에게 공개되어야 한다는 원칙. 예산의 공개는 예산 운영의 투명성을 확보할 뿐만 아니라 국민의 정당한 요구와 비판을 받도록 하는 의미가 있음. 정부는 주요 재정 정보(예산, 기금, 결산, 국채 등)를 매년 1회 이상 정보통신 매체, 인쇄물 등 적당한 방법으로 공개해야 함(국가재정법 제9조)
  ② 예외: 국가기밀에 속하는 국방비·외교활동비·국가정보원예산, 신임예산

(7) 예산통일의 원칙(목적 구속 금지의 원칙, 세입 비지정의 원칙)
  ① 의의: 특정한 세입과 특정한 세출을 직접 연계시켜서는 안 된다는 원칙. 즉, 조세를 포함한 모든 정부 수입이 일단 국고에 귀속되어야 하며, 정부의 모든 지출은 여기로부터 나가야 한다는 국고통일주의를 의미
  ② 예외: 특별회계, 처음부터 지출 용도가 지정된 조세인 목적세, 기금, 수입대체경비 등

(8) 예산 엄밀성(=정확성)의 원칙
  ① 의의: 예산은 결산과 일치해야 한다는 원칙. 예산-결산의 괴리를 줄이기 위해서는 예산 작성 사전에 과학적인 예측능력을 개발하고, 일단 확정된 예산은 존중해야 함
  ② 예외: 불용액 등의 발생

확인문제

전통적 예산 원칙에 대한 설명 중 가장 옳지 않은 것은?
2009, 지방 9급
① 예산 단일의 원칙은 특정한 세입과 특정한 세출을 직접 연계시켜서는 안 된다는 원칙이다.
② 예산 공개의 원칙은 예산 운영의 전반적인 내용이 국민에게 공개되어야 한다는 원칙이다.
③ 예산 사전 의결의 원칙은 예산이 집행되기 전에 입법부의 의결을 거쳐야 한다는 원칙이다.
④ 예산 완전성의 원칙은 모든 세입과 세출이 예산에 계상되어야 한다는 원칙이다.

▶ ① [×] 특정한 세입과 특정한 세출을 직접 연계시켜서는 안 된다는 원칙은 통일성 원칙이다. 단일성 원칙은 예산은 단일한 회계로 계상되어야 한다는 것을 의미한다.

확인문제

예산의 원칙과 그 내용, 예외사항을 순서대로 나열한 것으로 옳지 않은 것은? 2017, 국가 9급
① 사전의결의 원칙 - 회계연도 개시 전 예산 확정 - 준예산
② 통일성의 원칙 - 특정수입과 특정지출의 연계 금지 - 특별회계
③ 단일성의 원칙 - 세입과 세출 내역의 명시적 나열 - 이용과 전용
④ 완전성의 원칙 - 예산총계주의 - 전대차관

▶ ③ [×] 단일성의 원칙은 예산은 하나로 존재해야 한다는 원칙이며, 단일성 원칙의 예외로 특별회계, 기금, 추가경정예산 등이 있다.

전통적 예산 원칙 및 예외

유형	내용	예외
공개성의 원칙	예산 운영의 전반적인 내용이 국민에게 공개되어야 한다는 원칙	국가기밀에 속하는 국방비·외교활동비·국가정보원예산, 신임예산
명확성의 원칙	예산구조나 과목은 국민들이 이해하기 쉽고 단순·명확해야 한다는 원칙	총액계상 예산(총괄예산), 지출통제예산
완전성의 원칙 (예산총계주의)	모든 세입과 세출이 예산에 계상되어야 한다는 원칙	현물출자, 전대차관, 차관물자대, 수입대체경비 등
단일성의 원칙	예산은 단일 구조로 구성해야 한다는 원칙	특별회계, 기금, 추가경정예산
한정성의 원칙	목적 외 사용금지(질적 한정성)	이용·전용
	초과지출 금지(양적 한정성)	예비비, 추가경정예산
	연도 경과 금지(회계연도 독립)	이월, 계속비
사전의결의 원칙	예산이 집행되기 전 입법부의 의결을 거쳐야 한다는 원칙	준예산, 예비비 지출, 전용, 사고이월, 긴급명령, 선결처분, 긴급재정명령
정확성(엄밀성) 원칙	예산과 결산은 일치해야 한다는 원칙	불용액의 발생
통일성의 원칙	특정한 세입과 세출을 직접 연계시켜서는 안 된다는 원칙	특별회계, 기금, 목적세, 수입대체경비

4 현대적 원칙(Smith): 행정부 우위의 원칙

(1) **행정부 계획수립의 원칙**: 행정수반의 사업계획을 예산에 반영시켜야 한다는 원칙. 예산편성은 사업계획의 수립과 함께 행정수반의 직접적인 감독하에 이루어져야 함

(2) **행정부 책임의 원칙**: 행정부는 국회의 의도를 충실히 반영시키면서 예산을 절약하여 경제적으로 집행할 책임이 있음

(3) **보고의 원칙**: 예산의 편성·심의·집행은 각 행정기관의 재무보고 및 업무보고에 근거를 두고 행하여야 함

(4) **행정부 재량의 원칙**: 의회는 예산안을 총괄예산으로 통과시키고 행정부에 집행상의 재량을 부여해야 한다는 원칙

(5) **시기 신축성의 원칙**: 의회가 장기 사업에 관한 예산을 의결해주고 그 집행 시기는 경제사정의 변동에 따라 행정부가 탄력적으로 결정하도록 해야 한다는 원칙

(6) **다원적 절차의 원칙**: 예산운영의 효과성을 높이기 위하여 사업별로 예산절차를 달리해야 한다는 원칙. 특히, 정부기업은 특별회계 등 별도의 예산절차와 회계방식을 가져야 함

확인문제

현대적 예산원칙과 거리가 먼 것은? 2012, 지방 9급
① 사전승인의 원칙
② 보고와 수단구비의 원칙
③ 다원과 신축의 원칙
④ 계획과 책임의 원칙

▶ ① [×] 사전승인의 원칙은 행정부가 예산을 집행하기 전에 미리 국회의 의결을 얻어야 한다는 원칙으로 행정부 통제를 강조하는 입법부 우위의 전통적 예산원칙이다.
②, ③, ④ 보고와 수단구비의 원칙, 다원과 신축의 원칙, 계획과 책임의 원칙 등은 행정부 우위의 현대적 예산원칙에 해당한다.

(7) **적절한 수단구비의 원칙**: 예산을 효과적으로 활용하기 위하여 적절한 행정상의 수단을 구비하여야 한다는 원칙. 즉, 중앙예산기관에서는 재정 통제를 위하여 월별·분기별로 예산배정을 조절하는 권한을 갖고 있어야 하며, 신축성을 유지하기 위해 이용·전용·예비비 제도 등의 적절한 수단을 활용할 수 있어야 함

5 재정운영의 새로운 규범(A. Schick): 공공지출의 세 가지 규범

(1) **총량적 재정규율(aggregate fiscal discipline)**: 예산 총액의 효과적 통제를 의미. 만성적 재정적자로 인해 재정 위기가 우려되는 상황에서 재정건전성을 유지하고 재정의 지속가능성을 확보하기 위한 규범. 정부지출의 지속적인 증가를 억제하면서 재정적자의 발생과 국가채무의 누적을 통제하는 것을 의미. 재정건전성을 확보하기 위한 각국의 총량적 재정규율은 재정준칙을 설정하는 방식이 활용되고 있음

(2) **배분적 효율성(allocative efficiency)**: 부문 간 재원배분을 통한 재정지출의 총체적 효율성을 도모하는 것으로 재정 배분 측면에서 파레토 최적을 달성하는 것을 의미. 배분적 효율성을 실현하는 것은 우선순위에 따라 자원을 배분하는 것을 의미함

(3) **기술적 효율성(technical efficiency) = 운영적 효율성(operational efficiency)**: 기술적 효율성은 개별적 지출 차원의 효율성을 의미하는 것으로 투입-산출 관계에서의 효율성을 의미. 배분적 효율성을 부문 간 효율성이라고 한다면 기술적 효율성은 부문 내 효율성을 의미. 기술적 효율성은 단위 부문 내에서의 낭비 요인을 제거하고, 정부가 구입하는 재화와 용역의 비용을 절감하며, 재정 지출의 생산성을 제고함으로써 향상시킬 수 있음

6 국가재정법상 예산원칙(국가재정법 제16조)

> **국가재정법 제16조(예산의 원칙)**
> 정부는 예산의 편성 및 집행에 있어서 다음 각 호의 원칙을 준수하여야 한다.
> 1. 정부는 재정건전성의 확보를 위하여 최선을 다하여야 한다.
> 2. 정부는 국민부담의 최소화를 위하여 최선을 다하여야 한다.
> 3. 정부는 재정을 운용함에 있어 재정지출 및 「조세특례제한법」 제142조의2 제1항에 따른 조세지출의 성과를 제고하여야 한다.
> 4. 정부는 예산과정의 투명성과 예산과정에의 국민참여를 제고하기 위하여 노력하여야 한다.
> 5. 정부는 예산이 여성과 남성에게 미치는 효과를 평가하고, 그 결과를 정부의 예산편성에 반영하기 위하여 노력하여야 한다.
> 6. 정부는 예산이 「기후위기 대응을 위한 탄소중립·녹색성장 기본법」 제2조 제5호에 따른 온실가스 감축에 미치는 효과를 평가하고, 그 결과를 정부의 예산편성에 반영하기 위하여 노력하여야 한다.

확인문제

다음 중 공공지출관리의 규범에 대하여 잘못 설명한 것은?
2005, 선관위 9급
① 총량적 재정규율(aggregate fiscal discipline)은 예산총액의 효과적인 통제를 의미한다.
② 배분적 효율성(allocative efficiency)은 재정부문 간 재원배분을 통한 재정지출의 총체적 효율성을 도모하는 것을 말한다.
③ 총량적 재정규율(aggregate fiscal discipline)은 예산운영 전반에 대한 미시적 예산결정(microbudgeting)을 토대로 이루어져야 한다.
④ 운영효율성(operational efficiency)을 높이기 위해서는 투입에 대한 산출의 비율을 높여야 한다.

▶ ③ [×] 예산총액에 대한 효과적인 통제를 의미하는 것으로, 거시적 예산결정을 토대로 자원배분을 이루려는 개념이다.

확인문제

다음 중 「국가재정법」 제16조에서 규정하고 있는 재정운영에 대한 내용으로 옳지 않은 것은?
2018, 국회 8급
① 재정건전성의 확보
② 국민부담의 최소화
③ 재정을 운영함에 있어 재정지출의 성과 제고
④ 예산과정에의 국민참여 제고를 위한 노력
⑤ 재정의 지속가능성 확보

▶ ⑤ [×] 「국가재정법」 제6조에 재정의 지속가능성 확보는 규정되어 있지 않다.

CHAPTER 02 재정의 구조

제1절 정부 재정의 기본 구조

1 일반회계

(1) **일반회계의 의의**: 일반회계는 기본적인 정부활동과 관련되는 주요한 재정사업을 모두 포괄하는 회계로서 국가의 일반적인 활동을 위한 예산을 의미

(2) **일반회계의 특징**
① 조세수입 등을 주요 세입으로 하여 국가의 일반적인 세출에 충당하기 위하여 설치함
② 일반회계 세출에는 각 중앙행정기관의 운영비와 사업비를 포함하기 때문에 정부의 전형적인 업무는 주로 일반회계를 통해 이루어진다고 할 수 있음
③ 일반회계는 행정부의 예산편성, 국회 예산심의 및 의결, 행정부의 집행, 그리고 국회의 결산 과정을 거쳐 운용되며, 입법부에 의한 통제가 용이함

2 특별회계

(1) **특별회계의 의의**: 국가에서 특정한 사업을 운영하고자 할 때, 특정한 자금을 보유하여 운용하고자 할 때, 특정한 세입으로 특정한 세출에 충당함으로써 일반회계와 구분하여 회계처리할 필요가 있을 때에 법률로써 설치하는 예산

(2) **특별회계의 종류**
① 기업특별회계
  ㉠ 기업 형태로 운영하는 정부사업을 정부기업(양곡관리사업, 조달사업, 우편사업, 우체국예금사업)이라고 부르며, 「정부기업예산법」에 근거해 설치·운영됨
  ㉡ 책임운영기관 특별회계: 「책임운영기관의 설치·운영에 관한 법률」에 의해 설치되며, 중앙책임운영기관과 소속책임운영기관 중 기관 운영에 필요한 재정수입의 전부 또는 일부를 자체적으로 확보할 수 있는 사무를 맡는 기관에 적용
② 기타특별회계: 설치근거가 되는 각각의 근거법이 마련되어 운영되고 있음
  예 국가균형발전특별회계(「국가균형발전특별법」), 환경개선특별회계(「환경정책기본법」) 등

확인문제

우리나라 특별회계에 대한 설명으로 옳지 않은 것은? 2014, 지방 9급
① 예산 단일성과 예산 통일성 원칙에 대한 예외이다.
② 일반회계와 구분해 경리할 필요가 있을 때 설치하므로, 일반회계로부터의 전입은 금지된다.
③ 정부가 "2014년 세출예산은 약 367.5조원이다"라고 발표했다면, 여기에는 특별회계 지출이 포함된 규모이다.
④ 2014년 현재 정부기업 특별회계로는 '양곡관리', '조달' 등이 운영되고 있다.

▶ ② [×] 특별회계는 특정한 세입으로 특정한 세출에 충당함으로써 일반회계와 구분하여 회계처리할 필요가 있을 때에 법률로써 설치하며, 일반적 조세가 아닌 별도 특정 수입과 일반회계 전입금 등을 재원으로 한다.

국가재정법 제13조(회계·기금 간 여유재원의 전입·전출)
① 정부는 국가재정의 효율적 운용을 위하여 필요한 경우에는 다른 법률의 규정에도 불구하고 회계 및 기금의 목적 수행에 지장을 초래하지 아니하는 범위 안에서 회계와 기금 간 또는 회계 및 기금 상호 간에 여유재원을 전입 또는 전출하여 통합적으로 활용할 수 있다.

(3) 특별회계의 특징

① 특별회계를 신설하고자 할 때에는 해당 법률안을 입법예고 하기 전에 특별회계 신설에 관한 계획서를 기획재정부장관에게 제출하여 신설의 타당성에 관한 심사를 받도록 하고 있음
② 특별회계의 재원은 일반적 조세가 아닌 별도 특정 수입과 일반회계 전입금 등을 재원으로 함
③ 예산의 단일성, 통일성 원칙에 대한 예외로 재정운영의 신축성과 능률성을 확보하기 위해 운영됨

(4) 특별회계의 유용성과 문제점

① 유용성: 예산운용 주체의 자율성을 확대함으로써 재정운영의 효율성을 제고할 수 있음
② 문제점
  ⊙ 일반회계와 구분해 특별회계를 설치하는 경우 예산제도가 복잡해져 정부의 세입과 세출의 전체 내용을 용이하게 파악하기 어려움
  ⓒ 일반회계와 특별회계 간, 그리고 특별회계 상호 간 전출과 전입, 즉 내부거래가 존재하기 때문에 재정활동의 투명성과 효율성이 저하되고, 예산운영에서 입법부와 시민통제가 곤란해짐

3 기금

(1) 기금의 의의

① 기금은 국가가 특정한 목적을 위하여 특정한 자금을 신축적으로 운용할 필요가 있을 때에 법률로써 설치하고, 세입세출예산에 의하지 아니하고 운용할 수 있는 자금을 의미
② 기금을 예산 외로 운용하는 이유는 특정 분야의 사업에 대해 지속적이고 안정적인 자금 지원이 필요하거나 사업추진에 탄력적인 집행이 필요한 경우에 예산원칙의 제약에서 벗어나 좀 더 신축적인 운영을 할 수 있기 때문임

(2) 기금의 유형: 기금설치 목적 및 성격에 따른 유형 분류

① 사업성 기금: 특정한 목적의 사업을 수행하는 데 필요한 자금을 관리·운용하는 기금
  예 과학기술진흥기금, 국제교류기금, 한강수계관리기금, 자동차사고피해지원기금, 국민체육진흥기금 등
② 사회보험성 기금: 사회보험제도를 관리·운용하는 기금
  예 국민연금기금, 공무원연금기금, 군인연금기금, 고용보험기금 등
③ 계정성 기금: 특정 자금을 관리·운용하는 기금
  예 공공자금관리기금, 외국환평형기금, 공적자금상환기금, 양곡증권정리기금, 복권기금 등
④ 금융성 기금: 금융적 성격을 갖는 기금
  예 신용보증기금, 기술보증기금, 무역보험기금, 주택금융신용보증기금 등

확인문제

특별회계 예산과 기금에 대한 설명으로 옳지 않은 것은?
2021, 지방 9급

① 기금은 특정 수입과 지출의 연계가 강하다.
② 특별회계 예산은 세입과 세출이라는 운영 체계를 지닌다.
③ 특별회계 예산은 합목적성 차원에서 기금보다 자율성과 탄력성이 강하다.
④ 특별회계 예산과 기금은 모두 결산서를 국회에 제출하여야 한다.

▶ ③ [×] 기금은 합목적성 차원에서 특별회계보다 자율성과 탄력성이 크다.

(3) 기금의 특징

① 기금은 조세수입이 아닌 출연금·부담금 등을 주요 재원으로 하여 융자사업 등 유상적 급부를 제공할 수 있음

② 예산의 단일성, 통일성, 완전성 원칙의 예외

③ 국가재정의 효율적 운용을 위하여 필요한 경우에는 기금의 목적 수행에 지장을 초래하지 않는 범위 안에서 회계와 기금 간 또는 기금 상호 간에 여유재원을 전입 또는 전출하여 통합적으로 활용할 수 있음

④ 예산과의 차이점: 기금 운용의 탄력성과 자율성이 강함
  ㉠ 예산과 달리 회계연도 내에 운용하고 남은 자금을 계속 적립해서 운용할 수 있음
  ㉡ 특정 목적의 사업을 추진하므로 수입과 지출의 연계가 강하게 나타난다는 점에서 특별회계와 유사하지만, 계획 변경이나 집행 절차에 있어서 특별회계에 비해 자율성과 탄력성이 크다는 점에서 구별됨(국회 의결 없이 주요 항목에 대한 지출 금액의 변경이 가능)

(4) 기금의 운용 및 통제

① 기금자산운용의 원칙: 기금관리주체는 안정성·유동성·수익성 및 공공성을 고려하여 기금자산을 투명하고 효율적으로 운용하여야 함

② 기금운용계획 수립
  ㉠ 기금관리주체는 매년 1월 31일까지 해당 회계연도부터 5회계연도 이상의 기간 동안의 신규사업 및 기획재정부장관이 정하는 주요 계속사업에 대한 중기사업계획서를 기획재정부장관에게 제출하여야 함
  ㉡ 기획재정부장관은 국무회의의 심의를 거쳐 대통령의 승인을 얻은 다음 연도의 기금운용계획안 작성지침을 매년 3월 31일까지 기금관리주체에게 통보하고, 국회 예산결산특별위원회에 보고하여야 함
  ㉢ 기금관리주체는 기금운용계획안 작성지침에 따라 다음 연도의 기금운용계획안을 작성하여 매년 5월 31일까지 기획재정부장관에게 제출하여야 함
  ㉣ 기획재정부장관은 기금운용계획안에 대하여 기금관리주체와 협의·조정하여 기금운용계획안을 마련한 후 국무회의의 심의를 거쳐 대통령의 승인을 얻어야 함

③ 기금운용계획안의 국회제출 등: 정부는 주요항목 단위로 마련된 기금운용계획안을 회계연도 개시 120일 전까지 국회에 제출하여야 함

④ 국회의 기금 심의
  ㉠ 기금 증액 동의: 국회는 정부가 제출한 기금운용계획안의 주요항목 지출금액을 증액하거나 새로운 과목을 설치하고자 하는 때에는 미리 정부의 동의를 얻어야 함
  ㉡ 기금운용계획의 변경: 기금관리주체는 지출계획의 주요항목 지출금액의 범위 안에서 세부항목 지출금액을 변경(금융성 기금 외의 기금은 주요 항목 지출 금액의 20% 이하, 금융성 기금은 30% 이하)할 수 있음

확인문제

우리나라 정부기금에 관한 설명으로 옳은 것은? 2018, 지방교행 9급
① 세입·세출예산 내에서 운영해야 한다.
② 재원의 자율적 운영을 위하여 국회의 심의를 거치지 않는다.
③ 기금운용계획안은 국무회의의 심의와 대통령의 승인이 필요하다.
④ 기금은 법률로써 설치하며 출연금, 부담금 등은 기금의 재원으로 활용할 수 없다.

▶ ③ [○]
① [×] 기금은 세입세출예산 외로 운영할 수 있는 자금을 의미한다.
② [×] 2003년부터 금융성 기금을 포함한 모든 기금은 예산과 마찬가지로 국회의 심의·의결을 거쳐야 한다.
④ [×] 기금은 법률로써 설치하며 정부가 직접 기금을 조성하거나 민간이 조성·운영하는 기금에 출연하는 방식이나 정부출연금, 민간부담금, 차입금, 운용수입 등이 주된 재원이 된다.

확인문제

기금, 일반회계, 특별회계에 대한 다음 설명 중 가장 적절하지 않은 것은? 2011, 서울 9급
① 일반회계는 국가고유의 일반적 재정활동을, 기금은 특정한 세입으로 특정한 사업을 운용하기 위해 설치된다.
② 특별회계는 일반회계와 기금 운용 형태가 혼재되어 있다.
③ 기금과 예산 모두 국회 심의 및 의결·확정절차를 따른다.
④ 기금과 특별회계는 특정수입과 지출이 연계되어 있다.

▶ ① [×] 특정한 세입으로 특정한 사업을 운용하기 위해 설치되는 것은 특별회계이다.

⑤ 성인지 기금운용계획서의 작성 및 성인지 기금결산서 작성: 정부는 기금이 여성과 남성에게 미칠 영향을 미리 분석한 보고서(성인지 기금운용계획서)와 성인지 기금결산서를 작성해야 함
⑥ 기금결산: 각 중앙관서의 장이 소관 기금의 결산보고서를 기획재정부장관에게 제출 → 감사원 회계검사 → 다음연도 5월 31일까지 국회 제출
⑦ 기금운용평가: 기획재정부장관은 회계연도마다 전체 기금 중 3분의 1 이상의 기금에 대하여 그 운용실태를 조사·평가하여야 하며, 3년마다 전체 재정체계를 고려하여 기금의 존치 여부를 평가하여야 함

제2절 통합재정

1 통합재정의 개념 및 의의

(1) 통합재정은 한 나라의 정부부문에서 1년 동안 지출하는 재원의 총체적인 규모로서, 현대 국가에서 다양한 형태로 이루어지고 있는 정부부문의 모든 재정활동을 포괄하여 재정이 국민소득, 통화, 국제수지 등 국민경제에 미치는 효과를 파악하고자 하는 예산제도

(2) 우리나라는 1979년부터 국제통화기금(IMF)의 정부재정통계편람(GFSM)에 따라 통합재정수지를 작성하고 있음

2 통합재정의 특징

(1) **포괄성**: 국가재정을 총체적으로 파악하기 위해 일반회계와 특별회계 외에 기금 및 세입세출외 자금을 포함해 좀 더 넓게 재정의 범위를 파악함

(2) **순계개념의 세입·세출 명시**: 통합재정에서는 회계·기금 간의 내부거래와 국채발행이나 채무상환 등 수지차 보전을 위한 보전거래를 제외함

(3) **경상거래와 자본거래의 구분**: 재정의 국민경제적 효과를 분석할 수 있도록 세입과 세출을 경상거래와 자본거래를 구분하는 경제적 분류로 작성하며, 보전재원, 통합재정수지 등의 자료를 제시함. 그리고 통합재정을 정부 소비 및 정부 투자 등 국민소득 계정과 연계해 작성함

확인문제

우리나라 기금에 대한 설명으로 옳지 않은 것은? 2011. 지방 9급
① 기금관리주체는 안정성, 유동성, 수익성 및 공공성을 고려하여 기금자산을 투명하고 효율적으로 운용하여야 한다.
② 기금관리주체는 매년 1월 31일까지 당해 회계연도부터 5회계연도 이상의 기간 동안의 신규사업 및 기획재정부장관이 정하는 주요 계속사업에 대한 중기사업계획서를 기획재정부장관에게 제출하여야 한다.
③ 국회는 정부가 제출한 기금운용계획안의 주요항목 지출금액을 증액하거나 새로운 과목을 설치하고자 할 때에는 미리 정부의 동의를 얻어야 한다.
④ 정부는 주요항목 단위로 마련된 기금운용계획안을 회계연도 개시 60일 전까지 국회에 제출하여야 한다.

▶ ④ [×] 정부는 주요항목 단위로 마련된 기금운용계획안을 작성해 회계연도 개시 120일 전까지 국회에 제출하여야 한다.

> **보충자료**
>
> **예산총계와 예산순계**
>
> 예산은 일반회계와 특별회계 간, 특별회계와 특별회계 간, 회계와 기금 간, 기금과 기금 간 거래가 이루어지는 경우가 많음. 회계 또는 기금이 다른 회계 또는 기금에 무상으로 주는 자금인 전출금(받는 기관은 전입금), 유상으로 빌려주는 자금인 예탁금(받는 기관은 예수금) 등이 대표적임. 이때 이전된 금액은 양쪽에서 중복 계산됨. 이중 계산된 규모로 예산을 파악한 것을 예산총계라고 하며, 중복 계산된 내부 거래 부분을 제외한 것을 예산순계라고 함. 실질적인 정부의 총예산 규모를 파악하는 데에는 예산순계 기준이 더 유용함. 반면에 개별적인 회계별 또는 기금별 독립된 규모를 파악하는 데에는 예산총계 기준이 유용함
>
> | 예산총계 | 예산순계 |
> |---|---|
> | 수입이나 지출의 모든 항목을 단순히 합산한 금액(회계 간 거래, 회계와 기금 간 거래, 회계·기금의 계정 간 거래 등이 모두 포함) | 예산총계에서 중복 계산된 내부 거래 부분을 제외한 금액 |
> | 개별적인 회계별 또는 기금별 독립된 규모를 파악하는 데 유용 | 실질적인 정부의 총예산 규모를 파악하는 데 유용 |

③ 통합재정의 포괄 범위

(1) **회계**(재원, fund)**상의 포괄 범위**: 일반회계, 특별회계, 기금, 세입세출 외의 세계잉여금 또는 전대차관 도입분 등이 포함됨

(2) **기관**(제도) **범위**: 일반정부
　① 중앙정부의 일반회계, 특별회계, 기금, 세입세출외 항목
　② 지방정부의 일반회계, 특별회계, 기금, 교육비특별회계
　③ 비영리 공공기관 포함

■ 일반정부의 포괄 범위(2018회계연도 기준)

구분		1986 GFSM	2001 GFSM
중앙정부	회계	• 일반회계 1개 • 기타 특별회계 14개 • 기업특별회계 5개	• 좌동
	기금	• 사업성 기금 등 58개	• 금융성 기금(8개) • 외국환평형기금(추가)
	공공비영리기관	• 제외	• 220개 기관(추가)
지방자치단체	회계	• 일반회계 243개 • 기타 특별회계 1,828개 • 지방교육비 특별회계 17개 • 직영공기업특별회계 250개	• 좌동
	기금	• 지방재정법 대상 2,385개 전체	• 좌동
	공공비영리기관	• 제외	• 97개 공사·공단(추가)

> **확인문제**
>
> 통합재정에 대한 설명으로 옳은 것은?
> 　　　　　　　　　　　　2019, 지방 9급
> ① 일반회계, 특별회계, 기금을 포함한다.
> ② 통합재정의 기관 범위에 공공기관은 포함되지만, 지방자치단체는 포함되지 않는다.
> ③ 국민의 입장에서 느끼는 정부의 지출 규모이며 내부거래를 포함한다.
> ④ 2005년부터 정부의 재정규모 통계로 사용하고 있으며 세입과 세출을 총계 개념으로 파악한다.
>
> ▶ ① [○]
> ② [×] 통합재정의 기관 범위에는 비금융공공부문과 중앙정부 및 지방정부가 포함된다.
> ③ [×] 통합재정은 재정건전성을 파악하기 위해 회계 간 전출입거래 등 이중거래나 내부거래를 제거한 순계규모로 작성된다.
> ④ [×] 우리나라는 1979년부터 IMF 권고에 의해 도입하였으며, 세입과 세출을 순계 개념으로 파악한다.

(3) 우리나라 통합재정 작성 기준

① 현재 기획재정부는 국제통화기금(IMF)의 2001년 재정통계편람(GFSM: Government Finance Statistics Manual) 기준에 근거해서 작성하고 있음

② 제도단위에 기초한 새로운 재정통계 작성 기준에 따라 공공비영리기관을 포함한 통합재정을 작성하여 공표하고 있음. 즉, 예산이나 기금과 같은 정부의 재원이 아닌 제도 단위의 특성을 고려하여 공공비영리기관의 재정도 재정에 포함하고 있음

③ 1986년 재정통계편람 기준에서는 포함되지 않았던 중앙정부의 금융성 기금과 외국환평형기금, 그리고 중앙정부의 공공비영리기관과 지방자치단체의 공공비영리기관이 일반정부 통합재정에 포함됨

■ 통합재정 작성방식 및 기준 변경

구분		1986 GFSM	2001 GFSM
분석단위		회계단위	제도단위 (일반 정부부문이 수행하는 모든 활동 포함)
통계기록 방식		현금주의 (현금의 흐름만 포함)	발생주의 (자산, 부채의 변동 등 경제적 사건 기록)
포괄 범위	개요	재정정책과 무관한 금융활동 제외	금융활동도 포함
	금융성 기금 (외평기금 포함)	제외	포함
	공공비영리기관	제외	포함

(4) 통합재정수지와 관리재정수지

① 재정수지의 의의: 재정수지는 해당 연도의 재정수입에서 재정지출을 차감한 금액으로서, 재정흑자와 재정적자 상태를 보여주며, 거시적 재정관리의 대상임

② 통합재정수지: 일반회계·특별회계 및 기금을 포괄하는 통합재정에서의 수지

③ 관리재정수지: 통합재정수지 중 사회보장성기금(국민연금, 사학연금, 산업재해보상보험 및 예방기금, 고용보험기금 등) 수지를 제외한 재정수지를 의미하는 것으로, 재정건전성 및 재정위험 관리 목적으로 운영되고 있음

제3절 예산분류와 예산과목 체계

1 예산분류의 의의

예산분류란 국가의 세입·세출을 일정한 기준에 따라 유형별로 구분해 이를 체계적으로 배열한 것으로, 예산이 기록되고 보고되는 방식을 결정하기 때문에 투명하고 건전한 예산관리를 위한 기초가 됨

2 예산 분류의 유형

분류방식	초점
기능별 분류	정부가 무슨 일을 하는 데 얼마나 쓰느냐?
조직별 분류	누가 얼마를 쓰느냐?
품목별 분류	정부가 무엇을 구입하는 데 얼마를 쓰느냐?
경제성질별 분류	국민경제에 미치는 총체적인 효과가 어떠한가?

(1) 소관별 분류(classification by agency) **또는 조직별 분류**(organizational classification)

① 의의 및 특징
  ㉠ 예산을 직접 사용하는 조직을 중심으로 예산을 분류하는 방식
  ㉡ 예산 분류의 가장 기본적인 방법으로 세입예산 및 세출예산 모두 조직별로 분류되며, 조직별 분류는 기능별 분류 및 품목별 분류와 함께 병용되기도 함
  ㉢ 우리나라 세출예산의 소관별 분류는 중앙행정기관의 부·처·청을 중심으로 대통령실, 국무총리실, 기획재정부, 교육부 등 정부기관과 국회, 대법원, 헌법재판소 등 독립기관을 포함하여 구분하고 있음

② 장·단점

장점	• 주체별 구분으로 예산집행이 용이함 • 국회예산 심의에 적합 • 경비지출의 주체를 명확히 함으로써 법적 통제와 회계 책임성 확보가 용이함
단점	• 정부 사업의 우선순위 파악이나 예산의 성과파악이 곤란(정부예산의 법적 통제에는 효과적이지만 정부가 어떤 일을 하고 있는가에 대한 정보를 제공하기 어려움) • 예산이 국민경제에 미치는 영향을 파악하기 어려움

확인문제

정부활동의 일반적이며 총체적인 내용을 보여 주어 일반 납세자가 정부의 예산내용을 쉽게 이해할 수 있도록 설계된 예산의 분류 방법은?
2017, 사복직 9급

① 품목별 분류
② 기능별 분류
③ 경제성질별 분류
④ 조직별 분류

▶ ② 기능별 분류에 대한 설명이다. 기능별 분류는 정부가 수행하는 기능별로 예산내용을 분류하는 것으로 일반국민들이 정부예산을 통해 정부활동 및 정책의 우선순위를 파악할 수 있어 '시민을 위한 분류'라고도 한다.

(2) 기능별 분류(classification by function)

① 의의 및 특징
  ㉠ 정부가 수행하는 기능(활동영역)을 중심으로 예산을 분류하는 방식. 즉, 정부활동이 추구하는 궁극적인 사회경제적 목적에 따라 예산을 분류하는 방식
  ㉡ 세출예산에만 적용되며, 정부업무에 대한 총괄적인 정보를 시민에게 제공한다는 의미에서 '시민을 위한 분류'라고 할 수 있음

② 장·단점

장점	• 행정부 사업계획 및 예산정책의 수립 용이 • 입법부 예산심의에 도움 • 일반 시민들이 정부의 활동 및 정책의 우선순위에 관한 정보를 쉽게 얻을 수 있음 • 정부지출이 시간의 흐름에 따라 어떻게 변해왔는지를 파악하는 데 유용하며, 국가 간 정부지출의 패턴을 비교하는 데 유용 • 부문 간 자원이 배분에 관한 정보를 제공하고, 정책형성과 자원배분의 효율성을 평가하는 데 기여
단점	• 입법통제 및 회계책임 확보 곤란 • 기관별 예산의 흐름 파악 곤란 • 예산의 국민경제적 효과 파악 곤란 • 실제로는 특정 사업이 두 개 이상의 기능에 속하는 경우가 많기 때문에 적용 곤란

(3) 품목별 분류(classification by objects)

① 의의
  ㉠ 가장 전통적인 예산분류방법으로, 예산을 지출대상별로 한계를 명확히 정해 배정함으로써 관료의 권한과 재량을 제한하고 회계책임을 명확히 할 수 있는 통제지향적 분류방법
  ㉡ 지출 대상(품목)이란 예산 과목의 '목(目)'에 해당하는 것으로서 인건비, 물건비, 이전지출 등의 투입(input) 요소를 의미함

② 장·단점

장점	• 예산액을 지출대상별로 한계를 명확히 정해 배정함으로써 관료의 권한과 재량을 제한하고 회계책임을 명확히 할 수 있으며, 행정통제 용이 • 인건비가 하나의 항목으로 구성되어 있어 인사행정에 대한 유용한 자료·정보 제공 • 지출의 합법성에 치중하는 회계검사에 용이
단점	• 정부지출의 전체 규모, 지출목적, 사업의 우선순위 파악 곤란 • 투입 측면에만 초점을 맞춰 편성되므로 정부가 투입을 통해 달성하고자 하는 사업과 지출에 따른 사업성과나 효과 파악 곤란 • 예산집행의 신축성 저해

확인문제

예산의 분류 방법과 분류 기준을 바르게 연결한 것은? 2022. 지방 7급

	분류 방법	분류 기준
①	기능별 분류	정부가 무슨 일을 하는 데 얼마를 쓰느냐
②	조직별 분류	정부가 무엇을 구입하는 데 얼마를 쓰느냐
③	경제 성질별 분류	누가 얼마를 쓰느냐
④	시민을 위한 분류	국민경제에 미치는 총체적인 효과가 어떠한가

▶ ① [○]
② [×] 조직별 분류는 정부조직에 따라 예산을 구분하는 방식(누가 얼마나 쓰느냐)이다. 품목별 분류는 정부가 무엇을 구입하는지와 관련된 분류이다.
③ [×] 경제 성질별 분류는 국민경제에 미치는 효과에 따라 분류하는 방식이다.
④ [×] 시민을 위한 분류는 기능별 분류의 특징에 해당한다. 정부가 수행하는 기능별로 예산을 분류하게 되면 일반시민들이 정부의 활동에 관한 정보를 손쉽게 얻을 수 있기 때문이다.

(4) 경제성질별 분류

① 경제성질별 분류의 의의

㉠ 예산이 국민경제에 미치는 영향을 분석·평가하기 위해 예산을 경제적 성격에 의해 분류하는 방법. 거시경제 지표인 고용(실업), 물가(통화량), 국제수지 등에 재정이 어떻게 영향을 미칠 것인가를 파악하는 데 적합한 예산분류 방법

㉡ 우리나라는 1979년부터 IMF 권고기준에 따라 통합예산을 작성하고 있음

② 장·단점

장점	• 경제정책의 수립을 위한 기초자료 제공 • 국가 간 예산 경비의 비중 비교 • 정부예산의 국민경제적 효과 분석 용이 • 정책결정 자료의 확보를 통해 고위 정책결정자들에게 유용한 정보 제공
단점	• 예산집행을 담당하는 일선 공무원(하위직 공무원)에게는 유용성이 제약됨 • 소득배분, 산업부문별 영향분석 등은 불가능

3 우리나라 예산과목의 분류체계

(1) 세입세출예산의 구분

① 세입세출예산은 독립기관 및 중앙관서의 소관별로 구분한 후 소관 내에서 일반회계·특별회계로 구분함

② 세입예산은 성질별로 관(款), 항(項)으로 구분하고, 세출예산은 기능별·성질별 또는 기관별로 장(章)·관(款)·항(項)으로 구분함

(2) 세출예산 과목 체계

① 입법과목(장, 관, 항): 과목 간 예산내역과 규모 변경이 국회의 심의·의결 없이는 불가능한 과목

② 행정과목(세항, 목): 행정부의 재량으로 운용되는 과목

우리나라 예산의 과목구조

입법과목			행정과목	
장(章)	관(款)	항(項)	세항(細項)	목(目)
분야	부문	프로그램	단위사업	경비성질

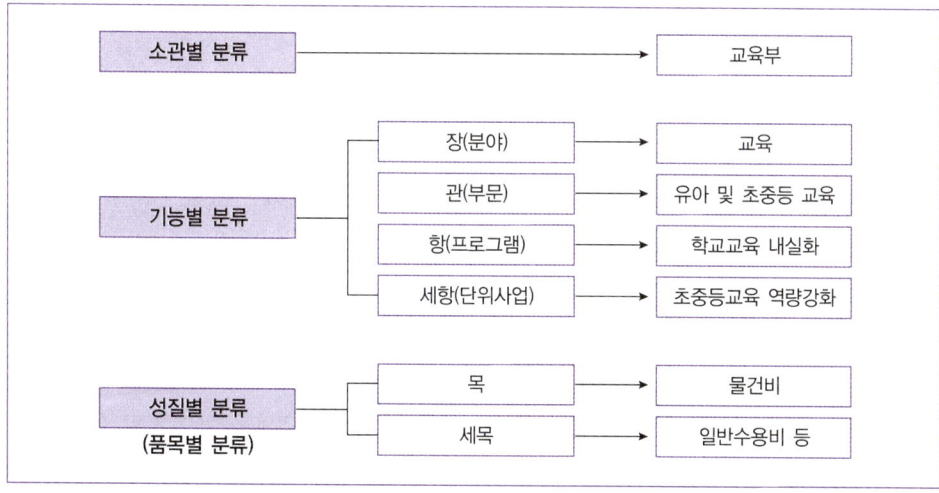

제4절 예산의 종류

1 예산 성립 시기에 따른 종류

(1) **본예산**: 매 회계연도 개시 전에 정기국회에서 다음 회계연도 예산에 대해 심의·의결을 거쳐 확정된 예산

(2) **수정예산**(예산의 성립 전 변경): 정부는 예산안을 국회에 제출한 후 부득이한 사유로 인하여 그 내용의 일부를 수정하고자 하는 때에는 국무회의의 심의를 거쳐 대통령의 승인을 얻은 수정예산안을 국회에 제출할 수 있음

(3) **추가경정예산**

① 추가경정예산의 의의

㉠ 예산 확정 이후에 생긴 사유로 인하여 본예산에 추가나 변경을 가한 예산을 의미(예산 성립 후 변경)하며, 정부는 국회에서 추가경정예산안이 확정되기 전에 이를 미리 배정하거나 집행할 수 없음

㉡ 「국가재정법」 제89조에서 재정건전성 확보 차원에서 추경예산 편성을 극히 제한적으로 허용하고 있음. 추가경정예산안의 편성 사유를 제한하고 있는 것은 과다한 추가경정예산안 편성을 사전에 방지하려는 취지임

확인문제

동일 회계연도 예산의 성립을 기준으로 볼 때 시기적으로 빠른 것부터 순서대로 바르게 나열한 것은?
2022, 국가 9급
① 본예산, 수정예산, 준예산
② 준예산, 추가경정예산, 본예산
③ 수정예산, 본예산, 추가경정예산
④ 잠정예산, 본예산, 준예산

▶③ [○] 수정예산은 예산의 성립 전 변경, 본예산은 최초로 성립된 예산, 추가경정예산은 예산 성립 후의 변경을 말한다.

확인문제

「국가재정법」상 추가경정예산안 편성이 가능한 사유에 해당하지 않는 것은? 2021. 국가 9급
① 전쟁이나 대규모 재해가 발생한 경우
② 남북관계의 변화와 같은 중대한 변화가 발생한 경우
③ 경기침체, 대량실업 같은 중대한 변화가 발생할 우려가 있는 경우
④ 경제협력, 해외원조를 위한 지출을 예비비로 충당해야 할 우려가 있는 경우

▶ ④ [×]

② 추가경정예산의 편성 사유
  ㉠ 전쟁이나 대규모 재해가 발생한 경우
  ㉡ 경기침체, 대량실업, 남북관계의 변화, 경제협력과 같은 대내·외 여건에 중대한 변화가 발생하였거나 발생할 우려가 있는 경우
  ㉢ 법령에 따라 국가가 지급하여야 하는 지출이 발생하거나 증가하는 경우

③ 추가경정예산의 내용과 특징
  ㉠ 추가경정예산의 편성절차는 본예산의 편성절차와 원칙적으로 동일하며, 국회의 심의·의결을 받아야 함(사전의결 원칙 예외 ×)
  ㉡ 예산 단일성 원칙의 예외
  ㉢ 추가경정예산의 편성 횟수는 제한이 없으나, 편성 사유에는 제한이 있음
  ㉣ 추경예산은 본예산과 별개로 성립되지만 일단 성립되면 본예산과 추경예산은 하나로 통합되어 운영됨. 따라서 특정 회계연도의 예산총액을 파악하려면 본예산과 추경예산의 액수를 합산해야 함
  ㉤ 추가경정예산안 편성을 위해서는 추가적인 재원 마련이 필요함. 추가경정예산안은 전년도 세계잉여금, 한국은행 잉여금, 기금 여유자금을 활용하거나, 국채발행을 통한 차입으로 재원을 조달하고 있음
  ㉥ 추가경정예산은 빈번하게 편성되면 국회의 행정부에 대한 통제가 약화되고, 국민의 예산에 대한 이해를 곤란하게 하며, 예산팽창의 원인이 될 수 있음. 우리나라의 경우 거의 매년 1~2회에 걸쳐 편성되고 있지만, 편성되지 않은 해도 있음

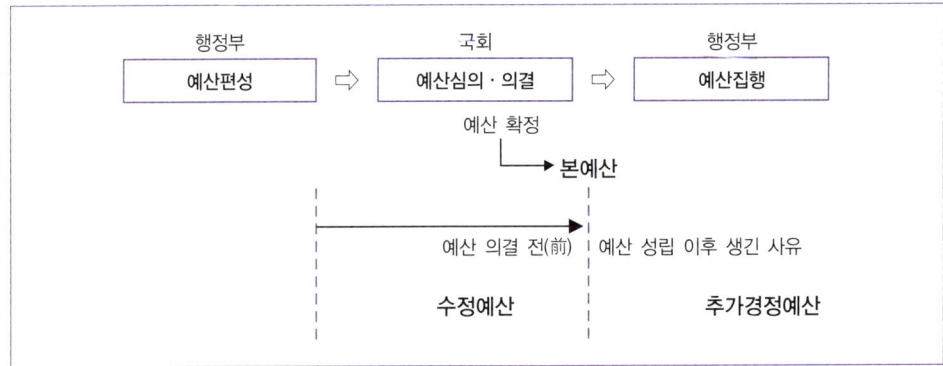

🔖 예산 성립 시기에 따른 예산 종류

2 예산 불성립 시의 예산

(1) 준예산(우리나라)

① 의의: 새로운 회계연도가 개시될 때까지 예산안이 의결되지 못한 때에는 정부는 국회에서 예산안이 의결될 때까지 일정한 경비는 전년도 예산에 준하여 집행할 수 있도록 하는 예산제도. 우리나라는 제2공화국 때부터 채택하였으나 사용한 적은 없음

② 특징
  ㉠ 준예산은 국회 의결 없이 당해 연도 예산의 성립 시까지 사용 가능하며, 준예산으로 집행된 예산은 해당 연도의 예산이 성립하면, 해당 연도 예산으로 집행된 것으로 간주함
  ㉡ 준예산은 국회의 의결을 필요로 하지 않기 때문에 사전의결원칙의 예외임

③ 준예산으로 지출할 수 있는 경비(헌법 제54조)
  ㉠ 헌법이나 법률에 의해 설치된 기관 또는 시설의 유지·운영
  ㉡ 법률상 지출의무의 이행(공무원의 보수와 사무처리에 관한 기본경비, 공공요금)
  ㉢ 이미 예산으로 승인된 사업의 계속을 위한 경비(계속비)

(2) 가예산 제도

① 1948년 정부 수립 후부터 1960년 제3차 헌법 개정 전까지 이용되었던 제도. 당시 헌법에는 부득이한 사유로 인해 예산이 의결되지 못한 때에는 국회는 1개월 이내에 가예산을 의결하고 그 기간 내에 예산을 의결해야 한다고 규정하고 있었음

② 가예산 제도는 이용 기간이 1개월이라는 점과 사전에 국회의 의결을 얻어야 한다는 점이 특징이었음

(3) 잠정예산

① 본예산이 성립되지 않을 때 잠정적으로 예산을 편성해 의회에 제출하고 의회의 사전의결을 얻어 사용하는 제도

② 미국, 일본, 영국, 캐나다 등

예산 불성립 시 예산제도 비교

구분	기간	국회의결	지출항목	채택국가
준예산	무제한	불필요	한정적	우리나라(현재), 독일
가예산	1개월	필요	전반적	제1공화국, 프랑스
잠정예산	수개월	필요	전반적	미국, 일본, 영국, 캐나다

확인문제

예산 불성립에 따른 예산 종류에 대한 설명으로 옳지 않은 것은?
2023. 지방 9급
① 준예산은 전년도 예산을 기준으로 예산을 편성해 운영하는 제도이다.
② 현재 우리나라는 준예산제도를 채택하고 있다.
③ 가예산은 1개월분의 예산을 국회의 의결을 거쳐 집행하는 것으로 우리나라가 운영한 경험이 있다.
④ 잠정예산은 수개월 단위로 임시예산을 편성해 운영하는 것으로 가예산과 달리 국회의 의결이 불필요하다.

▶ ④ [×] 잠정예산은 본예산이 성립되지 않을 때 잠정적으로 예산을 편성해 의회에 제출하고 의회의 사전 의결을 얻어 사용하는 제도이다 (국회의 의결 불필요 ×). 잠정예산과 가예산 모두 국회의 사전의결을 요한다.

확인문제

예산에 대한 설명으로 옳지 않은 것은? 2011. 국가 9급
① 추가경정예산은 국회에서 확정되기 전에 정부가 미리 배정하거나 집행할 수 있는 예산을 의미한다.
② 본예산은 매 회계연도 개시 전에 국회의 심의·의결을 거쳐 성립되는 예산을 의미한다.
③ 수정예산은 예산안 편성이 끝나고 정부가 예산안을 국회에 제출한 이후 국회 의결 전에 기존 예산안 내용의 일부를 수정하여 다시 제출한 예산안을 의미한다.
④ 준예산은 새로운 회계연도 개시 전까지 국회에서 예산안이 의결되지 못할 때 정부가 일정한 범위 내에서 전 회계연도의 예산에 준해 집행하는 잠정적 예산을 의미한다.

▶ ① [×] 추가경정예산은 예산 확정 이후에 생긴 사유로 인하여 본예산에 추가나 변경을 가한 예산을 의미(예산 성립 후 변경)한다.

3 조세지출 예산(tax expenditure budget)

(1) 조세지출(tax expenditure)의 의의

① 조세지출이란 정부가 징수해야 할 조세를 포기함으로써 간접적으로 지원해주는 것으로, 조세 감면·비과세·소득공제·세액공제·우대세율 적용 또는 과세이연 등 조세특례의 방식으로 납세자에 대한 재정지원을 목적으로 발생하는 국가 세입의 감소를 의미

② 통상적인 예산상의 재정지출이 직접지출(direct expenditure)이라면, 조세지출은 간접지출(indirect expenditure)에 해당함

③ 정부의 조세지출은 법률에 의해 집행되기 때문에 강한 경직성을 가지고 있으며, 정치적 특혜로 사용될 가능성도 있으므로 투명성과 건전성을 심사할 필요가 있음. 또한 법률에 따라 지출되는 재정 정책의 효과, 재정 부담의 형평성, 세수 인상을 위한 정책 자료로 활용할 수 있음

(2) 조세지출 예산제도의 의의 및 필요성

① 조세지출 예산제도는 숨겨진 보조금의 성격을 갖는 조세지출의 내역을 공개하고, 이를 국민의 대표기관인 입법부의 심의를 받도록 하는 데에 도입 취지가 있음

② 조세지출 예산제도는 조세지출 규모와 내역을 파악함으로써 재정 운용의 효율성을 제고하고 비과세·감면제도의 정비 현황 및 개선 방안을 모색할 수 있다는 점에 의의가 있음

③ 1959년 서독에서 처음 도입, 미국에서는 1974년 도입

(3) 우리나라 조세지출 예산제도의 운영 현황

① 우리나라는 2011년 회계연도부터 직전·당해·다음연도의 국세감면 실적 및 추정금액을 작성한 「조세지출예산서」를 예산안과 함께 국회에 제출하고 있음

② 「조세특례제한법」 제142조의2에 따라 기획재정부장관이 작성하는 조세지출예산서는 세출 예산의 기능별 분류에 따라 조세지출 내역을 작성·공표함으로써 세출예산과 연계하여 재원 배분의 효율성과 재정운용의 투명성을 제고하려는 것임

(4) 조세지출 예산제도의 장점

① 일종의 특혜인 조세지출에 대한 국회의 확인 과정을 통해 정치적 특혜의 축소를 통해 조세 정의 실현과 과세의 형평성을 확보할 수 있음

② 조세지출예산은 비과세 제도 및 조세감면에 따르는 일반 국민의 의혹을 해소하고, 국고 수입을 증대시킬 수 있음

③ 조세감면이라는 정책수단의 효과성을 파악할 수 있으며, 조세지출에 대한 국회의 통제권 확보를 통해 비효율적인 조세지출을 축소하고 자원배분의 효율성을 제고할 수 있음

④ 불필요·중복된 조세감면을 파악하여 세수 인상을 위한 정책자료로 이용될 수 있음

(5) 조세지출 예산제도의 문제점
조세지출은 보조금의 성격을 갖고 있고, 조세지출예산은 이를 알 수 있는 근거자료를 제공하므로 개방된 국제무역 환경에서 무역 마찰을 야기할 소지가 있음

확인문제

조세지출 예산제도에 대한 설명으로 옳지 않은 것은? 2020, 지방 9급
① 세제 지원을 통해 제공한 혜택을 예산지출로 인정하는 것이다.
② 예산지출이 직접적 예산 집행이라면 조세지출은 세제상의 혜택을 통한 간접지출의 성격을 띤다.
③ 직접 보조금과 대비해 눈에 보이지 않는 숨겨진 보조금이라고 이해할 수 있다.
④ 세금 자체를 부과하지 않는 비과세는 조세지출의 방법으로 볼 수 없다.

▶ ④ [×] 비과세도 조세지출 방법 중의 하나이다.

조세특례제한법 제142조의2(조세지출예산서의 작성)
① 기획재정부장관은 조세감면·비과세·소득공제·세액공제·우대세율적용 또는 과세이연 등 조세특례에 따른 재정지원(이하 "조세지출"이라 한다)의 직전 연도 실적과 해당 연도 및 다음 연도의 추정 금액을 기능별·세목별로 분석한 보고서(이하 "조세지출예산서"라 한다)를 작성하여야 한다.

확인문제

우리나라 성인지(性認知) 예산제도에 관한 설명이다. 〈보기〉에서 옳은 것을 모두 고른 것은?
2016, 지방교행 9급

〈보기〉
ㄱ. 중앙부처 및 지방자치단체는 공히 성인지 결산서를 작성하여야 한다.
ㄴ. 성인지 예산서에는 성평등 기대효과, 성과목표, 성별수혜분석 등을 포함하여야 한다.
ㄷ. 정부는 예산과 기금이 여성과 남성에게 미칠 영향을 미리 분석한 보고서를 작성하여야 한다.
ㄹ. 국회는 성인지 예산서와 결산서를 예산안이나 결산서와는 독립적인 안건으로 상정하여 심사를 진행하여야 한다.

① ㄱ, ㄹ   ② ㄱ, ㄴ, ㄷ
③ ㄴ, ㄷ, ㄹ   ④ ㄱ, ㄴ, ㄷ, ㄹ

▶ ② ㄱ, ㄴ, ㄷ [○]
ㄹ. [×] 성인지 예산서·결산서는 예산 편성안과 결산안에 포함시켜 국회에 제출한다.

4 성인지 예산(Gender Budget)제도

(1) 성인지 예산의 의의

① 성인지 예산제도는 예산이 여성과 남성에게 미칠 영향을 미리 분석하여 이를 예산편성에 반영하고, 여성과 남성이 동등하게 예산의 수혜를 받고 예산이 성차별을 개선하는 방향으로 집행되었는지를 평가하여 다음연도 예산편성에 반영하는 제도임

② 예산과정에 대한 '성 주류화' 가치의 적용이며, 양성평등을 위한 정책의 결과와 과정을 동시에 추구하는 것을 의미

③ 호주정부가 1984년 채택한 이후 영국, 독일 등 여러 국가에서 도입

(2) 우리나라의 성인지 예산제도

① 우리나라는 「국가재정법」에 근거하여 2010년 예산부터 성인지 예산제도가 도입되었으며, 지방자치단체도 2011년 「지방재정법」 개정으로 2013년도 예산안부터 성인지 예산서를 작성해서 지방의회에 제출하고 있음

② 성인지 예산서 작성: 정부는 예산이 여성과 남성에게 미칠 영향을 미리 분석한 보고서(성인지 예산서)를 작성하여야 하며, 성인지 예산서에는 성평등 기대효과, 성과목표, 성별 수혜분석 등을 포함하여야 함

③ 성인지 결산서: 정부는 여성과 남성이 동등하게 예산의 수혜를 받고 예산이 성차별을 개선하는 방향으로 집행되었는지를 평가하는 보고서(성인지 결산서)를 작성하여야 하며, 성인지 결산서에는 집행실적, 성평등 효과분석 및 평가 등을 포함하여야 함

④ 성인지 기금운용계획서의 작성: 정부는 성인지 기금운용계획서와 성인지 기금결산서를 작성하여야 함

⑤ 성인지 예산서의 내용 및 작성기준 등: 성인지 예산서는 기획재정부장관이 여성가족부장관과 협의하여 제시한 작성기준 및 방식 등에 따라 각 중앙관서의 장이 작성

5 지출통제예산(Expenditure Control Budget)

(1) 지출통제예산의 의의
지출통제예산제도는 입법부가 세목(항목)별로 예산승인을 하는 것이 아니라 총괄(총액)로 예산을 통과시켜 행정부의 재량을 확대하는 제도를 의미

(2) 지출통제예산의 특징

① 신공공관리 행정개혁의 일환으로 도입되었으며, 총괄예산(lump-sum budget) 제도, 캐나다의 지출대예산(envelope budget), 우리나라 총액계상 예산 등과 유사

② 예산 총액만을 통제하고 구체적인 항목별 지출에 대해서는 집행부의 재량에 맡기는 성과지향적 예산 제도의 한 유형임

확인문제

성인지예산(gender budgeting)에 대한 설명으로 옳지 않은 것은?
2012, 지방 9급

① 예산 과정에 성 주류화(gender main streaming)의 적용을 의미한다.
② 성 중립적(gender neutral) 관점에서 출발한다.
③ 우리나라는 「국가재정법」에서 성인지 예산서와 결산서 작성을 의무화하였다.
④ 성인지적 관점의 예산 운영은 새로운 재정 운영의 규범이 되고 있다.

▶ ② [×] 성인지 예산제도는 성 중립적 관점이 아닌 성 인지적 관점에서 출발한다. 정책이나 프로그램이 성차별적인 사회 환경을 고려하지 않고 여성이나 남성에 대해 같은 절차나 기회, 조건 등을 제시하여 접근하는 방식을 성 중립적이라고 한다. 성 중립성(gender neutrality)은 생물학적 성과 사회문화적 성의 효과가 중립적이거나 관계가 없는 것으로 보는 태도로서, 모든 정책과 프로그램이 남녀에게 동등한 영향을 줄 것이라고 생각하게 한다. 성인지 예산제도는 성 중립적 관념에서 벗어나 성인지적 관점 또는 성주류화 입장에서 제시된 제도이다. 성인지적 관점은 각종 제도나 정책에 포함된 특정 개념이 특정 성에게 유리하거나 불리하지 않은지, 성역할 고정관념이 개입되어 있는지 아닌지 등의 문제점을 검토하는 관점으로 각종 제도와 정책이 여성과 남성에게 미치는 영향을 고려하고, 남녀 성차별의 개선이라는 문제의식에 기반하여 등장한 개념이다.

① [○] 성 주류화의 과정(gender main-streaming)은 여성이 사회의 모든 분야에 동등하게 참여하고 의사결정권을 갖는 것을 의미하는 것이다. 정치·경제·사회적 정책을 통합적 차원에서 기획·실행·감시 및 평가함으로써 여성과 남성이 동등한 혜택을 누리고 불평등이 발생하지 않도록 하는 전략으로, 그 궁극적 목적은 양성평등(gender equality)을 이루는 데 있다.

확인문제

개개의 항목에 대한 통제가 아니라 예산 총액만 통제하고, 구체적인 항목별 지출에 관해서는 집행부에 대한 재량권을 확대하는 성과 지향적 예산제도는? 2010, 서울 7급
① 조세지출예산제도
② 통합재정제도
③ 성인지예산제도
④ 지출통제예산제도
⑤ 기금관리제도

▶ ④ 지출통제예산에 대한 설명이다.

확인문제

예산에 관한 설명으로 옳지 않은 것은? 2010, 지방 9급
① 지출통제예산은 예산의 구체적인 항목별 지출에 대해 통제하는 예산제도이다.
② 추가경정예산은 본예산과 별개로 성립되지만 일단 성립되면 통합하여 운용된다.
③ 통합예산에서는 융자지출도 재정수지상의 적자요인으로 파악한다.
④ 우리나라는 「국가재정법」에서 성인지(性認知) 예산제도를 명문화하고 있다.

▶ ① [×] 지출통제예산은 예산 총액만 통제하고 구체적인 항목별 지출에 대해서는 집행부의 재량을 확대하는 성과지향적 예산이다.

확인문제

자본예산제도의 장점과 가장 거리가 먼 것은? 2008, 서울 9급
① 국가의 자산상태를 명확하게 파악할 수 있게 한다.
② 자본적 지출에 대한 특별한 사정과 분석을 가능하게 한다.
③ 인플레이션기에 적정한 예산제도로 경제안정에 도움을 준다.
④ 수익자의 부담을 균등화시킬 수 있다.
⑤ 정부는 자본예산제도를 통해서 필요한 예산을 조달하여 유효수요를 증가시킴으로써 경기회복의 정책을 추진할 수 있다.

▶ ③ [×] 자본예산은 인플레이션을 야기하여 경제 불안정을 초래할 수 있다.

6 자본예산제도(Capital Budget System)

(1) **자본예산제도의 의의**: 세입·세출을 경상적인 것과 자본적인 것으로 분리하여 경상적 지출은 조세로 충당하고, 자본적 지출은 공채발행 등 차입으로 충당하는 복식예산 제도의 일종

경상적 지출	• 매 회계연도마다 연속적·반복적으로 지출되는 경비로, 보통 조세수입으로 충당하며, 균형예산으로 편성 • 경상계정: 공무원 급여, 관청의 사무용품비, 통신비 등
자본적 지출	• 지출 효과가 장기간에 걸쳐 나타나는 장기적, 비반복적, 투자적 지출로 보통 국공채의 발행이나 적자예산으로 편성 • 자본계정: 항만건설비, 공항건설비 등 SOC 사업 등

(2) **자본예산제도의 연혁**
① 1937년 스웨덴에서 최초 도입: 1930년대 대공황기에 불경기와 실업문제의 타개를 위해 미르달(Myrdal) 교수의 제안으로 채택. 국가적 차원에서 경제안정화 기능 수행을 위해 균형예산에 입각해 편성
② 1940년대 미국 지방정부 채택: 대공황과 2차 대전의 산물로 미국 지방정부가 공채발행을 통해 시의 공공투자사업을 위한 재원조달을 위해 채택

(3) **자본예산의 특징(장점)**
① 경제불황 극복을 위한 재정 정책적 도구로 이용: 경기침체 시 국공채 발행을 통해 재원을 조달하고, 공공사업을 확대함으로써 일자리를 창출하고 유효수요를 증가시킴으로써 경기회복을 유도
② 수익자부담 원칙 구현(세대 간 부담의 불공평성 완화): 장기적 공공사업의 수혜자는 미래 세대이므로 국공채 발행을 통해 공공사업에 대한 비용부담의 세대 간 형평성을 확보하고 수익자 부담 원칙을 실현함
③ 장기적 재정계획 수립 용이: 자본예산은 장기시설 계획을 지원하기 때문에 장기적 재정계획 수립을 용이하게 함
④ 국가 순자산 상태의 증감은 불변이라는 논리 전제: 자본적 지출의 경우 부채의 증가는 자산의 증가를 의미하므로 순자산 상태는 불변(정부 순자산 상태의 변동 파악 가능)

(4) **자본예산의 한계**
① 인플레이션 조장 가능: 공채의 발행으로 통화량이 증가하여 인플레이션 발생 가능성이 있음
② 경상경비의 적자 은폐 수단: 자본지출 대상 범위를 넓게 하여 경상경비의 적자를 은폐하는 수단으로 악용될 수 있음
③ 선심성 사업 남발: 자본예산은 장기적 재정계획에 따라 일시적인 적자재정이 정당화되며, 이로 인해 선심성 사업이 남발될 수 있음
④ 미래세대에게 과도한 부담 전가 가능성

CHAPTER 03 예산과정의 주요 쟁점

제1절 예산과정의 개요

1 우리나라 예산 과정

예산편성(행정부) → 예산심의(국회) → 예산집행(행정부) → 회계검사(감사원) → 결산심의(국회)

2 예산주기

(1) 예산과정의 단계들이 시간적 차원에서 반복되는 일정한 주기를 예산주기 또는 예산순기라고 하며, 우리나라의 예산주기는 통상 3년임

(2) 예산의 편성과 심의는 전년도(t−1)에 이뤄지고, 예산의 집행은 당해 연도(t연도), 결산 및 회계검사는 다음 연도(t+1)에 수행됨

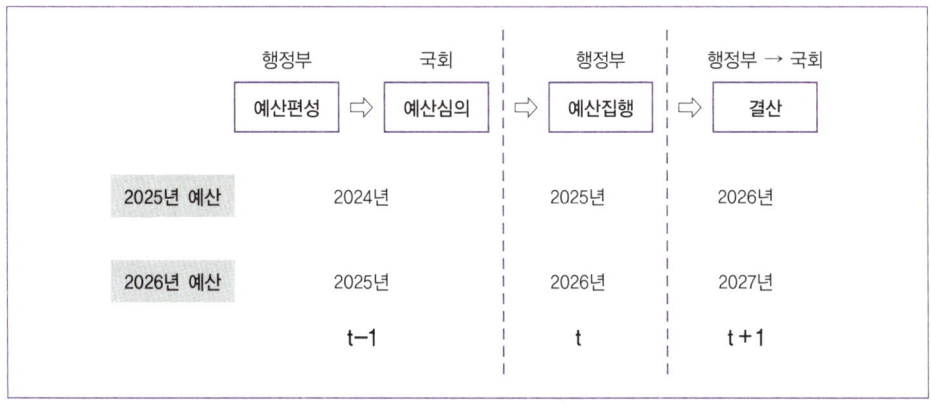

> **확인문제**
>
> 예산주기에 비추어 볼 때 2021년도에 볼 수 없는 예산과정은?
> 2021, 국가 9급
> ① 국방부의 2022년도 예산에 대한 예산요구서 작성
> ② 기획재정부의 2021년도 예산에 대한 예산배정
> ③ 대통령의 2022년도 예산안에 대한 국회 시정연설
> ④ 감사원의 2021년도 예산에 대한 결산검사보고서 작성
>
> ▶ ④ [×] 감사원의 2021년도 결산 검사 보고서는 회계연도가 끝난 2022년에 이루어지므로 2021년도에는 볼 수 없다.

제2절 예산편성 과정

1 예산편성의 의의

(1) 정부가 다음 회계연도의 세입과 세출을 예정적으로 계산하는 과정. 구체적으로는 정부가 수행하고자 하는 계획과 사업을 구체화하는 과정

(2) **행정부 제출 예산제도**: 오늘날에는 정부의 기능이 매우 복잡하고 전문적이기 때문에, 정책 분석에 필요한 지식과 전문성을 가진 전문관료들이 각 분야별 예산편성에 더 적합하고, 행정수반이 각 분야별 예산을 조정·통합할 수 있기 때문

2 예산의 구성

예산총칙·세입세출예산·계속비·명시이월비 및 국고채무부담행위로 구성

3 예산편성 절차

(1) **중기사업계획서 제출**: 각 중앙관서의 장 → 기획재정부장관(1월 31일까지)

각 중앙관서의 장은 매년 1월 31일까지 해당 회계연도부터 5회계연도 이상의 기간 동안의 신규사업 및 기획재정부장관이 정하는 주요 계속사업에 대한 중기사업계획서를 기획재정부장관에게 제출

(2) **예산안편성지침 통보**: 기획재정부장관 → 각 중앙관서 장(3월 31일까지)

① 국가재정운용계획 수립: 기획재정부는 각 부처가 제출한 중기사업계획서를 기초로 5개년 연동계획인 국가재정운용계획을 수립하고 국무회의 심의를 거쳐 회계연도 개시 120일 전까지 국회에 제출

② 예산안편성지침 및 기금운용계획안 작성 지침을 국무회의 심의를 거쳐 대통령 승인을 거쳐 각 중앙관서 장에게 3월 31일까지 통보하고 국회예산결산특별위원회에 보고해야 함

③ 기획재정부장관은 국가재정운용계획과 예산편성을 연계하기 위하여 예산안편성지침에 중앙관서별 지출한도를 포함하여 통보할 수 있음(총액배분·자율편성예산제도)

(3) **각 중앙관서의 예산편성 및 예산요구서 작성**: 4월~5월

(4) **예산요구서 제출**: 각 중앙관서의 장 → 기획재정부장관(5월 31일까지)

① 각 중앙관서는 예산편성지침과 지출한도에 따라 자율편성한 예산요구서를 5월 31일까지 기획재정부장관에게 제출

② 예산요구서를 제출할 때 다음연도 예산의 성과계획서 및 전년도의 성과보고서를 함께 제출해야 함

확인문제

우리나라 정부의 예산편성 절차를 올바르게 나열한 것은?
2014, 사복직 9급

ㄱ. 예산편성지침 통보
ㄴ. 예산의 사정
ㄷ. 국무회의 심의와 대통령 승인
ㄹ. 중기사업계획서 제출
ㅁ. 예산요구서 작성 및 제출

① ㄱ-ㄹ-ㅁ-ㄴ-ㄷ
② ㄹ-ㄱ-ㅁ-ㄴ-ㄷ
③ ㄱ-ㅁ-ㄹ-ㄷ-ㄴ
④ ㄹ-ㄴ-ㄱ-ㅁ-ㄷ

▶ ② 우리나라 예산편성 절차는 '중기사업계획서 제출 → 예산편성지침 통보 → 예산요구서 작성 및 제출 → 예산의 사정 → 국무회의 심의와 대통령의 승인' 순으로 이루어진다.

확인문제

우리나라의 예산과정에 대한 설명으로 옳지 않은 것은? 2015, 국가 9급

① 각 중앙관서의 장은 매년 1월 31일까지 당해 회계연도부터 5회계연도 이상의 기간 동안의 신규사업 및 기획재정부장관이 정하는 주요 계속사업에 대한 중기사업계획서를 기획재정부장관에게 제출하여야 한다.
② 국가가 특정한 목적을 위하여 특정한 자금을 신축적으로 운용할 필요가 있을 때에 법률로써 설치하는 기금은, 세입세출예산에 의하지 아니하고 운용할 수 있다.
③ 예산안편성지침은 부처의 예산편성을 위한 것이기 때문에 국무회의의 심의를 거쳐 대통령의 승인을 받아야 하지만 국회예산결산특별위원회에 보고할 필요는 없다.
④ 정부는 회계연도마다 예산안을 편성하여 회계연도 개시 90일 전까지 국회에 제출하도록 헌법에 규정되어 있다.

▶ ③ [×] 기획재정부장관은 각 중앙관서의 장에게 통보한 예산안편성지침을 국회 예산결산특별위원회에 보고하여야 한다(국가재정법 제30조).

(5) 기획재정부의 예산사정(豫算査定): 6월~8월

각 중앙관서의 예산요구서가 기획재정부에 송부되면 기획재정부는 여러 가지 분석과 정보를 사용해 예산요구서를 검토함. 이 과정에서 사업의 타당성과 우선순위가 검토되며, 대통령의 정책 의지가 반영되고 예산관련 여러 이해관계가 조정됨

(6) 정부예산안의 확정과 국회 제출

① 기획재정부장관은 예산요구서에 따라 예산안을 편성하여 국무회의의 심의를 거친 후 대통령의 승인을 얻어야 함

② 국회, 대법원, 헌법재판소, 중앙선거관리위원회의 세출예산 요구액을 감액할 때에는 국무회의에서 해당 독립기관의 장의 의견을 구해야 하며, 감액에 대한 독립기관의 장의 의견을 국회에 제출해야 함

③ 감사원의 세출예산 요구액을 감액하고자 할 때에는 국무회의에서 감사원장의 의견을 들어야 함

④ 대통령의 승인을 얻은 예산안을 회계연도 개시 120일 전까지 국회에 제출해야 함(국가재정법 제33조).

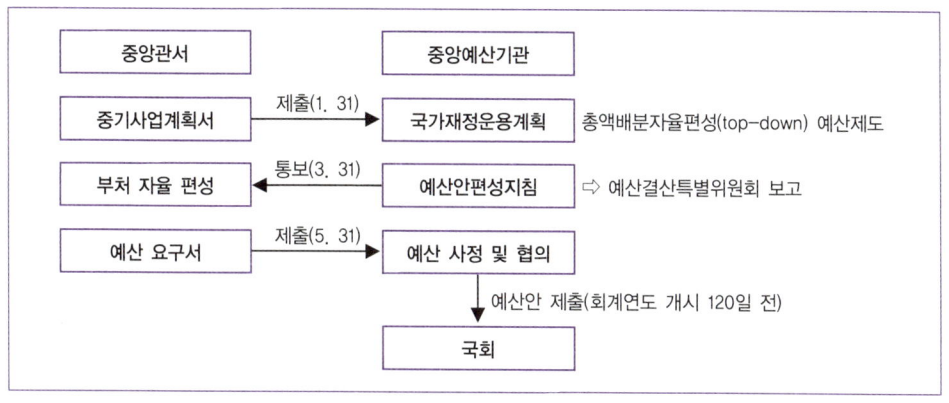

▣ 예산편성 절차

헌법 제54조
② 정부는 회계연도마다 예산안을 편성하여 회계연도 개시 90일 전까지 국회에 제출하고, 국회는 회계연도 개시 30일 전까지 이를 의결하여야 한다.

국가재정법 제33조(예산안의 국회 제출)
정부는 제32조의 규정에 따라 대통령의 승인을 얻은 예산안을 회계연도 개시 120일 전까지 국회에 제출하여야 한다.

4 예산편성 과정의 특징

(1) 국가재정운용계획

① 의의: 재정운용의 효율화와 건전화를 위하여 매년 당해 회계연도부터 5회계연도 이상의 기간에 대한 세입, 세출, 재정수지, 조세부담률, 국가채무 등의 재정운용계획을 수립하여 국회에 제출하는 문서로, 2004년부터 도입되어 총액배분·자율편성 예산제도와 긴밀하게 연계되어 운영되고 있음

② 국가재정운용계획의 특징
  ㉠ 5년의 재정 운용 시계를 갖는 연동식 중기재정계획으로서, 예산 총액을 통제하는 거시적 예산(macro-budget)이며, 장기적·전략적 재정운영을 가능하게 함
  ㉡ 수립과정에서 이해관계자의 의견을 최대한 반영하기 위해 공개토론회 등을 통해 전문가, 관계부처, 이해당사자 등의 폭넓은 참여가 허용되고 있음

확인문제

국가재정운용계획에 대한 설명으로 가장 옳지 않은 것은?
2022, 군무원 9급
① 중기재정계획은 정부가 매년 당해 회계연도부터 5회계연도 이상의 기간에 대해 수립하는 재정운용계획이다.
② 예산안과 함께 국회에 제출하는 국가재정운용 계획은 5년 단위 계획이다.
③ 국가재정운용계획은 국회가 심의하여 확정한다.
④ 국가재정운용계획은 중·장기 국가비전과 정책 우선순위를 고려한 중기적 시계를 반영하며, 단연도 예산편성의 기본틀이 된다.

▶ ③ [×] 국가재정운영계획은 정부가 수립 후 국회에 제출한다.

확인문제

총액배분·자율편성제도에 대한 설명으로 옳지 않은 것은?
2018, 지방 9급

① 전략기획과 분권 확대를 예산편성 방식에 도입하기 위해 실시하고 있다.
② 각 중앙부처는 소관 정책과 우선순위에 입각해 연도별 재정규모, 분야별·부문별 지출한도를 제시한다.
③ 지출한도가 사전에 제시되기 때문에 부처의 재정사업에 대한 책임과 권한을 강화할 수 있다.
④ 부처의 재량을 확대하였지만 기획재정부는 사업별 예산통제 기능을 유지하고 있다.

▶ ② [×] 총액배분자율편성예산제도는 기획재정부(중앙예산기관)이 국가재정운용계획에 근거하여 분야별·부문별·부처별 지출한도를 제시하면, 각 부처는 지출한도 내에서 소관 정책과 우선순위에 입각하여 자율적으로 예산을 편성하는 하향적 예산편성제도이다.

---

(2) **총액배분자율편성**(top-down) **예산제도**: 하향식 예산편성 제도

① 의의: 국가재정운용계획에 근거하여 부처별 지출한도를 먼저 정하고, 각 부처가 지출한도 범위 내에서 자율적으로 예산을 편성하는 방식으로, 국가재정운용계획과 연계하여 거시적·전략적으로 재원을 배분하고, 예산편성에 관한 부처의 자율성과 책임성을 제고하기 위한 목적으로 2005년도 예산안 편성부터 도입되었음

② 특징
 ㉠ 총지출 규모에 대한 정치적 결정: 국정 최고책임자(대통령), 중앙예산기관의 장 등 예산 관련 최고정책결정 책임자들이 참여하여 다음 회계연도의 총재정 규모를 정치적으로 결정함. 즉, 중기재정계획, 다음 해의 경제상황에 대한 예측, 공약 등 정치적으로 우선시해야 하는 사업 등을 종합적으로 고려해서 지출의 전체적인 규모를 결정함
 ㉡ 각 부처의 지출규모에 대한 상한선 설정: 중앙예산기관에 의해 총지출규모가 결정되면 다음 단계로 부문별 재원배분 계획이 세워짐. 이때 각 부문별 재원배분의 상한선(ceiling)이 설정되고, 부문별 재원배분의 상한선이 결정되면 이어서 각 부처별로 예산의 상한선이 설정됨

③ **실무 부처에 의한 자율적 예산운용**: 각 부처의 예산 상한선이 정해지면, 각 부처는 그 상한선 내에서 예산을 편성함. 각 부처는 주어진 상한선 내에서 예산을 배분하고 사업을 수행할 수 있기 때문에 자율적인 예산운용이 가능해짐

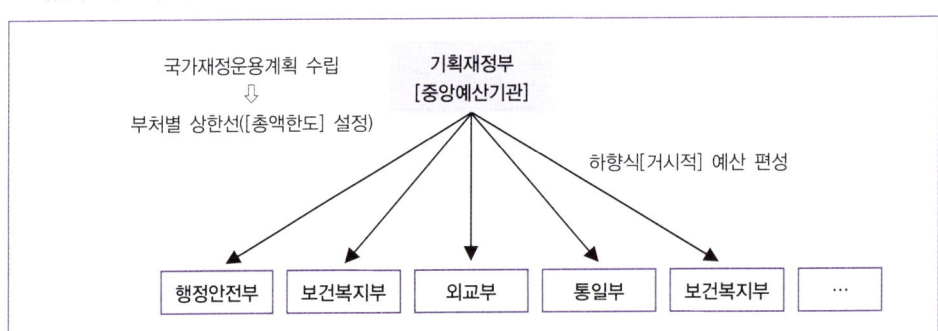

제3절 예산심의

1 예산심의의 의의

(1) 예산심의는 행정부가 작성한 예산안을 입법부가 심사하는 정치과정임

(2) 입법부의 예산심의 기능은 재정민주주의를 실현하는 중요한 제도적 장치로, 국민의 대표기관인 입법부가 행정부의 재정 활동에 참여하고 통제하는 것을 의미

2 국회 예산심의 과정

(1) **국정감사**
① 국회는 국정 전반에 관하여 소관 상임위원회별로 매년 정기회 집회일 이전에 국정감사 시작일부터 30일 이내의 기간을 정하여 감사를 실시. 다만, 본회의 의결로 정기회 기간 중에 감사를 실시할 수 있음
② 국정운영 전반의 감사결과를 다음연도 예산 심의에 반영시키는 데 목적이 있음

(2) **시정연설**
① 예산안이 국회에 제출되면, 예산안에 대해서는 본회의에서 정부의 시정연설을 들음
② 예산안에 대해서는 시정연설이 있지만, 결산안에는 적용되지 않음

(3) **상임위원회 예비심사**
① 예산안과 결산은 소관 상임위원회에 회부하고, 소관 상임위원회는 예비심사를 하여 그 결과를 의장에게 보고함
② 의장은 예산안과 결산을 소관 상임위원회에 회부할 때에는 심사기간을 정할 수 있으며, 상임위원회가 이유 없이 그 기간 내에 심사를 마치지 아니한 때에는 이를 바로 예산결산특별위원회에 회부할 수 있음

(4) **예산결산특별위원회 종합심사**
① 예산결산특별위원회의 예산안 및 결산 심사는 제안설명과 전문위원의 검토보고를 듣고 종합정책질의, 부별 심사 또는 분과위원회 심사 및 찬반토론을 거쳐 표결
② 예산결산특별위원회는 소관 상임위원회의 예비심사 내용을 존중하여야 하며, 소관 상임위원회에서 삭감한 세출예산 각 항의 금액을 증가하게 하거나 새 비목(費目)을 설치할 경우에는 소관 상임위원회의 동의를 받아야 함
③ 예산결산특별위원회는 2000년 2월 「국회법」 개정에 따라 50인으로 구성된 상설화된 특별위원회로 운영되고 있음

(5) **국회 본회의 의결**: 회계연도 개시 30일 전까지

확인문제

우리나라의 예산심의에 대한 설명으로 옳지 않은 것은?
2011, 지방 9급
① 예산은 본회의 중심이 아니라 상임위와 예결위 중심으로 심의된다.
② 우리나라는 미국과 같이 예산의 형식으로 통과되어 법률보다 하위의 효력을 갖는다.
③ 국회는 정부의 동의 없이 새로운 비목을 설치하지 못한다.
④ 예결위의 심의과정은 예산조정의 정치적 성격이 강하게 반영되는 특징이 있다.

▶ ② [×] 우리나라는 미국과 달리 예산주의로 법률과 다른 예산의 형식으로 성립하므로 법률보다 하위의 효력을 갖는다(예산의 형식에는 법률주의와 예산주의가 있다. 미국의 경우 '법률주의'로 예산이 법률과 동일한 형식을 취하며, 매년 세입예산과 세출예산이 입법절차를 통해 형성된다).

> **확인문제**
>
> 국회의 예산심의에 대한 설명으로 옳지 않은 것은? 2016. 국가 9급
> ① 상임위원회의 예비심사를 거친 정부예산안은 예산결산특별위원회에 회부되고, 예산결산특별위원회에서 종합심사가 종결되면 본회의에 부의된다.
> ② 예산결산특별위원회는 소관 상임위원회의 동의 없이 상임위원회에서 삭감한 세출예산 각 항의 금액을 증액할 수 있다.
> ③ 국회는 정부의 동의 없이 정부가 제출한 지출 예산 각 항의 금액을 증가하거나 새 비목을 설치할 수 없다.
> ④ 국회의장은 예산안을 소관 상임위원회에 회부할 때에는 심사기간을 정할 수 있으며, 상임위원회가 이유 없이 그 기간 내에 심사를 마치지 아니한 때에는 이를 바로 예산결산특별위원회에 회부할 수 있다.
>
> ▶ ② [×] 예산결산특별위원회는 소관 상임위원회의 동의 없이는 상임위원회에서 삭감한 세출예산 각 항의 금액을 증액할 수 없다.

③ 예산심의 과정의 특징

(1) 정치체제상의 특징

① **대통령 중심제**: 입법부의 예산심의 형태는 대통령 중심제와 내각책임제 국가에 따라 차이가 있음. 대통령 중심제 국가는 의회의 예산심의 권한이 막강하며, 예산심의도 비교적 엄격하게 이루어짐

② **단원제 국회**: 우리나라는 국회는 단원제로서 양원제에 비해 상대적으로 예산심의가 신속하게 이루어지는 반면, 신중한 심의가 이루어지기 어려움

(2) 위원회 중심주의: 우리나라의 예산심의는 상임위원회와 예결위 중심으로 이루어지며, 본회의는 형식적 성격이 강함

(3) 정부 동의 없는 증액 및 새 비목 설치 금지: 국회는 정부의 동의 없이 정부가 제출한 지출예산 각항의 금액을 증가하거나 새 비목을 설치할 수 없음(헌법 제57조)

(4) 국회의 예산심의 행태: 예산심사 과정에서 상임위원회가 소관 부처의 옹호자 역할을 수행하고 있으며, 예산결산특별위원회 위원들의 예산심의 행태 역시 '선심성 나눠 먹기식 정치(pork barrel politics)' 행태를 보임으로써 예산심사 과정에서 행정부가 제출한 예산보다 오히려 증액되는 현상을 야기함

제4절 예산집행

① 예산집행의 의의 및 목적

(1) **예산집행의 의의**: 국가의 수입·지출을 실행·관리하는 모든 행위. 즉, 예산집행은 확정된 예산에 따라 수입을 조달하고 공공 경비를 지출하는 모든 재정활동을 의미함

(2) **예산집행의 목적**

① **입법부의 의도 준수 및 예산의 통제**: 예산통제를 통해 입법부의 의도 구현과 재정 한계를 엄수하도록 하기 위해 예산집행 기관의 재량을 억제함으로써 자의적인 예산지출을 방지해야 함

② **신축성의 유지**: 예산 성립 이후에 예산집행과정에서 경제환경과 사업 내용 등이 변화할 경우 적절히 대처하기 위해 예산집행과정에서 신축성을 유지하는 방안을 마련할 필요가 있음

2 예산집행 절차: ① 예산배정, ② 예산의 재배정, ③ 지출원인행위, ④ 지출

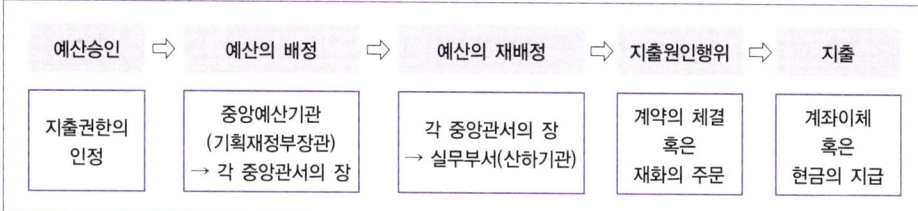

▣ 예산집행의 절차

3 예산집행의 통제 수단

(1) 예산배정과 재배정

① 예산의 배정(apportionment)
  ㉠ 예산의 배정이란 중앙예산기관이 각 중앙관서의 장에게 지출을 할 수 있는 권한을 부여하는 행위를 의미하는 것으로 주로 분기별로 이루어짐
  ㉡ 각 중앙관서의 장은 예산이 확정된 후 예산배정요구서를 기획재정부장관에게 제출하여야 하며, 기획재정부장관은 예산배정요구서에 따라 분기별 예산배정계획을 작성하여 국무회의의 심의를 거친 후 대통령의 승인을 얻어야 함
  ㉢ 기획재정부장관은 각 중앙관서의 장에게 예산을 배정한 때에는 감사원에 통지하여야 함
② 예산의 재배정(allotment): 예산의 배정이 이루어진 후 각 행정기관 내부에서 각 행정부처의 장이 각 실무부서에게 지출을 할 수 있는 권한을 부여함. 예산의 재배정은 주로 월별로 이루어짐

(2) **회계기록 및 보고제도**: 각 중앙관서의 장은 예산집행 과정에서 재정보고서와 사업집행 보고서 등을 정기적으로 기획재정부장관에게 제출해야 하며, 결산이 종료된 경우 결산보고서를 작성해 보고해야 함

(3) **정원 및 보수의 통제**: 예산의 능률적인 운영을 위해서는 정원과 보수를 통제해야 할 필요가 있음. 현재 우리나라는 공무원 정원은 국가공무원 총정원령으로, 보수는 공무원보수규정에 의해 통제하고 있음

(4) **지출원인행위 통제**: 지출원인행위는 채무부담의 원인이 되는 행위로, 지출원인행위를 할 수 있는 예산규모는 예산배정과 예산재배정 단계에서 허용된 액수를 초과할 수 없음

(5) **총사업비 관리제도**
① 각 중앙관서의 장은 완성에 2년 이상이 소요되는 사업으로서 대통령령으로 정하는 대규모 사업에 대하여는 그 사업규모·총사업비 및 사업기간을 정하여 미리 기획재정부장관과 협의하여야 함
② 기획재정부장관은 총사업비가 일정 규모 이상 증가하는 사업 및 감사원의 감사결과에 따라 감사원이 요청하는 사업에 대하여는 사업의 타당성을 재조사하고, 그 결과를 국회에 보고하여야 함

확인문제

예산집행의 신축성을 유지하기 위한 제도로 옳지 않은 것은?
2022, 국가 9급
① 계속비
② 수입대체경비
③ 예산의 재배정
④ 예산의 이체

▶ ③ [×] 예산의 재배정은 예산 집행의 통제를 위한 제도이다.

확인문제

우리나라 행정부의 예산집행 통제 장치에 해당하지 않는 것은?
2011, 국가 9급
① 정원 및 보수를 통제하여 경직성 경비의 증대를 억제한다.
② 정부조직 등에 관한 법령의 제정·개정·폐지로 인해 그 직무 권한에 변동이 있을 때 예산도 이에 따라서 변동시킬 수 있다.
③ 각 중앙관서의 장은 2년 이상 소요되는 사업 중 대통령령이 정하는 대규모사업에 대해 사업규모·총사업비·사업기간을 정해 미리 기획재정부장관과 협의해야 한다.
④ 각 중앙관서의 장은 월별로 기획재정부장관에게 사업집행 보고서를 제출해야 한다.

▶ ② [×] 예산의 이체에 관한 설명으로 예산집행의 신축성 장치에 해당된다.

확인문제

예비타당성조사에 대한 설명으로 옳은 것은? 2019. 지방 9급
① 기존에 유지된 타당성조사의 문제점을 보완하기 위해 2013년부터 도입하였다.
② 신규 사업 중 총사업비가 300억원 이상인 사업은 예비타당성 조사대상에 포함된다.
③ 중앙행정기관의 장은 예비타당성 조사를 실시하고 기획재정부장관과 그 결과를 협의해야 한다.
④ 조사대상 사업의 경제성, 정책적 필요성 등을 종합적으로 검토하여 그 타당성 여부를 판단한다.

▶ ④ [○]
① [×] 기존 타당성 조사의 문제점을 보완하기 위해 2000년부터 적용하고 있다.
② [×] 신규 사업 중 총사업비가 500억원 이상인 사업이 예비타당성 조사대상에 포함된다.
③ [×] 예비타당성조사는 기획재정부장관이 실시한다.

확인문제

예비타당성 조사의 분석 내용을 경제성 분석과 정책적 분석으로 구분할 때, 경제성 분석에 해당하는 것은?
2015. 국가 9급
① 상위계획과의 연관성
② 지역경제에의 파급효과
③ 사업추진 의지
④ 민감도 분석

▶ ④ [○] 예비타당성조사는 경제성 분석과 정책성 분석을 동시에 제시한다. 경제성 분석에서는 민감도 분석, 비용편익비, 순현재가치, 내부수익률 등을 중심으로 사업의 경제적 타당성 여부를 검정하고, 정책성 분석에서는 지역경제 파급 효과, 균형 발전을 위한 낙후도 평가, 정책의 일관성 및 추진의지, 사업에서의 위험요인, 상위계획과 연계, 환경영향 등을 분석한다.

---

(6) 예비타당성 조사제도

① 의의: 예산낭비 방지 및 재정 투자의 효율성 제고를 위해 1999년 도입된 제도로, 「국가재정법」 제38조에 따라 대규모 신규 사업에 대한 예산편성 및 기금운용계획을 수립하기 위해 기획재정부장관 주관으로 실시하는 사전적인 타당성 검증·평가제도임

② 주요 내용 및 특징

㉠ 기획재정부장관은 총사업비가 500억원 이상이고 국가의 재정지원 규모가 300억원 이상인 대규모 신규 사업(건설공사, 지능정보화 사업, 국가연구개발 사업, 보건, 교육, 노동, 문화 및 관광, 환경 보호, 농림해양수산, 산업·중소기업 분야의 사업 등)에 대한 예산을 편성하기 위하여 미리 예비타당성 조사를 실시하고, 그 결과를 요약하여 국회 소관 상임위원회와 예산결산특별위원회에 제출하여야 함

㉡ 제외대상: ⓐ 공공청사, 교정시설, 초·중등 교육시설의 신·증축 사업, ⓑ 「국가유산기본법」에 따른 국가유산 복원사업, ⓒ 국가안보와 관계되거나 보안이 필요한 국방 관련 사업, ⓓ 남북교류협력과 관계되거나 국가 간 협약·조약에 따라 추진하는 사업, ⓔ 도로 유지보수, 노후 상수도 개량 등 기존 시설의 효용 증진을 위한 단순개량 및 유지보수사업, ⓕ 재난복구 지원, 시설 안전성 확보, 보건·식품 안전 문제 등으로 시급한 추진이 필요한 사업, ⓖ 재난예방을 위하여 시급한 추진이 필요한 사업, ⓗ 지역 균형발전, 긴급한 경제·사회적 상황 대응 등을 위하여 국가 정책적으로 추진이 필요한 사업 등, ⓘ 출연·보조기관의 인건비 및 경상비 지원, 융자 사업 등과 같이 예비타당성 조사의 실익이 없는 사업

㉢ 예비타당성 조사 분석항목: 예비타당성 조사는 경제성 분석(수요 추정, 비용·편익 분석, 민감도 분석, 재무성 분석 등), 정책성 분석(재원조달 가능성, 상위계획과의 일치성 등), 지역균형발전 분석을 실시한 후 각 분석결과를 종합적으로 고려하여 다기준 분석의 일종인 계층화분석(AHP: Analytical Hierarchy Process) 기법을 활용하여 종합적인 최종 결론을 내림

예비타당성 조사와 타당성 조사 비교

구분	예비타당성 조사	타당성 조사
주체	중앙예산기관(기획재정부)	주무부처
조사초점(내용)	경제적 분석, 정책적 분석	기술적 타당성 평가
조사 범위	국가 재정 전반적 관점	당해 사업
특징	개략적, 사전적: 본격적인 타당성 조사 필요성 여부를 판단하기 위해 개략적인 수준에서 조사	세부적, 사후적: 본격적인 사업 착수를 위해 더욱 정밀하고 세부적인 수준에서 조사
조사 기간	단기(6개월 이내)	장기(1년 내외)

4 예산집행의 신축성 유지 방법

(1) 예산의 이용과 전용

① 이용(移用)
  ㉠ 입법과목(장, 관, 항) 간의 상호 융통을 의미하는 것으로, 미리 예산으로서 국회의 의결을 얻은 때에는 기획재정부장관의 승인을 얻거나 기획재정부장관이 위임하는 범위 안에서 자체적으로 이용할 수 있음
  ㉡ 예산을 자체적으로 이용한 때에는 각 중앙관서의 장은 기획재정부장관 및 감사원에 각각 통지해야 함

② 전용(轉用): 행정과목(세항·목) 간의 상호융통을 의미. 각 중앙관서의 장은 예산의 목적범위 안에서 재원의 효율적 활용을 위하여 대통령령이 정하는 바에 따라 기획재정부장관의 승인을 얻어 각 세항 또는 목의 금액을 전용할 수 있음(사전승인 원칙 예외)

(2) 이체(移替)

① 기획재정부장관은 정부조직 등에 관한 법령의 제정·개정 또는 폐지로 인하여 중앙관서의 직무와 권한에 변동이 있는 때에는 그 중앙관서의 장의 요구에 따라 그 예산을 상호 이용하거나 이체할 수 있음(사전승인 원칙 예외)

② 기획재정부장관은 예산을 이체한 때에는 그 중앙관서의 장 및 감사원에 통지해야 함

(3) 이월

① 의의: 당해 회계연도의 예산을 다음 연도의 예산으로 사용하는 것을 의미

② 유형
  ㉠ 명시이월: 세출예산 중 경비의 성질상 연도 내에 지출을 끝내지 못할 것이 예측되는 때에는 그 취지를 세입세출예산에 명시하여 미리 국회의 승인을 얻은 후 다음 연도에 이월하여 사용할 수 있음
  ㉡ 사고이월: 지출원인행위를 할 당시에는 연도 내 지출이 가능하였으나, 예측할 수 없었던 불가피한 사유로 지출을 다음 연도에 이월하는 경우. 한 번 사고이월한 경비는 다시 다음 연도에 재차 이월할 수 없음

명시이월과 사고이월 비교

구분	사전예측	예산형식에 포함	국회 사전 승인	재이월
명시이월	사전예측 가능	○	필요	가능
사고이월	불가피한 사유	×	불필요(사전의결원칙 예외)	금지

확인문제

예산집행에 대한 설명으로 옳지 않은 것은? 2019, 국가 9급
① 예산의 재배정은 행정부처의 장이 실무부서에게 지출을 할 수 있는 권한을 부여하는 것을 의미한다.
② 예산의 전용을 위해서 정부 부처는 미리 국회의 승인을 받아야 한다.
③ 예비비는 공무원 인건비 인상을 위한 인건비 충당을 목적으로 사용할 수 없다.
④ 사고이월은 집행과정에서 재해 등의 이유로 불가피하게 다음 연도로 이월된 경비를 말한다.

▶ ② [×] 예산의 전용은 예산집행의 신축성 확보수단으로 행정과목(세항, 목) 간의 상호융통제도이다. 따라서 국회의 승인 없이 기획재정부장관의 승인으로 가능하다.

확인문제

예산 집행의 신축성 유지 방안에 관한 설명으로 옳지 않은 것은?
2012, 서울 9급
① 세출예산의 장(章), 관(款), 항(項)은 행정과목으로 예산의 전용(轉用)이 가능하다.
② 예산이 이용(移用)은 입법과목 간의 융통을 말한다.
③ 예산의 이체(移替)는 정부조직 등에 관한 법령의 제·개정, 폐지 등의 사유가 있을 때 사용하는 방안이다.
④ 이월(移越)은 당해 회계연도 예산을 차년도 예산으로 사용하는 것이다.
⑤ 예측할 수 없는 예산 외 지출 또는 예산초과지출에 충당하기 위해 예비비를 둔다.

▶ ① [×] 세출예산의 장(章), 관(款), 항(項)은 입법과목으로 이용(移用)이 가능하다. 전용이 가능한 행정과목은 세항·목이다.

> **확인문제**
>
> 예산집행의 신축성 유지 방안에 관한 설명으로 옳은 것은?
> 2017. 지방교행 9급
> ① 추가경정예산은 예산 성립 이후 사업을 변경하거나 새로운 사업을 추진해야 하는 경우, 예산을 우선 집행하고 사후에 국회의 승인을 받도록 하는 것이다.
> ② 예비비는 예측할 수 없는 예산 외의 지출 또는 예산초과지출에 충당하기 위하여 특별회계 예산 총액의 100분의 1 이내의 금액을 세입세출예산에 계상한 것이다.
> ③ 예산의 전용은 장·관·항 간의 융통을 의미하며, 중앙관서의 장은 예산의 효율적인 활용을 위하여 대통령령이 정하는 바에 따라 기획재정부장관의 승인을 얻어 재원을 사용할 수 있다.
> ④ 계속비는 완성에 수년도를 요하는 공사나 제조 및 연구개발사업에 대해 그 경비의 총액과 연부액을 정하여 미리 국회의 의결을 얻은 범위 안에서 수년도에 걸쳐서 지출할 수 있는 것이다.
>
> ▶ ④ [○]
> ① [×] 추가경정예산은 본예산을 집행하는 과정에 예산 변경의 사유가 발생했을 때 편성하는 것으로 반드시 국회의 사전 심의·의결을 받아야 한다.
> ② [×] 예비비는 예측할 수 없는 예산 외의 지출 및 초과지출에 충당하기 위해 세입세출예산에 계상하는 금액으로 일반회계(특별회계 ×) 예산총액의 100분의 1 이내의 금액을 세입세출예산에 계상한 것이다.
> ③ [×] 예산의 전용은 세항, 목(장-관-항 ×) 간의 상호융통으로 각 중앙관서의 장은 예산의 효율적 활용을 위하여 대통령령이 정하는 바에 따라 기획재정부장관의 승인을 얻어 전용할 수 있다.

(4) 예비비

① **의의**: 정부는 예측할 수 없는 예산 외의 지출 또는 예산 초과 지출에 충당하기 위하여 일반회계 예산총액의 100분의 1 이내의 금액을 예비비로 세입세출예산에 계상할 수 있음

② **종류**: 예비비는 사용 용도가 제한되지 않는 일반예비비와 예산총칙 등에 따라 미리 사용목적을 지정해 놓은 목적예비비로 구분됨. 공무원의 보수 인상을 위한 인건비 충당을 위하여는 예비비의 사용목적을 지정할 수 없음

③ **예비비 사용 절차**
   ㉠ 예비비는 기획재정부장관이 관리하며, 각 중앙관서의 장은 예비비의 사용이 필요한 때에는 그 이유 및 금액과 추산의 기초를 명백히 한 명세서를 작성하여 기획재정부장관에게 제출해야 함
   ㉡ 기획재정부장관은 예비비 신청을 심사한 후 필요하다고 인정하는 때에는 이를 조정하고 예비비사용계획명세서를 작성한 후 국무회의의 심의를 거쳐 대통령의 승인을 얻어야 하며, 대통령의 승인을 얻으면 기획재정부장관은 이를 세출예산으로 배정함

(5) 계속비 : 회계연도독립 원칙 예외

① 완성에 수년이 필요한 공사나 제조 및 연구개발사업은 그 경비의 총액과 연부액(年賦額)을 정하여 미리 국회의 의결을 얻은 범위 안에서 수년도에 걸쳐서 지출할 수 있음

② 계속비는 당해 연도로부터 5년 이내에 한해 지출할 수 있으며, 다만, 사업규모 및 국가재원 여건을 고려하여 필요하다고 인정하는 경우에는 국회의 의결을 거쳐 예외적으로 10년까지 지출연한을 연장할 수 있음

(6) 국고채무부담행위

① 당해 연도 예산 확보 없이 국가가 채무를 지는 행위를 의미. 즉, 사업이나 공사 등에 대한 계약은 당해 연도에 체결하지만 지출은 다음 연도 이후에 이루어지는 경우에 활용되는 제도. 국고채무부담행위는 국가가 금전 급부 의무를 부담하는 행위로서 그 채무이행의 책임은 다음 연도 이후에 부담됨이 원칙임

   예 2년 이상의 기간으로 대지 또는 건물을 임차하거나 또는 2년 이상이 소요되는 선박 건조를 결정한 경우 장래 국고부담이 예견되는 행위이므로 국고채무부담행위로 보게 됨

② 국가는 법률에 따른 것과 세출예산금액 또는 계속비의 총액의 범위 안의 것 외에 채무를 부담하는 행위를 하는 때에는 미리 예산으로써 국회의 의결을 얻어야 함

③ 국고채무부담행위는 사항마다 그 필요한 이유를 명백히 하고 그 행위를 할 연도 및 상환연도와 채무부담의 금액을 표시해야 함

④ 국가가 채무를 부담할 권한만 부여받은 것이지 지출할 수 있는 권한까지 부여받은 것은 아니므로 지출을 하려면 다시 국회의 의결을 거쳐 예산으로 성립해야 함

(7) **긴급배정**(회계연도 개시 전 배정)

① 외국에서 지급하는 경비

② 선박의 운영·수리 등에 소요되는 경비

③ 교통이나 통신이 불편한 지역에서 지급하는 경비

④ 각 관서에서 필요한 부식물의 매입경비

⑤ 범죄수사 등 특수활동에 소요되는 경비

⑥ 여비

⑦ 경제정책상 조기집행을 필요로 하는 공공사업비

⑧ 재해복구사업에 소요되는 경비

(8) **총액계상 예산**

① 세부 내용을 미리 확정하기 곤란한 사업의 경우 이를 총액으로 예산에 계상하여 편성하는 것

② 총액계상 예산사업의 범위는 기획재정부장관이 정하는 ㉠ 도로 보수 사업, ㉡ 도로 안전 및 환경 개선 사업, ㉢ 항만시설 유지보수 사업, ㉣ 수리시설 개보수 사업, ㉤ 수리부속 지원 사업, ㉥ 문화재 보수 정비 사업, ㉦ 기타 대규모 투자 또는 보조사업이 해당됨

제5절 결산과정

1 결산과정의 의의

(1) 한 회계연도 내에 이루어진 모든 수입과 지출을 확정적 계수로 나타내는 행위

(2) 재정운용의 적법, 타당성을 확인함으로써 재정통제기능과 재정운용분석결과를 통한 환류기능을 수행함

(3) 결산은 사후적인 것으로 결산 심의에서 위법하거나 부당한 지출이 지적되더라도 그 정부활동이 무효가 되거나 취소될 수는 없음. 결산 심사 결과 위법하거나 부당한 사항이 있는 경우에 국회는 본회의 의결 후 정부 또는 해당 기관에 변상 및 징계조치 등 그 시정을 요구하고, 정부 또는 해당 기관은 시정 요구를 받은 사항을 지체 없이 처리하여 그 결과를 국회에 보고하여야 함

확인문제

우리나라의 국고채무부담행위에 대한 설명으로 옳지 않은 것은?
2008, 국가 9급
① 예산총칙, 세입세출예산, 계속비 및 명시이월비와 함께 예산의 한 부분을 구성한다.
② 예산으로써 국회의 의결을 사전에 얻어야 한다.
③ 필요한 이유를 명백히 하고 채무부담의 금액을 표시하여야 한다.
④ 법률에 따른 것과 세출예산금액 또는 계속비의 총액의 범위 이내로 한정한다.

▶ ④ [×] 국가는 법률에 따른 것과 세출예산금액 또는 계속비의 총액의 범위 안의 것 외에 채무를 부담하는 행위를 하는 때에는 미리 예산으로써 국회의 의결을 얻어야 한다.

확인문제

우리나라의 경우 기획재정부장관이 회계연도 개시 전에 예산을 배정할 수 없는 경비는? 2014, 서울 7급
① 과년도 지출
② 외국에서 지급하는 경비
③ 여비
④ 선박의 운영·수리 등에 소요되는 경비
⑤ 각 관서에서 필요한 부식물의 매입경비

▶ ① [×] 과년도 지출은 긴급배정 대상경비가 아니다.

확인문제

우리나라의 결산에 대한 설명으로 옳지 않은 것은? 2018. 국가 9급
① 결산은 한 회계연도의 수입과 지출 실적을 확정적 계수로 표시하는 행위이다.
② 정부는 감사원의 검사를 거친 국가결산보고서를 국회에 제출하여야 한다.
③ 결산은 국회의 심의를 거쳐 국무회의 의결과 대통령의 승인으로 종료된다.
④ 각 중앙관서의 장은 회계연도마다 소관 기금의 결산보고서를 중앙관서결산보고서에 통합하여 작성하여야 한다.

▶ ③ [×] 결산은 국무회의의 의결과 대통령의 승인 후 국회의 심의·의결(결산심사)을 거쳐 종료된다.

2 결산 과정: 정부결산 → 국회 결산 심의

(1) 정부결산 과정

① **중앙관서 결산보고서의 작성 및 제출**: 각 중앙관서의 장은 회계연도마다 작성한 결산보고서를 다음 연도 2월 말일까지 기획재정부장관에게 제출하여야 함

② **국가결산보고서 작성 및 감사원 제출**: 기획재정부장관은 대통령의 승인을 받은 국가결산보고서를 다음 연도 4월 10일까지 감사원에 제출하여야 함

③ **감사원 결산검사**: 감사원은 국가결산보고서를 검사하고 그 보고서를 다음 연도 5월 20일까지 기획재정부장관에게 송부하여야 함

④ **정부의 국가결산보고서 국회제출**: 정부는 감사원의 검사를 거친 국가결산보고서를 다음 연도 5월 31일까지 국회에 제출하여야 함

(2) 국회결산 심의

① 소관 상임위원회 예비심사 → ② 예산결산특별위원회 종합심사 → ③ 본회의 심의·의결

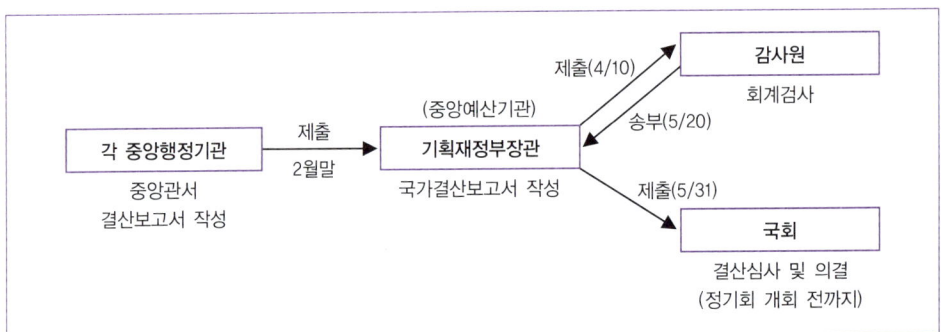

🔹 우리나라 결산과정

CHAPTER 04 정부회계

제1절 정부회계의 개념 및 기능

1 정부회계의 개념

(1) 회계란 조직의 재정활동과 재정상태를 분석, 기록, 요약, 평가, 해석하고 그 결과를 보고하는 행위를 의미

(2) 정부회계는 정부조직의 경제적 사건을 분석·기록·요약·평가·해석하고 그 결과를 보고하는 기술로, 실제 이루어진 정부의 활동과 성과를 사후적으로 기록·평가함으로써 예산편성에 필요한 정보를 환류하는 기능을 수행

2 기장방식에 따른 회계의 구분: 단식부기와 복식부기

(1) 단식부기

① 단식부기의 의의: 단식부기는 거래의 한쪽 측면만을 장부에 기록하는 방법. 단식부기는 주로 현금을 수반하는 거래만을 측정하여 장부에 기입·보고하는 방식. 단식부기에서는 자산이나 부채는 별도의 비망기록으로 유지·관리함

② 단식부기의 장점: 거래의 기록이 용이하며, 누구나 이해하기 쉽고, 관리비용이 저렴

③ 단식부기의 단점
　㉠ 특정 시점에서의 정부의 재정상태에 대한 총괄적이고 체계적인 파악이 곤란
　㉡ 단식부기는 주로 현금을 수반하는 거래만을 측정하여 장부에 기입·보고하는 부기 형태이며, 자산과 부채, 현금 수지 등을 각각의 대장에 독립적으로 기록하기 때문에 장부 간 연계성을 찾기가 어려움
　㉢ 단식부기는 자기검증 기능이 없음. 단식부기는 거래의 한쪽 측면만을 장부에 기록하고 자산이나 부채는 별도의 비망기록으로 유지·관리하기 때문에, 기록과정에서 오류를 확인하기가 어려움

(2) 복식부기

① **복식부기의 의의**: 동일한 거래를 두 가지 측면에서 파악하여 이른바 대변과 차변에 동시에 기록하는 방식. 복식부기는 '자산 = 부채 + 자본'이라는 회계등식에 따라 자산, 자본과 부채의 증감변화를 등식의 양변에 동시에 기록하는 방식

📖 **복식부기 기장 방식: 분개의 원리**

차변	대변
자산의 증가 부채의 감소 자본의 감소 비용의 증가 수익의 감소	자산의 감소 부채의 증가 자본의 증가 비용의 감소 수익의 증가

② **복식부기의 장점**
  ㉠ 복식부기 회계는 대차대조표를 작성하여 자산과 부채를 계정과목 순으로 체계적으로 배열하므로 재정상태에 대한 총체적인 정보를 제공함
  ㉡ 복식부기에서는 장부 간 또는 재무제표 간의 연계성이 뛰어남
  ㉢ 모든 거래를 이중으로 기록하므로 자동적으로 오류를 발견할 수 있는 자기검증기능을 가짐. 즉, 거래가 분개를 통해 차변과 대변에 기입될 때 차변 항목의 합계는 대변 항목의 합계와 항상 일치해야 하는 '대차평형의 원리'에 따라 차변의 합계와 대변의 합계가 일치하는가를 확인함으로써 회계처리의 정확성을 검증할 수 있음

③ **복식부기의 단점**: 회계처리 절차가 복잡하고, 회계 관련 비용의 소요가 많음

> **보충자료**
>
> **회계처리 방식의 예**
>
> **[사례1: 자산의 취득]**
> 정부가 1,000억원의 자금을 투입해 청사 건물을 신축한 경우의 회계처리
> 〈단식부기〉 공사비의 지출은 '시설비 및 부대비'와 같은 세출예산의 집행으로 처리
> 〈복식부기〉 건물이라는 자산의 증가와 자금의 지출이라는 두 가지 측면으로 기록
> [차변] 건물 1,000억(자산 증가)   [대변] 현금 및 현금성 자산 1,000억(자산 감소)
>
> **[사례2: 자산의 처분]**
> 취득가액이 200억원인 토지 잡종재산을 300억원에 매각한 경우 회계처리
> 〈단식부기〉 자산 매각은 '재산매각수입'과 같은 세입과목에 계상
> 〈복식부기〉 당초의 취득가액과 매각차액을 구분해 세 가지 측면으로 기록
> [차변] 현금 및 현금성 자산 300억(자산 증가)   [대변] 토지 200억(자산 감소)
>   고정자산 처분이익 100억(수익 발생)
>
> **[사례3: 자금의 차입]**
> 지방자치단체가 채권을 발행해 500억원의 자금을 조달한 경우 회계처리
> 〈단식부기〉 지방채 발행은 '지방채증권'과 같은 세입 과목에 계상
> 〈복식부기〉 지방채 증권이라는 부채의 증가와 자금의 증가라는 두 가지 측면으로 기록
> [차변] 현금 및 현금성 자산 500억(자산 증가)   [대변] 지방채 증권 500억(부채 증가)

확인문제

정부회계의 기장 방식에 대한 설명으로 옳지 않은 것은?
2018, 국가 9급
① 단식부기는 발생주의 회계와, 복식부기는 현금주의 회계와 서로 밀접한 연계성을 갖는다.
② 단식부기는 현금의 수지와 같이 단일 항목의 증감을 중심으로 기록하는 방식이다.
③ 복식부기에서는 계정 과목 간에 유기적 관련성이 있기 때문에 상호 검증을 통한 부정이나 오류의 발견이 쉽다.
④ 복식부기는 하나의 거래를 대차평균의 원리에 따라 차변과 대변에 동시에 기록하는 방식이다.

▶ ① [×] 단식부기는 현금주의 회계와, 복식부기는 발생주의 회계와 서로 밀접한 연계성을 갖는다.

> **[사례4 : 자금의 상환]**
> 지방자치단체가 만기 도래한 채권을 원금 100억원과 이자 20억원을 상환한 경우 회계처리
> 〈단식부기〉 지방채 상환 및 이자지급은 '차입금 원금' 및 '차입금 이자' 지출로 처리
> 〈복식부기〉 지방채 상환이라는 부채의 감소와 이자 비용 발생, 자금의 감소라는 세 가지 측면으로 기록
> [차변] 지방채 상환 100억(부채 감소)   [대변] 현금 및 현금성 자산 120억(자산 감소)
>   이자비용 20억(비용 발생)

③ 인식기준에 따른 회계의 구분: 현금주의와 발생주의

(1) 현금주의 회계방식

① 현금주의 회계의 의의: 현금의 수납과 지급을 기준으로 수입과 비용을 인식하는 회계방식. 현금주의 회계에서는 현금이 수납되었을 때 수입으로 기록하고, 현금이 지급되었을 때 지출로서 기록함

② 현금주의 회계의 장점
  ㉠ 회계처리가 간단하고 이해하기 쉽기 때문에 예산의 통제기능에 적합함
  ㉡ 회계처리에 추정이 개입되지 않으므로 회계정보의 객관성을 확보할 수 있음
  ㉢ 복잡한 회계기술이 필요하지 않기 때문에 회계처리에 비용이 거의 소요되지 않음
  ㉣ 현금 유·출입을 기준으로 수입과 지출을 기록하고 이를 기초로 예산 잔액을 확인할 수 있기 때문에 정부 각 부처의 예산한도 준수 여부를 쉽게 파악할 수 있음

③ 현금주의 회계의 한계
  ㉠ 정부의 재정상태 파악 곤란: 현금주의 회계에서는 자산과 부채를 인식할 수 있는 대차대조표가 없으며 오직 현금잔고의 개념만이 있기 때문에 정부의 재정상태를 정확하게 파악하기 어려움
  ㉡ 비용 산정의 어려움: 현금주의 회계는 성과평가를 위해 필요한 비용에 대한 정확한 정보를 제공하지 못함. 또한 자산과 부채에 대한 정확한 정보가 부족할 뿐만 아니라 감가상각 등 자본의 기회비용을 인식하지 않기 때문에 정부활동에 소요되는 전체적인 비용을 파악하기 어려움
  ㉢ 비효율적인 자산관리: 현금에만 초점을 맞추기 때문에 현금 사용에 대해서만 책임을 물을뿐, 자산과 부채의 관리에 대한 책임에 대해서는 무감각하기 때문에 정부의 자산관리가 비효율적으로 이루어질 위험성이 있음
  ㉣ 회계 조작 가능성: 현금주의 회계는 현금의 유·출입 시기를 조정함으로써 회계를 조작할 가능성이 있음. 예를 들어 현금 지급 시기를 다음 회계연도로 미룸으로써 재정적자가 실제보다 적게 나타나 보이도록 할 수 있음

(2) 발생주의 회계방식

① **발생주의 회계의 의의**: 현금의 유·출입과는 무관하게 거래 혹은 경제적 사건이 발생했을 때를 기준으로 수익과 비용을 인식하는 회계방식. 발생주의 회계에서는 소득을 얻게 되었을 때 수익으로 인식하며, 자원이 소비되었거나 부채가 발생할 경우 이를 비용으로 인식함

② **발생주의 회계의 특징**
   ㉠ 발생주의 회계에서는 자본적 지출의 경우 지출이 이루어진 당해 연도에 지급된 현금을 모두 비용으로 인식하는 것이 아니라 자산의 수명 동안 감가상각(depreciation) 형태로 매년 비용으로 인식함
   ㉡ 공무원 연금의 인식에 있어서 현금주의와 차이가 있음. 공무원 연금은 공무원이 퇴직한 이후에야 실질적으로 지급되므로 현금주의 회계에서는 연금 관련 비용을 공무원이 실제 퇴직하고 연금을 수령할 때까지 비용으로 인식하지 않는 반면, 발생주의 회계에서는 앞으로 정부가 공무원들에게 지급해주어야 하는 연금에 해당하는 규모의 부채가 증가하는 것이므로 이러한 부채가 매년 비용으로 인식되어 기록됨
   ㉢ 발생주의는 자본사용료(capital charge)의 인식에 있어서 현금주의와 차이가 있음. 자본사용료란 투자된 자본에 부과되는 이자라고 할 수 있는데, 이를 통해 자본의 기회비용을 반영하고자 하는 것으로 자산의 효율적인 사용을 유도할 수 있음

③ **발생주의 회계의 장점**
   ㉠ **자산관리의 효율화**: 발생주의 회계에서는 경제적 사건이 발생한 시점을 기준으로 비용을 인식하기 때문에 정부의 재정상태를 보다 정확하고 투명하게 보여주며, 정부 자산에 대한 보다 체계적인 관리시스템을 갖추게 되고, 정부 부채관리의 효율화가 이루어질 수 있음
   ㉡ **장기적인 시각에서의 재정운용 유도**: 발생주의 회계는 현금거래뿐만 아니라 현금거래를 수반하지 않는 경제적 사건까지도 비용으로 인식함으로써 현시점의 거래가 갖는 미래에 대한 영향을 제대로 판별해 낼 수 있음
   ㉢ **성과지향적 예산제도의 정착에 기여**: 정부활동에 소요되는 비용의 정확한 파악이 가능. 발생주의 회계에서는 감가상각과 자본의 기회비용 등 비화폐비용도 비용으로 포함시킴으로써 정부활동의 총체적인 경제적 비용을 측정할 수 있음

④ **발생주의 회계의 문제점**
   ㉠ **복잡한 회계처리**: 발생주의 회계는 회계처리가 어렵고 복잡하여 상당한 관리비용이 발생할 수 있음
   ㉡ **예산운용에 대한 통제 약화**: 발생주의 회계의 복잡성으로 인해 입법부가 행정부의 예산 운용을 통제하기 어렵고 행정부의 책무성도 저하될 위험성이 있음
   ㉢ **재정운영의 책무성 확보 미약**: 발생주의 회계에서는 수입과 비용의 계산에 있어서 항상 추정이 개입될 수밖에 없기 때문에 회계정보의 객관성이 저해될 수 있으며, 예산운용에 대한 통제가 더 느슨해질 가능성이 높음
   ㉣ **회계의 조작 가능성**: 발생주의 회계에서는 회계조작이 보다 내밀하게 그리고 광범위하게 이루어질 수 있음(현금주의 회계에서 이루어지는 회계조작에 비해 발견하기 어려움)
   ㉤ 현금흐름 파악 곤란

확인문제

다음 괄호 안에 들어갈 내용으로 바르게 짝지어진 것은? 2014. 지방 9급

> 정부회계의 '발생주의'는 정부의 수입을 ( ) 시점으로, 정부의 지출을 ( ) 시점으로 계산하는 방식을 의미한다.

	㉠	㉡
①	현금수취	현금지불
②	현금수취	지출원인행위
③	납세고지	현금지불
④	납세고지	지출원인행위

▶ ④ 발생주의는 현금의 유입 및 유출과 관계없이 수익과 비용이 발생한 시점에 거래를 인식하는 방식으로, 정부의 수입은 ㉠ 납세 고지 시점에, 정부의 지출은 ㉡ 지출원인 행위의 시점에 인식하게 된다.

확인문제

다음 중 발생주의 회계에 대한 설명이 아닌 것은? 2014. 군무원 9급
① 오류 발견과 자기검증기능이 있다.
② 자산이나 부채를 정확하게 인식한다.
③ 미수수익이나 미지급비용이 자산이나 부채로 인식된다.
④ 회계처리과정에서 주관이 개입되지 않는다.

▶ ④ [×] 발생주의는 자산 평가나 감가상각 시 회계공무원의 주관이 개입되므로 현금주의에 비하여 회계처리의 객관성이 부족하다.

제2절 결산보고서와 재무제표

1 결산보고서 작성

중앙관서 결산보고서와 이를 통합한 국가결산보고서는 「국가회계법」 제14조에 의해 ① 결산개요, ② 세입세출결산, ③ 재무제표, ④ 성과보고서로 구성됨. 세입세출결산은 현금주의 기준에 의한 결산이며, 재무제표는 발생주의 기준을 적용한 결산임

2 정부 재무제표의 종류

(1) 재정상태표
① 재정상태표는 기업의 대차대조표에 해당하는 것으로, 재정상태일(해당 연도의 12월 31일) 현재의 자산과 부채 및 순자산으로 구성됨
② 재정상태표는 자산 총계에서 부채 총계를 차감한 잔액을 순자산(net asset)으로 표시함
③ 재정상태표는 통상 2개 연도치를 비교하는 형식으로 작성되므로 매 결산보고서에 전년도와 현년도의 재정상태표일을 기준으로 작성된 재정상태표가 비교 형식으로 표시됨

(2) 재정운영표
① 회계연도 동안 수행한 정책 또는 사업의 원가와 재정 운영에 따른 원가의 회수명세 등을 포함한 재정 운영 결과(수익-비용)를 나타내는 재무제표로 기업의 손익계산서와 유사함
② 재정운영표는 당해 연도에 거둬들인 조세수입 등의 수익에서 행정서비스 제공 등을 위해 발생한 인건비, 운영비 등의 비용을 차감한 내역을 보여주는 보고서로 성과평가와 관련한 유익한 정보를 제공해주며, 이를 통해 조직운영의 효율성 파악이 가능함

(3) 순자산변동표: 회계연도 기간 동안 순자산의 증감 내역을 보여주는 재무제표로, 재정운영에 따른 재정운영 결과 및 기타 순자산의 변동을 포함

(4) 현금흐름표: 회계연도 동안의 현금의 유입 및 유출 내역을 나타내는 재무제표

확인문제

중앙정부 결산보고서상의 재무제표로 옳은 것은? 2022, 국가 9급
① 손익계산서, 순자산변동표, 현금흐름표
② 대차대조표, 재정운영보고서, 이익잉여금처분계산서
③ 재정상태표, 재정운영표, 순자산변동표, 현금흐름표
④ 재정상태보고서, 순자산변동표, 현금흐름보고서

▶ ③ [O] 중앙정부 결산보고서상 재무제표는 재정상태표, 재정운영표, 순자산변동표, 현금흐름표로 구성된다(국가회계법 제14조).

정부회계의 결산보고서 체계

구분	보고실체	결산보고서	재무제표

중앙정부	• 중앙관서
	• 기금관리 주체
	• 국가
		① 결산개요
		② 세입세출결산
		   (기금: 수입 및 지출 결산)
		③ 재무제표
		④ 성과보고서
			① 재정상태표
			② 재정운영표
			③ 순자산변동표
			④ 현금흐름표
			   재무제표 주석 포함

			<부속서류> ① 필수보충 정보 ② 부속명세서
지방정부	• 지방자치단체	① 결산개요 ② 세입세출결산 ③ 재무제표 ④ 성과보고서	① 재정상태표 ② 재정운영표 ③ 순자산변동표 ④ (현금흐름표) 재무제표 주석 포함 ▶ 지방자치단체 회계기준에 관한 규칙
			<부속서류> ① 필수보충 정보 ② 부속명세서

제3절 회계검사

1 회계검사의 의의

(1) 정부기관이 그 활동으로 인해 발생한 재정활동의 결과 및 회계기록을 독립된 기관이 체계적으로 검토해 그 내용에 대한 비판적 의견을 제시하는 것

(2) 예산집행의 합법성과 타당성 여부를 비판적으로 검토하는 활동

2 전통적 회계검사와 새로운 회계검사 비교

(1) **전통적 회계검사**: 전통적인 회계검사는 예산집행과정에서 관계 법령과 규정을 준수했는가를 검토하고 오류와 부정을 적발해 시정하는 기능에 중점을 두는 것으로 합법성 위주의 통제 지향적 검사로서 소극적인 성격의 회계검사임. 합법성 위주의 회계검사는 정부 예산 지출의 능률성과 정부사업의 성과를 판단하는 데에는 한계를 지닌다는 비판을 받고 있음

(2) **새로운 회계검사의 흐름**: 성과감사(performance audit)

전통적 감사는 피감기관이 제공한 재무관련 정보가 정확한지를 검토하고 합법적으로 예산운용이 되었는지를 점검하는 데 초점을 맞추고 있는 데 반해, 성과감사는 예산운용의 효율성과 효과성에 대한 판단을 내린다는 점에서 근본적인 차이가 있음

전통적 회계검사와 새로운 회계검사 비교

항목	전통적 회계검사	새로운 회계검사
회계검사의 기준	합법성	경제성, 능률성, 효과성
회계검사의 대상	회계감사	업무감사, 정책감사
책임성의 확보	회계책임	관리책임, 사업·정책 책임
회계검사의 기능	적발 기능, 비판 기능	지도 기능, 환류 기능

3 우리나라 회계검사 기관

(1) **감사원의 지위**: 대통령 소속하의 헌법기관으로 직무상으로는 독립된 지위를 가지는 합의제 행정기관

(2) **감사원의 구성**

① 감사위원회: 감사원장을 포함한 7명의 감사위원으로 구성

감사원장	임기 4년, 국회 동의를 얻어 대통령이 임명
감사위원	임기 4년, 감사원장 제청으로 대통령이 임명

② 사무처: 감사원장의 지휘·감독하에 회계검사, 감찰, 심사결정 및 감사원에 관한 행정사무를 처리함

(3) **감사원의 기능**

① 결산확인
  ㉠ 감사원은 회계검사의 결과에 따라 국가의 세입·세출의 결산을 확인함
  ㉡ 감사원은 세입·세출의 결산을 매년 검사하여 대통령과 차년도 국회에 그 결과를 보고하여야 함

② 국가 및 법률이 정한 단체의 회계검사

필요적 검사사항	㉠ 국가의 회계 ㉡ 지방자치단체의 회계 ㉢ 한국은행의 회계와 국가 또는 지방자치단체가 자본금의 2분의 1 이상을 출자한 법인의 회계 ㉣ 다른 법률에 따라 감사원의 회계검사를 받도록 규정된 단체 등의 회계
선택적 검사사항	감사원은 필요하다고 인정하거나 국무총리의 요구가 있는 경우에는 일정 요건을 갖춘 기관의 회계에 대해 검사할 수 있음

③ 공무원의 직무감찰
　㉠ 「정부조직법」 및 그 밖의 법률에 따라 설치된 행정기관의 사무와 그에 소속한 공무원의 직무
　㉡ 지방자치단체의 사무와 그에 소속한 지방공무원의 직무
　㉢ 한국은행과 국가 또는 지방자치단체가 자본금의 2분의 1 이상 출자한 법인의 사무와 그에 소속한 임원 및 감사원의 검사대상이 되는 회계사무와 직접 또는 간접으로 관련이 있는 직원의 직무
　㉣ 법령에 따라 국가 또는 지방자치단체가 위탁하거나 대행하게 한 사무와 그 밖의 법령에 따라 공무원의 신분을 가지거나 공무원에 준하는 자의 직무

보충자료

감사원은 국회·법원 및 헌법재판소에 소속한 공무원에 대해서는 감찰할 수 없으며, 국무총리로부터 국가기밀에 속한다는 소명이 있는 사항이나 국방부장관으로부터 군기밀이거나 작전상 지장이 있다는 소명이 있는 사항은 직무감찰 대상에서 제외됨

(4) **감사결과의 처리 및 보고**
① 감사원은 감사 결과 위법 또는 부당하다고 인정되는 사실이 있을 때에는 감사위원회의 의결을 거쳐 관계기관에 필요한 조치를 취하도록 처분을 요구할 수 있음(변상책임에 대한 판정, 징계요구, 시정·주의 요구, 개선요구, 고발 등)
② 직접적인 징계권을 갖는 것은 아님
③ 감사원은 결산검사보고를 하며, 그 외에 감사 결과 중요하다고 인정되는 사항에 관하여 대통령에게 보고함

CHAPTER 05 예산결정 이론

제1절 총체주의(합리모형)

1 총체주의(합리주의) 이론의 의의

(1) 합리적 선택모형에 입각한 예산결정이론으로 인간의 완전한 합리성을 가정

(2) 예산 과정 측면에서는 합리적·분석적 의사결정 단계를 거쳐서 결정하는 것을 의미하며, 결과 측면에서는 자원배분의 최적화를 통한 사회후생의 극대화(파레토 최적상태)를 추구

(3) 관련 제도: 계획예산제도(PPBS), 영기준예산제도(ZBB) 등

2 총체주의 이론의 주요 내용 및 특징

(1) **목표의 명시적 정의**: 총체주의는 목표를 명확히 정의할 수 있고, 따라서 목표달성을 극대화할 수 있는 수단을 강구할 수 있다고 가정

(2) **목표-수단 분석과 이론 모형의 중시**: 총체주의 이론에서는 목표-수단 관계를 경험적 맥락에서 파악하고, 그 형식적인 구조인 인과관계를 중요시하며, 이론과 모형을 강조함

(3) **계량적 분석기법 활용**: 정해진 목표를 달성하기 위해 수많은 대안을 고려하고, 대안의 선정 기준으로는 순현재가치, 비용편익비율 등과 같은 분석적 기준이 많이 사용됨

3 총체주의(합리주의) 이론의 한계

(1) **비현실적 가정**: 총체주의는 완전한 지식과 정보를 가정하지만, 실제 예산결정을 하는 데에는 인간의 인지능력의 한계, 결정 비용의 과다, 상황의 불확실성 등의 제약조건이 존재함. 따라서 모든 대안의 탐색과 정확한 결과의 예측 등은 현실적으로 불가능하다고 볼 수 있음

(2) **결정비용 과다**: 총체주의는 대안 탐색과 분석을 위한 활동이 강조되는데, 이러한 활동을 수행하는 데는 많은 비용과 시간, 기술이 요구됨

(3) **현실 적용상의 한계**: 목표에 대한 사회적 합의 도출이 없을 경우, 예산 담당관이 보수적 성향을 가지는 경우에는 적용 곤란

확인문제

총체주의 예산이론에 대한 설명 중 옳지 않은 것은? 2017, 사복직 9급
① 계획예산제도(PPBS)와 영기준예산제도(ZBB)는 대표적 총체주의 예산제도이다.
② 정치적 타협과 상호 조절을 통해 최적의 예산을 추구한다.
③ 예산의 목표와 목표 간 우선순위를 명확하게 설정한다.
④ 합리적 분석을 통해 비효율적 예산 배분을 지양한다.

▶ ② [×] 총체주의(합리주의) 예산이론은 인간의 완전한 합리성을 가정하는 경제적 합리성에 입각한 예산결정으로 계량모형을 통해 최적의 해결방안을 모색하려는 접근방식이다. 정치적 타협과 상호 조절 등 정치적 성격을 고려한 예산결정 방식은 점증모형이다.

제2절 점증주의(점증모형)

1 점증주의 이론의 의의

(1) 결정자의 인지능력의 한계(제한된 합리성)를 전제로 전년도 예산액을 기준으로 다음 연도의 예산을 결정하는 모형

(2) 이해당사자들 간의 갈등을 완화·해결하려는 정치적 협상, 상호적응을 강조하는 정치적 합리성에 입각한 접근방식

2 점증주의 이론의 주요 내용

(1) **소폭적 변화**: 예산의 결정은 전년도 예산을 기준으로 하여 약간씩 증감하는 방식으로 이루어진다고 주장함

(2) **제한된 합리성(bounded rationality) 가정**: 윌다브스키(A. Wildavsky)는 제한된 합리성을 전제로 전년도 예산이 금년도 예산의 규모와 내용을 결정한다고 보았음

(3) **제한적 분석과 합의**: 점증주의는 인간의 인식능력의 한계를 가정하기 때문에 과거의 결정, 계속적·분할적 결정을 중시하고 현실적으로도 결정이 점증적으로 이루어진다고 주장함

(4) **'정치'로서의 예산 강조**: 린드블롬과 윌다브스키 등은 현실에서의 정책 또는 예산이 점증적으로 결정될 뿐만 아니라, 점증적으로 결정되는 것이 바람직하다고 주장함으로써 점증주의의 규범성을 강조함. 실제로 점증주의는 정치적 다원론을 전제로 한 처방적 전략이라고 할 수 있음

3 점증주의 이론의 장점

(1) 협상과 타협의 과정을 통해 이해관계의 갈등을 조정하고 합의를 형성하는 데 유리함

(2) 결정비용 감소

(3) 예산결정에서 중요한 정치적 가치를 고려할 수 있음

4 점증주의 이론의 한계

(1) 쇄신성의 부족(보수적·현상유지적 성향)

(2) 기득권 세력을 옹호하고 자원배분의 불공평 초래

(3) **산출 결과로서 점증성의 해석 문제**: 어느 정도를 점증적이라고 볼 것인가의 문제가 있음

(4) **이론적 설명의 결여**: 실제로 예산 산출 결과가 비점증적인 경우도 많이 있음

> 예 미국의 한국전쟁 시 미군 파병이나 케네디 대통령의 혁신적인 우주개발 정책 등은 비점증적 결정으로서 점증주의 이론으로 설명하기 곤란함. 또한 1970년대 후반 이후 자원난 시대에 등장하고 레이건 행정부가 재정적자를 축소하기 위해 채택한 거시적(하향적) 예산결정에 대해서도 제대로 설명하기 어려움

총체주의와 점증주의 비교

기준	총체주의	점증주의
초점	어떻게 예산상의 이득을 극대화할 것인가	예산상의 이득을 누가 얼마만큼 향유하는가
기준	경제적 합리성: 효율성	정치적 합리성: 형평성, 정당성
방법	분석적 기법	정치과정: 협상, 타협
행태	사회후생의 극대화	몫(득표)의 극대화
사업목표	명확하게 정의	모호하게 정의
고려되는 대안의 수	총체적인 대안의 검토	극히 일부의 대안만 검토
전년도 예산의 구속 정도	전년도 예산에 구속되지 않음	전년도 예산에 구속되어 전년도 예산에서 한계적 변화 추구
분석대상 사업	계속사업과 신규사업 모두 포함	계속사업은 제외, 신규사업만 포함
결과	신규사업과 계속사업의 대폭적이고 체계적인 변화	전년도 예산의 소폭적인 변화
대표적인 예산제도	PPBS, ZBB	LIBS, PBS

확인문제

점증주의적 예산결정에 대한 설명으로 옳지 않은 것은?
2017, 지방 9급
① 현상유지(status quo)적 결정에 치우칠 수 있다.
② 자원이 부족한 경우 소수 기득권층의 이해를 먼저 반영하게 되어 사회적 불평등을 야기할 우려가 있다.
③ 다수의 참여자들 간 고리형의 상호작용을 통한 합의를 중시하는 합리주의와는 달리 선형적 과정을 중시한다.
④ 긴축재정 시의 예산행태를 잘 설명해주지 못한다.

▶ ③ [×] 점증주의적 예산결정 모형은 선형적 과정을 중시하는 합리주의와는 달리 다수의 참여자들 간에 고리형의 상호작용을 통한 합의를 중시한다.

확인문제

점증주의 예산결정이론의 특성이 아닌 것은? 2016, 지방 9급
① 현실설명력은 높지만 본질적인 문제해결방식이 아니며 보수적이다.
② 정책과정상의 갈등을 완화하고 해결하는 데 필요한 정치적 합리성을 갖는다.
③ 계획예산제도(PPBS)와 영기준예산제도(ZBB)는 점증주의 접근을 적용한 대표적 사례이다.
④ 자원이 부족한 경우 소수 기득권층의 이해를 먼저 반영하게 되어 사회적 불평등을 야기할 우려가 있다.

▶ ③ [×] 계획예산제도와 영기준예산제도는 합리모형(총체주의 접근)을 적용한 예산제도이다. 점증모형에 입각한 예산제도는 품목별 예산제도와 성과주의 예산제도이다.

제3절 기타 예산결정 이론

1 공공부문의 희소성과 예산결정 형태(A. Schick)

(1) **의의**: 쉬크(A. Schick)는 정부가 직면하는 희소성의 정도에는 차이가 있으며, 이러한 차이가 정부 예산과정에 반영된다고 보고, 네 가지 희소성 유형과 그에 따른 예산결정 체제를 설명하였음

(2) **자원의 희소성과 예산의 관계**

구분	상황	예산결정의 특징
완화된 희소성	• 진행 중인 모든 사업의 비용 및 주요 사업을 새로이 추진할 충분한 자원이 존재하는 경우 • 공공자원의 제약 상태가 최소인 상황	• 사업개발 · 계획 기능에 중점 • 다년도 예산편성의 특성 • PPBS 도입과 관련
만성적 희소성	• 대부분의 정부에서 볼 수 있는 일상적 예산부족 상태 • 계속사업 지속은 가능하지만 신규사업을 새롭게 추진할 자원이 부족한 상태	• 지출통제보다는 관리의 개선 및 관리효율성에 초점 • 신규사업 분석과 평가 미흡 • 완화된 희소성에서 만성적 희소성으로 진행은 쉽지만, 반대의 상황은 어려움
급성 희소성	• 이용 가능한 자원이 현존사업의 점증적 증가분을 충당하지 못하는 상황 • 지역경제가 취약한 지방정부에서 발생	• 예산 삭감 전략에 의해 수요가 억제됨 • 장기적 기획보다 단기적 예산편성의 즉흥성이 발생 • 단기적 · 임기응변적 예산, 양입제출적 예산(세입예산)
총체적 희소성	• 가용자원이 정부의 계속사업을 지속할 만큼 충분하지 못한 상황(현존사업의 현재 수준 지속도 어려운 상태) • 정부가 매우 빈곤하거나, 서비스 수요가 극히 높은 경우(저개발 국가)	• 회피적 예산편성, 반복예산(답습예산) • 실질은 무시되고 장부상의 균형만 추구하는 겉치레 예산

2 윌다브스키(A. Wildavsky)의 예산결정문화론

(1) **의의**: 윌다브스키(A. Wildavsky)는 부의 정도(경제력)와 재원의 예측성 정도에 따라 예산형태를 분류함

(2) **예산유형 분류**

① **점증적 예산**: 경제력이 크고 예측가능성이 높기 때문에 예산의 결정이 과거의 지출 수준에 의거하여 작은 변화만을 추구함

② **양입제출 예산(세입예산)**: 경제력은 작지만 예측가능성이 높은 경우, 예산의 세입 능력을 초과할 수 없기 때문에 통제에 치중하는 예산결정을 하게 됨

③ **보충적 예산**: 경제력은 높지만 행정능력이 낮아 재정의 예측가능성이 떨어지는 경우, 반복예산과 점증예산이 교체적으로 나타날 수 있음

④ **반복적 예산**: 경제력이 낮고 예측가능성도 낮은 경우. 경제력이 낮으므로 재원의 고갈을 방지하기 위해 예산의 급격한 변화를 추구하지 못하며, 낮은 예측가능성으로 인해 기존 사업을 그대로 유지하는 예산결정을 하게 됨

윌다브스키(A. Wildavsky)의 예산결정문화론

구분		경제력	
		큼	작음
재정의 예측가능성	높음	• 점증(incrementalism) 예산 • 선진국(미국 연방정부)	• 세입(revenue) 예산 • 선진국 도시정부(미국 도시정부)
	낮음	• 보충적(supplement) 예산 • 행정능력이 낮은 후진국, 정치적으로 불안정하지만 경제력이 높은 국가	• 반복적(repetitive) 예산 • 후진국

③ 단절균형 이론 (Baumgartner & Jones)

(1) **단절적 균형이론의 주요 내용**

① 단절적 균형이론은 장기간에 걸친 예산의 변화, 즉 상당 기간 동안의 점증적 변화와 단기간의 급격한 변화를 설명

② 예산재원의 배분형태가 항상 일정하게 유지되는 것이 아니라 특정 사건이나 상황에 따라 균형 상태에서 급격한 변화가 발생하는 단절 현상이 발생하고, 이후 다시 균형 상태를 지속한다는 이론

(2) **단절적 균형이론의 한계**: 단절적 균형이론은 사후적인 분석으로는 적절하지만 단절균형이 발생할 수 있는 시점을 예측하기 어렵기 때문에 미래지향성 측면에서는 한계가 있음. 즉, 단절적 균형의 논리는 이미 발생한 사건을 설명하는 데는 유용하지만 안정적인 경로에서 이러한 단절의 발생을 예측하는 데는 유용하지 않음

확인문제

예산 관련 모형에 관한 설명으로 옳은 것은? 2017, 지방교행 9급
① 점증주의모형을 적용한 대표적인 예산제도에는 영기준예산제도가 있다.
② 단절균형모형은 예산의 단절균형 발생 시점을 예측할 수 있기 때문에 미래지향성을 지닌다.
③ 예산극대화모형은 관료들이 사회적 효용의 극대화를 위해 소속 부서의 예산을 증가시키려는 현상을 설명한다.
④ 합리주의모형은 대안의 선정 시에 순현재가치, 내부수익률, 비용편익비율 등과 같은 분석 기준을 주로 사용한다.

▶ ④ [○]
① [×] 점증주의 모형을 적용한 대표적인 예산제도는 품목별 예산제도, 성과주의 예산제도이다. 영기준 예산제도는 합리주의 모형을 적용한 예산제도이다.
② [×] 단절균형이론은 사후적인 분석으로는 적절하지만 단절균형이 발생할 수 있는 시점을 예측하기 어렵기 때문에 미래지향성 측면에서는 한계가 있다.
③ [×] 니스카넨의 예산극대화 모형은 사익극대화를 추구하는 관료들이 소속 부서의 예산을 증가시키려는 현상을 설명한다.

확인문제

예산결정이론에 대한 설명으로 옳은 것은? 2019, 지방 7급
① 다중합리성모형은 정부 예산의 성공을 위해서는 예산 과정 각 단계에서 예산 활동 및 행태를 구분해야 함을 강조한다.
② 단절균형모형을 따르는 예산결정자는 사후후생을 고려하지 않고 최악을 피하는 전략을 사용한다.
③ 예산 결정에서 기존 사업에 대한 당위적 예산 배분을 제어할 수 있다는 점은 점증모형의 유용성이다.
④ 합리모형은 예산상의 편익을 극대화하기 위한 결정방식이지만 규범적 성격은 약하다.

▶ ① [○]
② [×] 사후후생을 고려하지 않고 최악을 피하는 전략을 사용하는 것은 점증주의에 따른 전략이다. 단절균형모형은 바움가트너와 존스가 주장한 모형으로 예산 변화에서 소폭적인 변화와 급격하고 대폭적인 변화를 동시에 설명하는 이론이다.
③ [×] 기존 사업에 대한 당위적 예산 배분을 제어할 수 없다는 점은 점증모형의 한계이다.
④ [×] 합리모형은 예산상의 편익을 극대화하기 위한 결정방식으로 이상적·규범적 성격이 강하다.

확인문제

서메이어(K. Thumaier)와 윌로비(K. Willoughby)의 예산 운영의 다중합리성 모형에 대한 설명으로 가장 옳은 것은? 2019, 서울 7급
① 정부예산의 결과론적 접근방법에 근거한다.
② 미시적 수준의 예산상의 의사결정을 설명하고 탐구한다.
③ 정부 예산의 성공을 위해서는 예산과정 각 단계에서 예산활동과 행태를 구분해서는 안 된다고 주장하였다.
④ 예산과정과 정책과정 간의 연계점의 인식틀을 제시하기 위해 킹던(J. W. Kingdon)의 정책결정모형과 그린과 톰슨(Green & Thompson)의 조직과정 모형을 통합하고자 하였다.

▶ ② [○]
①, ③ [×] 다중합리성 모형은 정부 예산의 과정을 중심으로 접근하는 이론으로, 정부 예산의 성공을 위해서는 예산 과정 각 단계에서 예산 활동 및 행태를 구분해야 함을 강조했다.
④ [×] 다중합리성 모형은 예산 과정과 정책 과정 간의 연계점의 인식 틀을 제시하기 위해 킹던(J. W. Kingdon)의 정책결정 모형과 루빈(Irene S. Rubin)의 실시간 예산운영 모형을 통합하고자 한다.

4 다중합리성 모형(multiple rationalities theory)

(1) **다중합리성 모형의 의의**: 서메이어(K. Thumaier)와 윌로비(K. Willoughby)는 미국 주정부 중앙예산실의 예산분석가들을 인터뷰한 연구 결과를 토대로 예산을 결정하는 결정자 또는 예산을 결정하는 조직은 다양한 합리성(정치적 합리성, 법적 합리성, 사회적 합리성, 경제적 합리성, 기술적 합리성 등)에 근거한 목적들을 추구하여 예산에 관련된 결정을 한다고 보았음

(2) **다중합리성 모형의 특징**

① 정부 예산의 과정적 접근: 정부예산의 성공을 위해서는 예산 과정 각 단계에서 예산활동 및 행태를 구분해야 함을 강조

② 미시적 수준의 예산상의 의사결정을 설명: 구체적으로 "각 예산주기 간의 관계, 정보의 흐름, 예산상의 역할, 최종 지출계획을 결정하는 개인의 선택"을 이해하고자 하는 것으로, 이를 위해 예산 운영의 과정 모형을 몇 가지 정책결정 이론으로부터 원용하고 개인의 예산결정 전략에 관한 연구와 결합시킴으로써 설명하고자 함

③ 예산 과정에서의 합리성이 경제적 합리성뿐만 아니라 정치·사회·법적 측면에서 다양한 합리성 기준이 존재하며, 예산과정에 영향을 미친다고 주장

④ 예산 과정과 정책 과정 간의 연계점의 인식 틀을 제시하기 위해 킹던(J. W. Kingdon)의 정책결정 모형과 루빈(Irene S. Rubin)의 실시간 예산운영 모형을 통합하고자 하였음

5 루빈(Rubin)의 실시간 예산운영(Real Time Budgeting) 모형

(1) **실시간 예산운영 모형의 주요 내용**

① 루빈은 예산과정을 서로 성질이 다르지만, 서로 연결이 된 세입, 세출, 균형, 집행, 과정의 다섯 가지 의사결정흐름이 통합되면서 초래되는 의사결정으로 설명함. 실시간(real time)이란 한 결정의 흐름에서 이뤄지는 결정이 다른 결정의 흐름 및 환경으로부터 오는 정보와 결정에 계속적으로 적응하는 것을 의미함

② 루빈의 모형에 의하면 예산운영은 경제적·정치적 환경에 개방되어 있으며, 변화하는 외부 요인에 대처할 수 있어야 함. 또한 다양한 목표와 의제, 그리고 자원을 가진 여러 행위자들이 다양하게 존재하기 때문에 예산운영은 변화하는 환경에 융통성과 적응력을 가질 필요가 있음. 이러한 융통성은 "느슨하게 연계된 다섯 개의 의사결정 흐름과 그와 관련된 의사결정자들, 각각의 예산운영의 정치"가 통합되는 의사결정 구조에 의해 생겨남

③ 다섯 개의 흐름은 핵심 정보가 서로 연계되기 때문에 준독립적이지만 상호의존적임

(2) 의사결정 흐름별 예산과정의 정치적 특징

흐름	개념	정치적 특징
세입 흐름에서 의사결정	• 누가, 얼마만큼 부담할 것인가에 관한 의사결정 • 조세와 조세정책의 변동을 통해 세입원의 제약조건을 변경할 것인지, 변경한다면 어떻게 할 것인지에 관한 결정	설득의 정치
세출 흐름에서 의사결정	• 누구에게 배분할 것인가에 관한 의사결정으로, 예산 획득을 위한 경쟁과 예산의 배분에 관한 의사결정	선택의 정치
예산 균형 흐름에서 의사결정	• 예산 균형을 어떻게 정의할 것인지, 균형을 이룰 필요가 있는지, 어떻게 달성할 것인지에 관한 의사결정 • 정부의 범위 및 역할에 대한 결정과 관련됨 예 복지 프로그램 개혁과 관련된 논쟁	제약조건의 정치
예산 집행 흐름에서 의사결정	• 예산계획에 따른 집행과 수정 및 일탈의 허용 범위에 관한 것으로, 기술적 성격이 강함	책임성의 정치
예산 과정 흐름에서 의사결정	• 누가(개인 또는 집단) 참여하는가에 따라 예산 결과에 영향을 미침 • 행정부와 입법부 간, 납세자인 시민과 예산결정자인 정부관료 간의 예산배분 결정 권한의 균형에 관한 문제	누가 예산을 결정하는가의 정치

확인문제

루빈(Rubin)의 '실시간 예산운영(Real Time Budgeting)' 모형에 대한 설명으로 옳지 않은 것은?
2016, 지방 7급

① 세입 흐름에서 의사결정: '누가 얼마만큼 부담할 것인가'에 관한 의사결정으로 의사결정의 흐름 속에는 설득의 정치가 내재해 있다.
② 세출 흐름에서 의사결정: '누구에게 분배할 것인가'에 관한 의사결정으로서 선택의 장치로 특정지어지며 참여자들은 지출의 우선순위가 재조정되기를 바라거나 현재의 우선수위를 고수하려고 노력한다.
③ 예산 균형 흐름에서 의사결정: '예산 균형을 어떻게 정의할 것인가'에 관한 의사결정으로 제약조건의 정치라는 성격을 지니며 예산균형의 결정은 근본적으로 정부의 범위 및 역할에 대한 결정과 연계되어 있다.
④ 예산 과정 흐름에서 의사결정: '계획된 대로 수행할 수 있는가'에 대한 의사결정으로 기술적 성격이 강하고 책임성의 정치라는 특성을 지니며 예산계획에 따른 집행과 수정 및 일탈의 허용 범위에 대한 문제가 중요하다.

▶ ④ [×] 예산 집행 흐름에서 의사결정의 특징에 해당한다. 예산 과정 흐름에서 의사결정은 어떻게 예산을 결정하는가, 누가 예산을 결정하는가의 정치다.

CHAPTER 06 예산제도와 재정개혁

제1절 예산기능과 예산제도

1 예산기능과 예산제도 변화

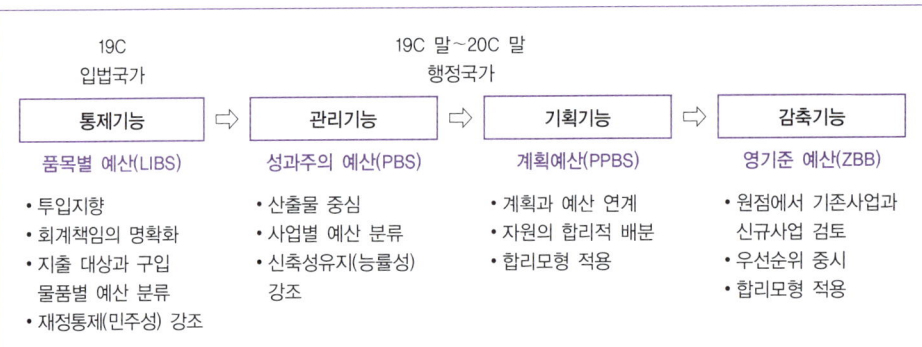

예산제도	특징	지향	기획 책임	특징
품목별 예산 (LIBS)	• 지출대상과 구입물품별 예산 분류	통제지향	분산적	• 투입 중심 • 회계책임 명확화 • 지출통제와 책무성 확보 용이
성과주의 예산 (PBS)	• 기능 → 사업 → 활동으로 사업 분류 • 사업예산 = 단위원가 × 업무량	관리지향	분산적	• 산출물, 사업별로 예산 분류 • 집행의 신축성 유지 • 내부관리 효율성 제고
계획예산 (PPBS)	• 계획과 예산을 연계함으로써 자원의 합리적 배분을 강조하는 예산제도 • Planning → Programming → Budgeting	계획지향	집권적	• 예산편성 및 의사결정의 집권화 • 하향적 예산편성 • 집권적, 부서 간 장벽 타파
영기준 예산 (ZBB)	• 전년도 예산을 기준으로 하지 않고 계속사업과 신규사업을 모두 원점에서 검토하는 예산제도	감축지향	분산적	• 예산의 팽창 방지(자원난 시대에 적합) • 우선순위 중심 • 관리자의 참여 확대를 강조하는 상향적 예산결정 방식 (분권적・참여적)

확인문제

예산제도와 그 특성의 연결이 가장 옳지 않은 것은? 2017, 서울 9급
① 품목별 예산제도(LIBS) – 통제 지향
② 성과주의 예산제도(PBS) – 관리 지향
③ 계획 예산제도(PPBS) – 기획 지향
④ 영기준 예산제도(ZBB) – 목표 지향

▶ ④ [×] 영기준 예산제도(ZBB)는 감축 지향(목표 지향 ×)을 특징으로 한다.

2 품목별 예산제도(LBS : Line-Item Budgeting System)

(1) 품목별 예산제도의 의의
① 예산을 지출대상(품목)별로 분류해 편성하는 예산제도. 지출대상이란 예산과목의 목(目)에 해당하는 것으로서 인건비·물건비 등의 투입요소를 의미함
② 품목별 예산제도는 예산액을 지출 대상별로 한계를 명확히 정해 배정함으로써 관료의 권한과 재량을 제한하는 통제지향적 예산제도로서, 입법부의 재정통제를 통한 재정민주주의 실현의 한 수단으로 등장했음

(2) 품목별 예산제도의 장점
① 행정부에 대한 입법부 예산의 심의·통제가 용이함
② 지출대상별로 지출금액이 명확히 표현되기 때문에 공무원의 회계책임 확보가 용이하며, 합법성 중심의 회계검사가 용이함
③ 정부운영에 필요한 인건비에 관한 정보와 자료를 제공하기 때문에 인사행정에 유용한 자료를 제공함
④ 품목별 예산제도는 예산편성 및 심의 과정에서 예산 삭감이 이루어질 때 이익집단의 저항을 덜 받는다는 점에서 정치적인 이점을 가짐

(3) 품목별 예산제도의 단점
① 지출대상별 분류로 정부의 기능이나 사업에 대한 정보를 얻기 어렵고 정부 사업성과 평가가 곤란
② 예산집행과정에서 신축성 저해

> **확인문제**
>
> 품목별 예산제도에 대한 설명으로 옳지 않은 것은? 2017. 지방 9급
> ① 비교적 운영하기 쉬우나 회계책임이 분명하지 않은 단점이 있다.
> ② 지출품목마다 그 비용이 얼마인가에 따라 예산을 배정하는 제도이다.
> ③ 예산담당 공무원들에게 필요한 핵심적 기술은 회계기술이다.
> ④ 예산집행자들의 재량권을 제한함으로써 행정의 정직성을 확보하려는 제도이다.
>
> ▶ ① [×] 품목별 예산제도는 지출대상별로 지출금액이 명확히 표현되기 때문에 공무원의 회계책임을 분명히 할 수 있다.

3 성과주의 예산제도(PBS : Performance Budgeting System)

(1) 성과주의 예산제도의 의의
① 성과주의 예산제도는 예산을 사업별·활동별로 분류해 편성하되, 업무 단위의 원가와 양을 계산해 편성하는 제도
② 업무 단위의 비용과 업무량을 측정함으로써 정보의 계량화를 시도해 관리의 능률성을 높이려는 제도임
③ 사업을 중심으로 예산을 편성함으로써 사업 또는 정책의 성과에 기울임

📖 성과주의 예산편성의 예

사업명	사업 목적	측정 단위	단가	실적	금액	변화율
긴급출동	비상시 6분 내 현장까지 출동	출동 횟수	$100	1,904건	$190,400	+10.0%
일반순찰	24시간 계속 순찰	순찰 시간	25	2,232시간	55,800	+7.8%
범죄예방	강력범죄 발생률의 10% 감소	투입 시간	30	2,327시간	69,800	+26.7%
계					$316,000	

> **확인문제**
>
> 다음 중 성과주의 예산(PBS : Performance Budgeting System)의 장점으로 가장 거리가 먼 것은? 2023. 군무원 9급
> ① 프로그램을 이용하여 장기적인 계획과 연차별 예산이 유기적으로 연계된다.
> ② 사업별 총액배정을 통한 예산집행의 신축성·능률성 제고를 들 수 있다.
> ③ 투입·산출 간 비교와 평가가 쉬워 환류가 강화된다.
> ④ 과학적 계산에 의한 효율적인 자원배분으로 예산편성과 집행의 관리가 쉽다.
>
> ▶ ① [×] 계획예산제도(PPBS)에 대한 설명이다.

(2) 성과주의 예산제도의 특징
① 성과주의 예산제도는 사업 및 활동을 중심으로 예산을 편성하며, 사업의 비용과 규모를 과학적으로 계산할 수 있음
② 성과주의 예산제도의 가장 중심이 되는 작업은 업무단위를 개발하고, 단위원가를 계산하는 과정임
③ 성과주의 예산은 단위당 X달러(단위원가)에 수행되는 Y개의 업무단위(업무량)로 표현됨

(3) 성과주의 예산제도의 장점
① 활동별, 사업별로 예산이 편성되므로 정부가 추진하는 사업에 대해 국민들이 쉽게 이해할 수 있으며, 의회의 예산심의가 용이함
② 업무단위와 단위원가의 선정을 통해 합리적이고 효율적인 자원배분이 가능
③ 사업별로 투입되는 예산의 성과 파악이 용이함

(4) 성과주의 예산제도의 단점
① 성과주의 예산의 핵심인 업무단위 산정, 단위원가 계산이 곤란
② 계량화가 가능한 사업과 활동으로 적용영역이 제한됨. 핵심기능이나 총괄예산 계정에 적용하기 곤란함
③ 장기적인 계획과 연계되기보다는 단위사업(개별사업)을 중시함(전략목표와 연계 곤란)

4 계획예산제도(PPBS : Planning Programing Budgeting System)

(1) 계획예산제도의 의의
① 장기적인 기획과 단기적인 예산편성을 유기적으로 연결시킴으로써 합리적인 자원배분을 이루려는 제도
② 1963년 케네디 행정부의 국방장관 맥나마라(McNamars)에 의해 국방부에 도입된 후 1965년 존슨(Johnson) 대통령에 의해 연방정부에 도입됨. 닉슨(Nixon) 행정부의 등장으로 1971년 중단되었음
③ 계획예산제도는 계획지향적이며, 투입요소 대신에 정부의 목적, 최종산물, 사업 등과 같은 산출영역에 관심을 집중함으로써 예산상의 결정이 이루어져야 한다는 것으로, 궁극적으로는 기획, 사업분석, 예산기능을 단일의 의사결정으로 통합하려는 제도임
④ 계획예산제도의 가장 핵심적인 작업이 사업구조를 만드는 것임. 이는 목표를 구체화하는 작업이며, 목표를 달성하기 위한 대안을 체계적으로 검토해 사업계획을 사업범주(program category) – 하위사업(program sub category) – 사업요소(program element)로 체계화하는 작업임

예시: 보건 및 생활환경 개선 사업구조

사업범주 (program category)	하위사업 (program sub category)	사업요소 (program element)	예산 담당 부처
보건	가정 보건	모성관리	보건복지부
	학교 보건	전염병 예방/보건교육 등	보건복지부, 교육부, 문화체육관광부
	직장 보건	건강진단/산재병원 건립 등	보건복지부, 교육부
	노인 보건		
	지역사회 보건		
	보건행정	행정관리/기관 유지	보건복지부, 교육부,
위생 및 생활환경 개선	-	-	-

(2) 계획예산제도의 장점

① 장기적 시계를 고려하며, 체제분석·운영분석 등 계량적 분석 기법을 이용하여 자원배분의 합리화를 추구

② 부서 간 장벽을 제거한 상태에서 대안의 분석 및 검토를 통해 합리적 자원배분 가능: PPBS는 전통적인 조직의 경계를 뛰어넘어 동일한 목표를 지향하는 활동들을 통합해서 관리하기 때문에, 목표를 달성하는 데 있어 중복되는 사업이나 상호 모순되는 사업들을 발견하고 조정할 수 있음

(3) 계획예산제도의 단점

① 의사결정의 집권화(하향적) 경향으로 외부통제가 곤란함

② 계량분석 과정에 많은 시간과 노력이 요구되며, 과다한 문서 작업이 요구됨

③ 사업구조(program structure) 작성의 어려움: 정치적 성격을 갖는 목표의 정의도 어려우며, 목표가 정의되었다고 해도 사업들을 망라적이고 체계적으로 분류하는 것은 매우 어려움

④ 사업의 비용 측정 곤란. 특히 공통비용(joint costs)을 어떻게 배분할 것인지가 쉽지 않음

확인문제

계획예산제도(PPBS)에 대한 설명으로 옳지 않은 것은? 2013. 국가 9급
① 품목별 예산은 하향식 예산과정을 수반하나, PPBS는 상향식 접근이 원칙이다.
② 품목별 예산과는 달리 부서별로 예산을 배정하지 않고 정책별로 예산을 배분한다.
③ PPBS는 집권화를 강화시킨다.
④ 계량적인 기법인 체제분석, 비용편익분석 등을 사용한다.

▶ ① [×] 품목별 예산은 상향적 예산과정을 수반하나, PPBS는 하향적 접근이 원칙이다.

5 영기준 예산제도(ZBB : Zero Base Budgeting)

(1) **영기준 예산제도의 의의**

① 영기준 예산은 과거의 관행을 전혀 참조하지 않고 목적, 방법, 자원에 대한 근본적인 재평가를 바탕으로 해서 예산을 편성하는 제도. 과거의 관행을 고려하지 않고 사업에 대한 근본적인 재평가를 한다는 것이 영기준(zero base)의 의미임

② 영기준 예산은 점증주의를 극복하기 위해 경제적 합리성을 제도화한 예산제도로, 우선순위에 의해 예산을 편성하는 총체적 예산결정 방식

③ 1970년대 정부팽창에 대한 반발과 예산감축에 대한 사회적 요구를 반영하여 카터 대통령이 1977년 긴축재정정책 추진의 일환으로 연방정부에 도입했으며, 1981년 레이건 행정부가 들어서면서 폐기됨(의회와 관료의 지지를 받지 못해 실패함)

(2) **영기준 예산의 편성 절차**

① **의사결정 단위 확인**: 조직의 관리자가 독자적인 업무수행의 범위 및 예산편성의 결정권을 갖는 사업(조직) 단위인 의사결정 단위를 확인

② **의사결정 패키지 작성**: 의사결정 단위별로 목표달성을 위한 대안분석 및 평가결과를 명시한 사업대안 패키지와 증액대안 패키지를 작성

③ **우선순위 결정**: 구성원의 참여를 통해 의사결정 단위별 패키지를 통합하여 우선순위를 결정

④ **실행예산 편성**

(3) **영기준 예산제도의 장점**

① 합리적 의사결정에 의한 자원배분을 통해 예산팽창을 억제할 수 있음

② 의사결정 패키지의 작성과 우선순위 결정 과정에 조직구성원의 참여가 이루어지는 상향적 예산제도

(4) **영기준 예산제도의 단점**

① 과다한 시간과 노력이 소요되며, 업무부담의 과중으로 관료의 저항이 발생

② 공공부문의 의무지출 등 경직성으로 인해 실질적으로 사업의 축소·폐지가 곤란함. 의무지출 등은 영기준에서 검토하기가 불가능함. 복지지출, 정부채무에 대한 이자 등은 근본적으로 재검토할 수 있는 예산항목이 아니기 때문에 실제로 ZBB가 적용될 수 있는 범위가 제약됨

③ 영기준 예산은 정부 전체적인 차원에서 우선순위를 설정해야 하는데, 우선순위 설정은 정치적 결정인 경우가 많기 때문에 합리성을 기준으로 우선순위를 설정하는 것이 가능하지 않을 수도 있음

확인문제

영기준 예산제도(ZBB)의 장점으로 옳지 않은 것은? 2015, 사복직 9급
① 국방비, 공무원의 보수, 교육비와 같은 경직성 경비가 많으면 영기준 예산제도의 효용이 커진다.
② 최고관리자는 각 기관의 업무수행에 대한 보다 상세한 자료를 입수할 수 있다.
③ 예산과정에 대한 관리자 및 실무자의 참여를 촉진한다.
④ 전년도 답습주의로 인한 재정의 경직성을 완화할 수 있다.

▶ ① [×] 공공부문에 있어 국방비, 공무원의 보수, 교육비와 같은 경직성 업무와 경직성 경비가 많을 경우 영기준 예산제도의 적용을 어렵게 할 수 있다.

보충자료

의무지출과 재량지출

1. **의의**: 우리나라에서는 2010년 「국가재정법」 개정 이후부터 재정지출을 의무지출과 재량지출로 구분하여 산출 내역 및 증가율 등을 국가재정운영계획에 포함하여 국회에 제출하고 있음

2. **의무지출**(mandatory spending)
   ① 의의: 법률에 의해 반드시 지출해야 하거나 정부부채에 대한 이자지출 등 정부가 예산편성 시에 마음대로 조정할 수 없는 지출을 의미함
   > 예 국민기초생활보장, 공적연금 등의 복지 분야 법정지출과 지방교부세 등의 지방이전재원, 이자지출, 외국 또는 국제기구와 체결한 국제조약 또는 일반적으로 승인된 국제법규에 따라 발생되는 지출 등
   ② 특징: 예산을 편성하는 중앙정부나 예산을 심의·확정하는 국회가 해당 사업의 근거 법률과 법령을 제·개정하지 않는 이상 임의로 늘리거나 줄이기 어려움
   > 예 실업수당 관련법을 통과시키면 이 법을 바꾸지 않는 한 실업자들에게는 매달 의무적으로 정부가 일정액의 수당을 지급해야 하므로, 이 예산 항목은 정부가 재량적으로 매년 그 지출 수준을 조정할 수 없게 됨

3. **재량지출**(discretionary spending): 정부가 예산 편성 시에 조정할 수 있는 지출. 즉, 지출 의무와 규모가 국회가 심의·확정하는 예산 및 기금운영계획에 따라 결정되는 지출로 투자사업비, 경상적 경비 등을 포괄하는 경비. 하지만 재량지출이라 하더라도 인건비와 같은 경직성 경비와 국방비가 포함되어 있음

의무지출 사업의 유형별 분류

대분류(분야)		소분류
복지 분야 법정지출	국민기초생활보장	생계급여, 주거급여, 의료급여, 교육·해산장제·자활급여
	건강보험	가입자 지원, 공무원·교직원 국가분담금
	공적연금	국민연금, 공무원연금, 사학연금, 군인연금
	노인	기초연금, 노인장기요양보험
	아동·보육	영유아 보육료 지원, 아동수당
	고용·노동	구직급여, 산재보험급여
	보훈	보상금, 6·25 자녀 수당, 무공·참전 수당, 보훈병원·위탁병원 진료, 기타
	기타	장애인연금, 장애인활동지원, WHO 의무분담금 납부
지방이전재원		지방교부세, 지방교육재정교부금, 유아교육비 보육료 지원
이자지출		공공자금관리기금, 주택도시기금, 우체국예금특별회계 등
기타 의무지출		공익기능증진직불금, 유엔 PKO 예산 분담금 등

> **확인문제**
>
> 일몰법과 영기준 예산에 대한 설명으로 부적절한 것은?
> 2010. 서울 7급
> ① 둘 다 감축관리의 실행에 활용된다.
> ② 일몰법은 대개 3~7년의 기간 후에 사업을 종료한다.
> ③ 영기준 예산은 매년 심사하여 결정한다.
> ④ 둘 다 자원의 합리적 배분을 의도한다.
> ⑤ 영기준 예산은 입법적 과정이다.
>
> ▶ ⑤ [×] 영기준 예산은 행정적 과정이며, 일몰법은 입법적 과정이다.

(5) **영기준 예산과 일몰법**: 일몰법(sunset law)은 특정한 사업이나 조직이 정해진 기간이 지나면 자동적으로 폐지되도록 하는 법률을 일컫는 것으로, 영기준 예산(ZBB)의 단기성에 대한 보완책으로 볼 수 있음

영기준 예산과 일몰법 비교

구분	영기준 예산	일몰법
유사점	• 한정된 자원의 합리적 배분을 기할 수 있음 • 감축관리의 한 방법임 • 사업의 능률성과 효과성을 검토하여 사업의 계속 여부를 결정하기 위한 재심사	
차이점	• 행정적 과정(예산 편성) • 단기적(1년) • 최상위부터 중·하위 계층까지 관련	• 입법적 과정(예산 심의) • 장기적(3~7년) • 최상위 계층에 관련

6 신성과주의 예산제도: 결과지향적 예산제도

(1) **신성과주의 예산제도의 의의**

① 신성과주의 예산제도는 1990년대 신공공관리론적 정부개혁의 흐름을 예산과 연계시킨 제도를 의미. 1950년대 성과주의 예산과 구분하여 신성과주의 예산이라고 함

② 미국의 경우 클린턴 행정부에서 1992년 제정한 '정부성과 및 결과에 관한 법(Government Performance and Results Act: GPRA)'에 근거해서 추진하였으며, 이후 부시 행정부에서는 재정사업의 성과관리 체제를 강화하기 위해 PART(Program Assessment Rating Tool)을 도입해 GPAR를 보완함

(2) **신성과주의 예산의 특징 및 주요 내용**

① **정부의 산출(output) 또는 성과(performance)를 중심의 결과지향적 예산운영 방식**: 예산집행 결과 어떠한 산출물을 생산하고 어떠한 성과를 달성하였는가를 측정하고 이를 기초로 책임을 묻거나 보상을 하는 결과 중심 예산체계를 의미

② **자율과 책임의 조화**: 집행상의 자율성을 부여하고, 성과를 통한 책임성 확보를 추구
1990년대 선진국 예산개혁의 흐름은 자율성과 융통성을 부여하되, 책임성을 확보하는 방향이며, 이때의 책임성 확보는 성과평가를 통해 실현함. 즉 성과평가를 예산과 연계시킨 제도가 성과주의 예산제도임. 성과주의 예산제도는 투입 요소 중심이 아니라 산출(output) 또는 성과(performance)를 중심으로 예산을 운용하는 제도로, 예산집행 결과 어떠한 산출물을 생산했으며 어떠한 결과(outcome)를 냈는가를 측정하고 이를 기초로 책임을 묻거나 보상을 하는 결과 중심의 예산제도

(3) 1950년대 성과주의 예산제도와의 비교
① 성과 측정에 관심을 갖는 점은 두 제도 모두 같지만 과거의 성과주의 예산제도는 공공서비스 전달 체계에서 업무, 활동, 직접적 산출에 집중하지만, 새로운 성과주의 예산제도는 결과에 초점을 맞춤
② 과거의 성과예산제도는 업무 또는 활동과 비용정보(단위 비용)를 연결시키는 데에 역점을 두는 반면에, 새로운 성과주의 예산제도는 사업 또는 활동을 결과(성과)와 연결시키는 데에 역점을 둠
③ 예산개혁의 접근방법 면에서 과거의 성과예산제도는 그 내용과 범위가 상당히 광범위한 데 비해, 새로운 성과예산제도는 좁은 범위에서 적용되는 경향이 있음. 새로운 성과예산제도는 프로그램 구조와 회계제도 등을 바꿀 수 있는 큰 틀의 제도개혁으로 보기보다는 예산 과정에서 성과정보의 활용을 예산개혁의 목표로 삼는 경향이 있음

▶ 성과주의와 신성과주의 예산 비교

구분	성과주의	신성과주의
배경	1950년대 행정국가	1980년대 신행정국가
성과 정보	투입과 산출(능률성)	산출과 결과(효과성)
성과 책임	정치적·도덕적 책임	구체적·보상적 책임(유인과 처벌)
중심점	단위사업	프로그램
주요 내용	업무, 활동과 비용정보를 연계	사업과 성과를 연계
경로 가정	투입은 자동으로 성과로 이어진다는 '단선적 가정'	투입이 반드시 성과를 보장해주지는 않는다는 '복선적 가정'
성과 관점	정부(공무원) 관점	고객(만족감) 관점
회계 방식	불완전한 발생주의(사실상 현금주의)	완전한 발생주의
연계 범위	예산제도에 국한, 재무적 관점(예산편성 과정)	국정전반에 연계(조직·인사·재무, 감사, 정책 등)
개혁 초점	예산의 형식과 회계제도	예산에 담겨질 성과정보
원가 중심	개별 단위 사업	프로그램(기능)
결정 흐름	상향식(분권)	상향식 + 하향식(집권과 분권)

제2절 예산제도 개혁

1 선진국 재정개혁의 특징

(1) **다년도 예산제도**: 중기재정목표와 연도별 예산을 연계해 자원의 합리적 배분을 달성하기 위한 다년도 예산편성방식을 도입

(2) **성과 중심 예산제도**: 예산운용상의 신축성과 자율성을 부여, 결과에 대한 책임을 부여

(3) **발생주의 회계제도의 도입**: 기업회계 방식이던 발생주의를 정부부문에 도입

2 재정운영 패러다임의 변화

종전의 패러다임	새로운 패러다임
투입(input) 중심	성과(performance) 중심
유량(flow) 중심	유량(flow)·저량(stock) 중심
아날로그 정보시스템	디지털 정보시스템
관리자 중심	납세자 주권
몰성인지적(gender blind) 관점	성인지적(gender sensitive) 관점
예산배분의 효율성 제고	재정민주주의 구현

3 우리나라의 4대 재정개혁

(1) **국가재정운용계획**

(2) **총액배분·자율편성(Top-Down) 예산제도**

(3) **재정성과관리 제도**

① 재정성과 목표관리제도(Performance Monitoring): 2003년에 도입되었으며, 기관별 성과계획서와 성과보고서를 통해 설정된 성과목표 및 성과지표의 달성 여부를 모니터링하는 제도

② 재정사업 자율평가제도(Program Review): 2005년도에 도입되었으며, 매년 사업 수행부처가 소관 재정사업을 자율적으로 평가하고, 기획재정부가 확인·점검하여 그 평가 결과를 예산편성 등 재정운용에 활용하고 미흡한 점에 대해서 각 부처에 제도 개선을 권고하여 재정사업의 효율화를 도모하는 제도

③ 재정사업 심층평가제도(Program Evaluation) : 2006년에 도입되었으며, 기획재정부가 주요 재정사업의 추진 과정과 성과를 객관적으로 점검하고 성과에 영향을 미치는 원인을 분석하여 효율적인 사업 추진 방안을 도출함으로써 성과를 제고함을 목적으로 하는 제도. 쟁점 사업을 중심으로 사업 운영 결과를 깊이 있게 분석·평가하는 제도. 계량분석 등 과학적 기법을 동원하여 문제가 제기된 사업들의 성과를 분석·평가하고, 성공요인과 실패요인을 파악하여 해당 사업의 운용체계를 개선하고 재정의 효율성을 제고하는 것을 목적으로 함

(4) **디지털 예산회계 시스템**(dBrain System)
① 의의 : 예산 사용 내역을 투명하고 정확하게 기록하고 측정하여 보고하는 성과관리형이며, 중앙과 지방정부 등을 망라한 국가 재정정보를 누구나 쉽게 이용하고 분석·가공할 수 있도록 하는 지능형 통합재정정보 시스템으로 2007년부터 공식적으로 운영됨
② 디지털 예산회계 시스템의 도입
  ㉠ 노무현 정부가 2004년 재정혁신 과제로 예산/회계제도 혁신 및 국가통합재정정보 시스템 구축을 결정하면서 추진되었음. 디지털 예산회계 시스템은 예산편성, 집행, 회계·결산, 평가 등 재정 전체 업무처리가 동일한 시스템에서 이루어지고 관련 정보가 생성되는 통합재정정보 시스템을 의미
  ㉡ 중앙정부는 2007년 디지털 예산회계 시스템(디브레인 시스템), 지방정부는 2008년 지방재정정보시스템(e-호조 시스템)을 구축하였음
  ㉢ 국가재정운용계획 수립, 예산총액배분 자율편성제도, 성과관리 예산제도 등 재정혁신을 지원하기 위해 프로그램 예산체계를 기반으로 구축됨
③ 디지털 예산회계 시스템의 특징
  ㉠ 재정통계 분석정보 산출 : 분야별·부처별·기능별 등 여러 측면에서 통계분석을 수행하여 과거실적, 현황, 예측 등 다양하고 정확한 통계분석 자료를 제공하고, 정부의 정책결정이 올바르게 이루어질 수 있도록 지원하고 국민들에게도 상세한 재정정보를 투명하게 제공
  ㉡ 재정 활동 전반을 지원 : 중앙정부의 예산편성, 집행, 자금관리, 국유재산·물품관리, 채권·채무, 회계결산까지 모두 하나의 시스템에서 처리할 수 있도록 구성되어 재정자금 출납의 전 과정을 전자화하고 이를 기반으로 재정운영 현황을 실시간으로 파악할 수 있도록 구성됨

(5) 프로그램 예산제도

① 프로그램 예산분류의 의의

㉠ 특정한 정책목표를 달성하는 데 필요한 활동을 기준으로 예산을 분류하는 방법. 정부지출을 통해 추구하는 목표, 목표를 달성하는 데 필요한 활동, 그리고 이러한 활동에 소요되는 비용을 명확히 하기 위한 예산분류 방법

㉡ 우리나라는 중앙정부가 2007년, 지방정부는 2008년부터 공식적으로 도입했으며, 이에 따라 현재 우리나라 예산 과목 체계는 프로그램 예산제도를 기반으로 구성되고 있음

㉢ 우리나라는 프로그램 예산분류 도입으로 예산과목 구조가 종래의 장-관-항-세항-세세항-세사업-목-세목 등 8단계에서 '분야(장)-부문(관)-프로그램(항)-단위사업(세항)-목' 등 5단계로 단순화되었음

예산과목 구조의 변화

	장	관	항	세항	세세항	세사업	목	세목
기존예산 과목구조	대기능	중기능	소기능	실·국	세부사업	지역사업 등	예산편성 비목	예산심의 비목
	분야	부문	프로그램		단위사업		목	세목
프로그램 예산분류	대기능	중기능	실·국별 정책사업		정책사업의 하위단위사업		예산편성 비목	통계비목

② 프로그램 예산제도의 특징

㉠ 프로그램 예산제도는 프로그램(정책사업)을 중심으로 예산을 편성하는 제도를 의미. 즉, 예산의 계획·편성·배정·집행·결산·평가·환류의 전 과정을 프로그램 중심으로 구조화하고 그것을 성과평가체계와 연계시켜 성과를 관리하는 예산기법

㉡ 프로그램이란 동일한 정책을 수행하는 단위사업(activity/project)의 묶음(실·국별 정책사업)이며, 정책적으로 독립성을 지닌 최소 단위를 의미

㉢ 프로그램 예산의 기본구조는 일반적으로 정부의 기능(function) - 정책(policy) - 프로그램(program) - 단위사업(activity/project)의 계층구조를 가짐

㉣ 프로그램 예산제도는 프로그램(사업) 중심의 예산 편성을 함으로써 기존 투입 중심의 예산운용을 사업(프로그램) 또는 성과 중심의 예산 운용으로 전환하는 패러다임 전환의 의미가 있음

㉤ 각 부처의 조직(실·국) 성과와 연계하여 책임성과 자율성 확보: 예산의 편성, 집행, 결산 과정에서 자율적 예산 운용을 할 수 있는 자율적인 관리 단위가 분명히 설정되고 책임 소재가 분명해짐

㉥ 프로그램 예산 체계 내에 일반회계, 특별회계, 기금이 모두 포괄적으로 표시됨으로써 총체적 재정 배분 내용을 파악할 수 있음. 또한 일반회계, 특별회계, 기금 간 유사·중복 사업의 파악이 가능해져 예산 낭비를 제거할 수 있음

㉦ 프로그램 예산제도에는 사업관리 시스템이 함께 운영되기 때문에 재정집행의 투명성과 효율성을 제고할 수 있음

확인문제

우리나라의 프로그램 예산제도에 대한 설명으로 옳지 않은 것은?
2016, 사복직 9급

① 세부업무와 단가를 통해 예산금액을 산정하는 상향식 방식을 사용하고 단년도 중심의 예산이다.
② 프로그램은 동일한 정책을 수행하는 단위사업의 묶음이다.
③ 예산 운용의 초점을 투입중심보다는 성과중심에 둔다.
④ '프로그램-단위사업-세부사업'은 품목별 예산체계의 '항-세항-세세항'에 해당한다.

▶ ① [×] 전통적 예산제도(품목별 예산제도)에 대한 설명이다. 프로그램예산제도는 프로그램의 총 원가를 통해 예산금액을 산정하는 하향식 방식을 사용하고 다년도 중심의 예산인 국가재정운용계획 등과 연계되어 활용된다.

제3절 | 재정건전화 제도

1 재정건전화 제도(「국가재정법」)

(1) **재정건전성을 예산운영의 규범으로 명시**(국가재정법 제16조)

(2) **재정건전화를 위한 노력 규정**(국가재정법 제86조): 정부는 건전재정을 유지하고 국가채권을 효율적으로 관리하며 국가채무를 적정수준으로 유지하도록 노력하여야 함

(3) **재정 부담을 수반하는 법령의 제·개정 시 재정소요 추계**(국가재정법 제87조): 각 중앙관서의 장은 재정지출 또는 조세감면을 수반하는 법률안을 제출하고자 하는 때에는 법률이 시행되는 연도부터 5회계연도의 재정수입·지출의 증감액에 관한 추계자료와 이에 상응하는 재원조달방안을 그 법률안에 첨부하여야 함

(4) **국세감면의 제한**(국가재정법 제88조): 기획재정부장관은 대통령령이 정하는 당해 연도 국세 수입 총액과 국세감면액 총액을 합한 금액에서 국세감면액 총액이 차지하는 비율(국세감면율)이 대통령령이 정하는 비율 이하가 되도록 노력하여야 함

(5) **세계잉여금 등의 처리 및 사용계획**(국가재정법 제90조)
  ① 세계잉여금의 의의
    ㉠ 1회계연도에 수납된 세입액으로부터 지출된 세출액을 차감한 잔액을 의미함(결산상 잉여금)
    ㉡ 세계잉여금은 초과 징수된 세입예산액과 쓰지 않아 남은 세출예산액(이월액은 공제)을 합한 개념으로, 결산상 잉여금에서 이월액을 차감한 금액임. 「국가재정법」은 세계잉여금의 처리방안을 재정건전성 강화의 측면에서 하고 있음
    ㉢ 재정수지와 차이점: 세계잉여금은 재정수지를 계산하는 방식과는 달리 국채발행액과 이월액까지 고려한 개념이므로 재정건전성을 파악하는 데는 적합하지 못함. 특히 미래에 상환 의무가 있는 국채발행액을 세입으로 파악하고 있기 때문에 국가의 재정건전성을 파악하는 데는 효과적이지 못함. 재정건전성은 세계잉여금보다는 재정수지를 중심으로 파악하는 것이 좀 더 효과적이며 국제기준에도 부합

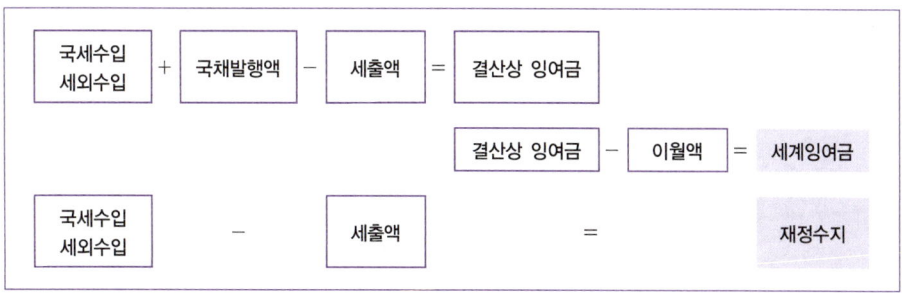

확인문제

우리나라 세계잉여금에 관한 설명으로 옳지 않은 것은?
2008, 국가 7급
① 지방교부세 및 지방교육재정교부금의 정산에 사용할 수 있다.
② 추가경정예산안의 편성에 사용할 수 있다.
③ 사용하거나 출연한 금액을 공제한 잔액은 다음 연도의 세입에 이입하여야 한다.
④ 사용 또는 출연은 국회의 사전 동의를 받아야 한다.

▶ ④ [×] 세계잉여금의 사용 또는 출연은 국회 사전 동의를 필요로 하지 않는다. 세계잉여금의 사용 또는 출연은 결산에 대한 대통령의 승인을 얻은 때부터 이를 할 수 있다.

② 세계잉여금의 처리
   ㉠ 정부 예산의 모든 수입과 지출은 예산에 반영되어야 하지만, 세계잉여금은 예산에 반영하지 않고 세입, 세출 외로 처리할 수 있음
   ㉡ 세계잉여금의 사용 또는 출연은 「국가회계법」에 따라 국가결산보고서에 대한 대통령의 승인을 얻은 때부터 이를 할 수 있음(국회 의결을 필요로 하지 않음)
   ㉢ 우선 일반회계 예산의 세입 부족을 보전하기 위한 목적으로 해당 연도에 이미 발행한 국채의 금액 범위에서는 해당 연도에 예상되는 초과 조세수입을 이용해 국채를 우선 상환할 수 있음. 따라서 초과 조세수입을 이용해 국채를 우선 상환할 수 있음
   ㉣ 세계잉여금 처리순서: ⓐ 초과 조세 수입의 국채 상환 → ⓑ 지방교부세와 지방교육교부금 정산 ⓒ 공적자금상환 기금 출연 → ⓓ 국채 또는 차입금의 원리금, 국가배상금 등의 상환 → ⓔ 추가경정예산안의 편성 → ⓕ 다음 연도 세입에 이입

(6) **국가보증채무의 부담 및 관리**(국가재정법 제92조)
   ① 국가가 보증채무를 부담하고자 하는 때에는 미리 국회의 동의를 얻어야 함
   ② 기획재정부장관은 매년 국가보증채무의 부담 및 관리에 관한 국가보증채무관리계획을 작성하여야 함

(7) **국가채무의 관리**(국가재정법 제91조)
   ① 국가채무의 정의: 국가채무는 채무의 존재, 지급 시기, 금액이 확정되어 지급 의무가 확정된 채무만을 대상으로 함
   ② 「국가재정법」상 국가채무의 범위: 국가의 회계 또는 기금이 발행한 채권(국채 등), 차입금, 국고채무부담행위, 국가보증채무 중 정부의 대지급 이행이 확정된 채무
   ③ 국가채무 범위의 제외 대상
      ㉠ 재정증권 또는 한국은행으로부터의 일시차입금
      ㉡ 국가의 회계 또는 기금이 인수 또는 매입하여 보유하고 있는 채권
      ㉢ 국가의 다른 회계 또는 기금으로부터의 차입금
   ④ 국가채무의 관리: 기획재정부장관은 국가의 회계 또는 기금이 부담하는 금전채무에 대하여 매년 국가채무관리계획을 수립하여야 함

「국가재정법」 제91조(국가채무의 관리)
① 기획재정부장관은 국가의 회계 또는 기금이 부담하는 금전채무에 대하여 매년 다음 각 호의 사항이 포함된 국가채무관리계획을 수립하여야 한다.

보충자료

국가채무와 국가부채

※ 우리나라 국가채무는 「국가재정법」에 의한 국가채무와 「국가회계법」에 의한 국가부채의 두 가지 개념 및 통계로 발표됨

1. **「국가재정법」상 국가채무**: 국가재정법(제91조 제2항)에는 국가채무의 범위가 규정되어 있음
   ① 국가채무 범위: 국가의 회계(일반회계·특별회계)와 중앙관서의 장이 관리하는 기금이 발행하는 채권(국채 등), 차입금, 그리고 국고채무부담행위로, 국가채무는 채무의 존재, 지급 시기, 금액이 확정되어 지급 의무가 확실하게 결정된 채무만을 대상으로 함
   ② 제외 대상: 재정증권 또는 한국은행으로부터 일시차입금, 국가의 회계 또는 기금이 인수 또는 매입하여 보유하고 있는 채권과 차입금은 국가채무 대상에서 제외. 재정증권 또는 한국은행 일시차입금을 제외한 것은 그 회계연도 내에 상환하여야 하므로 연도 말에는 표시되지 않기 때문임. 보증채무는 우발채무로서 확정채무가 아니므로 재정통계에는 포함하지 않음. 그러나 정부의 대지급 이행이 확정된 채무의 경우에는 국·공채 또는 차입금이 아니라 하더라도 이를 채무에 포함함

2. **국가회계 기준상의 국가부채**
   ① 「국가회계법」에 의한 국가부채는 발생주의에 의해 재무제표에 부채가 발표됨. 국가회계 기준(제17조)에는 부채를 "과거의 거래나 사건의 결과로 국가회계 실체가 부담하는 의무로서, 그 이행을 위하여 미래에 자원의 유출 또는 사용이 예상되는 현재의 의무"라고 규정하고 있음. 국가부채는 인식 범위가 국가채무보다 더 넓음. 국가채무는 금융 부채만을 포함하는 데 반해, 국가부채는 충당 부채와 같은 비금융 부채까지 포함하기 때문

   국가채무와 국가부채 비교

구분	국가채무	국가부채
근거 법령	국가재정법	국가회계법
인식 기준	현금주의	발생주의
포괄 범위	일반회계, 특별회계, 중앙관서의 장이 관리하는 기금	일반회계, 특별회계, 모든 기금
분류 기준	국채, 차입금, 국고채무부담행위	유동부채, 고정부채, 기타 부채

   ② 재정의 포괄범위에 따른 부채 규모
   ㉠ 국가채무(D1): 『국가재정법』상의 채무로서 현금주의 기준으로 작성. 중앙정부 채무와 지방자치단체 채무를 포함하며 비영리공공기관의 채무는 제외됨. 국가재정운용계획·국가채무관리계획에 활용됨
   ㉡ 일반정부 부채(D2 = D1 + 공공비영리기관): 국가채무(D1)에 중앙 및 지방정부의 비영리공공기관의 부채도 포함. 발생주의(미지급금, 예수금 등)도 포함하며, 발생주의 기준으로 작성. 국제비교(IMF, OECD 국가 간 재정건전성 비교)에 활용됨
   ㉢ 공공부문 부채(D3 = D2 + 비금융공기업): 국가채무(D1)에 비금융공기업의 부채도 포함됨. PSDS(Public Sector Debt Statistics)에 따라 발생주의 기준으로 작성. 공공부문의 재정위험 및 재정건전성 관리에 활용됨

확인문제

우리나라 국가채무에 대한 설명으로 가장 옳지 않은 것은?
2016, 서울 9급
① 국가채무의 범위는 국가회계법 제91조 2항에 따라 결정된다.
② 정부의 대지급 이행이 확정된 채무의 경우 국공채 및 차입금이 아니더라도 국가채무에 포함시킨다.
③ 국가의 회계 또는 기금이 인수하여 보유하고 있는 채권과 차입금은 국가채무 대상에서 제외시킨다.
④ 보증채무는 재정통계에 포함시키지 않는다.

▶ ① [×] 국가채무의 범위는 「국가재정법」(국가회계법 ×)에 의해 결정된다.

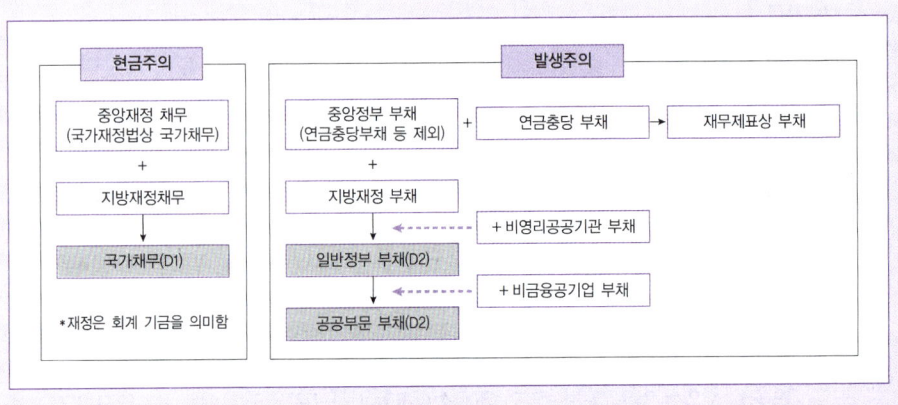

📖 PSDS(Public Sector Debt Statistics) 공공부문 부채통계

구분		국가채무(D1)	일반정부 부채(D2)	공공부문 부채(D3)
2019년 규모(GDP 대비)		723.2조원(37.7%)	810.7조원(42.2%)	1,132.6조원(59.0%)
산출근거		국가재정법 제91조	국제기준	국제기준
회계기준		현금주의	발생주의	발생주의
활용 목적		• 국가재정운용계획, 국가채무관리계획	• 국제비교 (IMF, OECD) • 국가 간 재정건전성 비교	• 공공부문의 재정위험 및 재정건전성 관리
기관 범위	중앙정부	• 일반회계 • 특별회계 • 정부관리 기금	• 일반회계 • 특별회계 • 정부관리 기금 • 공공기관 관리 기금 • 비영리공공기관	• 일반회계 • 특별회계 • 정부관리 기금 • 공공기관 관리 기금 • 비영리공공기관
	지방자치단체 교육자치단체	• 일반회계 • 특별회계 • 기금 • 교육비 특별회계	• 일반회계 • 특별회계 • 기금 • 교육비 특별회계 • 비영리공공기관	• 일반회계 • 특별회계 • 기금 • 교육비 특별회계 • 비영리공공기관
	비금융공기업	제외	제외	포함
부채 항목	국채	포함	포함	포함
	차입금	포함	포함	포함
	국고채무부담행위	포함	불포함	불포함
	기타 발생주의 부채항목	제외	포함	포함
	충당부채 (공무원·군인 연금)	제외	제외 (별도 부기)	제외 (별도 부기)

2 재정준칙(fiscal rule)

(1) 재정준칙의 의의와 특징

① 재정준칙은 재정수입, 재정지출, 재정수지, 국가채무 등 총량적 재정지표에 대한 법적 구속력을 부여함으로써, 구체적인 재정운용 목표로 재정규율을 확보하기 위한 재정건전화 제도임

② 재정 총량에 대한 구속력 있는 수량적 제한을 한다는 점이 특징임

③ 재정준칙은 주요한 예산 총량을 규제하는 계량적 목표치라고 정의할 수 있음. 즉, 재정수입, 재정지출, 재정수지, 국가채무 등 총량적 재정지표에 대한 구체적이고 법적 구속력이 있는 재정운용 목표로, 재정규율을 확보하기 위해 도입·운영 중인 재정정책 수단임

④ 심각한 재정위기 상황이 우려될 경우 재정건전성을 관리하기 위해 재정준칙을 법제화할 수 있음. 재정지출, 재정수지, 국가채무와 같은 재정 총량지표에 대해 목표치를 정하고 법적 구속력을 갖게 해서 정부의 재정지출을 통제할 수 있음

⑤ 재정준칙은 전 세계 92개국에서 운용 중이나, 우리나라는 도입 경험이 없음. 정부는 2025년부터 시행을 목표로 「국가재정법」 개정을 추진 중이며, 채무준칙(국가채무 비율 기준 60%)과 수지준칙(통합재정수지 기준 △3%) 도입을 추진 중임

(2) 재정준칙의 필요성
재정준칙을 도입하면 재정규모의 결정이 단순해지기 때문에 재정규율을 확립하는 데 용이함. 또한 이익집단이나 정치적 압력으로부터 재정 확대 압력을 방어하는 수단이 됨. 다만, 법적으로 강제화되지 않으면 실제 효과를 거두기 어려움

(3) 재정준칙의 유형: 일반적으로 재정준칙은 다음의 세 가지가 활용되고 있음

① **국가채무 준칙**: 국가채무의 규모에 상한선을 설정하는 재정준칙으로, 국가채무의 한도 설정은 보통 GDP 대비 국가채무의 비율로 설정. GDP 대비 국가채무의 비율을 유일한 목표치로 설정하기에는 무리가 따름. 왜냐하면 국가채무는 그 자체가 직접 통제될 수 있는 대상이 아니라 세입과 세출의 부산물이기 때문임. 또한 GDP 대비 국가채무의 비율은 이자율, 환율 등과 같은 다른 경제적 변수들에 의해서도 영향을 받기 때문에 국가채무 준칙은 재정적자 한도를 설정하는 재정수지 준칙과 함께 사용하는 것이 일반적임

② **재정수지 준칙**: 매 회계연도마다 또는 일정 기간 재정수지를 균형이나 일정 수준으로 유지하도록 하는 준칙. 재정수지 준칙은 경기변동과는 무관하게 설정되는 것이므로 실질적인 효과를 파악하기 어렵다는 문제점이 있음. 그리고 재정수지 준칙은 경제안정화를 저해할 수 있음. 재정수지 준칙은 GDP 대비 몇 퍼센트와 같은 형태로 명목재정적자의 비율을 정하는 것이 일반적인데, 이러한 고정적인 목표는 경기가 과열되어 있을 때나 경기를 진작시킬 필요가 있을 때를 구분하지 않고 일률적인 재정적자 목표치의 설정으로 연결됨. 경제안정화를 위해서는 경기역행적 재정정책을 추구해야 하는데, 이는 불황기에는 세입감소, 지출증가 및 재정적자를, 반대로 호황기에는 세입증가, 지출감소 및 재정흑자가 발생해야 함을 의미함. 따라서 균형예산 준칙은 사실상 경기순행적 준칙으로서 경제안정화에 역행하는 준칙이라고 할 수 있음

③ 재정지출 준칙: 재정지출 준칙은 총지출 한도, 분야별 명목·실질 지출한도, 명목·실질 지출 증가율 한도를 설정하는 준칙임. 지출한도의 가장 큰 장점은 다른 변수에 영향을 받지 않고 독립적으로 통제가 가능하며, 경제성장률이나 재정적자 규모의 예측에 의존하지 않는다는 점임. 또한 지출한도의 준수여부는 단순히 지출 총액 규모만 보면 알 수 있기 때문에 지출 한도를 넘긴 부처에게 직접 책임을 질 수 있도록 할 수 있음. 재정지출 준칙은 지출에 초점을 맞추기는 하지만, 세입정책과 독립적으로 설정될 수 없음. 예를 들어 지출한도를 준수하는 대신 조세지출을 광범위하게 활용함으로써 표면적으로는 재정지출을 준수하지만 재정건전 성이 훼손될 수 있는 가능성이 있음

재정준칙의 유형 비교

유형	개념	장점	단점
수입준칙 (세입준칙)	수입의 최저나 최고 수준 설정	• 초과 수입의 일부를 국가 채무 상환에 사용해 재정 건전성에 기여	• 수입준칙 단독으로는 지속 가능성 측면에서 직접적 연관성이 부족
지출준칙	정부지출 규모 증가율 한도 설정	• 정부지출을 줄여 재정건 전화에 기여 • 단순하고 감독 용이 • 통제가능성 높음	• 재정의 지속 가능성과 직 접적 연관성 부족 • 재정건전화 시기에는 효과 적이지만 조세지출을 통한 우회 위험 존재
재정수지 준칙	재정수지 한도 설정	• 재정건전성 제고에 효과적 • 간단하고 이해 용이함 • 모니터링 용이	• 경기안정화 기능 미약 (경기순응적) • 거시경제 안정성 저해 가능
채무준칙	국가채무수준 상한선 설정	• 재정건전성 제고에 효과적 • 단순, 감독 용이 • 통제가능성 높음	• 경기안정화 기능 미약 (경기순응적) • 최적 부채 수준의 사회적 합의 곤란

CHAPTER 07 재정민주주의

1 재정민주주의의 의의

(1) **소극적 측면**: 국가의 재정활동이 국민의 대표기관인 의회의 의결에 의해 이루어져야 한다는 '재정 입헌주의'를 의미

(2) **적극적 측면**: 납세자들이 적극적으로 예산 과정에 참여하여 재정주권을 확립해야 한다는 의미로, 납세자가 국가 재정 활동의 능동적 주체임을 강조하는 것(납세자주권론)

2 재정민주주의 확보제도

(1) 국민의 예산감시 및 예산성과금 제도

① 예산·기금의 불법지출에 대한 국민감시

  ㉠ 국가의 예산 또는 기금을 집행하는 자, 재정지원을 받는 자, 각 중앙관서의 장 또는 기금관리주체와 계약 그 밖의 거래를 하는 자가 법령을 위반함으로써 국가에 손해를 가하였음이 명백한 때에는 누구든지 집행에 책임 있는 중앙관서의 장 또는 기금관리주체에게 불법지출에 대한 증거를 제출하고 시정을 요구할 수 있음

  ㉡ 중앙관서의 장 또는 기금관리주체는 처리결과에 따라 수입이 증대되거나 지출이 절약된 때에는 시정요구를 한 자에게 예산성과금을 지급할 수 있음

  ㉢ 각 중앙관서의 장 또는 기금관리주체는 예산·기금의 불법지출에 대한 국민의 시정요구, 예산낭비신고, 예산절감과 관련된 제안 등을 접수·처리하기 위해 예산낭비신고센터를 설치·운영하여야 함

② 예산성과금 제도

  ㉠ 각 중앙관서의 장은 예산의 집행방법 또는 제도의 개선 등으로 인하여 수입이 증대되거나 지출이 절약된 때에는 이에 기여한 자에게 성과금을 지급할 수 있으며, 절약된 예산을 다른 사업에 사용할 수 있음

  ㉡ 각 중앙관서의 장은 성과금을 지급하거나 절약된 예산을 다른 사업에 사용하고자 하는 때에는 예산성과금심사위원회의 심사를 거쳐야 함

확인문제

예산성과금에 대한 설명으로 옳지 않은 것은? 2014, 서울 9급
① 각 중앙관서의 장은 예산낭비신고센터를 설치·운영하여야 한다.
② 각 중앙관서의 장은 예산의 집행방법 또는 제도의 개선 등으로 인하여 수입이 증대되거나 지출이 절약된 때에는 이에 기여한 자에게 성과금을 지급할 수 있다.
③ 각 중앙관서의 장은 직권으로 성과금을 지급하거나 절약된 예산을 다른 사업에 사용할 수 있다.
④ 예산낭비신고, 예산절감과 관련된 제안을 받은 중앙관서의 장 또는 기금관리주체는 그 처리결과를 신고 또는 제안을 한 자에게 통지하여야 한다.
⑤ 예산 낭비를 신고하거나 예산 낭비 방지방안을 제안한 일반 국민도 성과금을 받을 수 있다.

▶ ③ [×] 각 중앙관서의 장은 성과금을 지급하거나 절약된 예산을 다른 사업에 사용하고자 하는 때에는 예산성과금심사위원회의 심사를(직권으로 ×) 거쳐야 한다.

국가재정법 제49조(예산성과금의 지급 등)
① 각 중앙관서의 장은 예산의 집행방법 또는 제도의 개선 등으로 인하여 수입이 증대되거나 지출이 절약된 때에는 이에 기여한 자에게 성과금을 지급할 수 있으며, 절약된 예산을 다른 사업에 사용할 수 있다.
② 각 중앙관서의 장은 제1항의 규정에 따라 성과금을 지급하거나 절약된 예산을 다른 사업에 사용하고자 하는 때에는 예산성과금심사위원회의 심사를 거쳐야 한다.

국가재정법 시행령 제51조(예산낭비신고센터의 설치·운영)
① 각 중앙관서의 장 또는 기금관리주체는 법 제100조 제1항에 따른 예산·기금의 불법지출에 대한 국민의 시정요구, 예산낭비신고, 예산절감과 관련된 제안 등을 접수·처리하기 위해 예산낭비신고센터를 설치·운영하여야 한다.
② 제1항에 따라 예산낭비신고, 예산절감과 관련된 제안을 받은 중앙관서의 장 또는 기금관리주체는 그 처리결과를 신고 또는 제안을 한 자에게 통지하여야 한다.
③ 중앙관서의 장 또는 기금관리주체는 제1항에 따른 예산낭비신고, 예산절감과 관련된 제안 등을 한 자에게 법 제49조에 따른 예산성과금을 지급할 수 있다.

(2) 납세자 소송제도
① 의의
  ㉠ 정부(국가·지방자치단체)의 예산이 위법하게 사용될 경우 국민에게 이의 취소·중단·효력 여부를 확인하고 그 예산을 환수할 수 있는 소송을 제기할 수 있는 권리를 부여하는 제도
  ㉡ 납세자 소송은 국민이 자기의 권리나 이익과 관계없이 공공의 이익을 보호하기 위해 제기하는 소송으로 민중소송 및 공익소송의 일종임. 납세자가 국가나 지방자치단체를 대신해 공공재정에 손해를 끼친 자를 상대로 직접 소송을 제기한다는 점에서 국민에 의한 재정주권의 실현을 보장하는 재정민주주의의 본질을 가장 잘 반영한 제도적 장치임
② 한국의 납세자 소송제도
  ㉠ 2006년부터「지방자치법」에 주민소송제가 도입되었으나, 중앙재정을 대상으로 한 '국민소송제'는 아직 도입되지 않고 있음
  ㉡ 주민소송제도(지방자치법 제22조): 지방자치단체의 위법한 재무·회계 행위에 대하여 지역주민이 자신의 개인적 권리·이익의 침해와 관계없이 그 위법한 행위의 시정을 법원에 청구할 수 있는 제도

(3) 참여예산제도
① 주민참여예산제도
  ㉠ 브라질의 포르투 알레그리(Porto Alegre) 시에서 1989년 세계 최초로 시행되었으며, 우리나라의 주민참여예산제도는 2004년 광주광역시 북구에서 최초로 도입한 이후, 2005년「지방재정법」을 통하여 주민참여예산제도의 법적 근거를 마련하였고, 2011년부터「지방재정법」을 개정하여 주민참여예산제도 실시를 의무화하였음
  ㉡ 지방자치단체의 장은 대통령령으로 정하는 바에 따라 지방예산 편성 등 예산과정(지방의회의 의결사항은 제외)에 주민이 참여할 수 있는 제도를 마련하여 시행해야 함
  ㉢ 지방예산 편성 등 예산과정의 주민 참여와 관련되는 사항을 심의하기 위하여 지방자치단체의 장 소속으로 주민참여예산위원회 등 주민참여예산기구를 둘 수 있음
  ㉣ 지방자치단체의 장은 주민참여예산제도를 통하여 수렴한 주민의 의견서를 지방의회에 제출하는 예산안에 첨부해야 함
  ㉤ 행정안전부장관은 지방자치단체의 재정적·지역적 여건 등을 고려하여 대통령령으로 정하는 바에 따라 지방자치단체별 주민참여예산제도의 운영에 대하여 평가를 실시할 수 있음
  ㉥ 주민참여예산기구의 구성·운영과 그 밖에 필요한 사항은 해당 지방자치단체의 조례로 정함
② 국민참여예산제도(국가재정법 시행령 제7조의2)
  ㉠ 기획재정부장관은 예산과정의 투명성과 예산과정에의 국민 참여를 제고하기 위한 구체적 절차를 마련하여 시행해야 함
  ㉡ 정부는 국민참여 과정에서 수렴된 국민의견을 검토하고 그 결과를 예산편성 시 반영할 수 있음
  ㉢ 국민참여예산 사업은 국민이 제안한 사업에 대해 소관 부처가 예산 요구안에 반영한 후 예산국민참여단의 선정 작업과 일반국민 선호도 조사 등을 거쳐 기획재정부가 최종적으로 정부예산안에 편성하는 과정을 거침

확인문제

주민참여예산제도에 관한 설명으로 옳은 것을 〈보기〉에서 모두 고른 것은? 2018. 지방교행 9급

〈보기〉
ㄱ. 주민참여예산제도는 재정민주주의를 구현하는 제도이다.
ㄴ. 브라질의 포르투 알레그레(Porto Alegre)시는 주민참여예산제도를 가장 먼저 실시한 도시이다.
ㄷ. 우리나라의 주민참여예산제도는「지방재정법」에 의하여 지방자치단체가 의무적으로 시행하도록 하고 있다.
ㄹ. 우리나라의 주민참여예산제에 의하면 수렴된 주민의 의견서를 지방의회에 제출하는 예산안에 첨부하지 않도록 하고 있다.

① ㄱ, ㄴ ② ㄷ, ㄹ
③ ㄱ, ㄴ, ㄷ ④ ㄱ, ㄷ, ㄹ

▶ ③ ㄱ, ㄴ, ㄷ [O]
ㄹ [X] 지방자치단체의 장은 주민의 의견을 수렴하여 그 의견서를 지방의회에 제출하는 예산안에 첨부하여야 한다(지방재정법 제39조 제2항).

최윤경
행정학

PART 08

지방행정

Chapter 01	지방자치의 의의
Chapter 02	지방자치의 운영체계
Chapter 03	지방자치단체 사무
Chapter 04	정부 간 관계
Chapter 05	지방자치단체 기관구성
Chapter 06	주민참여제도
Chapter 07	지방재정

CHAPTER 01 지방자치의 의의

제1절 지방행정과 지방자치

1 지방행정의 개념

지방행정기관에 의해 일정 지역을 대상으로 수행되는 행정을 의미

① **최협의 개념**: 주민자치(자치행정)
② **협의의 개념**: 단체자치(자치행정 + 위임행정)
③ **광의의 개념**: 자치행정 + 위임행정 + 관치행정

> **보충자료**
> - **자치행정**: 지방자치단체가 그 지역 고유의 사무를 독자적인 입장에서 수행하는 방식
> - **위임행정**: 지방자치단체가 국가로부터 사무를 위임받아서 국가의 간섭과 통제하에 수행
> - **관치행정**: 국가의 직속기관을 지방에 설치하여 그 기관을 통해 지방행정을 수행하는 방식

2 지방자치의 개념

① 일정한 지역을 대상으로 주민들이 스스로 또는 대표자를 구성하여 지역의 문제를 독자적으로 결정하고 처리하는 것을 의미
② 자치단체의 운영이 지역주민의 의사와 참여를 통해 이루어져야 한다는 것(주민자치)과 함께, 국가 내부에 별도의 공공단체가 국가로부터 권한과 재원을 넘겨받아 자율적인 사무처리가 가능함(단체자치)을 의미

3 지방자치의 구성요소

① **자치구역**: 지방자치단체의 자치권과 행정권이 미치는 지리적 영역
② **주민**: 일정 지역에 주소를 둔 사람(기관과 단체, 구성원을 포함)
③ **지방자치단체**: 「지방자치법」에 의해 법인격이 부여된 공법인으로, 의결기관인 지방의회와 집행기관인 자치단체장으로 구성
④ **자치권**: 자치입법권, 자치행정권, 자치재정권 등(우리나라는 자치사법권은 인정되지 않음)

제2절 지방자치의 계보: 주민자치와 단체자치

1 주민자치: 정치적 의미의 자치

① 지역의 행정을 지역주민의 참여와 의사에 기초하여 그들의 판단과 책임에 의해 처리하는 것을 의미
② 영국, 미국 등에서 주민들이 자발적으로 지역문제를 처리하기 위해 자치단체(기구)를 만들고, 이후 중앙 및 지방정부가 그런 단체에 자치권을 인정하면서 발전해왔음
③ 자치권을 지역의 고유한 권리로 보는 '고유권설'과 맥락을 같이하며, 주민의 자치사무를 지역주민이 자신의 책임하에 스스로 처리한다는 측면에서 정치적 의미가 강함
④ 지방정부는 자치정부라는 단일 지위를 가지며, 사무 또한 원칙적으로 자치사무만을 처리함

2 단체자치: 법률적 의미의 자치

① 국가 내부에 일정 지역을 기초로 국가와는 별개로 독립된 단체의 존재를 인정하여 지역의 행정을 그 단체가 자신의 권능과 책임 아래 원칙적으로 국가의 간섭과 감독을 받지 않고 처리하는 것을 의미
② 중앙정부와 지방자치단체의 관계측면에서 분권을 강조하는 법률적 의미의 자치
③ 국가로부터 상대적으로 독립한 지방정부가 일정 사무를 처리한다는 대륙형 모델로, 자치권은 국가의 필요에 따라 인정된 권리로 보는 '전래권설'과 맥락을 같이함
④ 지방정부는 중앙정부의 지역단위 종합 지방행정기관의 지위(중앙정부 지휘감독하에 국가사무 처리)와 자치정부의 지위(자치사무 처리)의 이중적 지위를 가짐

주민자치와 단체자치 비교

구분	주민자치	단체자치
의미	민주주의(정치적 의미의 자치)	지방분권 사상(법률적 의미의 자치)
자치권	국가 이전의 고유권	국가로부터 부여받은 권리(전래권)
사무구분	자치사무·위임사무 구분 없음	자치사무·위임사무 구분
권한부여 방식	개별적 수권방식	포괄적 수권방식
중앙정부 통제	주로 입법적·사법적 통제 - 약한 통제	주로 행정적 통제 - 강한 통제
지방정부 형태	기관통합형(의회 중심)	기관대립형(의회 ↔ 기관장)
자치단체 지위	순수한 자치단체	이중적 지위(자치단체 + 일선기관)
통제	주민통제	중앙통제
자치의 강조점	주민참여, 주민의 권리 보호	국가(중앙정부)에 대한 지방정부의 독립과 자치권 보호
국가	영·미형	프랑스·독일 중심 대륙형

확인문제

지방자치의 이념과 사상적 계보에 대한 설명으로 가장 옳은 것은?
2019, 서울 9급
① 자치권의 인식에서 주민자치는 전래권으로, 단체자치는 고유권으로 본다.
② 주민자치는 지방분권의 이념을, 단체자치는 민주주의 이념을 강조한다.
③ 주민자치는 의결기관과 집행기관을 분리하여 대립시키는 기관분리형을 채택하는 반면, 단체자치는 의결기관이 집행기관도 되는 기관통합형을 채택한다.
④ 사무구분에서 주민자치는 자치사무와 위임사무를 구분하지 않지만, 단체자치는 이를 구분한다.

▶ ④ [○]
① [×] 주민자치는 자치권을 고유권으로 인식하며, 단체자치는 중앙정부로부터 위임받은 전래권으로 본다.
② [×] 주민자치는 민주주의 이념을, 단체자치는 지방분권의 이념을 강조한다.
③ [×] 단체자치는 의결기관과 집행기관이 분리된 기관분리형을 채택하는 반면, 주민자치는 의결기관과 집행기관이 통합되는 기관통합형을 채택하는 것이 일반적이다.

제3절 지방자치의 효용과 폐해

1 지방자치의 효용(필요성)
① 민주주의 이념 실현
② 민주주의의 훈련장
③ 지역실정에 맞는 행정
④ 정책의 지역적 실험
⑤ 자원배분의 효율성 제고

2 지방자치의 폐해(역기능)
① 지역 간 불균형 심화
② 지역이기주의 현상: 개별 지방자치단체별 이익에 집착함으로써 국가 전체 이익이나 전국적 효과를 소홀히 하는 경향 초래
③ 공공서비스 공급에서 규모경제 상실: 낭비와 비능률 초래
④ 위기 대응 능력 저하 등

확인문제

다음 중 지방자치의 의의로 가장 옳지 않은 것은? 2015, 서울 9급
① 민주주의의 훈련
② 다양한 정책실험의 실시
③ 공공서비스의 균질화
④ 지역주민에 대한 행정의 반응성 제고

▶ ③ [×] 지방자치는 민주적 행정이념을 구현해주지만 지역 간 형평성이나 균형발전 등을 실현해주지는 못한다.

확인문제

지방분권화의 장점으로 옳지 않은 것은? 2022, 국회 9급
① 주민들의 행정수요에 대한 대응성이 제고될 수 있다.
② 지방 간 갈등을 통일적으로 해결하는 데 기여한다.
③ 지역의 입장에서 사회적 문제에 접근하고 해결하는 데 기여한다.
④ 지방 실정에 맞는 유연한 행정을 할 수 있다.
⑤ 중앙행정과 지방행정 간의 관계를 대등한 협조체제의 관계로 발전시킬 수 있다.

▶ ② [×] 지방 간 갈등을 통일적으로 해결하는 것은 중앙집권의 장점이다.

제4절 중앙집권과 지방분권

1 중앙집권
(1) **중앙집권의 의의**: 중앙정부에 권한이 집중되어 있는 현상을 의미

(2) **중앙집권의 장점(필요성)**
① 전국적 통일성 확보
② 규모의 경제와 전문성 확보를 통한 행정의 능률성 확보
③ 국가적 위기에 신속한 대응
④ 광역적, 거시적, 국가적 대규모 사업계획 추진 가능

2 지방분권

(1) **지방분권의 의의**: 지방정부에 권한이 위임·분산된 현상

(2) **지방분권의 장점**(필요성)
① 지방적 특수성에 맞는 행정 수행
② 풀뿌리 민주주의의 실현
③ 창의적·실험적 행정
④ 행정에 대한 주민통제 강화
⑤ 주민참여와 정치훈련으로 민주주의 발전에 기여
⑥ 권한 위임에 따른 지방공무원과 주민의 사기 제고 및 지방행정 능력 향상

3 지방자치의 현대적 경향

(1) **신중앙집권**
① 의의: 19세기 이후 지방자치(주민자치)를 발전시켜왔던 영·미계 국가에서 20세기 이후 행정국가(복지국가)화 현상에 따라 등장한 중앙집권 현상을 의미
② 촉진요인: 20세기 행정국가(복지국가) 등장
  ㉠ 국민생활권의 확대와 전국적 규모의 경제 규제 필요성 등
  ㉡ 국민적 최저수준(national minimum) 유지 필요성
  ㉢ 행정기능의 양적 확대와 복잡성 증가
  ㉣ 지방재정의 취약성과 불균형으로 중앙재정에의 의존 심화
③ 특징
  ㉠ 지방자치단체에 대한 국가의 관여 내지 통제 강화
  ㉡ 국가 계획 기능의 확대
  ㉢ 위임사무 비중의 증대

(2) **신지방분권화**
① 의의: 1980년대 이후 신자유주의와 세계화 경향 속에서 종래 중앙집권적 성격이 강했던 프랑스 등 단체자치(대륙계) 국가를 중심으로 나타난 지방분권화 경향
② 촉진요인
  ㉠ 중앙집권의 폐해로 인한 지역 간 불균형 심화
  ㉡ 세계화·정보화의 확산
  ㉢ 주민 참여요구 증대와 민주정치 발전
  ㉣ 행정수요의 지역별 다양성
③ 특징: 신지방분권은 절대적 지방분권이 아니라 중앙정부의 지도의 필요성을 인정하고, 지방정부가 국가발전에 적극 동참하도록 강조하는 상대적·적극적·협조적·참여적 분권임

확인문제

다음 중 신중앙집권화와 관련된 특징에 대한 설명으로 가장 옳지 않은 것은? 2022. 군무원 7급
① 행정구역의 광역화가 나타날 수 있다.
② 중앙-지방간의 관계는 기능적·협력적 관계이다.
③ 지방정부의 자율성을 상대적으로 제한할 수 있다.
④ 세계화와 신자유주의가 신중앙집권화를 촉진하였다.

▶ ④ [×] 세계화와 신자유주의는 신지방분권화를 촉진하였다.

제5절 지방자치 이론

1 티부(Tiebout) 가설: '발에 의한 투표(vote by foot)'

(1) 티부 가설의 의의: 주민들이 각 지방을 자유롭게 이동가능하기 때문에 지방공공재에 대한 주민들의 선호가 표시되고 지방정부를 주민 스스로 선택할 수 있기 때문에 이러한 시장배분적 과정을 통하여 지방공공재 공급의 적정규모가 결정될 수 있다는 이론

(2) 티부 가설의 기본가정 및 전제

① 시민의 완전한 이동성: 지방자치단체의 거주자이며 공공재의 소비자인 시민은 아무런 거래비용 없이 거주지를 이동할 수 있음

② 완전한 정보: 시민들은 각 지방정부의 재정 상태에 대한 완전 정보를 가진다고 가정함

③ 다수의 지방정부: 서로 다른 정책을 추진하는 다수의 지방정부가 존재하여 시민들의 선택의 여지가 많음

④ 고용기회는 거주지 결정에 영향을 미치지 않는다고 가정함. 사람들이 거주지를 결정할 때 자신의 직장 위치는 고려 대상에서 제외되며, 순전히 지방정부의 재정정책에 따라 이동이 이루어진다고 가정. 결국, 시민들은 일터인 직장에 다니면서 생계를 유지하는 것이 아니라, 주식이나 채권의 배당수입에 의존하여 생계를 유지하는 것으로 전제함

⑤ 각 지방자치단체 사이에 외부효과는 존재하지 않는다고 가정함. 즉, 한 지방정부가 제공하는 서비스는 그 지역주민에게만 영향을 미치는 것으로 가정함

⑥ 단위당 평균비용의 동일(규모수익 불변): 규모의 경제가 존재하지 않음

⑦ 각 지방정부마다 고정 생산요소(fixed factor)의 존재로 인한 최적생산 규모가 있으며, 각 지방정부는 최적생산 규모를 추구한다고 가정함

⑧ 지방정부의 주된 재원은 주민들의 재산세로 충당된다고 가정하며, 국고보조금 등은 존재하지 않는다고 가정

(3) 티부(Tiebout) 가설의 한계(문제점)

① 비현실적 가정: 완전한 정보, 완전한 이동 가능성 등 비현실적인 가정에 근거하고 있으며, 외부효과와 규모의 경제효과가 없다는 가정 역시 불완전함

② 공평성의 문제: 티부 가설의 기본 가정이 충족되면 효율성 측면에서는 만족할 만한 결과를 얻을 수 있을지 모르지만, 공평성의 측면에서는 바람직하지 못한 결과를 가져올 수 있음. 지방자치단체 서비스와 조세에 대한 비교 정보를 토대로 발에 의한 투표가 이루어지게 되면, 그 결과 지방자치단체는 선호가 유사한 사람들로 구성될 가능성이 높음. 예를 들어 부유한 지역에 가난한 사람이 살면 부유층은 상대적으로 조세부담이 증대되기 때문에 떠날 가능성이 높고 결과적으로 소득수준이 유사한 사람들끼리 모여 살 가능성이 높아지고, 이는 지역 간 이질성과 격차를 심화시킬 수 있음

확인문제

티부(Tiebout) 모형의 가정(assumptions)으로 옳지 않은 것은?
2016, 국가 9급

① 충분히 많은 수의 지방정부가 존재한다.
② 공급되는 공공서비스는 지방정부 간에 파급효과 및 외부효과를 발생시킨다.
③ 주민들은 언제나 자유롭게 이동할 수 있다.
④ 주민들은 지방정부들의 세입과 지출 패턴에 관하여 완전히 알고 있다.

▶ ② [×] 티부모형에 따르면 지방정부의 공공서비스에는 지방정부 간 파급효과 및 외부효과를 발생시키지 않는다고 전제한다.

❷ 오츠(Oates)의 분권화 정리(Decentralization Theorem)

공공재 공급에서 지방정부의 역할을 강조한 것으로, 오츠는 중앙정부의 일률적 지역 공공재 공급이 비용 절약(규모의 경제)이나 외부효과가 없다면, 지방정부가 공공재를 공급하는 것이 최소한 같거나 더 효율적이라는 것을 증명하였음. 즉, 중앙정부는 공공재를 획일적으로 공급하지만, 지방정부는 주민의 선호를 반영하여 공급하므로 더 파레토 효율적이라는 것을 증명(다만 공공재의 공급비용은 중앙정부와 지방정부가 같고 외부효과가 없다는 가정을 전제로 함)

❸ 보충성의 원리

① 보충성의 원칙은 하급 단위에서 잘 처리할 수 있는 업무를 상급 단위에서 직접 처리해서는 안 된다는 원칙으로 기초자치단체에서 처리할 수 있는 사무를 광역자치단체나 중앙정부에서 처리해서는 안 된다는 것을 의미함

② **소극적 의미**: 기초 정부(자치단체)가 할 수 있는 일을 상급 정부(자치단체)가 관여해서는 안 된다는 것을 의미

③ **적극적 의미**: 상급 정부가 기초 정부가 일차적으로 활동할 수 있는 조건을 갖출 수 있도록 지원해 주어야 한다는 것을 의미

> **보충자료**
>
> **딜론의 원칙**(Dillion's Rule)
> 1868년 미국 아이오와 주법원의 딜론 판사에 의해 정립된 것으로, 연방정부와 주정부 간 권력상의 분리를 주장하여 주정부의 독립성을 강조하는 한편, 지방정부에 대한 주정부의 법적인 우위를 규정한 원칙임. 딜론의 법칙은 주정부와 지방정부의 관계에서 주정부의 절대적 우위를 판결한 것으로 구체적인 내용은 다음과 같음
> ① 지방자치의 관습적 권리는 인정되지 않는다.
> ② 지방정부는 주정부의 창조물이며, 지방정부의 창조와 폐지는 주정부의 재량권이다.
> ③ 지방정부의 권력은 부여받은 범위 내에서 행사한다.
> ④ 지방정부는 주 입법부의 의지를 실천하는 단순한 대리인이다.

CHAPTER 02 지방자치의 운영체계

제1절 지방자치단체의 종류

1 우리나라 지방자치단체의 종류

(1) **보통지방자치단체**: 일반적·종합적 지역사무를 담당하는 포괄적 성격의 지방자치단체
  ① 광역지방자치단체: 특별시, 광역시, 특별자치시, 도 및 특별자치도
  ② 기초지방자치단체: 시와 군 및 자치구

(2) **특별지방자치단체**: 특정한 목적을 수행하기 위하여 설치된 지방자치단체
  ① 2개 이상의 지방자치단체가 공동으로 특정한 목적을 위하여 광역적으로 사무를 처리할 필요가 있을 때에는 특별지방자치단체를 설치할 수 있음(지방자치법 제199조)
  ② 특별지방자치단체는 법인으로 함

2 보통지방자치단체

(1) **광역지방자치단체**: 특별시, 광역시, 특별자치시, 도 및 특별자치도
  ① 광역자치단체의 관할: 특별시, 광역시, 특별자치시, 도, 특별자치도는 정부의 직할(直轄)로 둠
  ② 특별시: 광역자치단체로서 법적 지위는 동일하지만, 수도로서의 특수성을 고려하여 특례를 인정하고 있음(서울특별시 행정특례에 관한 법률)
  ③ 세종특별자치시와 제주특별자치도는 그 관할 구역에 시와 군, 자치구를 두지 않음(단층제)

(2) **기초지방자치단체**: 시, 군, 자치구
  ① 시는 도의 관할 구역 안에, 군은 광역시나 도의 관할 구역 안에 두며, 자치구는 특별시와 광역시의 관할 구역 안에 둠
  ② 시(市)는 도(道)의 관할 구역 안에 있으며, 도시의 형태를 갖추고 인구 5만 이상이 되어야 함
  ③ 군(郡)은 광역시, 도의 구역 내에 있는 기초지방자치단체를 의미
  ④ 자치구(自治區)는 특별시, 광역시의 관할 구역 안에 있는 기초지방자치단체로, 자치구의 자치권의 범위는 법령으로 정하는 바에 따라 시·군과 다르게 할 수 있음
  ⑤ 특별시·광역시 또는 특별자치시가 아닌 인구 50만 이상의 시에는 자치구가 아닌 구를 둘 수 있음

확인문제

우리나라 지방행정체제와 관련된 내용으로 옳지 않은 것은?
2013. 국가 9급
① 자치구의 자치권 범위는 시·군의 경우와 같다.
② 특별시·광역시·도는 같은 수준의 자치행정계층이다.
③ 광역시가 아닌 시라도 인구 50만 이상의 경우에는 자치구가 아닌 구를 둘 수 있다.
④ 군은 광역시나 도의 관할 구역 안에 둔다.

▶ ① [×] 자치구의 자치권의 범위는 법령이 정하는 바에 따라 시·군과 다르게 할 수 있다.

3 특별지방자치단체

(1) **의의**: 2개 이상의 지방자치단체가 공동으로 특정한 목적을 위하여 광역적으로 사무를 처리할 필요가 있을 때에는 특별지방자치단체를 설치할 수 있음

> **예** 충청광역연합: 지방분권 실현과 지역 균형 발전을 목표로 대전, 세종, 충남, 충북 등 충청권 4개 시도가 협력하여 설립한 최초의 특별지방자치단체로 2024년 12월 18일 출범하였음

(2) **설립 절차**: 특별지방자치단체를 구성하는 지방자치단체는 상호 협의에 따른 규약을 정하여 구성 지방자치단체의 지방의회 의결을 거쳐 행정안전부장관의 승인을 받아야 함

(3) **특별지방자치단체의 의회**
   ① 특별지방자치단체의 의회 의원은 구성 지방자치단체의 의회 의원으로 구성되며, 구성 지방자치단체의 의회 의원은 특별지방자치단체의 의회 의원을 겸할 수 있음
   ② 지방의회는 규약으로 정하는 사무 범위 내에서 조례를 정할 수 있음

(4) **특별지방자치단체의 단체장**
   ① 특별지방자치단체의 장은 규약으로 정하는 바에 따라 특별지방자치단체의 의회에서 선출되며, 구성 지방자치단체장이 특별지방자치단체의 장을 겸할 수도 있음
   ② 특별지방자치단체의 장은 규약에서 정하는 사무 범위 내에서 규칙을 제정할 수 있음

▶ 보통지방자치단체와 특별지방자치단체 비교

구분	보통지방자치단체	특별지방자치단체
설치	법률	행정안전부장관 승인
구성원	구역 내의 주민	구성 지방자치단체
구역	관할 구역 전체	구성 지방자치단체의 전부 또는 일부
자치권	관할 구역의 모든 주민과 자치사무 모두에 적용되는 포괄적 권한	구성원인 지방자치단체가 규약에 의하여 규정한 사무에 적용되는 제한된 권한
사무	구역 내 종합적 사무 (일반적·종합적 사무처리)	규약에서 정하는 사무만 가능 (특정적·한정적 사무의 처리)
입법	조례 및 규칙 제정권	조례 및 규칙 제정권 (단, 규약에서 정하는 사무범위 내)
재정	• 지방세 부과·징수 • 사용료·수수료·분담금·지방채	• 구성 지방자치단체의 분담금 • 사용료·수수료·분담금·지방채
의회	• 의결기관 • 주민의 직접 선거	• 의결기관 • 주민의 간접 대표로 구성 – 구성 지방자치단체 의회 의원
단체장	• 지방자치단체 대표권 • 주민의 직접 선거	• 특별지방자치단체 대표권 • 특별지방자치단체 의회에서 간접 선출
직원	지방자치단체의 공무원	특별지방자치단체 소속 공무원과 구성 지방자치단체에서 파견된 공무원

확인문제

특별지방자치단체에 대한 설명으로 옳지 않은 것은? 2022. 국가 9급
① 2개 이상의 지방자치단체가 공동으로 특정한 목적을 위하여 광역적으로 사무를 처리할 필요가 있을 때에는 특별지방자치단체를 설치할 수 있다.
② 보통의 지방자치단체와 같이 법인격을 갖는다.
③ 특별지방자치단체의 의회는 규약으로 정하는 바에 따라 구성 지방자치단체의 의회 의원으로 구성한다.
④ 구성 지방자치단체의 장은 「지방자치법」상 겸임 제한 규정에 의해 특별지방자치단체의 장을 겸할 수 없다.

▶ ④ [×] 구성 지방자치단체의 장은 특별지방자치단체의 장을 겸할 수 있다.

제2절 지방행정체제: 계층과 구역

1 지방자치단체의 계층

(1) 계층의 의의: 계층이란 지방자치단체와 중앙정부 간의 연결 구조를 의미함. 중앙정부와 지방자치단체가 직접 연결되는 단층제와 중간에 또 다른 지방자치단체가 존재하여 둘 또는 그 이상의 계층이 존재하는 중층제(다층제)가 있음

① **자치계층**: 자치계층은 자치권을 가진 지방자치단체 상호 간의 수직적 구조를 의미

② **행정계층**: 행정기관 간 수직적 구조를 의미. 행정계층은 자치권이 없는 일반 행정기관과 더불어 자치권을 가진 지방자치단체도 포함됨. 행정계층은 중앙집권의 논리에 의해 결정됨

(2) 단층제와 중층제

① **단층제**: 하나의 자치구역 내에 하나의 보통지방자치단체가 모든 지방사무를 맡아서 처리하는 경우

② **중층제**: 하나의 자치구역 내에 둘 이상의 보통지방자치단체가 지방사무를 분담하여 처리하는 경우

(3) 단층제와 중층제의 장·단점

구분	단층제	중층제
장점	• 신속한 행정, 의사전달 왜곡 방지 • 이중행정과 감독의 폐해 방지 • 행정낭비의 제거와 효율성 제고 • 행정책임 명확화	• 공공기능의 분업적 수행(광역사무 처리) 가능 • 국가의 감독기능 유지 • 국가의 직접 개입 차단: 민주주의 원리 확산 • 기초지방자치단체 기능 보완
단점	• 넓은 국토, 많은 인구 적용에 불리 • 중앙집권화 위험: 국가의 직접 개입으로 중앙정부 비대화 가능성(지방분권 저해 요인) • 광역행정 사무처리 곤란	• 결정의 신속성 저해, 의사전달 왜곡 가능성 • 이중감독과 이중규제 가능성 • 상하 자치단체 간 권한과 책임의 불명확성: 행정책임 모호 • 행정 지체와 낭비로 인한 비효율

2 우리나라 지방정부 계층구조

(1) 자치계층

① 우리나라는 자치 2층제를 기본으로 하고, 일부 지역에서만 단층제를 채택하고 있음. 특별·광역시에는 자치구·군을 두고 있고, 도는 시·군을 두는 자치 2층제를 채택하고 있음

② 예외적으로 제주특별자치도와 세종특별자치시는 기초지방자치단체를 두지 않는 단층제 형태로 운영되고 있음

(2) 행정계층

① 특별시와 광역시: 자치구·군 - 읍·면·동으로 이루어진 행정3층제

② 세종특별자치시: 읍·면·동으로 구성되는 행정2층제

③ 제주특별자치도: 행정시 - 읍·면·동으로 구성되는 행정3층제

④ 강원특별자치도·전북특별자치도: 특별자치도 - 시·군 - 읍·면·동으로 구성되는 행정3층제

⑤ 도(道)
  ㉠ 인구 50만명 이상의 대도시: 도 - 시 - 행정구 - 읍·면·동으로 구성되는 행정4층제
  ㉡ 일반 시·군: 도 - 시·군 - 읍·면·동의 행정3층제

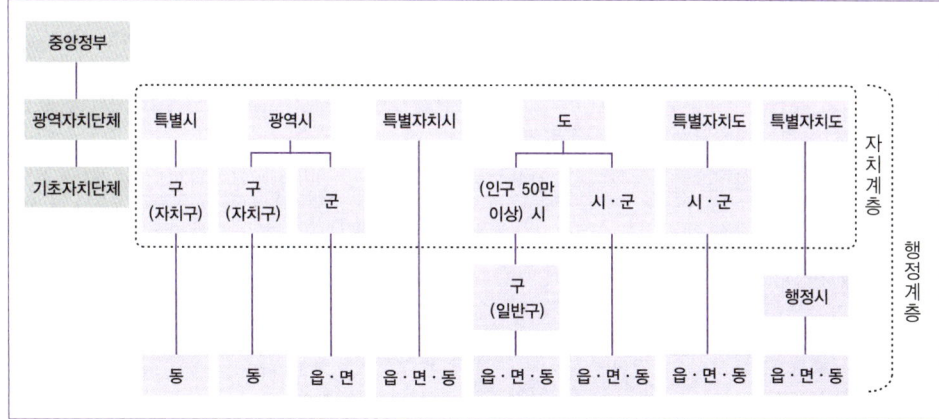

▣ 우리나라의 자치계층과 행정계층

확인문제

지방자치단체의 계층구조에 대한 설명으로 옳지 않은 것은?
2011, 국가 9급
① 계층구조는 각 국가의 정치형태, 면적, 인구 등에 따라 다양한 형태를 갖는다.
② 중층제에서는 단층제에서보다 기초자치단체와 중앙정부의 의사소통이 원활하지 못할 수 있다.
③ 단층제는 중층제보다 중복행정으로 인한 행정 지연의 낭비를 줄일 수 있다.
④ 중층제는 단층제보다 행정책임을 보다 명확하게 할 수 있다.

▶ ④ [×] 중층제는 한 지방자치단체가 다른 지방자치단체를 구역 안에 포괄하고 있어서 지방자치단체가 중첩되는 구조를 말한다. 따라서 동일 관할 구역 내 유사 또는 동일 업무의 동시적 추진으로 인한 책임성 확보가 곤란하다는 문제가 발생할 수 있다.

확인문제

우리나라의 지방자치계층에 대한 설명으로 옳지 않은 것은?
2017, 국가 9급
① 제주특별자치도는 자치계층 측면에서 단층제로 운영되고 있다.
② 자치계층은 주민공동체의 정책결정 및 집행의 단위로서 정치적 민주성 가치가 중요시된다.
③ 세종특별자치시의 관할구역으로 자치구를 둘 수 있다.
④ 자치계층으로 군을 두고 있는 광역시가 있다.

▶ ③ [×] 세종특별자치시의 관할구역으로 자치구를 둘 수 없다(세종특별자치시 설치 등에 관한 특별법 제6조 제2항).

③ 우리나라 지방자치단체 구역

(1) **자치구역의 의의**: 지방자치단체의 자치권이 미치는 장소적 범위를 의미

(2) **구역의 적정규모 설정 기준**
① 주민의 공동체 형성 고려
② 행정의 능률성 확보
③ 재정적인 자립 가능성
④ 행정의 민주성 확보를 위한 주민참여와 통제를 할 수 있도록 설정되어야 함

(3) **우리나라 지방자치단체 구역**
① 구역 조정의 종류
  ㉠ 경계변경: 지방자치단체 구역 안에서 경계의 변화만을 가져오는 구역 개편
  ㉡ 구역변경: 구역을 일정 기준에 의하여 다시 획정함으로써 지방자치단체의 규모를 전반적으로 재정립하는 구역 개편
  ㉢ 폐치분합: 지방자치단체의 신설 또는 폐지, 분리 또는 합병을 통해 법인격의 변화를 수반하는 구역 개편

② 구역 조정의 절차

구분	구역개편(변경)	절차 및 형식
자치구역	자치단체 명칭과 구역 변경 및 폐치 분합	법률 + 지방의회 의견 혹은 주민투표
	자치단체의 관할 구역 경계 변경	대통령령
행정구역	자치구가 아닌 구, 읍·면·동의 폐치 분합	행정안전부장관의 승인 후 조례
	자치구가 아닌 구, 읍·면·동의 명칭과 구역 변경	조례제정 후 시·도지사 보고
	리의 명칭과 구역 변경 및 폐치 분합	자치단체 조례
	행정운영상의 동·리, 동·리를 2개로 혹은 2 이상을 하나의 동·리로 운영	자치단체 조례

제3절 지방자치단체의 자치권

1 자치권의 의의

지방자치단체가 소관 사무를 자율적으로 처리할 수 있는 포괄적 권리와 능력을 의미

2 자치권의 본질

(1) 고유권설
① 지방정부가 행사하는 자치권이 국가나 국왕 등으로부터 주어지는 것이 아니라 지방정부 그 자체가 원래부터 가지고 있는 권리로 보는 견해
② 개인의 기본권을 중시하는 자연법 사상과 공동체의 중요성을 강조하는 공동체 이론 등에 기초한 것으로, 인간이 자연스럽게 구성하는 공동체나 소규모 지역정부가 국가에 우선한다고 보는 입장

(2) 전래권설(수탁설, 국권설)
① 지방정부가 행사하는 자치권을 국가로부터 전래, 또는 위탁된 것으로 보는 견해로 주로 독일의 공법학자들에 의해서 주장되어 왔음
② 지방자치단체는 국가의 법률에 의한 창조물이며, 따라서 지방자치권 역시 국가의 법률에 의해 위탁된 결과로 인식함
③ 전래권설에 따르게 되면 지방자치단체는 국가로부터 허용된 권한을 행사하는 것이기 때문에 필연적으로 국가로부터 엄격한 통제를 받게 됨

(3) 제도적 보장설(다수설)
① 지방자치단체의 자치권은 헌법에 의해 제도적으로 보장되고 있는 권리라고 보는 견해
② 역사적·전통적으로 확립된 일정한 공법상의 제도를 헌법에 보장함으로써 입법에 의해 변경하지 못하도록 한다는 데 그 특징이 있음

3 자치권의 내용

(1) 자치입법권(legislative power)
① 의의: 지방자치단체가 구역 내에서 공적 권위를 가진 일종의 지역 차원의 법률이나 규칙을 만들 수 있는 권한. 우리나라 지방자치단체는 자치입법권으로 조례와 규칙에 관한 권한을 가짐

확인문제

우리나라 지방자치단체의 권한(자치권)으로 옳지 않은 것은?
2021, 국가 9급
① 지방자치단체는 법률의 위임이 있어야 주민의 권리를 제한하는 조례를 제정할 수 있다.
② 지방자치단체는 주민의 복지증진과 사업의 효율적 수행을 위하여 지방공기업을 설치·운영할 수 있다.
③ 지방자치단체는 조례를 위반한 행위에 대하여 조례로써 1,500만원 이하의 과태료를 정할 수 있다.
④ 지방자치단체조합도 따로 법률로 정하는 바에 따라 지방채를 발행할 수 있다.

▶ ③ [×] 지방자치단체는 조례를 위반한 행위에 대하여 조례로써 1천만원 이하의 과태료를 정할 수 있다.

확인문제

지방자치단체의 조례에 관한 설명으로 옳은 것을 모두 고른 것은?
2014, 지방 9급

ㄱ. 지방자치단체의 장은 법령이나 조례가 위임한 범위에서 그 권한에 속하는 사무에 관하여 규칙을 제정할 수 있다.
ㄴ. 지방의회에서 의결된 조례안은 10일 이내에 지방자치 단체의 장에게 이송되어야 한다.
ㄷ. 재의요구를 받은 조례안은 재적의원 과반수의 출석과 출석의원 과반수의 찬성으로 재의요구를 받기 전과 같이 의결되면, 조례로 확정된다.
ㄹ. 지방자치단체의 장은 재의결된 조례가 법령에 위반된다고 판단되면 재의결된 날부터 20일 이내에 대법원에 제소할 수 있다.

① ㄱ, ㄴ ② ㄴ, ㄹ
③ ㄱ, ㄹ ④ ㄷ, ㄹ

▶ ③ ㄱ, ㄹ [○]
ㄴ. [×] 지방의회에서 의결된 조례안은 5일 이내에 지방자치 단체의 장에게 이송되어야 한다(지방자치법 제32조 제1항).
ㄷ. [×] 재의요구를 받은 조례안은 재적의원 과반수의 출석과 출석의원 2/3의 찬성으로 재의요구를 받기 전과 같이 의결되면, 조례로 확정된다(지방자치법 제32조 제4항).

② 조례제정권
  ㉠ 지방자치단체는 법령의 범위에서 그 사무에 관하여(자치사무, 단체위임사무) 조례를 제정할 수 있음
  ㉡ 주민의 권리 제한 또는 의무 부과에 관한 사항이나 벌칙을 정할 때에는 법률의 위임이 있어야 함
  ㉢ 시·군 및 자치구는 해당 구역을 관할하는 시·도의 조례를 위반하여 사무를 처리할 수 없음
  ㉣ 지방자치단체는 조례를 위반한 행위에 대하여 조례로써 1천만원 이하의 과태료를 정할 수 있으며, 과태료는 해당 지방자치단체의 장이나 그 관할 구역의 지방자치단체의 장이 부과·징수

③ 규칙제정권
  ㉠ 지방자치단체의 장은 법령 또는 조례의 범위에서 그 권한에 속하는 사무(자치사무, 단체위임사무, 기관위임사무)에 관하여 규칙을 제정할 수 있음
  ㉡ 시·군 및 자치구의 조례나 규칙은 시·도의 조례나 규칙을 위반해서는 안 됨

④ 조례와 규칙 제정절차
  ㉠ 조례안이 지방의회에서 의결되면 의장은 의결된 날부터 5일 이내에 그 지방자치단체의 장에게 이를 이송하여야 함
  ㉡ 지방자치단체의 장은 조례안을 이송받으면 20일 이내에 공포하여야 함
  ㉢ 지방자치단체의 장은 이송받은 조례안에 대하여 이의가 있으면 20일 이내에 이유를 붙여 지방의회로 환부(還付)하고, 재의(再議)를 요구할 수 있음. 이 경우 지방자치단체의 장은 조례안의 일부에 대하여 또는 조례안을 수정하여 재의를 요구할 수 없음
  ㉣ 재의요구를 받은 지방의회가 재의에 부쳐 재적의원 과반수의 출석과 출석의원 3분의 2 이상의 찬성으로 전과 같은 의결을 하면 그 조례안은 조례로서 확정됨
  ㉤ 지방자치단체의 장은 확정된 조례를 지체 없이 공포하여야 함. 조례가 확정된 후 또는 지방의회 재의결에 따른 확정조례가 지방자치단체의 장에게 이송된 후 5일 이내에 지방자치단체의 장이 공포하지 아니하면 지방의회의 의장이 이를 공포함
  ㉥ 조례와 규칙은 특별한 규정이 없으면 공포한 날부터 20일이 지나면 효력을 발생

(2) **자치행정권**: 지방자치단체가 자기 권한에 속한 사무를 스스로 처리할 수 있는 권한. 즉, 중앙정부를 비롯한 외부기관의 간섭 없이 처리할 수 있는 권한을 의미

(3) **자치조직권**: 지방자치단체를 운영하는 데 필요한 조직을 스스로 설치·운영·폐지할 수 있는 권한을 의미

(4) **자치재정권**: 지방자치단체가 사무 수행에 필요한 경비를 자주적으로 조달 및 사용하는 권리를 의미. 지방세 및 세외수입 등의 부과·징수 권한, 예산 편성 및 결정권, 지방자치단체의 재산관리권 등을 포함

확인문제

다음 중 우리나라 지방자치단체의 자치권에 대한 설명으로 옳지 않은 것은? 2017, 국회 8급
① 지방자치단체는 자치재정권이 인정되어 조례를 통해서 독립적인 지방 세목을 설치할 수 있다.
② 행정기구의 설치는 대통령령이 정하는 범위 안에서 지방자치단체의 조례로 정한다.
③ 자치사법권이 부여되어 있지 않다.
④ 중앙정부가 분권화시킨 결과가 지방정부의 자치권 확보라고 할 수 있다.
⑤ 중앙과 지방의 기능배분에 있어서 포괄적 예시형 방식을 적용한다.

▶ ① [×] 우리나라는 조세법률주의를 택하고 있어 지방세의 세목과 세율에 대해서는 법률로써 정해야 하며, 조례에 의한 세목의 설치를 허용하지 않는다.

CHAPTER 03 지방자치단체 사무

제1절 사무배분의 의의 및 사무배분 방식

1 사무배분의 의의
사무배분 혹은 기능배분은 중앙정부와 지방정부 사이에, 또는 상급지방정부와 하급지방정부 사이에 이루어지는 일과 책임과 권한의 배분을 의미

2 사무배분의 방식
(1) **개별적 지정방식**
① 의의: 중앙정부 또는 중앙정부의 의회가 개개의 지방자치단체별로 수행할 수 있는 사무를 하나하나 개별적으로 지정해주는 방식. 일반적으로 개별 지방정부를 위한 특별법의 형태로 이루어지는 경우가 많음
② 장점
  ㉠ 사무 내용이 구체적으로 명시되기 때문에 주어진 사무에 관한 한 강력한 자치권이 주어지며, 중앙정부의 간섭을 최대한 배제할 수 있음
  ㉡ 개별 지방정부를 상대로 한 특별법을 제정하여 배분하는 경우, 사무의 배분이 지방정부별로 이루어지기 때문에 각 지방정부의 특수성이 고려될 수 있음
  ㉢ 개별적 배분방식은 사무가 구체적으로 명시되고, 주어진 사무에 대해서는 비교적 철저한 자치권을 부여받게 됨
③ 단점
  ㉠ 사무를 하나하나 개별적으로 지정해주는 방식을 취하기 때문에 운영상 융통성과 유연성이 떨어짐
  ㉡ 개별 지방정부를 대상으로 하는 특별법의 형태를 이루는 경우 지방정부마다 특별법을 제정해야 하기 때문에 이에 따른 업무상의 부담이 큼

(2) **포괄적 지정방식**

① 의의: 사무를 배분함에 있어서 사무 자체를 구체적으로 하나하나 명시하지 않고 지역적 성격을 띠는 사무에 관한 처리권을 지방자치에 관한 일반법에 의해 모든 지방자치단체에 포괄적으로 배분하는 방식

② 장점
  ㉠ 배분방식이 간단하고 간편함. 사무를 재배분하거나 새로운 사무를 부여할 때마다 헌장이나 지방자치 관련 기본법을 계속 개정해야 하는 개별적 배분방식과는 달리 헌법이나 지방자치관련 기본법에서 사무배분에 관한 일반 규정을 두기만 하면 됨
  ㉡ 개별 사무에 대한 권리의 주체를 법에 명시하지 않음으로서 상황에 따라 주체를 달리할 수 있기 때문에 운영상의 유연성과 탄력성을 제고할 수 있음

③ 단점
  ㉠ 국가사무와 자치사무에 대한 명확한 구별이 없어 행정주체 간에 혼동을 야기할 수 있으며, 계층 간 사무배분이 명확하지 않아서 사무의 중복이 발생할 수 있음
  ㉡ 실질적인 사무배분은 개별 법령을 통해 이루어지기 때문에 전체적인 사무배분 구조를 파악하기 위해서는 개별 법령 하나하나를 모두 살펴보아야 함
  ㉢ 개별 법령의 제정과 개정을 통해 중앙정부가 지방정부의 자치사무 영역을 침범하기 쉬움. 자치사무에 해당되는 사무에 대해서도 개별 법령을 통해 중앙정부 사무로 규정할 수 있게 됨
  ㉣ 사무배분에 있어 지역별 특성의 고려가 부족함

(3) **절충형 방식**(혼합 방식): 두 가지 방식을 혼합한 사무배분 방식으로, 지방정부가 처리하는 사무의 영역을 포괄적으로 규정하되 그 일부를 예시해주는 방식

3 우리나라의 사무배분 방식: 포괄적 예시주의(지방자치법 제13조)

① 우리나라는 「지방자치법」 제13조 제2항에서 지방자치단체가 처리할 7대 분야 61개의 사무를 포괄적으로 예시하고 있음

② 예시된 모든 사무가 지방자치단체에서 처리될 수 있는 것은 아님. 「지방자치법」 제13조 제2항 단서에서는 "다만, 법률에 이와 다른 규정이 있으면 그러하지 아니하다."라고 하여 예시된 사무들이 다른 법률에 의하여 지방자치단체의 사무가 되지 않을 수도 있음을 규정하고 있음

> **보충자료**
>
> **지방자치법 제13조(지방자치단체의 사무범위)**
> ① 지방자치단체는 관할 구역의 자치사무와 법령에 따라 지방자치단체에 속하는 사무를 처리한다.
> ② 제1항에 따른 지방자치단체의 사무를 예시하면 다음 각 호와 같다. 다만, 법률에 이와 다른 규정이 있으면 그러하지 아니하다.
>   1. 지방자치단체의 구역, 조직, 행정관리 등에 관한 사무
>   2. 주민의 복지증진에 관한 사무
>   3. 농림·상공업 등 산업 진흥에 관한 사무
>   4. 지역개발과 주민의 생활환경시설의 설치·관리에 관한 사무
>   5. 교육·체육·문화·예술의 진흥에 관한 사무
>   6. 지역민방위 및 지방소방에 관한 사무
>   7. 국제교류 및 협력

제2절 사무배분의 원칙

1 비경합의 원칙(명확성의 원칙)

① 기관 간 사무가 서로 겹치지 않도록 배분되어야 한다는 것을 의미. 즉, 사무의 소관이 중앙정부인지 광역자치단체인지 기초자치단체인지가 명확하게 구분지어져야 한다는 것을 의미

② 국가는 지방자치단체가 사무를 종합적·자율적으로 수행할 수 있도록 국가와 지방자치단체 간 또는 지방자치단체 상호 간의 사무를 주민의 편익증진, 집행의 효과 등을 고려하여 서로 중복되지 아니하도록 배분하여야 함(지방자치법 제11조 제1항)

2 기초자치단체 우선의 원칙

① 기초자치단체에서 처리할 수 있는 사무를 광역자치단체나 중앙정부에서 처리해서는 안 된다는 것을 의미

② 국가는 사무를 배분하는 경우 지역주민생활과 밀접한 관련이 있는 사무는 원칙적으로 시·군 및 자치구의 사무로, 시·군 및 자치구가 처리하기 어려운 사무는 시·도의 사무로, 시·도가 처리하기 어려운 사무는 국가의 사무로 각각 배분하여야 함(지방자치법 제11조 제2항)

3 효율성의 원칙(경제성의 원칙)

사무배분 시에는 그 사무처리에 드는 경제적 비용을 고려해야 한다는 것으로, 지방자치단체의 재정력이나 인구수 등을 고려하여 최소의 비용으로 최대의 효과를 거둘 수 있는 지방자치단체에 배분하는 것을 고려해야 한다는 것을 의미

확인문제

중앙정부의 지방자치단체 사무배분 원칙에 대한 설명으로 옳은 것만을 모두 고르면? 2021. 국가 7급

ㄱ. 지역주민생활과 밀접한 관련이 있는 사무는 원칙적으로 시·군 및 자치구의 사무로 배분하여야 한다.
ㄴ. 서로 관련된 사무들을 배분할 때는 포괄적으로 배분하여야 한다.
ㄷ. 시·군 및 자치구가 처리하기 어려운 사무는 국가보다는 시·도에 우선적으로 배분하여야 한다.
ㄹ. 시·군 및 자치구가 해당 사무를 원활히 처리할 수 있도록 행정적·재정적 지원을 병행하여야 한다.
ㅁ. 주민의 편익증진과 집행의 효과 등을 고려하여 지방자치단체 상호 간 중복되지 않도록 해야 한다.

① ㄱ, ㄷ, ㅁ
② ㄴ, ㄷ, ㄹ
③ ㄱ, ㄴ, ㄹ, ㅁ
④ ㄱ, ㄴ, ㄷ, ㄹ, ㅁ

▶ ④ ㄱ, ㄴ, ㄷ, ㄹ, ㅁ [O]

4 포괄성(종합성)의 원칙

① 사무배분에 있어 동종 업무나 서로 연관된 사무를 함께 포괄적으로 배분해 주어야 한다는 것을 의미

② 국가가 지방자치단체에 사무를 배분하거나 지방자치단체가 사무를 다른 지방자치단체에 재배분할 때에는 사무를 배분받거나 재배분받는 지방자치단체가 그 사무를 자기의 책임하에 종합적으로 처리할 수 있도록 관련 사무를 포괄적으로 배분하여야 함(지방자치법 제11조 제3항)

5 충분재정의 원칙(재정확보의 원칙)

① 사무를 배분하는 경우 해당 사무의 처리를 위한 재정을 확보할 수 있도록 하여야 한다는 것. 지방정부가 그 사무를 처리하는 데 필요한 재원이나 재정적 능력을 가질 수 있도록 해주어야 하며, 지방정부로의 권한이양은 반드시 이러한 권한을 행사하는 데 필요한 재원의 이양과 함께 이루어져야 한다는 것을 의미

② 국가는 지방자치단체에 이양한 사무가 원활히 처리될 수 있도록 행정적·재정적 지원을 병행하여야 함(지방자치분권 및 지방행정체제개편에 관한 특별법 제11조 제3항)

제3절 우리나라 지방정부의 사무배분

1 사무처리의 기본원칙(지방자치법 제12조)

① 지방자치단체는 사무를 처리할 때 주민의 편의와 복리증진을 위하여 노력하여야 함

② 지방자치단체는 조직과 운영을 합리적으로 하고 규모를 적절하게 유지하여야 함

③ 지방자치단체는 법령을 위반하여 사무를 처리할 수 없으며, 시·군 및 자치구는 해당 구역을 관할하는 시·도의 조례를 위반하여 사무를 처리할 수 없음

2 지방자치단체의 사무범위

(1) 지방자치단체는 관할 구역의 자치사무와 법령에 따라 지방자치단체에 속하는 사무를 처리하여야 함(지방자치법 제13조 제1항)

(2) 지방자치단체의 사무 예시

① 지방자치단체의 구역, 조직, 행정관리 등에 관한 사무

② 주민의 복지증진에 관한 사무

③ 농림·상공업 등 산업 진흥에 관한 사무

④ 지역개발과 주민의 생활환경시설의 설치·관리에 관한 사무

⑤ 교육·체육·문화·예술의 진흥에 관한 사무

⑥ 지역민방위 및 지방소방에 관한 사무

⑦ 국제교류 및 협력

3 광역자치단체와 기초자치단체 간의 사무배분

(1) 시·도와 시·군 및 자치구는 사무를 처리할 때 서로 겹치지 아니하도록 하여야 하며, 사무가 서로 겹치면 시·군 및 자치구에서 먼저 처리하여야 함

(2) **시·도**(광역자치단체) **사무**
  ① 행정처리 결과가 2개 이상의 시·군 및 자치구에 미치는 광역적 사무
  ② 시·도 단위로 동일한 기준에 따라 처리되어야 할 성질의 사무
  ③ 지역적 특성을 살리면서 시·도 단위로 통일성을 유지할 필요가 있는 사무
  ④ 국가와 시·군 및 자치구 사이의 연락·조정 등의 사무
  ⑤ 시·군 및 자치구가 독자적으로 처리하기 어려운 사무
  ⑥ 2개 이상의 시·군 및 자치구가 공동으로 설치하는 것이 적당하다고 인정되는 규모의 시설을 설치하고 관리하는 사무

(3) **시·군 및 자치구**(기초자치단체) **사무**: 시·도가 처리하는 것으로 되어 있는 사무를 제외한 사무

4 국가사무

지방자치단체는 다음의 국가사무를 처리할 수 없음. 다만, 법률에 이와 다른 규정이 있는 경우에는 국가사무를 처리할 수 있음

① 외교, 국방, 사법(司法), 국세 등 국가의 존립에 필요한 사무

② 물가정책, 금융정책, 수출입정책 등 전국적으로 통일적 처리를 할 필요가 있는 사무

③ 농산물·임산물·축산물·수산물 및 양곡의 수급조절과 수출입 등 전국적 규모의 사무

④ 국가종합경제개발계획, 국가하천, 국유림, 국토종합개발계획, 지정항만, 고속국도·일반국도, 국립공원 등 전국적 규모나 이와 비슷한 규모의 사무

⑤ 근로기준, 측량단위 등 전국적으로 기준을 통일하고 조정하여야 할 필요가 있는 사무

⑥ 우편, 철도 등 전국적 규모나 이와 비슷한 규모의 사무

⑦ 고도의 기술이 필요한 검사·시험·연구, 항공관리, 기상행정, 원자력개발 등 지방자치단체의 기술과 재정능력으로 감당하기 어려운 사무

확인문제

「지방자치법」상 지방자치단체의 사무범위에 해당하지 않는 것은?
2019, 서울 9급
① 농림·상공업 등 산업 진흥에 관한 사무
② 교육·체육·문화·예술의 진흥에 관한 사무
③ 축산물·수산물 및 양곡의 수급 조절과 수출입 사무
④ 지역민방위 및 지방소방에 관한 사무

▶ ③ [×] 축산물·수산물 및 양곡의 수급 조절과 수출입 사무는 국가사무에 해당한다.

제4절 지방자치단체 사무의 종류

1 자치사무(고유사무)

(1) **자치사무의 의의**: 지역주민의 공공복리를 위해 지방자치단체가 자기의 책임과 부담으로 처리하는 지방적 공공사무를 의미

(2) **자치사무의 특징**
① 자치사무는 지방적 이해관계가 큰 사무로, 처리 경비 역시 지방정부가 부담하는 것이 원칙임
② 중앙정부의 통제는 최소화됨. 일반적으로 사무가 처리되는 과정이나 사후에 위법한 행위가 발견되면 이를 고쳐 바로잡는 교정적 통제를 주로 함

2 위임사무

법령의 규정에 의하여 국가나 상급자치단체로부터 위임받아 처리하는 사무

(1) **단체위임사무**
① 법령에 의하여 국가 또는 상급자치단체로부터 그 지방자치단체에 위임된 사무를 의미함
② 단체위임 사무의 성격은 지역적 이해관계와 국가적 이해관계가 함께 공존하는 특징을 지님
③ 단체위임사무는 집행기관장이 아닌 지방정부 그 자체에 위임이 된 것이기 때문에 지방의회 역시 처리과정에 관여할 수 있는 권한을 지니며, 중앙정부의 통제는 기관위임사무에 비해 훨씬 약한 형태가 됨

(2) **기관위임사무**
① 법령에 의해 국가 또는 상급지방자치단체로부터 지방자치단체의 집행기관에게 위임된 사무
② 국가적 차원의 이해관계가 걸려있는 사무를 대상으로 하며, 처리에 따르는 경비는 중앙정부가 부담하는 것이 원칙
③ 기관위임사무의 문제점
   ㉠ 지방자치단체를 국가의 하급기관으로 전락시키는 중요한 요인이 됨
   ㉡ 국가의 지방자치단체에 대한 광범위하고도 강력한 통제의 통로가 됨
   ㉢ 국가와 지방자치단체 사이의 행정적 책임의 소재를 불명확하게 함
   ㉣ 지방의회의 관여와 주민의 의사개진 통로를 차단함(주민통제를 받지 않는 행정을 확대함)
   ㉤ 전국적 획일 행정으로 지방적 특수성이 희생됨

확인문제

지방정부의 사무에 대한 설명으로 옳지 않은 것은? 2023, 지방 9급
① 기관위임사무의 처리에 드는 경비는 중앙정부와 지방정부가 공동 부담하는 것이 원칙이다.
② 단체위임사무는 집행기관장이 아닌 지방정부 그 자체에 위임된 사무이다.
③ 지방의회는 단체위임사무의 처리과정에 관한 조례를 제정할 수 있다.
④ 중앙정부는 자치사무에 대해 합법성 위주의 통제를 주로 한다.

▶ ① [×] 기관위임사무의 처리에 드는 경비는 전액 위임기관(중앙정부)이 부담하는 것이 원칙이다.

확인문제

기관위임사무에 대한 설명으로 옳지 않은 것은? 2015, 국가 9급
① 법령에 의하여 국가 또는 상급 지방자치단체로부터 지방자치단체의 장에게 위임된 사무를 말한다.
② 국가와 지방자치단체 사이의 행정적 책임의 소재를 명확하게 해준다.
③ 지방자치단체를 국가의 하급기관으로 전락시키는 요인으로 작용할 수 있다.
④ 전국적으로 획일적인 행정을 강조함으로써 지방적 특수성이 희생되기도 한다.

▶ ② [×] 기관위임사무는 국가와 지방자치단체 사이의 행정적 책임의 소재를 불명확하게 하는 문제점을 갖고 있다.

지방자치단체 사무 비교

구분	기관위임사무	단체위임사무	자치사무
대상 사무	국가적 차원의 이해관계가 걸려있는 사무	지방적 이해관계와 국가적 차원의 이해관계가 같이 걸린 사무	지방적 이해관계가 큰 사무
조례 제정권	×	○	○
경비 부담	중앙정부 부담 원칙	중앙정부와 지방정부 공동 부담	원칙적으로 지방정부 부담
중앙 통제	• 중앙정부의 통제 강함 • 합법성뿐만 아니라 합목적성, 공익성까지 통제	• 중앙정부의 통제 약함 • 사후적, 교정적 통제	• 중앙정부의 통제 최소화 • 합법성 통제에 그침 • 사후적, 교정적 통제
지방 의회 역할	지방의회 개입 배제	지방의회가 처리과정에 관여할 수 있는 권한 가짐 예 조례제정, 조사권 행사 등	지방의회 관여
예	대통령·국회의원 선거, 가족관계등록, 여권발급, 병역자원 관리 업무 등	보건소 운영, 시·군의 재해구호사업, 생활보호, 의료보호, 하천 유지·보수, 국도 유지·보수 등	지방자치단체 존립·유지사무, 주민복지사무(상하수도, 지역민방위, 지역소방, 도서관, 주민등록, 학교, 쓰레기 처리 등)

CHAPTER 04 정부 간 관계

제1절 중앙정부와 지방정부 간 관계 모형

1 라이트(D. Wright)의 정부 간 관계 모형(연방제 국가)

(1) **정부 간 관계 모형의 의의**: 라이트(D. Wright)는 중앙정부와 지방정부의 권력관계 및 기능적 상호관계를 기준으로 연방정부와 주정부, 그리고 지방정부 간 관계를 포괄권위형, 분리권위형(동등권위형), 중첩권위형의 세 유형으로 구분함

(2) **정부 간 관계 모형의 유형**

구분	특징
포괄권위형 (내포권위형)	• 지방정부가 중앙정부에 종속(수직적 관계) • 지방정부 사무는 기관위임 사무가 대부분 • 지방정부의 인사·재정이 국가에 종속
분리권위형 (동등권위형)	• 중앙정부와 지방정부가 상호 대등한 입장 • 지방정부의 사무는 자치사무(고유사무)가 대부분 • 중앙정부와 지방정부의 인사·재정이 상호 분리
중첩권위형	• 중앙정부와 지방정부가 상호 독자성을 유지하며, 기능적으로 상호의존관계 (가장 이상적 관계로 설명) • 지방정부의 사무는 자치사무의 비중이 큼 • 중방정부와 지방정부 간의 인사교류, 재정의 상호의존성

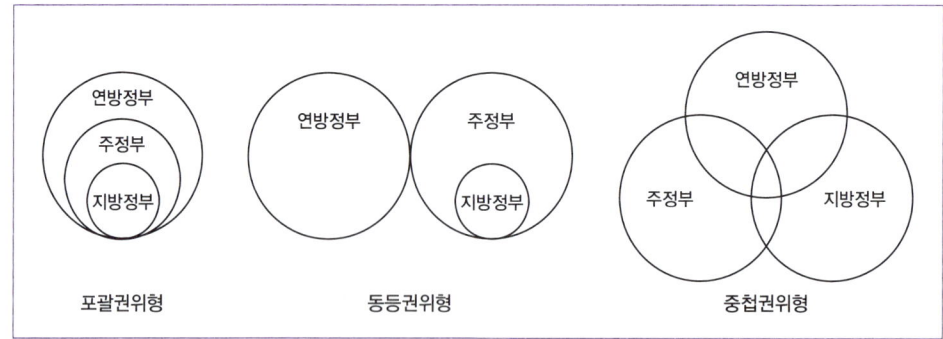

📖 라이트(D. Wright)의 정부 간 관계 모형

확인문제

라이트(D. Wright)의 정부 간 관계 모형에 대한 설명 중 옳지 않은 것은?
2011, 지방 9급

① 분리형(seperated model)은 중앙-지방 간의 독립적인 관계를 의미한다.
② 내포형(inclusive model)은 지방정부가 중앙정부에 완전히 의존되어 있는 관계를 의미한다.
③ 중첩형(overlapping model)은 정치적 타협과 협상에 의한 중앙-지방 간의 상호의존 관계를 의미한다.
④ 경쟁형(competitive model)은 정책을 둘러싼 정부 간 경쟁관계를 의미한다.

▶ ④ [×] 라이트는 정부 간 관계 모형을 포괄형(종속형, 내포형), 분리형(독립형), 중첩형(상호의존형)으로 분류하고 중첩형을 가장 이상적인 모형으로 제시하였다.

2 엘콕의 모형

(1) **대리인 모형**: 지방정부는 중앙정부의 위임된 사무를 수행하는 단순한 대리인에 불과

(2) **동반자 모형**: 중앙과 지방정부는 동반자의 관계로 서로 대등한 입장에서 상호작용

(3) **지배인 모형**: 대리인 모형과 동반자 모형 절충. 지방정부는 중앙정부로부터 어느 정도의 자율권을 가지고 지방을 관리한다고 보는 입장

3 로즈(R. Rhodes)의 전략적 협상관계 모형(상호의존 모형)

(1) 중앙과 지방정부의 관계는 게임적 상황에서의 협상관계에 있으며, 게임의 성격은 상호배타적 경쟁의 제로섬 게임이 아니라 상호의존적(positive-sum) 게임의 상황으로 인식

(2) 중앙정부와 지방정부는 각각 동원 가능한 자원이 서로 다르므로 서로에게 필요한 자원을 교환하는 과정을 통하여 상호의존적임. 중앙정부는 법적 자원이나 재정적 자원에서 우월한 위치에 있지만, 지방정부는 현장의 정보와 서비스 공급 조직이라는 자원을 지님

4 무라마츠 미치오의 모형

(1) **수직적 통제모형**: 중앙정부는 지방정부에 대해 권력적 수단과 지시·명령에 의해 일방적으로 통제하고, 지방정부는 중앙정부의 지시와 명령에 복종하는 수직적인 상하관계를 형성함

(2) **수평적 통제모형**: 중앙과 지방정부가 정책을 둘러싸고 상호협력하면서 경쟁하는 상호의존적인 관계를 형성하는 모형

5 소작인 모형(J. Kingdom)

지방정부는 때때로 정책 채택과 수정에 대해 중앙정부를 설득하는 것이 가능하지만, 대부분 복종하는 위치에 있으면서 소작인인 지방정부가 중앙정부에 복종하지 않는 경우 교체되는 것으로 간주

확인문제

정부 간 관계(IGR) 모형에 대한 설명으로 옳은 것만을 모두 고른 것은?
2016, 지방 9급

ㄱ. 로즈(Rhodes) 모형에서 지방정부는 중앙정부에 완전히 예속되는 것도 아니고 완전히 동등한 관계가 되는 것도 아닌 상태에서 상호 의존한다.

ㄴ. 로즈(Rhodes)는 지방정부는 법적 자원, 재정적 자원에서 우위를 점하며, 중앙정부는 정보자원과 조직자원의 측면에서 우위를 점한다고 주장한다.

ㄷ. 라이트(Wright)는 정부 간 관계를 포괄형, 분리형, 중첩형의 세 유형으로 나누고, 각 유형별로 지방정부의 사무내용, 중앙·지방 간 재정관계와 인사관계의 차이가 있음을 밝히고 있다.

ㄹ. 라이트(Wright) 모형 중 포괄형에서는 정부의 권위가 독립적인 데 비하여 분리형에서는 계층적이다.

① ㄱ, ㄴ ② ㄴ, ㄷ, ㄹ
③ ㄱ, ㄷ ④ ㄱ, ㄴ, ㄷ

▶ ③ ㄱ, ㄷ [○]
ㄴ [×] 지방정부는 현장의 정보를 가지고 있고 현장에 서비스를 제공하기 때문에 정보자원과 조직자원의 측면에서 우위를 점하며, 중앙정부는 지방정부보다 재정자원을 더 많이 보유하고 있으며, 법률을 제정하는 법적 자원을 가지고 있어 이러한 측면에서 우위를 점한다.
ㄹ [×] 라이트의 모형 중에서 포괄형은 정부의 권위가 계층적인 데 비하여, 분리형에서는 독립적이다.

제2절 우리나라 중앙정부와 지방자치단체 간의 관계

1 국가와 지방자치단체 간의 관계

(1) 지방자치단체 사무에 대한 지도·지원 등

① 중앙행정기관의 장이나 시·도지사는 지방자치단체의 사무에 관하여 조언 또는 권고하거나 지도할 수 있으며, 이를 위하여 필요하면 지방자치단체에 자료 제출을 요구할 수 있음

② 국가나 시·도는 지방자치단체가 그 지방자치단체의 사무를 처리하는 데 필요하다고 인정하면 재정지원이나 기술지원을 할 수 있음

③ 지방자치단체의 장은 중앙행정기관의 장이나 시·도지사의 조언·권고 또는 지도와 관련하여 의견을 제출할 수 있음

(2) 중앙정부와 지방정부 간 협력 제도(중앙-지방협력회의 설치)

① 국가와 지방자치단체 간의 협력을 도모하고 지방자치 발전과 지역 간 균형발전에 관련되는 중요 정책을 심의하기 위하여 중앙지방협력회의를 둠

② 중앙지방협력회의는 대통령, 국무총리, 기획재정부장관, 교육부장관, 행정안전부장관, 국무조정실장, 법제처장, 특별시장·광역시장·특별자치시장·도지사·특별자치도지사, 지방자치단체장 및 의장의 전국적 협의체의 대표자 및 그 밖에 대통령령으로 정하는 사람으로 구성

③ 협력회의의 의장은 대통령이 됨

(3) 국가사무나 시·도 사무 처리의 지도·감독

① 지방자치단체나 그 장이 위임받아 처리하는 국가사무에 관하여 시·도에서는 주무부장관, 시·군 및 자치구에서는 1차로 시·도지사, 2차로 주무부장관의 지도·감독을 받음

② 시·군 및 자치구나 그 장이 위임받아 처리하는 시·도의 사무에 관하여는 시·도지사의 지도·감독을 받음

(4) 위법·부당한 명령·처분의 시정명령 및 취소·정지

① 지방자치단체의 사무에 관한 지방자치단체의 장의 명령이나 처분이 법령에 위반되거나 현저히 부당하여 공익을 해친다고 인정되면 시·도에 대해서는 주무부장관이, 시·군 및 자치구에 대해서는 시·도지사가 기간을 정하여 서면으로 시정할 것을 명하고, 그 기간에 이행하지 아니하면 이를 취소하거나 정지할 수 있음

② 자치사무에 관한 명령이나 처분에 대한 주무부장관 또는 시·도지사의 시정명령, 취소 또는 정지는 법령을 위반한 것에 한정

③ 지방자치단체의 장은 자치사무에 관한 명령이나 처분의 취소 또는 정지에 대하여 이의가 있으면 그 취소처분 또는 정지처분을 통보받은 날부터 15일 이내에 대법원에 소를 제기할 수 있음

(5) **지방자치단체의 장에 대한 직무이행명령**

① 지방자치단체의 장이 법령에 따라 그 의무에 속하는 국가위임사무나 시·도위임사무의 관리와 집행을 명백히 게을리하고 있다고 인정되면 시·도에 대해서는 주무부장관이, 시·군 및 자치구에 대해서는 시·도지사가 기간을 정하여 서면으로 이행할 사항을 명령할 수 있음

② 주무부장관이나 시·도지사는 해당 지방자치단체의 장이 기간 내에 이행명령을 이행하지 아니하면 그 지방자치단체의 비용 부담으로 대집행 또는 행정상·재정상 필요한 조치를 할 수 있음. 이 경우 행정대집행에 관하여는 「행정대집행법」을 준용함

③ 지방자치단체의 장은 이행명령에 이의가 있으면 이행명령서를 접수한 날부터 15일 이내에 대법원에 소를 제기할 수 있음. 이 경우 지방자치단체의 장은 이행명령의 집행을 정지하게 하는 집행정지결정을 신청할 수 있음

(6) **지방자치단체 자치사무에 대한 감사**: 행정안전부장관이나 시·도지사는 지방자치단체의 자치사무에 관하여 보고를 받거나 서류·장부 또는 회계를 감사할 수 있음. 이 경우 감사는 법령 위반사항에 대해서만 함

(7) **지방의회 의결의 재의와 제소**

① 지방의회의 의결이 법령에 위반되거나 공익을 현저히 해친다고 판단되면 시·도에 대해서는 주무부장관이, 시·군 및 자치구에 대해서는 시·도지사가 해당 지방자치단체의 장에게 재의를 요구하게 할 수 있고, 재의 요구 지시를 받은 지방자치단체의 장은 의결사항을 이송받은 날부터 20일 이내에 지방의회에 이유를 붙여 재의를 요구하여야 함

② 시·군 및 자치구의회의 의결이 법령에 위반된다고 판단됨에도 불구하고 시·도지사가 재의를 요구하게 하지 아니한 경우 주무부장관이 직접 시장·군수 및 자치구의 구청장에게 재의를 요구하게 할 수 있고, 재의 요구 지시를 받은 시장·군수 및 자치구의 구청장은 의결사항을 이송받은 날부터 20일 이내에 지방의회에 이유를 붙여 재의를 요구하여야 함

③ ① 또는 ②의 요구에 대하여 재의한 결과 재적의원 과반수의 출석과 출석의원 3분의 2 이상의 찬성으로 전과 같은 의결을 하면 그 의결사항은 확정됨

④ 지방자치단체의 장은 재의결된 사항이 법령에 위반된다고 판단되면 재의결된 날부터 20일 이내에 대법원에 소를 제기할 수 있음. 이 경우 필요하다고 인정되면 그 의결의 집행을 정지하게 하는 집행정지결정을 신청할 수 있음

⑤ 지방의회의 의결이 법령에 위반된다고 판단되어 주무부장관이나 시·도지사로부터 재의 요구 지시를 받은 해당 지방자치단체의 장이 재의를 요구하지 아니하는 경우에는 주무부장관이나 시·도지사는 의결사항을 이송받은 날부터 20일이 지난 날부터 7일 이내에 대법원에 직접 제소 및 집행정지 결정을 신청할 수 있음

확인문제

「지방자치법」상 지방자치단체에 대한 국가의 지도·감독에 대한 설명으로 옳지 않은 것은?
2014. 지방 9급

① 중앙행정기관의 장이나 시·도지사는 지방자치단체의 사무에 관하여 조언 또는 권고하거나 지도할 수 있으며, 이를 위하여 필요하면 지방자치단체에 자료의 제출을 요구할 수 있다.

② 지방자치단체의 자치사무에 관한 그 장의 명령이나 처분이 법령에 위반되거나 현저히 부당하여 공익을 해친다고 인정되면 시·도에 대하여는 주무부장관이, 시·군 및 자치구에 대하여는 시·도지사가 기간을 정하여 서면으로 시정할 것을 명하고, 그 기간에 이행하지 아니하면 이를 취소하거나 정지할 수 있다.

③ 지방자치단체의 장이 법령의 규정에 따라 그 의무에 속하는 국가위임사무나 시·도위임사무의 관리와 집행을 명백히 게을리하고 있다고 인정되면 시·도에 대하여는 주무부장관이, 시·군 및 자치구에 대하여는 시·도지사가 기간을 정하여 서면으로 이행할 사항을 명령할 수 있다.

④ 행정안전부장관이나 시·도지사는 지방자치단체의 자치사무에 관하여 보고를 받거나 서류·장부 또는 회계를 감사할 수 있다.

▶ ② [×] 자치사무에 관한 명령이나 처분에 대한 시정명령과 취소·정지는 법령에 위반하는 것에 한한다.

> **확인문제**
>
> 중앙행정기관의 장과 지방자치단체의 장이 사무를 처리할 때 의견을 달리하는 경우 이를 협의·조정하기 위하여 설치하는 기구는?
> 2014, 서울 9급
> ① 행정협의조정위원회
> ② 중앙분쟁조정위원회
> ③ 지방분쟁조정위원회
> ④ 행정협의회
> ⑤ 갈등조정협의회
>
> ▶ ① 중앙정부와 지방정부 간의 분쟁조정제도로 행정협의조정위원회를 두고 있다.

> **확인문제**
>
> 중앙과 지방의 권한배분에 대한 설명으로 옳지 않은 것은?
> 2017, 국가 9급
> ① 지방분권 및 지방행정체제 개편을 추진하기 위하여 국무총리 소속으로 지방자치발전위원회를 둔다.
> ② 국가는 지방자치단체에 이양한 사무가 원활히 처리될 수 있도록 행정적·재정적 지원을 병행하여야 한다.
> ③ 중앙행정기관의 장과 지방자치단체의 장이 사무를 처리할 때 의견을 달리하는 경우 이를 협의·조정하기 위하여 국무총리 소속으로 행정협의조정위원회를 둔다.
> ④ 「지방자치법」은 원칙적으로 사무배분방식에 있어서 포괄적 예시주의를 취하고 있다.
>
> ▶ ① [×] 지방자치분권 및 지역균형발전을 추진하기 위하여 대통령 소속으로 지방시대위원회를 둔다.

> **확인문제**
>
> 특별지방행정기관에 대한 설명으로 옳지 않은 것은? 2017, 지방 9급
> ① 고유의 법인격은 물론 자치권도 가지고 있지 않다.
> ② 관할 범위가 넓을수록 이용자인 고객의 편리성이 향상된다.
> ③ 주민들의 직접통제와 참여가 용이하지 않은 문제가 있다.
> ④ 특별지방행정기관의 예로 교도소, 세관, 우체국 등을 들 수 있다.
>
> ▶ ② [×] 특별지방행정기관의 관할 범위가 넓을 경우 이용자인 고객의 불편을 가중시킨다.

2 중앙정부와 지방정부 간 분쟁조정 제도: 행정협의조정위원회(국무총리 소속)

① 중앙행정기관의 장과 지방자치단체의 장이 사무를 처리할 때 의견을 달리하는 경우 이를 협의·조정하기 위하여 국무총리 소속으로 행정협의조정위원회를 둠

② 행정협의조정위원회는 위원장 1명을 포함하여 13명 이내의 위원으로 구성하며, 위원장은 위촉위원 중에서 국무총리가 위촉

③ 행정협의조정위원회는 중앙행정기관의 장이나 지방자치단체의 장의 신청에 따라 당사자 간에 의견을 달리하는 사항에 대하여 협의·조정함

④ 행정협의조정위원회의 위원장은 협의·조정사항에 관한 결정을 하면 지체 없이 서면으로 국무총리에게 보고하고, 행정안전부장관, 관계 중앙행정기관의 장과 해당 지방자치단체의 장에게 통보해야 함

⑤ 행정협의조정위원회의 통보를 받은 관계 중앙행정기관의 장과 해당 지방자치단체의 장은 그 협의·조정 결정사항을 이행해야 함

3 특별지방행정기관

(1) **특별지방행정기관의 의의**: 국가행정의 전국적 통일성 또는 고도의 전문성을 이유로 중앙행정기관이 직접 지방에 설치하여 국가사무를 처리하는 일선기관을 의미

예 경찰청의 경찰서, 관세청의 세관, 국토교통부의 지방국토관리청 등

(2) **특별지방행정기관의 설치 이유(필요성)**

① 전국적 통일성 유지: 물가정책, 금융정책, 수출입정책, 측량단위, 근로기준, 국제적 조약관련 사무 등 전국적 통일성을 요하는 사무는 특별행정기관을 통해 수행하는 것이 바람직함

② 광역행정 실현: 지방자치단체의 구역과 일치하지 않는 광역행정을 수행할 필요가 있는 사무들(예 수자원 관리, 국유림, 항만, 고속도로, 국립공원 등)은 그러한 행정수요에 대응하는 구역을 설정하여 특별행정기관을 설치하여 처리하는 것이 효율적임

③ 행정의 전문성 확보: 고도의 전문성과 기술을 요하는 검사·시험·연구, 항공관리, 기상행정, 원자력 발전 등 지방자치단체의 기술로는 감당하기 어려운 사무에 대해서는 지방자치단체와는 별도로 전문적 사무를 취급할 특별행정기관을 설치하여 운영하는 것이 효율적임

(3) **특별지방행정기관의 문제점**

① 중앙통제의 강화

② 지방행정의 종합성 저해

③ 지방행정기관의 이원화로 고객의 혼란과 불편을 초래

④ 지방행정의 민주성 상실

⑤ 지방자치단체와 마찰 증대(이중행정, 이중감독의 문제)의 우려

제3절 지방자치단체 상호 간 관계

1 지방자치단체 상호 간 협력(광역행정)

(1) 광역행정의 의의: 기존의 지방자치단체 관할 행정구역 범위를 넘어서 발생되는 특정한 행정수요에 대한 공공서비스를 제공하기 위해 사무처리 영향권 내에 있는 인접 또는 둘 이상 지방자치단체가 행정사무를 통합적으로 처리하는 행정수행 체제와 방식을 의미

(2) 광역행정의 촉진 요인(필요성)
① 생활권·경제권의 확대: 각종 광역적 행정사무(예 대도시와 주변 지역 간에는 상하수도 문제, 교통문제 등)에 대한 상호 협력 필요성 증대
② 행정서비스의 평준화 요청
③ 개발행정의 필요성
④ 규모의 경제 요청(행정의 경제성 확보)
⑤ 외부효과 문제의 해결

(3) 광역행정 방식
① 공동처리 방식: 독자적으로 처리할 경우 처리비용이 더 들거나 전문성을 확보하기 힘든 사무 등을 둘 이상의 지방자치단체가 상호 협력 관계를 형성해 광역적 사무를 공동으로 처리하는 방식
② 계약에 의한 사무의 위탁: 지방정부가 처리해야 할 사무의 일부를 계약에 의해 인근 지방정부로 하여금 처리하게 하고 그에 대한 대가를 지불하는 방식
③ 연합 방식: 둘 이상의 지방정부가 독립적인 법인격은 유지하면서 광역지역을 관할하는 새로운 단체 내지는 정부를 새로 창설해 광역적 사무를 처리하는 방식
④ 통합(합병) 방식: 하나의 생활권과 경제권 내에 위치하면서 협력의 필요성이 높아지는 지방정부들을 아예 합쳐버리는 방식. 즉 일정한 광역권 안에 여러 자치단체를 포괄하는 단일의 정부를 설립하여 광역적 사무를 처리하는 방식
⑤ 특별지방정부의 설치: 소방이나 상·하수도, 교육 등의 업무를 효율적으로 집행하기 위해 여러 지방정부가 이러한 문제를 처리하는 특별지방정부를 만들어 지방정부의 경계를 넘는 독자적인 행정구역을 설정하여 그 업무를 수행하게 하는 방식

확인문제

광역행정에 대한 설명으로 옳지 않은 것은? 2019. 지방 9급
① 기존의 행정구역을 초월해 더 넓은 지역을 대상으로 행정을 수행한다.
② 행정권과 주민의 생활권을 일치시켜 행정 효율성을 증진시킬 수 있다.
③ 규모의 경제를 확보하기 어렵다.
④ 지방자치단체 간에 균질한 행정서비스를 제공하는 계기로 작용해 왔다.

▶ ③ [×] 광역행정은 규모경제의 효과를 실현하기 위해 활용된다.

(4) 우리나라 지방자치단체 상호 간 협력제도(광역행정 방식)
① 사무위탁
  ㉠ 지방자치단체나 그 장은 소관 사무의 일부를 다른 지방자치단체나 그 장에게 위탁하여 처리하게 할 수 있음
  ㉡ 지방자치단체나 그 장은 사무를 위탁하려면 관계 지방자치단체와의 협의에 따라 규약을 정하여 고시하여야 함

② 행정협의회
  ㉠ 지방자치단체는 2개 이상의 지방자치단체에 관련된 사무의 일부를 공동으로 처리하기 위하여 관계 지방자치단체 간의 행정협의회를 구성할 수 있음
  ㉡ 지방자치단체는 협의회를 구성하려면 관계 지방자치단체 간의 협의에 따라 규약을 정하여 관계 지방의회에 각각 보고한 다음 고시하여야 함
  ㉢ 협의회를 구성한 관계 지방자치단체는 협의회가 결정한 사항이 있으면 그 결정에 따라 사무를 처리하여야 함
  ㉣ 협의회가 관계 지방자치단체나 그 장의 명의로 한 사무의 처리는 관계 지방자치단체나 그 장이 한 것으로 봄

③ 지방자치단체조합
  ㉠ 지방자치단체조합은 2개 이상의 지방자치단체가 하나 또는 둘 이상의 사무를 공동으로 처리할 필요가 있을 때에는 규약을 정하여 지방의회의 의결을 거쳐 시·도는 행정안전부장관의 승인, 시·군 및 자치구는 시·도지사의 승인을 받아 지방자치단체조합을 설립할 수 있음
  ㉡ 지방자치단체조합은 법인으로 함
  ㉢ 지방자치단체조합은 조합회의(의결기관)과 조합장 및 사무직원(집행기관)을 둘 수 있으며, 지방채를 발행할 수 있음

④ 지방자치단체장 및 지방의회 의장 등의 협의체: 지방자치단체의 장이나 지방의회의 의장은 상호 간의 교류와 협력을 증진하고, 공동의 문제를 협의하기 위하여 ㉠ 시·도지사, ㉡ 시·도의회의 의장, ㉢ 시장·군수 및 자치구의 구청장, ㉣ 시·군 및 자치구의회의 의장 전국적 협의체를 설립할 수 있음

⑤ 특별지방자치단체 설립
  ㉠ 2개 이상의 지방자치단체가 공동으로 특정한 목적을 위하여 광역적으로 사무를 처리할 필요가 있을 때에는 법인으로 특별지방자치단체를 설치할 수 있음
  ㉡ 특별지방자치단체와 지방자치단체조합의 차이점: 지방자치단체조합은 국가의 위임사무를 처리할 수 없지만, 특별지방자치단체는 국가 또는 시·도의 위임사무를 처리할 수 있음. 또한 지방자치단체조합은 시·도지사 또는 행정안전부장관의 승인으로 설립되지만, 특별지방자치단체는 행정안전부장관의 승인으로 설립됨

확인문제

현재 우리나라에서 둘 이상의 지방자치단체가 그 사무를 공동으로 처리하는 광역행정의 방식이거나 이에 기여할 수 있는 것이 아닌 것은?
2011. 국회 9급
① 행정협의회의 구성
② 지방자치단체조합의 설립
③ 사무의 위탁
④ 지방자치단체장 등의 협의체의 설립
⑤ 특별지방행정기관의 설치

▶ ⑤ [×] 특별지방행정기관은 일선기관으로서 직접적인 광역행정방식은 아니다.

확인문제

광역행정방식으로 여러 자치단체를 포괄하는 단일정부를 설립하여 그 정부의 주도로 사무를 광역적으로 처리하는 광역행정방식은?
2011. 서울 9급
① 연합 방식   ② 통합 방식
③ 공동처리   ④ 참여

▶ ② 통합방식에 대한 설명이다.

지방자치단체조합과 특별지방자치단체 비교

구분		지방자치단체조합	특별지방자치단체
법적 성격		법인	지방자치단체로서 법인
구성 단체		2개 이상 지방자치단체	
설치 목적		하나 또는 둘 이상의 사무를 공동으로 처리	2개 이상의 지방자치단체가 공동으로 특정한 목적을 위하여 광역적으로 사무를 처리
국가의 사무위임 등		-	구성 지방자치단체장이 관계 중앙행정기관의 장 또는 시·도지사에게 그 사무의 위임 요청 가능
설치 절차		구성 지방자치단체가 규약을 정하여 지방의회 의결을 거쳐, 기초는 광역(시·도지사), 광역은 행정안전부장관 승인	구성 지방자치단체가 상호 협의에 따라 규약을 정하여 지방의회 의결을 거쳐, 행정안전부장관 승인
의결기관		조합회의	의회
	위원 선임	규약으로 정하는 바에 따라 선임(관계 지방의회 의원과 지방자치단체장은 조합위원 겸직 가능)	규약으로 정하는 바에 따라 구성 지방자치단체 지방의원이 됨
	조례제정	×	○
집행기관		조합장	특별지방자치단체장
	장(長)의 임용	규약으로 정하는 바에 따라 선임(관계 지방의회 의원과 지방자치단체장이 조합장 겸직 가능)	규약으로 정하는 바에 따라 의회에서 선출(구성 지방자치단체장이 특별지방자치단체장 겸직 가능)
	직원 구성	파견 직원	소속 직원 + 파견 직원
주민참여		-	조례제정 및 개폐청구, 감사청구, 주민투표 등 관련 규정 준용. 단, 주민소환 조항은 배제

확인문제

「지방자치법」에서 규정하고 있는 지방자치단체 간의 수평적 협력방식으로만 구성된 것은? 2008. 지방 9급

ㄱ. 사무위탁
ㄴ. 지방자치단체조합
ㄷ. 분쟁조정위원회
ㄹ. 지방자치단체연합

① ㄱ, ㄴ ② ㄱ, ㄹ
③ ㄴ, ㄷ ④ ㄷ, ㄹ

▶ ① ㄱ, ㄴ [○]
ㄷ, ㄹ [×] 시·도 지방분쟁조정위원회에서 수직적으로 갈등을 조정하는 방식에 해당한다.

확인문제

현행 「지방자치법」상 지방자치단체 상호간 협력방식에 대한 설명으로 가장 적합하지 않은 것은?
2010. 국가 9급

① 사무위탁은 사무처리비용의 절감, 공동사무처리에 따른 규모의 경제 등의 장점이 있으나, 위탁처리비용의 산정문제 등으로 인해 광범위하게 이용되지 못하고 있다.
② 2개 이상의 지방자치단체가 그 사무 중 일부를 공동 처리할 필요가 있을 때에는 규약을 정하고 일정한 절차를 거쳐 지방자치단체조합을 설립할 수 있다.
③ 행정협의회를 구성한 관계 지방자치단체는 반드시 협의회의 결정에 따라 사무를 처리할 필요는 없다.
④ 지방자치단체는 다른 지방자치단체로부터 사무의 공동처리에 관한 요청이나 사무처리에 관한 협의·조정·승인 또는 지원의 요청을 받으면 법령의 범위에서 협력하여야 한다.

▶ ③ [×] 「지방자치법」 제174조에 의하면, 협의회를 구성한 관계 지방자치단체는 협의회가 결정한 사항이 있으면 그 결정에 따라 그 사무를 처리해야 한다고 규정하고 있다.

지방자치단체 간 협력 방식 비교

구분		운영목적
법인격 없음	사무위탁	• 지방자치단체(장)가 소관사무의 일부를 다른 지방자치단체 또는 그 장에게 위탁·처리하는 방식 • 관계 지방자치단체와의 협의에 따라 규약을 정하여 고시함
	행정협의회	• 2개 이상의 지방자치단체와 관련된 사무의 일부를 공동 처리 • 규약 → 관계 지방의회 보고 → 고시
	지방자치단체장 등 협의체	• 지방자치단체장 또는 지방의회 의장이 상호간 교류와 협력 증진, 공동의 문제를 협의하기 위해 전국적 협의체 설립
법인격 있음	지방자치단체조합	• 2개 이상 지방자치단체가 하나 또는 둘 이상의 사무를 공동 처리할 필요가 있을 때 • 규약 → 지방의회 의결 → 행정안전부장관 승인(시·도), 시·도지사 승인(시·군 및 자치구)
	특별지방자치단체	• 2개 이상의 지방자치단체가 공동으로 특정한 목적을 위하여 광역적으로 사무를 처리할 필요가 있을 때 • 규약 → 구성 지방자치단체 의회 의결 → 행정안전부장관 승인 • (규약으로 정하는 범위에서) 조례제정권 및 특별회계 인정, 국가 위임사무 처리 가능

② 지방자치단체 상호 간의 분쟁조정

(1) **당사자 간 분쟁조정제도**: 행정협의회, 지방자치단체조합, 전국적 협의체 등

(2) **제3자에 의한 분쟁조정제도**

① 감독기관의 분쟁조정: 행정안전부장관 또는 시·도지사의 조정

㉠ 지방자치단체 상호 간 또는 지방자치단체의 장 상호 간에 사무를 처리할 때 의견이 달라 다툼이 생기면 행정안전부장관이나 시·도지사 당사자의 신청 또는 직권으로(분쟁이 공익을 현저히 해쳐 조속한 조정이 필요하다고 인정되는 경우) 조정할 수 있음

㉡ 행정안전부장관이나 시·도지사가 분쟁을 조정하려는 경우에는 관계 중앙행정기관의 장과의 협의를 거쳐 지방자치단체중앙분쟁조정위원회나 지방자치단체지방분쟁조정위원회의 의결에 따라 조정을 결정하여야 함

㉢ 행정안전부장관이나 시·도지사는 조정을 결정하면 서면으로 지체 없이 관계 지방자치단체의 장에게 통보하여야 하며, 통보를 받은 지방자치단체의 장은 그 조정 결정 사항을 이행하여야 함

㉣ 행정안전부장관이나 시·도지사는 조정 결정 사항이 성실히 이행되지 아니하면 그 지방자치단체에 대하여 직무상 이행명령과 대집행을 통해 이행하게 할 수 있음

정부 간 분쟁조정 비교

구분	중앙-지방정부 간 분쟁조정	지방자치단체 간 분쟁조정	
조정 기구	행정협의조정위원회 (국무총리 소속)	중앙분쟁조정위원회 (행정안전부장관)	• 시·도 간 또는 시·도를 달리하는 시·군·구 간 분쟁 • 시·도와 지방자치단체조합 간 분쟁
		지방분쟁조정위원회 (시·도지사)	동일 광역자치단체 내 기초자치단체 간 분쟁
위원회 구성	위원장 1명 포함, 13명 이내의 위원으로 구성	위원장 1명 포함, 11명 이내의 위원으로 구성	
의결 정족수	재적위원 과반수의 출석으로 개의(開議)하고, 출석위원 3분의 2 이상의 찬성으로 의결	위원장을 포함한 위원 7명 이상의 출석으로 개의하고, 출석위원 3분의 2 이상의 찬성으로 의결	
조정요건	당사자 신청	당사자 신청 또는 직권	
효력(구속력)	• 법적 구속력 ○ • 실질적 구속력 약함	• 법적 구속력 ○ • 이행명령, 대집행 등 실질적 구속력 강함	

② **헌법재판소의 권한쟁의심판**: 「헌법재판소법」 제62조 제1항에서는 광역자치단체 상호 간의 권한쟁의심판, 기초자치단체 상호 간의 권한쟁의심판 그리고 광역자치단체와 기초자치단체 상호 간의 권한쟁의심판을 헌법재판소에서 담당하도록 하고 있음

③ **환경분쟁조정위원회**: 환경오염으로 인한 피해의 조사와 분쟁의 조정을 위하여 설치한 합의제 조정기관으로, 환경부에 중앙환경분쟁조정위원회를 설치하고, 특별시·광역시·도 또는 특별자치도에는 지방환경분쟁조정위원회를 설치함

CHAPTER 05 지방자치단체 기관구성

제1절 지방자치단체 기관구성 형태

1 기관통합형

(1) **기관통합형의 의의**: 국가의 정부형태 중 내각책임제와 유사한 형태로 주민에 의해 선출된 대표기구가 의결기능과 집행기능을 함께 수행하는 형태의 지방자치단체를 의미

(2) **기관통합형의 유형**
① **영국의 의원내각제형(의회형)**: 의회 의장이 지방정부의 대표가 되고 지방의원 중 일부가 내각을 구성하는 형태. 집행기관이나 지방정부의 수장은 별도로 존재하지 않으며, 의회 의장이 지방정부를 대표함. 의회에 전문 기능별로 분과위원회가 설치되며, 각 분과위원장이 해당 행정부서의 국장이 되어 행정부서를 장악하는 형태임
② **미국의 위원회형**: 지방의원 모두가 집행 기능을 나누어 행사하는 형태. 대선거구제 방식으로 선출되는 3~9명의 소수 위원으로 구성되며, 각 위원이 집행부의 각 부서를 분담하여 집행 기능을 수행함
③ **프랑스의 의회의장형**: 의장이 집행기관의 장 및 지방정부를 대표하는 지위를 겸하고 의장 밑에 집행 사무조직을 두는 형태

(3) **기관통합형의 장점**
① 집행기관과 의결기관이 분리되는 경우 일어날 수 있는 기관 간 마찰과 이로 인한 행정적 낭비나 지연을 줄일 수 있으며, 지방행정의 능률성과 안정성 확보가 용이함. 특히 사회경제적 위기가 닥쳤을 경우나 신속한 결정이 필요할 때 유리함
② 주민에 의해 선출된 위원들이 직접 행정을 담당하기 때문에 행정에 주민의 의사를 보다 정확하게 반영할 수 있음
③ 모든 권한이 주민대표기관에 집중되어 민주정치와 책임정치를 실현할 수 있으며, 정책결정과 집행 간의 관계가 긴밀하여 정책효과의 극대화 가능

(4) **기관통합형의 단점**
① 의결기관과 집행기관이 분리되지 않아 견제와 균형의 원리가 적용되기 어려워 권력 남용의 소지가 있음
② 지방의회가 집행기능도 수행하므로 지방행정에 정치적 요소가 개입될 여지가 있으며, 지방행정의 전문성이 결여될 가능성이 있음

③ 선거로 선출된 지방의회 의원은 각자의 정치적 기반과 색채가 강하여 행정의 총괄조정이 어려움
④ 지방행정을 통괄적으로 조정할 단일의 지도자 또는 책임자가 없기 때문에 행정의 통일성 유지가 곤란하며, 책임소재의 명확화가 곤란함

2 기관분리형

(1) **기관대립형의 의의**: 국가의 정부형태 중 대통령 중심제와 유사한 형태로 권력분립주의 원칙에 입각하여 지방자치단체의 의결기관과 집행기관을 각각 다른 기관에 분리하여 각 기관 간의 상호 견제와 균형을 이루는 형태

(2) **기관대립형의 유형**
  ① 강시장-의회형: 집행기관의 장은 지방정부 행정 전반에 대한 책임을 지고, 폭넓은 인사권, 예산편성 및 집행권, 의회 의결사항에 대한 거부권 등을 지님
  ② 약시장-의회형: 집행기관의 장은 제한된 범위에서의 예산 및 인사권을 가지며, 의회의 의결사항에 대한 거부권을 행사하지 못하는 것이 일반적임. 즉, 집행기관의 직원 인사에 있어 지방의회의 동의를 받아야 하고, 예산편성에 있어서도 그 역할이 제한되며, 아예 지방의회가 예산을 편성하거나 행정관료의 임명권을 행사하기도 함

(3) **기관대립형의 장점**
  ① 의결기관과 집행기관의 상호 견제와 균형으로 권력 남용을 방지할 수 있으며, 이러한 견제와 균형 속에서 다양한 정책 아이디어들이 생산·교환될 수 있음
  ② 임기가 정해진 집행기관장에게 행정권이 통합적으로 주어짐으로써 부처할거주의를 막고 행정의 총괄 조정에 유리함
  ③ 집행기능을 전담하는 행정가가 존재하므로 행정의 전문성을 확보할 수 있음

(4) **기관대립형의 단점**
  ① 집행기관과 의결기관의 분리로 인하여 상호 책임을 전가하는 현상이 초래될 수 있음
  ② 집행기관과 의결기관 간 불필요한 갈등이 유발됨으로써 행정상의 불안정과 비효율을 초래할 수 있음
  ③ 강시장-의회제의 경우 행정이 집행기관장의 주도하에 독단적으로 흐를 가능성이 있음

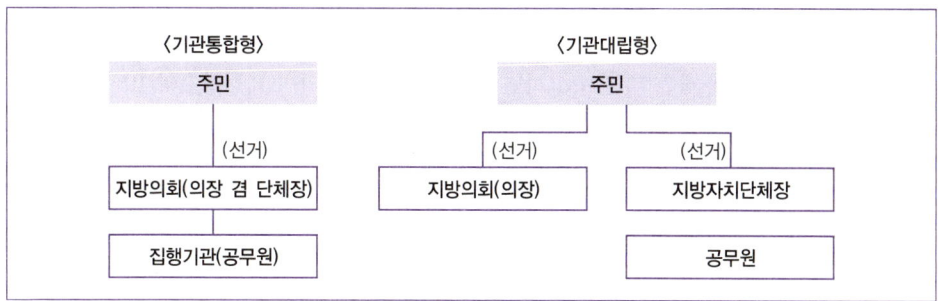

> **확인문제**
>
> 지방자치단체의 기관구성에 대한 설명으로 옳지 않은 것은?
> 2016, 지방 9급
> ① 기관대립형(기관분리형)은 견제와 균형을 통해 민주적이고 합리적인 지방자치를 실시하는 방식이다.
> ② 기관통합형은 주민 직선으로 지방의회를 구성하고 의회 의장이 단체장을 겸하는 방식이다.
> ③ 기관대립형(기관분리형)은 집행부와 의회의 기구가 병존함에 따라 비효율성을 줄일 수 있다는 장점이 있다.
> ④ 기관통합형은 의결기능과 집행기능이 통합되어 있기 때문에 지방자치행정을 기관 간 마찰 없이 안정적으로 수행할 수 있다는 장점이 있다.
>
> ▶ ③ [×] 기관대립형은 집행부와 의회의 기구가 병존되어 있으므로 상호 견제와 균형을 통해 민주적인 지방자치를 실시할 수 있지만, 집행부와 의회가 대립할 경우 오히려 비효율성이 발생할 수 있다.

> **확인문제**
>
> 지방자치단체의 기관구성에 관한 설명으로 가장 옳지 않은 것은?
> 2010, 서울 9급
> ① 기관통합형은 의원 내각제와 비교적 유사하다.
> ② 기관대립형은 대통령중심제와 비교적 유사하다.
> ③ 기관통합형에서는 임기 동안 지방자치 행정에 대한 효율성과 책임성을 확보할 수 있다.
> ④ 기관대립형에서는 집행부와 의회의 마찰로 인한 비효율성이 발생할 수도 있다.
> ⑤ 기관통합형에서는 의회와 집행기관 간 견제와 균형을 통하여 민주성을 확보할 수 있다.
>
> ▶ ⑤ [×] 의회와 집행기관 간 견제와 균형을 통하여 민주성을 확보할 수 있는 것은 기관대립형의 장점에 해당된다.

3 우리나라 지방정부 기관구성 형태의 특징

(1) **자치단체장 우위(강시장-의회제)의 기관분리형**

(2) **지방자치단체의 기관구성 형태의 특례(지방자치법 제4조) 규정 신설**
   ① 지방자치단체의 의회와 집행기관에 관한 이 법의 규정에도 불구하고 따로 법률로 정하는 바에 따라 지방자치단체의 장의 선임방법을 포함한 지방자치단체의 기관구성 형태를 달리할 수 있음
   ② 지방의회와 집행기관의 구성을 달리하려는 경우에는 「주민투표법」에 따른 주민투표를 거쳐야 함

제2절 의결기관: 지방의회

1 지방의회의 지위

(1) **주민대표기관**: 주민이 선출한 의원들로 구성되는 주민대표 기관의 지위를 가짐

(2) **의결기관**: 지방자치단체의 정책과 입법 등 지방자치단체의 의사를 심의·의결하여 최종적으로 확정하는 권한을 가짐

(3) **자치입법기관**: 자치법규인 조례제정 권한을 가짐

(4) **행정 감시 및 통제 기관**: 집행기관을 감시하는 기능 수행

2 지방의회의 구성

(1) **의의**: 헌법 제118조에서 규정하고 있는 헌법상 기관임. 헌법 제118조는 "지방자치단체에 의회를 둔다."고 규정하고 있음

(2) **선거구제**
   ① 광역의회(소선구제): 1개의 선거구에서 1명의 의원 선출
   ② 기초의회(중선거구제): 하나의 지역구에서 2인 이상 4인 이하의 의원을 선출

(3) **의원 선거**: 지역대표제를 기본으로 하면서, 비례대표제를 가미(의원정수의 10%)

보충자료

지방선거 선거구

우리나라 지방선거 제도

구분		선거구제	비례대표	정당공천
단체장	광역/기초	소선거구제(1인)	-	○
의원	광역	소선거구제(1인)	○	○
	기초	중선거구제(2~4인)	○	○
교육감	광역	소선거구제(1인)	-	×

소선거구제와 중대선거구제 장·단점 비교

구분	소선거구제	중대선거구제
장점	• 다수당 출현 유리 → 상대적 정국 안정 • 후보자 파악 유리 • 선거 관리 용이, 선거 비용 절약	• 소수정당 원내 진입 용이 → 다당제 가능성 • 유권자의 사표 감소 • 후보 선택의 외연성 확대
단점	• 양당제 고착화 → 정치 양극화 • 많은 사표 발생 → 소수당 불리 • 지역주의 심화	• 후보자 난립 → 중진 정치인 유리 • 선거 비용 증가

(4) 지방의회 의원의 지위

① 주민 직선으로 선출되는 임기 4년의 정무직 공무원

② 지방의회 의원에게는 매월 의정활동비와 월정수당, 여비를 지급함

3 지방의회의 권한

(1) 의결권(지방자치법 제47조)

① 조례의 제정·개정 및 폐지

② 예산의 심의·확정

③ 결산의 승인

④ 법령에 규정된 것을 제외한 사용료·수수료·분담금·지방세 또는 가입금의 부과와 징수

⑤ 기금의 설치·운용

⑥ 대통령령으로 정하는 중요 재산의 취득·처분

⑦ 대통령령으로 정하는 공공시설의 설치·처분

⑧ 법령과 조례에 규정된 것을 제외한 예산 외의 의무부담이나 권리의 포기

⑨ 청원의 수리와 처리

⑩ 외국 지방자치단체와의 교류·협력

⑪ 그 밖에 법령에 따라 그 권한에 속하는 사항(지방자치단체의 폐치분합과 명칭·구역변경 등)

확인문제

「지방자치법」상 지방의회의 의결사항으로 옳은 것만을 모두 고른 것은?
2013. 지방 9급

ㄱ. 예산의 심의·확정
ㄴ. 법령에 규정된 수수료의 부과 및 징수
ㄷ. 외국 지방자치단체와의 교류협력에 관한 사항

① ㄱ, ㄴ ② ㄱ, ㄷ
③ ㄱ, ㄴ, ㄷ ④ ㄴ, ㄷ

▶ ② ㄴ [×] 지방의회는 법령에 규정된 것을 제외한 수수료나 사용료의 부과징수에 관련된 사항을 의결할 수 있다.

(2) **행정사무 감사 및 조사권**
   ① 행정사무감사
      ㉠ 지방의회는 매년 1회 그 지방자치단체의 사무에 대하여 시·도에서는 14일의 범위에서, 시·군 및 자치구에서는 9일의 범위에서 감사를 실시함
      ㉡ 지방자치단체 및 그 장이 위임받아 처리하는 국가사무와 시·도의 사무에 대하여 국회와 시·도의회가 직접 감사하기로 한 사무 외에는 그 감사를 각각 해당 시·도의회와 시·군 및 자치구의회가 할 수 있음
   ② 행정사무조사
      ㉠ 지방자치단체의 사무 중 특정 사안에 관하여 본회의 의결로 본회의나 위원회에서 조사하게 할 수 있음
      ㉡ 행정조사를 발의할 때에는 이유를 밝힌 서면으로 하여야 하며, 재적의원 3분의 1 이상의 찬성이 있어야 함

   ▣ 행정사무감사와 행정사무조사 비교

구분	행정사무감사	행정사무조사
실시	매년 1회 (시·도: 14일, 시·군 및 자치구: 9일)	본회의 의결로 실시
내용(범위)	행정사무 처리 전반	특정 사안
절차	매년 정례회의 회기 내에 행함	재적의원 3분의 1 이상 발의로 본회의 의결을 거쳐서 행함

(3) **서류제출 요구권**: 본회의나 위원회는 그 의결로 안건의 심의와 직접 관련된 서류의 제출을 해당 지방자치단체의 장에게 요구할 수 있음

(4) **행정사무 처리상황의 보고와 질의응답**
   ① 지방자치단체의 장이나 관계 공무원은 지방의회나 그 위원회에 출석하여 행정사무의 처리상황을 보고하거나 의견을 진술하고 질문에 답변할 수 있음
   ② 지방자치단체의 장이나 관계 공무원은 지방의회나 그 위원회가 요구하면 출석·답변하여야 함. 다만, 특별한 이유가 있으면 지방자치단체의 장은 관계 공무원에게 출석·답변하게 할 수 있음

(5) **청원 수리·처리권**
   ① **청원서의 제출**: 지방의회에 청원을 하려는 자는 지방의회의원의 소개를 받아 청원서를 제출하여야 하며, 청원서에는 청원자의 성명 및 주소를 적고 서명·날인하여야 함
   ② **청원의 불수리**: 재판에 간섭하거나 법령에 위배되는 내용의 청원은 수리하지 않음

확인문제

우리나라 지방의회의 권한이 아닌 것은? 2021. 국회 9급
① 행정사무 감사
② 주민투표 청구
③ 통할대표
④ 의안 발의
⑤ 지방의회 조직 및 운영

▶ ③ [×] 지방자치단체의 통할대표권은 지방자치단체장의 권한이다.

③ 청원의 심사·처리: 지방의회의 의장은 청원서를 접수하면 소관 위원회나 본회의에 회부하여 심사를 하게 함
④ 청원의 이송과 처리보고: 지방의회가 채택한 청원으로서 그 지방자치단체의 장이 처리하는 것이 타당하다고 인정되는 청원은 의견서를 첨부하여 지방자치단체의 장에게 이송하고, 지방자치단체의 장은 청원을 처리하고 그 처리결과를 지체 없이 지방의회에 보고하여야 함

(6) 기관선출 및 자율운영권
① 의장·부의장의 선거와 임기
㉠ 지방의회는 지방의회의원 중에서 시·도의 경우 의장 1명과 부의장 2명을, 시·군 및 자치구의 경우 의장과 부의장 각 1명을 무기명투표로 선출하여야 함
㉡ 지방의회의원 총선거 후 처음으로 선출하는 의장·부의장 선거는 최초집회일에 실시함
㉢ 의장과 부의장의 임기는 2년으로 함
② 의장·부의장 불신임의 의결
㉠ 지방의회의 의장이나 부의장이 법령을 위반하거나 정당한 사유 없이 직무를 수행하지 아니하면 지방의회는 불신임을 의결할 수 있음
㉡ 불신임 의결은 재적의원 4분의 1 이상의 발의와 재적의원 과반수의 찬성으로 하며, 불신임 의결이 있으면 지방의회의 의장이나 부의장은 그 직에서 해임됨
③ 위원회 설치
㉠ 지방의회는 조례로 위원회를 설치할 수 있으며, 위원회의 종류에는 상임위원회와 특별위원회가 있음
㉡ 윤리특별위원회: 지방의회의원의 윤리강령과 윤리실천규범 준수 여부 및 징계에 관한 사항을 심사하기 위하여 윤리특별위원회를 둠
④ 의원의 사직 허가: 지방의회는 그 의결로 소속 지방의회의원의 사직을 허가할 수 있으며, 폐회 중에는 지방의회의 의장이 허가할 수 있음
⑤ 의원에 대한 징계
㉠ 지방의회의원이 「지방자치법」이나 자치법규에 위배되는 행위를 하면 윤리특별위원회의 심사를 거쳐 의결로써 징계할 수 있음
㉡ 징계의 종류: 공개회의에서의 경고, 공개회의에서의 사과, 30일 이내의 출석정지, 제명(재적의원 3분의 2 이상의 찬성으로 의결)
⑥ 사무처 등의 설치
㉠ 시·도의회에는 사무를 처리하기 위하여 조례로 정하는 바에 따라 사무처를 둘 수 있으며, 사무처에는 사무처장과 직원을 둠
㉡ 사무직원의 임면: 지방의회의 의장은 지방의회 사무직원을 지휘·감독하고 법령과 조례·의회규칙으로 정하는 바에 따라 그 임면·교육·훈련·복무·징계 등에 관한 사항을 처리함

④ 지방의회 운영

(1) 정례회
① 지방의회는 매년 2회 정례회를 개최
② 정례회의 집회일 등 정례회 운영에 필요한 사항은 해당 지방자치단체의 조례로 정함

(2) 임시회
① 지방의회의원 총선거 후 최초로 집회되는 임시회는 지방의회 사무처장·사무국장·사무과장이 지방의회의원 임기 개시일부터 25일 이내에 소집함
② 지방자치단체를 폐지하거나 설치하거나 나누거나 합쳐 새로운 지방자치단체가 설치된 경우에 최초의 임시회는 지방의회 사무처장·사무국장·사무과장이 해당 지방자치단체가 설치되는 날에 소집함
③ 지방의회의 의장은 지방자치단체의 장이나 조례로 정하는 수 이상의 지방의회의원이 요구하면 15일 이내에 임시회를 소집하여야 함. 다만, 지방의회의 의장과 부의장이 부득이한 사유로 임시회를 소집할 수 없을 때에는 지방의회의원 중 최다선의원이, 최다선의원이 2명 이상인 경우에는 그중 연장자의 순으로 소집할 수 있음

(3) 개회·휴회·폐회와 회의일수
① 지방의회의 개회·휴회·폐회와 회기는 지방의회가 의결로 정함
② 연간 회의 총일수와 정례회 및 임시회의 회기는 해당 지방자치단체의 조례로 정함

(4) 의안의 발의
① 지방의회에서 의결할 의안은 지방자치단체의 장이나 조례로 정하는 수 이상의 지방의회의원의 찬성으로 발의
② 위원회는 그 직무에 속하는 사항에 관하여 의안을 제출할 수 있음

(5) 정족수

의사정족수	재적의원 3분의 1 이상의 출석으로 개의(開議)
의결정족수	재적의원 과반수의 출석, 출석의원 과반수의 찬성으로 의결
의원의 자격상실 및 제명	재적의원 3분의 2 이상의 찬성으로 의결
의장 및 부의장에 대한 불신임	재적의원 4분의 1 이상의 발의, 재적의원 과반수의 찬성
재의요구에 대한 재의결	재적의원 과반수의 출석, 출석의원 3분의 2 이상의 찬성

(6) 회의 운영의 원칙

① **회의의 공개 등**: 지방의회의 회의는 공개함. 다만, 지방의회의원 3명 이상이 발의하고 출석의원 3분의 2 이상이 찬성한 경우 또는 지방의회의 의장이 사회의 안녕질서 유지를 위하여 필요하다고 인정하는 경우에는 공개하지 아니할 수 있음

② **회기계속의 원칙**: 지방의회에 제출된 의안은 회기 중에 의결되지 못한 것 때문에 폐기되지 않음. 다만, 지방의회의원의 임기가 끝나는 경우에는 그러하지 않음

③ **일사부재의의 원칙**: 지방의회에서 부결된 의안은 같은 회기 중에 다시 발의하거나 제출할 수 없음

④ 지방의회의 의장은 의결에서 표결권을 가지며, 찬성과 반대가 같으면 부결된 것으로 봄

제3절 집행기관: 지방자치단체장

1 우리나라 지방자치단체장의 지위와 역할

(1) **지방정부 대표로서의 지위**: 지방자치단체의 장은 지방자치단체를 대표하고, 그 사무를 총괄함

(2) **집행기관장으로서의 지위**: 자치단체장은 지방정부의 내부기관인 집행기관의 장으로서 '지방정부의 사무', 즉 자치사무와 단체위임사무를 통할·관리·집행함

(3) **국가의 일선 지방행정기관장으로서의 지위**: 자치단체장은 기관위임사무를 처리함에 있어 중앙정부의 일선 지방행정기관장으로서의 지위를 지니게 됨

2 지방자치단체장의 신분 및 권한

(1) **지방자치단체의 장의 임기**: 임기는 4년으로 하며, 3기 내에서 계속 재임(在任)할 수 있음

(2) **신분**: 선거에 의해 취임하는 정무직 지방공무원

(3) **겸임 등의 제한**

① 대통령, 국회의원, 헌법재판소 재판관, 각급 선거관리위원회 위원, 지방의회의원

②「국가공무원법」제2조에 따른 국가공무원과「지방공무원법」제2조에 따른 지방공무원

③ 다른 법령에 따라 공무원의 신분을 가지는 직

④「공공기관의 운영에 관한 법률」에 따른 공공기관(한국방송공사, 한국교육방송공사 및 한국은행을 포함)의 임직원

확인문제

「지방자치법」상 지방의회에 대한 내용으로 옳지 않은 것은?
2018, 국가 9급

① 지방의회는 조례로 정하는 바에 따라 위원회를 둘 수 있으며, 위원회의 종류는 상임위원회와 특별위원회로 한다.
② 지방의회는 그 의결로 소속 의원의 사직을 허가할 수 있다.
③ 의장은 의결에서 표결권을 가지지 못하며, 찬성과 반대가 같으면 부결된 것으로 본다.
④ 지방의회에서 부결된 의안은 같은 회기 중에 다시 발의하거나 제출할 수 없다.

▶ ③ [×] 의장은 의결에서 표결권을 가지며, 찬성과 반대가 같으면 부결된 것으로 본다.

⑤ 농업협동조합, 수산업협동조합, 산림조합, 엽연초생산협동조합, 신용협동조합 및 새마을금고의 임직원

⑥ 교원

⑦ 「지방공기업법」에 따른 지방공사와 지방공단의 임직원

(4) 지방자치단체장의 사임

① 지방자치단체의 장은 그 직을 사임하려면 지방의회의 의장에게 미리 사임일을 적은 서면으로 알려야 함

② 지방자치단체의 장은 사임통지서에 적힌 사임일에 사임함. 다만, 사임통지서에 적힌 사임일까지 지방의회의 의장에게 사임통지가 되지 아니하면 지방의회의 의장에게 사임통지가 된 날에 사임함

(5) 지방자치단체의 장의 권한대행

① 지방자치단체의 장이 다음 어느 하나에 해당되면 부단체장이 그 권한을 대행함
  ㉠ 궐위된 경우
  ㉡ 공소 제기된 후 구금상태에 있는 경우
  ㉢ 의료기관에 60일 이상 계속하여 입원한 경우

② 지방자치단체의 장이 그 직을 가지고 그 지방자치단체의 장 선거에 입후보하면 예비후보자 또는 후보자로 등록한 날부터 선거일까지 부단체장이 그 지방자치단체의 장의 권한을 대행함

3 지방자치단체장의 권한

(1) 사무의 관리 및 집행권: 지방자치단체의 장은 그 지방자치단체의 사무와 법령에 따라 그 지방자치단체의 장에게 위임된 사무를 관리하고 집행

(2) 직원에 대한 임면권 등: 지방자치단체의 장은 소속 직원을 지휘·감독하고 법령과 조례·규칙으로 정하는 바에 따라 그 임면·교육훈련·복무·징계 등에 관한 사항을 처리

(3) 지방의회의 의결에 대한 재의 요구와 제소

① 지방자치단체의 장은 지방의회의 의결이 월권이거나 법령에 위반되거나 공익을 현저히 해친다고 인정되면 그 의결사항을 이송받은 날부터 20일 이내에 이유를 붙여 재의를 요구할 수 있으며, 재의한 결과 재적의원 과반수의 출석과 출석의원 3분의 2 이상의 찬성으로 전과 같은 의결을 하면 그 의결사항은 확정됨

② 지방자치단체의 장은 재의결된 사항이 법령에 위반된다고 인정되면 재의결된 날부터 20일 이내에 대법원에 소(訴)를 제기할 수 있음

확인문제

「지방자치법」상 지방의회와의 관계에서 지방자치단체장에게 전혀 인정되지 않는 권한은?
2015, 지방자치 7급
① 지방의회의 의결에 대한 재의요구와 제소권
② 지방자치단체장의 의회해산권
③ 예산상 집행 불가능한 의결의 재의요구권
④ 지방자치단체장의 선결처분권

▶ ② [×] 우리나라의 경우 의회의 단체장 불신임권과 단체장의 의회해산권은 1949년 「지방자치법」 제정 시 도입되었으나, 1960년 개정 시 폐지되었고 현재까지 인정되고 있지 않다.

(4) **예산상 집행 불가능한 의결의 재의 요구**: 지방자치단체의 장은 ① 지방의회의 의결이 예산상 집행할 수 없는 경비를 포함하고 있다고 인정되거나, ② 법령에 따라 지방자치단체에서 의무적으로 부담하여야 할 경비를 줄이는 의결을 하거나, ③ 비상재해로 인한 시설의 응급 복구를 위하여 필요한 경비를 줄이는 의결을 하는 경우에는 그 의결사항을 이송받은 날부터 20일 이내에 이유를 붙여 재의를 요구할 수 있음

(5) **선결처분권**

① 지방자치단체의 장은 지방의회가 지방의회의원이 구속되는 등의 사유로 의결정족수에 미달될 때와 지방의회의 의결사항 중 주민의 생명과 재산 보호를 위하여 긴급하게 필요한 사항으로서 지방의회를 소집할 시간적 여유가 없거나 지방의회에서 의결이 지체되어 의결되지 아니할 때에는 선결처분(先決處分)을 할 수 있음

② 선결처분은 지체 없이 지방의회에 보고하여 승인을 받아야 하며, 지방의회에서 승인을 받지 못하면 그 선결처분은 그때부터 효력을 상실

지방자치단체장과 지방의회 권한 비교

지방자치단체장	지방의회
① 통할·대표권: 지방자치단체를 대표하고 사무를 통할 ② 규칙제정권 ③ 재정에 관한 권한: 예산편성 및 집행권, 지방채 발행 ④ 기관·시설 설치권 ⑤ 주민투표 부의권 ⑥ 지방자치단체 사무 관리·집행 ⑦ 사무위임권 ⑧ 소속직원 임면 및 지휘·감독권 ⑨ 소속 각급 행정관청 지도·감독권 ⑩ 지방의회에 대한 권한: 의회 출석·진술권, 임시회 소집 요구권, 의안 발의권, 예산안 발의권, 의회 부의 안건의 공고권, 조례 공포권(이송 20일 이내 공포), 재의요구 및 제소권, 선결처분권 등 ▶ 지방의회 사무직원 임명(×), 총선거 후 최초 임시회 소집권(×)	① 「지방자치법」 제47조 의결사항 　㉠ 조례의 제정·개정 및 폐지 　㉡ 예산의 심의·확정 　㉢ 결산의 승인 　㉣ 법령에 규정된 것을 제외한 사용료·수수료·분담금·지방세 또는 가입금의 부과와 징수 　㉤ 기금의 설치·운용 　㉥ 대통령령으로 정하는 중요 재산의 취득·처분 　㉦ 대통령령으로 정하는 공공시설의 설치·처분 　㉧ 법령과 조례에 규정된 것을 제외한 예산 외의 의무부담이나 권리의 포기 　㉨ 청원의 수리와 처리 　㉩ 외국 지방자치단체와의 교류·협력 　㉪ 그 밖에 법령에 따라 그 권한에 속하는 사항 ② 행정 감시권 　㉠ 행정사무감사 및 조사권 　㉡ 자치단체장에 대한 서류제출 요구권 　㉢ 행정사무 처리상황 보고 및 출석·답변요구권 　㉣ 의견표시권: 자치단체 폐치분합, 명칭·구역 변경 시 주민투표를 거치지 않는 경우, 지방의회의 의견을 들어야 함

확인문제

우리나라 지방자치단체장의 권한으로 볼 수 없는 것은?
　　　　　　　　　　　2008. 국가 7급
① 지방의회의 의결이 월권이거나 법령에 위반되는 경우 재의요구권
② 총선거 후 최초로 집회되는 지방의회 임시회 소집권
③ 지방의회의 의결사항 중 주민의 생명과 재산보호를 위하여 긴급하게 필요한 사항으로서 지방의회를 소집할 시간적 여유가 없거나 지방의회에서 의결이 지체되어 의결되지 아니할 때의 선결처분권
④ 지방채 발행권

▶ ② [×] 총선거 후 최초로 집회되는 임시회는 지방의회 사무처장·사무국장·사무과장이 지방의회의원 임기 개시일부터 25일 이내에 소집한다.

4 보조기관: 부단체장(부시장 등), 행정기구, 지방공무원

(1) **부단체장**: 부지사·부시장·부군수·부구청장

   ① 특별시의 부시장의 수: 3명을 넘지 아니하는 범위에서 대통령령으로 정함
   ② 광역시와 특별자치시의 부시장 및 도와 특별자치도의 부지사의 수: 2명(인구 800만 이상의 광역시나 도는 3명)을 넘지 아니하는 범위에서 대통령령으로 정함
   ③ 시의 부시장, 군의 부군수 및 자치구의 부구청장의 수: 1명

(2) **행정기구와 공무원**: 행정기구의 설치와 지방공무원의 정원은 인건비 등 대통령령으로 정하는 기준에 따라 그 지방자치단체의 조례로 정함

5 소속 행정기관

(1) **직속기관**: 지방자치단체는 대통령령이나 대통령령으로 정하는 범위에서 그 지방자치단체의 조례로 자치경찰기관(제주특별자치도만 해당), 소방기관, 교육훈련기관, 보건진료기관, 시험연구기관 및 중소기업지도기관 등을 직속기관으로 설치할 수 있음

(2) **사업소**: 지방자치단체는 특정 업무를 효율적으로 수행하기 위하여 필요하면 대통령령으로 정하는 범위에서 그 지방자치단체의 조례로 사업소를 설치할 수 있음

(3) **출장소**: 지방자치단체는 외진 곳의 주민의 편의와 특정 지역의 개발 촉진을 위하여 필요하면 대통령령으로 정하는 범위에서 그 지방자치단체의 조례로 출장소를 설치할 수 있음

(4) **합의제행정기관**: 지방자치단체는 소관 사무의 일부를 독립하여 수행할 필요가 있으면 법령이나 그 지방자치단체의 조례로 정하는 바에 따라 합의제행정기관을 설치할 수 있음

(5) **자문기관**: 지방자치단체는 소관 사무의 범위에서 법령이나 그 지방자치단체의 조례로 정하는 바에 따라 자문기관을 설치·운영할 수 있음

6 하부행정기관: (행정) 구청장, 읍·면·동장

   ① 자치구가 아닌 구의 구청장은 일반직 지방공무원으로 보하되, 시장이 임명함
   ② 읍장·면장·동장은 일반직 지방공무원으로 보하되, 시장·군수 또는 자치구의 구청장이 임명함

7 지방공기업

(1) 지방공기업의 의의: 지방자치단체가 직접 설치·경영하거나 자본금의 50% 이상을 출자한 법인을 설립하여 경영하는 기업을 의미하며, 「지방공기업법」에서 규정하고 있음

(2) 지방공기업의 유형: 현행 「지방공기업법」에 따르면 지방공기업에는 지방직영기업, 지방공단, 지방공사의 세 가지 유형이 있음

우리나라 지방공기업의 유형

지방직영기업	간접경영 방식	
	지방공단	지방공사
행정기관으로서의 성격	지방자치단체가 전액 출자하여 설립한 법인	지방자치단체의 전액 출자가 원칙이나 예외적 민간자본 출자 가능
법인격 없음	독립된 법인격 가짐	
정부예산(특별회계)으로 운영	정부예산이 아닌 독립채산제로 운영	
직원: 일반 공무원	• 임원: 준공무원(임기 3년) • 직원: 회사원	

(3) 직접경영방식: 지방직영기업

① 지방자치단체가 직접 설치·경영하고 공무원이 근무하는 지방정부 조직의 하나로, 운영자금은 지방자치단체의 예산이며, 지방의회 의결을 얻어 특별회계로 운영됨

② 지방직영기업의 소속 직원은 공무원 신분이며, 지방공기업법 뿐만 아니라 일반행정기관에 적용되는 법령이 그대로 적용됨

③ 지방직영기업의 사업대상은 공공성이 높고 지역주민의 일상생활과 밀접한 사업으로, 수도사업, 공업용수도사업, 궤도사업, 자동차운송사업, 지방도로사업, 하수도사업, 주택사업, 토지개발사업 등이 해당

(4) 간접경영방식: 지방공단 및 지방공사

① 지방공단
  ㉠ 지방자치단체는 지방직영기업의 사업을 효율적으로 수행하기 위하여 필요한 경우에는 지방공단을 설립할 수 있음
  ㉡ 지방공단은 지방자치단체가 자본금의 전액(100%)을 출자하여 설립한 법인으로, 서울시설공단, 종로구시설공단, 부산환경공단 등이 이에 속함

② 지방공사
  ㉠ 공사의 자본금은 그 전액을 지방자치단체가 현금 또는 현물로 출자
  ㉡ 공사의 운영을 위하여 필요한 경우에는 자본금의 2분의 1을 넘지 아니하는 범위에서 지방자치단체 외의 자(외국인 및 외국법인을 포함)로 하여금 공사에 출자하게 할 수 있음
  ㉢ 지방공사는 도시개발, 도시철도, 교통·항만·관광 등의 사업을 수행하며, 서울교통공사, 서울주택도시공사, 경기교통공사 등이 이에 속함

확인문제

지방공기업 유형 중 지방직영기업에 대한 설명으로 가장 옳지 않은 것은? 2017, 서울 9급
① 지방자치단체가 행정조직 형태로 직접 운영하는 사업을 말한다.
② 지방자치단체의 장이 지방직영기업의 관리자를 임명한다.
③ 소속된 직원은 공무원 신분이 아니다.
④ 지방공기업법 시행령에 따라 경영평가가 매년 실시되어야 하나 행정안전부장관이 이에 대해 따로 정할 수 있다.

▶ ③ [×] 지방직영기업은 행정기관으로서 성격을 지니며, 지방직영기업에 소속된 직원은 공무원 신분이다.

확인문제

다음 중 지방공기업에 대한 설명으로 옳지 않은 것은? 2017, 국회 8급
① 자동차운송사업은 지방직영기업 대상에 해당된다.
② 지방공사의 자본금은 지방자치단체가 전액 출자한다.
③ 행정안전부장관은 지방공기업에 대한 평가를 실시하고 그 결과에 따라 필요한 조치를 하여야 한다.
④ 지방공사는 법인으로 한다.
⑤ 지방공사는 지방자치단체 외의 자(법인 등)가 출자를 할 수 있지만 지방공사 자본금의 3분의 1을 넘지 못한다.

▶ ⑤ [×] 「지방공기업법」 제53조 제2항에 따르면 공사의 운영을 위하여 필요한 경우에는 자본금의 2분의 1(3분의 1 ×)을 넘지 아니하는 범위에서 지방자치단체 외의 자로 하여금 공사에 출자하게 할 수 있다.

제4절 자치경찰제도

1 자치경찰제의 필요성
① 주민 생활 중심의 치안 서비스 제공에 유리
② 일반 지방행정과 치안행정의 결합으로 자치단체와 경찰 간의 갈등과 비협조를 해소하여 종합적인 지방자치를 구현하는 데 유리함
③ 중앙집권적 관료주의 폐해를 없애고 지역주민에 의한 감시와 통제를 할 수 있음
④ 지역주민의 참여를 유도하여 지역 치안협력체계 구축이 쉽고, 생활범죄에 대한 대응력을 높일 수 있음
⑤ 지역단위로 다양한 치안정책의 도입과 자치경찰 간 상호경쟁을 통해 경찰개혁과 발전에 기여

2 자치경찰제의 문제점
① 경찰에 대한 지역 정치 세력의 영향력 증대로 정치적 중립성의 약화 우려
② 지역이기주의와 정치적 선심 행정의 영향으로 법 집행력 및 법 집행의 공정성을 약화
③ 지역 세력과의 유착 가능성이 커져 경찰의 부정부패 가능성이 있음
④ 지역 우선주의 경찰 운영으로 대규모 집회시위 등 국가적 치안수요와 범죄의 조직화, 광역 기동화, 국제화 등 광역 치안 수요에 대한 효율적인 대응 곤란
⑤ 지방재정의 빈곤과 지역 간 불균형으로 경찰운영 수준과 치안 서비스의 지역 편차 심화

3 우리나라 자치경찰제도 : 「국가경찰과 자치경찰의 조직 및 운영에 관한 법률」, 2021년 7월 시행

(1) 국가경찰 조직
① **국가경찰위원회** : 국가경찰행정에 관한 사항을 심의·의결하기 위하여 행정안전부에 국가경찰위원회를 둠
② **경찰조직** : 치안에 관한 사무를 관장하게 하기 위하여 행정안전부장관 소속으로 경찰청을 둠
③ **경찰청장** : 경찰청에 경찰청장을 두며, 경찰청장은 치안총감(治安總監)으로 보함
④ **국가수사본부장** : 경찰청에 국가수사본부를 두며, 국가수사본부장은 치안정감으로 보함

(2) 자치경찰 조직
① **시·도자치경찰위원회** : 자치경찰 사무를 독립적으로 수행하는 합의제 행정기관으로 광역자치단체장 소속으로 시·도자치경찰위원회를 설치
② **시·도경찰청장** : 시·도경찰청에 시·도경찰청장을 두며, 시·도경찰청장은 치안정감·치안감(治安監) 또는 경무관(警務官)으로 보함

확인문제

자치경찰제도에 대한 설명으로 옳지 않은 것은? 2021. 지방 9급
① 지역 실정에 맞는 치안 행정을 펼칠 수 있다.
② 경찰 업무의 통일성과 효율성을 높일 수 있다.
③ 제주자치경찰단은 주민의 생활안전 활동에 관한 사무를 수행한다.
④ 자치경찰 사무를 관장하기 위하여 광역자치단체에 시·도자치경찰위원회를 둔다.

▶ ② [X] 경찰업무의 통일성과 효율성을 높일 수 있는 것은 국가경찰제도의 장점이다.

③ 시·도자치경찰위원회는 자치경찰 사무에 대해서는 시·도경찰청장을 지휘·감독함

④ **자치경찰 사무**: 자치경찰은 ㉠ 지역 내 주민의 생활안전 활동에 관한 사무, ㉡ 지역 내 교통 활동에 관한 사무, ㉢ 지역 내 다중운집 행사 관련 혼잡 교통 및 안전 관리, ㉣ 학교폭력 등 소년범죄·가정폭력·아동학대 범죄·교통사고 및 교통 관련 범죄에 대한 수사사무 등을 담당

제5절 교육자치

1 교육자치의 의의

우리나라는 교육·과학 및 체육에 관한 사무를 수행하기 위하여 지방자치단체에 별도의 기관을 두도록 하고 있음(지방자치법 제135조 제1항). 즉, 지방자치단체의 사무 중 교육·과학 및 체육에 관한 사무는 지방자치단체장이 담당하지 않고, 교육감을 대표로 하는 별도의 기관에서 수행함. 이를 교육자치라 부르며, 「지방교육자치에 관한 법률」에서 규정하고 있음

2 교육자치 단위

교육자치는 광역자치단체인 특별시·광역시·도에서 실시되며, 기초자치단체에는 인정되지 않음

3 교육자치 기관

(1) **교육감**(집행기관)

① 선출
 ㉠ 교육감은 주민의 보통·평등·직접·비밀선거에 따라 선출
 ㉡ 교육감의 임기는 4년으로 하며, 교육감의 계속 재임은 3기에 한정함
 ㉢ 교육감 선거에서 정당은 후보자를 추천할 수 없으며, 후보자는 특정 정당을 지지·반대하거나 특정 정당으로부터 지지·추천받고 있음을 표방(당원경력의 표시를 포함)하여서는 안 됨

② **권한**: 교육감은 교육규칙의 제정에 관한 사항, 학교, 그 밖의 교육기관의 설치·이전 및 폐지에 관한 사항, 교육과정의 운영에 관한 사항, 교육·학예에 관한 사무 등을 관장하며, 교육규칙 제정·공포권, 소속 직원에 대한 인사권, 시·도의회에 교육·학예에 관한 의안 발의권, 재의요구권 및 선결처분권 등을 가짐

(2) **교육위원회**(의결기관)
① 광역자치단체에서 교육사무와 관련해서 의결기관은 별도로 구성되지 않고 광역지방의회에서 담당
② 다만, 제주특별자치도의 경우에는 교육의원을 주민 직선으로 선출(5명)하고 도의회에 상임위원회인 교육위원회가 설치되는 등 기존 교육위원회 제도가 유지되고 있음(제주특별법 제63조 및 제6조)

4 지방교육 재정

교육자치를 수행하기 위한 지방교육 재정은 광역자치단체에 별도의 교육비특별회계로 운영함. 지방교육 재정의 주요 재원은 중앙정부가 지원하는 지방교육재정교부금과 지방자치단체로부터의 전입금이 있음

CHAPTER 06 주민참여제도

제1절 주민과 주민참여

1 주민참여의 의의
정책과정에 영향을 미치기 위해 행해지는 지역주민 또는 시민의 행위를 의미하는 것으로, 지방정부의 선출직 공직자와 공무원 등의 의사결정에 영향을 미치고자 행하는 일반 주민의 행위를 의미

2 주민참여의 기능

(1) 순기능
   ① 대의민주주의 한계 보완
   ② 주민 갈등 해소에 기여
   ③ 지방정부의 정책 역량 제고를 통한 행정서비스 질 향상에 기여
   ④ 주민의 민주 의식을 제고하는 교육 기능 및 공동체 의식 제고
   ⑤ 정책순응 확보: 시민의 이해도와 수용성 제고 → 집행의 실현가능성 제고

(2) 역기능
   ① 대표성 및 공정성의 문제
   ② 조작적 참여의 가능성: 정책의 정당화 또는 책임회피 수단으로 악용
   ③ 주민참여로 인한 비효율성: 주민참여 과정의 시간과 노력 및 비용 증가와 의사결정의 질적 저하 문제

확인문제

다음 중 아른슈타인(Arnstein)이 제시한 주민참여의 8단계론 중 명목적(형식적) 참여의 범주에 해당하는 것은? 2016. 국회 8급
① 조작   ② 치료
③ 협력   ④ 정보제공
⑤ 주민통제

▶ ④ 정보제공은 아른슈타인(Arnstein)이 제시한 주민참여 단계 중 명목적(형식적) 참여의 범주에 해당한다.

3 아른스타인(Arnstein)의 주민참여 8단계: 참여의 영향력 정도에 따른 분류

(1) **의의**: 주민참여의 영향력 정도를 기준으로 주민참여를 8단계로 나누고, 1·2단계를 비참여, 3·4·5단계를 형식적 참여, 6·7·8단계를 실질적 참여로 구분하였음

(2) **아른스타인(Arnstein)의 주민참여 8단계**

8	주민통제(citizen control)	실질적(주민권력적) 참여 (citizen power)
7	권한위임(delegated power)	
6	협력(partnership)	
5	회유(placation)	형식적 참여 (tokenism)
4	의견수렴(consultation)	
3	정보제공(informing)	
2	교정 또는 치료(therapy)	비참여 (non-participation)
1	조작 또는 계도(manipulation)	

제2절 우리나라 주민참여제도

1 주민의 권리와 의무

(1) **주민의 권리**(지방자치법 제17조)

① 주민은 법령으로 정하는 바에 따라 주민생활에 영향을 미치는 지방자치단체의 정책의 결정 및 집행 과정에 참여할 권리를 가짐

② 주민은 법령으로 정하는 바에 따라 소속 지방자치단체의 재산과 공공시설을 이용할 권리와 그 지방자치단체로부터 균등하게 행정의 혜택을 받을 권리를 가짐

③ 주민은 법령으로 정하는 바에 따라 그 지방자치단체에서 실시하는 지방의회의원과 지방자치단체의 장의 선거(이하 "지방선거"라 한다)에 참여할 권리를 가짐

(2) **주민의 의무**(지방자치법 제27조): 주민은 법령으로 정하는 바에 따라 소속 지방자치단체의 비용을 분담하여야 하는 의무를 짐

2 우리나라 주민참여제도 도입 순서

① 주민발의제(조례의 제정과 개폐 청구 제도) : 지방자치법(1999년) → 주민조례발안에 관한 법률(2021년)

② 주민감사청구제도 : 지방자치법(1999년)

③ 주민투표제도 : 지방자치법(1994년), 주민투표법(2004년)

④ 주민소송제도 : 지방자치법(2005년)

⑤ 주민소환제도 : 지방자치법(2006년), 주민소환에 관한 법률(2007년)

⑥ 주민참여예산제도 : 지방재정법(2011년)

주민참여 제도 요약

주민참여제도	청구권자	청구의 상대방
주민투표	18세 이상 주민	지방자치단체장
주민발의	18세 이상 주민	지방의회(의장)
주민소환	19세 이상 주민	관할 선거관리위원회
주민감사청구	18세 이상 주민	• 시·도 → 주무부장관 • 시·군·자치구 → 시·도지사
주민소송	주민감사청구를 한 주민	법원(피고 : 해당 지방자치단체장)

3 조례제정 및 개폐 청구제도(주민발의제) : 「주민조례발안에 관한 법률」

(1) **주민조례청구제도의 의의** : 주민발안의 한 유형으로 지역주민이 지방의회에 조례의 제정, 개정 및 폐지를 청구할 수 있는 권리

(2) **주민조례 청구권자**

① 해당 지방자치단체의 관할 구역에 주민등록이 되어 있는 18세 이상의 주민은 해당 지방자치단체의 의회에 조례를 제정하거나 개정 또는 폐지할 것을 청구할 수 있음

② 「출입국관리법」 제10조에 따른 영주(永住)할 수 있는 체류자격 취득일 후 3년이 지난 외국인으로서 해당 지방자치단체의 외국인등록대장에 올라 있는 외국인도 청구권자에 포함됨

③ 「공직선거법」에 따른 선거권이 없는 사람은 제외함

(3) **주민조례청구 제외 대상**

① 법령을 위반하는 사항

② 지방세·사용료·수수료·부담금을 부과·징수 또는 감면하는 사항

③ 행정기구를 설치하거나 변경하는 사항

④ 공공시설의 설치를 반대하는 사항

확인문제

현행 「지방자치법」에 근거하는 제도에 해당하지 않는 것은?
2022, 국회 8급
① 주민참여예산제
② 주민투표제
③ 주민감사청구제
④ 주민소송제
⑤ 주민소환제

▶ ① [×] 주민참여예산제는 「지방재정법」 제39조에 근거하고 있다.

확인문제

우리나라 주민참여제도의 법제화 순서로 옳은 것은? 2011, 국가 9급
① 조례제정·개폐청구제도 → 주민투표제도 → 주민소송제도 → 주민소환제도
② 주민투표제도 → 주민감사청구제도 → 주민소송제도 → 주민소환제도
③ 주민소송제도 → 주민투표제도 → 주민감사청구제도 → 주민소환제도
④ 주민감사청구제도 → 주민소송제도 → 주민투표제도 → 조례제정·개폐청구제도

▶ ① 조례 제정·개폐 청구제도(1999), 주민감사청구제도(1999), 주민투표제(2004), 주민소송제(2005), 주민소환제(2007)

확인문제

우리나라의 주민참여제도에 대한 설명으로 가장 옳지 않은 것은?
2022, 군무원 9급
① 주민은 지방자치단체의 장을 상대로 소송을 제기할 수 있다.
② 주민은 지방자치단체의 장 및 지방의회의원(비례대표 지방의회의원은 제외)을 소환할 수 있다.
③ 주민은 지방자치단체의 장에게 조례의 제정과 개폐를 청구할 수 있다.
④ 주민은 지방예산 편성 등 예산과정에 참여할 수 있다.

▶ ③ [×] 18세 이상의 주민은 해당 지방의회에 조례를 제정하거나 개정 또는 폐지할 것을 청구할 수 있다.

(4) **주민청구조례안의 심사 절차**: 지방의회는 주민청구조례안이 수리된 날부터 1년 이내에 주민청구조례안을 의결하여야 함. 다만, 필요한 경우에는 본회의 의결로 1년 이내의 범위에서 한 차례만 그 기간을 연장할 수 있음

> **보충자료**
>
> **규칙의 제정·개정·폐지 의견 제출 제도**(지방자치법 제20조)
> 1. 주민은 권리·의무와 직접 관련되는 규칙의 제정, 개정 또는 폐지와 관련된 의견을 해당 지방자치단체의 장에게 제출할 수 있음
> 2. 법령이나 조례를 위반하거나 법령이나 조례에서 위임한 범위를 벗어나는 사항은 의견 제출 대상에서 제외함
> 3. 지방자치단체의 장은 제출된 의견에 대하여 의견이 제출된 날부터 30일 이내에 검토 결과를 그 의견을 제출한 주민에게 통보하여야 함
> 4. 의견 제출, 의견의 검토와 결과 통보의 방법 및 절차는 해당 지방자치단체의 조례로 정함

4 주민투표제도

(1) **주민투표제도의 의의**

① 주민이 지방자치단체의 중요한 사안에 대하여 투표로써 직접 결정하는 제도

② 1994년 「지방자치법」에 주민투표제 도입의 근거 규정을 마련한 이후, 2004년 1월 29일에 「주민투표법」이 제정·공포되어 7월 30일부터 전국적으로 시행되었음

③ 「주민투표법」에서 주민투표의 대상, 발의자, 발의요건, 투표절차 등에 관한 사항을 정하고 있음

(2) **주민투표 대상**

① 지방자치단체의 장은 주민에게 과도한 부담을 주거나 중대한 영향을 미치는 지방자치단체의 주요 결정사항 등에 대하여 주민투표에 부칠 수 있음

② 주민투표 제외 대상
  ㉠ 법령에 위반되거나 재판 중인 사항
  ㉡ 국가 또는 다른 지방자치단체의 권한 또는 사무에 속하는 사항
  ㉢ 지방자치단체의 예산·회계·계약 및 재산관리에 관한 사항과 지방세·사용료·수수료·분담금 등 각종 공과금의 부과 또는 감면에 관한 사항
  ㉣ 행정기구의 설치·변경에 관한 사항과 공무원의 인사·정원 등 신분과 보수에 관한 사항
  ㉤ 다른 법률에 의하여 주민대표가 직접 의사결정주체로서 참여할 수 있는 공공시설의 설치에 관한 사항
  ㉥ 동일한 사항에 대하여 주민투표가 실시된 후 2년이 경과되지 아니한 사항

확인문제

우리나라 지방자치단체 주민투표제도에 대한 설명으로 가장 옳은 것은?
2019. 서울 9급
① 1994년 「지방자치법」 개정에서 도입된 이래 지금까지 시행되고 있다.
② 주민투표에 부쳐진 사항은 법에서 정한 경우를 제외하고는 주민투표권자 총수의 4분의 1 이상의 투표와 유효 투표 수 과반수의 득표로 확정된다.
③ 지방자치단체의 장은 주민 또는 지방의회의 청구에 의한 경우가 아닌 자신의 직권으로 주민투표를 실시할 수 없다.
④ 일반 공직선거와 마찬가지로 외국인은 어떠한 경우에도 주민투표에 참여할 수 없다.

▶ ② [○]
① [×] 1994년 「지방자치법」에서 주민투표제도 실시의 도입에 대한 근거조항이 규정되었지만, 실제 주민투표는 구체적인 시행에 관한 「주민투표법」이 2004년에 제정되면서 시행되었다.
③ [×] 지방자치단체의 장은 주민 또는 지방의회의 청구에 의하거나 자신의 직권으로 주민투표를 실시할 수 있다.
④ [×] 일정 요건을 갖춘 외국인도 주민투표권을 갖는다.

(3) 주민투표의 실시요건

① 발의자: 지방자치단체장

② 청구권자

  ㉠ 18세 이상 주민은 주민투표청구권자 총수의 20분의 1 이상 5분의 1 이하의 범위에서 지방자치단체의 조례로 정하는 수 이상의 서명으로 그 지방자치단체의 장에게 주민투표의 실시를 청구할 수 있음

  ㉡ 지방의회는 재적의원 과반수의 출석과 출석의원 3분의 2 이상의 찬성으로 그 지방자치단체의 장에게 주민투표의 실시를 청구할 수 있음

  ㉢ 지방자치단체의 장은 직권에 의하여 주민투표를 실시하고자 하는 때에는 그 지방의회 재적의원 과반수의 출석과 출석의원 과반수의 동의를 얻어야 함

③ 주민투표 사무의 관리: 관할 선거관리위원회가 담당

④ 주민투표결과의 확정

  ㉠ 주민투표에 부쳐진 사항은 주민투표권자 총수의 4분의 1 이상의 투표와 유효투표수 과반수의 득표로 확정됨

  ㉡ 지방자치단체의 장 및 지방의회는 주민투표결과 확정된 내용대로 행정·재정상의 필요한 조치를 하여야 함

  ㉢ 지방자치단체의 장 및 지방의회는 주민투표결과 확정된 사항에 대하여 2년 이내에는 이를 변경하거나 새로운 결정을 할 수 없음

5 주민소환제도

(1) 주민소환제도의 의의

① 주민들이 유권자 일정 수 이상의 연서에 의해 일정한 절차를 거쳐 선거 등으로 선출·임명된 선출직 공무원(단체장, 지방의원)을 임기가 끝나기 전에 파면·해직할 수 있는 제도임

② 주민소환제도는 임기제의 단점을 보완하고, 직접민주제의 원리에 충실하여 대의민주주의를 보완하며, 주민의 지방행정에 대한 강력한 통제 수단이며, 주민의 참정기회를 확대시키고, 지방행정의 책임성을 제고하며, 선거실패를 보완하는 기능을 가짐

(2) 주민소환 대상: 선출직 지방공직자

해당 지방자치단체의 장과 지방의회 의원, 그리고 교육감을 대상으로 하되, 비례대표의원은 제외됨

(3) 주민소환투표의 사무관리: 관할 선거관리위원회

확인문제

우리나라의 주민소환제도에 대한 설명으로 옳지 않은 것은?
2021. 국가 9급
① 가장 유력한 직접민주의 제도이다.
② 비례대표 지방의회의원은 주민소환 대상이 아니다.
③ 심리적 통제 효과가 크다.
④ 군수를 소환하려고 할 경우에는 해당 군의 주민소환투표청구권자 총수의 100분의 10 이상의 서명을 받아 청구해야 한다.

▶ ④ [×] 군수 등 기초자치단체의 장을 소환하고자 할 경우에는 해당 군의 투표청구권자 총수의 100분의 15 이상의 서명을 받아 청구해야 한다.

(4) 주민소환투표권자 및 청구요건

① 주민소환의 투표권자: 19세 이상의 주민으로서 당해 지방자치단체 관할 구역에 주민등록이 되어있는 자(주민소환투표권자의 연령은 주민소환투표일 현재를 기준으로 계산함)

② 주민소환투표 청구를 위한 주민 서명 요건
  ㉠ 특별시장·광역시장·도지사: 당해 지방자치단체의 주민소환투표청구권자 총수의 100분의 10 이상
  ㉡ 시장·군수·자치구의 구청장: 당해 지방자치단체의 주민소환투표청구권자 총수의 100분의 15 이상
  ㉢ 지역선거구시·도의회의원 및 지역선거구자치구·시·군의회의원: 당해 지방의회의원의 선거구 안의 주민소환투표청구권자 총수의 100분의 20 이상

(5) 주민소환투표의 청구제한 기간

① 선출직 지방공직자의 임기 개시일부터 1년이 경과하지 아니한 때
② 선출직 지방공직자의 임기 만료일부터 1년 미만일 때
③ 해당 선출직 지방공직자에 대한 주민소환투표를 실시한 날부터 1년 이내인 때

(6) 주민소환투표결과의 확정

① 주민소환투표권자 총수의 3분의 1 이상의 투표와 유효투표 총수 과반수의 찬성으로 확정됨
② 전체 주민소환투표자의 수가 주민소환투표권자 총수의 3분의 1에 미달하는 때에는 개표를 하지 않음

(7) 주민소환투표의 효력

① 주민소환이 확정된 때에는 주민소환투표대상자는 그 결과가 공표된 시점부터 그 직을 상실
② 주민소환으로 그 직을 상실한 자는 그로 인하여 실시하는 이 법 또는 「공직선거법」에 의한 해당 보궐선거에 후보자로 등록할 수 없음

(8) 주민소환투표 소송(선거관리위원회에 소청 → 소송)

① 주민소환투표의 효력에 관하여 이의가 있는 해당 주민소환투표대상자 또는 주민소환투표권자 주민소환투표결과가 공표된 날부터 14일 이내에 관할선거관리위원회 위원장을 피소청인으로 하여 지역구시·도의원, 지역구자치구·시·군의원 또는 시장·군수·자치구의 구청장을 대상으로 한 주민소환투표에 있어서는 특별시·광역시·도선거관리위원회에, 시·도지사를 대상으로 한 주민소환투표에 있어서는 중앙선거관리위원회에 소청할 수 있음

② 소청에 대한 결정에 관하여 불복이 있는 소청인은 관할선거관리위원회 위원장을 피고로 하여 그 결정서를 받은 날부터 10일 이내에 지역구시·도의원, 지역구자치구·시·군의원 또는 시장·군수·자치구의 구청장을 대상으로 한 주민소환투표에 있어서는 그 선거구를 관할하는 고등법원에, 시·도지사를 대상으로 한 주민소환투표에 있어서는 대법원에 소를 제기할 수 있음

6 주민감사청구제도

(1) 주민감사청구제도의 의의: 지방자치단체와 그 장의 권한에 속하는 사무처리가 위법·부당한 경우에 일정한 수 이상의 주민의 연서(連署)를 받아 주민이 직접 상급기관에 감사를 청구할 수 있도록 하는 제도

(2) 청구주체 및 청구기관: 지방자치단체의 18세 이상의 주민은 시·도는 300명, 인구 50만 이상 대도시는 200명, 그 밖의 시·군 및 자치구는 150명 이내에서 그 지방자치단체의 조례로 정하는 수 이상의 18세 이상의 주민이 연대 서명하여 시·도의 경우에는 주무부장관에게, 시·군 및 자치구의 경우에는 시·도지사에게 감사를 청구할 수 있음

(3) 청구대상 및 제외대상

① **청구대상**: 주민감사청구의 대상은 해당 '지방자치단체와 그 장의 권한에 속하는 사무'이며, 감사청구 사유는 사무의 처리가 법령에 위반되거나 공익을 현저히 해친다고 인정되는 경우임

② **주민감사청구 제외대상**
  ㉠ 수사나 재판에 관여하게 되는 사항
  ㉡ 개인의 사생활을 침해할 우려가 있는 사항
  ㉢ 다른 기관에서 감사하였거나 감사 중인 사항. 다만, 다른 기관에서 감사한 사항이라도 새로운 사항이 발견되거나 중요 사항이 감사에서 누락된 경우와 주민소송의 대상이 되는 경우에는 청구 가능
  ㉣ 동일한 사항에 대하여 주민소송이 진행 중이거나 그 판결이 확정된 사항

(4) 처리 절차

① 주민감사의 청구는 사무처리가 있었던 날이나 끝난 날부터 3년이 지나면 제기할 수 없음

② 주무부장관이나 시·도지사는 감사 청구를 수리한 날부터 60일 이내에 감사 청구된 사항에 대하여 감사를 끝내야 하며, 감사 결과를 청구인의 대표자와 해당 지방자치단체의 장에게 서면으로 알리고, 공표하여야 함

확인문제

「지방자치법」상 주민의 감사청구에 대한 설명으로 옳지 않은 것은?
2018, 지방 9급

① 주민의 감사청구는 사무처리가 있었던 날이나 끝난 날부터 3년이 지나면 제기할 수 있다.
② 주무부장관이나 시·도지사는 감사청구를 수리한 날부터 60일 이내에 감사청구 된 사항에 대하여 감사를 끝내는 것을 원칙으로 한다.
③ 다른 기관에서 감사한 사항이라도 새로운 사항이 발견되거나 중요 사항이 감사에서 누락된 경우는 감사청구의 대상이 될 수 있다.
④ 지방자치단체의 19세 이상의 주민은 시·도는 500명, 인구 50만명 이상 대도시는 200명, 그 밖의 시·군 및 자치구는 100명을 넘지 아니하는 범위에서 그 지방자치단체의 조례로 정하는 19세 이상의 주민 수 이상의 연서로 감사를 청구할 수 있다.

▶ ④ [×] 지방자치단체의 18세 이상의 주민은 시·도는 300명, 인구 50만 이상 대도시는 300명, 그밖의 시·군 및 자치구는 150명을 넘지 아니하는 범위에서 그 지방자치단체의 조례로 정하는 18세 이상의 주민 수 이상의 연서로 감사를 청구할 수 있다.

확인문제

주민참여제도에 대한 설명으로 옳지 않은 것은? 2019, 지방 9급
① 주민참여제도에는 주민투표, 주민소환, 주민소송 등이 있다.
② 「지방자치법」에서는 주민소송에 관한 사항을 명시하고 있다.
③ 지역구 지방의회의원에 대한 주민소환투표는 당해 지방의회의원의 지역선거구를 대상으로 한다.
④ 지방자치단체가 조례를 제정하면 해당 지역에 거주하는 17세 이상의 외국인에게도 주민투표권이 부여된다.

▶ ④ [×] 지방자치단체가 조례를 제정하면 해당 지역에 거주하는 18세(17세 ×) 이상의 일정 요건을 갖춘 외국인에게도 주민투표권이 부여된다.

확인문제

우리나라에서 채택하고 있는 주민참여제도에 대한 설명으로 옳지 않은 것은? 2021, 국회 8급
① 주민발안제도를 통해 주민들이 지방자치단체의 조례의 제정 및 개·폐를 지방의회에 청구할 수 있다.
② 지방자치단체장, 지방의회의원에 대한 주민소환제도는 임기 만료 1년 미만일 때는 청구할 수 없다.
③ 주민들이 지방자치단체의 주요 현안을 직접 결정하기 위해서 주민투표의 실시를 청구할 수 있다.
④ 지방자치단체의 재무행위가 위법하다고 인정되는 경우에 주민들은 자신의 권익에 침해가 없는 경우에도 주민소송을 청구할 수 있다.
⑤ 주민참여예산제도는 「지방재정법」상 지방자치단체의 의무이므로, 주민참여예산제도를 통해 수렴된 주민의 의견은 예산에 반영되어야만 한다.

▶ ⑤ [×] 주민참여예산제도는 「지방재정법」에 2011년부터 의무화되었으나, 주민의 의견 반영여부는 재량이다.

7 주민소송제도

(1) **주민소송제도의 의의**: 지방자치단체의 기관 및 직원의 공금지출·회계 등 재무행위가 위법하다고 인정되는 경우에 주민이 감사기관에 감사를 청구하고, 감사 청구한 주민이 감사결과 등에 불복이 있는 경우에는 감사 청구한 사항과 관련 있는 위법한 행위나 업무를 게을리한 사실에 대하여 해당 지방자치단체장을 상대로 법원에 재판을 청구하는 제도

(2) **주민소송제도의 특징**
① 주민의 법률상 이익의 침해를 전제로 하지 않는 객관소송으로 「행정소송법」에서 규정하는 민중소송에 해당하는 것으로 납세자 소송의 성격이 강함
② 중앙정부를 대상으로 하는 국민소송은 인정되지 않고 있음

(3) **주민소송제도의 주요 내용**
① 원고적격: 감사청구를 한 주민(감사청구전치주의)
② 피고적격: 해당 자치단체의 장을 대상으로 함

CHAPTER 07 지방재정

제1절 지방재정의 본질과 체계

1 지방재정의 개념 및 특징

(1) **지방재정의 개념**: 지방재정은 지방자치단체가 행정활동을 수행하는 데 필요한 재원을 획득하고 지출하는 활동을 의미

(2) **지방재정의 특징**

① 지방재정은 국가재정에 비해 조세 이외에도 다양한 수입원을 갖고 있기 때문에 다양성을 지님

② 국가재정은 일반적으로 응능원칙(조세의 부담능력에 의한 조세부담주의)을 따르지만, 지방재정은 공공서비스의 이익을 받는 자가 그 이익의 양(量)에 따라 그 비용을 부담하는 응익원칙이 강함. 이는 지방에서 공급되는 공공서비스가 국가에서 공급되는 공공서비스보다 상대적으로 순수 공공재로서의 성격이 약하며, 개별적인 보상 관계의 성격이 강하기 때문임

③ 지방재정은 재정의 3대 기능 중 자원배분 기능이 상대적으로 강하며, 국가재정 대비 경제안정화 및 소득재분배 기능은 미약함

④ 지방재정은 지방세와 지방세외수입 등 자주재원뿐 아니라 교부세와 보조금 등 국가나 상급자치단체로부터의 의존수입이 존재하기 때문에 재정운영에서 자율성과 의존성이 공존함

국가재정과 지방재정 비교

구분	국가재정	지방재정
서비스의 성격	순수공공재적 성격 강함	순수공공재적 성격 약함
재원조달 방식	조세 의존성 강함	다양한 세입원(지방세, 지방세외수입, 교부세, 국고보조금 등)
재정부담의 설계	응능원칙	응익원칙
재정의 주요 기능	포괄적 기능 수행 (자원배분, 소득재분배, 경제안정)	자원배분 기능 수행
재정운영의 자율성	자율성 강함	자율성과 의존성 공존

> **확인문제**
>
> 지방재정의 세입항목 중 자주재원에 해당하는 것은? 2020, 지방 9급
> ① 지방교부세
> ② 재산임대수입
> ③ 조정교부금
> ④ 국고보조금
>
> ▶ ② 재산임대수입은 세외수입에 해당하는 것으로 자주재원에 속한다.

2 지방재원의 분류

(1) **수입원에 따른 분류**

① 자주재원(자체수입): 지방자치단체가 스스로 벌어들이는 수입으로 지방세수입과 세외수입으로 구성됨

② 의존재원: 중앙정부나 상급지방지방자치단체로부터 지원되는 수입. 중앙정부로부터 이전되는 지방교부세와 국고보조금, 상급지방자치단체로부터 이전되는 조정교부금과 시·도비 보조금이 있음

(2) **용도의 제한성에 따른 분류**

① 일반재원: 지방자치단체가 재원의 용도를 자유롭게 정할 수 있는 재원

② 특정재원: 사용 용도가 미리 정해진 재원

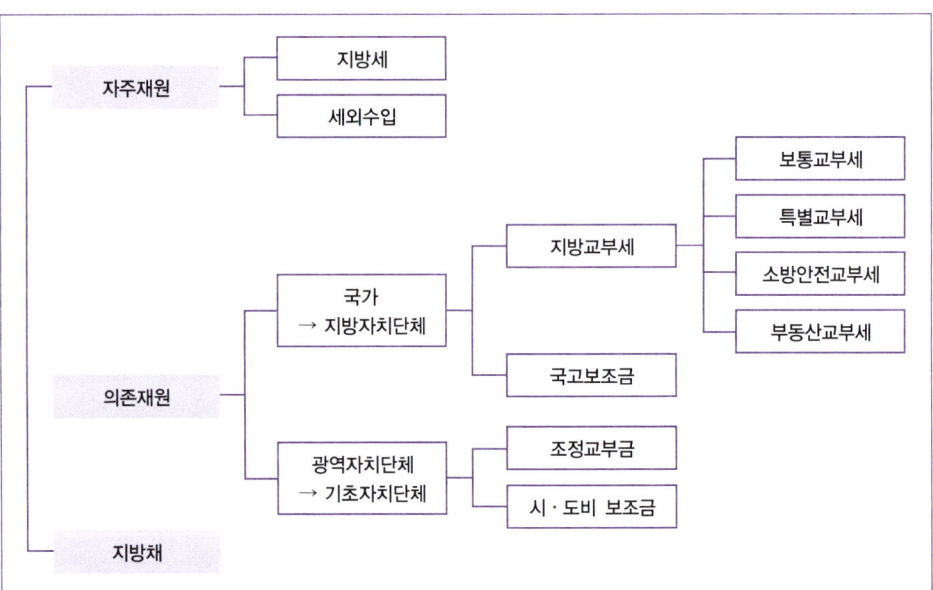

📖 지방자치단체 재정의 구성

제2절 자주재원

1 지방세

(1) **지방세의 의의**

① 지방정부가 그 운영과 사업수행에 필요한 경비를 충당할 목적으로 그 자체에 속한 세원을 대상으로 거두어들이는 세금

② 우리나라 지방정부는 헌법에 규정된 '조세법률주의'에 의해 지방세 관련 법률(지방세기본법, 지방세법, 지방세특례제한법 등)이 정하는 바에 의하여 지방세를 부과·징수하며, 법정외세는 허용되지 않음

(2) **지방세의 원칙**

① **보편성의 원칙**: 지방세는 그 세원이 지역 간에 균형적으로 분포되어 있어야 한다는 원칙

② **지역성 또는 정착성의 원칙**: 지방세의 과세 대상은 될 수 있으면 이동이 적고 어느 하나의 지역에 정착된 것이 적합하다는 원칙

③ **안정성의 원칙**: 사업의 안정적 수행이나 장기적 계획을 위해서 지방세의 세원은 안정적인 수입을 보장할 수 있는 것이어야 한다는 원칙

④ **충분성의 원칙**: 지방세를 통해 기초적인 행정수요를 감당할 수 있을 정도의 수입을 확보할 수 있어야 하며, 세원 또한 이러한 맥락에서 확보되어야 한다는 원칙

⑤ **신장성의 원칙**: 지방세 수입은 행정수요 증가에 안정적으로 대응할 수 있을 만큼 탄력적으로 성장할 수 있어야 한다는 원칙

⑥ **응익성(應益性의) 원칙**: 지방세는 지방정부의 행위로 수혜를 받는 수혜자에게 부과·징수되어야 한다는 원칙

⑦ **부담 분임성의 원칙**: 지방세는 되도록 많은 사람들에게 광범위하게 부과·징수되어야 한다는 원칙

⑧ **자율성의 원칙**: 지방정부와 주민은 스스로 행정서비스의 수준과 재정적 부담을 결정할 수 있어야 한다는 원칙

(3) **지방세의 유형**

① **보통세**: 조세의 징수목적이 일반적인 경비를 충당하기 위하여 부과·징수하는 세(稅)

② **목적세**: 충당하여야 할 경비를 특별히 정하고, 그 경비의 지출로 직접 이익을 받는 자에게 그 부담을 요구하는 세(稅)

국세의 세목

보통세		목적세
직접세	간접세	
소득세, 법인세, 상속세, 증여세, 종합부동산세	부가가치세, 개별소비세, 주세, 인지세, 증권거래세	교육세, 농어촌특별세

지방세 세목

구분		보통세	목적세
광역	특별시세·광역시세	취득세, 레저세, 담배소비세, 지방소비세, 주민세, 지방소득세, 자동차세	지역자원시설세, 지방교육세
	도세	레저세, 취득세, 등록면허세, 지방소비세	지역자원시설세, 지방교육세
기초	자치구세	등록면허세, 재산세	–
	시·군세	담배소비세, 주민세, 지방소득세, 재산세, 자동차세	–

확인문제

「지방세 기본법」상 특별시·광역시의 세원이 아닌 것은?
2016. 지방 9급
① 취득세 ② 자동차세
③ 등록면허세 ④ 레저세

▶ ③ [×] 등록면허세는 광역자치단체의 도세이면서 기초자치단체의 자치구세에 해당한다.

---

2 세외수입

(1) 세외수입의 의의: 자치단체의 자체 세입원 중에서 지방세 수입을 제외한 나머지 수입을 의미

(2) 세외수입의 특징

① **자주재원**: 자치단체의 독자적 노력과 절차에 의해 조성되는 자주재원

② **지방세외수입의 다양성**: 수입의 근거나 종류 및 형태가 다양함

③ **수입의 안정성이 낮음**: 지방세보다 연도별 수입의 안정성이 낮으며, 회계연도에 따라 수입액이 불균등한 경우가 많음

④ **수익자 부담 원칙 적용**: 행정서비스나 공공시설의 사용 등에 혜택을 받는 소비주체에게 부과되므로 지방세와 비교해 상대적으로 조세 저항이 적음

(3) 세외수입의 종류

① **경상적 세외수입**: 수입의 계속성과 안정성이 보장되어 회계연도마다 계속·반복적으로 발생하는 세외수입 예 사용료, 수수료, 재산임대수입, 경영수입사업 등

② **임시적 세외수입**: 수입이 불규칙적으로 발생하는 수입 예 부담금, 재산매각 수입, 기부금, 잡수입 등

재주재원의 구분

지방세	보통세	취득세, 등록면허세, 레저세, 담배소비세, 지방소비세, 주민세, 지방소득세, 재산세, 자동차세
	목적세	지역자원시설세, 지방교육세
세외수입	경상수입	사용료, 수수료, 재산임대수입, 경영수입사업 등
	임시수입	부담금, 재산매각 수입, 기부금, 잡수입 등

제3절 의존재원

1 지방재정조정제도

(1) 지방재정조정제도의 의의

① 지방재정조정제도란 중앙정부가 지방자치단체에, 그리고 광역자치단체가 기초자치단체에 재정을 이전하는 장치를 의미

② 지방재정조정제도는 재정력이나 재정관련 권한에 있어 보다 유리한 입장에 있는 중앙정부와 상대적으로 불리한 입장에 있는 지방자치단체 간에 수직적 재정 불균형을 교정하기 위한 방법으로, 이러한 재정조정제도를 통해 지방으로 이전되는 재정이 의존재원임

(2) 지방재정조정제도(의존재원)의 유형

① 국가에 의한 재정조정: 지방교부세, 국고보조금

② 상급지방자치단체에 의한 재정조정: 조정교부금, 시·도비 보조금

(3) 지방재정조정제도의 목적(필요성)

① 수직적 재정 불균형 조정: 국가와 지방자치단체 간의 재정력 격차의 불균형을 조정하기 위한 목적

② 수평적 재정 불균형 조정: 지방자치단체 간 재정력 격차의 불균형을 시정하기 위한 목적. 재정이 영세한 지방정부에는 상대적으로 많은 지원을 하고, 재정이 양호한 지방정부에는 지원을 하지 않거나 적게 지원함으로써 지방정부 간 재정 불균형 문제를 시정하는 데 기여함

2 지방교부세

(1) 지방교부세의 의의 및 특징

① 국가가 지방자치단체의 부족한 재원을 보전해 주고 지방자치단체 간의 재정 불균형을 시정하는 기능을 수행하기 위해 국세의 일부를 지방자치단체에 지원해 주는 제도

② 지방교부세는 국세의 일부를 이전받는 의존재원이며, 원칙적으로 용도를 특정하지 않고 지원하는 일반재원으로서의 성격을 지님. 다만, 특별교부세와 소방안전교부세는 특정재원으로서의 성격을 가짐

③ 교부세의 재원: 내국세 총액의 19.24% + 종합부동산세 + 담배에 부과하는 개별소비세의 45%

(2) 지방교부세의 종류

① 보통교부세(일반재원)
  ㉠ 의의: 지방자치단체의 기본적 행정수준 유지를 위해 용도의 지정 없이 교부되는 일반재원으로 지방자치단체가 자주적으로 사용 가능
  ㉡ 재원: 내국세의 19.24%의 97%에 해당하는 금액
  ㉢ 산정: 지방자치단체별 기준재정 수입액이 기준재정 수요액에 미달하는 규모를 기초로 산정하여 교부[보통교부세액 = (기준재정 수요액 − 기준재정 수입액) × 조정률]
  ㉣ 행정안전부장관이 분기별로 교부

② 특별교부세(특정재원)
  ㉠ 의의: 특수한 사정으로 발생한 재정수요를 충당하기 위해 교부되는 특정재원으로, 행정안전부장관이 사유 발생 시 일정기준에 따라 지급함
  ㉡ 재원: 내국세의 19.24%의 3%에 해당하는 금액
  ㉢ 교부: 행정안전부장관은 지방자치단체의 장이 특별교부세의 교부를 신청하는 경우에는 이를 심사하여 특별교부세를 교부하며, 행정안전부장관이 필요하다고 인정하는 경우에는 신청이 없는 경우에도 일정한 기준을 정하여 특별교부세를 교부할 수 있음

> **보충자료**
>
> **특별교부세의 용도 및 교부 기준**
>
> 1. 기준재정 수요액의 산정방법으로는 파악할 수 없는 지역 현안에 대한 특별한 재정수요가 있는 경우: 특별교부세 재원의 40%
>
> 2. 보통교부세의 산정기일 후에 발생한 재난을 복구하거나 재난 및 안전관리를 위한 특별한 재정수요가 생기거나 재정수입이 감소한 경우: 특별교부세 재원의 50%
>
> 3. 국가적 장려사업, 국가와 지방자치단체 간에 시급한 협력이 필요한 사업, 지역 역점시책 또는 지방행정 및 재정운용 실적이 우수한 지방자치단체에 재정 지원 등 특별한 재정수요가 있을 경우: 특별교부세 재원의 10%

확인문제

지방교부세에 대한 설명으로 옳지 않은 것은? 2022, 국가 9급
① 지역 간 재정력 격차를 완화시키는 재정 균등화 기능을 수행한다.
② 보통교부세, 특별교부세, 부동산교부세, 소방안전교부세로 구분한다.
③ 신청주의를 원칙으로 하며 각 중앙관서의 예산에 반영되어야 한다.
④ 부동산교부세는 종합부동산세를 재원으로 하며 전액을 지방자치단체에 교부한다.

▶ ③ [×] 지방교부세는 「지방교부세법」에 정해진 기준에 따라 국세의 일부를 교부하는 정액지원금이다.

③ 소방안전교부세(특정재원)
  ㉠ 의의 : 지방자치단체의 소방 및 안전시설 확충, 안전관리 강화 등을 위하여 자치단체에 대하여 교부하는 특정재원
  ㉡ 재원 : 담배에 부과하는 개별소비세의 45%
  ㉢ 산정 : 지방자치단체의 소방 및 안전 시설 현황, 소방 및 안전시설 투자 소요, 재난예방 및 안전강화 노력, 재정여건 등을 고려하여 대통령령으로 정함

④ 부동산교부세(일반재원)
  ㉠ 의의 : 지방세였던 종합토지세가 국세인 종합부동산세로 전환됨에 따라 이를 재원으로 지방자치단체의 재정여건과 지방세 운영 상황을 고려하여 교부하는 일반재원
  ㉡ 재원 : 국세인 종합부동산세 총액
  ㉢ 산정 : 종합부동산세 총액을 예산에 매년 계상하여 지방자치단체에 전액 교부하되, 교부기준은 재정여건과 지방세 운영상황 등을 감안하여 대통령령으로 정함

(3) **교부세의 통제**(지방교부세법 제11조)
  ① 행정안전부장관은 지방자치단체가 교부세 산정에 필요한 자료를 부풀리거나 거짓으로 기재하여 부당하게 교부세를 교부받거나 받으려 하는 경우에는 그 지방자치단체가 정당하게 받을 수 있는 금액을 초과하는 부분을 반환하도록 명하거나 부당하게 받으려 하는 금액을 감액(減額)할 수 있음
  ② 행정안전부장관은 지방자치단체가 법령을 위반하여 지나치게 많은 경비를 지출하였거나 수입 확보를 위한 징수를 게을리한 경우에는 그 지방자치단체에 교부할 교부세를 감액하거나 이미 교부한 교부세의 일부를 반환하도록 명할 수 있음

3 국고보조금

(1) **국고보조금의 의의** : 국가가 특정 시책이나 사업을 위하여 지방자치단체에 지원하는 재원. 국가가 국가위임사무와 시책사업 등 목적사업 범위를 한정하여 그 경비의 전부 또는 일부를 지방자치단체에 보조하는 것으로 특정재원의 성격을 가짐

(2) **국고보조금의 특징**
  ① 특정 사업 하나하나를 대상으로 교부되는 것으로 자금을 쓰는 용도가 정해져 있는 사업별 보조금
  ② 지방정부가 사용목적을 임의로 변경할 수 없고, 중앙정부는 자금이 제대로 집행되고 있는지 여부를 감시·감독하는 등 사업추진의 전반적 상황을 통제함
  ③ 분담금부 지원금(matching grant) : 국고보조금은 지방정부의 지방비 부담을 요구함

확인문제

지방재정에 대한 설명으로 옳지 않은 것은? 2021, 지방 9급
① 재정자립도는 일반회계 세입 중 지방세와 세외수입이 차지하는 비중을 말한다.
② 국고보조금은 지방재정운영의 자율성을 제고한다.
③ 지방교부세는 지역 간의 재정 불균형을 시정하기 위한 제도이다.
④ 지방자치단체는 재해예방 및 복구사업에 경비를 조달하기 위해서 지방채를 발행할 수 있다.

▶ ② [×] 국고보조금은 자금 활용에 있어 용도가 정해진 '특정재원'으로, 중앙정부의 감독과 통제가 이루어지게 되어 지방자치단체의 자율성을 제약하게 된다.

확인문제

우리나라의 지방재정에 대한 설명으로 옳지 않은 것은?
2018, 국회 9급

① 지방자치단체의 세입재원 중 자주재원에는 지방세와 세외수입이 있고, 의존재원에는 국고보조금과 지방교부세 등이 있다.
② 지방자치단체 간의 재정적 불균형을 조정하는 지방교부세의 종류로는 보통교부세, 특별교부세, 부동산교부세 등이 있다.
③ 지방세 중 목적세로는 지방교육세와 지방소비세가 있다.
④ 지방재정조정제도의 종류에는 조정교부금과 국고보조금 등이 있다.
⑤ 중앙정부와 지방정부 사이의 수직적 재정조정 기능이 있다.

▶ ③ [×] 지방세 중 목적세로는 지방교육세와 지역자원시설세가 있다.

(3) 국고보조금의 순기능

① 지방자치단체의 재정력 보강 및 재정지출의 증가: 국고보조금은 지방자치단체 예산에 계상되었다가 지출되므로 지방자치단체의 지출 예산을 보강하고 재정력을 증가시키는 효과를 가짐
② 국가의 이해관계가 존재하는 사업, 특히 지방정부의 행정구역을 넘어서 공공재의 외부효과가 있는 사업을 보다 효율적으로 추진할 수 있도록 유도
③ 전 국가의 통일적 행정 수준의 확보나 국가시책 사업의 수행에 유리: 국고보조금은 개별 지방자치단체의 행정 수준을 국가적 차원에서 통일하는 데 기여할 수 있음

(4) 국고보조금의 문제점

① 지방재정의 자율성 저해: 지출 용도(목적)에 대한 조건을 부여하여 교부하기 때문에 지방자치단체의 자율적인 재정운영을 저해할 수 있음
② 지방비 부담의 과중으로 지방자치단체의 재정 부족 현상을 초래할 수 있음

지방교부세와 국고보조금 비교

구분	지방교부세	국고보조금
법적 근거	지방교부세법	보조금 관리에 관한 법률
주무부처	행정안전부	기획재정부
재원	내국세의 19.24% + 종합부동산세 전액 + 담배개별소비세의 45%	중앙정부의 일반회계와 특별회계에서 지원
용도	일반재원(용도지정 ×)	특정재원(국가시책 등 용도지정 ○)
지방부담	• 없음(정액보조) • 특정 사무 또는 사업의 실시에 대해 일정한 금액의 보조금을 교부하는 것	• 있음(정률보조) • 지방자치단체가 지출하는 경비의 일정 비율의 금액을 국가가 보조하는 것
재량	많음	거의 없음
성격	수직적·수평적 조정재원	수직적 조정재원
기능	재정의 형평화	자원의 효율적 배분
종류	① 보통교부세: 내국세의 19.24%의 97% ② 특별교부세: 내국세의 19.24%의 3% ③ 소방안전교부세: 담배개별소비세의 45% ④ 부동산교부세: 종합부동산세 총액	① 협의의 보조금(고유사무 장려) ② 부담금(단체위임사무 - 공동부담) ③ 교부금(기관위임사무 - 전액부담)

4 상급지방자치단체에 의한 재정조정

(1) 조정교부금

① 조정교부금의 의의: 광역자치단체가 기초자치단체에 재정을 조정해주는 재정조정제도로서 광역자치단체의 보통세 중 일정액을 지역 내 기초지방자치단체에 일정 비율로 교부하는 재원

② 조정교부금의 종류

   ㉠ 자치구 조정교부금(특별시·광역시 → 자치구): 자치구의 조정교부금은 특별시와 광역시 보통세 수입의 일정액을 확보하여 자치구 간 재정력 격차를 해소하기 위해 자치구에 나누어주는 것으로 자치구의 일반재원이 됨

   ㉡ 시·군 조정교부금(도와 광역시 → 관내 시·군): 시·군 조정교부금은 도와 광역시가 관할 시·군이 징수한 도세의 일부를 관내 시·군에 배분하는 재원으로, 도와 광역시의 보통세 중 일정액을 재원으로 함

(2) **시·도비 보조금**: 국가가 지방자치단체에 지원하는 국고보조금과 유사하게 광역자치단체가 기초자치단체에 특정한 시책이나 사업을 위하여 지원하는 보조금

제4절 지방채

1 지방채의 의의

(1) **지방채의 개념**: 지방자치단체가 재원 마련을 위하여 2회계연도 이상에 걸쳐서 이루어지는 채무행위를 의미

(2) **지방채의 순기능**(지방채를 발행하는 이유)

① 세대 간 공평한 재정부담: 상하수도 시설, 쓰레기처리 시설, 도로, 지하철 건설 등의 공공시설과 대규모 공공사업의 경우에는 투자재원을 지방채를 통해 조달함으로써 수혜를 받는 미래 세대가 지방채 상환 원리금의 일부를 부담하도록 하여 세대 간에 부담과 편익의 공평성을 보완할 수 있음

② 재원조달 기능: 지방자치단체는 투자재원, 재해복구, 적자보전 등에 탄력적이고 신속한 재원을 조달하기 위해서 지방채를 발행할 수 있음

(3) **지방채의 역기능**

① 지방자치단체의 채무 부담 증가 → 지방재정 건전성 악화 우려

② 미래세대에 대한 과도한 상환 부담 전가

2 지방채 유형: 발행 형식에 따른 분류

(1) **지방채 증권**: 지방자치단체가 증권발행의 방법으로 차입하는 지방채를 의미

① **모집공채**: 불특정 다수를 대상으로 투자자를 모집하여 발행하는 것

② **매출공채**: 지방자치단체로부터 인허가나 차량 등록 등 특정 행정서비스를 받는 주민이나 법인을 대상으로 원인 행위에 첨가하여 강제로 증권을 매입하도록 하는 공채

> 예 도시철도공채, 지역개발공채, 상·하수도 공채

③ **교부공채**: 지방자치단체가 공사대금을 지급하거나 토지를 매입하는 경우 그 대금을 나중에 지급할 것을 약속하며 발행하는 공채

(2) **차입금(증서차입제)**: 지방자치단체가 증서에 의하여 차입하는 지방채를 의미. 외국 정부·국제기구 등으로부터 차관을 도입하는 경우를 포함. 지방자치단체가 중앙정부, 공공기관 및 금융기관 등과 채무부담 계약을 맺고 차입증서를 제출하여 차입하는 방식

3 우리나라 지방채 제도의 주요 내용

(1) **지방채 발행 주체**: 지방자치단체장과 지방자치단체조합의 장

① 지방자치단체의 장이나 지방자치단체조합은 따로 법률로 정하는 바에 따라 지방채를 발행할 수 있음

② 지방자치단체장과 지방자치단체조합의 장이 지방채를 발행할 경우 지방의회 의결을 얻어야 함

(2) **지방자치단체장의 지방채 발행**

① 지방채 발행 사업
　㉠ 공유재산의 조성 등 소관 재정투자사업과 그에 직접적으로 수반되는 경비의 충당
　㉡ 재해예방 및 복구사업
　㉢ 천재지변으로 발생한 예측할 수 없었던 세입결함의 보전
　㉣ 지방채의 차환의 경우

② 지방채 발행 절차
　㉠ 지방자치단체의 장은 지방채를 발행하려면 재정 상황 및 채무 규모 등을 고려하여 지방채 발행 한도액의 범위에서 지방의회의 의결을 얻어야 함
　㉡ 지방채 발행 한도액 범위더라도 외채를 발행하는 경우에는 지방의회의 의결을 거치기 전에 행정안전부장관의 승인을 받아야 함

(3) **지방자치단체조합의 지방채 발행**

① 지방자치단체조합의 장은 그 조합의 투자사업과 긴급한 재난복구 등을 위한 경비를 조달할 필요가 있을 때 또는 투자사업이나 재난복구사업을 지원할 목적으로 지방자치단체에 대부할 필요가 있을 때에는 지방채를 발행할 수 있음

② 행정안전부장관의 승인을 받은 범위에서 조합의 구성원인 각 지방자치단체 지방의회의 의결을 얻어야 함

제5절 지방정부 재정력 측정 지표

1 지방재정력의 의의

지방자치단체가 관할 구역의 공공서비스를 공급하는 데 필요한 재정수요를 충족시키는 데 필요한 재원을 자주적으로 조달할 수 있는 능력

2 지방재정력 평가 지표

(1) 재정자립도

① 의의: 자치단체의 예산 규모에서 자체수입이 차지하는 비율. 즉 일반회계의 세입 중 지방세와 지방세외수입의 비율로 측정

② 산정: 일반회계 세입에서 자주재원이 차지하는 비중

$$지방재정자립도(\%) = \frac{지방세수입 + 세외수입(자주재원)}{일반회계\ 세입총액(자주재원 + 의존재원)} \times 100$$

③ 재정자립도 확보 방안: 지방세의 확대(지방세율 인상, 국세의 지방세 이전 등), 세외수입의 확충

④ 재정자립도의 한계: 재정자립도는 지방정부 재정력 추이를 파악하는 수단으로 불완전하다는 단점이 있음. 재정자립도는 중앙정부와 지방정부 간의 재정적 연계, 즉 지원과 의존관계를 파악하는 데 유용한 개념이 될 수 있지만, 세출의 질, 총 재정규모 등 지방정부의 재정능력을 파악하는 데 있어서는 유용한 개념이 되지 못함

(2) 재정력 지수

① 의의: 자치단체가 기초적인 재정수요를 어느 정도 자체적으로 해결할 능력을 가지고 있는가를 추정하는 지표

② 재정력 지수 = 기준재정수입액/기준재정수요액(1이 넘으면 우수)

③ 용도: 우리나라는 기준재정수요를 주로 활용. 보통교부세 판단 기준으로 활용

(3) 재정자주도

① 의의: 중앙정부와 상급 지방정부 등이 지방정부에 지원하는 의존재원 중에서 지방자치단체가 자주적으로 재량권을 가지고 사용할 수 있는 재원이 전체 세입 중 얼마나 되는가를 나타내는 지표

② 산정: 일반회계 세입에서 자주재원과 지방교부세를 합한 일반재원의 비중

$$지방재정자주도(\%) = \frac{자체수입 + 제2의\ 자주재원(지방교부세)}{일반회계\ 세입총액(자주재원 + 의존재원)} \times 100$$

확인문제

지방자치단체의 재정자립도에 대한 설명으로 가장 옳지 않은 것은?
2019, 서울 9급

① 재정자립도는 세입총액에서 지방세수입과 세외수입이 차지하는 비율을 나타낸다.
② 자주재원이 적더라도 중앙정부가 지방교부세를 증액하면 재정자립도는 올라간다.
③ 재정자립도가 높다고 지방정부의 실질적 재정이 반드시 좋다고 볼 수는 없다.
④ 국세의 지방세 이전은 재정자립도 증대에 도움이 된다.

▶ ② [×] 재정자립도는 지방자치단체의 일반회계 세입총액 가운데 자주재원이 차지하는 비중을 의미한다. 따라서 지방교부세를 증액하면 재정자립도는 내려간다.

제6절 지방재정관리제도

1 지방재정관리제도의 의의

(1) 지방재정관리제도는 지방자치단체가 재정을 건전하고 효율적으로 운영하기 위하여 예산편성과 집행 및 결산 등 전 예산과정과 재정활동을 수행하는 데 있어서 지켜야 할 「지방자치법」과 「지방재정법」 등에 규정된 각종 재정관리 제도를 의미

(2) 지방재정관리제도는 지방재정운용의 건전성, 책임성, 효과성, 효율성 등을 확보하기 위한 목적으로 도입되었음

2 지방재정관리제도의 주요 내용

(1) **지방재정영향평가**: 지방자치단체의 장은 대규모의 재정적 부담을 수반하는 국내·국제경기대회, 축제·행사, 공모사업 등의 유치를 신청하거나 응모를 하려면 미리 해당 지방자치단체의 재정에 미칠 영향을 평가하고 그 평가결과를 토대로 지방재정투자심사위원회의 심사를 거쳐야 함(지방재정법 제27조의6)

(2) **중기지방재정계획**: 지방자치단체의 장은 지방재정을 계획성 있게 운용하기 위하여 매년 다음 회계연도부터 5회계연도 이상의 기간에 대한 중기지방재정계획을 수립하여 예산안과 함께 지방의회에 제출하고, 회계연도 개시 30일 전까지 행정안전부장관에게 제출해야 함(지방재정법 제33조)

(3) **투자심사제도**
① 지방예산의 계획적·효율적 운영을 기하고 각종 투자사업에 대한 무분별한 중복투자 방지를 위하여 주요 투자사업 및 행사성 사업에 대하여 예산편성 전에 사업의 타당성·효율성 등을 심사하는 제도
② 「지방재정법」에 의하면 지방자치단체의 장이 예산을 편성할 때에는 중기지방재정계획과 투자사업에 대한 심사 결과를 기초로 하여야 한다고 규정되어 있음

3 지방재정 위기관리 제도

(1) **지방재정 분석·진단제도**
① 재정분석·진단의 목적은 지방정부의 재정현황 및 성과를 객관적인 지표에 근거하여 종합적으로 분석·검토함으로써 지방재정의 건전성과 효율성을 높이는 데 있음
② 지방재정 분석·진단은 '재정보고서 제출 → 재정분석 → 재정진단'의 절차로 이루어짐
③ 재정분석은 지방자치단체의 재정현황과 운용 상태를 중심으로 모든 지방자치단체를 대상으로 실시되며, 재정진단은 재정분석의 결과 재정의 건전성과 효율성에 심각한 문제가 있다고 판단되는 자치단체만을 대상으로 실시하는 정밀분석을 실시하고 재정건전화를 위한 대책을 강구하는 일련의 과정임

(2) **재정위기관리 제도** : 재정주의단체 및 재정위기단체 지정
① 행정안전부장관은 재정분석 진단 및 재정진단 결과 등을 토대로 재정위험 수준이 높다고 판단되는 지방자치단체를 지방재정관리위원회(행정안전부장관 소속)의 심의를 거쳐 재정위기단체 또는 재정주의단체(財政注意團體)로 지정할 수 있음
  ㉠ 재정주의단체 : 재정위험 수준이 심각한 수준에 해당하지 아니하나 지방자치단체 재정의 건전성 또는 효율성 등이 현저하게 떨어졌다고 판단되는 지방자치단체
  ㉡ 재정위기단체 : 재정위험 수준이 심각하다고 판단하는 지방자치단체
② 재정주의단체 또는 재정위기단체 지정 사유가 해소된 경우에는 지방재정관리위원회의 심의를 거쳐 그 지정을 해제할 수 있음
③ 재정위기단체의 관리 : 재정위기단체로 지정된 지방자치단체의 장은 재정건전화계획을 수립하여 행정안전부장관의 승인을 받고, 지방의회의 의결을 얻어야 함. 또한, 재정위기단체의 장은 재정건전화계획의 이행사항을 지방의회 및 행정안전부장관에게 보고하고 주민에게 공개해야 함

(3) **긴급재정관리제도**
① 의의 : 행정안전부장관은 지방자치단체가 자력으로 재정위기상황을 극복하기 어렵다고 판단되는 경우에는 해당 지방자치단체의 장과 지방의회의 의견을 미리 들어 긴급재정관리단체로 지정할 수 있음(지방재정법 제60조의3)
② 지정기준
  ㉠ 재정위기단체로 지정된 지방자치단체가 재정건전화계획을 3년간 이행하였음에도 불구하고, 지방자치단체의 재정위험 수준이 재정위기단체로 지정된 때보다 대통령령으로 정하는 수준 이하로 악화된 경우
  ㉡ 소속 공무원의 인건비를 30일 이상 지급하지 못한 경우
  ㉢ 상환일이 도래한 채무의 원금 또는 이자에 대한 상환을 60일 이상 이행하지 못한 경우
③ 긴급재정관리단체 관리
  ㉠ 행정안전부장관은 국가기관 소속 공무원 또는 재정관리에 관한 업무 지식과 경험이 풍부한 사람을 긴급재정관리인으로 선임하여 긴급재정관리단체에 파견하여야 함
  ㉡ 긴급재정관리단체의 장은 긴급재정관리계획안을 작성하여 긴급재정관리인의 검토를 받아 지방의회의 의결을 거친 후 행정안전부장관의 승인을 받아야 함
  ㉢ 긴급재정관리단체의 장은 긴급재정관리계획을 성실히 이행하여야 함

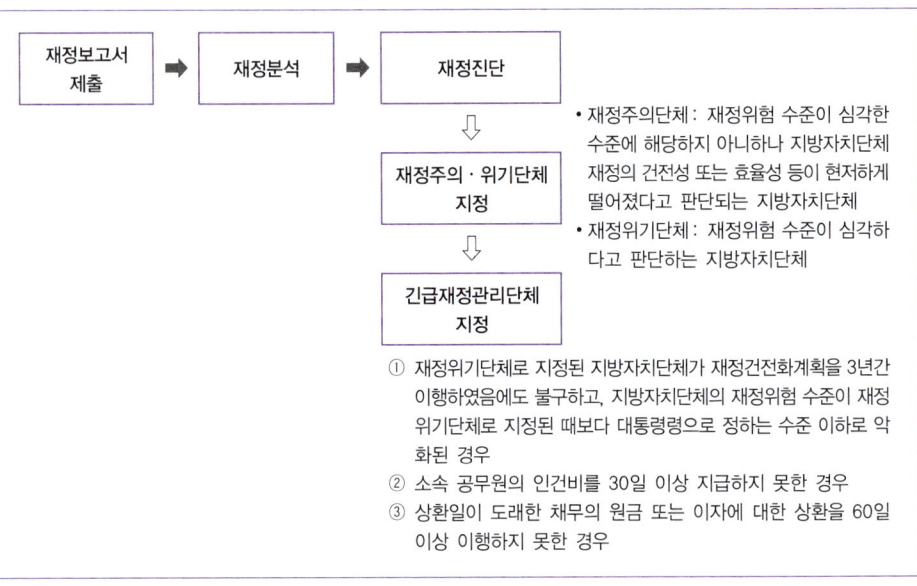

🞂 긴급재정관리제도

최윤경

주요 약력

서울대학교 행정대학원 석사
서울대학교 행정대학원 박사 수료

강의

現 박문각 공무원 행정학 강사
現 합격의법학원 5급공채 행정학
前 에듀윌 공무원 행정학 강사
前 메가 공무원 행정학 강사
前 이패스코리아 행정사 강사

대학 출강

국립 경찰대학교
강릉원주대학교 자치행정학과
한국교통대학교 행정학과
평택대학교 행정학과
서원대학교 정치행정학부 등

저서

최윤경 행정학 기본서
행정사 1차 행정학 개론(이패스코리아)
행정사 1차 객관식 행정학 개론(이패스코리아)

최윤경 행정학

초판인쇄 | 2025. 8. 5. **초판발행** | 2025. 8. 11. **편저자** | 최윤경
발행인 | 박 용 **발행처** | (주) 박문각출판 **등록** | 2015년 4월 29일 제2019-000137호
주소 | 06654 서울특별시 서초구 효령로 283 서경 B/D 4층 **팩스** | (02) 584-2927
전화 | 교재 주문·내용 문의 (02) 6466-7202

저자와의
협의하에
인지생략

이 책의 무단 전재 또는 복제 행위를 금합니다.

정가 38,000원
ISBN 979-11-7519-088-7